NTOA 33

Hubert Meisinger

Liebesgebot und Altruismusforschung

NOVUM TESTAMENTUM ET ORBIS ANTIQUUS (NTOA)

Im Auftrag des Biblischen Instituts
der Universität Freiburg Schweiz
herausgegeben von Max Küchler
in Zusammenarbeit mit Gerd Theissen

Zum Autor:

Dr. Hubert Meisinger, geb. 1966 in Darmstadt, studierte in Heidelberg und Chicago/USA evangelische Theologie. Nach seiner Ersten Theologischen Prüfung vor der Evangelischen Kirche in Hessen und Nassau im Herbst 1991 promovierte er im Winter 1994/95 mit der vorliegenden Untersuchung bei Prof. Dr. Gerd Theißen in Heidelberg. Für seine Dissertation wurde er mit dem «1996 ESSSAT prize for studies in Science and Theology» der European Society for the Study of Science and Theology ausgezeichnet. Zur Zeit ist er Vikar in Bensheim-Auerbach an der Bergstraße.

NOVUM TESTAMENTUM ET ORBIS ANTIQUUS 33

Hubert Meisinger

Liebesgebot und Altruismusforschung

Ein exegetischer Beitrag zum Dialog zwischen
Theologie und Naturwissenschaft

UNIVERSITÄTSVERLAG FREIBURG SCHWEIZ
VANDENHOECK & RUPRECHT GÖTTINGEN
1996

Die Deutsche Bibliothek – CIP-Einheitsaufnahme

Meisinger, Hubert:
Liebesgebot und Altruismusforschung: ein exegetischer Beitrag zum Dialog zwischen Theologie und Naturwissenschaft / Hubert Meisinger. –
Freiburg, Schweiz: Univ.-Verl.; Göttingen: Vandenhoeck und Ruprecht, 1996
  (Novum testamentum et orbis antiquus; 33)
  Zugl.: Heidelberg, Univ., Diss., 1995
  ISBN 3-525-53935-5 (Vandenhoeck & Ruprecht) Gb.
  ISBN 3-7278-1093-9 (Univ.-Verl.) Gb.
NE: GT

Veröffentlicht mit Unterstützung des Hochschulrates und des Rektorates
der Universität Freiburg Schweiz,
der Vereinigten Evangelisch-Lutherischen Kirche Deutschlands
und der Evanglischen Kirche in Hessen und Nassau

Die Druckvorlagen wurden vom Verfasser
als reprofertige Dokumente zur Verfügung gestellt

© 1996 by Universitätsverlag Freiburg Schweiz
Paulusdruckerei Freiburg Schweiz
ISBN 3-7278-1093-9 (Universitätsverlag)
ISBN 3-525-53935-5 (Vandenhoeck und Ruprecht)

Inhaltsverzeichnis

Vorwort

Die vorliegende Untersuchung ist eine überarbeitete Fassung meiner Dissertation, die im Wintersemester 1994/95 von der Evangelisch-Theologischen Fakultät der Universität Heidelberg angenommen wurde.

Mein Doktorvater, Herr Prof. Dr. Gerd Theißen, hat die Arbeit mit viel Interesse begleitet und mir wichtige Anregungen gegeben. Ihm sei ebenso herzlichen Dank gesagt wie Herrn Prof. Dr. Jürgen Hübner, der die Zweitkorrektur übernommen und mir wertvolle Hinweise gegeben hat.

Die ersten exegetischen Gedanken zum Liebesgebot im Neuen Testament gehen auf ein Seminar zur "Ethik Jesu" bei Herrn Prof. Dr. Christoph Burchard im Sommersemester 1988 zurück. Während eines Studienaufenthaltes am "Chicago Center for Religion and Science" (CCRS) in Chicago/USA im Frühjahr 1990 entwickelte ich erste systematisch-theologische Überlegungen zur Altruismusforschung. Mit Herrn Prof. Dr. Philip Hefner und Herrn Prof. Dr. Ralph Wendell Burhoe traf ich dort auf Menschen, die mein Interesse am Dialog zwischen der Theologie und den Naturwissenschaften förderten und mir in einem regen Austausch neue Einsichten vermittelten, die ich mit der vorliegenden Untersuchung für die deutsche Theologie-Naturwissenschaft Diskussion fruchtbar machen möchte. Ihnen danke ich für viele Gespräche und ihre Gastfreundschaft während dieses Aufenthaltes und eines weiteren Studienaufenthaltes im Winter 1993/94.

Der Studienstiftung des deutschen Volkes gilt mein Dank für die langjährige Förderung vom Studienbeginn bis zum Abschluß der Promotion. Ebenso möchte ich mich bei der Hanns-Lilje-Stiftung für die Unterstützung meines zweiten Studienaufenthaltes am "Chicago Center for Religion and Science" und am "Center for Theology and the Natural Sciences" (CTNS) in Berkely/USA im Winter 1993/94 bedanken.

Der "Evangelischen Kirche von Hessen und Nassau" und der "Vereinigten Evangelisch-Lutherischen Kirche Deutschlands" danke ich für die von ihnen gewährten Druckkostenzuschüsse. Herzlichen Dank auch an Herrn Prof. Dr. Max Küchler für die Aufnahme meiner Arbeit in die Reihe "Novum Testamentum et Orbis Antiquus".

Ein ganz besonderer Dank gilt der "European Society for the Study of Science and Theology" (ESSSAT), deren Anliegen es ist, den interdisziplinären Dialog zwischen Theologie und Naturwissenschaft zu fördern. Sie hat meine Dissertation mit dem "1996 ESSSAT Prize for Studies in Science and Theology" ausgezeichnet.

Nicht zuletzt danke ich meinen Eltern und meiner Frau Dorothea, die die Entstehung der vorliegenden Untersuchung auf ihre Weise begleitet haben.

Bensheim-Auerbach, im Juni 1996   Hubert Meisinger

I. Einleitung

Der Dialog zwischen der Theologie und den Naturwissenschaften findet von seiten der Theologie überwiegend im Bereich der Dogmatik und Ethik, allgemein also der Systematischen Theologie statt. In der vorliegenden Untersuchung über das "Liebesgebot und Altruismusforschung" wird ein anderer Weg eingeschlagen. Ausgangspunkt bildet die theologische Exegese vor allem neutestamentlicher Texte, in denen das Liebesgebot eine Rolle spielt oder die zu seinem Verständnis beitragen. Auf dieser Grundlage wird ein Dialog mit einer außertheologischen Wissenschaft eröffnet: der Soziobiologie. Diese beschäftigt sich in ihrer humanwissenschaftlichen Ausprägung mit genetischen und kulturellen Faktoren, die für das menschliche Verhalten verantwortlich sind. Dieser Dialog mündet in zwei systematischen Modellen der wechselseitigen Integration von Religion bzw. Theologie und Soziobiologie.

Innertheologisch ist diese Untersuchung somit dem Bereich der Exegese des Neuen Testaments und interdisziplinär dem Dialog zwischen Theologie und Naturwissenschaft zuzuordnen. In dieser Konkretion leistet sie einen Beitrag zur Hermeneutik des Neuen Testaments und zur Systematischen Theologie.

Es soll zunächst geklärt werden, wie das Verhältnis der beiden Bereiche Theologie und Naturwissenschaft verstanden wird. Anschließend wenden wir uns der Begründung der Themenwahl zu, indem wir die Notwendigkeit einer intensiveren Erörterung des Verhältnisses von theologischer Exegese und Soziobiologie aufzeigen. Daraus entwickeln wir schließlich die Aufgabenstellung der vorliegenden Untersuchung und stellen deren Gliederung vor.

1. Methodische Vorüberlegungen zum interdisziplinären Charakter der Arbeit

Ziel der vorliegenden Untersuchung ist es, einen exegetischen Beitrag zum Dialog zwischen der Theologie und den Naturwissenschaften zu leisten[1]. Diese werden als komplementäre Wissenschaften[2] betrachtet, die sich von verschiedenen theoretischen Voraussetzungen aus mit Phänomenen der (Lebens-) Wirklichkeit auseinandersetzen. *Komplementär* wird dabei weniger im Sinne von "sich gegenseitig ausschließend" verstanden, sondern die Betonung liegt auf "ergänzend" oder "zusammengehörig". In den Fällen, in denen das Objekt der

---

[1] Vgl. die ausführliche Besprechung verschiedener Beziehungsmöglichkeiten zwischen Theologie und Naturwissenschaft durch Barbour, Ways. Er unterscheidet vier Formen: Konflikt, Unabhängigkeit, Dialog und Integration. Allgemein vgl. Hübner, Dialog.

[2] Zum Wissenschaftsbegriff in der Theologie vgl. Pannenberg, Wissenschaftstheorie. Zur Kritik an Pannenberg vgl. Härle/Herms, Dogmatik, 43-53. Zum Begriff der Komplementarität vgl. Fischer u.a., Wirklichkeit, und Mortensen, Theologie, 68-75.

Untersuchung oder der Beschreibung das gleiche ist, besteht die Notwendigkeit, die Ergebnisse auf Konvergenzen und Divergenzen hin zu untersuchen. Diese Phänomene werden besser verstanden, wenn sie von verschiedenen Fragestellungen jeweils neu beleuchtet werden. Vorausgesetzt wird, daß die verschiedenen Zugehensweisen zu gültigen Beschreibungen des Phänomens führen.

Ein Vergleich wird so durchgeführt, daß die Untersuchungen zu beiden Bereichen zunächst getrennt stattfinden - ihre jeweils spezifischen "Eigengesetzlichkeiten" sollen herausgearbeitet werden. Anhand analoger Fragestellungen, die in beiden Bereichen die Untersuchung leiten, können die jeweiligen Ergebnisse jedoch in Beziehung gesetzt werden. Fragen dieser Art sind für den Dialog zwischen der Theologie und den Naturwissenschaften besonders interessant. Sie weisen auf Vergleichsmöglichkeiten hin, da eine direkte Gleichsetzung nicht möglich ist. Daran anschließend können beide Bereiche aus der Perspektive des jeweils anderen Bereichs gedeutet werden[3]. Diese reziproke Integration stellt keine Vereinnahmung dar, sondern zielt auf ein besseres gegenseitiges Verstehen.

2. Begründung des Themas

Das neutestamentliche Liebesgebot ist exegetisch intensiv erforscht. Zumeist wird es unter religions- und traditionsgeschichtlichen, neuerdings auch unter sozialgeschichtlichen und redaktionsgeschichtlichen Gesichtspunkten untersucht. Trotz einer Vielzahl an Veröffentlichungen zum Liebesgebot in einzelnen Bereichen des Neuen Testaments, die in den letzten Jahren erschienen sind[4], bleiben noch zwei Dinge zu tun. Zum einen muß das Liebesgebot im Gesamtzusammenhang aller jeweiligen Schriften und Schriftcorpora gelesen werden. Dies gilt insbesondere für die synoptischen Evangelien, bei denen dies bisher so nicht geleistet wurde. Zum anderen ist eine zusammenfassende Darstellung aller neutestamentlichen Aussagen zum Liebesgebot notwendig, um auf deren Gemeinsamkeiten und Unterschiede aufmerksam zu machen. Ein solcher Gesamtüberblick über das Liebesgebot im Neuen Testament geht über die Ergebnisse der Einzeluntersuchungen hinaus und setzt sie miteinander in Beziehung. Hierin liegt das neutestamentlich-hermeneutische Interesse dieser Untersuchung.

Aus drei Gründen liegt es nahe, diese Untersuchungen zum neutestamentlichen Liebesgebot in den größeren Rahmen des Dialogs zwischen der Theologie und

---

[3] Hierin liegt ein wesentlicher methodischer Unterschied zu Knapp, Soziobiologie, der das Gespräch auf einer philosophischen Ebene sucht. Eine ausführliche Auseinandersetzung mit Knapp findet in III.1.2.3. statt.

[4] Vgl. Ebersohn, Nächstenliebegebot (zu Synoptikern); Söding, Liebesgebot (zu Paulus); und Augenstein, Liebesgebot (zum johanneischen Schrifttum).

den Naturwissenschaften zu setzen und eine Beziehung zur Altruismusforschung der Soziobiologie herzustellen.

Zuerst sei ein allgemeiner Grund genannt. Das neutestamentliche Liebesgebot kann zur soziobiologischen Altruismusforschung in Beziehung gebracht werden, da es sich um einen analogen Problem- und Themenkreis handelt. Es geht jeweils um prosoziales Verhalten, also um den gleichen Gegenstand, der jedoch aus unterschiedlichen Perspektiven betrachtet wird. Darin liegt die Voraussetzung, überhaupt eine Beziehung herzustellen.

Ein weiterer Anlaß, beide in Beziehung zu setzen, ergibt sich daraus, daß sich Verfasser soziobiologischer Arbeiten teilweise explizit auf die Religion im allgemeinen[5] und auf neutestamentliche Texte im besonderen[6] beziehen. Angesprochen wird dabei immer wieder das Nächstenliebegebot[7]. Ja, zum Teil wird der Dialog mit der Theologie gesucht[8].

Schließlich wird auch von theologischer Seite der Dialog aufgegriffen - sei es explizit in den wenigen Arbeiten zum Verhältnis von Theologie und Soziobiologie[9] oder implizit, wie im Matthäuskommentar von U. Luz, der darin fragt, ob die Feindesliebe vielleicht eine utopische Forderung sei, "die darum ambivalent ist, weil sie grundlegenden anthropologischen und psychologischen Voraussetzungen des Menschen widerspricht?"[10] Die Soziobiologie fragt nach diesen Voraussetzungen des Menschen und versucht auf dem Hintergrund der Evolutionstheorie letztlich Antworten auf die Frage nach der Moralität des Menschen zu finden.

---

[5] Vgl. Wilson, Biologie, Kap. 8, und Lumsden, Sociobiology.

[6] Vgl. Wilson, Sociobiology, 120, der sich mit dem samaritanischen Altruismus beschäftigt, den er zum reziproken Altruismus rechnet. Echter Altruismus existiert demnach nicht. In seinem Buch Biologie, 157, sieht er die Quelle des religiösen Altruismus in Mk 16,15f: "Und er sprach zu ihnen: Gehet hin in alle Welt und predigt das Evangelium aller Kreatur. Wer da glaubt und getauft wird, der wird selig werden; wer aber nicht glaubt, der wird verdammt werden". Er hält dies für ein Indiz dafür, daß religiöse Altruisten durch die Aussicht auf eschatologisches Heil motiviert werden. Vgl. III.1.1.1.

[7] Vgl. Vollmer, Möglichkeiten, 127; Fialkowski, Mechanism, 155.160; und den Philosophen Ruse, Harmony, 15-19. Zu Ruse vgl. III.1.1.3.

[8] Vgl. Lumsden, Sociobiology, v.a. 94. Er sucht den Dialog mit dem Theismus.

[9] Vgl. Browning, Altruism; Hefner, Sociobiology; Hefner, Factor; Mortensen, Theologie; Peacocke, Sociobiology; und Knapp, Soziobiologie. Auf eine Aufzählung der populärwissenschaftlichen Literatur kann verzichtet werden.

[10] Luz, Matthäus, 316. Vgl. auch Schottroff, Gewaltverzicht, 217f; und Vollenweider, Freiheit, 317, der in bezug auf die Sarx von einem engen Bezug zum biologischen Erbe des Menschen spricht.

3. Aufgabenstellung und Gliederung

Diese Arbeit ist ein erster systematischer Versuch, die Forschungen in der theologischen Exegese und der Soziobiologie aufeinander zu beziehen, so daß sich Theologie und Soziobiologie gegenseitig anreichern können[11]. Ihr Ziel ist es, erste Überlegungen zu einem Dialog zwischen theologischer Exegese und Soziobiologie aufzustellen, um den bisherigen latenten oder manifesten Beziehungen, auf die eben hingewiesen wurde, eine Basis zu geben. Sie kann nicht auf Untersuchungen anderer Autoren zurückgreifen, da es im deutschsprachigen und meines Wissens auch im englischsprachigen Raum keine Veröffentlichungen dazu gibt. Von daher betreten wir mit dieser Untersuchung wissenschaftliches Neuland, das Aufmerksamkeit wecken und zu weiteren Überlegungen anregen soll.

Bevor die These dieser Arbeit vorgestellt wird, soll innerhalb des jeweiligen Bereiches in Form von Arbeitshypothesen beschrieben werden, was unter Altruismus verstanden wird.

Im *Neuen Testament* finden wir Altruismus in Form des Liebesgebots und in Texten, die sich mit Hilfeleistung befassen. Charakteristisch ist die Ausweitung der Liebe auf Feinde, Fremde und moralisch Ausgegrenzte. Als Grundmodell dient das Modell der (subjektiv bewußt intendierten) Lebenshingabe Jesu, das wir im Joh finden.

Altruismus in der *Soziobiologie* wird dagegen über die Konsequenzen einer Handlung definiert. Altruistisch ist eine Handlung, die Nutzen für einen anderen bringt und den Ausführenden etwas kostet. Subjektive Intentionalität spielt keine Rolle.

Es ist plausibel, daß eine Beziehung besteht: Während die Soziobiologie das Phänomen des Altruismus mit wissenschaftlichem Anspruch gewissermaßen von außen zu betrachten versucht, beschreibt das Neue Testament altruistisches Verhalten vorwissenschaftlich aus der Binnenperspektive verschiedener Gruppen.

Die These dieser Arbeit ist, daß es drei Fragestellungen bzw. Themenkreise gibt, die sowohl in den neutestamentlichen Texten als auch in der soziobiologischen Altruismus-Diskussion auftauchen:

   1) Ein *Erweiterungsbewußtsein*: Die Frage nach dem Adressaten der Liebe oder des altruistischen Verhaltens und die Erweiterung dieses Adressatenkreises über den allernächsten Nächsten hinaus.

   2) Ein *Überforderungsbewußtsein*: Die Frage nach den Möglichkeiten des Menschen, der durch Gebote der Liebe oder altruistische Mahnungen überfordert zu sein scheint.

---

[11] Gerade dies gelingt Knapp, Soziobiologie, nicht, da er die Theologie der Soziobiologie überordnet. Vgl. III.1.2.3.

3) Ein *Schwellenbewußtsein*: Die Frage, ob die Liebe oder der Altruismus nicht einen Schritt auf einen neuen Menschen und eine neue Welt zu darstellt.

Diese drei Themenkreise dienen als Schlüssel, um die neutestamentlichen Texte zu untersuchen und die soziobiologischen Altruismus-Modelle zu ordnen. Dies soll unabhängig voneinander in den beiden folgenden Kapiteln geschehen.

Zuerst wenden wir uns dem Liebesgebot im Neuen Testament und seinem Umfeld zu. Nach einer Darstellung der Vorgeschichte im Alten Testament und in einigen ausgewählten frühjüdischen Schriften sowie einem Exkurs zu prosozialem Verhalten in der Antike am Beispiel der Stoa beschäftigen wir uns ausführlich mit dem Liebesgebot im Neuen Testament. Wir konzentrieren uns auf die wichtigsten Schriften und Schriftgruppen, in denen das Liebesgebot auftaucht oder darauf angespielt wird. Diese sind die synoptischen Evangelien, von den Paulusbriefen I Thess, I Kor, Gal und Röm, der Jakobusbrief und das johanneische Schrifttum.

Anschließend behandeln wir die Altruismusforschung in der Soziobiologie. Wir stellen zuerst allgemein die Kontroverse um die Soziobiologie vor, indem wir die Diskussion in den USA und in der BRD mit den jeweils entsprechenden Sprachgebieten beschreiben. Damit soll ein einführender Überblick über die Vielgestaltigkeit der soziobiologischen Forschung und ihrer philosophischen und theologischen Rezeption gegeben werden. Dieser Abschnitt bildet zusammen mit einer Betrachtung zentraler Kritikpunkte an der Soziobiologie den Hintergrund für die sich daran anschließende Darstellung der Altruismusproblematik in der soziobiologischen Theorie. Wir werden das Kriterium der Altruismus-Modelle herausarbeiten und diese diskutieren. Dabei unterscheiden wir zwischen Modellen, die altruistisches Verhalten rein genetisch erklären wollen, und Modellen, die kulturelle Faktoren einbeziehen.

Im letzten Kapitel sollen die Ergebnisse der Einzelbetrachtungen in Form einer Synopse systematisch anhand der drei leitenden Themenkreise aufeinander bezogen werden. Abschließend werden wir zwei Modelle der Verhältnisbestimmung zwischen christlicher Religion bzw. Theologie und Soziobiologie aus der amerikanischen Diskussion darstellen und kritisch diskutieren. Das eine Modell behandelt die Religion und den Altruismus im Rahmen einer naturwissenschaftlich informierten Gesamtdeutung der Realität (R. W. Burhoe), das andere Modell ordnet dagegen naturwissenschaftliche Erkenntnisse zum Altruismus in den Rahmen eines theologischen Schöpfungsglaubens ein (Ph. Hefner). Beide Entwürfe zeigen, wie Naturwissenschaften und Religion bzw. Theologie komplementär einander zugeordnet werden können, wobei der Ausgangspunkt im ersten Entwurf stärker auf Seiten der Naturwissenschaft und im zweiten auf Seiten der Theologie liegt.

Von diesen beiden Betrachtungen erhoffen wir uns Impulse für den weiteren interdisziplinären Dialog zwischen Theologie und Soziobiologie auch in Deutschland.

II. Das Liebesgebot im Neuen Testament und seinem Umfeld

Eine Untersuchung des Liebesgebotes im Neuen Testament ist unvollständig, wenn nicht zuerst dessen traditionsgeschichtliches Umfeld im Alten Testament und im Frühjudentum herausgearbeitet wird. Ausgangspunkt ist Lev 19,18 - die erste Stelle, an der das Liebesgebot begegnet: "Du sollst deinen Nächsten lieben wie dich selbst". Diese Betrachtungen sollen am Anfang dieses Kapitels stehen, da erst auf dieser Basis die Entwicklung im Neuen Testament verstanden werden kann.

Am Beispiel der Stoa soll in einem Exkurs aufgezeigt werden, daß prosoziales Verhalten sogar über die nächsten Verwandten hinaus kein Phänomen ist, das nur in der jüdisch-christlichen Tradition aufzufinden ist.

Daran anschließend sollen von den neutestamentlichen Schriften die synoptischen Evangelien, die Paulusbriefe I Thess, I Kor, Gal und Röm, der Brief des Jakobus und das johanneische Schrifttum untersucht werden, da in ihnen das Liebesgebot aus Lev 19,18 wörtlich auftaucht oder daran angespielt wird.

Ein expliziter, ausführlicher religionsgeschichtlicher Vergleich wird nicht angestrebt. Doch wird im Verlauf der Untersuchung klar werden, wo die Unterschiede zwischen alttestamentlichem, frühjüdischem, stoischem und neutestamentlichem Verständnis liegen. Dabei ist natürlich zu beachten, daß es sich jeweils um in sich selbst differenziert zu betrachtende Felder handelt.

Unser Hauptaugenmerk liegt auf einer Untersuchung der drei leitenden Themenkreise dieser Arbeit, wie sie oben erläutert wurden[1]. Anhand dieser Fragestellungen soll ein Zugang zum Verständnis des Liebesgebotes in den verschiedenen Schriften gesucht werden, der Vergleichsmöglichkeiten in der Akzentsetzung der einzelnen Schriften eröffnet. Außerdem wird damit eine Ausgangsposition für den Vergleich mit der Altruismusforschung in der Soziobiologie geschaffen.

---

[1] Vgl. I.3.

1. Das Liebesgebot im Alten Testament und im Frühjudentum

Dieser Abschnitt beschäftigt sich in erster Linie mit den wichtigsten Schriften, an denen in alttestamentlichen und frühjüdischen Schriften das Liebesgebot erscheint, um die Vorgeschichte des neutestamentlichen Verständnisses zu erarbeiten[1]. Eine umfassende Darstellung alttestamentlicher oder frühjüdischer Ethik wird nicht angestrebt, wohl aber eine Antwort auf die Frage, wie die Nächstenliebe zur Zeit des frühen Christentums im biblischen Traditionsraum verstanden worden ist. Berücksichtigt werden sollen die hebräische Bibel, die Septuaginta, die Testamente der zwölf Patriarchen, das Jubiläenbuch, die Schriften der Qumran-Essener und die rabbinischen Traditionen[2].

1.1. Das Liebesgebot im Alten Testament

1.1.1. Die hebräische Bibel

Eine explizite Mahnung zur Nächstenliebe findet sich in Lev 19,18 - der Stelle, von der sich die neutestamentlichen Zitate herleiten. Daneben wird das Liebesgebot in Lev 19,34 und dessen Parallele Dtn 10,19 auf den Schutzbürger ausgeweitet. Auf diese Stellen beschränkt sich die folgende Untersuchung[3].

a) Das Nächstenliebegebot Lev 19,18

Als Teil des Heiligkeitsgesetzes (Lev 17-26) bildet das Liebesgebot Lev 19,18 den Schluß der in 19,11-18 überlieferten Reihe von Ge- und Verboten. Es faßt die voranstehenden Verbote zusammen[4] und gibt ihnen eine positive Wendung. In erster Linie bezieht es sich auf die Imperative von 19,17.18aαβ[5], darüber hinaus aber auf den gesamten Abschnitt 19,11-18[6], der als Einheit zu betrachten

---

[1] Im folgenden orientiere ich mich v.a. an Söding, Agape, Kap. A, der die wichtigste Literatur zum Thema aufgearbeitet hat (Söding, Liebesgebot, Kap. A, stellt eine stark überarbeitete und gekürzte Version von Söding, Agape, Kap. A, dar). Daneben vgl. besonders Ebersohn, Nächstenliebegebot, Kap. 2 und 3. Siehe auch Berger, Gesetzesauslegung; Flusser, Sensibilität; Mathys, Liebe; und Nissen, Gott.

[2] Augenstein, Liebesgebot, 175-177, bespricht kurz einige Grundzüge des Verständnisses von Liebe in der Gnosis; Ebersohn, Nächstenliebe, ebensolche im Sirachbuch, in der Weisheitsschrift aus der Kairoer Geniza und bei Philo und Josephus. Auf sie soll an dieser Stelle nur verwiesen werden.

[3] Zu Sachparallelen und Kontrasten vgl. Söding, Agape, 78-85.

[4] Gegen Nissen, Gott, 278 Anm. 811, der im Liebesgebot ein Einzelgebot neben anderen sieht.

[5] Mathys, Liebe, 80f, bezieht es nur auf diese Verse.

[6] Vgl. Nissen, Gott, 281f.

ist. Der Verfasser gehört zur spätexilischen Gola, die eine Lebensordnung für die Zeit nach dem Exil entwirft[7].

Das Liebesgebot bildet eine grundlegende ethische Norm für jegliches Sozialverhalten der Israeliten. Vor allem im Umgang mit dem schuldig gewordenen Nächsten hat es seinen Ort (19,17f). Vor dem Hintergrund des Heiligkeitsgebotes (Lev 19,2) ist es zwar ein Kernsatz der ethischen Forderungen, nicht aber wichtiger als die anderen Teile, z.B. die kultischen Vorschriften[8]. Wie diese ist es "Gehorsam gegenüber dem heiligen Gott und Ausdruck der Heiligkeit, für die Gott sein Volk bestimmt hat"[9].

Der רֵע[10], auf den sich das Gebot der Liebe bezieht, ist vom Kontext her betrachtet der Mit-Israelit[11]. Ohne andere Menschen explizit auszuschließen, ist das Liebesgebot auf das Gottesvolk konzentriert, innerhalb dessen Grenzen aber universal gültig - auch gegenüber dem persönlichen Feind[12] und dem Sünder, nicht aber gegenüber dem Frevler gegen Gott.

Die Liebe will Haß, Rache und Nachtragen überwinden und ist an einer "Wiederherstellung schuldhaft zerstörter Lebensbeziehungen innerhalb des Gottesvolkes"[13] interessiert. Eine einheitliche Grundbedeutung des Wortstammes אהב (lieben) ist kaum festzustellen, der Begriff deckt vielmehr ein weites Bedeutungsfeld ab[14]. Inspiriert wurde der Autor des Liebesgebotes wahrscheinlich vom alttestamentlichen (und gemeinantiken) Freundschaftsgedanken, wie er v.a. in der Jonathan-David-Erzählung I Sam 18 - II Sam 1 zum Ausdruck kommt[15], mit der es bei allen Differenzen auch substantielle Übereinstimmungen gibt[16].

---

[7] Zur Datierung des Heiligkeitsgesetzes und des Nächstenliebegebotes und zur Situation im Exil vgl. Ebersohn, Nächstenliebegebot, 26-33.

[8] Vgl. Mathys, Liebe, 79.

[9] Söding, Agape, 63.

[10] Der Begriff ist kein terminus technicus für die Mitglieder des Bundesvolkes.

[11] Vgl. 19,13.16 und die Parallelbegriffe "Bruder" (אח; 19,17), "Stammesgenosse" (עמית; 18,20; 19,11.15.17) und "Söhne deines Volkes" (בני עמך; 19,18a). Vgl. außerdem die ausdrückliche Ausweitung auf den Fremdling (גר) in V.33f. Siehe Ebersohn, Nächstenliebegebot, 39-42.

[12] Vgl. Piper, Love, 32; Mathys, Liebe, 81; und Stegemann, Nächstenliebe, 64.

[13] Söding, Agape, 56 (Liebesgebot, 51).

[14] Vgl. Söding, Agape, 57-59. (Liebesgebot, 44ff). Das Wort reiche von der Vorliebe für den Ackerbau (II Chr 26,10) über die Zuneigung zwischen Ehegatten (Gen 24,67; 29,18.20.30) bis hin v.a. zur Liebe Gottes zu seinem Volk (Hos 11,1-7) bzw. zu einzelnen Israeliten (Jes 41,8) und gelegentlich auch zu Nicht-Israeliten (Dtn 10,18). Vgl. auch Ebersohn, Nächstenliebegebot, 43.

[15] Vgl. Mathys, Liebe, 13-19, und Söding, Liebesgebot, 45.

[16] V.a. heißt es, daß Jonathan David liebe wie sein eigenes Leben (18,1.3; 20,17), eine dem כמוך von Lev 19,18 ähnliche Aussage. Vgl. Ebersohn, Nächstenliebegebot, 44.

Doch sind Freundesliebe und Nächstenliebe nicht gleichzusetzen, da letztere nicht einfach Zuneigung ist, auch wenn ein emotionaler Zug mitschwingen mag[17]. Sie ist vielmehr als "vorbehaltlose Annahme und Bejahung des Nächsten als des Stammesgenossen und Bundesbruders [und] von daher [als] der Motor eines Denkens, Fühlens und Handelns" zu charakterisieren, "das sich in den Dienst des Nächsten stellt und das, was für ihn gut ist, auf jede nur denkbare Weise fördern will "[18]. Der Hinweis auf die Selbstliebe[19] dient der Illustration, genauer der Intensivierung und Motivierung[20] der Nächstenliebe, auf der allein der Akzent liegt. Deren Verhältnis zueinander wird nicht reflektiert. Deutlich aber wird die innere Einstellung, mit der die Israeliten dem Nächsten begegnen sollen. Sie soll der selbstverständlichen und sittlich keineswegs verwerflichen Sorge eines jeden Menschen um sich selbst entsprechen, zumal davon ausgegangen werden darf, daß Subjekt und Adressat der Liebesforderung grundsätzlich auf derselben sozialen Stufe stehen[21].

Die theologische Motivation des Liebesgebotes schließt sich in der Selbstvorstellungsformel "Ich bin Jhwh" (אני יהוה) an. Durch sie werden die voranstehenden Imperative als integrale Bestandteile der Selbstmitteilung Gottes ausgewiesen. Die Mahnung wird dadurch zum Gebot Gottes. Gleichzeitig zeigt ein Rückblick auf 19,2, daß es Jhwh ist, der die Heiligung Israels ermöglicht - u.a. durch das Praktizieren der Nächstenliebe. Die Dynamik der Heiligung durch Gott bewegt Israel, sich selbst zu heiligen.

b) Die Liebe zum Schutzbürger Lev 19,34

Lev 19,34 ist (wie seine spätere Parallele Dtn 10,19) gegenüber Lev 19,18 sekundär[22].

---

[17] Vgl. Ebersohn, Nächstenliebegebot, 45. Ebensowenig ist Nächstenliebe lediglich ein Handeln zum Wohle des anderen. So aber Buber, Glaubensweisen, 701, und im Anschluß an ihn Radday/Schultz, Nächstenliebe, 386f. Vgl. jedoch Vriezen, Auslegung, 4-7.

[18] Söding, Liebesgebot, 50. Vgl. Mathys, Liebe, passim.

[19] כמוך läßt sich nur mit "wie dich selbst" übersetzen und gibt als Maß der Liebe die Selbstliebe an. So Söding, Liebesgebot, 52 mit Anm. 48; Ebersohn, Nächstenliebegebot, 46; Nissen, Gott, 283 mit Anm. 841; und Mathys, Liebe, 6-9. Gegen Buber, Glaubensweisen, 701: "er ist wie du".

[20] So mit Ebersohn, Nächstenliebegebot, 55.

[21] Zu diesem Ergebnis gelangt Ebersohn, Nächstenliebegebot, 42.

[22] Die Formulierung ist stark durch Ex 22,20 beeinflußt. Eine literarkritische Analyse der Verse ergibt folgendes Bild: "Ein (erster) Redaktor des Heiligkeitsgesetzes weitet das in Lev 19,18 auf den Nächsten begrenzte Liebesgebot auf den גר [Fremdling] aus; damit interpretiert und vertieft er eine ältere Schutzbestimmung für die גרים, die vom Bundesbuch (Ex 22,20; 23,9) abhängig ist. Der Grundgedanke von Lev 19,34 wiederum wird von einem späteren Redaktor des Dtn aufgegriffen und dort in das Gesetzescorpus eingeführt,

Der Kontext Lev 19,33-36 stellt nach kultischen Forderungen in dem vorangehenden Abschnitt die Ethik wieder in den Mittelpunkt. Charakteristisch ist die
Ausweitung des Liebesgebotes auf den גר, der wie ein Einheimischer gelten soll
(V.34aα). Die גרים, auf die sich Lev 19,34 bezieht, sind nicht einfach Fremde[23],
sondern "eine recht klar umgrenzte Gruppe von Nicht-Israeliten, die schon seit
langem im Lande leben und sozial wie religiös weitgehend, wenn auch nicht
vollständig integriert sind"[24]. Die Lage dieser "Schutzbürger" ist mit derjenigen
der armen Israeliten vergleichbar. Daher fordert die Liebe zum Schutzbürger ein
der Nächstenliebe entsprechendes Verhalten. Beide drücken den Gehorsam gegenüber dem heiligen Gott (19,2) aus, der Israels Heiligung ermöglicht.

Mit Lev 19,34 werden jedoch die Grenzen des Bundesvolkes nicht einfach aufgehoben, wohl aber "in Richtung auf die dauernd in Israel ansässigen und weitgehend in das soziale und religiöse Leben integrierten nicht-israelitischen
Schutzbürger durchlässig gemacht"[25]. Auch bei Lev 19,34 handelt es sich um
einen Kernsatz alttestamentlicher Ethik.

Wie V.18 schließt V.34 mit der Selbstmitteilungsformel "Ich bin Jhwh", so daß
auch hier von einer Forderung Gottes und der Ermöglichung durch Gott gesprochen werden kann. Eingeschoben ist jedoch die Erinnerung daran, daß die Israeliten in Ägypten selbst גרים gewesen sind[26]. Dieser Vergleich mit der Lage
Israels in Ägypten zeigt, daß der Aspekt des Fremdseins nicht verlorengegangen
ist. Er läßt die Widersprüchlichkeit erkennen, wenn in einem Volk, das ehemals
Fremdlingschaft am eigenen Leib erfahren hat, die bei ihm lebenden (fremden)
Schutzbürger bedrückt würden. Die gesamte Identität Israels als des von Gott
befreiten und geheiligten Volkes steht im Verhalten gegenüber den Schutzbürgern auf dem Spiel. Da sich Israel der Befreiungstat Gottes im Exodus verdankt,
sind die Israeliten "auf ein Handeln gegenüber Fremden und Benachteiligten
[verpflichtet], das nicht dem zuwiderläuft, worauf die eigene Existenz sich dem
Willen Gottes gemäß gründet"[27].

---

wo zuvor schon von der Liebe Gottes zu den גרים die Rede gewesen ist (V.18)" (Söding,
Agape, 67).
[23] So aber Cohen, Nächste, 187-191.
[24] Söding, Liebesgebot, 49. Er übersetzt daher mit "Schutzbürger". Zur Interpretation
des Begriffes גר vgl. auch Ebersohn, Nächstenliebegebot, 41f. Er spricht davon, daß
diesem Begriff ein doppelter Aspekt innewohne, "einmal als der kultisch gleichberech-
tigte Schutzbürger, ja sogar Proselyt, auf der anderen Seite als die schutzbedürftige *per-
sona misera*" (S. 41). Beide Aspekte sind m.E. in der Bezeichnung "Schutzbürger" zusammengenommen.
[25] Söding, Agape, 71.
[26] Sie selbst besaßen dort nicht den Status von "Schutzbürgern".
[27] Söding, Liebesgebot, 54.

c) Die Liebe zum Schutzbürger Dtn 10,19

Dtn 10,19 setzt das vorgegebene Motiv der Liebe Gottes zu den גרים (V.18) ethisch um[28]. Auch hier ist der nicht-israelitische Schutzbürger im Blick, der schon lange im Land wohnt und sozial und religiös weitgehend integriert ist. Der theologische Kontext ist jedoch nicht die Heiligkeitsforderung, sondern die deuteronomische bzw. deuteronomistische Bundestheologie: "Die Liebe zu den Schutzbürgern ist Ausdruck des von Gottesfurcht und Gottesliebe (10,12f; 11,1) getragenen Gehorsams gegen Gottes Gebot, das zur Ordnung des von Gottes Liebe (10,15) ermöglichten Bundes gehört"[29]. Das Motiv der Liebe Gottes ist ein zentrales Thema des Dtn. Es gibt eine Antwort auf die Frage, warum Israel erwählt ist, und fundiert zugleich die Paränesen. Dtn 10,18 zeigt nun, daß Gottes Liebe nicht nur Israel gilt, sondern auch dem im Lande wohnenden nicht-israelitischen Schutzbürger. Diese Liebe Gottes zu den גרים ist trotz unterschiedlicher Ausdrucksformen grundsätzlich dieselbe Liebe, mit der sich Gott Israel im Exodus zugewandt hat. Die Liebe der Israeliten zu den Schutzbürgern entspricht dieser Liebe Gottes und ist bewegt von der Dynamik des Heilshandelns Gottes. Sie ist "nach Gottes Willen Bejahung der Liebe ..., die das Gottesvolk selbst als Konstituente seines Daseins erfahren hat"[30].

d) Zusammenfassung

Lev 19,18, 19,34 und Dtn 10,19 liegt das gleiche Verständnis von "lieben" (אהב) zugrunde: es geht um eine Haltung und Praxis fundamentaler Bejahung und Annahme des anderen, die dazu führt, daß man auf das aus ist, was ihn fördert. Die Übereinstimmungen zwischen den drei Versen verdanken sich einer geschlossenen Traditionskette[31]. Im Unterschied zu Parallelbegriffen wie etwa dem der Gerechtigkeit drückt "Liebe" "stärker das Moment der Nähe zum anderen, der Hingabe an ihn und der Intensität der Beziehung"[32] aus. Die Grenze des Gottesvolkes[33] wird durch das Gebot der Liebe zum Schutzbürger für die im Lande

---

[28] Dtn 10,19 ist ein von Lev 19,34 abhängiger redaktioneller Nachtrag zur Rahmenparänese des Deuteronomiums. Im strengen Sinne besteht ein Zusammenhang nur mit Lev 19,34, nicht direkt mit Lev 19,18, da nur in Lev 19,34 die "Liebe zum גר geboten und (wortwörtlich) gleich begründet" werde. So Ebersohn, Nächstenliebegebot, 35. Gegen Söding, Agape, 73, ist zu betonen, daß der Bezug auf die Selbstliebe fehlt.

[29] Söding, Agape, 75. Er weist darauf hin, daß Dtn 10,12-19 von allen atl. Texten der Struktur nach dem jesuanischen Doppelgebot der Liebe am ähnlichsten sei (Anm. 5).

[30] Söding, Liebesgebot, 54.

[31] Siehe Söding, Agape, 87.

[32] Söding, Liebesgebot, 50.

[33] Ursprünglich ist die exilierte Gemeinde der Juden gemeint, dann aber auch das Israel, in das man aus Babylon zurückkehrte.

wohnenden und weitgehend in das soziale und religiöse Leben integrierten Nicht-Israeliten durchlässig. Hier zeigt sich ein *Erweiterungsbewußtsein*. Auch persönlichen Feinden gilt das Liebesgebot, nicht aber den Frevlern gegenüber Gott. Charakteristischerweise ist das Liebesgebot ein Gebot Gottes, das im Zusammenhang mit Gottes Heilshandeln an Israel steht. In Lev 19 bildet die Heiligung Israels durch den heiligen Gott die Grundlage der Liebesforderung. Dtn 10,18f geht darüber hinaus und sieht in der Liebe Gottes zu den Schutzbürgern die Basis der Forderung, eben diese zu lieben. In der Begründung des Liebesgebotes durch den Hinweis auf die Fremdlingsschaft der Israeliten in Ägypten und den darauffolgenden Exodus, der durch Gott ermöglicht wurde, schimmert ein *Schwellenbewußtsein* durch: die Nächstenliebe wird zu einem Verhalten derer, die einen Zustand der Sklaverei verlassen haben. Dadurch könnte dessen grundlegende Bedeutung im Neuen Testament vorbereitet sein.

Der Stellenwert des Liebesgebotes ist auf allen drei Redaktionsstufen hoch einzuschätzen. Doch ist grundsätzlich zu berücksichtigen, daß es keinen erkennbaren Einfluß auf andere sittliche Forderungen ausgeübt hat und somit im Grunde ohne Wirkungsgeschichte im Alten Testament selbst geblieben ist. Dadurch wird das Liebesgebot zwar nicht in die Peripherie alttestamentlicher Ethik gerückt[34], wohl aber wird deutlich, daß das Liebesgebot nur *eine* der ethischen Grundforderungen der Hebräischen Bibel ist, mit denen es auf einer Ebene liegt[35]. Das Nächstenliebegebot genießt keine herausragende Bedeutung[36]. Im Alten Testament steht der Gedanke der Gerechtigkeit im Vordergrund.

1.1.2. Die Septuaginta

In der Septuaginta wird das hebräische אהב in Lev 19,18.34 und Dtn 10,19 mit ἀγαπάω übersetzt[37]. Dies entspricht der allgemeinen Übersetzungspraxis der LXX. Das Substantiv ἀγάπη (Liebe) taucht literarisch zum ersten Mal überhaupt in der LXX auf[38]. Die Wahl des Stammes αγαπ- ermöglichte auch den Griechen einen Zugang zur Terminologie der LXX, obwohl sich dort aufgrund der Übersetzungsarbeit die Bedeutung des hebräischen Wortes auf das griechische übertragen hat. Die phonetische Verwandtschaft der beiden Begriffe, die relativ unprofilierte Wortgruppe αγαπ- und die semantisch zu stark vorbelasteten Alternativen könnten zur Verwendung dieses Wortstammes geführt haben. Im Ver-

---

[34] So aber Nissen, Gott, 284.

[35] Erst im Neuen Testament und einigen frühjüdischen Texten gilt es als Inbegriff biblischer Ethik und nimmt eine herausragende Stellung ein.

[36] Vgl. Ebersohn, Nächstenliebegebot, 17.

[37] Da Übersetzen immer auch Interpretation ist, kann untersucht werden, ob sich der Sinn des Nächstenliebegebotes geändert hat.

[38] Vgl. Wischmeyer, Vorkommen, 212.213.

ständnis von "lieben" dürfte die LXX mit der hebräischen Bibel übereinstimmen - rückhaltlose Bejahung und Annahme, verbunden mit Wohlwollen und Bereitschaft zur Hilfe.

רע (Nächster) wird mit ὁ πλησίον wiedergegeben. Zwar ist dieser Begriff im Grunde weiter gefaßt, doch zeigt der Kontext Lev 19,16ff, daß es sich um den Mit-Israeliten handelt[39]. Dennoch bereitet die Verwendung dieses Begriffes eine spätere universalistische Interpretation des Liebesgebotes vor. Gemeint ist in der LXX der Glaubensbruder in der hellenistischen Dispora. Ihm als Schwachem gilt die Sorge und die Überwindung persönlicher Feindschaft.

Während גר im Heiligkeitsgesetz für den in Israel lebenden und in das Kultleben weitgehend integrierten (fremden) Schutzbürger stand, bezieht sich die LXX-Übersetzung durch προσήλυτος auf den zum Judentum konvertierten und beschnittenen Heiden, den Proselyten, der Mitglied einer Synagogengemeinde ist[40]. Aufgrund der Diaspora-Situation wurde der Horizont des Verses somit erheblich eingeschränkt und wurden Nicht-Israeliten ausgeschlossen[41]. Der soziale Standard der Proselyten konnte mit dem eines Israeliten übereinstimmen. Wie der Schutzbürger jedoch ist er ein Nicht-Israelit. Ihm soll die volle Anerkennung als Mitglied der jüdischen Gemeinschaft zukommen.

Insgesamt ist das Bemühen um eine textgetreue und sach- wie situationsgerechte Übersetzung zu erkennen. Eine universale Ausweitung des Liebesgebotes ist in der LXX jedoch (noch) nicht zu erkennen, auch wenn der Boden dazu bereitet ist[42].

---

[39] Vgl. "Bruder" (ἀδελφός) und "Söhne deines Volkes" (υἱοί τοῦ λαοῦ σου). So auch Nissen, Gott, 285 mit Anm. 854, und Ebersohn, Nächstenliebegebot, 50. Gegen Berger, Gesetzesauslegung, 100-104; Wischmeyer, Gebot, 163; und Fichtner, Begriff, 108-111, die sich für eine weitere Bedeutung im Sinne von "jeder Mensch" aussprechen. Diese ist dem Begriff zwar inhärent, im Kontext aber nicht gegeben. Zudem spricht die als Ausweitung zu deutende Ausrichtung auf den Proselyten in 19,34 für ein engeres Verständnis in 19,18.

[40] Zur Übersetzung von גר mit προσήλυτος vgl. auch Ebersohn, Nächstenliebegebot, 50f.

[41] Dies spricht nicht gegen die spätere universalistische Interpretation des Liebesgebotes, die am Begriff πλησίον anknüpft.

[42] Zum Gebot der Bruderliebe in Tob 4,13, dem Gebot der Liebe zum verständigen Haussklaven in Sir 7,23 und Sachparallelen wie Sir 34,24-27 vgl. Söding, Agape, 96-105. An allen Stellen bleibt der Adressatenbereich der Nächstenliebe innerhalb des durch die hebräische Bibel vorgezeichneten Rahmens. Eine universalistische Ausweitung ist nicht zu erkennen. Zur Kritik an Bergers Interpretation von Sir 13,15 LXX (Berger, Gesetzesauslegung, 113) siehe Söding, Agape, 104 mit Anm. 48.

1.2. Das Frühjudentum

1.2.1. Die Testamente der Zwölf Patriarchen

Die Testamente der Zwölf Patriarchen sind eine pseudepigraphe, ursprünglich jüdische Schrift, die den zwölf Jakob-Söhnen je eine Abschiedsrede zuschreibt. Sie wurde im 2. Jh.n.Chr. von christlicher Hand bearbeitet, so daß sie in ihrer heutigen Gestalt als christliche Schrift angesehen werden kann[43].

Obwohl ein direktes Zitat von Lev 19,18 fehlt, ist dessen Einfluß auf das Agape-Motiv in den TestXII klar zu erkennen[44]. Innerhalb von Abschiedsreden ist das Liebesgebot ein typisches Strukturelement[45]. Die TestXII wollen in Form einer aktualisierenden Interpretation der Tora v.a. ethische Orientierung für das Alltagsleben der Juden geben. Meist wird angenommen, daß die Mahnungen zur Agape der ältesten Schicht der Schriften angehören und nicht erst christliche Interpolationen sind.

Am charakteristischsten läßt sich das Wesen der Nächstenliebe am Verhalten Josephs ablesen[46] - als selbstloser Dienst an den Brüdern, die die Gemeinschaft schuldhaft zerstört haben. Diese Grundhaltung gilt für alle, an die die TestXII gerichtet sind. Die Agape ist nicht nur eine Gesinnung, sondern Tat: Unterstützung der Armen und Schwachen (TestIss 5,2), Hilfe für Bedrängte (TestBenj 4,4), aber auch Ermahnung dessen, der Gott leugnet und dadurch den rechten Weg verfehlt (TestGad 6,3). Sie beansprucht den ganzen Menschen[47]. Möglich ist sie jedoch nur dem, der den Geist Gottes besitzt (TestSim 4,4)[48]. Prinzipiell drückt Agape den Gehorsam gegenüber der Tora aus. Das ethische Niveau liegt auf Höhe der ursprünglichen Intention von Lev 19,18: Bereitschaft zur Vergebung, Dienst an der Gemeinschaft und aktive Unterstützung der Armen.

---

[43] Zur Entstehungsgeschichte vgl. neben Becker, Testamente, die kurzen Zusammenfassungen bei Söding, Agape, 105 Anm. 1, und Augenstein, Liebesgebot, 166f. Besonders Söding arbeitet die Literatur umfangreich auf. Einen neueren Forschungsüberblick bietet Ulrichsen, Grundschrift, 15-20, der die uns vorliegende Schrift ebenfalls als christlich ansieht, sich in seiner Untersuchung jedoch auf die Grundschrift konzentriert. Diese datiert er um 200 v.Chr.

[44] Vgl. TestGad 4,2; TestDan 5,1; TestIss 5,1.2; TestBenj 3,3.4; TestRub 6,9b; u.ö. Das Liebesgebot der TextXII ist daher eher aus biblischer Tradition als aus hellenistischen Einflüssen zu erklären, obwohl stoische Einflüsse nicht geleugnet werden können. Vgl. Söding, Liebesgebot, 58 Anm. 70.

[45] Vgl. Tob 4; Jub 7,20 u.ö.

[46] Vgl. Ulrichsen, Grundschrift, 283.

[47] Joseph liebt seine Brüder ὡς τὴν ψυχὴν αὐτοῦ (TestSim 4,6). Vgl. Söding, Agape, 110.

[48] Hierin kann ein Hinweis auf ein *Schwellenbewußtsein* gesehen werden. Der geistbegabte Mensch ist ein neuer Mensch.

Der Adressatenbereich der als Bruderliebe interpretierten Nächstenliebe[49] ist primär auf die jüdische Glaubensgemeinschaft beschränkt. Dazu zählt wie in Lev 19 der persönliche Feind und der Sünder[50]. Doch gibt es einige Anhaltspunkte für eine universale Perspektive. So spricht TestIss 7,6 von einer Liebe zu "jedem Menschen". In TestSeb 5,1 findet sogar eine Ausweitung der Liebe in Form von Barmherzigkeit auf Tiere statt. Die Grenze der jüdischen Glaubensgemeinschaft wird dadurch aufgebrochen. Die Ausweitung geschieht wahrscheinlich unter stoischem Einfluß[51] und ist eine Novität innerhalb der alttestamentlichen und frühjüdischen Ethik[52].

Mahnungen zur Gottes- und zur Nächstenliebe sind eng miteinander verbunden[53]. Sie gehören genuin zu den TestXII. Ihr Zusammenhang ist zum einen dadurch bedingt, daß beide von Gott gefordert werden[54]. Darüberhinaus wird die Liebe zum Nächsten durch die Liebe zu Gott ermöglicht, und umgekehrt verifiziert sie diese[55]. Aufgrund dieses engen inneren Zusammenhanges wird man von Doppelgeboten sprechen dürfen[56].

Explizite Begründungen fehlen zumeist. Das Liebesgebot zu befolgen, drückt Gehorsam gegenüber der von Gott herkommenden Autorität der Patriarchen aus. Wenn sich Begründungen finden, stehen sie in einem weisheitlichen Horizont, genauer im Zusammenhang von Tun und Ergehen. Doch ist es nicht die Aussicht auf Lohn, die zum Tun des Guten und Richtigen motiviert. Vielmehr findet eine Orientierung an einer durch Gott gestifteten umfassenden Lebensordnung statt.

---

[49] TestRub 6,9; TestDan 5,3; TestBenj 4,1-4 u.ö.

[50] Gegen Nissen, Gott, 233 mit Anm. 605; 309 mit Anm. 962, dessen These, das Judentum kenne prinzipiell keine Feindes- und Sünderliebe, aufgrund der TestXII hinfällig ist.

[51] So Söding, Agape, 113, im Anschluß an Becker, Untersuchungen, 397f.

[52] Da keine Problematisierung dieser Ausweitung erfolgt, wird man mit einer gewissen Plausibilität rechnen müssen, die darauf hinweist, daß diese ethische Auffassung bereits früher im Entstehungsraum der TestXII anzutreffen war, nie aber eine überragende Stellung einnahm. Anders Ebersohn, Nächstenliebegebot, 64-89, für den das Nächstenliebegebot in den TestXII die Grenze der eigenen Gruppe nicht überschreitet. Πλησίον bezeichne wie in Lev 19,18 den (nicht verwandten) Angehörigen des eigenen Volkes. Ulrichsen, Grundschrift, 284, läßt die Frage offen, ob die Nächstenliebe universalistisch gemeint sei.

[53] TestIss 5,1f; 7,6f; TestDan 5,1ff; TestBenj 3,1-5.

[54] Darauf beschränken sich Becker, Untersuchungen, 385, und Nissen, Gott, 228.

[55] So Söding, Agape, 116f, mit Bezug auf TestGad 4,1f und TestBenj 3,5.

[56] Mit Ebersohn, Nächstenliebegebot, 95f, der im Doppelgebot das Bemerkenswerteste an den TestXII sieht. Vgl. auch Ulrichsen, Grundschrift, 282-284. Gegen Nissen, Gott, 229-237.

Insgesamt läßt sich sagen, daß das Gebot der Nächsten- und Bruderliebe eine herausragende Stellung einnimmt[57]. Die Umkehr, zu der die TestXII Israel in einer schwierigen Lage ermahnen, soll sich v.a. in der Agape zeigen. Damit ist das Liebesgebot "vielleicht das wichtigste Einzelgebot, das der besonderen Aufmerksamkeit bedarf, ohne jedoch die Bedeutung anderer Weisungen zu relativieren oder gar zu konditionieren"[58].

1.2.2. Das Buch der Jubiläen

An einigen Stellen im Jub[59] kommt die Nächstenliebe zur Sprache. Zwar wird Lev 19,18 nicht zitiert, doch ist der Einfluß dieses Verses unbestritten. In Jub 7,20; 20,2; 35,20 und 36,4.8 finden sich Mahnungen zur Nächsten- und Bruderliebe im Kontext von Abschiedsreden. Besonders in den Kapiteln 35-37, die auf das Verhältnis zwischen Esau und Jakob eingehen, besitzt das Thema Bruderliebe den Charakter eines Leitmotivs. Nächstenliebe zielt auf enge Bruderschaft, soll vor eigener Ungerechtigkeit bewahren und in gegenseitiger Hilfeleistung zum Ausdruck kommen. Jakob wird geradezu zum Vorbild der Bruderliebe[60]. Wie bereits in den TestXII steht die Nächstenliebe in einem engen Zusammenhang mit dem Gesetz (7,20). Sie ist ein wichtiges Gebot der Tora und Ausdruck von Gesetzesgehorsam.

Fast immer ist Liebe innerisraelitische Bruderliebe (7,20; 46,1), die auch den persönlichen Feinden gilt (Jub 35.36). Frevler gegen Gott sind ausgeschlossen. Eine universalistische Ausweitung wird in 20,1f erkennbar: Unter den herbeigerufenen Kindern und Enkeln Abrahams sind auch Ismael mit seinen zwölf Kindern und die Kinder der Ketura mit ihren Söhnen (20,1). Bereits damit ist der innerisraelitische Rahmen überschritten. Zudem fordert 20,2, "unter allen Menschen" so zu sein, "wie sie untereinander einer zum anderen sich verhalten"[61].

---

[57] Darauf weist auch die Stellung der Liebesgebote am Anfang (TestBenj 3,1), am Schluß (TestIss 7,6) oder im bestimmenden Rahmen (TestGad 6,1.3; 7,7) einer Texteinheit hin. In TestJos 17,1f besitzt die Nächstenliebe fast den Charakter einer "programmatischen Zusammenfassung". So Söding, Agape, 119.

[58] Söding, Liebesgebot, 66.

[59] Zur Text- und Handschriftenüberlieferung vgl. v.a. Berger, Jubiläen. Inhaltliche Charakteristiken und Einleitungsfragen werden kurz von Ebersohn, Nächstenliebegebot, 108-112, zusammengefaßt.

[60] Vgl. Joseph im Verhältnis zu seinen Brüdern: Jub 34,10-19; 39,2b-46,8. So Söding, Agape, 124.

[61] Übersetzung nach Berger, Jubiläen, 426, der an dieser Stelle wie andere Übersetzungen auch konjiziert und die Wendung "in allen Kriegen", das in allen Handschriften enthalten ist, in "unter allen Menschen" verbessert. Zur Kritik an dieser umstrittenen Konjektur vgl. Ebersohn, Nächstenliebegebot, 117 Anm. 296, der sich insgesamt gegen eine universalistische Interpretation der Liebe in Jub ausspricht (S. 124).

Dies kann nur auf die Forderung der Nächstenliebe anspielen. Damit bereitet eine originär palästinische Schrift eine universale Ausweitung des Liebesgebotes vor. Wie in den TestXII ist der Zusammenhang zwischen Gottesliebe und Nächstenliebe eng. Das richtige Verhalten gegenüber dem Nächsten kommt vom rechten Verhältnis zu Gott her. Umgekehrt drückt sich das rechte Verhältnis zu Gott nicht nur in der Befolgung seiner kultischen, sondern auch seiner ethischen Weisungen aus.

Das entscheidende Motiv der Agape liegt in der Erinnerung an die gemeinsame Herkunft und die familiäre Zusammengehörigkeit der Angesprochenen. Hauptthema im Jub ist jedoch nicht die Agape[62], sondern die Gerechtigkeit. Die Nächstenliebe ist ein wichtiges Einzelgebot der Tora, in dem sich die übergreifende Forderung der Gerechtigkeit konkretisiert. Jub wendet sich gegen die Zerrissenheit Israels, die durch Bruderliebe überwunden werden kann.

1.2.3. Die Schriften der Gemeinde von Qumran

Vor allem in der Damaskusschrift und der Sektenregel finden sich Mahnungen zur Nächstenliebe[63]. Besonders CD VI,20f ist sachlich deutlich von Lev 19,18 geprägt, auch wenn kein wörtliches Zitat vorliegt. Doch zeigt sich gerade hier charakteristisch die Einschränkung des Liebesgebotes auf den Glaubensbruder: anstelle von "Nächster" (רע) steht "Bruder" (אח). Nächstenliebe ist ausschließlich innergemeindliche Bruderliebe, sie endet an den Grenzen der Sektengemeinschaft. "Nächster" und "Bruder" sind synonym zu verstehen[64]. Innerhalb dieser Grenzen beinhaltet sie die Liebe zum persönlichen Feind und zum schuldig Gewordenen, wodurch sie inhaltlich in die Nähe von Vergebung rückt[65]. Nächstenliebe ist aber in den Augen der Gemeinde nur dann Liebe, wenn ihr der Feindeshaß auf die "Männer der Grube" bzw. die "Söhne der Finsternis" entspricht (CD II,14ff; 1QS I,2-11; IX,16-21). Die "Söhne der Finsternis" sind jedoch nicht alle, die nicht zur Gemeinde gehören, sondern jene, die Gott nach seinem vorzeitlichen Plan für das Zorngericht bestimmt hat. Ihnen gegenüber wird ein ausgesprochen gewaltloser Feindeshaß gepredigt, der ausschließlich in radikaler Absonderung von ihnen besteht (vgl. 1QS IX,20). Von einer Verfolgung oder Ver-

---

[62] Dazu erscheint das Nächstenliebegebot zu selten. Es kann keine exponierte theologische Stellung beanspruchen. Vgl. Ebersohn, Nächstenliebegebot, 126.

[63] CD VI,20f; XIII,18; 1QS I,3f.9ff; II,24 u.ö. Mit Ausnahme der Hymnenrolle haben die anderen Schriften, soweit sie bislang veröffentlicht sind, keine direkten Parallelen (nach Söding, Agape, 130).

[64] Vgl. Ebersohn, Nächstenliebegebot, 105f, der auf 1QS VI,10 hinweist: "Niemand soll mitten in die Worte seines Nächsten hineinreden, bevor sein Bruder aufgehört hat zu sprechen" (Übersetzung nach Lohse, Texte, 23).

[65] So Ebersohn, Nächstenliebegebot, 107.

nichtung der Gegner ist keine Rede, auch auf eine Vergeltung soll verzichtet werden, da es Aufgabe Gottes ist, Gericht zu halten (1QS X,17-20)[66].

Die Nächstenliebe ist ein Zeichen radikaler Einhaltung des Gesetzes, wie es in der autoritativen Halacha des Lehrers der Gerechtigkeit begegnet. Damit ist sie immer auch Ausdruck des Gehorsams gegenüber diesem. Die Kraft zur Nächstenliebe kommt von Gott (1QS III,6ff u.ö.). Nächstenliebe ist Zustimmung zum Erwählungshandeln Gottes, während Feindeshaß Zustimmung zum Zorngericht Gottes ist. Beide sind somit Ausdruck intensiver - wenngleich rigoroser - Frömmigkeit.

Nächstenliebe und Feindeshaß sind von großer Bedeutung in Qumran[67]. Sie gehören zentral zum Ordenseid 1QS I,2-11 hinzu und sind wichtige Aspekte in der "Katecheten"-Anweisung (1QS IX). Dies ist eine Folge der Betonung eines intensiven Gemeinschaftslebens und einer gleichzeitigen Abgrenzung von der Welt. Das ethische (und spirituelle) Hauptwort der Qumran-Gemeinde ist jedoch "Gerechtigkeit". Die Anweisungen des Lehrers der *Gerechtigkeit* bestimmen auch die Verbindlichkeit des Liebesgebotes.

1.2.4. Rabbinische Literatur

Die Quellenlage ist schwierig. Zwar wurde das Liebesgebot von der ersten Generation an tradiert, erläuternde Texte finden sich aber nur in der Mischna und Tosefta, in den Talmudim sowie einigen Midraschim und Targumim[68]. Die vorliegenden Fassungen dieser Schriften sind jedoch relativ spät zu datieren[69]. In wirkungsgeschichtlicher Perspektive können die Möglichkeiten frühjüdischer Rezeption des Liebesgebotes jedoch anhand des tannaitischen (und amoräischen) Materials erkundet werden. Berücksichtigt werden muß, daß das pharisäische und rabbinische Judentum eine Pluralität an Auffassungen kennt. Im folgenden soll

---

[66] Vgl. Flusser, Sensibilität, 49f; und Söding, Agape, 135. Feindeshaß galt wohl erst bei einer verweigerten Annahme der qumranischen Botschaft. Welche genaue Bedeutung der Kriegsrolle (1QM) in diesem Zusammenhang zukommt, in der von einem endzeitlichen Kampf zwischen den "Söhnen des Lichts" und den "Söhnen der Finsternis" die Rede ist, bei dem im siebten und letzten Kriegsgang Gott zugunsten der Gemeinde entscheiden wird (vgl. Ebersohn, Nächstenliebegebot, 107), muß hier offen bleiben.

[67] Vgl. Mathys, Liebe, 120.

[68] Vgl. neben Söding, Agape, v.a. Nissen, Gott, 287-329; Cohen, Nächstenliebe; und Flusser, Sensibilität.

[69] Das älteste überlieferte jüdische Zitat findet sich in SifraLev 19,18 unter dem Namen Rabbi Akibas und stammt frühestens aus der Zeit um die Wende vom 1. zum 2. Jh. Zu Rabbi Akiba vgl. Lenhardt/Osten-Sacken, Akiva.

eine kurze Skizze einiger wichtiger Grundzüge zum Verständnis von Nächstenliebe gegeben werden[70].

Grundsätzlich kann man davon ausgehen, daß das Verständnis der Nächstenliebe
dem Sinn von Lev 19,18 gleicht und darunter die vorbehaltlose Annahme, Ach-
tung und Förderung des anderen wie auch tatkräftige Unterstützung in Notlagen
zu verstehen ist.

Av 1,12[71] und Av 6[72] zeigen, daß die Nächstenliebe als Gebot der Tora und als
Ausdruck von Gesetzesgehorsam gefordert wird. Als (nicht unumstrittene)
Grenze der Nächstenliebe wird das כמיך angesehen. Das eigene Leben und die
eigenen Interessen dürfen nicht um der Nächstenliebe willen ins zweite Glied
rutschen[73].

Der Adressatenbereich der Nächstenliebe erstreckt sich auf die Angehörigen des
Gottesvolkes und die Proselyten. Ein uneinheitliches Bild herrscht bei der Frage,
ob persönliche Feinde und Sünder einbezogen sind. Einige Texte vertreten diese
Auffassung[74], andere grenzen den Geltungsbereich ein[75]. Auch die Einbeziehung
von Nicht-Juden wird unterschiedlich geregelt. Während einige Texte die Nächstenliebe ausdrücklich auf die Israeliten und Proselyten beschränken[76], erweitern
andere Texte den Geltungsbereich des Liebesgebotes[77]. Dazu zählt v.a. Av 1,12,
wo Hillel von der "Liebe zu den Geschöpfen" spricht und damit gerade auch
Nicht-Juden meint. Auch wenn er einem Heiden die negative Fassung der Goldenen Regel als Haupt-Satz der Tora erklärt (Shab 31a), ist bei den Nächsten, denen der Fragesteller nichts Böses tun soll, nicht nur an die Israeliten gedacht[78].

---

[70] Ausführlicher Söding, Agape, 138-154, an den wir uns in diesem Abschnitt anschließen.

[71] Ein Wort Hillels, die Liebe zu den Geschöpfen müsse sie der Tora nahebringen.

[72] Enthält eine Liste der achtundvierzig Dinge, mit denen man die Tora erwerben kann.
Wegen des Gleichklangs werden Gottes- und Nächstenliebe unmittelbar nebeneinander
genannt.

[73] So auch moderne jüdische Autoren wie Radday/Schultz, Nächstenliebe.

[74] Söding, Agape, 145f, weist u.a. auf Ber 10a hin. Darin wird die Fürbitte eines From-
men für einen Frevler als vorbildhaft hingestellt. Es gibt jedoch kein direktes Gebot, die
persönlichen Feinde und die Sünder zu lieben.

[75] Söding, Agape, 146f, weist u.a. auf bJoma 22b hin. Lev 19,18 bezieht sich darin nach
Rabbi Jochanan nur auf Geldangelegenheiten.

[76] Vgl. SifraLev 19,17f (89b).

[77] Gegen Berger, Gesetzesauslegung, 130ff, und Nissen, Gott, 287f.402f u.ö. Für eine
auf alle Menschen gerichtete Nächstenliebe im Talmud plädieren v.a. jüdische Autoren;
vgl. Farbstein, Nächstenliebe; Flusser, Sensibilität, 47.

[78] Auch einige Sachparallelen zum Liebesgebot sind universal ausgerichtet; vgl. Söding,
Agape, 149. In SifraLev 19,18 hingegen geht es nicht darum, daß der Adressatenbereich
der Nächstenliebe über die Israeliten hinaus auf alle Menschen ausgedehnt wird, sondern

Diese Pluralität an Auffassungen kann nicht auf einen gemeinsamen Nenner gebracht werden, sondern muß als solche stehen bleiben.

Zumeist werden die Mahnungen von der Autorität der Tora getragen. Dies ist jedoch kein formaler Gesetzesgehorsam, sondern durch die Vorstellung vom Heilswillen Gottes geprägt, wie er sich in Schrift und Tradition ausdrückt. Auch Gottes Handeln kann als Grund der Nächstenliebe genannt werden[79].

Insgesamt kann man sagen, daß das Liebesgebot normalerweise nicht besonders hervorgehoben wird. Dennoch wird es als wichtige Forderung des Gesetzes gesehen. Die Nächstenliebe begründet zwar nicht die Geltung anderer Gebote und schränkt sie auch nicht ein, hilft aber teilweise zu klären, wie sie praktisch umgesetzt werden können.

1.3. Zusammenfassende Betrachtung zum Liebesgebot im Alten Testament und im Frühjudentum

Hebräische Bibel, Septuaginta und frühjüdische Schriften stimmen im Verständnis der Nächstenliebe weitgehend überein. Agape wird grundsätzlich als vorbehaltlose Annahme des anderen und intensive Zuwendung zu ihm bestimmt. Das "wie dich selbst" betont nicht so sehr eine Grenze, als vielmehr die Intensität der Nächstenliebe. In erster Linie handelt es sich dabei um innerisraelitische Bruderliebe[80], doch gibt es einige Texte, die Lev 19,18 universal auszuweiten beginnen und Nicht-Juden in den Adressatenkreis der Liebe einbeziehen. Hier zeigt sich ein *Erweiterungsbewußtsein*. In der Septuaginta wird dieses Verständnis vorbereitet. Explizit findet es sich in TestIss 7,6; TestSeb 5,1 und Jub 20,2. Dabei ist bemerkenswert, daß diese universalen Ausweitungen der Nächstenliebe sowohl im diaspora-hellenistischen wie im palästinischen Judentum möglich gewesen sind und an einer Praktizierung nicht grundsätzlich gezweifelt wird, so daß kein *Überforderungsbewußtsein* vorzuliegen scheint. Nahezu alle Schriftgruppen

---

um die Steigerung der Intensität der gebotenen Liebe und um die Begründung der Pflicht zur Nächstenliebe in der Gottebenbildlichkeit des Nächsten. Vgl. Söding, Agape, 149f, und Lenhardt/Osten-Sacken, Akiva, 181.

[79] Es lassen sich drei Motive unterscheiden: der Hinweis auf Gottes Schöpfertum (ARN (A) 16), Gottes Liebe zu den Fremdlingen (גרים; MekhEx 22,20 (101a)) und die Erinnerung daran, daß die Israeliten in Ägypten selbst Fremdlinge gewesen sind. Daneben gibt es noch das Motiv, "um des Friedens willen" Nächsten- und Feindesliebe zu üben (Git 61a).

[80] Die Bezugsgrößen sind jeweils unterschiedlich, entsprechend der Entstehungssituation.

halten zudem an der Liebe zum persönlichen Feind fest[81]. Charakteristisch ist jedoch gerade für die frühjüdischen Schriften ein Nebeneinander verschiedener Positionen.

Der entscheidende Bezugspunkt der Nächstenliebe ist der Wille Gottes, wie er in der Tora und den verschiedenen Halachot begegnet[82]. Dabei ist es in den TestXII Gottes Geist, der die Nächstenliebe überhaupt ermöglicht, so daß wir von einem *Schwellenbewußtsein* sprechen können. Grundsätzlich hängt die Geltung des Liebesgebotes von der Geltung und vom Verständnis der Tora ab.

---

[81] Der Versuch von Nissen, Gott, aufzuzeigen, daß Feindesliebe im antiken Judentum grundsätzlich unmöglich gewesen sei, muß als gescheitert angesehen werden. Vgl. Söding, Agape, 158 mit Anm. 20.

[82] Es handelt sich dabei um den Versuch konsequenter Verwirklichung des Willens Gottes.

Exkurs: Prosoziales Verhalten in der Antike am Beispiel der Stoa

Prosoziales Verhalten ist kein Phänomen, das nur in der jüdisch-christlichen Tradition aufzufinden ist. Im Anschluß an K. Jaspers These von der "Achsenzeit" der Weltgeschichte soll am Beispiel der Stoa deutlich gemacht werden, daß prosoziales Verhalten auch in anderen Traditionen eine wichtige Rolle spielt.

a) Die These von der "Achsenzeit" nach Karl Jaspers

Vor dem Hintergrund der "Idee der Einheit des Ganzen der Geschichte"[1] macht der Philosoph Karl Jaspers die Entdeckung, daß in dem zwischen 800 und 200 v.Chr. stattfindenden geistigen Prozeß in China, in Indien und im Abendland der tiefste Einschnitt der Geschichte liege. In diesem Zeitalter, das er mit "Achsenzeit"[2] bezeichnet, entstand seiner Meinung nach der noch heute gültige Denk- und Verstehenshorizont, bei dem der Logos und die Rationalität eine große Rolle spielt. Außerdem seien die Ansätze der Weltreligionen geschaffen worden, denen die Menschen noch heute anhängen. Charakteristisch in dieser Zeit sei die Abwendung von Opfer und Gewalt und die Hinwendung zu Vernunft, Liebe und Sittlichkeit[3]. In der Achsenzeit sei das offenbar geworden, "was später Vernunft und Persönlichkeit hieß"[4]. Soziologisch entspräche dieser neuen geistigen Welt, daß eine Fülle kleiner Staaten und Städte miteinander konkurrierten. Die Achsenzeit sei jedoch kein Aufbruch aller Menschen, sondern ein "Aufbruch innerhalb der Menschheit"[5]. Die nachfolgende Geschichte sei immer stärker durch Europa geprägt worden, v.a. durch das Judentum, die Griechen und das Christentum[6].

Kritisch kann nicht übersehen werden, daß Jaspers noch nicht die heute vorhandenen Einsichten in die Menschheitsentwicklung besaß. "Er übersieht in [seiner] Einteilung der alten Menschheitsgeschichte vor allem den entscheidenden Ein-

---

[1] Jaspers, Ursprung, 18. Zum folgenden vgl. auch Baudler, Töten. Zum Geschichtsdenken in der Philosophie Jaspers vgl. Park, Geschichte.

[2] Jaspers, Ursprung, 19. Sie ist von der christlichen Achse der Weltgeschichte in der Erscheinung des Gottessohnes verschieden, auch wenn diese unsere Zeitrechnung bestimmt. Nicht Offenbarung also sei das, was alle Menschen verbindet, sondern Erfahrung (so Jaspers, Ursprung, 41).

[3] Vgl. Baudler, Töten, 108.

[4] Jaspers, Ursprung, 22.

[5] Jaspers, Ursprung, 38.

[6] Hierin liegt m.E. die Notwendigkeit begründet, in einer Untersuchung wie der vorliegenden die griechische Philosophie nicht unberücksichtigt zu lassen - zumal die Stoa, auf die wir gleich exemplarisch zu sprechen kommen werden, auf die Ethik des Christentums einwirkte.

schnitt, den die Seßhaftwerdung des Menschen etwa 10.000 Jahre v.Chr. gegenüber den Jahrhunderttausenden vorher darstellt"[7]. "Der neolithische Übergang von konsumptiven Jägern und Sammlern zu produktiven Hirten und seßhaften Ackerbauern vollzog sich fast überall, war also ein Ereignis der Menschheit als ganzer"[8]. Auch hier wird eine Schwelle überschritten, die in Jaspers Terminologie als Achse der Weltgeschichte bezeichnet werden kann. Das gleiche gilt nach Jaspers für unser heutiges wissenschaftlich-technisches Zeitalter, das seiner Meinung nach vielleicht in eine "neue uns noch ferne und unsichtbare zweite Achsenzeit der eigentlichen Menschwerdung"[9] führt. Die Ambivalenzen unseres derzeitigen Zeitalters berücksichtigt er nicht ausreichend. Nur ansatzweise ist bei ihm der Gedanke vorhanden, daß die Geschichte kein einheitliches Ganzes darstellt, sondern ein "Aggregat von Lokalgeschichten"[10] ist. Hier könnte eine differenziertere Sicht der Menschheitsgeschichte ihren Ausgangspunkt nehmen.

Insgesamt können wir jedoch festhalten, daß der Zeitraum von 800-200 v.Chr. eine Schwelle in der Entwicklung der Menschheit markiert.

Innerhalb der griechischen Philosophie ist die Stoa eine der herausragenden Denkbewegungen, die in dieser Zeit entstand[11]. Sie soll im folgenden exemplarisch für die pagane Antike auf ihr Verständnis von prosozialem Verhalten untersucht werden, weil in ihrer Ethik die Universalität altruistischen Verhaltens deutlich reflektiert wird und gleichzeitig Unterschiede zur biblischen Begründung altruistischen Verhaltens deutlich werden[12].

b) Stoische Ethik und prosoziales Verhalten

Nach der stoischen Oikeiosis-Lehre[13] hat der Mensch mit dem Tier den Trieb zur Selbsterhaltung und Selbstentfaltung grundlegend gemeinsam. Altruistische Triebe sind auf die Nachkommenschaft und nach außen hin abgestuft auf die Gemeinschaft beschränkt[14]. Im Unterschied zum Tier jedoch besitzt der Mensch

---

[7] Baudler, Töten, 109.

[8] Landmann, Geschichtsphilosophie, 691.

[9] Jaspers, Ursprung, 46.

[10] Jaspers, Ursprung, 45.

[11] Zur Gründung der stoischen Philosophie vgl. Pohlenz, Stoa I, 22-30.

[12] Für den Fortgang der vorliegenden Untersuchung ist eine umfassende Untersuchung der stoischen Ethik nicht notwendig. Vgl. Forschner, Ethik, und Pohlenz, Stoa I und II. Als weiteres Beispiel aus der paganen Antike soll auf Aristoteles Lehre von der Freundschaft hingewiesen werden.

[13] Zum folgenden vgl. in erster Linie Forschner, Ethik, Kap. IX. Oikeiosis. Daneben Pohlenz, Stoa I, 111-158.257-353, und Dihle, Ethik.

[14] Vgl. Forschner, Ethik, 148. Er schreibt weiter: "Die durch die Oikeiosis begründete naturale Selbstliebe, die sich praktisch in Tätigkeiten der Selbsterhaltung, Selbstentfal-

schon in seiner Kindheit eine noch unentwickelte Vernunftanlage. Sobald diese zur Entfaltung kommt, konstituiert sich die sittliche Person[15]. Bei ihr tritt der Logos nicht als Gegner der naturwüchsigen Triebe auf, sondern als deren Bildner. Damit ist der Logos als "Hauptursache ... aller Bewegungen des Menschen als Menschen"[16] anzusehen. Sittliches Handeln ist möglich, bei dem der Nutzen der Gemeinschaft vor der naturhaften Selbstliebe des Menschen steht. Und nur mit sittlichem Leben "vollendet der Mensch sein Wesen, erreicht er seinen bestmöglichen Zustand, die Arete, und durch sie die Eudämonie"[17]. Systematische Funktion der Theorie der Oikeiosis ist es nun, vormoralisches Verhalten mit vernünftigem Handeln zu vermitteln[18]. Forschner folgert aus einem Satz Ciceros, in dem dieser von einer Wohlgeneigtheit zwischen allen Menschen spricht[19], daß "die stoische Theorie der Oikeiosis ... zwischen der Leistung des instinctus socialis und dem Menschen als sittlichem Wesen [unterscheidet], zwischem dem, was die Selbstentfaltung des Logos als Naturkraft beim Menschen mit sich bringt (eine konzentrische Ausweitung der Sympathie vom Selbst bis hin zu allen Menschen, mit abnehmender Intensität), und dem, was die ihre eigene Bildung selbst übernehmende menschliche Vernunft anzielt (die unterschiedslose Zuneigung zu jedem Menschen). Das Ziel der freien sittlichen Vernunft ist allerdings im unbestimmt allgemeinen Vorwissen der natural sich entfaltenden Vernunft und dem ihm korrespondierenden naturalen Streben in undifferenzierter und unvollendeter Form bereits präsent"[20]. Dem sittlichen Streben wird so eine naturale Basis unterlegt.

Wichtig in unserem Zusammenhang ist, daß in der stoischen Ethik prosoziales, altruistisches[21] Verhalten anvisiert ist, das über den engen Verwandtschaftskreis hinausgeht und sich an der Gattung Mensch orientiert[22]. Als Vernunftwesen sind

---

tung und Reproduktion auswirkt und im Suchen zuträglicher und Meiden schädlicher Dinge äußert, ist beim Menschen zunächst auf die animalische Konstitution gerichtet" (S. 149).

[15] Tiere gehören nicht zu dieser Gemeinschaft der Vernunftwesen, wohl aber die Götter. Vgl. Pohlenz, Stoa I, 137.

[16] Forschner, Ethik, 256.

[17] Pohlenz, Stoa I, 116, über Zenon.

[18] Vgl. Forschner, Ethik, 142.

[19] Cicero, De fin. III,19.63. Vgl. Forschner, Ethik, 158f.

[20] Forschner, Ethik, 159.

[21] Dihle, Ethik, 686f, spricht von altruistischen Einzelforderungen, die jedoch durch den eigenen Vorteil motiviert seien, nicht durch das Verlangen des Nächsten. Dihle erweckt m.E. zu sehr den Eindruck, als sei das Gebot zu hingebender Liebe - von ihm auch mit dem Begriff "'unvernünftiger' Altruismus" (Sp. 687) bezeichnet - ein christliches Proprium.

[22] Forschner, Ethik, 158, macht darauf aufmerksam, daß diese Ausrichtung noch nicht bei Chrysipp und seinen Vorgängern aufzufinden war, sondern erst in der späteren Stoa.

alle Menschen grundsätzlich gleich, und die "Selbsterhaltung als Erhaltung meiner selbst als Vernunftwesen impliziert dann die Erhaltung der anderen, die als Vernunftwesen ja mit mir identisch sind"[23]. Wir können hier von einem *Erweiterungsbewußtsein* sprechen. Einschränkend wird man aber sagen müssen, daß nicht unbedingt praktische Konsequenzen aus dieser geistigen Einsicht gezogen wurden, so daß von einer "werktätigen Liebe"[24] nicht die Rede sein kann.

Die anderen beiden Themenkreise, an denen sich diese Untersuchung orientiert, liegen nicht so vor. Dem Selbstverständnis der Stoiker nach geht es um eine Entfaltung der natürlichen Kräfte des Menschen durch die Vernunft, so daß von einem *Schwellenbewußtsein* nicht gesprochen werden kann. Außerdem ist die stoische Ethik von einem großen Optimismus geprägt, daß Affekte aufgrund vernünftiger Wertungen vermieden werden können[25] und daß die Identität der Menschen als Vernunftwesen erkannt wird. Auch ein *Überforderungsbewußtsein* liegt somit nicht vor[26].

---

[23] Rohls, Ethik, 81.

[24] Pohlenz, Stoa I, 337. So liegt es den Stoikern z.B. fern, die Sklaverei rechtlich zu beseitigen. Vgl. Pohlenz, Stoa I, 136.

[25] Vgl. Rohls, Ethik, 78f, und Pohlenz, Stoa I, 150-153.

[26] Einschränkend ist jedoch auf die scharfe Unterscheidung des Weisen vom Toren hinzuweisen, die nur dadurch etwas gemildert wird, daß dem Toren ein sittlicher Fortschritt zugestanden wird, der ihn bis unmittelbar an die Grenze zum Weisen führen kann. Die Stufe des Weisen aber ist nur schwer zu erreichen, und die Häupter der Stoa haben sich selbst nicht als Weise bezeichnet und wurden auch nicht so genannt (vgl. Forschner, Ethik, 211). In dieser Hinsicht kann von einem *Überforderungs-* und *Schwellenbewußtsein* gesprochen werden. Dennoch besitzen die Stoiker eine "optimistische Weltbetrachtung", die damit nur schwer vereinbar schien. S. Pohlenz, Stoa I, 157 (Vgl. S. 154-157).

2. Das Liebesgebot in den synoptischen Evangelien

Dieser Abschnitt beschäftigt sich mit den Texten der synoptischen Evangelien, in denen das Liebesgebot erscheint oder von Liebe oder Lieben die Rede ist. Die Fragestellung ist vor allem redaktionsgeschichtlich orientiert[1]. Redaktionsgeschichte wird umfassend als Entstehungsgeschichte, Exegese des kohärenten Textes und Situationsanalyse verstanden.

Als Ausgangspunkt dient jeweils die Perikope vom doppelten Liebesgebot in Mk 12,28-34, Mt 22,34-40 und Lk 10,25-28. Eine ausführliche Analyse dieser Texte soll erste Hinweise liefern, in welchem Rahmen die jeweiligen Autoren das Liebesgebot sehen. Anschließend betrachten wir die für die einzelnen Evangelien programmatischen Abschnitte Mk 1,14f; Mt 5,17-20; und Lk 4,16-30. Zwar ist an diesen Stellen nicht von Gottes- oder Nächstenliebe die Rede, doch können ihnen die vorläufigen Ergebnisse aus der Untersuchung der Perikopen vom doppelten Liebesgebot zugeordnet werden[2]. Schließlich werden weitere Texte herangezogen, die sich mit dem Liebesgebot oder dem Thema Liebe explizit beschäftigen. Anhand dieser Texte sollen die vorhergehenden Ergebnisse überprüft und konkretisiert werden.

Folgende These wird vertreten: Jeder Evangelist akzentuiert einen der drei Themenkreise, an denen sich diese Untersuchung orientiert: Markus das *Schwellenbewußtsein*, Matthäus das *Überforderungsbewußtsein* und Lukas das *Erweiterungsbewußtsein*. Daß insbesondere das *Schwellenbewußtsein* in allen drei Evangelien vorhanden ist, steht außer Frage[3]. In dieser Untersuchung geht es jedoch darum, den jeweils besonderen Akzent eines Evangelisten herauszuarbeiten.

---

[1] Kertelge, Doppelgebot, 304, betont, daß der redaktionsgeschichtliche Ansatz derzeit sehr bestimmend sei, nicht jedoch gegen den form- und überlieferungsgeschichtlichen Ansatz ausgespielt werden dürfe.

[2] Dadurch wird erreicht, daß die verschiedenen Akzentsetzungen der einzelnen Evangelisten nicht als zufällig angesehen werden können.

[3] Vgl. hierzu die Untersuchung von Merklein, Gottesherrschaft, der auf die "Gottesherrschaft" als Handlungsprinzip Jesu hinweist. Dies wird bei allen drei Evangelisten deutlich. Gerade an der Perikope vom doppelten Liebesgebot jedoch kann man die verschiedenen Akzentsetzungen der einzelnen Autoren sehr gut erkennen.

2.1. Das Markusevangelium

2.1.1. Das "Doppelgebot der Liebe" in Mk 12,28-34

Der zentrale Text in Mk zum Thema Liebe ist das "Doppelgebot der Liebe" in Mk 12,28-34. Der traditionsgeschichtliche Hintergrund dieses "Schulgesprächs"[4] wurde sehr ausführlich diskutiert[5]. Überwiegend besteht Einigkeit darüber, daß Markus die Zitatkombination aus mündlicher Tradition übernommen hat. Die vormarkinische Tradition selbst wird auf das hellenistische Judenchristentum zurückgeführt. Dafür spricht, daß die Zusammenstellung von Gottesliebe und Nächstenliebe "wohl Erbstück aus dem hellenistischen Judentum"[6] ist und Mk 12,28-34 nur aus dem hellenistisch-jüdischen Gesetzesverständnis heraus zu verstehen sei, nicht aber aus dem rabbinischen[7]. Ebenso hat auch das Zitat des Sch°mas (Mk 12,29) in der Tradition des hellenistischen Judentums einen Sinn, da es mit seiner Betonung des Monotheismus einen Sitz in der "Propagandaliteratur"[8] des Diaspora-Judentums hellenistischer Prägung gehabt haben dürfte. Es könnte die Keimzelle der Überlieferung gewesen sein, nicht aber ein frei umlaufendes doppeltes Liebesgebot[9]. Auch der Sprachschatz weist auf

---

[4] Bultmann, Tradition, 56-58. Ebersohn, Nächstenliebegebot, 169-173, spricht sich gegen eine Einstufung als Schulgespräch und für eine als Streitgespräch aus. Der Schriftgelehrte sei von Jesus aufs Glatteis geführt worden und müsse sich fragen, "was er denn überhaupt gesagt hat, daß der, der dem jüdischen Establishment als große Anfechtung erscheint, ihm zustimmt" (S. 173). Vgl. aber bereits Berger, Gesetzesauslegung, 184, der aufgrund eines Vergleichs mit v.a. Mk 10,1-12 und 11,27-33 aufweist, daß es sich um kein Streitgespräch handeln kann.

[5] Vgl. v.a. Burchard, Liebesgebot; Bornkamm, Doppelgebot; Berger, Gesetzesauslegung.

[6] Burchard, Liebesgebot 55-57 (Zitat S. 57). Berger, Gesetzesauslegung, 142-176, bestimmt als den traditionsgeschichtlichen Ausgangspunkt der Kombination von Gottes- und Nächstenliebe die griechische Kombination εὐσέβεια καὶ δικαιοσύνη, Frömmigkeit und Gerechtigkeit (vgl. Philo, SpecLeg II 63). Auch Ebersohn, Nächstenliebegebot, 181, denkt an eine hellenistische Herkunft. - Fuller, Doppelgebot, 327, dagegen schreibt das Doppelgebot Jesus selber zu. Seine Argumentation überzeugt letztlich nicht. Die von ihm rekonstruierte Urfassung ist allzu hypothetisch. Für eine Herkunft von Jesus plädieren noch Bornkamm, Doppelgebot; Gnilka, Matthäusevangelium; und Grundmann, Doppelgebot. Beare, Records, 159, hält Lk 10,25-28 für ursprünglich und schreibt das Doppelgebot daher dem Gesetzeslehrer zu. Zur Fragestellung vgl. Wischmeyer, Gebot, 173-177.

[7] Bornkamm, Doppelgebot, 37f.

[8] Bornkamm, Doppelgebot, 40.

[9] Vgl. Burchard, Liebesgebot, 55 Anm 73.

hellenistischen Einfluß hin[10] . Dabei ist zu beachten, daß "auch das palästinische Judentum als 'hellenistisches' Judentum bezeichnet werden muß"[11] und eine allzu strikte Unterscheidung zwischen Diaspora-Judentum und palästinischem Judentum nicht möglich ist. Hinsichtlich der Frage der Überlieferung wird oft diskutiert, ob die Mt- und Lk-Parallele eine von Mk unabhängige Überlieferung darstelle, worauf eine Reihe von "minor agreements" hinweise. Die gründliche Untersuchung von J. Kiilunen kommt jedoch zu dem m.E. überzeugenden Ergebnis, daß "sowohl Mt 22,34-40 als auch Lk 10,25-28 das Resultat einer eigenständigen Redaktionsarbeit des jeweiligen Evangelisten an Mk 12,28-34 darstellt"[12] . Eine Abhängigkeit von Mk reicht aus, um die Varianten der Seitenreferenten Mt und Lk zu erklären.

Auf diesem Hintergrund soll die Bedeutung der Perikope für das markinische Verständnis von Liebe herausgearbeitet werden[13] .

Als Ausgangspunkt dient, daß das Sch[e]ma Dtn 6,4 die Keimzelle der Überlieferung darstellt. Es bildet in der vorliegenden markinischen Perikope die Einleitung zur Antwort Jesu an den Schriftgelehrten (V.29). Charakteristisch wird es nochmals in der Wiederholung der Antwort Jesu durch den Schriftgelehrten hervorgehoben. Hier erscheint das monotheistische Bekenntnis als indikativische Aussage abgesetzt von der Verbindung der beiden imperativischen Liebesgebote (V.32f). Das exklusive Herr-Sein Gottes wird betont[14] . Implizit wird das auch beim Nächstenliebegebot aus Lev 19,18 mitzudenken sein, das im alttestamentlichen Text mit den Worten "Ich bin der Herr" (LXX: ἐγώ εἰμι κύριος) abgeschlossen und

---

[10] So die starke Betonung des Vernunftgedankens in den Zitaten von Dtn 6,5 und in dem neutestamentlichen Hapaxlegomenon νουνεχῶς ("verständig"; 12,34).

[11] Hengel, Judentum, 459.

[12] Kiilunen, Doppelgebot, 93. Auch Ebersohn, Nächstenliebegebot, 155, spricht sich nach einer ausführlichen Untersuchung der Gemeinsamkeiten und Unterschiede der drei Perikopen dafür aus, daß sowohl Matthäus als auch Lukas einzig auf Markus basieren. Die Annahme einer Matthäus und Lukas gemeinsamen Quelle sei ebenso unwahrscheinlich wie die Annahme einer Dreifachüberlieferung, was ohnehin ein singulärer Fall wäre. Vgl. auch Gnilka, Matthäusevangelium II, 257, und Schneider, Lukas, 247. Hultgren, Commandment, postuliert als einziger insgesamt drei Quellen und vier Stadien der Entstehungsgeschichte.

[13] Wir beschränken uns hier auf diesen Aspekt. Zur Eingliederung von Mk 12,28-34 in den Kontext vgl. die Überlegungen von Ebersohn, Nächstenliebegebot, 155-169. Er kommt zu dem Ergebnis, daß Mk 10,17-12,27 und 12,28-16,18 weitgehend parallel gehen, auch wenn sich nicht zu jedem Detail eine *genaue* Entsprechung finde. Mk 12,28-34 nehme innerhalb des Schlußabschnittes des gesamten Evangeliums eine Sonder- und Mittelstellung ein. Dies unterstützt das Vorgehen der vorliegenden Untersuchung, diese Perikope im Zusammenhang mit dem programmatischen Abschnitt 1,14f zu sehen.

[14] Diese Feststellung Prasts, Appell, 93, die sich bei ihm auf die vormarkinische Tradition bezieht, gilt m.E. auch für die Perikope in ihrem markinischen Kontext.

begründet wird. Dieser Teil fehlt in allen neutestamentlichen Zitationen von Lev 19,18.

Die Pointe der Erzählung liegt in der Aussage Jesu "Du bist nicht fern vom Reich Gottes" (οὐ μακρὰν εἶ ἀπὸ τῆς βασιλείας τοῦ θεοῦ; V.34)[15]. Zum einen wird die Perikope durch das Monotheismusbekenntnis und die Reich-Gottes-Aussage gerahmt, die unmittelbar aufeinander zu beziehen sind: Der eine Gott aus dem Sch{c}ma ist derselbe, dessen Herrschaft Jesus verkündet. Nur innerhalb dieses Rahmens sind die Gebote der Liebe zu Gott und zu den Menschen zu verstehen, ja können sie so eng einander zugeordnet und dem Opferdienst übergeordnet werden, wie dies in der Reaktion des Schriftgelehrten auf die Aussage Jesu geschieht (V.32f)[16]. In seiner Antwort fehlt der Ausdruck "das zweite ist dies" δευτέρα αὕτη (aus V.31, was zu der engen Zuordnung der Gottes- und Nächstenliebe durch zweimaliges τὸ ἀγαπᾶν (lieben) und der Abtrennung des monotheistischen Bekenntnisses von der Gottesliebe führt.

Zum anderen wird durch die positiv zu verstehende Litotes "du bist nicht fern vom Reich Gottes"[17] das gesamte Gespräch in die "übergreifende Perspektive

---

[15] Gegen Ebersohn, Nächstenliebegebot, 173, der die Pointe der Geschichte nicht in der Antwort Jesu, sondern in der des Schriftgelehrten sieht. Er vollziehe, "hervorgerufen durch den eindeutig uneindeutigen Charakter der Antwort Jesu, die Verbindung dieser beiden Gebote zu einem Doppelgebot" (S. 173). - Prast, Appell, 95, spricht von (Achter-) Gewicht. Berger, Gesetzesauslegung, 185, ist m.E. zu Recht der Meinung, daß die für diese Tradition verantwortliche Gemeinde hier auf SapSal 6,17-20 anspielt und herausstellen will, daß "Jesus als der Weise und Gerechte es ist, der dieses sagt." In SapSal 6,17-20 heißt es: "Denn ihr Anfang ist die allerechteste Begierde auf Bildung, Sorge um Bildung aber ist Liebe, Liebe aber ist das Halten ihrer Gesetze, Befolgung der Gesetze aber ist Befestigung der Unsterblichkeit. Unsterblichkeit aber bewirkt Gottesnähe. Begierde nach Weisheit führt deshalb zur Königsherrschaft" (Übersetzung nach Georgi, Weisheit, 422). Über Berger hinausgehend könnte man vermuten, daß diese Stelle auch bei der Redaktionsarbeit des Lk im Hintergrund gestanden haben könnte, da sich über die in SapSal 6,17-20 zu findende Aufzählung einige Anknüpfungspunkte gerade auch zu Mk 10,17-22 ergeben - einer Stelle, die im Zusammenhang der redaktionellen Arbeit des Lk an Mk 12,28-34 erwähnt werden muß (vgl. Kiilunen, Doppelgebot, 51).

[16] Merklein, Gottesherrschaft, 295f, betont, daß der radikalen Zuwendung des eschatologisch handelnden Gottes zum Menschen eine radikale Zuwendung des Menschen zum Menschen entsprechen muß, was zu einer "integralen Einheit" von Gottes- und Nächstenliebe führt.

[17] Die überwiegende Mehrheit der Exegeten versteht die Litotes positiv. Eine Ausnahme bildet Stegemann, Nächstenliebe, 67, der das kritische Gegenüber zum Judentum stark betont.

der Verkündigung Jesu von der Basileia Gottes"[18] gestellt, die von Mk 1,14f her als zentrales Thema der Verkündigung Jesu zu gelten hat[19].

Diese beiden Aspekte erlauben wichtige Folgerungen für das markinische Verständnis von Agape, zumal im Dialog mit jüdischen Gruppen. Zwar zählen die Schriftgelehrten sonst bei Mk zu den Gegnern Jesu. Doch zeigt gerade diese Perikope, daß Mk ein differenziertes Verständnis für seine jüdischen Gegenüber entwickelt und keinem einfachen Schematismus verfällt. Die Erwiderung des Schriftgelehrten in Mk 12,33 dürfte nicht nur ein fiktives Postulat der christlichen Gemeinde gewesen sein, die für die Bildung dieser Perikope verantwortlich war. Es wird Anhaltspunkte im wirklichen Leben gegeben haben, und man wird auf eine aktuelle Kommunikation zwischen beiden Gruppen schließen dürfen[20]. Mk dürfte sich dessen sehr wohl bewußt gewesen sein, als er die Perikope übernahm. Ob seine Situation mit der der vor-markinischen Tradition identisch ist, läßt sich nicht mit Sicherheit sagen. Man kann aber das Doppelgebot als *"das Juden und Christen Einende"*[21] bezeichnen. Die Feststellung ist berechtigt, daß "das doppelte Liebesgebot nicht nur ein alttestamentlicher, sondern ein jüdischer Satz ist, ja, daß grade es zusammen mit dem Glauben an den einen Gott in knappster Form ausdrückt, was im Alten Testament steht und was danach vernünftigerweise das Judentum ist"[22]. V.34 macht jedoch deutlich, daß reflektierend auf die Tora zurückgegriffen wird. Es ist nicht die Tora als solche, die Jesu Aussage "du bist nicht fern vom Reich Gottes" (V.34b) hervorruft und die dadurch als das bestimmende Strukturprinzip sittlichen Handelns angesehen werden könnte. Vielmehr handelt es sich um ein bestimmtes Toraverständnis, bei dem das doppelte Liebesgebot als Prinzip und Zusammenfassung der gesamten Tora gesehen werden kann. Auf die daraus resultierende Nähe zu Jesu Reich-Gottes-Botschaft

---

[18] Kertelge, Doppelgebot, 320.

[19] Wenig hilfreich ist die Charakterisierung der Basileia als "ideale Größe" durch Bornkamm, Doppelgebot, 42. Vgl. Prast, Appell, 95, der hier zu Recht von einem "spezifisch jesuanischen Gedanken" spricht.

[20] Vgl. Prast, Appell, bes. 94f, der dies für die vor-markinische Tradition feststellt. Wenn Mk diese Tradition fast unverändert übernimmt - redaktionelle Eingriffe sind nur in V.28 und V.34 festzustellen -, dann wird er ihren besonderen Skopus gekannt und ihn mit übernommen haben. Eine Interpretation der markinischen Perikope, die auf eine prinzipielle Absetzung Jesu von dem Schriftgelehrten abzielt, erscheint mir nicht angemessen.

[21] Becker, Feindesliebe, 15. Vgl. auch Prast, Appell, 98, der in bezug auf die vor-markinische Tradition feststellt, daß sie "missionarisch im Hinblick auf die Heidenmission" und "appellierend an die Adresse von Juden und Christen [sei], sich auf das gemeinsame Erbe zu besinnen und dieses gerade von seiner Mitte her neu zu aktivieren". M.E. sind diese beiden Tendenzen auch auf der Stufe der markinischen Endredaktion nicht zu leugnen.

[22] Burchard, Liebesgebot, 57. Ebersohn, Nächstenliebegebot, 179, hält das doppelte Liebesgebot für eine "im Judentum angelegte *Möglichkeit*".

macht V.34b aufmerksam. Damit wird die Gottesherrschaft letztlich zum Kriterium des (hellenistisch-jüdischen) Gesetzesverständnisses[23] und zum entscheidenden (formalen) Handlungsprinzip[24].

Ein kurzer Rekurs auf Mk 1,14f wird somit für das Verständnis unserer Perikope unerläßlich.

2.1.2. Die Nähe der Basileia Gottes in Mk 1,14f

In Mk 1,14f wird programmatisch für Mk Jesu Verkündigung der nahegekommenen Gottesherrschaft zusammengefaßt[25]. Diese Gottesherrschaft ist keine rein futurische Größe, sondern beginnt bereits jetzt. Darauf weist das Perfekt ἤγγικεν ("ist nahe herbeigekommen") im Zusammenhang mit πεπλήρωται ("ist erfüllt") hin[26]. Zwar gibt es auch im Judentum die Vorstellung einer Gegenwärtigkeit der Herrschaft Gottes. Die Bindung dieser Verkündigung an die Person und das Handeln Jesu ist jedoch einzigartig[27]. Die Gottesherrschaft ist das entscheidende Handlungsprinzip der Verkündigung Jesu[28]. Wenn Jesu Aussage den Schriftgelehrten in die Nähe der Basileia Gottes versetzt, so ist damit die inhaltliche Nähe zu der Verkündigung Jesu gemeint, der in seiner Person und in seinem Wirken die nahegekommene Basileia repräsentiert[29].

Als Zwischenergebnis läßt sich festhalten: Das Liebesgebot steht bei Mk in einem engen Zusammenhang mit dem monotheistischen Bekenntnis und muß aus

---

[23] Vgl. Prast, Appell, 95f.

[24] Vgl. Merklein, Gottesherrschaft, bes. 105f.

[25] Ebersohn, Nächstenliebegebot, 176 (vgl. 178), sieht, daß "durch den Begriff βασιλεία τοῦ θεοῦ ... ein Bogen gespannt [ist] zwischen 1,15, dem programmatischen Anfang der Verkündigung Jesu und dem Ende der Auseinandersetzung mit seinen Gegnern 12,34". Er baut diese Beobachtung jedoch nicht so, wie es in der vorliegenden Untersuchung geschieht, weiter aus. - Sehr instruktiv für das unterschiedliche Verständnis der Herrschaft Gottes im spätantiken Judentum und im Neuen Testament ist Lindemann, Herrschaft. Vgl. auch Mußner, Gottesherrschaft.

[26] Vgl. Duling, Kingdom, 56, der die verschiedenen Zeitaspekte sehr schön verdeutlicht: "The perfect tense in Greek (engiken) is *past* with *present* implications; yet, the *future* is implied insofar as the Kingdom is not yet present with full apocalyptic power".

[27] Vgl. Mußner, Gottesherrschaft, 94f.

[28] Vgl. Merklein, Gottesherrschaft.

[29] Kertelge, Doppelgebot, 320, macht darauf aufmerksam, daß in Mk 12,34 im Unterschied zu Mk 1,14f die Basileia als gegenwärtige Größe vorgestellt wird, der der Mensch nahe kommt. Diese Beobachtung ist insofern aufschlußreich, als sie einem Verständnis, nach dem die Gottesherrschaft eine rein göttliche Aufgabe ist, entgegensteht. Vgl. auch Berger, Gesetzesauslegung, 187, der es als bezeichnend ansieht, daß "die Nähe zum Gottesreich hier nach dem Besitz der rechten Lehre bemessen wird." Hier werde "der christologische Anspruch ... in der totalen Zurückführung aller Lehre auf Jesus erhoben."

der Perspektive der Basileia-Gottes-Predigt Jesu als Handlungsprinzip interpretiert werden. Eine inhaltliche Konkretisierung fehlt allerdings[30]. Die eingangs formulierte These, daß im Mk das *Schwellenbewußtsein* im Vordergrund steht, wenn von Agape die Rede ist, erhält durch die Exegese von Mk 12,28-34 einen ersten Anhaltspunkt. Die nahegekommene Gottesherrschaft vermittelt ein neues Verständnis des Gesetzes und verändert die Voraussetzungen für menschliches Handeln. Der radikalen Zuwendung des eschatologisch handelnden Gottes zum Menschen muß eine radikale Zuwendung des Menschen zum Menschen und zu Gott entsprechen. Dieser Verstehenshorizont erst qualifiziert Gottes- und Nächstenliebe als Einheit[31].

Läßt sich dieser Zusammenhang auch an anderen Stellen im Mk nachweisen?

Vom Liebesgebot ist im Mk nirgends mehr die Rede. Das Stichwort "lieben" (ἀγαπᾶν) taucht jedoch in der Perikope vom reichen Jüngling (Mk 10,17-22) auf[32].

2.1.3. Der reiche Jüngling in Mk 10,17-22

Hier ist die Rede davon, daß Jesus den jungen Mann liebt (V.21), der zu ihm kommt, um ihn zu fragen, wie er das ewige Leben ererben könne. Auch hier wird man einen Zusammenhang mit dem in Jesus anbrechenden Gottesreich sehen dürfen. Charakteristisch drückt sich das bereits in der Frage nach dem "ewigen Leben" aus - ein Ausdruck, der synonym für das Eingehen in das Reich Gottes steht[33], wie die anschließende Deutung Jesu vor den Jüngern deutlich macht (Mk

---

[30] Vgl. Stegemann, Nächstenliebe, 67; und Ebersohn, Nächstenliebegebot, 177f mit Anm. 170. Unter inhaltlichen Konkretionen verstehe ich z.B. Aussagen über das Verständnis des Nächsten und über das, was Liebe konkret bedeutet. Wenn solche Konkretionen fehlen, wird man davon ausgehen dürfen, daß diese nur eine sekundäre Rolle spielen und allgemein das zeitgenössische Verständnis von Nächstenliebe vorauszusetzen ist. Vgl. Ebersohn, Nächstenliebegebot, 181; und Furnish, Command, 30.
[31] Vgl. Merklein, Gottesherrschaft, 295f. Wem dies als trivial erscheint, der sei darauf hingewiesen, daß es sich hierbei um die grundlegende Voraussetzung handelt, um die redaktionellen Akzentverschiebungen bei Mt und Lk erkennen und deuten zu können. Von daher ist eine Darstellung des markinischen Verständnisses unerläßlich und in diesem Zusammenhang bisher noch nicht geleistet worden.
[32] Ebersohn, Nächstenliebegebot, 163-165, macht auf frappierende Übereinstimmungen dieser Perikope mit der vom Doppelgebot der Liebe Mk 12,28-34 aufmerksam. Ein enger literarischer Zusammenhang sei nicht zu bestreiten.
[33] Vgl. Mk 9,43.45.47, wo in drei parallelen Sätzen ζωή und βασιλεία τοῦ θεοῦ parallel sind. Ebersohn, Nächstenliebegebot, 164: "Überhaupt entsprechen sich so ζωή αἰώνιος 10,17 und βασιλεία τοῦ θεοῦ 12,34, so daß sich 12,28-34 als Antwort auch auf die Frage 10,17 auffassen läßt". Vgl. Ebersohn, Nächstenliebegebot, 175f, zum Reich Gottes.

10,23-27)[34]. Zudem ist in der zweiten Antwort Jesu von einem "Schatz im Himmel" die Rede (V.21), der durch die Gestaltung des Lebens jetzt, im neuen anbrechenden Reich erworben werden soll[35]. Ein weiteres Merkmal der Perikope vom Doppelgebot der Liebe findet sich am Anfang dieser Stelle: εἷς ὁ θεός - der Bezug auf den einen Gott, der hier allein gut geheißen werden darf.

Obwohl in dieser Perikope vom Liebesgebot nicht gesprochen wird, taucht das Stichwort "lieben" in einem der Perikope vom Doppelgebot der Liebe sehr stark verwandten Kontext auf, der nicht ohne Einfluß auf die beiden anderen Evangelisten gewesen ist. Es wäre zu überlegen, ob diese Perikope nicht dahingehend über Mk 12,28-34 hinausgeht, daß hier explizit thematisiert wird, was noch fehlt, um in das Reich Gottes einzutreten - letztlich der Verzicht auf Besitz. In Mk 12 geht es ja nicht um das, was dem Schriftgelehrten fehlt, sondern dessen grundsätzliche Nähe zum Reich Gottes wird festgestellt. Über die formale Forderung, die Gebote zu halten, hinaus wird in Mk 10,17-22 eine konkrete materiale Forderung gestellt - die aber, und das soll noch einmal betont werden, bei Mk in keinem direkten Zusammenhang mit dem Liebesgebot steht[36].

Zusammenfassend läßt sich sagen, daß Mk 10,17-22 eine der Perikope vom Doppelgebot der Liebe (Mk 12,28-34) vergleichbare theologische Grundstruktur[37] besitzt. Eine Aufzählung von Geboten des alttestamentlichen Gesetzes bildet die gemeinsame Grundlage der Gesprächspartner. Charakteristisch betont wird jeweils eine monotheistische Aussage. Zudem wird ein Bezug zur Reich-Gottes-Verkündigung Jesu hergestellt. Dies alles läßt unsere eingangs formulierte These plausibel erscheinen: Mk betont im Zusammenhang des Liebesgebotes oder Stellen, an denen von Liebe die Rede ist, das Bewußtsein vom Einbrechen

---

[34] In Mk 10,23-27 wird betont, daß der Mensch - zuerst exemplarisch am reichen Menschen dargestellt, dann auf alle Menschen bezogen - nicht in der Lage ist, in das Reich Gottes einzutreten. Alles hängt allein an Gott. Von einer Möglichkeit des Menschen, wie sie in Mk 12,28-34 anzutreffen ist, wird hier nicht geredet.

[35] Vgl. Venetz, Grundstrukturen.

[36] Mt fügt das Nächstenliebegebot in diese Perikope ein. Diese Änderung gegenüber Mk ist m.E. von äußerster Signifikanz für das matthäische Verständnis des Liebesgebotes, vgl. den nächsten Abschnitt.

[37] Unter einer "theologischen Grundstruktur" verstehe ich mit Venetz, Grundstrukturen, 643 Anm. 1, "die unter oder in einem Textabschnitt liegenden theologischen Schwerpunkte in ihrem Bezug zum Gefüge und zum Aufbau des Ganzen des Textabschnittes." Venetz betrachtet in seinem Artikel die Perikopen Mk 10,17-22, Lk 10,25-37 und Mt 5,21-48. In zwei Aspekten stimmen die von mir bestimmten Grundstrukturen mit seinen überein: Zum einen ist sowohl in Mk 12,28-34 wie in Mk 10,17-22 das (durch Jesus interpretierte) Gesetz die gemeinsame Grundlage des Geschehens, zum anderen ist das Ereignis, um das es letztlich geht, die Herrschaft Gottes, wie sie von Jesus verkündet wird. Die beiden anderen von Venetz herausgearbeiteten Aspekte (Elemente des "Sich-Ereignens" und des Angebots) gelten für Mk 12,28-34 nicht.

einer neuen Welt - ein Phänomen, das wir mit *Schwellenbewußtsein* bezeichnet haben[38].

2.2. Das Matthäusevangelium

2.2.1. Das "Doppelgebot der Liebe" in Mt 22,34-40

Es fällt auf, daß die Perikope eine im Vergleich zu Mk andere Rahmung erfährt[39]. Die in der markinischen Fassung stark betonten beiden Aspekte des monotheistischen Bekenntnisses und des Reiches Gottes sind weggefallen[40]. Absicht der matthäischen Redaktion ist, "in der Auseinandersetzung mit den Pharisäern nochmals eine fundierte Stellungnahme eben zum Gesetz und zu den Propheten zu bieten"[41]. Darauf weisen in V.36 die Einfügung von "im Gesetz" (ἐν τῷ νόμῳ) und in V.40 die abschließende Bemerkung "in diesen beiden Geboten hängt (κρέμαται) das ganze Gesetz und die Propheten" hin. Außerdem werden im Gegensatz zur markinischen Perikope die Gebote der Gottesliebe und der Nächstenliebe explizit gleichgeordnet (ὁμοία αὐτῇ ;V.39) - eine "Gleichordnung

[38] Zur Wirkungsgeschichte des Doppelgebots der Gottes- und Nächstenliebe vgl. Gnilka, Markus II, 167f, der von einer führenden Rolle in der christlichen Ethik von Anfang an spricht. Demgegenüber betont Becker, Feindesliebe, 15f, m.E. zu Recht, daß das Doppelgebot im Urchristentum noch nicht den Stellenwert hatte, der ihm später zuerkannt wird. Er verweist dazu auf die Stellen im Neuen Testament, an denen das Nächstenliebegebot ohne das der Gottesliebe vorkommt (Röm 13,9; Gal 5,14 u.ö.).

[39] Wie im letzten Abschnitt bereits dargelegt, reicht eine Abhängigkeit von Mk aus, um das Zustandekommen dieses Textes zu erklären. Wir können uns hier auf die für diese Untersuchung wichtigsten redaktionellen Änderungen beschränken. Damit soll jedoch nicht der Eindruck erweckt werden, als seien allein die redaktionellen Zusätze für das Verständnis des Matthäus wichtig. Diese ergeben erst innerhalb der vorliegenden Perikope als ganzer einen Sinn. Mit ihr werden wir uns befassen. Zum Kontext vgl. Ebersohn, Nächstenliebegebot, bes. 182-192. Seiner Meinung nach ist der Text seiner besonderen Stellung, die er bei Mk hatte, beraubt (S. 192).

[40] Gnilka, Matthäusevangelium II, 258, erklärt das Weglassen des Schᵉmas damit, daß "dieser Text kein wichtiger und liturgischer Text mehr war" - sowohl in der Gemeinde des Mt als auch in der des Lk, bei dem das Schᵉma auch fehlt. Kiilunen, Doppelgebot, 43, hält das Liebesgebot unter Berufung auf Mt 25,31-46 für ein universales Gebot und erklärt von daher die Streichung dieses "partikularistischen" Verses. M.E. ist darüber hinaus die Tatsache von Bedeutung, daß Mt mit dem Doppelgebot der Liebe eine andere Intention als Mk verfolgt. Ihm geht es nicht darum, eine grundsätzliche Übereinstimmung zwischen Judentum und Christentum aufzuzeigen. Er grenzt sich schärfer von anderen jüdischen Gruppierungen ab. Zudem muß diese Streichung im Zusammenhang mit der Streichung der Basileia-Aussage Jesu gesehen werden, die bei Mk aufs engste mit dem monotheistischen Bekenntnis verbunden ist.

[41] Gnilka, Matthäusevangelium II, 258. Vgl. auch Kiilunen, Doppelgebot, 47.

trotz Differenz"[42]. Entscheidend für das Verständnis von V.40 und damit für das Verständnis der ganzen Perikope ist das Verb κρέμασθαι. Dies ist nicht im Sinne einer rabbinischen Exegese als Möglichkeit der Deduktion aller Gebote aus den beiden Hauptgeboten zu verstehen[43]. Auch werden damit nicht die anderen Gebote außer Kraft gesetzt, obwohl ein formales Verständnis des Gesetzes, "nach dem alle Gebote in gleicher Weise wichtig und formal zu erfüllen und erfüllbar sind"[44], verlassen ist. Gottes- und Nächstenliebe werden vielmehr zum "Kriterium"[45] der übrigen Gebote, sie sind "hermeneutisches Prinzip und kritischer Kanon" des Gesetzes. Durch sie ermöglicht Jesus die "gesetzestreue Gerechtigkeit, die besser ist als die der Schriftgelehrten und Pharisäer"[46].

Während im Mk die Perikope vom Doppelgebot der Liebe in einem engen Zusammenhang mit der Basileia-Botschaft Jesu steht und dabei auch ein Licht auf das Gesetzesverständnis Jesu bei Mk wirft, geht es hier primär um das Gesetz[47] und die "bessere Gerechtigkeit" (Mt 5,20), die von den Nachfolgern Jesu zu erfüllen ist. Aus dem Schulgespräch wird ein "Streitgespräch"[48] (vgl. V.35: er

---

[42] Burchard, Liebesgebot, 61. Ebersohn, Nächstenliebegebot, 147, weist darauf hin, daß für eine Gleichordnung von Gottesliebe und Nächstenliebe das erstgenannte nicht als Bekenntnis formuliert sein kann und daher das Zitat aus Dtn 6,4 wegfallen mußte.

[43] Vgl. Gnilka, Matthäusevangelium II, 260f; Barth, Gesetzesverständnis, 72f; und Berger, Gesetzesauslegung, 229f. Berger plädiert dennoch für dieses Verständnis, da er Mt 22,40 im Sinne einer Stelle bei Euseb (Pr Ev 809C = 15,9,5) auslegt, "ohne daß frühere Parallelbelege vorhanden wären" (S. 229). Schon diese von Berger selbst zugegebene Einschränkung zeigt, daß Mt 22,40 so nicht interpretiert werden sollte.

[44] Barth, Gesetzesverständnis, 73. Er sieht darin einen Gegensatz zum Gesetzesverständnis des Rabbinats gegeben (vgl. auch S. 79).

[45] Gnilka, Matthäusevangelium II, 261. Er spricht auch von einem "Spitzensatz des Gesetzes". Vgl. Bornkamm, Doppelgebot, 45; und Ebersohn, Nächstenliebegebot, 193, der sie als "die zwei Obergebote der Tora" bezeichnet. Inhaltlicher Zielpunkt der Perikope sei die Behauptung, daß das Nächstenliebegebot "Zentral- und Obersatz zumindest des ethischen Teils der Tora" sei.

[46] Burchard, Liebesgebot, 61, der noch die besondere Stellung des Gebotes der Nächstenliebe betont. Vgl. Furnish, Command, 74: "hermeneutical key to the law". Stegemann, Nächstenliebe, bes. 68-70, spricht sich gegen dieses Verständnis aus. Er geht von einer Unterscheidung von Nächstenliebe und Barmherzigkeit aus, die auf einer sehr engen Interpretation der Barmherzigkeit als Almosen- und Armenethik aufbaut (vgl. S. 74) und die m.E. in der von Stegemann vertretenen Schärfe nicht den neutestamentlichen Befund widerspiegelt. Zur Kritik an Stegemann vgl. Anm. 68.

[47] Vgl. Ebersohn, Nächstenliebegebot, 147-150 (Exkurs "νόμος und νομικός bei den Synoptikern") und 192 (Gesetz als spezielles Thema des Gesprächs).

[48] Bornkamm, Doppelgebot, 44; Berger, Gesetzesauslegung, 202; Barth, Gesetzesverständnis, 71. Gnilka, Matthäusevangelium II, 257, lehnt diese Bezeichnung ab und spricht von einer "grundsätzlichen Äußerung Jesu ..., die durch eine Frage provoziert ist."

versuchte (πειράζων) ihn) mit "polemisch-lehrhafte[r] Absicht"[49]. In der matthäischen Fassung kommt zudem die "größer gewordene Kluft zwischen Kirche und Judentum"[50] zum Ausdruck.

Von dieser Funktion des Doppelgebotes ausgehend soll im folgenden durch eine Betrachtung weiterer Textstellen die Bedeutung des Liebesgebotes im Mt präzisiert werden. Drei Stellen werden von besonderem Interesse sein: Mt 5,17-20 (Von der besseren Gerechtigkeit), Mt 5,43-48 (Feindesliebe) und Mt 19,16-22 (Reicher Jüngling)[51]. Sie sollen dazu beitragen, über den bisher herausgearbeiteten formalen Aspekt hinauszukommen.

2.2.2. Von der "besseren Gerechtigkeit" in Mt 5,17-20

Was bedeutet es, daß Jesus erst durch das Liebesgebot die "gesetzestreue Gerechtigkeit, die besser ist als die der Schriftgelehrten und Pharisäer"[52], ermöglicht?

Es wurde bereits herausgestellt, daß das doppelte Liebesgebot zum "Auslegungskriterium"[53] für Gesetz und Propheten wird. Das geforderte "Mehr" gegenüber den Schriftgelehrten und Pharisäern betrifft die Lehre vom Gesetz selbst[54]. Jesus bringt eine "vertiefende, seine eigentliche Intention freilegende Neuauslegung"[55]. Nach Mt steht er mit seiner Radikalisierung in Kontinuität zur Tora, die ihre Autorität jedoch nicht mehr aus sich selbst, sondern von der Auto-

---

Burchard, Liebesgebot, 60, wählt die Bezeichnung "Grundsatzdebatte". Vgl. Bultmann, Tradition, 39-56.

[49] Bornkamm, Doppelgebot, 45. Die antipharisäische Polemik des Mt wird auch in dieser Perikope deutlich, vgl. Kiilunen, Doppelgebot, 47.

[50] Berger, Gesetzesauslegung, 203. Statt von Kirche sollte man besser von urchristlicher Gemeinde des Matthäus reden.

[51] Mt 4,12-17 (par Mk 1,14f) wird nicht gesondert besprochen, da diese Stelle nicht den programmatischen Charakter wie bei Mk trägt. Die Veränderungen gegenüber Mk sind nur in einem Punkt interessant. Mt fügt ein Reflexionszitat ein, durch das angezeigt wird, daß Jesus die alttestamentlichen Schriften erfüllt. Dies kann in den Zusammenhang von Jesu Neuinterpretation der Tora eingeordnet werden, die ausführlich behandelt werden wird.

[52] Burchard, Liebesgebot, 61. Der Begriff περισσεύσῃ hat bereits das περισσὸν in 5,47 im Blick. Dies weist auf den engen Zusammenhang der beiden Perikopen 5,17-20 und 5,43-48 hin.

[53] Barth, Gesetzesverständnis, 79. Zum Verständnis und Umfang des für Matthäus gültigen Gesetzes und seiner weiteren Entwicklung in bezug auf die beginnende Heidenmission vgl. dort S. 80-88; Broer, Gesetzesverständnis; und Luz, Erfüllung.

[54] Vgl. Schrage, Ethik, 151, und Barth, Gesetzesverständnis, 79.

[55] Schrage, Ethik, 151. Zu den verschiedenen Interpretationsmöglichkeiten von Mt 5,17 vgl. besonders Luz, Matthäus, 232.

rität Jesu her erhält[56]. Das matthäische Gesetzesverständnis gehört somit "hinein in das übergeordnete Grundthema der Christologie"[57]. Daneben besteht das geforderte "Mehr" in einer anderen Praxis, die sich von der pharisäischen und rabbinischen unterscheiden soll[58]. Den Pharisäern wirft er aufgrund seines einseitig verzeichneten Bildes dieser Gruppe vor, daß sie das "(recht verstandene) Gesetz gar nicht tun"[59]. Die "bessere Gerechtigkeit" ist von den Nachfolgern Jesu jedoch gerade durch das "rechte praktische Verhalten"[60] zu erfüllen. Das zeigt, daß die eigentlichen Adressaten dieser Warnung die Jünger sind - um deren Gerechtigkeit geht es[61].

Als Inbegriff der von Jesus vertretenen "besseren Gerechtigkeit" gewinnt das Liebesgebot einen stark fordernden Charakter, der anhand Mt 19,16-22 weiter präzisiert werden soll.

2.2.3. Der reiche Jüngling in Mt 19,16-22

Bereits im Mk konnte gezeigt werden, daß diese Perikope eine mit der Perikope vom Doppelgebot der Liebe vergleichbare theologische Grundstruktur besitzt. Bei Mt ist der Zusammenhang noch enger, da explizit vom Nächstenliebegebot die Rede ist (V.19)[62]. Auf eine - ohnehin nur wiederholende - umfassende Dar-

---

[56] Vgl. Broer, Gesetzesverständnis, 136.

[57] Luz, Matthäus, 242. Erläuternd fügt er hinzu: "Die matthäische Gemeinde hatte den schmerzhaften Bruch mit der Synagoge erfahren und befand sich außerhalb des Judentums. In dieser Situation mußte Matthäus um der Selbigkeit Gottes, des Vaters Jesu willen programmatisch auf das Alte Testament Anspruch erheben. Den programmatischen Anspruch auf die *Weissagungen* machen die Reflexionszitate geltend, den programmatischen Anspruch auf das *Gesetz* unsere Stelle [sic 5,17-20]"; vgl. die etwas ausführlichere Darstellung in Luz, Erfüllung, bes. 427f.

[58] Vgl. Schrage, Ethik, 149-151; Luz, Erfüllung, bes. 421-424, und Barth, Gesetzesverständnis, 70f. Barth verweist besonders auf Mt 3,7-10; 21,28-32.33-46; 23,1-36. Mt 5,19 zeigt charakteristisch die von Mt geforderte "Einheit von Tun und Lehren" (Gnilka, Matthäusevangelium I, 146).

[59] Barth, Gesetzesverständnis, 71.

[60] Schrage, Ethik, 150.

[61] Vgl. Gnilka, Matthäusevangelium I, 146f. Vgl. Betz, Prinzipien, 40, der betont, daß "ὑμῶν ἡ δικαιοσύνη nicht eine von Gott aufgrund der Heilstat Christi zugeeignete, sondern eine vom Jünger Jesu zu erbringende Gerechtigkeit im Blick hat". Dies darf jedoch nicht einfach im Sinne einer Leistungsfrömmigkeit interpretiert werden. Bei Mt findet sich sehr wohl der "Doppelaspekt von göttlicher Heilsgabe und Forderung" (Schrage, Ethik, 155, der auch Gegenpositionen anführt, z.B. Strecker, Weg; vgl. weiter Broer, Gesetzesverständnis, 142-145; Luz, Erfüllung, 431). Gegen Marxsen, Ethik, 204-217.

[62] Dafür fehlt die Aussage, daß Jesus den jungen Mann liebte, der zu ihm tritt. Sie konnte ohnehin nur in einem sehr formalen Sinne zum markinischen Verständnis von

stellung der redaktionellen Arbeit des Mt wird verzichtet[63]. Wir konzentrieren uns auf diejenigen Punkte, die im Zusammenhang dieser Untersuchung von Bedeutung sind.

Im Vergleich zu Mk 10,17-22 fällt auf, daß der erste Gesprächsgang mit der einleitenden Frage der noch nicht näher spezifizierten Person (εἷς), die an Jesus herantritt, und der Antwort Jesu verändert wurde. Bedeutsam ist das Fehlen des Begriffs "Gott" (ὁ θεός) in V.17. Christologische Erwägungen mögen dabei eine Rolle gespielt haben[64]. Doch auch nach Mt verweist Jesus implizit auf Gott als den allein Guten. Eine andere Deutung läßt die Antwort Jesu nicht zu. Die monotheistische Aussage bleibt erhalten, auch wenn sie an Bedeutung verloren hat und die Betonung auf der Gesetzesproblematik liegt[65].

Die beiden wichtigsten redaktionellen Änderungen bestehen in den Zufügungen des Nächstenliebegebotes (V.19) und des Vollkommenheitsgedankens (V.21), die eng aufeinander bezogen sind[66]. Das Gebot der Nächstenliebe (=Lev 19,18) wird mit "und" (καί) von der Zusammenordnung der fünf Gebote der zweiten Tafel des Dekalogs, die durch den einleitenden Artikel (τό) einander zugeordnet werden (V.18), abgesetzt und diesen zugeordnet. Man kann aus dieser nachgestellten Zuordnung des Liebesgebotes folgern, "daß dieses wie in 22,39f; 7,12 als die Summe von Gesetz und Propheten aufgefaßt ist"[67]. Es geht also auch in dieser Perikope um die durch Jesus interpretierte Tora. Der nachfolgende Gesprächsgang macht dies deutlich. Er ist nicht von dem vorhergehenden abzusetzen, so als sei zunächst die Rede von den Bedingungen, in das ewige Leben ein-

---

Agape beitragen. Vielleicht diente sie Mt formal als Stichwortanknüpfung für die Einfügung des Nächstenliebegebotes.

[63] Vgl. die Kommentare zur Stelle.

[64] Vgl. Gnilka, Matthäusevangelium II, 163. Banks, Jesus, 161, spricht davon, daß die Autorität Jesu damit gewahrt werden solle. Dieser Interpretation widerspricht jedoch, daß bei der Antwort Jesu "Gut ist nur einer" (εἷς ἐστιν ὁ ἀγαθός; V.17) nur an Gott gedacht werden kann. Dagegen scheint mir die zweite Folgerung Banks berechtigt. Der Akzent wird klarer auf das Gesetz als "crucial issue" gelegt.

[65] Im Vergleich zu Mt 22,34-40 ist Mt an dieser Stelle vorsichtiger im Umgang mit einer Monotheismus-Aussage. Die Tendenz, ihr weniger Gewicht beizumessen, findet sich jedoch auch hier. Die Streichung des μὴ ἀποστερήσῃς ("du sollst nicht berauben") aus der sozialen Reihe bei Mk (10,19) ist ebenfalls so zu erklären, daß Mt eine engere Verbindung zum Dekalog und damit zum Gesetz schaffen möchte. Zur sozialen Reihe vgl. Berger, Gesetzesauslegung.

[66] Zum Aspekt der Vollkommenheit vgl. Luck, Vollkommenheitsforderung, und Schnackenburg, Vollkommenheit.

[67] Gnilka, Matthäusevangelium II, 164. Vgl. Barth, Gesetzesverständnis, 92f. Das Gebot der Gottesliebe kann fehlen, da in V.18 nur auf Gebote aus der zweiten Tafel des Dekalogs Bezug genommen wird und Mt bereits in V.17 durch die Streichung von ὁ θεός deutlich gemacht hat, daß bei ihm der Akzent auf der Gesetzesproblematik liegt (s.o.).

zugehen, und nun von den Bedingungen des Vollkommenseins[68]. Wenn der Jüngling das ewige Leben erreichen will, dann muß er diese jetzt genannte Bedingung erfüllen. Die Vollkommenheitsforderung ist eng mit der durch Jesus interpretierten Tora verbunden: Vollkommen sein heißt, die durch Jesus interpretierte Tora zu erfüllen. In der konkreten, hier geschilderten Situation ist der Besitzverzicht "der angemessene Ausdruck [der] Nächstenliebe, die die Summe des Gesetzes ist"[69]. Ein rein formales Verständnis wird überschritten, die "christliche Agape [wird] als etwas sehr Konkretes aufgewiesen"[70]. Damit geht die Perikope über die vom Doppelgebot der Liebe hinaus, die bei formalen Aspekten stehen bleibt. Es finden sich zum ersten Mal im Zusammenhang mit dem Liebesgebot Hinweise darauf, wie die von Jesus interpretierte Tora material zu füllen ist. Besitzverzicht ist jedoch nicht gleichzusetzen mit der Vollkommenheit - er ist Ausdruck des jesuanisch oder vollkommen interpretierten Liebesgebotes[71]. Die eigentliche Vollkommenheit besteht in der Nachfolge - sie ist der Skopos dieser Perikope, die mit Recht als "Berufungsgeschichte mit negativem Ausgang"[72] charakterisiert wird. Erst die Nachfolge Jesu führt in das ewige Le-

---

[68] Vgl. Gnilka, Matthäusevangelium II, 165. Gegen Berger, Gesetzesauslegung, 444-453, der implizit eine 2-Stufen-Ethik propagiert. Dies hängt damit zusammen, daß er die Jünger als die Vollkommenen nicht als pars pro toto für die ganze Gemeinde ansieht. Dieses Verständnis ist jedoch für Mt vorauszusetzen, vgl. Luz, Jünger, bes. 159f. Auch Stegemann, Nächstenliebe, 68f, bezieht die beiden Gesprächsgänge nicht aufeinander, sondern spricht von einer "zusätzlich[en]" Aufforderung in 19,21. Seiner Meinung nach geht es hier nicht darum, "daß das Einzelgebot Lev 19,18b in der Forderung nach Vollkommenheit zu einem Gebot des Almosengebens wird". Diese Deutung verbiete sich auch darum, "weil im zweiten matthäischen Textkomplex, in dem die Nächstenliebe im Kontext der Vollkommenheitsforderung begegnet [Mt 5,43-48], Vollkommenheit nicht im Almosengeben besteht" (S. 69). Er übersieht in seiner Argumentation, daß es in Mt 19,16-22 nicht um die Tora als solche, sondern um die von Jesus interpretierte Tora geht. Außerdem interpretiert er die Vollkommenheitsforderung zu eindimensional. Diese knüpft aber an die jeweiligen Lebensbedingungen an, so daß verschiedene Inhalte damit verbunden sein können. Zur Kritik an Stegemann vgl. Kuhn, Liebesgebot, 211 Anm. 33, und Söding, Liebesgebot, 270 Anm. 7.

[69] Gnilka, Matthäusevangelium II, 165. Vgl. Schnackenburg, Vollkommenheit, 150f. M. E. geht es um Besitzverzicht und nicht um Almosen oder Barmherzigkeit (vgl. aber Ebersohn, Nächstenliebegebot, 206.208).

[70] Gnilka, Matthäusevangelium II, 167.

[71] D.h., was in der jesuanisch interpretierten Tora als Auslegungskriterium dient, gehört selbst zu dieser neu interpretierten Tora dazu. Dies ist sicher ein Problem der hier vertretenen Interpretation, auf das Stegemann, Nächstenliebe, bes. 70, hinweist. Seine eigene Interpretation kann jedoch aus bereits dargelegten Gründen nicht überzeugen. Vgl. Kuhn, Liebesgebot, 220, der diese doppelte Rolle des Liebesgebotes aber nicht problematisiert.

[72] Gnilka, Matthäusevangelium II, 162. Zum Vollkommenheitsbegriff vgl. Berger, Gesetzesauslegung, 453 Anm. 1, und allgemein Luck, Vollkommenheitsforderung, der die

ben (vgl. Mt 19,27-30). Der Ruf in die Nachfolge gilt der ganzen Gemeinde. Eine 2-Stufen-Ethik liegt bei Mt nicht vor[73].

Problematisch ist, daß hier wie auch in Mt 25,31-46 Werkgerechtigkeit vorzuliegen scheint. Wir brauchen an dieser Stelle nicht näher auf das Problem einzugehen, ob das am paulinischen Denken gewonnene Indikativ-Imperativ-Schema - dessen Gültigkeit vorausgesetzt - zwingend in allen neutestamentlichen Schriften aufzufinden sein muß. Unabhängig davon stellt sich die Frage nach dem Heilsindikativ bei Mt[74]. Dieser fehlt nicht, sondern ist eingebettet in die "narrative Grundstruktur im Gesamtwerk des Matthäus". "Der Verkündigung des Willens Gottes durch Jesus geht die Erzählung von der Geschichte des Gottessohnes Jesus voraus: der Verkünder des Willens Gottes ist derselbe Gottessohn, der mit seiner Macht bei der Gemeinde ist und ihr hilft 'alle Tage bis ans Ende der Welt' (28,20)"[75]. Indikativ und Imperativ sind somit eng ineinander verflochten.

Interessant ist die Reaktion des jungen Mannes: "Betrübt (λυπούμενος) ging er davon, denn er besaß viele Güter" (V.22). Er sieht sich nicht in der Lage, Jesu Forderung zu erfüllen. Da er traurig ist, scheint ihm bewußt zu sein, daß ihm damit der Zugang zum ewigen Leben versperrt ist. Das jesuanisch interpretierte Liebesgebot in seiner konkreten Ausformung überfordert den jungen Mann. Be-

---

"bessere Gerechtigkeit" (Mt 5,20) mit der "Vollkommenheit" bei Mt identifiziert (S. 17) und als Hintergrund für die Forderung der Vollkommenheit ein weisheitliches Gesetzesverständnis annimmt.

[73] Vgl. Barth, Gesetzesverständnis, 92f, und Schnackenburg, Vollkommenheit, 149f. Nachfolge ist dabei nicht auf Wandercharismatiker beschränkt. Auch ortsgebundene Nachfolge ist möglich.

[74] Vgl. Broer, Gesetzesverständnis, 142-145. Seine abschließende Frage, ob man der Rechtfertigung aus Glauben an das Christusereignis und dem Gericht nach den Werken zwei unterschiedliche Sitze im Leben zuzuweisen habe und auf einen Ausgleich verzichtet werden könne, scheint mir dem Problem eher aus dem Weg zu gehen.

[75] Luz, Erfüllung, 433.431. Vgl. Luz, Matthäus, 241; Luz, Jünger, 164; und Schrage, Ethik, 148. Anders Marxsen, Ethik, 204-217 (bes. 208-213), der im Mt den Indikativ vermißt. Die Christologie des Mt sei nicht darauf angelegt, daß sie den Leser verändere. Überhaupt sei die Ethik nicht mehr Aspekt der Christologie, sondern nur noch Konsequenz (S. 212). M.E. widerspricht Mt 19,16-22 diesem Urteil entschieden. Hier wird gerade gezeigt, daß die jesuanisch interpretierte Tora den Menschen zu einem anderen Verhalten einlädt und auffordert. Barth, Gesetzesverständnis, 98, sieht in der Christologie gerade den Grund, "der Matthäus zu der oben gezeigten Auslegung des Gesetzes durch Liebesgebot und Nachfolge geführt hat." Gnilka, Matthäusevangelium II, 165, ist in seiner Auseinandersetzung mit dieser Problematik zu knapp, wenn er thetisch behauptet, daß "die Zusicherung des Lohnes ... dann vor dem Mißverständnis des Do-ut-des bewahrt [bleibt], wenn er als Gnadenlohn begriffen wird." Bei seiner Besprechung von Mt 5,17-20 ist er deutlicher. Er sagt, daß "das von Christus ausgelegte Gesetz, das getan werden muß, ... für Mt eingebettet [ist] in die Proklamation der Himmelsherrschaft. Zwischen Indikativ und Imperativ unterscheidet er nicht, beides fällt zusammen" (S. 149).

sitz und Reichtum überlagern das ansatzweise vorhandene Verstehen Jesu[76]. Damit verbinden sich in dieser Perikope konkrete Kritik am Reichtum und Kritik an einem althergebrachten Verständnis der Tora, die von Jesus neu interpretiert wird.

Das Liebesgebot steht hier letztlich material im Zusammenhang mit einem *Überforderungsbewußtsein*, wie es als These zu Beginn dieses Kapitels formuliert wurde. Der reiche junge Mann ist überfordert, seinen Besitz an Arme abzugeben, die sicherlich nicht zu seinen allernächsten Nächsten gehören[77]. Zu einer Nächstenliebe in diesem konkreten Sinne sieht er sich nicht in der Lage.

Bevor überprüft werden kann, ob andere Textstellen im Mt dieses Verständnis bestätigen, ist die Frage zu klären, was sich historisch über diesen Vorwurf sagen läßt. Konkret: wen hat Matthäus als Überforderte im Blick?

Aus der Perikope selbst geht nichts Konkretes über die Herkunft des jungen Mannes hervor. Es wird lediglich deutlich, daß er sehr reich sein muß und aus diesem Grund Jesu Ruf in die Nachfolge ablehnt. Ob er sich später anders entschieden und Jesu Forderung erfüllt hat, ist nicht Gegenstand der Perikope. Man wird vermuten dürfen, daß Mt an einen Juden denkt, der Jesu Ruf in die Nachfolge ablehnt[78]. Dies scheint umso wahrscheinlicher, als Mt auch den Pharisäern vorwirft, "daß sie das (recht verstandene) Gesetz gar nicht tun"[79]. Mt könnte diesen Vorwurf, exemplarisch dargestellt am reichen Jüngling, auf weitere jüdische Kreise übertragen haben. Ihnen könnte sein Vorwurf gelten, daß sie nicht in der Lage seien, den Forderungen der jesuanisch interpretierten Tora - und damit der erst jetzt zur Erfüllung gekommenen Tora - zu genügen[80].

---

[76] Immerhin ist darauf hinzuweisen, daß der junge Mann bei Mt selbst die Frage stellt, was ihm über die (formale) Erfüllung der Gebote hinaus noch fehle. Die Gestalt des jungen Mannes erinnert sehr an Mt 13,22par.

[77] Hierin findet sich ein Anklang an das *Erweiterungsbewußtsein*, der Ausweitung des Adressatenkreises über den allernächsten Nächsten hinaus. Diesen Aspekt betont Ebersohn, Nächstenliebegebot, 206, der dies auch für die Feindesliebeperikope Mt 5,43-48 geltend macht, doch liegt darin m.E. nicht die eigentliche Intention des Mt. Wir haben hier ein sehr gutes Beispiel dafür, daß die Evangelisten jeweils besondere Akzente setzen, sich aber nicht ausschließlich auf eine der drei Themenstellungen (Überforderungsbewußtsein, Erweiterungsbewußtsein, Schwellenbewußtsein) konzentrieren.

[78] Die Interpretation von Loessl, Dimension, 70, ist abwegig. Der junge Mann muß sich nicht erst seines jüdischen Erbes entledigen, bevor er Jesus folgen kann. Jesus interpretiert ja gerade das jüdische Erbe neu, ist selbst Jude und nur als solcher zu verstehen.

[79] Barth, Gesetzesverständnis, 71.

[80] Daß es Mt nicht nur um die Stellung zum Reichtum ging, sondern daß er mit diesem konkreten Beispiel exemplarisch die grundsätzliche Stellung der Menschen zur jesuanisch interpretierten Tora vor Augen hat, zeigt im nahen Kontext Mt 19,25f: Die Jünger fragen, wer überhaupt gerettet werden könne. Diese Frage bezieht sich nicht nur auf Reiche,

M.E. ist es jedoch eher unwahrscheinlich, daß dieser Vorwurf historisch berechtigt ist. Wie Mt kein historisch wahrheitsgetreues Bild der Pharisäer liefert, so wird man auch hier vermuten dürfen, daß Mt für seine Zwecke typisiert und die Wirklichkeit nicht getreu widerspiegelt. Er baut ein Gegenbild auf, von dem er sich positiv absetzen kann. Dabei kann nicht vorausgesetzt werden, daß seine eigene Gemeinde in der Lage war, die jesuanisch interpretierte Tora zu erfüllen. Vorstellbar wäre, daß Mt Probleme innerhalb seiner eigenen Gemeinde auf Gruppen außerhalb derselben projiziert, um mit dieser Negativfolie wiederum auf das Verhalten in seiner Gemeinde einzuwirken[81]. Eine endgültige Entscheidung über diese Fragestellung kann nicht getroffen werden, da konkrete Anhaltspunkte fehlen. Festhalten können wir im einen wie im anderen Falle (wahrheitsgetreues Abbild - Projektion), daß Mt sich der Möglichkeit der Überforderung durch das jesuanisch interpretierte Liebesgebot bewußt ist.

Die letzte Perikope, die ausführlich betrachtet werden soll, ist Mt 5,43-48 - das Gebot der Feindesliebe. Sollte auch hier das Bewußtsein einer Überforderung zu finden sein, wäre dies ein weiterer positiver Beleg für die eingangs aufgestellte These.

2.2.4. Das Gebot der Feindesliebe in Mt 5,43-48

Von allen Aussagen im Zusammenhang mit dem Liebesgebot - Goldene Regel, Doppelgebot der Liebe, einfaches Liebesgebot aus Lev 19,18 und Feindesliebe - stammt gerade das Gebot der Feindesliebe mit größtmöglicher Wahrscheinlichkeit von Jesus selber[82]. Es wird in der Regel als "Kulmination jesuanischer

sondern hat alle Menschen im Blick. Die Antwort Jesu verdeutlicht, daß es ihm nicht um Werkgerechtigkeit geht: "Bei den Menschen ist's unmöglich; aber bei Gott sind alle Dinge möglich".

[81] Zum Verhältnis zwischen Mt und dem Judentum vgl. Luz, Matthäus, 70-72. Er spricht hier auch von einer Typisierung der Rolle des jüdischen Volkes, wobei die Auseinandersetzung mit Israel die Funktion habe, "das Selbstverständnis der Gemeinde, die den Bruch mit Israel verarbeiten muß, zu stärken, und zugleich, eine falsche Sicherheit durch den Hinweis auf das Geschick Israels in Frage zu stellen" (71).

[82] So Hoffmann, Tradition; Lührmann, Feinde; Luz, Matthäus; Theißen, Gewaltverzicht. Vgl. Klassen, Enemies, und Piper, Enemies. Kuhn, Liebesgebot, 222f, vertritt ebenfalls diese Ansicht, räumt jedoch ein, daß auch das doppelte Liebesgebot von Jesus stammen könne. Sauer, Erwägungen, vertritt dagegen die These, der Ausgangspunkt des Gebots der Feindesliebe liege bei Paulus. Er beruft sich auf Röm 12,14. M.E. ist an der Feindesliebe als ipsissima vox Jesu festzuhalten. Die Literatur zum Feindesliebegebot kann hier nicht vollständig aufgearbeitet werden; vgl. Klassen, Research. Eine ausführliche Bibliographie zur Feindesliebe und zum Vergeltungsverzicht bietet Swartley, Love, 314-322.

Ethik"[83] angesehen und gilt schon bei einigen Kirchenvätern als "*das* christliche Proprium und Novum"[84], für das es keine Parallele in zeitgenössischen Texten gebe[85]. Mit diesem Gebot werde die Nächstenliebe radikalisiert[86]. Berücksichtigt man die vielen jüdischen Einzelaussagen, die eine ähnliche Zielrichtung haben, wird man eher sagen müssen, daß "bei Jesus eine extreme Verabsolutierung einer im Judentum auch (neben anderen) vorhandenen Aussagemöglichkeit vorliegt"[87]. Die prinzipielle Formulierung der Feindesliebe taucht jedoch außer im Jesuswort in keinem anderen jüdischen Text auf[88].

Der "primäre Kontext" der Aussage Jesu ist nicht direkt rekonstruierbar[89]. Theißen zeigt zwar, daß Feindesliebe und Gewaltverzicht "ausgezeichnet in die zeitgeschichtliche Situation Jesu"[90] passen. Doch schließt er letztlich, daß "Jesu Forderung weit über jede konkrete Situation hinaus[geht]. Sie ist allgemein"[91].

---

[83] Gnilka, Matthäusevangelium I, 187. Becker, Feindesliebe, 8, radikalisiert diesen Ansatz, wenn er von der Feindesliebe als der "Basisaussage des Verhaltens" spricht.

[84] Luz, Matthäus, 307. Vgl. Schneider, Neuheit.

[85] Vgl. Kuhn, Liebesgebot, 224-226, und Theißen, Gewaltverzicht, passim. Die Feindesliebeforderung ist jedoch "durchaus nicht 'neu' im geistesgeschichtlichen Sinne", wie Schottroff, Gewaltverzicht, 198f Anm. 9, unter Berufung auf Bultmann sagt. Gnilka, Matthäusevangelium I, 191, spricht sogar davon, daß die Versuche, die Feindesliebe als "etwas spezifisch Christliches und somit etwas Neues" zu erweisen, einige Menschen eher "peinlich berührt". "Nicht die gute Theorie allein, sondern die Praxis" entscheide letztlich. Feindesliebe gebe es auch in anderen Religionen. Er verweist auf Heiler, Religionen, der für den Buddhismus und Taoismus diesen Nachweis geführt habe.

[86] Vgl. Wischmeyer, Liebe, 141, und Ebersohn, Nächstenliebegebot, 206f, der von einer "Ausweitung auf den Feind" spricht: "Die vom matthäischen Jesus geforderte Feindesliebe geht über die Liebe zum Nächsten hinaus". Das Gebot der Feindesliebe kann somit als Erweiterung der Nächstenliebe angesehen und in unserem Kontext dem *Erweiterungsbewußtsein* zugeordnet werden. Auch der aggressive Feind ist mit eingeschlossen, nicht nur der Feind in Not wie in jüdischen Texten, vgl. Neugebauer, Wange, 868f. Wie gezeigt werden wird, erfordert die matthäische Redaktion eine anders akzentuierte Zuordnung der Feindesliebe - und zwar zum *Überforderungsbewußtsein*.

[87] Luz, Matthäus, 308. Vgl. auch Kuhn, Liebesgebot, 207 Anm. 31, der unter Hinweis auf Mathys, Nächsten, 63-70.81, schreibt, daß Jesus "nur die Tendenz des ursprünglichen Textes [sc. Lev 19,17f.] mit aller Schärfe ausgesprochen und so das Gebot auch überboten" habe. Er wendet sich allerdings gegen eine Identifikation von Lev 19,17f mit der Feindesliebe, wie es bei Mathys angedeutet ist (vgl. auch Stegemann, Nächstenliebe, 64).

[88] Vgl. Kuhn, Liebesgebot, 226, und Luz, Matthäus, 307.

[89] Vgl. Hoffmann, Tradition, 103. Der Vorschlag von Seitz, Enemies, 42, als Sitz im Leben das Synagogentreffen am Sabbat anzunehmen, ist abzulehnen. Er übersieht in seiner Argumentation, daß die Antithesenform erst durch Matthäus geschaffen wurde.

[90] Theißen, Gewaltverzicht, 191-195 (Zitat S. 192).

[91] Theißen, Gewaltverzicht, 195. Becker, Feindesliebe, 8f, sieht in der Feindesliebe die Basisaussage des Verhaltens. Sie kann in den verschiedenen sozialen Situationen eine

Damit ist diese Forderung Jesu offen für verschiedene Deutungen in unterschiedlichen Situationen, wie die Rezeption des Feindesliebegebotes im frühen Christentum zeigt[92]. Das besondere Augenmerk dieser Untersuchung richtet sich auf
die unterschiedlichen Aufnahmen im Mt und - im nächsten Abschnitt - im Lk.

Außerhalb der Evangelien begegnet das Feindesliebegebot nirgendwo wörtlich im Neuen
Testament. Paulus kennt zwar so etwas wie Feindesliebe, leitet diese jedoch aus den
alttestamentlichen Schriften ab (Röm 12,14.17-21), nicht von diesem Jesuswort. Es
scheint, daß sich die urchristlichen Schriftsteller einer Tradierung dieses Gebots weitgehend entzogen oder sie es nur in einer deutlich abgeschwächte Form tradierten, da sie sich
und ihre Adressaten praktisch durch dieses schroffe Gebot überfordert sahen.

Auch in den außerkanonischen urchristlichen Schriften spielt das Gebot der Feindesliebe
erst wieder ab Justin (Mitte 2. Jh.) eine Rolle, und zwar in apologetischen Texten[93].

Dies zeigt den schwierigen Umgang der frühen Christen mit dem Gebot der Feindesliebe.
Wäre es nicht über die Logienquelle zu Mt und Lk gekommen, wäre "das Jesusgebot der
Feindesliebe in seiner schroffen Formulierung verlorengegangen"[94]. Wenn Mt und Lk
dieses Gebot entgegen dem sonst vorherrschenden Trend aufnehmen, müssen sie ganz
bestimmte Intentionen damit verbinden, die nicht unberührt sein werden von ihrem theologischen Denken und ihrer historischen Situation. Im folgenden soll die spezifische
Intention des Mt herausgearbeitet werden. Ein besonderes Augenmerk ist dabei der
matthäischen Redaktion zuzuwenden.

Bei Matthäus bildet die Perikope von der Feindesliebe die letzte der sechs Antithesen (Mt 5,21-48). Es ist allgemein anerkannt in der gegenwärtigen Forschung,
daß ihre antithetische Form auf das Konto der matthäischen Redaktion geht.
Theißen spricht von einem "Abhebungsmotiv"[95]. Durch die antithetische Form

---

"ungesetzliche flexible und konkrete Auslegung" (S.9) erhalten, gerade weil Jesus
"*gruppenunspezifisch* und tendenziell *weltweit*" (S.8) formuliere. Vgl. Merklein, Gottesherrschaft, 235.

[92] Vgl. besonders Theißen, Gewaltverzicht; Lührmann, Feinde; Hoffmann, Tradition;
Becker, Feindesliebe. Schottroff, Gewaltverzicht, 213, differenziert zu wenig, wenn sie
schreibt, daß "alle uns erkennbaren Traditionsstufen inhaltlich im wesentlichen übereinstimmen".

[93] Vgl. Kuhn, Liebesgebot, 196-204. Zur Apologetik als "Sitz im Leben" für das Feindesliebegebot vgl. Bauer, Gebot.

[94] Kuhn, Liebesgebot, 203. Zur Logienquelle vgl. Hoffmann, Tradition, 64-81, und
Lührmann, Feinde, 412-425. Im Rahmen der vorliegenden Untersuchung kann darauf
verzichtet werden, die Bedeutung des Gebots der Feindesliebe in der Logienquelle zu
besprechen. Dazu ist bei den beiden genannten Autoren genug gesagt.

[95] Theißen, Gewaltverzicht, 164-166. Neben der antithetischen Form weist Theißen
besonders auf die Nennung der Zöllner und Heiden in V.46f hin, von denen sich Mt
deutlich absetzt. Sie gelten als "Repräsentanten [eines] menschlichen Verhaltens" und als
solche, "die sich dem Wort Jesu [nicht] geöffnet haben" (Gnilka, Matthäusevangelium I,
194). Der Horizont des jüdischen Denkens der matthäischen Gemeinde wird sichtbar

betone Mt den Unterschied zu der "alten" Gerechtigkeit, den Unterschied zu Pharisäern und Schriftgelehrten (5,20), deren Gesetzesverständnis er hier kritisiere[96].

Die These in V.43: "Ihr habt gehört, daß gesagt ist: 'Du sollst deinen Nächsten lieben' (ἀγαπήσεις τὸν πλησίον σου) und deinen Feind hassen (μισήσεις τὸν ἐχθρόν σου)" wurde viel diskutiert. Sie setzt sich aus zwei Teilen zusammen, von denen nur der erste im AT zu finden ist[97]. Der zweite Teil wurde oft als qumranische Auslegungstradition[98] oder als allgemeine Praxis des Judentums[99] gedeutet. Neuerdings hat sich jedoch die Annahme durchgesetzt, daß Mt auf den verbreiteten antijüdischen Topos der Misanthropie zurückgreift[100].

Theißen untersucht den geschichtlichen Hintergrund bei Mt und fragt, "ob nicht Krieg und Nachkriegszeit genug Anschauungsmaterial für Rachegedanken und Feindeshaß gaben" und "das Vorurteil verbreitete[n] und bestärkte[n], die Juden

---

(Luz, Matthäus, 312). Lührmann, Feinde, 426, kritisiert, daß im Kontext von Feindesliebe die "Qualifizierung der 'andern' als 'Zöllner und Heiden' (Mt 5,46f)" ausgeschlossen sein sollte. Wolbert, Liebe, 263f, greift dies auf und zeigt, daß 'Zöllner und Heiden' hier nicht deskriptiv, sondern typisch zu verstehen sei. Er weist aber auch auf die Möglichkeit von historischen Mißverständnissen hin, die leicht mit solchen Typisierungen erzielt werden können.

[96] Vgl. dazu bes. Burchard, Versuch, 422ff. Es ist jedoch nach wie vor in der Matthäusexegese umstritten, ob sich die Antithesen nach der Ansicht des Mt gegen den biblischen Text (so Luz, Matthäus, 247-249) oder gegen eine jüdische Auslegungstradition richten.

[97] Gnilka, Matthäusevangelium I, 189, erklärt das Auslassen des „wie dich selbst" (ὡς σεαυτόν) damit, daß dadurch ein antithetischer Parallelismus ermöglicht werde. Furnish, Command, 49, weist die These Spicqs, Agapè, 22f, zurück, die in der Auslassung einen Hinweis darauf sieht, daß die Liebe zu Feinden einer anderen Motivation bedürfe als des Hinweises auf die Selbstliebe.

[98] Vgl. Gnilka, Matthäusevangelium I, 190f, und Seitz, Enemies, 49-51. Seitz nimmt an, daß die Gemeinde von Qumran nicht völlig isoliert von der übrigen palästinischen Bevölkerung lebte, sondern daß eine Kommunikation zwischen beiden bestand. Gegen diese Herkunft spricht sich schon Molin, Qumran, aus. Vgl. die ausführlichere Besprechung bei Dautzenberg, Feind, 54-56.

[99] Vgl. die Besprechung bei Dautzenberg, Feind, 51-54.

[100] So überzeugend Dautzenberg, Feind, bes. 56-58. "An der Erkenntnis des polemischen, antijüdischen Charakters von Mt 5,43c führt wohl kein Weg vorbei" (S. 58). Er bezieht sich auf Burchard, Versuch, 424f. Anm. 65. Vor allem Tacitus, Hist. V 5 spielt dabei eine Rolle. Ebersohn, Nächstenliebegebot, 197, spricht von einem rhetorischen Kunstgriff des Matthäus, der das Nächstenliebegebot interpretiere. Vgl. Ebersohn, Nächstenliebe, 197 Anm. 266 zu Dautzenberg und Burchard. Klassen, Love, 388, sieht den Ursprung der Formulierung in der damals bekannten Formel "be good to your friends and hate your enemies".

haßten andere Völker"[101]. Seiner Meinung nach schlagen sich in den "Mt-Formulierungen der Feindesliebetradition Erfahrungen des jüdischen Krieges und der Nachkriegszeit"[102] nieder. Das hieße, daß sich in der Formulierung, den Feind zu hassen, außer dem Rückgriff auf den Misanthropie-Vorwurf eine konkrete palästinisch-jüdische Tradition bewahrt haben kann[103].

Matthäus hebt sich davon ab. Er gibt die Traditionen der judenchristlichen Gemeinden wieder, die mit Hilfe der Feindesliebetradition die "Situation eines unterworfenen und gedemütigten Volkes"[104] verarbeiten und sich dadurch gleichzeitig mit anderen jüdischen Gruppen auseinandersetzen, von denen sie zunehmend isoliert und verfolgt werden.

Dieser doppelten Frontstellung wurde in der bisherigen Forschung zu wenig Beachtung geschenkt. Gegenüber einer oberflächlich verstandenen Nächstenliebe[105], die Feindeshaß - motiviert durch die Kriegssituation - zuläßt, fordert Matthäus eine Nächstenliebe, die im Sinne der durch Jesus interpretierten Tora im Horizont der besseren Gerechtigkeit den Feind einschließt[106].

Somit erreicht Matthäus mit der Antithesenform zweierlei. Zum einen wirft er jüdischen Gruppen vor, nicht in der Lage zu sein, in der konkreten Kriegs- und Nachkriegssituation ein neues Verständnis der Nächstenliebe im Sinne der Feindesliebe zu entwickeln - dazu sind sie überfordert[107]. Seinen jüdischen Gegenübern fehlt der Zugang zu Jesu Neuinterpretation der Tora, die diese erst erfüllt (vgl. Mt 5,17-20) und die in der konkreten, hier vorauszusetzenden Kriegs- und Nachkriegssituation Feindesliebe als angemessenen Ausdruck der Nächstenliebe erscheinen läßt[108].

---

[101] Theißen, Gewaltverzicht, 178.

[102] Theißen, Gewaltverzicht, 179, unter Hinweis auf Hoffmann, Jesus. Vgl. Hoffmann, Tradition, 89. Dieser konkrete Hintergrund wird meist außer Acht gelassen. Auch Luz, Matthäus, 311, der den Bezug der Feindeshaß-Formulierung zu einer bestimmten Gruppe ablehnt, denkt nicht über diese spezifische Situation nach. Er spricht von einer "rhetorischen Gegenformulierung", die von Lev 19,18 angeregt sei.

[103] Vgl. Seitz, Enemies, 51.

[104] Theißen, Gewaltverzicht, 179.

[105] Vgl. Barth, Gesetzesverständnis, 93.

[106] Der Feind dürfte konkret den politischen Feind meinen, sowohl das Mitglied der römischen Staatsmacht, als auch "Angehörige des jüdischen Establishments" (Ebersohn, Nächstenliebegebot, 203).

[107] Ich spreche bewußt von "jüdischen Gruppen", um nicht den Eindruck zu erwecken, man könnte von einem insgesamt homogenen Judentum reden. Zwar dürfte es regionale Homogeneität auf Zeit auch immer wieder gegeben haben. Für Palästina scheint das Neben-, Mit- und Gegeneinander gleichzeitig typisch gewesen zu sein.

[108] So wie in der konkreten Situation des reichen Jünglings Besitzverzicht und Besitzabgabe der angemessene Ausdruck seiner Nächstenliebe waren. Vgl. II.2.2.3.

Zum anderen entwickelt Mt anhand der durch Jesus neu interpretierten Tora eine Konfliktbewältigungsstrategie. Diese soll seiner Gemeinde helfen, sich in ihrer gegenwärtigen Situation zurechtzufinden. In der bedrückenden Situation nach einem verlorenen Krieg bringen die matthäischen Traditionen "das Bewußtsein zum Ausdruck, durch Gewaltlosigkeit und Feindesliebe über der Situation zu stehen und den Gegnern, den Heiden, überlegen zu sein"[109]. Ergänzend wird man hinzufügen müssen: auch jüdischen Gruppen überlegen zu sein, die diese Konfliktbewältigungsstrategie nicht entwickelten.

Daß diese Strategie in einem engen Zusammenhang mit der durch Jesus interpretierten Tora steht, zeigt das Vorkommen des Begriffs "vollkommen" (τέλειος) in V.48. Dieser ist eng mit dem neuen Gesetzesverständnis verbunden (vgl. Mt 19,21) und ein Kennzeichen der neuen Gemeinde[110]. Mt schließt mit der Forderung, vollkommen zu werden, nicht nur das Gebot der Feindesliebe ab, sondern die gesamte Antithesen-Reihe[111]. Dies zeigt den grundsätzlichen Charakter der Vollkommenheitsforderung. Maßstab und Motivation ist die Vollkommenheit Gottes selbst (Motiv der *imitatio dei*[112]) - ein Sachverhalt, der weder in Qumran noch im AT zu finden ist[113].

Zwei Aspekte werden somit verbunden. Zum einen meint Vollkommenheit die "Vorstellung des Ganzen, Ungebrochenen, Ungeteilten"[114]. Für den Menschen gilt es, ebenfalls dieses Ganz- und Ungeteiltsein anzustreben. Nächstenliebe kann daher nicht auf eine bestimmte Gruppe beschränkt sein. Zum anderen lenkt dieser Vers auf die "Innenseite und den Bezugspunkt des christlichen Ringens um die bessere Gerechtig-

---

[109] Theißen, Gewaltverzicht, 179.

[110] Vgl. Barth, Gesetzesverständnis, 91f. Luz, Matthäus, 313, ist der Meinung, daß τέλειος die "grundsätzliche Bedeutung der Feindesliebe" hervorhebe. Sie sei "Mitte und Spitze aller Gebote, die zur Vollkommenheit führt". Diese Interpretation wird m.E. dem neutestamentlichen Befund nicht gerecht. Sie bezieht τέλειος zu einseitig nur auf die Feindesliebe und verkennt so die alle Antithesen abschließende Stellung von V.48.

[111] Vgl. Gnilka, Matthäusevangelium I, 194, und Luck, Vollkommenheitsforderung, 17.

[112] Vgl. Ebersohn, Nächstenliebegebot, 201: "Etwas überspitzt kann man also sagen, daß das Motiv der *imitatio Dei* zwar der Motivation der Forderungen dient, daß deren eigentliche *Begründung* aber in der Autorität Jesu liegt, der als Gottes Sohn das Geforderte schlicht gebietet".

[113] Vgl. Gnilka, Matthäusevangelium I, 195. Pate für diese Formulierung stand wohl Lev 19,2. Doch zeigt sich hierin wieder, wie sich Mt von jüdischen Traditionen abhebt. Schnackenburg, Vollkommenheit, 137f, begründet das Fehlen dieses Attributes für Gott damit, daß eine Beeinträchtigung des Wesens Gottes nicht möglich sei und das Prädikat "vollkommen" daher überflüssig sei.

[114] Gnilka, Matthäusevangelium I, 195. Schnackenburg, Vollkommenheit, 140, formuliert so: "'Vollkommen' ist der Mensch, der ausschließlich und mit seiner ganzen Person Gott gehört und nichts anderes als Gottes Willen radikal erfüllen will, um in das Reich Gottes einzugehen." Er lehnt ein ethisches Verständnis ab und spricht in einer m.E. verengenden Interpretation nur von einer religiösen Forderung (S. 146).

keit"[115] hin - auf Gott. Jesus interpretiert ja gerade aus göttlicher Vollmacht die Tora neu[116].

Fazit: Wie bereits in Mt 19,16-22 hebt sich Mt auch in 5,43-48 von jüdischen und heidnischen Gruppen ab. Er rekurriert darauf, daß diese nicht in der Lage sind, die Nächstenliebe in einer konkreten Situation unter dem Vorzeichen der Vollkommenheitsforderung und damit im Horizont der besseren Gerechtigkeit angemessen zum Ausdruck zu bringen. Jüdische Gruppen werden also im Kontext einer Überforderung gesehen, der dem in Mt 19 herausgearbeiteten gleicht.

Von seiner eigenen Gemeinde verlangt er die Feindesliebe als konkretes Verhalten zur Konfliktbewältigung. Darüber, ob sie - historisch betrachtet - dazu in der Lage war oder ob Mt auch hier wieder nur den Vorwurf an jüdische Gruppen als Attrappe für eine verstärkende Mahnung an seine eigene Gemeinde benutzt, lassen sich nur Vermutungen anstellen. Auf jeden Fall findet sich in dieser Perikope selbst eine Formulierung, die eine abgeschwächte Form der Feindesliebe darstellen könnte (Gebet für Verfolger; V.44). Man darf also auch in der matthäischen Gemeinde mit Schwierigkeiten im Umgang mit der Feindesliebe rechnen[117]. Die Perikope dient daher auf jeden Fall der Ermahnung der Gemeinde und soll gerade in ihrer theologischen Motivation einer Überforderung entgegensteuern[118].

Die Möglichkeit der faktischen Überforderung durch den Anspruch oder Zuspruch der Vollkommenheit bleibt im Mt nicht unbearbeitet. Sie steht bei ihm im Lichte der Vergebung, wie die von Mt redaktionell eingefügte zweifache Aufnahme der Vergebungsbitte des Vaterunsers (Mt 6,12) in 6,14f und seine Aufnahme der Aussage, nicht nur siebenmal, sondern siebzigmal siebenmal zu vergeben (Mt 18,21f), zeigen[119]. Diese Vergebung bildet den Horizont, innerhalb dessen nach Mt mit einer Überforderung gelebt werden kann.

---

[115] Luz, Matthäus, 314.

[116] Damit ist ein Bezug zu Mt 19,16-22 und Mt 5,17-20 geschaffen.

[117] Vgl. Kuhn, Liebesgebot, 197f. Nach Gnilka, Matthäusevangelium I, 191, könnte das Gebet aber auch Beispiel dafür sein, "daß ich wirklich von innen her meine Einstellung ändere". Kuhn ist überzeugender, zumal Mt den Hauptteil der Bergpredigt mit der Goldenen Regel abschließt, die die "radikale Einseitigkeit der Feindesliebe mit dem alten guten Ethos einer vernünftigen, am zwischenmenschlichen Gleichgewicht orientierten 'egoistischen' Regel" (Kuhn, Liebesgebot, 205f) zu neutralisieren scheint. Vgl. auch die Weherede gegen die Pharisäer in Mt 23, die für Luz, Matthäus, 315f, auf eine Überforderung durch die Feindesliebe selbst innerhalb des Mt hinweist.

[118] Mt 5,48 könnte als Zuspruch aufgefaßt werden.

[119] Vgl. auch die Versöhnungsforderung in der 1. Antithese. Stuhlmacher, Gesetz, 292, macht darauf aufmerksam, daß die Vergebungsbitte des Vaterunsers den Hörern und Lesern der Bergpredigt an deren zentraler Stelle hilft, "bei Jesu Gebot und auf dem Weg der Nachfolge zu bleiben".

Grundsätzlich kann die Frage gestellt werden, ob der Mensch durch das Gebot der Feindesliebe nicht überfordert ist[120]. Gerade jüdische Autoren sprechen wiederholt davon, daß die Feindesliebe mit Recht in der jüdischen Tradition fehle[121]. "Ist also die Feindesliebe eine utopische Forderung, die darum ambivalent ist, weil sie grundlegenden anthropologischen und psychologischen Voraussetzungen des Menschen widerspricht?"[122]

Auf diese Frage versucht die gesamte vorliegende Untersuchung unter anderem eine Antwort zu geben. Hier nur einige Vorbemerkungen[123].

Das Gebot der Feindesliebe darf nicht als eine rein "natürliche" Forderung gesehen werden. Es steht unter der "'unnatürlichen' Voraussetzung, daß das Reich Gottes im Anbruch ist und daß der Mensch ihm entsprechen soll". Dies ist die Perspektive, aus der Jesus das Alte Testament neu interpretiert[124]. Feindesliebe wird somit in erster Linie zu einer Aussage, die eine Christologie (Jesus als Anfang einer neuen Welt) implizit voraussetzt. Erst sekundär stellt sich die Frage nach ihrer Praktikabilität. Gleichwohl muß diese gestellt werden.

Weder bei Jesus noch bei Matthäus ist das Gebot der Feindesliebe ein grundsätzlich erfüllbares Gesetz für die Glaubenden[125]. Es kann immer nur "in jeweils besonderen Situationen"[126] zum Tragen kommen, im "hier und jetzt, wo Menschen sich von der schon in Jesus gegenwärtigen Gottesherrschaft erfassen lassen"[127]. Luz folgert wohl zu Recht, daß "die Frage ... also nicht direkt [die sei], ob sie [die Feindesliebe] taktisch oder psychisch realistisch ist, sondern ob die in

---

[120] Vgl. Luz, Matthäus, 315-317.

[121] Vgl. Kuhn, Liebesgebot, 226f. Er zitiert D. Flusser, S. Zeitlin ("utopian standard") und J. Maier ("realitätsfremd"). Vgl. auch Nissen, Gott, 316f. Gehört Jesus deren Meinung nach nicht zur jüdischen Tradition, wie es in dieser Untersuchung vorausgesetzt wird? Die von Matthäus vorgeworfene Überforderung wäre in diesem Sinne eher als größere Realitätsnähe einzustufen.

[122] Luz, Matthäus, 316. Sprachlich handelt es sich beim Feindesliebegebot um das "rhetorische Mittel der Hyperbole, der sinnvollen Übertreibung". In der Form einer allgemeinen Regel wird formuliert, "was allgemein als undurchführbar erscheinen muß". Feindesliebe ist daher keine allgemeine Norm und darf nicht als Ausdruck des *usus elenchticus legis* interpretiert werden. "Die Allgemeinheit der Form mutet uns zu, in jeweils besonderen Situationen nach Chancen einseitigen, zuvorkommenden Handelns zu suchen, durch welches Feindschaft durchbrochen und Gewalt beendet werden kann" (Zitate aus Huber, Feindschaft, 140). Die hyperbolische Redeweise verlangt jedoch noch nach einer sachlichen Erklärung, so Kuhn, Liebesgebot, 227.

[123] Im Anschluß an Luz, Matthäus, 317. Zitate von dort.

[124] Vgl. Merklein, Gottesherrschaft, und Kuhn, Liebesgebot, 230.

[125] Gegen Kuhn, Liebesgebot, 227, der m.E. zu Unrecht zwischen beiden Intentionen unterscheidet.

[126] Huber, Feindschaft, 140.

[127] Kuhn, Liebesgebot, 227.

ihr vorausgesetzte Erfahrung von Gnade so tragfähig ist, daß der Mensch zu solcher Liebe frei werden kann"[128].

Zuletzt ist nach einem über Konfliktbewältigung hinausgehenden Motiv für die Feindesliebe bei Mt zu fragen. Es trifft hier zu, was wohl für die Feindesliebe allgemein gilt: sie "will letztlich Gegenliebe erwecken"[129], will den so Geliebten verändern, daß er seine Feindschaft aufgibt[130]. Sie zielt nicht auf eine "Selbstüberwindung" des Liebenden[131], sondern auf eine Veränderung bei dem, der als Feind Liebe erfährt.

Unsere eingangs aufgestellte Vermutung, daß bei Mt im Zusammenhang mit dem Liebesgebot das Bewußtsein einer Überforderung eine zentrale Stellung einnimmt, wird auch durch die Exegese von Mt 5,43-48 bestätigt. Die These wurde somit auf einer genügend breiten Textbasis untersucht und kann als ausreichend begründet angesehen werden.

2.3. Das Lukasevangelium

2.3.1. Das "Doppelgebot der Liebe" und der barmherzige Samariter in Lk 10,25-37

Die Perikope vom Doppelgebot der Liebe (Lk 10,25-28) dient im Lk als Einleitung zur Beispielerzählung vom barmherzigen Samariter (Lk 10,29-37)[132]. Lk

---

[128] Luz, Matthäus, 317. Vgl. Theißen, Gewaltverzicht, 197, der ebenfalls von der "Erfahrung der Gnade" spricht. Vgl. dazu Thyen, Nächstenliebe, 280f.

[129] Gnilka, Matthäusevangelium I, 198.

[130] Vgl. Schottroff, Gewaltverzicht, 215. Sie folgert weiter, daß die Feindesliebeforderung ein "Appell zu einer missionarischen Haltung gegenüber den Verfolgern" sei und der Feind "gewonnen werden" solle. Vgl. Neugebauer, Wange, 867f mit Anm. 18, der sich dieser Deutung anschließt. Kritisch dazu Gnilka, Matthäusevangelium I, 192, und Luz, Matthäus, 317. Vielleicht wird man sagen müssen: "Der Bergprediger mutet uns Feinde zu" (Moltmann, Feindesliebe, 504).

[131] Bultmann, Jesus, 77-84. Gegen diese Interpretation spricht sich vor allem Schottroff, Gewaltverzicht, 200, aus: "An dem Geschehen im Herzen des Liebenden haftet hier kein Interesse, eher an dem im Herzen des Feindes". Zugestehen wird man Bultmann aber müssen, daß im Liebenden eine Veränderung vorgegangen sein muß, die darin liegt, daß er aufgrund des anbrechenden Reiches Gottes zur Feindesliebe befähigt wird.

[132] Zur Auslegungsgeschichte dieser Beispielerzählung vgl. Klemm, Samariter, und Monselewski, Samariter. Zur strukturalistischen Auslegung vgl. den Sammelband von Crossan, Samaritan; zur linguistischen Auslegung den Aufsatz von Kieffer, Analyse. Daneben vgl. Horstmann, Nächster; und Jens, Samariter.

hat seine Vorlage Mk 12,28-34 umgestaltet[133]. Gleichzeitig wirkte diese markinische Perikope auf die Beispielerzählung ein[134]. Lk 10,25-37 besteht somit aus zwei Unterabschnitten Lk 10,25-28 und Lk 10,30-37, die "beide der Form nach ein *Streitgespräch* in zwei parallel gebauten Redegängen darstellen"[135]. V.29 hat die Funktion einer Überleitung. Er knüpft an V.25-28 an und dient als Überschrift zu V.30-37. Insgesamt ist die Perikope Lk 10,25-37 als ganzes eine lukanische Komposition[136]. Sie soll hier als kohärenter Text interpretiert werden. Es wird sich herausstellen, daß eine klare und sinnvolle Komposition vorliegt[137].

Bei Lk tritt ein Schriftgelehrter an Jesus heran, um ihn zu versuchen[138]. Er fragt danach, was er tun müsse, um das ewige Leben zu erlangen. Jesus stellt unter Hinweis auf das Gesetz eine Gegenfrage, so daß der Schriftgelehrte selbst das Doppelgebot der Liebe in einem einzigen Satz zitiert. Jesus stimmt ihm zu. Der Schriftgelehrte stellt jedoch eine zweite Frage nach der Grenze des Nächsten-Begriffes. Jesus antwortet mit der Beispiel-Erzählung vom barmherzigen Samariter. Schließlich wird der Schriftgelehrte erneut aufgefordert, die von ihm gestellte Frage selbst zu beantworten[139]. Auch dies trägt ihm die Zustimmung Jesu ein - verbunden mit der Aufforderung, dementsprechend[140] zu handeln.

Betrachten wir, welche Bedeutung das Liebesgebot in dieser lukanischen Zusammenstellung mit der Erzählung vom barmherzigen Samariter gewinnt.

---

[133] Ich schließe mich erneut Kiilunen, Doppelgebot, bes. 51-77, an, der zeigt, daß eine direkte Abhängigkeit von Mk 12,28-34 und daneben Mk 10,17-22 ausreicht, um die redaktionelle Tätigkeit des Lk zu erklären.

[134] Die kultkritische Tendenz im Lk gründet sich wohl auf eine "weiterführende lk-redaktionelle Reflexion des Mk-Textes", wie Kiilunen, Doppelgebot, 76, mit Hinweis auf die Unterordnung von Brand- und Schlachtopfern in Mk 12,33 zu Recht bemerkt.

[135] Sellin, Lukas II, 19f. Vgl. Ebersohn, Nächstenliebegebot, 215, und Kiilunen, Doppelgebot, 52.

[136] Vgl. Sellin, Lukas II, bes. 31. Kiilunen, Doppelgebot, 75f, teilt diese Ansicht, sieht aber auch in der Annahme, daß Lk eine literarische Vorlage aufgegriffen habe, zu Recht kein wesentliches Problem, da der Text als Ganzer jetzt der Intention des Lk entspricht. Aus, Samariter, 61, geht davon aus, daß die Samaritergeschichte im wesentlichen von Jesus stammt. Auch Reicke, Samariter, 105, spricht von einer von Jesus "ad hoc erfundene[n] Geschichte". Vgl. auch Zimmermann, Gleichnis, der das Gleichnis als von Lk übernommenes Traditionsstück betrachtet.

[137] Zur Einordnung in den Kontext vgl. Ebersohn, Nächstenliebegebot, 211-215.

[138] Zur Erklärung der Unterschiede gegenüber Mk sei auf Kiilunen, Doppelgebot, 51-76, verwiesen.

[139] So wird der, der eigentlich Jesus prüfen will, selbst zum Geprüften. Vgl. Ebersohn, Nächstenliebegebot, 217.

[140] Zur Übersetzung von ὁμοίως vgl. Eulenstein, Nächster, 136.

Lk 10,29 zeigt, daß es Lk zentral um den Begriff des "Nächsten" geht - und zwar des Nächsten, der geliebt werden soll[141]. Dieser ist Gegenstand des Gleichnisses (V.30-35) und des abschließenden Gesprächsgangs zwischen Jesus und dem Schriftgelehrten (V.36f). Die Frage, wer unter dem Nächsten zu verstehen sei, ist sehr wohl berechtigt, da zur Zeit Jesu darüber keine Einigkeit herrschte[142]. Für Lk dürfte ein natürliches Interesse an dieser Frage bestanden haben, da er sich ohnehin mit sozialen Problemen auseinandersetzt. Nicht zu Unrecht wird er der "Evangelist der Armen" genannt[143].

M. E. beabsichtigt Lukas mit der Erzählung vom barmherzigen Samariter, dem Schriftgelehrten und damit seinen Hörern oder Lesern ein doppeltes Identifikationsangebot zu unterbreiten - zum einen mit dem Verwundeten, zum anderen mit dem Samariter. Aus der jeweils einzunehmenden Perspektive heraus macht er deutlich, was er unter dem Nächsten und Nächstenliebe versteht. Die zentralen Stellen dieser Interpretation sind die Verse 29 und 36f:

V.29: "Und wer ist mein Nächster (καὶ τίς ἐστίν μου πλησίον)?"

V. 36f: "Wer von diesen dreien, meinst du, ist der Nächste gewesen (πλησίον ... γεγονέναι) dem, der unter die Räuber gefallen war? Er sprach: Der die Barmherzigkeit an ihm tat (ὁ ποιήσας τὸ ἔλεος μετ' αὐτοῦ). Da sprach Jesus zu ihm: So geh hin und tu desgleichen (σὺ ποίει ὁμοίως)!"

Diese Verse werden oft als problematisch empfunden, da man eine Aspektverschiebung oder eine Umkehr der Fragestellung vermutet[144]. M.E. kann gezeigt werden, daß sie in Verbindung mit der Beispielerzählung vom barmherzigen Samariter organisch aufeinander bezogen sind. Sie bringen nicht nur die beiden Identifikationsangebote zum Ausdruck, sondern stellen auch eine Verbindung zwischen beiden her.

Die Frage nach dem Nächsten in V.29 ist im Kontext (vgl. V.27) als Frage nach dem Adressaten der Liebe zu verstehen. Auf sie will die Beispielerzählung vom barmherzigen Samariter (V.30-35) eine Antwort geben.

---

[141] Gegen Sellin, Lukas II, 51 Anm. 238, geht es m.E. im Gleichnis gerade um Nächstenliebe, nicht nur um Nächstenschaft. Vgl. auch Kiilunen, Doppelgebot, 71 Anm. 81. Thyen, Nächstenliebe, 273, macht auf die enge Verquickung von Gottesliebe und Nächstenliebe aufmerksam und liest die Samaritergeschichte daher als Beispiel für beide (vgl. Gewalt, Samariter, 417).

[142] Vgl. Berger, Gesetzesauslegung, 232.

[143] Vgl. dazu Ebersohn, Nächstenliebegebot, 237.239: "Lukas ist Evangelist der Reichen, sofern er sich [zu ergänzen wäre: kritisch] an sie als Adressaten wendet, und er ist Evangelist der Armen, insofern er für sie Partei ergreift und ihnen Hilfe zukommen lassen will".

[144] Vgl. die Darstellung bei Sellin, Lukas II, 23-32; Ebersohn, Nächstenliebegebot, 218f.226f; und Kiilunen, Doppelgebot, 71f. Jeremias, Gleichnisse, 203, z.B. spricht von einer "formale[n] Inkonzinnität".

Auf den ersten Blick muß der Verwundete als Nächster, als Adressat der Liebe, und der Samariter als deren Subjekt erscheinen. Immerhin wendet sich der Samariter diesem barmherzig zu und hilft ihm aus seiner Not. Unter inhaltlichen Gesichtspunkten ist dies richtig. Orientiert man sich jedoch allein an ihnen, gerät man bei der Interpretation von V.36f in Verlegenheit. Hier nämlich wird der Samariter mit dem Begriff "Nächster" etikettiert - er wird zum Adressaten der Liebe, der Verwundete zu deren Subjekt.

Dieses Dilemma kann beseitigt werden, wenn wir zwischen dem Samariter als inhaltlicher Hauptperson und dem Verwundeten als formaler Hauptperson unterscheiden[145]. Dann ergibt sich folgender Zugang zum Text.

Auf einer formalen Ebene ist die Beispielerzählung (V.30-35) nicht aus der Perspektive des Samariters erzählt, sondern aus der des Verwundeten. Mit ihm soll sich der Gesetzeslehrer identifizieren (erstes Identifikationsangebot). Dadurch wird die Frage in V.36 verständlich. Sie zielt auf "den Samariter als den von dem jüdischen Gesetzeslehrer zu liebenden Nächsten"[146]. Auf dieser Ebene geht es um eine Überwindung der ethnischen und religiösen Feindschaft zwischen Juden und Samaritern[147]. Man kann wohl sagen, daß es hier um den Universalitätsanspruch des Liebesgebotes, ja um Feindesliebe[148] geht. Ob der Verwundete Jude ist oder nicht, spielt keine Rolle[149]. Der Gesetzeslehrer, der sich mit dem Verwundeten identifizieren soll, ist ja Jude[150], und dieser soll erkennen, daß der Samariter "sein" Nächster ist. Auf dieser formalen Ebene handelt es sich nicht um eine "Zöllner-Ethik"[151], da einzig und allein die Frage exemplarisch beantwortet wird, wer der Nächste ist. Diese formale Bestimmung ist unabhängig von dem hier exemplarisch verwendeten Aspekt der Hilfeleistung.

Die Identifizierung des Hörers oder Lesers mit dem Verwundeten ist aber nur bis einschließlich V.36 möglich[152]. In V.37 ändert sich die Perspektive. Die Imperative in V.37b zeigen, daß man sich nun mit dem Samariter identifizieren und so wie dieser handeln soll (zweites Identifikationsangebot). Vorbereitet wird dieser

---

[145] Vgl. Sellin, Lukas II, 25.

[146] Kiilunen, Doppelgebot, 73.

[147] Zu den Samaritern vgl. Kippenberg, Garizim; Crown, Samaritans; kurz Aus, Samariter, 90-92; und Donahue, Enemy, bes. 138-143. Es ist der Schriftgelehrte, dem auf dieser Ebene die Überwindung der Feindschaft zugemutet wird, nicht der Samariter.

[148] Zu Lk 6,27-36 vgl. II.2.3.4.

[149] Man wird jedoch annehmen dürfen, daß er Jude ist, vgl. Kiilunen, Doppelgebot, 72. Eine kurze Diskussion dieser Problematik findet sich in Ebersohn, Nächstenliebegebot, 225f mit Anm. 427.

[150] Reicke, Samariter, 105, geht m.E. etwas zu weit, wenn er im Schriftgelehrten einen Essener vermutet.

[151] Sellin, Lukas II, 25.

[152] Vgl. Sellin, Lukas II, 25, unter Hinweis auf Gollwitzer, Gleichnis.

Perspektivenwechsel in V.37a. Die Antwort des Gesetzeslehrers lautet ja nicht einfach formal "der Samariter", sondern lenkt auf die inhaltliche Ebene: "Der die Barmherzigkeit an ihm tat". Was auf den ersten Blick als Verachtung von Seiten des Juden erscheinen kann, nämlich nicht explizit den Samariter zu nennen, sondern umschreibend auszuweichen, ist letztlich ein wohl durchdachtes kompositorisches Mittel des Lk. Er leitet dadurch vom formalen zum inhaltlichen Identifikationsangebot über[153]. Hier lassen sich zwei Beobachtungen anführen.

Zum einen: Vorausgesetzt, der Verwundete ist ein Jude, dann handelt es sich auch auf dieser Ebene um Grenzüberschreitung aufgrund des Universalitätsanspruchs des Liebesgebotes. Der Gesetzeslehrer wird aufgefordert, ebenso wie der Samariter ethnische und religiöse Grenzen zu überwinden. Im Unterschied zur formalen Ebene scheint hier jedoch eine Beschränkung auf den Menschen in Not vorzuliegen.

Zum anderen hat Lukas ein Interesse daran, "wie das konkrete Tun, die tätige Nächstenliebe geartet ist"[154]. Zum Nächsten kann werden, wer jemandem in Not hilft[155]. Es geht jedoch nicht darum, daß eine symmetrische Nächstenliebe durch eine asymmetrische Barmherzigkeit interpretiert wird, wie man zunächst annehmen könnte[156]. Vielmehr wird die Barmherzigkeit als symmetrisch verstandene Nächstenliebe interpretiert. Es handelt sich um ein Geschehen zwischen zwei Angehörigen marginalisierter Gruppen, die zudem beide auf formaler bzw. inhaltlicher Ebene sprachlich gleich mit "Nächster" etikettiert werden[157].

Zwei Fragen soll noch weiter nachgegangen werden: Warum ist es gerade ein Samariter, der die Rolle der inhaltlichen Hauptfigur einnimmt, und warum werden ihm als Kontrastpersonen Priester und Levit gegenübergestellt?

---

[153] Eigentlich müßte man sagen "zurück", denn schon in V.33f klingt die Identifizierung mit dem Samariter an. Die Aufforderung Jesu an den Schriftgelehrten, dementsprechend zu handeln (V.37b), kann im vorliegenden Interpretationsversuch sekundär auch auf das erste Identifikationsangebot bezogen werden - als Aufforderung, auch gegenüber Feinden barmherzig zu handeln.

[154] Kiilunen, Doppelgebot, 75. Neben den vorher aufgezeigten, m.E. eher gesetzesproblematischen Überlegungen (vgl. Sellin, Lukas II, 48-52, der sich auf Reicke, Samariter, bezieht) sind es diese praktischen und konkreten Aspekte, an denen Lk gelegen ist. Berger, Gesetzesauslegung, 235, nimmt zudem an, daß Lk den Begriff "lieben" (ἀγαπᾶν) durch seinen Lesern verständlichere Begriffe deuten will.

[155] Vgl. Berger, Gesetzesauslegung, 236, der fortfährt "daß erst dadurch, daß ich ihm geholfen habe, ihm nahe gekommen bin, ... ein Verhältnis zwischen 'Nächsten' entstanden" ist. Vgl. Haacker, πλησίον, und Theißen, Legitimitätskrise, bes. 63-65.

[156] So Stegemann, Nächstenliebe, 77. Vgl. Schneider, Lukas, 249.

[157] Vgl. Theißen, Legitimitätskrise, 59-61. Es ist typisch für Lk, daß er aus der Perspektive marginalisierter Gruppen schreibt.

Die erste Frage kann verschieden beantwortet werden. Wie oben bereits gezeigt, wird der Samariter auf formaler Ebene als "Nächster" des Verwundeten bezeichnet, der die formale Hauptfigur ist, mit der sich der Gesetzeslehrer und mit ihm die Leser oder Hörer identifizieren sollen. Der dabei bestimmende Aspekt der Überwindung der ethnischen und religiösen Feindschaft wird nur dann erreicht, wenn der Samariter als Helfender charakterisiert wird, nicht als Opfer[158]. Außerdem genoß eine altruistische Einstellung im samaritanischen Milieu eine hohe Wertschätzung, so daß der Samariter als Beispiel kein Zufall ist[159].

Damit aber ist die zweite Frage noch nicht geklärt. Nach dem bisher Gesagten wäre es nicht nötig, überhaupt noch andere Personen auftreten zu lassen. Daß dies der Fall ist, zeigt, daß Lk in V.29-37 "noch weitere Intentionen hat, die in V.29 nicht expressis verbis zum Ausdruck gebracht werden"[160]. Worauf will die Kontrastierung von Priester und Levit mit dem Samariter hinaus?[161]

Priester und Levit stehen als Repräsentanten ihrer Religion und ihres Volkes für das "kultgebundene" Israel, das nicht im Sinne des alttestamentlichen Liebesgebotes handelt[162]. Demgegenüber erfüllt der Samariter, der sowohl Jude als auch Heide ist, das Liebesgebot. Kiilunen folgert zu Recht, daß "am Beispiel des barmherzigen Samariters [ersichtlich] wird ..., daß die Befolgung des Willens Gottes in Form des Liebesgebots - und damit die Rettung - auch einem Nicht-Juden möglich ist. Als ein das Gesetz erfüllender Nicht-Jude ist der Samariter zum Identifikationsobjekt für alle anderen Nicht-Juden geworden, die nach dem ewigen Leben fragen." Es handelt sich um eine "Aussage mit missionarisch-werbender Intention"[163]. Daneben könnte man vermuten, daß der Samariter allgemein für marginalisierte Gruppen der Gesellschaft stand, denen nichts entge-

---

[158] Hätte Lk nur das Ziel gehabt, die Universalität des Liebesgedankens zum Ausdruck zu bringen, hätte es ausgereicht, den Samariter als Opfer auftreten zu lassen (vgl. Kiilunen, Doppelgebot, 73). Lk scheint jedoch mit den auftretenden Personen noch weitere Ziele zu verfolgen.

[159] Vgl. Aus, Samariter, 112-114, und Theißen, Legitimitätskrise, 61f, mit Belegen. Lk 9,51-56 zeige demgegenüber nur, "wie Samaritaner an ihrem eigenen 'Ideal' scheitern" (S. 62). Von Reziprozität ist in der Erzählung keine Rede, der Samariter hilft, ohne etwas zurückzuerhoffen.

[160] Kiilunen, Doppelgebot, 73.

[161] Auf die Funktion der Räuber und des Wirtes soll nicht extra eingegangen werden. Vgl. dazu Ebersohn, Nächstenliebegebot, 222. Kiilunen, Doppelgebot, 73, verweist auf die Vorliebe des Evangelisten für Kontrastierungen auch an anderen Stellen in seinem Evangelium (17,12-19; 7,36-50 und 18,9-14).

[162] Motive für das Vorbeigehen werden nicht genannt, sie spielen für die Erzählung offenbar keine Rolle. Vgl. Sellin, Lukas II, 38f. Der Aufsatz von Theißen, Legitimitätskrise, wird aus dieser Perspektive in einigen Teilen etwas problematisch, da es ihm gerade auf die Hilfsmotivation ankommt.

[163] Kiilunen, Doppelgebot, 74. Vgl. Gewalt, Samariter, 407f.

gengebracht und von denen nichts erhofft wurde. Lk versucht, die übliche Rollenverteilung in Frage zu stellen[164]. Der Imperativ in V.37b zeigt zudem, daß ein bloß theoretisches Wissen um das Tun, wie es in der Perikope für die Vertreter des Judentums vorausgesetzt wird[165], nicht ausreicht, um das ewige Leben zu erlangen[166]. Der Samariter spielt somit eine doppelte Rolle. Er ist der zu liebende Nächste und derjenige, der das Liebesgebot befolgt. Im einen Fall entspricht er der Frage des Gesetzeslehrers (V.29), im anderen Fall steht er in Kontrast zu den Vertretern des Judentums und zu dem Gesetzeslehrer[167]. Lk will aber nicht beim Kontrast stehen bleiben. Da die Forderung V.37b innerhalb der Erzählung an den Schriftgelehrten und damit an einen Vertreter des kultgebundenen Israel gerichtet ist, kann vermutet werden, daß Lk letztlich nicht an einer reinen Gegenüberstellung gelegen ist, sondern daß er das negativ dargestellte Verhalten in ein positives überführen will[168].

Die Ergebnisse der Untersuchung von Lk 10,25-37 in bezug auf das Liebesgebot können nun kurz zusammengefaßt werden. Lk geht es darum, den Kreis der zu liebenden Nächsten zu bestimmen. Sowohl auf formaler wie auf inhaltlicher Ebene fanden wir Identifikationsangebote für den Hörer oder Leser. Diese machten deutlich, daß es Lukas um eine universale Ausweitung des Nächstenliebegebotes geht. Er beschränkt sich nicht auf Menschen in Not. Gerade die Bezeichnung des Samariters als Nächster (V.36f) zeigt, daß Lk generell Fremde, ja feindliche Personengruppen im Auge hat, zu denen eine Beziehung hergestellt werden soll. Außerdem fanden wir ein besonderes Interesse an marginalisierten

---

[164] Vgl. Aus, Samariter, 122f.

[165] Vgl. auch den Gesetzeslehrer in V.25-28, der theoretisch in der Lage ist, seine eigene Frage zu beantworten, zu aktivem Tun aber noch aufgefordert werden muß. Vgl. Kiilunen, Doppelgebot, 73f.

[166] Diese kultkritische Tendenz steht in einem gewissen Gegensatz dazu, daß Lk sich "im allgemeinen pietätvoll zu Kult und Tempel verhält" (Kiilunen, Doppelgebot, 76). Man wird hierin wohl eine lukanische Fortführung von Mk 12,33 sehen müssen.

[167] Zum gleichen Ergebnis gelangt Kiilunen, Doppelgebot, 74. Ebersohn, Nächstenliebegebot, 225f, sieht in der Gegenüberstellung von Samariter und Priester/Levit den entscheidenden und sinntragenden Gegensatz innerhalb der Erzählung. Der Überfallene fungiere lediglich als unpersönliches Objekt und die Erzählung habe kein Interesse an ihm, was m.E. dessen Rolle unterbewertet (vgl. das oben herausgearbeitete Identifikationsangebot mit dem Verwundeten). Am Samariter zeige sich zudem die "Möglichkeit der Umkehr auch derer, denen man es nicht zutrauen mag" (S. 232), wie er aus einem Vergleich mit den anderen Samaritaner-Perikopen im Lk (Lk 9,51-56; 17,12-19) folgert. Zu unterscheiden sei zwischen der Gruppe als Ganzer und einzelnen Vertretern.

[168] Vgl. Venetz, Grundstrukturen, 635.

Gruppen. Dies alles deutet darauf hin, daß man bei Lk im Zusammenhang mit dem Liebesgebot von einem *Erweiterungsbewußtsein* reden kann[169].

Dieses vorläufige Ergebnis soll erneut anhand weiterer Textstellen überprüft und konkretisiert werden: Lk 4,16-30 (Die Verkündigung Jesu in Nazaret); Lk 7,1-10 (Hauptmann von Kapernaum); Lk 7,36-50 (Jesus und die Sünderin), und abschließend Lk 6,27-36 (Feindesliebe).

2.3.2. Die Verkündigung Jesu in Nazaret (Lk 4,16-30)

In diesem Abschnitt ist zwar nicht von Gottes- oder Nächstenliebe die Rede. Es handelt sich jedoch um eine Perikope, die einen funktional vergleichbaren, inhaltlich jedoch verschiedenen, programmatischen Charakter für Lk besitzt wie Mk 1,14f für Mk[170]. Wir fragen nach der Intention dieses Abschnittes[171].

Jesus wird als Lehrer dargestellt, durch den die alttestamentliche Schrift erfüllt ist[172]. Die Perikope, die am Beginn der öffentlichen Wirksamkeit Jesu steht, weist auf Jesu gesamtes Wirken voraus und schließt bereits das Angebot des Heils auch für die Heiden und dessen Annahme ein - sie verdeutlicht die "heilsgeschichtliche Bedeutung des Auftretens Jesu"[173]. Von besonderem Interesse sind V.25-27. Darin wird von zwei Heiden berichtet, der Witwe von Sarepta und dem Syrer Naaman, die jeweils jüdischen Gruppen entgegengesetzt werden.

---

[169] Bereits an dieser Stelle der Untersuchung soll auf eine singuläre Charakteristik des Lk aufmerksam gemacht werden, nämlich die Kombination des radikalisierten Liebesgebotes, das Feinde, Fremde und Deklassierte einbezieht, mit einem afamiliären Ethos in der Jesusüberlieferung. In Lk 14,26 wird sogar der Haß der Familienmitglieder als Bedingung der Nachfolge gefordert.

[170] Die eigentliche Parallelstelle zu Mk 1,14f wäre Lk 4,14f. Hierbei wird es sich um eine lukanische Redaktion der markinischen Perikope handeln (Schneider, Lukas, z.St.; Fitzmyer, Luke, z.St.; Delobel, Rédaction; gegen Wiefel, Lukas, z.St.). Mk 1,14b.15 wird durch Lukas ausgelassen und durch die Nazaret-Perikope Lk 4,16-30 ersetzt (Schneider, Lukas, z.St.; vgl. Fitzmyer, Luke, 529). Diese wird durch Lk 4,15 vorbereitet, in dem sich gleichzeitig ein Anknüpfungsmotiv findet. Nur Lukas schreibt von einer Gewohnheit Jesu, in die Synagoge zu gehen. Fitzmyer, Luke, 530, spricht von einer "initial relation of Jesus and the nascent church to Israel". Alle Ausleger sind sich über den programmatischen Charakter von Lk 4,16-30 einig.

[171] Vgl. Wiefel, Lukas, 105, der redaktionsgeschichtliche Untersuchungen und Einordnungsversuche in den Jahreszyklus als sekundär ansieht (mit kurzer Besprechung der entsprechenden Literatur, auf die in dieser Untersuchung nicht extra eingegangen werden muß).

[172] Im Gegensatz zu Mk, bei dem die "Zeit erfüllt" ist, scheint hier eine entspanntere Erwartung der Parusie durch (vgl. Schneider, Lukas, 108).

[173] Wiefel, Lukas, 105.

Lukas verdeutlicht, daß Gott an Nicht-Juden gehandelt hat[174], obwohl jüdische Personen in der gleichen Lage waren wie diese. Damit wird das Heil nicht von den Juden weggenommen, sondern die spätere Zuwendung zu den Heiden vorabgebildet. Es handelt sich um eine Erweiterung des Adressatenkreises. Der Kontrast zwischen Nazaret, das Jesus zurückweist, und Kapernaum, dem sich Jesus nun zuwendet, um dort zu wirken (Lk 4,31ff; vgl. 4,24), ist allenfalls eine Vorstufe zu der schließlichen Ablehnung des Heils durch die Juden und der Zuwendung des Heils zu den Heiden, die in Act 13,46 ausgedrückt wird. Als Vorstufe ist sie jedoch nicht mit dem in Act 13,46 dargestellten Geschehen identisch[175]. Schließlich wendet sich Jesus in Kapernaum weiterhin Juden zu. Auch die alttestamentlichen Stellen, auf die Lk 4,25-27 anspielt, geben für eine Interpretation im Sinne von Act 13,46 keine Grundlage. Denn Israel wird in ihnen nicht grundsätzlich negativ gesehen[176]. Aber es wird an dieser Stelle schon klar, daß Jesu Sendung nicht auf die Juden beschränkt bleibt.

Dieser lukanische Universalismus begegnete auch bei der Untersuchung von Lk 10,25-37. Zugleich stoßen wir in Lk 4,16-30 erneut auf Lukas' Interesse an marginalisierten Gruppen. Dem Zitat aus Jes 61,1, ergänzt durch Jes 58,6, zufolge ist Jesus an Arme[177], Gefangene, Blinde und Zerschlagene gesandt, um das "Gnadenjahr des Herrn" zu verkünden. Der programmatische Charakter gerade dieses Zitats ist unverkennbar.

---

[174] Heiden geraten in den Blick, weil Gott an ihnen gehandelt hat, einmal zum Wohle eines jüdischen Propheten (Elia), ein andermal durch einen jüdischen Propheten (Elisa).

[175] Auch Crockett, Relations, 179, sieht hierin keine Parallele zu Act 13,46. Seiner Interpretation, daß es um "Jewish-gentile *reconciliation*" (S. 183) gehe, kann ich jedoch nicht zustimmen. Es geht in den von ihm besprochenen Stellen nicht um Heiden als solche, sondern um einen Heiden, der als "gottesfürchtig" (Act 10,22) bezeichnet wird und der zusammen mit anderen Heiden schließlich getauft wird, bzw. um die heidenchristliche Gemeinde von Antiochien, die der judenchristlichen Gemeinde von Judäa in einer Hungersnot beiseite steht (Act 11,19-30).

[176] Vgl. Crockett, Relations, der besonders darauf hinweist, daß die Witwe von Sarepta Elia durch eine Hungersnot hindurchhilft. Außerdem ist zu beachten, daß Elia nicht mit einem bestimmten Auftrag zu der Witwe reist. Die Geschichte der Heilung des Syrers Naaman zeigt noch weniger, daß das Heil den Juden weggenommen wird. Schließlich kommt Naaman zu dem Propheten Elisa nach Samarien auf damals noch rein jüdischem Gebiet. Von einer Sendung zu den Heiden kann in diesem Fall keine Rede sein. Dies zeigt, daß auch der missionarische Aspekt, der hier oft erkannt wird (vgl. Fitzmyer, Luke, 537), nur mit der nötigen Vorsicht zu betonen ist. Ich spreche daher von einer "Zuwendung" zu den Heiden.

[177] In V.18 ist εὐαγγελίσασθαι πτωχοῖς ("den Armen eine gute Nachricht zu bringen") dem nachfolgenden ἀπέσταλκέν με ("hat er mich gesandt") zuzuordnen, vgl. Fitzmyer, Luke, 532.

Damit wird deutlich, daß Lk 10,25-37 innerhalb der Gesamtkonzeption des lukanischen Werkes den Rahmen, den die programmatische Nazaret-Perikope Lk 4,16-30 vorgibt, nicht verläßt, sondern im Gegenteil diesen Rahmen voll ausschöpft. Unsere bisherige Interpretation des Liebesgebotes scheint von daher grundsätzlichen lukanischen Interessen zu entsprechen.

Im folgenden soll untersucht werden, ob dies auch für die anderen Stellen zutrifft, an denen das Liebesgebot oder das Stichwort "lieben" begegnet.

2.3.3. Der Hauptmann von Kapernaum (Lk 7,1-10) und die Sünderin (Lk 7,36-50)

In diesen beiden Perikopen begegnet das Stichwort "lieben" (ἀγαπᾶν; V.5.42.47), ohne daß ein Zusammenhang mit dem Liebesgebot auf den ersten Blick erkenntlich wäre. Die nachfolgende Besprechung wird jedoch zeigen, daß auch hier jeweils implizit auf das Liebesgebot bezug genommen wird. In Lk 7,1-10 spielt die Nächstenliebe eine Rolle, Lk 7,36-50 spielt auf die Gottesliebe an.

In Lk 7,1-10 erzählt Lk die Geschichte eines Hauptmannes, der Jesus um Hilfe für seinen todkranken Knecht bitten läßt[178]. Die vermittelnden jüdischen Ältesten halten ihn der Hilfe für würdig. Sie begründen das mit dessen Liebe zum jüdischen Volk (V.5: ἀγαπᾷ γὰρ τὸ ἔθνος ἡμῶν), die er wohl u.a. durch den Bau einer Synagoge gezeigt hat. Jesus macht sich auf den Weg zum Hause des Hauptmanns. Doch bevor er dort ankommt, schickt ihm der Hauptmann einige Freunde mit einer Nachricht entgegen. Er hält sich nicht für wert, daß Jesus zu ihm komme, und bittet ihn: "sprich ein Wort (εἰπὲ λόγῳ), so wird mein Knecht gesund" (V.7). Er selbst kennt diese Macht des Wortes durch seine tägliche Tätigkeit als Hauptmann. Jesus antwortet auf diese Nachricht, indem er zu dem ihm nachfolgenden Volk gewandt den Glauben des Hauptmanns preist und ihn kritisch gegen Israel wendet. Eine kurze Notiz am Ende der Erzählung informiert darüber, daß der Knecht wieder gesund ist.

Lk hat im Vergleich zur synoptischen Parallelversion Mt 8,5-13 einige Besonderheiten, die für die Interpretation interessant sind. Dazu zählt in erster Linie die Einfügung von Vermittlern[179]. Das Argument der jüdischen Ältesten erweckt den Anschein, als stehe ein reziprokes Verhalten im Vordergrund. Weil der Hauptmann das jüdische Volk liebe und ihm Gutes erwiesen habe, darum solle Jesus

---

[178] Zu Einzelheiten des Textes vgl. die Kommentare. Hier soll nur eine kurze Interpretation im Sinne der Fragestellung der Untersuchung erfolgen.

[179] Vgl. v.a. Gagnon, Motives, der Lk 7,3-6b.7a für lukanische Redaktion hält. Daneben vgl. Schneider, Lukas, 165. Zum Verhältnis zwischen der lukanischen, matthäischen und auch der johanneischen Version dieser Erzählung vgl. neben Gagnon, Motives, die Kommentare und die betreffende, dort genannte Literatur.

jetzt dessen Knecht beistehen[180]. Jesus reagiert auf die vorgebrachte Bitte und bricht zum Hause des Hauptmannes auf. Seine Reaktion auf die Nachricht der Freunde als der zweiten Vermittlergruppe zeigt jedoch, daß es nicht um Reziprozität geht. Nicht die "Würdigkeit" des heidnischen Hauptmannes, der nicht als Gottesfürchtiger angesehen werden muß[181], ruft Jesu Bewunderung hervor, sondern dessen Glaube an die Macht des Wortes. Damit setzt sich der lukanische Jesus von dem auf Reziprozität zielenden Argument der jüdischen Ältesten ab.

Wenn es in dieser Erzählung letztlich nicht um Reziprozität geht[182], welche andere Intention könnte dann hinter der eingefügten, auf Vermittlung zielenden Aussage der jüdischen Ältesten stehen? M.E. möchte Lukas zeigen, daß der Glaube des Hauptmanns in einem sehr konkreten Verhalten Israel gegenüber seinen Ausdruck gefunden hat. Die jüdischen Ältesten haben ihn als einen Menschen erfahren, der ihnen gegenüber konkrete Nächstenliebe geübt hat. Der heidnische Hauptmann wird somit nicht nur zum Vorbild im Glauben. An ihm wird auch deutlich, wie das Gebot der Nächstenliebe entsprechend der einem Menschen zur Verfügung stehenden Mittel praktisch umgesetzt werden kann[183].

Es liegt hier ein erneutes Beispiel für das lukanische Interesse an abseitsstehenden, marginalisierten Gruppen vor, die exemplarisch die Nächstenliebe verwirklichen (vgl. den Samariter in Lk 10,25-37) und zudem noch vorbildhaft im Glauben sind[184]. Der Weg des Evangeliums auch zu den Heiden zeichnet sich ab[185]. Von einer Ablehnung der Juden kann jedoch keine Rede sein, auch wenn die Anerkennung des Glaubens eines Heiden ein kritisches Moment gegenüber Israel enthält. Eher wird man von einer im Vergleich zu dem Heiden sekundären Rolle der Juden als Vermittler sprechen müssen, bei der sie für "heidnische" Zwecke funktionalisiert werden[186].

[180] Vgl. Derrett, Law, 175.
[181] Vgl. Fitzmyer, Luke, 652.
[182] Vgl. Derrett, Law, 183.
[183] Gegen Haenchen, Faith, 496, der die Intention des vorlukanischen Verfassers dieser Perikope zu erklären versucht.
[184] In Lk 7,12.29.34 werden noch Witwe, Zöllner und Sünder genannt (vgl. Wiefel, Lukas, 141). Auf Lk 7,36-50 werde ich gleich zu sprechen kommen.
[185] Vgl. Schneider, Lukas, 164.
[186] Der "Sitz im Leben" der Perikope wird als Rechtfertigung der Aufnahme von Proselyten oder Gottesfürchtigen in die urchristliche Gemeinde bestimmt (vgl. Schneider, Lukas, 165; Wiefel, Lukas, 143). - Die matthäische Parallele (Mt 8,5-13) enthält das Stichwort "lieben" nicht und wendet sich viel aggressiver gegen das jüdische Volk (V.11f). Dies entspricht dem stärker antijüdischem Duktus von Mt, auf den wir auch in II.2.2. gestoßen sind.

Die Erzählung von Jesus und der Sünderin in Lk 7,36-50 ist ein beliebtes Objekt der Literarkritik[187]. Eine wichtige Rolle spielt dabei V.47, in dem das Stichwort "lieben" (ἀγαπᾶν) zweimal begegnet[188]. Je nachdem, ob dieser Vers als ursprünglich[189] oder als sekundärer Zusatz[190] angesehen wird, werden sehr unterschiedliche Ergebnisse erzielt. Die vorliegende Untersuchung will zu dieser Diskussion keinen weiteren Beitrag leisten. Vielmehr soll versucht werden, den Sinn dieser Erzählung als Ganzer in ihrem jetzigen Kontext anhand des ihr zugrunde liegenden Verständnisses von "lieben" zu entschlüsseln[191]. Dieser Ansatz ist m.E. berechtigt, da dieses Stichwort an zwei zentralen Stellen der Erzählung vorkommt - am Ende des von Jesus erzählten Gleichnisses in V.42 und in der abschließenden Bemerkung Jesu zu dem Pharisäer in V.47.

Die meisten Exegeten verstehen den Begriff "lieben" vom Kontext der Gleichniserzählung (V.41-43) her im Sinne von "Dankbarkeit erweisen" für die gewährte Sündenvergebung[192]. Für die Gleichniserzählung mag dieses Verständnis zutreffend sein. Doch stößt es sich m.E. mit dem Zuspruch der Sündenvergebung durch Jesus in V.48. Dankbarkeit setzt voraus, daß die Frau um die Vergebung ihrer Sünden gewußt hat. Dann aber würde ihr Jesus nichts Neues sagen. Dies scheint mir der Bedeutung dieses Verses nicht gerecht zu werden.

Wilckens hat gezeigt, daß dem Begriff "lieben" in dem für die Erzählung zentralen Satz V.47: "Deshalb sage ich dir: Ihre vielen Sünden sind vergeben, denn sie hat viel geliebt (ὅτι ἠγάπησεν πολύ); wem aber wenig vergeben wird, der liebt

---

[187] Vgl. Bultmann, Tradition; Schürmann, Lukasevangelium; Braumann, Schuldner; und Wilckens, Vergebung. Auf die Intention des Textes im vorliegenden Kontext wird jeweils nur kurz und mit unterschiedlichen Ergebnissen eingegangen. Drexler, Sünderin, 160, betont demgegenüber, daß die Erzählung als Ganze gesehen werden müsse.

[188] Daneben findet sich der Begriff "lieben" noch im Gleichnis von den Schuldnern (V.42). Vgl. Sellin, Lukas I, 180f, der das Gleichnis als "*Skizze* einer Drei-Personen-Erzählung" bezeichnet und es zu Lk 10,25-37 in Beziehung setzt.

[189] So Wilckens, Vergebung, 416.

[190] So Braumann, Schuldner, 489.

[191] Vgl. Drexler, Sünderin, 160, der auch die Erzählung als Ganze in den Vordergrund seiner Interpretation stellt. Sie sei "unter den Gesichtspunkt der Liebe" (S. 164) gestellt. Darin ist ihm Recht zu geben. Die vorliegende Untersuchung möchte dies über Drexler hinaus weiter präzisieren und herausfinden, um welche Art von Liebe es sich handelt.

[192] Vgl. Jeremias, Gleichnisse, 127. Er betont, daß das "Hebräische, Aramäische und Syrische ... kein Wort für 'danken' und 'Dankbarkeit'" hat und man sich so hilft, "daß man Worte wählt, die im Kontext das Gefühl der Dankbarkeit einschließen können, ..., in unserem Fall ἀγαπᾶν." Wilckens, Vergebung, 408f Anm 51, kritisiert Jeremias Aussage, daß Worte gewählt würden, die das Gefühl der Dankbarkeit einschließen könnten. Er sieht darin eine "unstatthafte Wertung, die der Eigenart des Semitischen nicht gerecht werde". Vgl. auch Drexler, Sünderin, 166 mit Anm. 14a, und Wood, Use.

wenig (ὀλίγον ἀγαπᾷ)" eine allgemeinere Bedeutung zugrunde liegt[193]. "'Liebe'" meine hier "mehr als Regung von Dankbarkeit. Es geht grundsätzlich um das Gottesverhältnis im ganzen"[194]. Er bezieht sich auf den sonstigen Sprachgebrauch der synoptischen Evangelien, bei dem "lieben" "fast durchweg nur dort vor[kommt], wo es um die Auslegung des Gebots der Liebe zu Gott (Dt 6,4f) und zum Nächsten (Lv 19,18) geht", und überträgt ihn auf die vorliegende Stelle[195]. Das Verhalten der Frau gegenüber Jesus ist dann zu interpretieren als Liebe zu Gott, wie er der Frau in Jesus begegnet, von dem sie sich Hilfe erhofft. Liebe ist Erkenntnisgrund, nicht Realgrund der Vergebung[196] - einer Vergebung, die von Gott gewirkt wurde[197]. Die Pointe der Erzählung besteht jedoch nicht in einer Antwort auf die Frage, ob die Sündenvergebung oder die Liebe vorangeht[198]. Dies ist eine moderne Problematik, die "man in dieser Schärfe in der Zeit bis Lukas kaum gekannt haben dürfte"[199]. Die Pointe ist darin zu sehen, daß die Liebe der Sünderin, der Gott vergeben hat, Vorbild der Liebe zu Gott ist. Der Pharisäer dient als Negativfolie, über ihn wird nur indirekt geurteilt[200]. Im Vor-

---

[193] Wilckens, Vergebung, bes 408-411. Ich folge hier seiner Argumentation.

[194] Wilckens, Vergebung, 410.

[195] Wilckens, Vergebung, 409. Methodisch ist ein solches Vorgehen m.E. durchaus berechtigt. Nicht folgen kann ich ihm, wenn er schreibt, daß hier zu den Motiven der Liebe zu Gott und dem Nächsten "noch das ebenfalls biblische Motiv der Liebe Gottes zu seinen Erwählten bestimmend hinzu[trete]" (Anm. 53). Von "Erwählten" ist in unserer Perikope nicht die Rede.

[196] Vgl. Wilckens, Vergebung, 405. Gegen Schürmann, Lukasevangelium, 437f.

[197] Der Passiv in V.47 verweist auf Gottes Aktivität. Vgl. Wilckens, Vergebung, 405 mit Anm. 42.

[198] Ebersohn, Nächstenliebegebot, 235, beantwortet diese Frage dennoch. Die Liebe erscheine als *Folge* der Sündenvergebung.

[199] Braumann, Schuldner, 492. Vgl. Wilckens, Vergebung, 405 Anm. 42, der auch der Meinung ist, daß auf das "zeitliche Verhältnis zwischen Vergebung und Liebeshandeln ... nicht abgehoben" ist. Dennoch sieht er ein Prä der durch Gottes Handeln schon geschehenen Vergebung. M.E. ist Schneider, Lukas, 177, Recht zu geben, der von einer "*nicht auflösbaren Dialektik*" spricht, bei der "Glaube als Grund für die 'Rettung' (durch Sündenvergebung) und Liebe als Dank für die 'Vergebung' verstanden" werden.

[200] Vgl. Klassen, Love, 387: "The contrast between her and the Pharisee is sharply drawn; three times Jesus points out that the host failed to perform his duties. In each case the woman went beyond what one would expect from a host. But the sharpest rebuke of all comes when Jesus says that he knows full well she is a sinner: 'Her sins, which are many, are forgiven, for she loved much; where little is forgiven little love is shown' (Luke 7:47)." Gegen Drexler, Sünderin, 168, kann von einem impliziten "scharfe[n] Verdammungsurteil" jedoch keine Rede sein. Wenn er den Pharisäer als "selbstgerecht" (ebd.) charakterisiert, so widerspricht er seinem eigenen Grundsatz: quod non est in verbis poetae, non est in rerum natura (S. 161). Das Verhalten des Pharisäers wird nicht grundsätzlich negativ geschildert, auch wenn deutlich wird, daß er im Vergleich zur Sünderin defi-

dergrund steht das Verhalten der Frau, die von dem Pharisäer als Sünderin gesehen wird. Jesus aber hat - in der lukanischen Darstellung - erkannt, was dieser nicht erkannt hat: die Frau hat bereits Vergebung erlangt, sie ist nicht mehr als Sünderin zu betrachten[201]. Daher spricht er ihr die bereits geschehene Vergebung der Sünden zu, macht ihr diese bewußt (V.48)[202]. Die abschließende Aussage, daß der Glaube der Frau geholfen habe (V.50), fügt sich nahtlos in diese Interpretation ein. Dieser Vers, der an den Abschluß von Heilungsgeschichten erinnert, bezieht sich auf eine Voraussetzung der Frau: Sie glaubte an die Macht Jesu, ihr die Sünden zu vergeben. Daher machte sie sich auf den Weg zu ihm. Nicht bewußt war ihr, daß ihr damit bereits die Vergebung von Gott zuteil wurde[203].

Die Erzählung betont somit nicht nur Gottes Zuwendung zu einer marginalisierten Randgruppe, den Sündern[204], sondern auch die dialektisch damit verbundene "Ermöglichung" liebenden Verhaltens. Die Sünderin erscheint als Subjekt der Liebe, nicht nur als Adressatin göttlicher Vergebung. Ihr ist mit dem ihren Glauben ausdrückenden Entschluß, zu Jesus zu gehen, um Vergebung ihrer Sünden zu erreichen, Vergebung durch Gott zuteil geworden; ihr Kommen ist Ausdruck der Liebe. In einer letztlich "*nicht auflösbaren Dialektik*" wird Glaube als Grund für die Rettung durch Sündenvergebung und Liebe als Folge und Erkenntnisgrund der Vergebung verstanden[205].

---

zitär handelt. Vgl. Hofius, Fußwaschung, der der Meinung ist, daß die Verse 44-46 "nicht den Kontrast von *geringerer* Liebe und *großer* Liebe" zeichnen, sondern "dem *Fehlen jedes* Liebeserweises und damit dem Fehlen der Liebe selbst den *überschwenglichen* Erweis *tiefer* Liebe" (S. 176) gegenüberstellen. Dieser absolute Gegensatz steht seiner Meinung nach in einer unübersehbaren Inkonzinnität zu dem relativen Unterschied, der in V.41-43.47 zum Ausdruck komme. Er hält daher V.44-46 für sekundär. Betrachtet man die Erzählung als Ganze in ihrer gegenwärtigen Fassung, ohne sekundäre Elemente auszuschließen, ist der Gegensatz zwischen dem Pharisäer und der Sünderin nicht so grundsätzlicher Art.

[201] Vgl. Drexler, Sünderin, 165.

[202] Die passivische Formulierung bedeutet eine Aktivität Gottes. Die Reaktion der anderen, am Mahl teilnehmenden Personen deutet auf ein Mißverständnis hin, wenn sie die Vergebung als Tat Jesu interpretieren; vgl. Wilckens, Vergebung, 405 Anm. 42, und Drexler, Sünderin, 171.

[203] Vgl. Wilckens, Vergebung, 411-416.

[204] Wolbert, Liebe, 271, weist darauf hin, daß Sünder nachexilisch auch als Feinde betrachtet werden konnten. Zudem können Frauen in der Zeit Jesu aus unserer heutigen Sicht als eine marginalisierte Gruppe angesehen werden. Vgl. dazu die direkt an Lk 7,36-50 anschließende Perikope 8,1-3, in der von nachfolgenden Frauen die Rede ist (vgl. die nächste Fußnote).

[205] Die Formulierung lehnt sich an Schneider, Lukas, 177, an. Etwas hypothetisch sind die Versuche, den "Sitz im Leben" dieser Geschichte zu bestimmen. Braumann, Schuldner, 493, denkt aufgrund V.50 an die Taufverkündigung. Wilckens, Vergebung, 419,

Wie schon in der Perikope vom Hauptmann von Kapernaum (Lk 7,1-10) steht auch hier die Zuwendung Gottes oder Jesu zu marginalisierten Gruppen im Vordergrund. Im Vergleich zu Lk 10,25-37 scheint es aber auf den ersten Blick, als könnten wir an den beiden zuletzt besprochenen Stellen schwerlich von einem *Erweiterungsbewußtsein* in bezug auf den Adressatenbereich der Liebe sprechen. Während es in der Beispielerzählung vom barmherzigen Samariter möglich war, über das Identifikationsangebot mit dem Verwundeten den Samariter (= Angehöriger einer als fremd bezeichneten marginalisierten Gruppe[206]) als Nächsten und damit als Adressaten der Liebe auch für den Gesetzeslehrer und für die Hörer oder Leser kenntlich zu machen, sind in Lk 7 der Hauptmann von Kapernaum und die Sünderin jeweils die Subjekte der Liebe.

Dennoch kann m.E. bei genauerer Betrachtung auch in diesen beiden Perikopen das lukanische Interesse an einer Erweiterung des Adressatenkreises beim Thema Liebe wiedergefunden werden. In der Perikope vom Hauptmann von Kapernaum wird ja ein Nicht-Jude als paradigmatisches Subjekt einer Liebe gezeichnet, die über die eigene Binnengruppe hinausgeht. Der heidnische Hauptmann hat dem jüdischen Volk seine Liebe erwiesen. Die Perikope von der Sünderin, die ebenfalls als paradigmatisches Subjekt der Liebe dargestellt wird, zeigt außerdem, daß Jesus seine Liebe (in der bekräftigenden Zusage der Sündenvergebung[207]) besonders moralisch ausgegrenzten Gruppen zuwendet - im Gegensatz zu der (exemplarisch) engen Perspektive des Pharisäers, bei dem er zu Gast ist. Somit unterstreichen diese beiden Perikopen das vorläufige Ergebnis der Untersuchung von Lk 10,25-37: im Zusammenhang mit dem Thema Liebe scheint Lukas ein *Erweiterungsbewußtsein* zu besitzen.

Wenden wir uns abschließend dem lukanischen Feindesliebegebot zu.

---

vermutet sogar, "daß die Geschichte bei der Taufhandlung - möglicherweise bei der Taufe von Frauen - rezitiert worden sein kann." Beides ist nicht mit Sicherheit zu sagen. Im direkten Kontext im Lk schließt sich eine Perikope an, in der von Frauen die Rede ist, die Jesus nachfolgen (Lk 8,1-3). Zwar darf man die Sünderin nicht mit einer von diesen identifizieren (vgl. Wiefel, Lukas, 154). Die Vermutung liegt jedoch nahe, daß Lk die Sünderin damit in den Horizont der Jesus nachfolgenden Frauen stellt (vgl. Braumann, Schuldner, 493), auch wenn in Lk 8,1-3 auf Frauen angespielt wird, die Jesus materiell unterstützten. Dies wäre ein Hinweis auf ein Verständnis der Perikope Lk 7,36-50 als Bekehrungsgeschichte: die Frau als exemplarisch bekehrte Sünderin, deren Sünden vergeben sind (vgl. Wilckens, Vergebung, 421f).

[206] Vgl. Lk 17,11-19.18.

[207] In bezug auf Jesus fällt der Begriff "lieben" allerdings nicht explizit. Anknüpfen kann man jedoch an Lk 7,34, wo Jesus als "Freund (φίλος) der Zöllner und Sünder" bezeichnet wird.

2.3.4. Das Gebot der Feindesliebe in Lk 6,27-36

Das Feindesliebegebot steht bei Lk in einem anderen Kontext als bei Mt. Lk bringt es nicht in antithetischer Form[208]. Da das Gebot zweimal auftaucht (V.27.35), bildet es einen Rahmen für die Perikope. Bedeutsam ist, daß die soge-nannte Goldene Regel[209] in dem zentralen V.31 erscheint. Bei Mt ist sie vom Feindesliebegebot getrennt[210]. Allein diese formalen Unterschiede weisen auf eine im Vergleich zu Mt andere Intention hin, die Lk mit seiner Version verfolgt.

Oft wird die Perikope dahingehend interpretiert, daß eine allgemein herrschende Gegenseitigkeitsethik kritisiert oder dieser abgesagt werde[211]. Diese Interpreta-tion berücksichtigt jedoch nicht die zentrale Stellung der positiven Fassung der Goldenen Regel in V.31, die gerade auf Reziprozität basiert. Will man diese Regel nicht als Ironie verstehen oder entgegen ihrem Wortlaut indikativisch deu-ten[212], muß diese Interpretation zumindest modifiziert werden. Theißen versucht, der zentralen Stellung der Goldenen Regel Rechnung zu tragen. Er sieht die Feindesliebe als "Ausdruck der Goldenen Regel, d.h. als Ausdruck einer prinzi-piellen Reziprozität menschlichen Verhaltens". Gegenseitigkeit sei jedoch "keine Bedingung oder Berechnung", sondern "Hoffnung"[213]. Obwohl hier ein deutli-cher Erkenntnisfortschritt gegenüber älteren Interpretationen gegeben ist, scheint gerade V.35, in dem das Gebot der Feindesliebe zum zweiten Mal erwähnt wird, gegen diese Interpretation zu sprechen. In diesem Vers wird selbst der Verzicht auf die Hoffnung, daß man etwas zurück erhalten könne, gefordert[214].

Betrachten wir den Begriff der "Hoffnung" genauer. M.E. lehnt Lukas Reziprozi-tät nicht grundsätzlich ab. Er verbindet mit der Feindesliebe sehr wohl die Hoff-nung, daß der Gegenüber sich in seiner Reaktion ebenso verhält. Dies will er mit der Goldenen Regel zum Ausdruck bringen. Das Verhalten des Gegenübers wird

---

[208] Allenfalls V.27a könnte als Reminiszenz an eine antithetische Formulierung ver-standen werden. Doch ist dies weder ein Hinweis darauf, daß Lukas Matthäus gekannt hätte, noch, daß das Feindesliebegebot ursprünglich in einer antithetischen Fassung vor-gelegen hätte. Vgl. Neugebauer, Wange, 875 Anm. 45.

[209] Zur Goldenen Regel siehe Dihle, Regel, Einführung; Mathys, Regel; Heiligenthal, Regel; und Ricoeur, Rule. Vgl. kurz Thyen, Nächstenliebe, 267 Anm. 9. Sie ist eine Richtlinie, die auf Reziprozität basiert; vgl. Klassen, Love, 388.

[210] S.o. II.2.2.4. Über die Ursprünglichkeit soll in dieser Untersuchung nicht reflektiert werden. Vgl. Lührmann, Feinde.

[211] Vgl. Unnik, Motivierung, 299, und Fitzmyer, Luke, 639f.

[212] So Dihle, Einführung. Dazu und zu ihm vgl. Theißen, Gewaltverzicht, 180 Anm. 42.

[213] Theißen, Gewaltverzicht, 166.

[214] Die eigentliche Bedeutung von ἀπελπίζειν ist "verzweifeln", doch spricht der Kon-text für die hier vorausgesetzte Übersetzung. Vgl. Fitzmyer, Luke, 640, der von "the basic motivation of Christian love" spricht. Gegen Bovon, Lukas, 308, der mit "in keiner Weise verzweifelnd" übersetzt, in seiner Erklärung jedoch nicht darauf eingeht.

als Konsequenz des eigenen Verhaltens gesehen. Im Kontrast zur Gegenseitigkeitsethik jedoch sieht er in dieser Hoffnung keine Voraussetzung oder Motivation für das Verhalten. Dieses darf zwar von der Hoffnung auf reziprokes Verhalten begleitet werden, nicht aber darin begründet sein. In diesem Sinne kritisiert
m.E. V.35 die Gegenseitigkeitsethik[215]. Gleichzeitig wird einem solchen Verhalten ein Lohn bei Gott zugesprochen - die Erlangung der Gotteskindschaft. Diese
indirekte oder "eschatologische Gegenseitigkeit"[216] zeigt, daß Lukas das Gegen-
seitigkeitsprinzip nicht grundsätzlich kritisiert. Ihm geht es um dessen Modifikation.

Welche Rolle spielt die Liebe in diesem Rahmen? Sie soll sich nicht nur auf
Menschen beziehen, die sie erwidern können oder die Liebe erwiesen hatten
(V.32). Gerade weil das Verhalten und die Liebe voraussetzungslos sind, gilt die
Liebe (auch) den Feinden, bei denen erst einmal davon ausgegangen werden
muß, daß sie die erfahrene Liebe nicht erwidern. Feindesliebe wird dadurch zu
einem Beispiel voraussetzungslosen Liebens par excellence. Nur wer seine
Feinde liebt und dies nicht in der Hoffnung auf Reziprozität gründet, erhält auf
einer gewissermaßen höheren Ebene die entsprechende Gegenleistung dafür - die
Gotteskindschaft. Lk betont den universalen Charakter der Liebe als Feindesliebe
dadurch, daß sie nicht von ihrem Adressaten her motiviert sein darf.

Betrachten wir die soziale Situation hinter dieser lukanischen Variante der Feindesliebetradition[217]. Lukas schreibt in einer Zeit der sozialen Umstrukturierung
in den frühen christlichen Gemeinden, die sich auf den griechisch-hellenistischen
Kulturbereich ausgedehnt hatten. Dies erklärt die Verwendung von Traditionen
und Begriffen der hellenistischen Popularethik, mit deren Hilfe Lk die ethischen
Forderungen Jesu ausdrückt[218]. Er möchte zeigen, daß sich "das christliche Ethos
... mit der Welt messen"[219] kann, ja dieses modifizierend überbietet. Unter dem
Einfluß der Feindesliebetradition wendet sich Lukas kritisch gegen das Sozialverhalten wohlhabender Mitglieder seiner Gemeinde, das auf die eigene Gesellschaftsschicht beschränkt ist[220]. Am Beispiel des Geldverleihens (bes. V.34[221])

[215] Und präzisiert damit das lukanische Verständnis der positiven Fassung der Goldenen
Regel.

[216] Theißen, Gewaltverzicht, 169.

[217] Ich folge weitgehend Theißen, Gewaltverzicht, 180-183, und Hoffmann, Tradition,
93-103.

[218] Z.B. καλῶς ποιεῖν (6,27) und ἀγαθοποιεῖν (6,33.35). Vgl. Unnik, Motivierung,
passim, und Theißen, Gewaltverzicht, 180f.

[219] Theißen, Gewaltverzicht, 181.

[220] Das Christentum der lukanischen Gemeinden reicht bis in höhere Schichten hinein,
auch Oberschichtangehörige gehören zur Gemeinde. Vgl. Theißen, Gewaltverzicht, 183
bes. Anm. 51.

zeigt er, daß man sich auch denen zuwenden soll, die nichts zurückgeben kön-nen[222]. Mit Hilfe des Motivs des himmlischen Lohnes, der an die Stelle des irdischen Ausgleichs tritt, will Lukas zu einem die gesellschaftlichen Grenzen überschreitenden Sozialverhalten motivieren[223]. Hier spielt neben der Forderung, Gottes Barmherzigkeit zu imitieren[224], das Feindesliebegebot eine entscheidende Rolle. Seine Funktion besteht darin, das geforderte Sozialverhalten über die Grenzen der Gemeinde hinaus zu entschränken[225]. Die Feindesliebe dient im lukanischen Kontext als Modell für das von Christen geforderte soziale Verhal-ten[226].

Diese Überlegungen machen deutlich, daß bei Lukas im Zusammenhang mit dem Liebesgebot ein *Erweiterungsbewußtsein* im Vordergrund steht. Da sich die Liebe dem, an den sie adressiert ist, voraussetzungslos und nicht berechnend zuwenden soll, um damit die antike Gegenseitigkeitsethik zu überbieten, ist Fein-desliebe nicht nur möglich, sondern geboten. Sie ist der Ernstfall der voraus-setzungslosen Liebe. Gleichzeitig ist das Gebot der Feindesliebe eng mit der lukanischen Kritik an einem sich auf die gleiche Gesellschaftsschicht beschrän-kenden Sozialverhalten einiger seiner Gemeindemitglieder verbunden. Lk ent-schränkt somit das allgemeine soziale Verhalten sowohl innergemeindlich als auch nach außen. Dieser Einfluß des Feindesliebegebotes auf das von Christen geforderte soziale Verhalten unterstreicht nur noch einmal die eingangs aufge-stellte These, daß Lk im Zusammenhang mit dem Thema Liebe das *Erweite-rungsbewußtsein* akzentuiert.

---

[221] Dieser Vers ist möglicherweise der lukanischen Redaktion zu verdanken, vgl. Thei-ßen, Gewaltverzicht, 167.

[222] Vgl. auch Lk 14,12-14. Zur engen Zusammengehörigkeit von Feindesliebe und Geldproblemen vgl. Theißen, Gewaltverzicht, 182, mit Hinweis auf Sir 29,6. Theißen spricht zurecht davon, daß sich hier "sozioökonomische Unterschiede" (ebd.) nieder-schlagen.

[223] Auch die Darstellung des beispielhaften Verhaltens Gottes in V.35 ist an diese Ab-sicht angepaßt. Vgl. Horn, Glaube, 103, und Hoffmann, Tradition, 97.

[224] Im Vergleich zu Mt 5,48 liegt in Lk 6,36 eine imperativische Formulierung vor. V.36 muß im Zusammenhang mit V.35 als Ende der Einheit Lk 6,27-36 und als Überlei-tung zu Lk 6,37f gesehen werden. Zu Lk 6,36 vgl. Seitz, Enemies, 54, zu Lk 6,37-45 vgl. Kremer, Mahnungen.

[225] Vgl. Hoffmann, Tradition, 101: "Wie im Gebot der *Feindesliebe* geht es um die Wohltätigkeit gegenüber Menschen, die als feindlich und böse erfahren werden". Dieses Interesse bestimme auch die weitere lukanische Redaktionsarbeit in 6,36-38. Auch Thei-ßen, Gewaltverzicht, 182 bes. Anm. 48, nimmt in seiner Untersuchung auf Lk 6,37f bezug und wendet sich gegen eine Begrenzung auf innergemeindliche Beziehungen. Gegen Stegemann u.a., Jesus, 148.

[226] Anders Mt, der die Überwindung der Feindschaft vor Augen hat. Siehe. II.2.2.4.

2.4. Zusammenfassende Betrachtung zum Liebesgebot in den synoptischen Evangelien

Das Liebesgebot erscheint durch die verschiedenartige Redaktionsarbeit der einzelnen Evangelisten in ganz verschiedenen Kontexten, die zu unterschiedlichen Akzentuierungen führen.

In Mk steht es in einem engen Zusammenhang mit der Verkündigung Jesu von der Basileia Gottes (Mk 12,28-34; 1,14f; 10,17-22). Damit betont Mk das *Schwellenbewußtsein*, das Bewußtsein vom Einbrechen einer neuen Welt.

Mt legt seinen Akzent dagegen auf den hohen Anspruch, der mit dem Liebesgebot verbunden ist. Durch Gottes- und Nächstenliebe (Mt 22,34-40) sollen die Nachfolger Jesu die "bessere Gerechtigkeit" (Mt 5,17-20) erfüllen. Am Beispiel des reichen Jünglings zeigt Mt, daß Menschen überfordert sind, diesem hohen Anspruch zu genügen (Mt 19,16-22). Die Perikope von der Feindesliebe (Mt 5,43-48) dient der Ermahnung der Gemeinde und soll in ihrer theologischen Motivation einer Überforderung entgegensteuern. Der Akzent bei Mt liegt somit auf dem *Überforderungsbewußtsein*.

Lk schließlich betont, daß der Adressatenkreis der Nächstenliebe marginalisierte Gruppen (Lk 7,1-10.36-50) und sogar den Feind einschließt. Letzteres zeigt sich besonders in der Beispielerzählung vom barmherzigen Samariter (Lk 10,25-37) und in der Perikope von der Feindesliebe (Lk 6,27-36). Damit wird der Rahmen, den die Verkündigung Jesu in Nazaret (Lk 4,16-30) vorgibt, ausgeschöpft. Lk akzentuiert auf diese Weise das *Erweiterungsbewußtsein*.

Damit bestätigt sich die eingangs aufgestellte Vermutung, daß jeder der drei Evangelisten einen der drei Themenkreise akzentuiert, an denen sich diese Untersuchung orientiert: Markus das *Schwellenbewußtsein*, Matthäus das *Überforderungsbewußtsein* und Lukas das *Erweiterungsbewußtsein*. Dies ist jedoch nicht exklusiv zu verstehen. Wie einleitend bereits erwähnt, sind alle drei Evangelisten grundsätzlich von einem eschatologischen *Schwellenbewußtsein* getragen.

Im folgenden wenden wir uns anderen neutestamentlichen Schriften zu, in denen das Liebesgebot eine Rolle spielt. Sie sollen daraufhin untersucht werden, ob in ihnen ähnliche Intentionen aufzufinden sind wie in den synoptischen Evangelien. Sollte dies der Fall sein, könnte der Dialog mit der Soziobiologie von einer relativ einheitlichen Basis aus geführt werden.

3. Das Liebesgebot in den paulinischen Briefen

Streng genommen bringt Paulus nur in Gal 5,14 und Röm 13,9 das Liebesgebot Lev 19,18 als gültigen Text. Im Liebesgebot ist für ihn die ganze Tora erfüllt (Gal) bzw. werden Toragebote zusammengefaßt (Röm)[1]. In beiden Briefen spielen diese Stellen eine wichtige Rolle im Zusammenhang mit der Rechtfertigungslehre, der Ethik insgesamt und der paulinischen Reflexion über das Verhältnis von Imperativen des christlichen Evangeliums zu Weisungen der Tora[2].

Die zahlreichen Belegstellen mit direkten oder indirekten Mahnungen zur Agape[3] ohne ein Zitat von Lev 19,18 zeigen jedoch, daß die Agape vom ersten erhaltenen Paulusbrief an[4] ein wichtiges Thema der paulinischen Paraklese war. Die Bedeutung von Gal 5,14 und Röm 13,9 im Rahmen der paulinischen Ethik muß auf diesem Hintergrund herausgearbeitet werden. Paradigmatisch wenden wir uns daher zwei weiteren Stellen zu: I Thess, 4,9 und I Kor 14,1a im Zusammenhang mit I Kor 13[5].

Der I Thess ist der erste erhaltene Brief des Paulus. Es ist jedoch umstritten, ob er aus einer Frühphase paulinischen Wirkens stammt. Wahrscheinlicher ist, daß kein Brief aus der Frühphase erhalten ist[6]. I Thess 4,9 könnte eine absichtliche Anspielung auf Lev 19,18 sein[7].

In I Kor 14,1 steht eine Mahnung zur Agape, die von I Kor 13 her zu interpretieren sein wird. Dieses "Hohelied der Liebe" ist eine zentrale Stelle für das paulinische Verständnis von Agape überhaupt. Untersucht werden soll, was das "Hohelied der Liebe" zum Ver-

---

[1] Vgl. Burchard, Summe, 34f mit Anm. 33, der vorrangig diese beiden Stellen (zusammen mit Gal 6,2) behandelt und alle anderen "direkten (z.B. Röm 12,9f.) oder indirekten (z.B. I Kor 13) Aufforderungen zur Liebe" unberücksichtigt läßt.

[2] Dazu und insgesamt vgl. Söding, Liebesgebot, Einleitung, auf den wir uns in diesem Abschnitt stützen. Beide Texte spielen im Gespräch zwischen Juden und Christen über die Grundlagen der Ethik eine wichtige Rolle.

[3] Z.B. I Thess 4,9f; 5,8.13; I Kor 8,1; 12,31-14,1; 16,14; II Kor 2,8; 8,7f.24; Phlm 9; Phil 2,2; Gal 5,6.22; Röm 12,9; 13,8.10; 14,15.

[4] Zur Chronologie vgl. Söding, Chronologie. Als pseudepigraph werden neben den Past der II Thess, Kol und Eph angesehen.

[5] Eine ausführliche Behandlung aller Stellen ist im Rahmen dieser Untersuchung nicht notwendig. Vgl. dazu die entsprechenden Spezialuntersuchungen, v.a. die Arbeiten von Söding (siehe Literaturverzeichnis). Daneben Quinten, Liebe.

[6] In der neueren Forschung spielt das Verhältnis zwischen dem I Thess und den Hauptbriefen bei der Frage nach einer Entwicklung der paulinischen Theologie und Ethik eine wichtige Rolle. Vgl. Söding, Liebesgebot, 34f. Diese Problematik spielt in der vorliegenden Untersuchung nur insofern eine Rolle, als im Zusammenhang mit der Agape verschiedene Akzentsetzungen aufgezeigt werden können. Vgl. II.3.5.

[7] Vgl. Burchard, Summe, 34f Anm. 33.

ständnis der Agape-Mahnung beiträgt. Eine umfassende Deutung von Kap. 13 wird nicht angestrebt.

Die Agape-Mahnungen sollen in ihren kontextuellen Bezügen, darüber hinaus aber auch in ihrer Bedeutung für die Paraklese als ganze und für den gesamten Brief interpretiert werden. So kann gezeigt werden, daß Agape einer der Hauptbegriffe paulinischer Theologie und Ethik[8] und die Ethik nicht partikularistisch verengt ist. Die jeweils herauszuarbeitenden Fragen, anhand derer die einzelnen Briefe untersucht werden sollen, orientieren sich an den leitenden Themenbereichen dieser Untersuchung, dem *Erweiterungsbewußtsein*, dem *Überforderungsbewußtsein* und dem *Schwellenbewußtsein*[9], ohne jedoch spezifische Probleme der einzelnen Stellen auszublenden.

3.1. Agape im Ersten Thessalonicherbrief

3.1.1. Textgrundlage und Fragestellung

Der I Thess ist der älteste erhaltene Paulusbrief[10]. Obwohl das Nächstenliebegebot aus Lev 19,18 nicht explizit auftaucht, könnte Paulus in I Thess 4,9 darauf anzuspielen[11]. Daneben finden sich weitere Abschnitte, in denen entweder Aussagen über die Liebe enthalten sind (3,11-13) oder Mahnungen zur Liebe ausgesprochen werden (5,12-15)[12]. Auffällig ist, daß besonders an der zentralen Stelle des Übergangs vom Proömium zum paränetischen Teil des Briefes (3,11-13; 4,1ff) gehäuft Bemerkungen zur Liebe auftauchen.

---

[8] Zum Verhältnis von Theologie und Ethik bei Paulus vgl. Söding, Liebesgebot, 28-34.

[9] Vgl. I.3.

[10] Paulus schrieb ihn wahrscheinlich von Korinth aus um 50/51 n.Chr., wenige Monate nachdem er die Gemeinde in Thessalonich gegründet hatte. Zu chronologischen Fragen vgl. Holtz, Thessalonicher, 10-13.19-23, und Söding, Chronologie, 32 mit Anm. 3. Die Historizität des in Act 17,5-9 geschilderten Konflikts mit Juden der Stadt als Ursache für die Abreise ist umstritten, vgl. Söding, Trias, 65 Anm. 5. Literarische Fragen werden von Holtz, Thessalonicher, 23-31, zusammenfassend besprochen. Danach ist der I Thess als eine Einheit zu verstehen. Teilungs- bzw. Interpolationshypothesen sind zurückzuweisen.

[11] Gegen Kloppenborg, Engagement, 278, der dies aufgrund der heidenchristlichen Gemeinde als ziemlich unwahrscheinlich ansieht. Dieses Argument ist m.E. nicht tragfähig genug, eine Herleitung von Lev 19,18 auszuschließen. Immerhin scheint Paulus der Gemeinde von Thessalonich so etwas wie ein "ethisches Programm" hinterlassen zu haben (vgl. 4,11: καθὼς ὑμῖν παρηγγείλαμεν), in dem er sehr wohl auf Sätze aus der ihm vertrauten alttestamentlichen Tradition zurückgegriffen haben könnte.

[12] Die Trias Glaube - Liebe - Hoffnung (I Thess 1,3; 5,8) wird nur insofern in die Untersuchung einbezogen, als sie für das Verständnis der Agape wichtige Erkenntnisse liefert. Es ist auf die ausgezeichnete Arbeit von Söding, Trias, hinzuweisen, der die Trias bei Paulus ausführlich untersucht hat. Vgl. auch Weiß, Trias.

Drei Fragestellungen soll im Zusammenhang mit der Agape nachgegangen werden[13] . Wir fragen zuerst nach den Adressaten des Briefes und wie Paulus sie in bezug auf ihre Möglichkeiten zur Erfüllung der Agape-Mahnung einschätzt. Anschließend wenden wir uns der Frage zu, wem gegenüber die Mahnung zur Agape gilt und welche konkreten Formen sie annehmen kann. Schließlich soll untersucht werden, welche Motivation Paulus für die Agape(-Mahnungen) anführt[14] und welchen Stellenwert diese im Rahmen der Paraklese des I Thess wie des Gesamtschreibens besitzt.

3.1.2. Die Gemeinde von Thessalonich als Adressatin des paulinischen Schreibens

Unmittelbarer Anlaß des Briefes ist die Rückkehr des Paulusmitarbeiters Timotheus und dessen Bericht über die Gemeinde (3,1-6)[15] . Paulus hatte ihn nach Thessalonich geschickt, da er selbst immer wieder verhindert war zu kommen (2,18). Timotheus zeichnet ein sehr positives Gesamtbild der Gemeinde (3,6-10). Dieses fügt sich harmonisch in Paulus Eindrücke von der Gemeinde ein, die gerade auch angesichts von Bedrängnis (1,6) im Annehmen des Wortes für alle Gläubigen in Mazedonien und Achaja (1,7) und weit darüber hinaus (ἐν παντὶ τόπῳ; 1,8)[16] ein "Vorbild" (τύπος) geworden ist. Der Bericht des Timotheus über den Glauben (πίστις) und die Liebe (ἀγάπη) der Thessalonicher wirkt sogar positiv auf Paulus und seine Mitarbeiter zurück, die sich dadurch in ihrer eigenen Situation getröstet sehen (3,6-8)[17] .

---

[13] Zu diesen grundlegenden Fragen vgl. Söding, Liebesgebot, 16, der ausführlicher formuliert.

[14] Söding, Liebesgebot, 26, unterscheidet m.E. zu Recht zwischen *Begründung* ethischer Normen bzw. Haltungen und deren *Motivation*. Bei der Begründung wird die Legitimität der Normen nachgewiesen, bei der Motivation wird diese vorausgesetzt und zum Tun des Gebotenen aufgerufen. Im I Thess geht es in diesem Sinne vor allem um Motivation, da keine neuen ethischen Normen eingeführt werden, sondern das Vorhandene verstärkt werden soll.

[15] Trotz des dreimaligen περί (4,9.13; 5,1) ist es eher unwahrscheinlich, daß Paulus auf schriftliche Anfragen der Thessalonicher reagiert. Die mündlichen Erzählungen des Timotheus oder eigene Überlegungen werden ihn zu den Darlegungen veranlaßt haben; vgl. Holtz, Thessalonicher, 31; und Mitchell, Corinthians, 253f. Gg. Faw, Writing.

[16] Holtz, Thessalonicher, 53, spricht von einer "hyperbolisch kühn[en]" Aussage.

[17] Vgl. die lange Danksagung in den Kapiteln 1-3. Paulus schreibt diesen Brief, um der Gemeinde seine Freude über die Nachrichten mitzuteilen, die Timotheus überbracht hat, ihr in einigen entstandenen Bedrängnissen beizustehen (2,1f.14-20) und Irritationen auszuräumen, die sich in der Zwischenzeit in bezug auf das Problem verstorbener Christen vor der Parusie des Herrn (vgl. 4,13-18) eingestellt haben. Er will ergänzen, was an ihrem Glauben noch fehlt (3,10: καταρτίσαι τὰ ὑστερήματα τῆς πίστεως ὑμῶν).

Paulus bittet in 3,12, daß der Kyrios die Thessalonicher in der Agape reicher werden (πλεονάσαι) und überfließen (περισσεύσαι) lassen möge. Dabei geht es ihm nicht "um eine Korrektur massiver Fehlentwicklungen ..., sondern um die Weiterführung dessen, was bereits auf gutem Wege ist"[18], und um die Erschließung neuer Bereiche, die in der gleichen Grundhaltung angegangen werden sollen, wie sie in der Gemeinde bereits verwirklicht wurde. Als "Grundprinzip christlicher Existenz"[19] nach dem I Thess ist daher das "noch vollkommener werden" (περισσεύειν μᾶλλον) anzusehen, das in 4,9f im Zusammenhang mit der Agape erscheint (vgl. 4,1f)[20]. Gerade in 4,9f wird deutlich, daß Paulus positiv von der Philadelphia als gegenseitiger Liebe spricht, die in Thessalonich bereits anzutreffen ist[21].

An diesem positiven Bild ändert es nichts, daß Paulus gewissermaßen prophylaktisch einige Punkte anspricht, die sich problematisch weiterentwickeln könnten - im innerekklesialen Bereich wie im Verhalten zur Umwelt (4,10b-12; 5,13b-15). Paulus scheint im Gegenteil großes Vertrauen in die Möglichkeiten der Gemeinde zu haben, die die Agape bisher verwirklicht hat und durch den Kyrios zu einer noch vollkommeneren Erfüllung der Liebe geführt werden soll (3,11-13)[22].

Von einem *Überforderungsbewußtsein* im Zusammenhang mit der Agapemahnung kann im I Thess daher nicht die Rede sein. Für die Erwählten (1,4) scheint die Agape grundsätzlich kein Problem zu sein. Die Paraklese dient daher vor allem zur "Bestärkung der Gemeinde, auf dem begonnenen Weg fortzufahren"[23],

---

[18] Söding, Trias, 87.

[19] Söding, Liebesgebot, 90 (vgl. bereits 72 Anm. 22). Er knüpft an Theobald, Gnade, 306-312.316, an. Gegen Holtz, Thessalonicher, 152, der von einer "reichlich allgemeinen Wendung" spricht, aber auch sieht, daß μᾶλλον anerkennt, daß die Thessalonicher "schon im περισσεύειν leben" (S. 153 Anm. 24).

[20] Söding, Liebesgebot, 90, spricht von einem "Hineinfinden in qualitativ neue Formen der Beziehung sowohl zu Gott und zum Kyrios als auch zu den Mitchristen und zu allen anderen Menschen". Auf die Frage des Adressatenbereiches der geforderten Agape soll im nächsten Abschnitt eingegangen werden.

[21] Vgl. Söding, Liebesgebot, 74; Oepke, Thessalonicher, 169, und Holtz, Thessalonicher, 174. Holtz, Thessalonicher, 172, macht darauf aufmerksam, daß sich Paulus hier der Stilform der Paraleipsis bedient, d.h. er redet über ein Thema, von dem er selbst sagt, daß er eigentlich nichts darüber schreiben müsse.

[22] Holtz, Thessalonicher, 143, ist der Ansicht, daß mit dem Kyrios Gott gemeint sei. Anders Söding, Trias, 87, und ders., Liebesgebot, 169 Anm. 19, der den Begriff aufgrund der sonstigen Verwendung im I Thess auf Jesus Christus deutet, was mir ebenfalls wahrscheinlicher ist. In jedem Fall kann hierin ein Hinweis auf den Geschenk-Charakter der Agape gesehen werden. Bemerkenswert ist im Zusammenhang mit Paulus' positiver Einschätzung der Thessalonicher auch I Thess 5,21, wo Paulus diese für in der Lage hält, das Gute zu behalten (τὸ καλόν steht synonym für τὸ ἀγαθόν).

[23] Söding, Liebesgebot, 72.

zur Ermunterung, "die positiven Ansätze weiter auszubauen" und zur Wappnung "für die kommenden Herausforderungen ..., die ... weiterhin vor allem in Bedrängnissen durch 'die draußen' (4,12) bestehen werden ..."[24].

3.1.3. Der Adressatenbereich und konkrete Formen der Liebe

Als Ausgangspunkt dieses Abschnittes dient die Fürbitte in I Thess 3,11-13. Sie hat im Übergang von der Danksagung (I Thess 1-3) zur Paraklese (I Thess 4-5) eine Schlüsselfunktion[25], indem sie wichtige Anliegen der Danksagung aufgreift[26] und gleichzeitig die Hauptmotive der Paraklese[27] vorbereitet. Die Agape[28] bezieht sich zunächst auf die Glieder der eigenen Gemeinschaft (εἰς ἀλλήλους)[29], wird dann aber auf alle Menschen (V.12: εἰς πάντας) ausgedehnt[30]. Für diese Interpretation des εἰς πάντας spricht an dieser Stelle selbst v.a. die Offenheit der Wendung. Da 3,11-13 gewissermaßen das "Vorzeichen"[31] für alle folgenden Mahnungen bildet, muß die Interpretation der weiteren Stellen mit Agape-Mahnungen ergeben, inwiefern eine universale Interpretation berechtigt ist und ob sie ein kohärentes Bild für das Liebesverständnis im I Thess ermöglicht.

---

[24] Söding, Trias, 67.

[25] Vgl. Wiles, Prayers, 52-63.

[26] 3,11: Wunsch, die Gemeinde wiederzusehen; 3,12f: Wunsch, daß die Gemeinde bei der Parusie untadelig dastehe.

[27] Leitwortfunktion in der Paraklese besitzen "Heiligung" (ἁγιασμός: 4,3-8; 5,23) und "Philadelphia" (φιλαδελφία: 4,9) im Zusammenhang mit "Liebe" (ἀγάπη: 3,12; 4,9-12; 5,8.13), die betont am Anfang der Paraklese stehen. Zu berücksichtigen ist, daß ἁγιωσύνη (3,13) zwar in einer inneren Verbindung zu ἁγιασμός steht, die beiden Begriffe aber dennoch zu unterscheiden sind. Vgl. Söding, Liebesgebot, 70 Anm. 16. Zu ἁγιασμός auch Kertelge, Rechtfertigung, 277f; und Schrage, Heiligung, 234, der auf die Verklammerung von Liebe und Heiligung hinweist. Zudem bindet I Thess 3,11-13 die Paraklese an den "Indikativ" des Heilshandelns Gottes zurück. Zur Begründung vgl. Söding, Liebesgebot, 68-70.

[28] Sie ist vom Kontext her ethisch zu verstehen.

[29] Dies weist bereits auf 4,9 voraus, wo diese innergemeindliche Liebe mit φιλαδελφία bezeichnet wird. Zur Besprechung s.u.

[30] So Holtz, Thessalonicher, 144; Lohfink, Jesus, 129f; Schrage, Einzelgebote, 252 mit Anm. 293. Nach Holtz, Thessalonicher, 144, sind "in ihrer universalen Ausrichtung nur die beiden Stellen [vergleichbar], die nicht ausdrücklich von der Liebe, wohl aber von ihrer Wirkung, dem Tun des Guten, reden, 1Thess 5,15 und Gal 6,10". In der Regel beziehe sich bei Paulus die "Rede von der Liebe zum anderen ausdrücklich [auf] die Glaubensgenossen", vgl. Röm 13,8 u.ö. Vielleicht hängt dies ja mit der positiven Einschätzung des Vermögens der Thessalonicher insgesamt zusammen.

[31] Söding, Liebesgebot, 67.

In I Thess 4,9-12 führt Paulus das durch 3,12 vorbereitete Thema mit dem Stichwort Philadelphia (φιλαδελφία) ein, das er durch τὸ ἀγαπᾶν ἀλλήλους erläutert (4,9). Den heidenchristlichen Thessalonichern ist dieser Begriff als hellenistischer Tugendbegriff bekannt. Ursprünglich bezeichnete er die "Bruder- bzw. Geschwisterliebe", Paulus gebraucht ihn jedoch (als erster?[32]) im Sinne von "*brüderliche[r] Liebe* der durch gemeinsame Gotteskindschaft ... miteinander verbundenen Christen zueinander"[33]. Er wird dabei von der Vorstellung bestimmt, daß "Gott ... die Ekklesia als eine Gemeinschaft [konstituiere], die aufgrund seines Erwählens so eng ist, daß die Christen zu Brüdern (und Schwestern) werden"[34]. Der traditionsgeschichtliche Hintergrund dürfte aufgrund der mit φιλαδελφία sachlich identischen Wendung τὸ ἀγαπᾶν ἀλλήλους im alttestamentlichen Liebesgebot Lev 19,18 und seiner frühjüdischen Wirkungsgeschichte (vgl. v.a. die TestXII) zu suchen sein[35].

---

[32] Vgl. Söding, Trias, 89, und ders., Liebesgebot, 74-75 mit Anm. 37, der es nicht für ausgeschlossen hält, daß Paulus für die Neuinterpretation dieses Begriffes verantwortlich ist.

[33] Plümacher, φιλαδελφία, 1014. In den Übersetzungen der Hebräischen Bibel findet sich der Begriff gar nicht, in der übrigen frühjüdischen Literatur nur vereinzelt und nur einmal im übertragenen Sinne (II Makk 15,14); vgl. Söding, Liebesgebot, 74 mit Anm. 32 und 34; Holtz, Thessalonicher, 173; und Kloppenborg, Engagement, 274 ("Paul had ... extended the scope of φιλαδελφία to include persons outside a kinship relation."). Spicq, Charité, 510 Anm. 1, hält die φιλαδελφία für "un mode privilégié de l'ἀγάπη dont l'extension est universelle". Vgl. Brady, Love; Betz, amore. Nach Söding, Liebesgebot, 96, führt Paulus das Stichwort φιλαδελφία ein, um auszusagen, daß "die Beziehungen der Gemeindeglieder untereinander von derselben Intensität der Zuneigung, der Hilfsbereitschaft, der Unterstützung, des Austausches bestimmt sein sollen, wie sie nach hellenistischem Ideal die Liebe zwischen leiblichen Geschwistern auszeichnet". Diese paulinische Philadelphia ist primär auf den Dienst am "Bruder" ausgerichtet, nicht "primär auf Heiligung, Vervollkommnung und Verdienst des Handelnden", wie Schulz, Ethik, 324, behauptet.

[34] Söding, Trias, 89. Vgl. Kloppenborg, Engagement, 277, der von einer "fictive family as a model for communal identity" spricht. Den traditionsgeschichtlichen Hintergrund bildet v.a. das dtn-dtr Geschichtswerk (vgl. Perlitt, Volk, und Söding, Liebesgebot, 75).

[35] Burchard, Summe, 34f Anm. 33, hält es für möglich, daß in I Thess 4,9 eine absichtliche Anspielung an das Nächstenliebegebot vorliegt, hegt jedoch nicht unbedeutende Zweifel. Paulus bezieht sich auf die Tora zwar oft ohne ausdrückliches Zitat. Lev 19,18 aber ist eine Ausnahme, wie die Zitate in Röm 13,8-10 und Gal 5,13-15 zeigen. Ist I Thess 4,9 also eine Ausnahme von der Ausnahme? Oder liegt hier kein Bezug zu Lev 19,18 vor? Daß Paulus im I Thess den νόμος überhaupt nicht thematisiert - dies spricht gegen die Interpretation von Schulz, Ethik, 301, der "Grundzüge der frühpaulinischen Gesetzeslehre" skizzieren will -, kann sowohl für als auch gegen eine bewußte Anspielung an Lev 19,18 ausgelegt werden: Da Paulus auf das Gesetz insgesamt nicht zurückgreift, unterläßt er ein Zitat auch hier, obwohl er an Lev 19,18 denkt - oder: Paulus greift auf das Gesetz insgesamt nicht zurück, also auch hier nicht. Vgl. Wischmeyer, Gebot, 186, und

Welche Formen diese innerekklesial ausgerichtete Liebe annehmen kann, berichtet Paulus in 4,9 nicht näher. Aus dem Kontext ergeben sich jedoch folgende Konkretionen: "Fairness in geschäftlichen Angelegenheiten (4,6), die Anerkennung und Unterstützung derer, die sich in der Gemeinde engagieren (5,12f), der Einsatz für den innergemeindlichen Frieden (5,13b), die brüderliche Zurechtweisung (5,14a), die Ermunterung der Kleinmütigen (5,14b), die Annahme und Unterstützung der im Glauben Schwachen (5,14c), das geduldige und verzeihende Tragen von Fehlern anderer (5,14d) und nicht zuletzt der Verzicht auf Wiedervergeltung und die Überwindung des Bösen durch das Gute (5,15)"[36]. Die Philadelphia soll insgesamt die ekklesiale Gemeinschaft stärken.

Die Konzentration auf die innergemeindliche Philadelphia hat soziologische und theologische Gründe und darf nicht als introvertierte Abwendung von der Welt interpretiert werden[37]. Eine junge Gemeinde wie die der Thessalonicher muß sich erst nach innen konsolidieren, um in einer eher feindlich eingestellten Umwelt eine überlebensfähige und zum Leben befähigende Gemeinschaft zu bilden. Zugleich ist die Liebe zu den Glaubensgeschwistern ein Spiegel der Berufung zum Christsein und deren gegenseitige Anerkennung.

Im Anschluß an die innergemeindlichen Aussagen über die Philadelphia wendet sich Paulus dem Verhältnis der Christen zu den Außenstehenden zu (I Thess 4,10-12). Er macht deutlich, daß sein Verständnis von Liebe nicht auf die Ortsgemeinde beschränkt ist, sondern daß er bei der Philadelphia auch an die anderen Christen in Makedonien (4,10a)[38] denkt. Die Thessalonicher lobt er wegen ihres Verhaltens ihnen gegenüber. Konkret könnte an die gastfreundliche Aufnahme durchziehender Missionare oder auswärtiger Mitchristen gedacht sein, vielleicht

---

Söding, Liebesgebot, 75f, der eine Bezugnahme auf das Liebesgebot Jesu für wenig wahrscheinlich hält. Zurückzuweisen ist die Ansicht von Wilckens, Entwicklung, 175 Anm. 66 (S.189), in I Thess 4,9 sei eine Anspielung auf das Doppelgebot von Gottes- und Nächstenliebe zu sehen. Kloppenborg, Engagement, versucht demgegenüber die These wahrscheinlich zu machen, daß I Thess 4,9-12 "a covert allusion to the popular traditions connected with the Dioscuri" sei, was "a rhetorical strategy rather than a theological inconsistency" (S. 289; vgl. die Zurückweisung anderer Götzen in I Thess 1,9) sei, die Paulus für seine eigenen Zwecke eingesetzt habe. Dem ist insofern zuzustimmen, als Paulus sicher an vorhandene Traditionen anknüpft, um sein Evangelium weiterzusagen. Doch muß gegen Kloppenborg die Überformung dieses Materials durch Paulus' eigene Traditionen betont werden.

[36] Söding, Liebesgebot, 95f (eine ausführlichere Besprechung auf S. 76-82).

[37] Holtz, Thessalonicher, 175, spricht sich ebenfalls gegen ein introvertiertes Verständnis aus. Vgl. Söding, Liebesgebot, 96.

[38] Zum Verständnis vgl. Holtz, Thessalonicher, 175: Man dürfe nicht auf sonst unbekannte Gemeinden in der Provinz Makedonien schließen, sondern müsse an Philippi und vermutlich Beröa denken. Trennende innerchristliche Spannungen hätte es nicht gegeben.

auch an finanzielle Unterstützung ärmerer Gemeinden[39]. Paulus ermahnt die Thessalonicher jedoch, noch vollkommener zu werden (περισσεύειν μᾶλλον). Dies bezieht sich eindeutig auf die Bruderliebe zurück, die folgenden Mahnungen sind syntaktisch durch "und" (καί) zugeordnet und können als Erläuterung des περισσεύειν verstanden werden. Er fordert die Thessalonicher auf, ruhig zu leben, sich um die eigenen Aufgaben zu kümmern und ihren Lebensunterhalt mit eigenen Händen zu verdienen[40]. Eventuell spielt er auf aufkeimende Mißstände in der Gemeinde an, die in ihrer eschatologisch gestimmten Begeisterung gründen. Die eigentliche Intention des Paulus wird in V.12 deutlich. Die Christen sollen anständig (εὐσχημόνως) leben und niemandem zur Last fallen. In hellenistischer Ethik bezeichnet der Begriff εὐσχημόνως das sittlich Gute[41]. Paulus versteht darunter wohl einen dem Evangelium entsprechenden Lebenswandel, der sich an der Agape orientiert. Ihm geht es dabei um zwei Dinge. Zum einen drückt er die Überzeugung aus, daß Nicht-Christen von ihren eigenen philosophischen und religiösen Traditionen her das ethische Niveau des christlichen Lebenswandels erkennen und die christliche Ethik für sich entdecken können[42]. Zum anderen ist es den Christen aufgrund der Agape geboten, sich um ein positives Echo der Nicht-Christen zu bemühen, gegenüber denen sie auch sittliche Verpflichtungen haben.

In Anküpfung an 3,11-13 ist es das Anliegen des Paulus, daß die Philadelphia der Thessalonicher vom Kyrios so bereichert werde, daß die Agape auch ihr Verhältnis zu den Nicht-Christen bestimmt[43]. In Anbetracht der Nachstellungen, denen die Gemeinde ausgesetzt ist, ist diese Aussage bemerkenswert. Das Verhältnis zu Nicht-Christen nimmt dabei aber andere Formen an als die innerchristlichen Beziehungen, so z.B. eigene ökonomische Existenz und politische "Unauffälligkeit".

---

[39] Vgl. Söding, Liebesgebot, 76, und Holtz, Thessalonicher, 176.

[40] Auf Analogien in der paganen und hellenistischen Ethik sowie die Verwurzelung in alttestamentlichen Aussagen macht Söding, Trias, 91 mit Anm. 120-123, aufmerksam. Es fehle bei Paulus jedoch "die im Frühjudentum gängige Rückbindung der einschlägigen Mahnungen an die Tora". Eine ausführliche Auseinandersetzung in Söding, Liebesgebot, 85f.

[41] Im Judengriechischen ist dieses Wort nicht geläufig, vgl. Holtz, Thessalonicher, 180. Paulus spricht also erneut in einer den Thessalonichern aus ihren ehemaligen Traditionen bekannten Sprache, die er mit seinen Inhalten füllt.

[42] Holtz, Thessalonicher, 180, macht zu Recht darauf aufmerksam, daß Paulus nicht meine, "daß alles, was als 'schicklich' in der Welt gilt, das gebotene Tun der Christen sei; wohl aber meint er, daß das gebotene Tun auch nach dem Urteil der Welt 'anständig' sei."

[43] Vgl. Söding, Liebesgebot, 90.

Diese Interpretation bestätigt somit das von I Thess 3,11-13 gezeichnete Bild einer Agape, die sich auf die Gemeindemitglieder richtet, aber auch universal erweitert wird[44].

Diese Ausweitung der Agape-Forderung entspricht der Universalität des Heilshandelns Gottes (vgl. 2,16) und ist im vorliegenden Text I Thess 4,9-12 "zumindest indirekt"[45] mit einem missionarischen Interesse verbunden.

Die Ermahnung, noch vollkommener zu werden (περισσεύειν μᾶλλον; 4,10), könnte auch als Hinweis verstanden werden, daß es den gottgelehrten Thessalonichern extra aufgegeben werden muß, über den innerekklesialen Bereich hinaus Agape zu üben, da sie ansonsten in engeren Bahnen verharren würden. Dies ist jedoch keine grundsätzliche Kritik am Vermögen der Thessalonicher, da Paulus im Kontext klar zum Ausdruck bringt, daß er ihnen das περισσεύειν μᾶλλον zutraut.

Abschließend noch ein kurzer Blick auf I Thess 5,12-15. Paulus ermahnt die Thessalonicher in 5,12f zu einem liebenden Verhalten gegenüber denen, die in der Gemeinde besondere Verantwortung übernehmen[46]. Dies ist eine Konkretisierung der Aussagen über die Agape in 4,9f[47]. Die daran anschließenden Weisungen stehen "der Sache nach nahe beim Liebesgebot, und viele erweisen sich auch im Lichte der Traditionsgeschichte wie der paulinischen Hauptbriefe mit ihm verbunden"[48], auch wenn das Stichwort Agape fehlt. Besondere Aufmerksamkeit verdienen dabei I Thess 5,14d (Mahnung zur Geduld πρὸς πάντας) und 5,15 (Mahnung, dem Guten nachzujagen untereinander καὶ εἰς πάντας). Während in V.14d jedoch das πάντας aufgrund des syntaktischen Zusammenhanges im Kontext nur auf die Gemeinde als ganze zu beziehen sein wird[49], bezieht sich

---

[44] Das Stichwort περισσεύειν, das in 4,11f im Zuge der Ausweitung des Blickfeldes verwandt wird, taucht auch dort auf (3,12). Εἰς πάντας kann daher wohl zu Recht universal interpretiert werden.

[45] Söding, Liebesgebot, 96f. Er weist auf die "kommunikative Dimension eines ansprechenden Lebenswandels" (Söding, Liebesgebot, 89 Anm. 105) hin. Von einer direkten missionarischen Wirksamkeit der Gemeinde spricht der Text nicht, auch wenn eine missionarische Komponente nicht abzustreiten ist. Vgl. Deidun, Morality, 26f, für den der Lebenswandel der Christen die Heiligkeit der christlichen Gemeinschaft darstellen soll, damit die pagane Umwelt Gottes Präsenz in der Gemeinde erkennt und Gott auch Ehre erweist. Daß es "nur eine wirkliche Form der Liebe der anderen [gemeint ist: zu allen] gegeben haben [dürfte], nämlich sie hereinzuholen in die eigene Gemeinde" (Holtz, Thessalonicher, 144, bei der Besprechung von 3,12), ist m.E. eine unzulässige Verkürzung. Vgl. die vielfältigen Formen der Agape nach I Kor 13,4-7.

[46] Eine feste Gruppe von Amtsträgern hat Paulus jedoch nicht im Blick. Vgl. Holtz, Thessalonicher, 241-244, und Söding, Liebesgebot, 94.

[47] Mit Söding, Liebesgebot, 94f (Trias, 93), und gegen Holtz, Thessalonicher, 245.

[48] Söding, Liebesgebot, 77. Zur ausführlichen Analyse sei auf seine Untersuchung hingewiesen.

[49] Vgl. neben Söding auch Holtz, Thessalonicher, 250f.

die Aufforderung, allezeit dem Guten nachzujagen untereinander καὶ εἰς πάντας auf alle, auch Nicht-Christen, da vorher durch εἰς ἀλλήλους der engere Bereich der Christen von dem εἰς πάντας bezeichneten weiteren Kreis abgehoben wurde. Da diese Aufforderung ebenso wie die direkt vorangehende Mahnung, nicht Böses mit Bösem zu vergelten, "sachlich eine Konkretion der Agape-Forderung"[50] darstellt, wird auch hier der universale Horizont der paulinischen Mahnung zur Agape im I Thess deutlich[51].

Wir können also berechtigterweise von einem kohärenten Agape-Verständnis im I Thess ausgehen, bei dem die Agape über die Gemeindemitglieder hinaus auch Nicht-Christen erfaßt. Im Rahmen dieser Untersuchung kann somit im Zusammenhang mit der Agape von einem *Erweiterungsbewußtsein* gesprochen werden.

3.1.4. Die Motivation der Liebe im I Thess

Bereits in I Thess 3,11-13 tauchen die beiden Motive auf, die grundlegend für das Agape-Verständnis im gesamten Brief sind. Die Agape ist zwar Aufgabe der Christen, zuerst jedoch ist sie eine Gabe, die ihnen vom Kyrios geschenkt wird. "Diese Wirksamkeit Jesu Christi ist darin begründet, daß sein Tod und seine Auferstehung nach Gottes Willen nicht in sich ruhen, sondern die Rettung der Glaubenden herbeiführen sollen"[52] (vgl. 1,9f). Damit rückt das zweite Motiv ins Blickfeld, das eng mit dem ersten verbunden ist: Die Bitte, daß die Liebe immer mehr zunehmen soll, zielt auf die gegenwärtige Stärkung der Gemeinde für die Parusie des Kyrios, die bald erwartet wird[53].

Gottes eschatologisches Heilshandeln, das in Tod und Auferweckung Jesu seinen Anfang nahm und mit der Parusie des Kyrios enden wird, bildet somit den grundlegenden Motivationshorizont für die Agape-Aussagen des I Thess[54]. Die

---

[50] Söding, Liebesgebot, 80. Daß hier "nachdrücklich das Gebot der Bruder-, Nächsten- und Feindesliebe erhoben" werde, wie Schulz, Ethik, 331, behauptet, geht aber interpretativ auf jeden Fall einen Schritt zu weit.

[51] Vgl. auch das πάντοτε (immer) in 5,15 mit seinem umfassenden Akzent.

[52] Söding, Trias, 87.

[53] Die Begriffe πλεονάσαι und περισσεύσαι sind eschatologisch gefüllt. "Beide bezeichnen die dynamischen Auswirkungen des endzeitlichen Heils, das Gott durch den Tod und die Auferweckung Jesu Christi begründet hat und in naher Zukunft vollenden wird" (Söding, Trias, 87f). Vgl. Holtz, Thessalonicher, 145.

[54] Gegen Schulz, Ethik, 310-319, der eine Vielzahl an Voraussetzungen und Motiven der "frühpaulinischen Ethik" aufzählt, ohne sie miteinander in Beziehung zu setzen, und schließlich m.E. unmotiviert das durch Christus verschärfte Moralgesetz als umfassende Motivierung der frühpaulinischen Ethik ansieht. Zur Kritik an Schulz vgl. Söding, Liebesgebot, 99 Anm. 130, und Schnelle, Ethik, 301. Dieser oben beschriebenen Motivation m.E. untergeordnet finden sich andere Motive, wie z.B. das des "Ehrbar-Lebens" vor den Außenstehenden (4,12).

Agape ist "integraler Bestandteil"[55] von Gottes eschatologischem Heilshandeln, und es ist Gott selber, der den Thessalonichern die Philadelphia lehrt (4,9: θεοδίδακτος)[56], die ja vom Kyrios auf Liebe zu Nicht-Christen hin bereichert werden soll. Beides, Bruderliebe und Liebe zu Nicht-Christen, wächst aus der Orientierung an Gottes eschatologischem Heilshandeln[57] und ist Annahme und Weitergabe der Liebe Gottes zu den Erwählten (1,4)[58].

Dieses Bild wird durch eine Untersuchung der Trias Glaube, Liebe, Hoffnung im I Thess bestätigt[59]. Alle drei Begriffe sind je für sich betrachtet und in ihrer Beziehung zueinander durch das eschatologische Handeln Gottes bestimmt. Damit gewinnt die Agape aber nicht nur einen ausschließlich futurisch ausgerichteten Grundzug. Die volle Dimension des Heilshandelns Gottes erschließt sich zwar von der Zukunft her, gründet aber in dem vergangenen Geschehen von Tod und Auferweckung Jesu und verleiht der Gegenwart ein völlig anderes Gesicht: "Bestimmt durch die Nähe der Parusie, eingespannt in die eschatologische Dialektik zwischen der noch ausstehenden Vollendung und der bereits geschehenen Grundlegung des Heils im Tode und der Auferweckung Jesu Christi, ist die Gegenwart die Zeit der Erwartung und Bewährung, die Zeit aber auch der universalen Evangeliumsverkündigung und der Erfahrung des Geistes. Von diesem eschatologischen Gesamtgeschehen sind Glaube, Liebe und Hoffnung, ist auch die Trias als ganze bestimmt"[60].

---

[55] Söding, Liebesgebot, 84.

[56] Vgl. Söding, Liebesgebot, 82-84, und Holtz, Thessalonicher, 175. Letzterer macht darauf aufmerksam, daß sehr wohl an eine Vermittlung durch die apostolische Verkündigung zu denken ist, deren Wirksamkeit jedoch als Werk Gottes, vermittelt durch den Heiligen Geist (vgl. 4,8), zu betrachten ist. Vgl. Finsterbusch, Lebensweisung, 126f mit Anm. 30, die im Anschluß an Holtz, Thessalonicher, ebenfalls der Meinung ist, daß θεοδίδακτος die Vermittlung durch den Apostel nicht ausschließe, da der Gegensatz von θεοδίδακτος nicht "von Menschen vermittelt", sondern "von Profanem belehrt" sei. Siehe auch Kloppenborg, Engagement, 269: "Paul is at least the proximate source of the teaching (cf. καθὼς ὑμῖν παρηγγείλαμεν in v. 11)".

[57] Söding, Liebesgebot, 97, macht auf diesen grundlegenden Unterschied zwischen der christlichen Agape und der hellenistischen Philanthropie aufmerksam.

[58] I Thess 1,4 legt ein solches Verständnis nahe. Explizit spricht Paulus jedoch von keiner (womöglich pneumatischen) Vermittlung der Agape Gottes zum Menschen hin. - Eine Liebe, die nur auf prädestinierte (Noch-) Nicht-Christen zielt, ist m.E. aufgrund der Universalität der Liebesforderung ausgeschlossen. Der indirekt missionarische Aspekt der Liebe zu Nicht-Christen ist gerade hier nicht zu leugnen.

[59] Vgl. zum folgenden Söding, Trias, 65-103.

[60] Söding, Trias, 102. Schnelle, Thessalonicherbrief, 209 mit Anm. 30, legt das Gewicht bei der Begründung der Ethik - er unterscheidet dabei nicht zwischen Begründung und Motivation - zu einseitig auf die Parusie. Sie sei "durchgehender Denkhorizont und theologisches Interpretament ..., was allein schon daran deutlich wird, daß jedes Kapitel mit diesem Ausblick schließt" (S. 213; vgl. Schnelle, Ethik, 301f). Gerade an der wichtigen

Die Agape in ihren verschiedenen Ausprägungen als Philadelphia und Liebe zu Nicht-Christen ist somit insgesamt aus einem einheitlichen Motivationshorizont zu erklären, dem eschatologischen Heilshandeln Gottes, das auf eine Veränderung des Menschen und der Welt zielt. Damit ist genau das Phänomen angesprochen, das in dieser Untersuchung mit *Schwellenbewußtsein* bezeichnet wird.

Bezeichnenderweise rahmen die Aussagen, die von der Agape handeln (4,9-12; 5,12-15) die beiden Abschnitte über die Auferstehungsproblematik (4,13-18) und über den Zeitpunkt der Parusie (5,1-11)[61]. Diesen können m.E. die Stichwörter "neuer Mensch" und "neue Welt" zugeordnet werden. Diese Beobachtung ist ein Indiz dafür, daß im I Thess das *Schwellenbewußtsein* eine herausragende Rolle spielt. In diesem Zusammenhang kann auch auf die "Erwählung" der Thessalonicher hingewiesen werden (vgl. 1,4), die sich ebenfalls dem Stichwort "neuer Mensch" zuordnen läßt.

3.1.5. Die Stellung der Liebe innerhalb der Paraklese des I Thess

Die Agape-Mahnung ist die wichtigste Forderung innerhalb der Paraklese[62]. Daneben gibt es aber noch andere theologisch relevante Forderungen, deren Stellenwert nicht durch eine Verhältnisbestimmung zur Agape abgeleitet werden muß (vgl. 4,3-8; 5,16-22). Der I Thess läßt den Ausgangspunkt für eine Entwicklung erkennen, die dazu führt, daß die Agape in den Hauptbriefen zum theologischen Schlüsselbegriff der Paraklese wird.

Die Paraklese selbst ist im I Thess in das Evangelium integriert, wie insbesondere die Verklammerung von Danksagung (I Thess 1-3) und Paraklese (I Thess 4-5) durch die Fürbitten in 3,11f und 5,23f zeigt. Die Ethik ist an die Verkündigung des christologisch-soteriologischen Grundgeschehens zurückgebunden, das indikativische Kerygma impliziert sittliche Weisungen. Der Zusammenhang ist jedoch noch nicht so eng wie in den Hauptbriefen mit ihrer Kreuzes- und Rechtfertigungstheologie[63].

Stelle I Thess 1,9f aber verbindet Paulus Tod und Auferweckung mit dem Gedanken der Parusie (vgl. 5,9f).

[61] Der "Panzer des Glaubens und der Liebe" (5,8) ist die Waffenrüstung derer, die im eschatologischen Tag leben. Als Kontrast zur alten Welt wird hier ein militantes Bild verwendet. Das Bild von der Waffenrüstung wird oft direkt von Jes 59,17 hergeleitet. Zwingend ist diese Herleitung jedoch nicht; vgl. Weiß, Trias, 205f mit Anm. 42f.

[62] Zu diesem Abschnitt vgl. Söding, Liebesgebot, 98f.

[63] Vgl. Schnelle, Thessalonicherbrief.

3.1.6. Zusammenfassung

Obwohl im I Thess nirgendwo explizit vom Nächstenliebegebot aus Lev 19,18 die Rede ist, können wir für das paulinische Agapeverständnis wichtige Einsichten gewinnen. Paulus schätzt die Möglichkeiten der Gemeinde von Thessalonich zur Verwirklichung der eschatologisch ausgerichteten Liebe so hoch ein, daß jegliches *Bewußtsein einer Überforderung* durch die Mahnung zur Liebe völlig zurückzutreten scheint und sogar die Agape zu Nicht-Christen ins Blickfeld gerät, zu der der Kyrios die Thessalonicher führen soll. Wir können somit von einem *Erweiterungsbewußtsein* sprechen. Aus der Orientierung an Gottes eschatologischem Heilshandeln, das formal betont im Mittelpunkt der Agape-Aussagen steht (vgl. 4,9-12; 4,13-5,11; 5,12-15), erwächst sowohl die innerekklesiale Philadelphia wie auch die Liebe zu Nicht-Christen. Damit nimmt das *Schwellenbewußtsein* im I Thess eine zentrale, grundlegende Stellung ein, gegenüber der die anderen beiden Aspekte etwas in den Hintergrund treten.

Es wäre zu überlegen, ob zwischen dem Zurücktreten des *Überforderungsbewußtseins* - oder anders gesagt dem Zutrauen in die Möglichkeiten zur Ausübung der Liebe -, der Erweiterung des Adressatenbereiches und der eschatologischen Ermöglichung der Liebe durch Gott bei Paulus ein vielleicht grundsätzlicher Zusammenhang besteht. Ist dies der Fall, so sollte er auch in anderen paulinischen Briefen strukturell ähnlich wie im I Thess zum Ausdruck kommen.

3.2. Die Mahnung zur Agape im Ersten Korintherbrief

3.2.1. Textgrundlage und Fragestellung

Im Vordergrund dieser Untersuchung steht die Agape-Mahnung in I Kor 14,1a: "Strebt nach der Liebe" (διώκετε τὴν ἀγάπην). Im Gegensatz zur Agape-Mahnung im I Thess dürfte diese traditionsgeschichtlich nicht auf Lev 19,18 zurückgehen. Es wird danach gefragt, welches Agape-Verständnis der Mahnung zugrunde liegt. Insbesondere fragen wir nach der Motivation der Agape, ihrer Begründung und Reichweite und welches Verhalten bzw. welche Einstellung die Mahnung intendiert. Dazu soll zuerst die Rolle der Agape-Mahnung im Kontext von I Kor 12-14 erarbeitet werden[64]. Darüber hinaus wichtige Texte für das Verständnis von Agape sind I Kor 8(-10) und I Kor 16,14. Sie werden dort zur

---

[64] Gerhardsson, Frage, 188, geht von Kap. 8-14 als Kontext aus, wodurch er das Motiv des Gottesdienstes zu sehr in den Vordergrund rückt. Zur Kritik an Gerhardsson vgl. Wischmeyer, Weg, 14 Anm. 21. In formaler Hinsicht liegt bei Söding, Liebesgebot, ein dieser Untersuchung entsprechender Aufbau in bezug auf die Mahnung zur Agape in I Kor 14,1a vor. Inwieweit dies zu interpretativen Übereinstimmungen führen wird, muß sich im Verlauf der Darstellung zeigen.

Sprache kommen, wo sie etwas zum Verständnis der Agape in I Kor 12-14 beitragen[65].

3.2.2. Die Agape-Mahnung I Kor 14,1a im Rahmen von I Kor 12-14

a) Zur Frage der Einheitlichkeit

Die Kap. 12-14 des I Kor gehen auf Paulus zurück und bilden einen geschlossenen, ursprünglichen Zusammenhang[66].

Mit I Kor 12,1 beginnt ein neuer Abschnitt innerhalb des Briefes. Darauf weist περὶ δὲ τῶν πνευματικῶν hin, mit dem Paulus eine Anfrage aus Korinth nach den Gaben des Geistes aufgreift[67]. Kap. 12 handelt von den Charismen als Gaben Gottes für die Gemeinde als Leib Christi. Der folgende Abschnitt I Kor 12,31b-14,1a ist im Gegensatz zur Meinung einiger Exegeten[68] nicht erst durch einen Redaktor an seinen jetzigen Platz gerückt worden und besitzt auch keinen sekundären Charakter. Er stammt vielmehr von Paulus und befindet sich an seinem ursprünglichen Ort. 12,31b fungiert nach Kap. 13 hin als Eröffnung der Darstellung des "höchsten Weges"[69]. Im Zusammenhang mit Kap. 13 bildet es gegenüber Kap. 12,1-31a eine Steigerung[70]. Kap. 13 hat vielfältige thematische und

---

[65] Auf eine eigenständige Untersuchung gerade von I Kor 8-10 muß im Rahmen dieser Untersuchung verzichtet werden. Eine differenzierte Betrachtung zu I Kor 8-10 findet sich bei Söding, Liebesgebot, Kap. C. I. Er weist darin auf die Antithese zur (aufblähenden) Gnosis (8,1), die enge Verbindung mit der Liebe zu Gott (8,3) und den Rekurs auf die Proexistenz Jesu (8,11) hin. Die Mahnung "Alles unter euch geschehe in Liebe" (I Kor 16,14) gehört zur Schlußsequenz des Briefes, in der die Hauptanliegen nochmals zusammengefaßt werden. Dies weist auf die entscheidende Bedeutung der Agape für die Paraklese und das gesamte Evangelium hin.

[66] Vgl. Söding, Liebesgebot, 124f; Wischmeyer, Weg, 27-38; Bornkamm, Weg, 110; Merk, Handeln, 147f; Brockhaus, Charisma, 175; Theobald, Gnade, 325; Pedersen, Agape, 180f.

[67] Vgl. Wolff, Korinther, 97f, und Söding, Trias, 104. Wischmeyer, Weg, 27-38, rekonstruiert den Gedankengang der Kap. 12-14 ausführlich. Sie sieht jedoch I Kor 13 zu einseitig als "soteriologisch-eschatologische[] Ergänzung zu K. 12" (S. 30) und macht den Bezug zu Kap. 14 nicht deutlich genug. Vgl. dazu Söding, Liebesgebot, 125-130. Zur Rekonstruktion des Gedankenganges vgl. noch Maly, Gemeinde, 186-228; Brockhaus, Charisma, 156-192; und Klaiber, Rechtfertigung, 215-219.

[68] Vgl. Weiß, Korintherbrief, bes. 309-312; Schmithals, Gnosis, 89 Anm. 1; Sanders, Corinthians, 183f; und Titus, Paul. Vgl. auch Söding, Liebesgebot, 124 Anm. 92.

[69] Καθ᾽ ὑπερβολὴν ist superlativisch zu verstehen. Vgl. Wischmeyer, Weg, 23, und Söding, Trias, 107, der auf Spicq, Agapè II, 65, hinweist. Gegen z.B. Conzelmann, Korinther, 254 Anm. 53, der aber sachlich auch von einem superlativischen Verständnis ausgeht.

[70] So Wischmeyer, Weg, 35f (zu 12,31b vgl. insgesamt S. 31-37).

stichwortartige Beziehungen zu den Nachbarkapiteln. In 13,1-3.8-13 werden mit der Zungenrede, der Prophetie, der Erkenntnis und dem Glauben vier Charismen genannt, die in I Kor 12 und 14 eine Rolle spielen[71]. Darüber hinaus bestehen Verbindungen mit anderen Stellen des Briefes[72]. Zudem ist der Text auf die Situation der korinthischen Gemeinde abgestimmt. Es handelt sich um eine Relativierung der in Korinth hochgeschätzten Geistesgaben im Lichte der Agape.

Insgesamt nimmt er einen festen und zentralen Platz im Kontext ein[73]. Διώκετε τὴν ἀγάπην (14,1a) ist eine paulinische Wendung, die mit I Thess 5,15; Röm 9,30f; 12,13; 14,19 und Phil 3,12.14 eng verwandt ist[74] und mit 14,1b nicht im Widerspruch steht, wo von den Gaben des Geistes die Rede ist[75].

I Kor 14 schließlich hat Beziehungen zu beiden vorausgehenden Kapiteln[76].

Aus diesen Gründen ist davon auszugehen, daß Paulus selbst für die Abfolge der Kap. 12-14 verantwortlich ist.

---

[71] Vgl. 12,8-10.28-30; 14,2-5 u.ö.

[72] Vor allem mit I Kor 8-10 (vgl. 8,1 mit 14,1a und v.a. 13,8-12) und I Kor 1-4 (vgl. 2,6-16 mit 13,8-13).

[73] Fee, Corinthians, 626, spricht von einer "digression", die "fully relevant to the context" ist. Vgl. die rhetorische Analyse durch Standaert, Analyse, und dazu Söding, Trias, 109 Anm. 16.

[74] Vgl. Wischmeyer, Weg, 37. Sie spricht von einem "Fazit-Anredeschluß für K. 13" (S. 29). Von einer "Übergangsformel" spricht Gerhardsson, Frage, 204; vgl. Fee, Corinthians, 653. Auf jeden Fall ist der Anschluß nicht "rissig", wie Conzelmann, Korinther, 255, betont.

[75] Dies wird von 13,1-3 her verständlich, wo Agape und die Charismen der Prophetie, Glossolalie und Erkenntnis miteinander in Beziehung gesetzt werden. Die "größeren Charismen" sind m.E. die, welche mehr als andere zur Auferbauung der Gemeinde beitragen, wenn sie in Liebe praktiziert werden. Von daher stehen auch 12,31a und 12,31b in keinem Widerspruch zueinander. Mit der Verwendung von πνευματικά (14,1) anstelle von χαρίσματα (12,31) weist Paulus betont auf die Unverfügbarkeit der Geistesgaben und ihre Verbindung mit der Agape hin, um dem Individualismus und der Selbstzentrierung der korinthischen Enthusiasten zu wehren, die das Wort πνευματικά anders besetzt hatten. Charismata wird dadurch nicht zu einem Ausdruck der Korinther, den Paulus durch Pneumatika ersetzt. Vielmehr setzt Paulus selbst beide Begriffe in ihrer unterschiedlichen Betonung ein. Im Kontext von Prophetie macht die Verwendung von πνευματικά zudem Sinn. Vgl. dazu Fee, Corinthians, 624 (mit Anm. 39) und 654f, und Wolff, Korinther, 130.

[76] Vgl. die Imperative ζηλοῦτε in 12,31a und 14,1b; den Rückbezug des οἰκοδομεῖν in 14,5 auf 12,7 u.a. Der Bezug auf Kap. 13 geschieht durch die Agape. Zum Verständnis von ζηλοῦτε als Imperativ vgl. Söding, Trias, 107f mit Anm. 12 (dort auch weiterer Literatur); ders., Liebesgebot, 279 mit Anm. 29; Wischmeyer, Weg, 31-37. Für ein indikativisches Verständnis sprechen sich Iber, Verständnis, und im Anschluß an ihn Wolff, Korinther, 116, aus.

b) Situativer Bezug der Paraklese in I Kor 12-14

In I Kor 12-14 setzt sich Paulus mit einem übersteigerten pneumatischen Enthusiasmus auseinander, der zu erheblichen Problemen in der Gemeinde führte[77]. Die "Pneumatiker" sind dabei, sich zunehmend von der Gemeinde zu isolieren und den Blick für die Wirklichkeit zu verlieren. Die weniger begabten Gemeindemitglieder werden unterschätzt (12,20ff) und scheinen ihre Zugehörigkeit zur Gemeinde zu hinterfragen (12,15-19). Selbst auf den Gemeindegottesdienst hat dies negative Auswirkungen[78].

Da davon ausgegangen werden kann, daß die "Pneumatiker" *bona fide* gehandelt haben, muß Paulus nicht nur auf einen rechten Umgang mit den Charismen im Gottesdienst und im alltäglichen Umgang miteinander dringen, sondern sich zugleich mit den theologischen Voraussetzungen der Pneumatiker auseinandersetzen, die für die Mißstände in Korinth verantwortlich sind. Mit anderen Worten: Paulus muß sowohl die theologische Bedeutung der Charismen klären als auch Anweisungen für ihren praktischen Gebrauch geben[79]. Dies ist Aufgabe von I Kor 12-14.

c) Die Stellung der Mahnung zur Agape im Kontext von I Kor 12-14

Um die Agape-Mahnung einordnen und verstehen zu können, vergewissern wir uns zuerst der theologischen und parakletischen Ausrichtung der Kap. 12-14.
Bereits in Kap. 12 sind beide Intentionen in Ansätzen miteinander verbunden: "die gleiche Ursprünglichkeit aller verschiedenen Charismen in Gott ... und die Ausrichtung der Charismen auf den 'Nutzen' der anderen Christen wie der gesamten Ekklesia (12,7)"[80]. In 12,31a geht Paulus noch darüber hinaus und fordert

---

[77] Söding, Liebesgebot, 125, spricht von einem Enthusiasmus, der "in den ekstatischen Geist-Phänomenen, insbesondere der Zungenrede, Anzeichen für ein besonders intensives Ergriffen-Sein vom Pneuma erblicken wollte".

[78] Paulus kritisiert, daß er seine Aufgaben - die Christen zu Hörern des Wortes zu machen (14,6.20), die Einheit der Ekklesia darzustellen (14,4.23.29-33.40) und Außenstehenden die christliche Botschaft nahe zu bringen (14,16f.23-25) - nicht mehr erfüllen kann. Weitere Kennzeichen des korinthischen Pneuma-Enthusiasmus faßt Söding, Trias, 105f, zusammen.

[79] Söding, Trias, 106, zufolge, ist "1Kor 12-14 nicht nur ethische Mahnrede, sondern zugleich theologische Reflexion über die Charismen (12,3-11.28ff) und die Ekklesia (12,12-27), den Gottesdienst (Kap. 14), das christliche Glaubensbekenntnis (12,5f.10) und den christlichen Lebensvollzug (Kap. 13)". Pedersen, Agape, 181, betont besonders den dogmatischen Charakter von I Kor 13, um einer rein ethischen Betrachtungsweise zu wehren.

[80] Söding, Liebesgebot, 126 (mit Anm. 101).

den einzelnen Christen auf, sich um solche Charismen zu bemühen, die dem anderen und der Gemeinde einen größeren Nutzen (vgl. 12,7) bringen können[81] . .

Am stärksten kommt die Verbindung von parakletischem mit theologischem Interesse in I Kor 13 zum Ausdruck - dem "Hohenlied der Liebe", das eine Schlüsselstellung innerhalb des Gedankengangs der Kap. 12-14 inne hat. In den Versen 1-3 und 8-13 klärt Paulus grundsätzlich die theologische Bedeutung der Charismen: Sie müssen in der Agape geschehen, sonst nützen sie nichts; und sie stehen unter dem eschatologischen Vorbehalt und werden aufhören, "wenn das Vollkommene kommen wird" (ὅταν δὲ ἔλθῃ τὸ τέλειον; 13,10) - im Gegensatz zu den bleibenden Größen Glaube, Hoffnung und Liebe, von denen die Liebe die größte ist. Dies wird in den Versen 4-7 deutlich, die das theologische wie ethisch-parakletische Zentrum von Kap. 13 bilden[82] . Der parakletische Charakter wird schließlich durch den Imperativ der Agape-Mahnung in 14,1a betont.

In Kap. 14 knüpft Paulus unter dem Vorzeichen der Agape (Kap. 13) an 12,7 an. In diesem Vers spricht er davon, daß sich der Geist zum Nutzen aller offenbart. Er mißt den theologischen und ethischen Wert der Charismen am Kriterium der οἰκοδομή (Erbauung; 14,3.5 u.ö.)[83] . Gleichzeitig knüpft er an den Zusammenhang von ἀγάπη und οἰκοδομή an, den er in anderem Rahmen bereits in I Kor 8(-10) dargelegt hat[84] .

Auf diesem Hintergrund ist die Agape-Mahnung einzuordnen. Sie faßt "die ethische Dimension des 'Hohenliedes' schlagwortartig zusammen[]"[85] und bereitet das Anliegen von Kap. 14 vor. Dabei expliziert sie die innere Einstellung, die die Suche nach den größeren Charismen bestimmen soll[86] (vgl. 12,31 mit 14,1).

---

[81] Ζηλοῦτε ist imperativisch und 12,31a als Aussage des Paulus zu verstehen (vgl. 14,1). Paulus kennt also sehr wohl eine Hierarchie der Charismen, die aber nicht mit der der korinthischen Enthusiasten gleichzusetzen ist. Als Kriterium dient der Nutzen für den anderen oder die Gemeinschaft. In Kap. 14 spricht er dementsprechend von der οἰκοδομή (14,5.12.26). Daß er hier von einem Sich-Mühen um die Charismen spricht, steht nicht im Gegensatz zur Geistgewirktheit der Charismen, sondern ist ethische Konsequenz daraus.

[82] Eine ausführlichere Besprechung der einzelnen Abschnitte schließt sich im nächsten Kapitel an. Söding, Liebesgebot, 128, spricht nur von einem "theologische[n] Zentrum". Dies wird m.E. den Versen 4-7 nicht gerecht, die auch einen eminent ethischen Charakter tragen. Vgl. aber Söding, Trias, 109: Hier betont er den zentralen theologischen *und* parakletischen Charakter dieser Verse.

[83] Vgl. Söding, Trias, 107: "Was tragen sie zur 'Auferbauung' der Gemeinde bei? Inwieweit helfen sie Christen und Nicht-Christen (vgl. 14,22-25), das Wort Gottes zu verstehen und die ekklesiale Gemeinschaft als Ort der pneumatischen Wirksamkeit Gottes zu erfahren?"

[84] Vgl. besonders I Kor 8,1. Söding, Liebesgebot, 129, weist noch auf I Kor 1-4 hin.

[85] Söding, Liebesgebot, 129.

[86] Vgl. Söding, Liebesgebot, 129.

Die Agape ist somit der zentrale Gesichtspunkt, unter dem die Kap. 12-14 stehen. Das bedeutet für den Fortgang dieser Untersuchung, daß das in der Mahnung vorausgesetzte Agape-Verständnis von I Kor 13 her erschlossen und aus Kap. 14 (in Zusammenhang mit Kap. 12f) auf das intendierte Verhalten geschlossen werden kann[87].

Diese starke Betonung der Agape führt nicht dazu, daß konkrete Einzelgebote vernachlässigt werden. In I Kor 5-7.11 finden sich viele Handlungsanweisungen, die nicht explizit auf die Agape-Mahnung rekurrieren, mit der sie aber sachlich konvergieren. Die Paraklese steht grundsätzlich im Zeichen der Agape[88].

3.2.3. Die Deutung der Agape-Mahnung aus der Perspektive von I Kor 13 und 14

a) Der eschatologische Charakter der Agape aus der Perspektive von I Kor 13

Grundsätzlich ist die Agape in I Kor 13[89] eine eschatologische Größe[90]. Sie ist Nächstenliebe, aber auch "fundamental die in Jesus Christus sich erweisende Liebe Gottes, die das Leben der Glaubenden von der Wurzel her bestimmt"[91].

---

[87] Damit ist nicht ausgesagt, daß I Kor 13 eine eigene systematische Agape-Lehre enthält. Wir beschränken uns auf dieses Kapitel, weil hier zentrale Aspekte des paulinischen Agape-Verständnisses im I Kor auftauchen. Vgl. Wischmeyer, Weg, 228. Inwiefern die Ergebnisse auf das Agape-Verständnis in anderen Briefen übertragbar sind oder mit diesem jeweils verglichen werden können, muß an dieser Stelle offen bleiben. Anders Söding, Trias, 142, der von einer "Theologie der Agape in 1Kor 13" spricht.

[88] Vgl. Söding, Liebesgebot, 159.

[89] Eine umfassende Interpretation von I Kor 13 wird nicht vorgelegt. Dazu sei auf die Vielzahl der Spezialuntersuchungen verwiesen, u.a. Bornkamm, Weg; Schlier, Liebe; Spicq, Agapè II, 53-120; Gerhardsson, Frage; Wischmeyer, Weg; und Pedersen, Agape. Vgl. Sanders, Corinthians, der die Interpretationsansätze zu I Kor 13 seit dem ersten Weltkrieg bis Anfang der 60er Jahre zusammenfaßt.

[90] Vgl. Pedersen, Agape, passim; Söding, Liebesgebot, 130-132, der zudem ihren Machtcharakter betont. Bornkamm, Weg, 110, schreibt: "So ist die Liebe der Gnadenbereich Gottes, der die Glaubenden umfaßt hält, eine Lebensmacht, die in gewissem Sinn eher da ist als die Glaubenden". Vgl. Wischmeyer, Weg, 115. Wischmeyer, Weg, 230 (vgl. 219), sieht die Agape "in die Nähe einer Tugend hellenistischer Prägung rücken", hält aber an einer Unterscheidung davon fest.

[91] Söding, Liebesgebot, 130. Vgl. Schlier, Liebe, 187: "Sie ist die eine Liebe, die sich auf Gott und Christus und auf den Nächsten, aber ungetrennt und ungeteilt in sich selbst, richten kann. Als solche ist sie die gleichsam nach allen Richtungen strahlende Liebe schlechthin". Ihre Herkunft von und Begründung in der Liebe Gottes wird daraus leider nicht ersichtlich. Spicq, Agapè II, 110, und im Anschluß an ihn Fee, Corinthians, 627 Anm. 11, verstehen die Agape zu einseitig als Nächstenliebe.

Paulus differenziert nicht zwischen den verschiedenen Aspekten, sondern schaut diese Vielschichtigkeit zusammen. Damit weist er auf die enge Zusammengehörigkeit der verschiedenen Akzente hin.

Auf den eschatologischen Charakter deutet bereits das Wort ὑπερβολή in 12,31b[92]. In I Kor 13,1-3 denkt Paulus dann an das Sein des Menschen und den Nutzen der Charismen vor Gott[93] - und zwar in eschatologisch-soteriologischer Hinsicht. Dies setzt ein Verständnis der Agape voraus, bei dem sie "in der Liebe zum Nächsten die Liebe zu Gott und zu Jesus Christus mit umfaßt" und sich in ihr "die eschatologische Macht der Liebe *Gottes* Ausdruck verschafft"[94]. Von ihrer pneumatischen Partizipation an der Liebe Gottes in Jesus Christus (I Kor 13) her ist ihre soteriologische Kraft zu verstehen.

Besonders deutlich tritt der eschatologische Charakter in den Versen 8-13 hervor. Hier denkt Paulus grundsätzlich über die theologische Qualität der Liebe im Hinblick auf die zukünftige Äonenwende nach[95]. Im Gegensatz zu der prophetischen Rede, der Glossolalie und der Erkenntnis, die nur in diesem Äon Bestand haben, hört die Liebe niemals auf (ἡ ἀγάπη οὐδέποτε πίπτει; 13,8)[96]. Dies wird in V.13 wieder aufgenommen und präzisiert: die Liebe bleibt (μένει), gegenwärtig und zukünftig[97].

Als problematisch wird in I Kor 13,13 das Auftauchen der Trias Glaube, Hoffnung und Liebe und ihre innere Verhältnisbestimmung durch μείζων δὲ τούτων ἡ ἀγάπη ("die Liebe ist die größte unter ihnen"), das Verständnis des μένειν und die Bedeutung des einleitenden νυνὶ δέ empfunden. Eine umfassende Besprechung dieser Problemstellungen kann in dieser Untersuchung nicht geleistet werden[98]. Um das in der Mahnung vor-

---

[92] Zur Begründung vgl. Pedersen, Agape, 160-162.

[93] Vgl. Gerhardsson, Frage, 189; Wischmeyer, Weg, 90; und Söding, Trias, 132-134.132: Es geht "um das, was in den Augen Gottes zählt".

[94] Söding, Trias, 133. Er zeigt auch auf, daß die soteriologische Relevanz der Agape nicht der Überzeugung des Apostels widerspricht, daß es der Glaube ist, durch den das Heil vermittelt wird (S. 133f).

[95] Vgl. Söding, Liebesgebot, 130. Pedersen, Agape, 174f, lokalisiert die Agape zu einseitig auf der "Gottesseite" und schenkt ihrer Konkretion in der menschlichen Liebe zueinander zu wenig Beachtung. Dies hängt mit seiner Überbetonung des Gottesdienstes zusammen, die ihn auch dazu führt, nur von einer "liturgischen Nächstenliebe" (S. 182) zu sprechen, die auf den gottesdienstlichen Zusammenhang beschränkt ist. Anders als diese Exegeten sieht Wischmeyer, Weg, 121, in I Kor 13,8 keinen "Hinweis auf Endgericht und neuen Äon enthalten".

[96] Zur eschatologischen Ausrichtung von πίπτειν vgl. z.B. Röm 11,11; 14,4f; I Kor 10,12. Speziell zum Verhältnis von Gnosis und Agape in I Kor 13,8-13 vgl. Niederwimmer, Erkennen, 98-102.

[97] Vgl. Söding, Liebesgebot, 130 mit Anm. 116.

[98] Dazu sei auf die Spezialuntersuchungen zu I Kor 13 wie z.B. Wischmeyer, Weg, 144-162; Söding, Trias, 134-142; und Pedersen, Agape, 176ff, hingewiesen.

ausgesetzte Agape-Verständnis zu klären, soll jedoch die in dieser Untersuchung vertretene Interpretation kurz dargestellt werden[99].

Die Verwendung von ἄρτι innerhalb der Opposition "jetzt-dann" (V.12) spricht für ein logisches Verständnis des νυνὶ δέ, so daß sich νυνί von ἄρτι auch semantisch unterscheidet. Damit ist jedoch keine Urteil über die Bedeutung des μένειν gefällt. Erst aus dem Kontext heraus (v.a. V.8) wird deutlich, daß hier an das "Bleiben" in der eschatologischen Gegenwart *und* der eschatologischen Zukunft gedacht ist. Damit aber wird die Trias doppelt problematisch: Neben der Frage, warum Paulus hier überhaupt die Trias aufgreift, taucht das Problem auf, inwiefern Glaube, Hoffnung und Liebe "bleiben"?

Die Verwendung der Trias erklärt sich aus sachlich-theologischen Gründen. Paulus will die innere Einheit von Glaube, Hoffnung und Liebe betonen und dem möglichen Mißverständnis wehren, die Liebe sei isoliert vom Glauben und Hoffen zu sehen[100], die ja in anderen Briefen und im I Kor selbst Antworten auf das Evangelium sind[101]. Von einem Automatismus in der Verwendung der Trias kann nicht die Rede sein[102]. Das "Bleiben" dieser drei (τὰ τρία ταῦτα) in der eschatologischen Zukunft kann so verstanden werden, daß die Agape eschatologisch verwandelt als "erfüllte Partizipation an der Agape Gottes und Jesu Christi"[103] weiterhin Agape bleibt, während Glaube und Hoffnung als Schauen der Herrlichkeit Gottes "bleiben", alle drei schließlich "bleiben" als "jene Weisen, in denen sich das vollkommene Erkennen Gottes vollzieht - weil sie ihrerseits vom eschatologischen Erkannt-Sein durch Gott hervorgerufen werden (13,12)"[104].

Die Vorrangstellung der Agape kann nicht letztgültig begründet werden[105]. Mit einiger Wahrscheinlichkeit hängt sie damit zusammen, daß "die Liebe zugleich Handeln Gottes am Menschen und Antwort des Menschen darauf [ist], während πίστις und ἐλπίς stets allein menschliche Antwort bleiben"[106] und die Liebe von daher "das zur Geltung bringt,

---

[99] Sie schließt sich eng an die Interpretation von Söding, Trias; Liebesgebot, und ansatzweise an Wischmeyer, Weg, an.

[100] Vgl. Söding, Liebesgebot, 142f.

[101] Vielleicht erklärt sich von daher die Verwendung des Singulars μένει. Er bezieht sich auf die Trias als ganze.

[102] So aber Fee, Corinthians, 651. Daß Paulus die Trias der "Dreiheit der vergänglichen Charismen 'Prophetie, Glossalalie, Erkenntnis' (V.8)" gegenübersetze, wie Wolff, Korinther, 128, behauptet, hat zwar eine gewisse Berechtigung, greift jedoch zu kurz, da das sachlich-theologische Anliegen darin nicht zum Ausdruck kommt. Ob diese drei Gaben "nicht in eine pneumatische Emanzipation und Selbsterbauung führen können", so Conzelmann, Korinther, 273, ist zu bezweifeln.

[103] Söding, Trias, 139.

[104] Vgl. Söding, Trias, 136-139, der auch die wichtigen Stellen II Kor 5,7 und Röm 8,24f bespricht. Glaube und Hoffnung werden nicht abgelöst, sondern erfüllt. Dies unterscheidet sie von den Charismen, die aufhören werden.

[105] Vgl. v.a. die Darstellung verschiedener Interpretationsansätze bei Söding, Trias, 139f.

[106] Wischmeyer, Weg, 162.

was Glaube und Hoffnung zwar implizieren, aber nicht selbst schon umfassen: die Weitergabe der Liebe Gottes"[107].

Zum eschatologischen Charakter der Agape tragen schließlich die Verse 4-7 bei, die das theologische und parakletische Zentrum des 13. Kapitels wie der Kapitelfolge 12-14 bilden[108]. Paulus beschreibt die Nächstenliebe der Christen, die deren gesamtes Verhalten bestimmen soll - innerhalb und außerhalb der Gemeinde[109]. Einige der genannten Prädikate sind genuin Gottes-Prädikate: μακροθυμεῖ ("langmütig"; V.4a), χρηστεύεται ("gütig"; V.4b). οὐ λογίζεται τὸ κακόν ("rechnet das Böse nicht an"; V.5d) und οὐ χαίρει ἐπὶ τῇ ἀδικίᾳ, συγχαίρει δὲ τῇ ἀληθείᾳ ("freut sich nicht über die Ungerechtigkeit, freut sich aber an der Wahrheit"; V.6)[110]. Andere Aussagen tragen christologische Konnotationen: die Liebe οὐ ζητεῖ τὰ ἑαυτῆς ("sucht nicht das Ihre"; V.5b) und πάντα στέγει ("trägt alles"; V.7a). Paulus spielt auf die Erniedrigung und Lebenshingabe Jesu an, in der sich die Agape Gottes zeigt[111]. Er macht damit die Konformität der Liebe mit Christus deutlich. Im Hintergrund steht, daß der Ursprung der Agape in Gott und dem gekreuzigten Jesus Christus liegt.

Dieser eschatologische Charakter unterscheidet die Agape in I Kor von der Agape bei den Synoptikern, in denen sie den Zugang zum ewigen Leben eröffnet (vgl. Mt 19,16-22).

Bevor im folgenden die parakletische Dimension von I Kor 13,4-7 erörtert und allgemein die Praxis der Agape diskutiert wird, soll eine kurze Zwischenbilanz für die Mahnung I Kor 14,1a und das in ihr vorausgesetzte Agape-Verständnis gezogen werden.

Die Agape, der nachgejagt werden soll[112], ist die christliche Liebe als Antwort auf die zuvorkommende Agape Gottes und des gekreuzigten Jesus Christus, an

---

[107] Söding, Trias, 141. Er stellt auch klar, daß damit die soteriologische Bedeutung des Glaubens (und der Hoffnung) nicht relativiert wird.

[108] Auf die Gattungsfrage kann nicht eingegangen werden. Vgl. v.a. von Rad, Vorgeschichte, und Berger, Formgeschichte, 212f.222.

[109] Zur Frage nach dem Adressatenbereich vgl. den anschließenden Abschnitt.

[110] Zur genaueren Besprechung auch der im folgenden genannten christologischen Konnotationen vgl. die Spezialuntersuchungen zur Stelle, z.B. Wischmeyer, Weg; Söding, Liebesgebot, 131f.

[111] Vgl. z.B. I Kor 8,11. Die Christologie ist somit implizit vorhanden. Mit Wischmeyer, Weg, 115, und anderen Exegeten. Gegen Conzelmann, Korinther, 261: "Die Christologie fehlt vollständig."

[112] Wischmeyer, Weg, 37, interpretiert διώκειν von Phil. 3,12.14 her als "Umschreibung der Existenz des Christen in der Gegenwart, ausgerichtet auf das Eschaton". Auch bei diesem Verb käme also der eschatologische Charakter zum Tragen.

der sie partizipiert, ja letztlich von ihr im Pneuma[113] gewirkt wird[114]. Die Agape steht damit im Kontext der korinthischen Pneumatologie und Kreuzestheologie[115]. Sie verwirklichen zu sollen, heißt, den kommenden neuen Äon schon teilweise im alten Äon Wirklichkeit werden zu lassen - eschatologische Zukunft mit eschatologischer Gegenwart zu verschmelzen[116]. Im Rahmen der vorliegenden Untersuchung läßt sich also sagen, daß im Agape-Verständnis von I Kor, und damit insbesondere in der Agape-Mahnung in I Kor 14,1a, in charakteristischer Weise das *Schwellenbewußtsein* zum Ausdruck kommt[117]. Die Agape ist ein Blick in die neue Welt, der dem neuen Menschen, der an der Agape Gottes partizipiert[118], möglich ist.

[113] Vgl. Söding, Trias, 124 mit Anm. 68. Die Agape ist wie die Charismen eine pneumatische Größe, die sich der Gnadenmacht Gottes verdankt. Hierin unterscheidet sie sich von der synoptischen Agape.

[114] Darin liegt das Verhältnis von eschatologischer und parakletischer Dimension des Agape-Verständnisses, über das Paulus nicht reflektiert hat. Daraus folgt jedoch nicht, daß Gottes-, Christus- und Nächstenliebe nach I Kor 13 in eins fallen, auch wenn Paulus die unterschiedlichen Ausrichtungen nicht als solche kennzeichnet und in ein Verhältnis zueinander setzt. Vgl. Söding, Liebesgebot, 142.

[115] Vgl. Söding, Liebesgebot, 154.157f.

[116] Wischmeyer, Weg, 142, formuliert folgendermaßen: "in der ἀγάπη liegt der Zugang zum τέλειον schon in der Jetztzeit. Derjenige, der ἀγάπη übt, hat jetzt schon Teil an dem, das nicht fällt". Dahinter steht für sie die paulinische Christologie. Aus der Perspektive der Agape Gottes heißt das, daß man sich ganz von ihr ergreifen lassen soll. Tat des Menschen und ihn ergreifende Sphäre werden in eins gesetzt. Dies macht noch einmal die Einheit von Gottesliebe, Liebe zu Gott und zu Jesus Christus und Liebe anderen Menschen gegenüber deutlich. Söding, Liebesgebot, 146, interpretiert hier m.E. zu einseitig in Richtung der "eschatologischen Dynamik Gottes, der die Korinther 'nachjagen' sollen, um sich ganz von ihr ergreifen zu lassen". Er geht dabei von einer Alternative aus, die in sich nicht stimmig ist: Agape als Gebot, das es zu erfüllen gilt, oder als eschatologische Dynamik Gottes, von der man ergriffen werden soll. Die Agape kann jedoch per se kein Gebot sein, gewiss aber in Gebotsformulierungen auftauchen, wie es in I Kor 14,1a der Fall ist.

[117] Söding, Liebesgebot, 143, erkennt zu Recht die polemische Spitze des eschatologischen Verständnisses der Agape: "Der Hinweis auf die eschatologische Lebensmacht der Agape entzieht nicht nur dem Vollendungsbewußtsein und Überlegenheitsgefühl, sondern auch dem Libertinismus und dem Individualismus der 'Pneumatiker' den Boden".

[118] Geradezu von einer Neuschöpfung spricht I Kor 1,27f. Vgl. Söding, Liebesgebot, 158.

b) Die Praxis der Agape und ihr Ziel: Oikodome

Die Praxis der Agape wird besonders gut in I Kor 13,4-7 ausgedrückt. Dort reflektiert Paulus nach dem Modell der menschlichen Liebe[119] über das von der Agape intendierte Verhalten. Sein Ziel ist es, diejenige Agape zu beschreiben, die insbesondere zur Oikodome der Gemeinde beiträgt, wie er sie in Kap. 14 anstrebt (vgl. bereits 12,7).

Wenden wir uns zuerst der parakletischen Dimension des Abschnittes I Kor 13,4-7 zu.

Paulus zeigt das Vermögen der Agape auf, das Böse zu überwinden. Dieses stellt sich ihm in verschiedenen Formen dar: als Fehlverhalten anderer[120], aber auch als Versuchung der eigenen Person in persönlichen Schwächen oder religiösem Eifer[121].

Dem entspricht nach Paulus der Einsatz für das Gute - "hinsichtlich des Nächsten als auch hinsichtlich der Person des Liebenden selbst"[122]. Von zentraler Bedeutung ist, daß die Agape nicht das Ihre sucht (V.5b). Darin liegt das theologische und parakletische Zentrum von I Kor 13 wie der gesamten paulinischen Gemeindebelehrung insgesamt. Man kann hierbei vom "eigentliche[n] Nerv in ἡ ἀγάπη als eschatologischem Begriff" sprechen[123], denn in der Hinwendung zum anderen entspricht das Verhalten der Glaubenden der Proexistenz Jesu Christi[124]. Im Hinblick auf die Gemeinde trägt dieses Verhalten zentral zur Oikodome bei, von der Paulus in Kap. 14 spricht.

Die Agape-Mahnung zu Beginn von Kap. 14 macht deutlich, daß Paulus im folgenden nicht die Charismen als solche im Blick hat, sondern im Rückblick auf 13,1-3 die im Sinne der Agape wirkenden Geistesgaben[125]. Als Kriterium ihrer Wirksamkeit in der Liebe fungiert die οἰκοδομή (14,5.12.17): alles, was in der

---

[119] Vgl. Pedersen, Agape, 168. Von einem "tiefen Gegensatz zu allem, was das Wesen des natürlichen Menschen ist", wie Bornkamm, Weg, 101 (vgl. 109), schreibt, kann m.E. nicht die Rede sein. Immerhin knüpft Paulus ja an Eigenschaften des natürlichen Menschen an. Bornkamm vertritt hier eine zu pessimistische Sicht des natürlichen Menschen, die dem Text m.E. nicht gerecht wird. Würde Paulus nicht zumindest ein positives Potential im "natürlichen" Menschen sehen, wäre die Mahnung sinnlos.

[120] Ihm gegenüber ist die Agape z.B. langmütig und gütig (13,4a).

[121] Z.B. verhindert sie ein Sich-Ereifern (13,4c) oder läßt sich nicht zum Zorn reizen (13,5c).

[122] Söding, Trias, 125. Vgl. ausführlich Söding, Trias, 125-128.

[123] Pedersen, Agape, 169. Vgl. Fee, Corinthians, 638.

[124] Vgl. Söding, Trias, 128, und Wischmeyer, Weg, 97f.

[125] Die Agape ist ebenso Kriterium des Umgangs mit den Charismen, wie sie Kriterium allen christlichen Verhaltens ist.

Gemeinde geschieht, soll zu ihrer Auferbauung geschehen[126]. Im Hintergrund steht das Bild von der korinthischen Gemeinde als "Bau Gottes" (οἰκοδομὴ θεοῦ; I Kor 3,9). Sie ist die Gemeinde als "begonnenes und wachsendes Bau-*Werk*, das Gott selbst auf kein anderes Fundament als Jesus Christus gegründet hat und durch die Wirkmacht seiner Gnade aufrichtet"[127]. Das schließt nicht aus, sondern im Gegenteil gerade ein, daß die Glieder der christlichen Gemeinde in den andauernden Bauprozeß einbezogen sind und mit ihren jeweiligen Gaben am Bau mitwirken können und sollen. Paulus zielt damit auf eine Kritik der pneumatischen Enthusiasten in Korinth und deren Tendenz zum Individualismus. Gleichzeitig stellt er heraus, daß er die korinthischen Gemeindeglieder trotz der gegenwärtigen Mißstände grundsätzlich für fähig hält, im Sinne der Agape ihre Gaben für die Auferbauung der Gemeinde einzusetzen. Von einem grundsätzlichen *Überforderungsbewußtsein* im Zusammenhang mit der Agape-Mahnung kann dementsprechend nicht die Rede sein, auch wenn dieser Aspekt im I Kor keine herausragende Rolle spielt.

Es wird jedoch deutlich, daß Paulus in der Mahnung 14,1a die Agape in erster Linie als innergemeindliche Nächstenliebe versteht. Primär ist sie auf die Auferbauung der Gemeinde in ihren vielfältigen Lebensbereichen gerichtet[128]. Dies ist durch den konkreten Bezug zur korinthischen Situation mit der Kritik am dort herrschenden Enthusiasmus bedingt. Indem Paulus als Ort der Oikodome in erster Linie an den Gottesdienst denkt (vgl. 14,26-40), weitet sich die Perspektive jedoch explizit aus. Denn im Gottesdienst besteht die besondere Verpflichtung den Nicht-Christen gegenüber, ihnen einen Zugang zur Gemeinde und zum Heil möglich zu machen (14,23-25). Die Agape kann damit nicht auf den Binnenraum der Gemeinde beschränkt bleiben.

I Kor 13 bestätigt dieses Bild und geht sogar darüber hinaus. Aufgrund der Polemik des "Hohenliedes" ist zwar auch hier die Agape primär auf den Binnenraum der Gemeinde ausgerichtet. Die "Grundsätzlichkeit und Offenheit der in 13,4-7 gewählten Prädikationen"[129] spricht jedoch dafür, daß die Agape nicht auf die Ekklesia beschränkt, sondern

---

[126] Nach I Kor 8 bezieht sich die Oikodome auf den schwachen Mitbruder und nur indirekt auf die Gemeinde. I Kor 14 zeigt dagegen eine eindeutige ekklesiale Ausrichtung.

[127] Söding, Liebesgebot, 147.

[128] Vgl. I Kor 16,14: "Alle eure Dinge laßt in der Liebe geschehen!" Durch seine Stellung in der Schlußsequenz des Briefes kann dieser Vers als "Summarium" der Paraklese aufgefaßt werden; vgl. Söding, Liebesgebot, 101. Obwohl konkret die Gemeinde im Blick ist, könnte diese Aussage m.E. aufgrund ihrer allgemeinen Formulierung universal über die Gemeinde hinaus gedeutet werden.

[129] Söding, Liebesgebot, 142f. Vgl. Fee, Corinthians, 636.

universal ausgerichtet ist. Sogar der Gedanke uneingeschränkter Feindesliebe könnte impliziert sein[130].

Obwohl die Hinweise - bedingt durch den Anlaß des Schreibens - insgesamt spärlich sind und in I Kor 14 die Agape gegenüber Nicht-Christen für missionarische Zwecke funktionalisiert wird, können zumindest Ansätze eines *Erweiterungsbewußtseins* im Zusammenhang mit der Agape-Mahnung in I Kor 14,1a festgestellt werden. Paulus stellt diese Ansätze jedoch in den Dienst der Oikodome der Gemeinde und arbeitet sie nicht aus.

3.2.4. Zusammenfassung

Das in der Mahnung I Kor 14,1a vorausgesetzte Agape-Verständnis ist grundsätzlich von I Kor 13 her als eschatologisch zu charakterisieren. Die Agape ist die eschatologische Macht Gottes in Jesus Christus, an der die Glaubenden pneumatisch vermittelt partizipieren. Dadurch können sie in ihrer (Nächsten-, Gottes- und Christus-) Liebe Anteil nehmen an der Proexistenz Jesu und den zukünftigen Äon im jetzigen Äon aspekthaft Wirklichkeit werden lassen. Die Agape trägt den Charakter einer Gabe Gottes. Dies ist die zentrale Aussage der Kap. 12-14, von der alle anderen Aspekte der Agape abhängen. Wir können also von einem *Schwellenbewußtsein* sprechen, das im I Kor im Zusammenhang mit dem Gaben-Charakter der Agape als eschatologischer Macht eine zentrale Stellung im I Kor besitzt.

Zu den angesprochenen anderen Aspekten zählt in erster Linie, daß die Agape die Triebfeder der Oikodome der Gemeinde sein soll - sei es im Gottesdienst oder im Alltag. Alles soll in Liebe geschehen. Selbst Nicht-Christen geraten ins Blickfeld, auch wenn Paulus primär am Binnenraum der Gemeinde orientiert ist, da er auf Probleme innerhalb der Gemeinde eingeht. Es sind daher nur Ansätze eines *Erweiterungsbewußtseins* vorhanden.

Trotz der Mißstände in der Gemeinde in bezug auf pneumatische Enthusiasten mit ihrer Tendenz zum Individualismus, gegen die Paulus sich durch sein Agape-Verständnis abgrenzt[131], schätzt Paulus die Möglichkeiten der korinthischen Gemeinde hoch ein. Er sieht sie in der Lage, seine Aufforderung, der Agape nachzujagen, umzusetzen, sich der göttlichen Agape zu öffnen und ihr entsprechend selbst Agape zu leben. Von einem *Überforderungsbewußtsein* kann daher keine Rede sein. Dabei kann er jedoch nicht wie in I Thess positiv und damit steigernd an bereits vorhandene Verhaltenstendenzen anknüpfen, sondern muß korrigierend eingreifen. Paulus spricht die Mahnung zur Liebe aber nicht in ei-

---

[130] Diese Vermutung äußert Söding, Liebesgebot, 143, und begründet sie damit, daß die Parallele zu I Kor 13,7a ("die Liebe erträgt alles") in 9,12 zeige, "daß auch jene Bedrückungen eingeschlossen sind, denen Gemeindeglieder durch Nicht-Christen ausgesetzt sind".

[131] Die Agape dient hier als "kritisches Prinzip" innerhalb der christlichen Gemeinden.

nem luftleeren Raum aus, sondern greift auf Erfahrungen zurück, die er mit der menschlichen Liebe gemacht hat (13,4-7). Würde er nicht zumindest ein Potential sehen, die Agape zu verwirklichen und damit den pneumatischen Enthusiasmus zu überwinden, wäre seine Mahnung sinnlos. Dennoch zeigen gerade diese Überlegungen, daß die Menschen ohne Partizipation an der göttlichen Agape nicht fähig sein könnten, in den beschriebenen Dimensionen selbst zu lieben.

3.3. Das Liebesgebot im Galaterbrief

3.3.1. Textgrundlage und Fragestellung

Der Galaterbrief ist das erste der uns heute vorliegenden Schreiben des Paulus, in dem er explizit in Gal 5,14 das Nächstenliebegebot aus Lev 19,18 in seiner LXX-Version zitiert:

"Denn das ganze Gesetz (ὁ πᾶς νόμος) ist in einem Wort erfüllt (πεπλήρωται), in dem: "Liebe deinen Nächsten wie dich selbst (ἀγαπήσεις τὸν πλησίον σου ὡς σεαυτόν)."

Er begründet damit die Mahnung an die Galater, die Freiheit nicht zum Vorwand für das Fleisch werden zu lassen, sondern durch die Agape einander zu dienen (5,13).

Daneben verweist Paulus noch zweimal auf die als Nächstenliebe zu verstehende Agape: In 5,6 spricht er vom Glauben, der durch Agape wirksam ist[132], und in 5,22 zählt er die Agape als erste Frucht des Geistes auf[133]. Damit steht die gesamte Paraklese im Lichte des Liebesgebotes[134].

Im folgenden soll danach gefragt werden, welche Bedeutung das Liebesgebot im Kontext von Gal 5,13-6,10 und darüber hinaus des gesamten Galaterbriefes besitzt. Vor allem ist zu untersuchen, was Paulus unter ὁ πᾶς νόμος und unter πληροῦν versteht und in welchem Verhältnis das Nächstenliebegebot zum "Gesetz Christi" (νόμος τοῦ Χριστοῦ) in Gal 6,2 steht. Dabei werden wir auch darauf achten, welchen Adressatenkreis Paulus für das Liebesgebot im Auge hat

---

[132] Die Bedeutung "Nächstenliebe" ergibt sich aus dem Kontext. Vgl. Söding, Liebesgebot, 187 Anm. 2, und Mußner, Galaterbrief, 353f.

[133] In Gal 2,20 spricht er zudem von der Liebe Jesu Christi.

[134] Der parakletische Teil des Gal beginnt nach einigen Exegeten in 5,13 und endet in 6,10 (vgl. v.a. Merk, Beginn; anders v.a. Betz, Galaterbrief, 433, der bereits 5,1-12 zur "Exhortatio" zählt). 5,6 besitzt vorbereitenden Charakter. Vgl. Söding, Liebesgebot, 191 mit Anm. 20, und Mußner, Galaterbrief, 366 mit Anm. 5. Söding hält für die Mehrheitsmeinung, daß der parakletische Teil mit 5,13 beginnt, Burchard, Summe, 45 Anm. 76, dagegen sieht als Mehrheitsmeinung den Beginn in 5,1 an, ohne sich jedoch selbst für eine der beiden Möglichkeiten zu entscheiden. Zudem macht er darauf aufmerksam, daß aufgrund neuerer Rhetorikforschung (Kraftchick, Ethos; Classen, Rhetorik) die Frage der Gliederung des Briefes ein Thema für sich geworden sei.

und ob er konkrete Formen der Liebe anvisiert. Ansatzweise soll auch auf das paulinische Freiheits- und Sarx-Verständnis eingegangen und die Frage geklärt werden, welche Rollen diese Begriffe jeweils im Kontext des Nächstenliebegebotes spielen.

Zunächst jedoch ist die Situation der galatischen Gemeinden zu erörtern, die den Anlaß des Briefes bildet. Dabei wird sich zeigen, daß in der Auseinandersetzung mit seinen galatischen Gegnern die paulinische Lehre von der Rechtfertigung eine zentrale, gleichwohl umstrittene Rolle spielt. Dies bildet den Horizont für die paulinischen Aussagen über die Agape.

3.3.2. Die Situation der galatischen Gemeinden und das Problem der Rechtfertigung

a) Zur Situation der galatischen Gemeinden

Paulus antwortet mit dem Galaterbrief auf Probleme, die in den von ihm gegründeten galatischen Gemeinden durch das Auftreten nomistischer Missionare entstanden sind[135]. Diese verbanden den Glauben an Christus, dem allein sie keine Heilsbedeutung zumaßen, mit der Beschneidung und einer - wohl nicht allzu strengen[136] - Gesetzesobservanz. Durch die Orientierung an der Tora wollen sie "eine detaillierte ethische Ordnung aufbauen, die in den wichtigen Fragen der Lebensführung eine klare Orientierung erlaubt"[137]. Die Gesetzesfreiheit des paulinischen Evangeliums führt ihrer Meinung nach zu ethischem Indifferentismus.

Vielfach wird der schnelle Erfolg der Gegner[138] (vgl. Gal 1,6) darauf zurückgeführt, daß Paulus den galatischen Gemeinden zu wenig konkrete ethische Leitlinien nach seinem Weggang hinterlassen habe[139]. Für ehemalige Heiden bedeutete die Übernahme des paulinischen Evangeliums ja einen tiefen Bruch mit ihrer gewohnten Umgebung, die sie gleichwohl nicht verlassen sollten[140]. Die Gegner

---

[135] Zur Situation der Gemeinden und zur gegnerischen Position vgl. die Kommentare und Einleitungen und daneben Söding, Liebesgebot, 187-191.

[136] Vgl. Gal 5,3; 6,13. Söding, Liebesgebot, 188f.

[137] Söding, Liebesgebot, 188. Außerdem verbinden sie eine Kalenderfrömmigkeit mit dem synkretistisch beeinflußten Stoicheia-Dienst. Vgl. Söding, Liebesgebot, 188, und zuletzt Rusam, Belege, und Arnold, Stoicheia.

[138] Paulus nennt sie nie bei einem Namen, sondern benutzt ein unpersönliches τίνες.

[139] Vgl. Betz, Galaterbrief, 466; Barclay, Truth, 106; und Lategan, Ethics, 321.

[140] Vgl. Becker, Paulus, 467, und Lategan, Ethics, 320f.

boten nun zusätzlich zu dem Glauben an Christus "a set of time-tested rules for the practice of this faith"[141].

Diese Annahme hat auf den ersten Blick einen hohen Grad an Plausibilität für sich. Ihre Schwäche liegt jedoch darin, daß sie mit Größen und Sachverhalten argumentiert, über die der Brief keine Aufschlüsse zuläßt. Nirgends ist die Rede davon, daß Paulus zu wenig ethische Direktiven hinterlassen habe. Betrachtet man I Thess 4,1f als exemplarisch für paulinisches Verhalten in von ihm gegründeten Gemeinden[142] und hält man sich vor Augen, daß Paulus in Gal 5,21 davon spricht, daß er etwas vorausgesagt habe, könnte man im Gegenteil annehmen, daß Paulus in Galatien (wie in Thessalonich) ein ethisches Programm hinterlassen hat[143]. Vielleicht konnten die Gegner positiv an dieses anknüpfen und es in einer Weise ausbauen, die Paulus nicht gefiel, so daß er seine Position grundsätzlich klären muß. Auch dieses Modell wäre plausibel.

Nimmt man von quantitativen Argumentationen Abstand, läßt sich der Erfolg der Gegner zum Teil[144] wohl damit erklären, daß sie den heidenchristlichen Galatern in deren Umbruchsituation durch Beschneidung und (begrenzte) Gesetzesobservanz die Möglichkeit boten, von einer Außenperspektive her als Mitglieder der jüdischen Religionsgemeinschaft angesehen zu werden, die in der antiken Gesellschaft im ganzen respektiert worden ist. Zudem enthielt die Tora ethische Weisungen, die als Orientierungen von vielen geschätzt wurden. Nicht zuletzt knüpften die Gegner an den Stoicheia-Dienst an, der aus der vorchristlichen Zeit der Galater stammt[145].

Diese Argumentation findet auf einer qualitativen Ebene statt und ist unabhängig von der Frage, ob Paulus ein ethisches Programm in den galatischen Gemeinden hinterlassen hat oder nicht. Vielmehr geht es darum, ob der Glaube an Christus, den Paulus als (allein) heilsbedeutsam propagiert, nur in Verbindung mit Beschneidung und daraus resultierender Gesetzesobservanz Heilsbedeutung besitzt. Paulus spitzt die Auseinandersetzung auf die Frage zu, ob der Mensch aus Werken des Gesetzes oder aus Glauben gerecht wird (Gal 2,15-21)[146]. Außerdem

---

[141] Lategan, Ethics, 321. Vgl. Barclay, Truth, 106: "the security of a written and authoritative code of law; in comparison, Paul's ethical policy may have appeared dangerously ill-defined".

[142] Hier bezieht sich Paulus auf Anweisungen, die er der Gemeinde in Thessalonich bereits übergeben hat.

[143] In diese Richtung zielt auch Vollenweider, Freiheit, 290 Anm. 28.

[144] Eine letztgültige und umfassende Antwort scheint kaum möglich, vgl. Vollenweider, Freiheit, 290 Anm. 28.

[145] Diese Herkunft des Stoicheia-Begriffes ist umstritten. Vielhauer, Geschichte, 117, ist der Meinung, daß er von Paulus stamme, der damit den Abfall der Galater zum Gesetz als Rückfall ins Heidentum deute.

[146] Vgl. Söding, Liebesgebot, 189.

muß er sich gegen den Vorwurf wehren, daß die Gesetzesfreiheit seines Evangeliums zu ethischem Libertinismus und Orientierungslosigkeit führe. Er muß also zeigen, daß er sittliche Weisungen aufstellen kann, die die geschenkte Freiheit vom Gesetz bewahren. Die Paraklese wird dadurch zu einem notwendigen Bestandteil des paulinischen Evangeliums[147].

b) Die Frage der Rechtfertigung als Ebene der Auseinandersetzung mit den galatischen Gegnern

Paulus antwortet auf die galatischen Probleme mit der Lehre, daß die Rechtfertigung aus Glauben geschieht, nicht durch Werke des Gesetzes[148]. Diese These ist nicht gegen den Nomos als solchen gerichtet, sondern gegen ein Denken und Handeln, das dem Gesetz bzw. seiner Befolgung Heilsbedeutung zuerkennt, wie es die galatischen Gegner offenbar in ihrem "anderen Evangelium" (1,6) taten. Dagegen setzt Paulus den Glauben, der von Gott selbst in Jesus Christus pneumatisch gewirkt wird, gleichzeitig aber auch die menschliche Antwort auf Kreuz und Auferweckung Jesu darstellt. Diese dialektische Einheit ist für Paulus kein Widerspruch, denn Gottes Heilshandeln besteht für ihn gerade darin, daß es die Menschen mündig und frei zu eigenen Entscheidungen macht[149]. Gleichzeitig beugt er dem Mißverständnis vor, daß der Glaube eine Bedingung oder menschliche Vorleistung der Rechtfertigung sei[150]. Im Hintergrund dieses Rechtfertigungsverständnisses steht, daß Paulus das Heilswirken Gottes universal versteht.

Eine theologisch zentrale Rolle spielt Gal 5,6. Hier verbindet Paulus den rechtfertigenden Glauben unmittelbar mit der Agape: πίστις δι' ἀγάπης ἐνεργουμένη[151].

Das Partizip Präsens ἐνεργουμένη zeigt die Gleichzeitigkeit von Glaube und Liebe an. Beide sind nicht zu trennen, sondern bilden eine Einheit, als deren Aspekte sie in einer wechselseitigen Beziehung stehen[152]. Der Glaube "hat *not-*

---

[147] Vgl. Söding, Liebesgebot, 191: Die Paraklese "setzt die Rechtfertigungslehre voraus, ist aber nicht deren theologisch marginaler Anhang, sondern deren konsequente Wendung ins Ethische und insofern ein integraler Bestandteil des paulinischen Evangeliums."

[148] Prägnant in Gal 2,15-21, bes. 2,16.

[149] Vgl. Gal 4 und 5. Hier liegt die Wurzel für Pls, nur ein ethisches Minimum in seinem Brief darzulegen, alles andere aber der Entscheidung und Verantwortlichkeit des Menschen zu überlassen.

[150] Vgl. Kertelge, Rechtfertigung, 182-185.

[151] Becker, Galater, 62, ist der Meinung, daß Paulus hier eine antiochenische Tradition aufgreift, die mit seiner Theologie nur schwer in Übereinstimmung zu bringen sei. Dies wird von Söding, Liebesgebot, 198 Anm. 49, zurückgewiesen.

[152] Vgl. Betz, Galaterbrief, 451; Kertelge, Freiheitsbotschaft, 328; und Söding, Liebesgebot, 198f. Agape ist hier als Nächstenliebe zu verstehen.

wendig die Liebe als das dem Evangelium gemäße Verhalten bei sich"[153]. Die Liebe schränkt den Glauben nicht ein[154], sondern expliziert ihn. Glaube ist für Paulus im Galaterbrief immer nur der Glaube, der durch Liebe wirksam ist. Damit wird der Glaube in soteriologischer Hinsicht nicht von der Agape abhängig gemacht, sondern deren Entsprechung aufgezeigt. Da die Agape in 5,6 als Nächstenliebe verstanden werden muß, charakterisiert den Glauben nicht nur eine individuelle, sondern eine zumindest auch ekklesiale Dimension[155]. Der "Agape-Glaube" besteht nicht für sich in einzelnen Menschen, sondern sucht und schafft Gemeinschaft.

Ebenso wie der Glaube stellt die Agape eine eschatologische Kraft dar[156]. Die Parallelität in der Formulierung zwischen Gal 5,6 und Gal 6,15 zeigt, daß der Glaube, der durch die Liebe wirksam ist, eine Gegebenheit der "neuen Schöpfung" ist[157]:

Gal 5,6: "Denn in Jesus Christus (ἐν Χριστῷ Ἰησοῦ) gilt weder Beschneidung (περιτομή) noch Unbeschnittensein (ἀκροβυστία) etwas, sondern der Glaube, der durch die Liebe tätig ist (πίστις δι' ἀγάπης ἐνεργουμένη)."

Gal 6,15: "Denn es gilt weder Beschneidung (περιτομή) noch Unbeschnittensein (ἀκροβυστία) etwas, sondern eine neue Schöpfung (καινὴ κτίσις)."

Der Glaube realisiert die Äonenwende, die sich durch Kreuz und Auferstehung Jesu antizipatorisch bereits vollzieht, und schafft einen neuen Menschen, insofern in diesem jetzt Jesus Christus lebt, der sich aus Liebe für ihn hingegeben hat (Gal 2,20). Dieser Gedanke findet in Gal 5,6 im ἐν Χριστῷ Ἰησοῦ seinen Niederschlag, das dem ἐν νόμῳ aus 5,4 antithetisch gegenübergestellt ist und ebenso wie 2,20 den neuen Herrschaftsbereich, dem die Glaubenden angehören, zum Ausdruck bringt[158]. Der "Agape-Glaube" durchbricht soziale Schranken und überwindet diskriminierende Unterschiede in der Gemeinschaft (vgl. Gal

---

[153] Hofius, Gesetz, 69 Anm. 66.

[154] So aber Mußner, Galaterbrief, 353. Er betont leider nicht den Aspekt der "Einheit" von Glaube und Liebe nicht, sondern setzt sie in ein konsekutives Verhältnis zueinander: "der rechtfertigende Glaube ... muß sich als fruchtbar erweisen in Werken der Liebe" (354; vgl. 365). Das wird dem Text m.E. nicht gerecht.

[155] Es wird noch zu untersuchen sein, ob darüber hinaus von einer universalen Dimension gesprochen werden kann, vgl. Gal 6,10.

[156] Vgl. die Charakterisierung der Agape als "Frucht des Geistes" (καρπός τοῦ πνεύματος) in 5,22. Διά mit Genitiv in 5,6 ist genitivus instrumentalis; so mit Söding, Liebesgebot, 199 Anm. 51, und gegen Mußner, Galaterbrief, 354.

[157] Der Begriff καινὴ κτίσις findet sich nur hier und II Kor 5,17. Mell, Schöpfung, befaßt sich ausführlich mit dem Begriff "neue Schöpfung" als einem soteriologischen Grundsatz paulinischer Theologie.

[158] Der Glaubende lebt also "in Christus Jesus" (Gal 5,6) wie auch Christus in ihm lebt (Gal 2,20). Dies zeigt die Totalität der neuen Situation des Glaubenden.

3,28)[159]. Die "neue Schöpfung" ist jedoch nicht auf diese anthropologischen und sozialen Aspekte beschränkt, sondern enthält auch eine universalgeschichtliche und kosmologische Dimension. Das eschatologische Schöpferhandeln Gottes zielt auf den gesamten Kosmos und die ganze Geschichte (vgl. Gal 1,4 und Röm 8,18-27).

Im Rahmen der vorliegenden Untersuchung können wir somit von einem *Schwellenbewußtsein* im Zusammenhang mit der Agape sprechen, das diese grundsätzlich und damit auch in Gal 5,13f in der Formulierung des Nächstenliebegebotes charakterisiert[160].

Gal 5,6 ist nicht nur ein Kernsatz der paulinischen Soteriologie, sondern gerade auch der paulinischen Ethik. Er gehört im Zusammenhang mit Gal 5,1-6 noch zur theologischen Darstellung der Rechtfertigungslehre, bereitet aber schon die Entfaltung ihrer ethischen Perspektive vor[161]. Glaube und Liebe bilden eine untrennbare Einheit, in der sie das Leben der Christen bestimmen[162].

Diese grundsätzlichen Überlegungen bilden den Hintergrund, vor dem im folgenden das Nächstenliebegebot Gal 5,14 im Kontext der Paraklese von 5,13-6,10 untersucht werden wird. Vorausgeschickt werden soll an dieser Stelle, daß nicht nur in Gal 5,6 deutlich wird, daß die Agape in den theologischen Kontext der Rechtfertigungstheologie gehört, sondern auch die anderen Agape-Stellen jeweils Aspekte daraus beleuchten. In Gal 5,13f setzt Paulus die Nächstenliebe in Beziehung zum Gesetz, und in Gal 5,22 wird die Agape als erste Frucht des Geistes aufgeführt, der das Leben der Christen in Freiheit bestimmt[163]. Am unmittelbarsten geschieht die Verknüpfung zwischen Rechtfertigungslehre und Agape-Thematik jedoch in Gal 5,6.

---

[159] Inwiefern sich dies konkret niederschlug, muß hier zurückgestellt werden. Daß von einer Idealisierung ausgegangen werden kann, darf vorausgesetzt werden.

[160] Vgl. auch den Ausdruck "Reich Gottes" (βασιλεία θεοῦ) in Gal 5,21.

[161] Vgl. Betz, Galaterbrief, 450, der auf die Neuheit des Begriffs "Liebe" als ethisches Konzept an dieser Stelle hinweist, das den paränetischen Abschnitt beherrschen wird. Diese Neuheit kommt nach dem bisher Dargelegten nicht von ungefähr, sondern hat theologisch-soteriologische Gründe, die Paulus in der Auseinandersetzung mit seinen galatischen Gegnern entfaltet.

[162] Das "klassische" Indikativ-Imperativ-Schema wird m.E. diesem integrierenden paulinischen Verständnis des Glaubens, der in der Liebe wirksam wird, nicht gerecht. Vgl. Vollenweider, Freiheit, 315.333 mit Anm. 237. Gegen Kertelge, Freiheitsbotschaft, 332f. Vgl. Eckert, Indikativ, und Zeller, Indikativ. Betz, Galaterbrief, 435, gliedert den Abschnitt 5,1-6,10 sogar aufgrund der dreimaligen Aussage des "Indikativs" der Erlösung (5,1a.13.25a) in drei Teile. Lategan, Ethics, 319, ist terminologisch in sich nicht eindeutig, wenn er die Ethik einmal als "integral part" der paulinischen Theologie, dann aber auch als deren "consequence" bezeichnet.

[163] So mit Söding, Liebesgebot, 197.

3.3.3. Das Nächstenliebegebot in Gal 5,14 im Kontext der Paraklese Gal 5,13-6,10

In diesem Abschnitt wollen wir unsere Aufmerksamkeit zuerst dem unmittelbaren Kontext des Nächstenliebegebotes in Gal 5,13-15 zuwenden und anschließend die Frage klären, welchen Adressatenbereich Paulus im Blick hat. Zuletzt fragen wir nach der Beziehung zwischen dem Nächstenliebegebot und dem "Gesetz Christi" (νόμος τοῦ Χριστοῦ; 6,2). Alle anderen Teile der Paraklese, auch die Erwähnung der Agape als erster Frucht des Pneuma (5,22), sollen nur behandelt werden, insofern sie in diesem Rahmen von Bedeutung sind.

a) Das Nächstenliebegebot im Kontext von Gal 5,13-15

Gal 5,13-15 steht betont am Anfang der Paraklese (5,13-6,10) und weist im Anschluß an 5,6 auf die Bedeutung der Agape für die Paraklese hin[164]. In V.13 stellt Paulus fest, daß die Adressaten zur Freiheit (ἐλευθερία) berufen sind. Er warnt davor, diese Freiheit als Vorwand für das Fleisch zu nehmen, sondern mahnt, einander in Liebe zu dienen[165]. In V.14 begründet er, warum Liebe das "Lebensmittel"[166] der Freiheit ist. Mit V.15 schließlich warnt Paulus davor, die Mahnung zur dienenden Liebe nicht zu befolgen[167].

Ἐλευθερία wird bei Paulus negativ und positiv charakterisiert. Zum einen bezeichnet dieser Begriff negativ die Freiheit vom Gesetz (vgl. bes. 4,21-31), das als universale anthropologische Größe angesehen wird, die in der Tora ihre paradigmatische Ausprägung gefunden hat[168]. Im Vordergrund steht die Befreiung vom Fluch des Gesetzes[169] durch den gekreuzigten Jesus Christus und damit die Befreiung von der Unheilsmacht der Sünde und des Todes. Gleichzeitig spricht Paulus die Entlastung von der Vielzahl der Einzelgebote an (vgl. 3,10).

Zum anderen ist ἐλευθερία positiv eine "Freiheit zu", die unterschiedlich akzentuiert wird, grundsätzlich aber auf dem "Christusereignis" basiert. Sie wird als Freiheit "in Christus" (vgl. 2,4)[170] und unter Hinweis auf Gal 5,14 als "Freiheit

---

[164] Burchard, Summe, 45, spricht vom "Kopfstück für 5,16-6,10".

[165] Zum Begriff "Freiheit" vgl. Gal 5,1.

[166] So Burchard, Summe, 44.

[167] Paulus greift hier im Diatriben-Stil einen Topos ethischer Mahnrede auf, der keine Rückschlüsse auf konkrete Vorgänge in den galatischen Gemeinden zuläßt.

[168] So nuanciert Vollenweider, Freiheit, 285-321 (anders Jones, Freiheit, 96-108; zur Kritik an ihm vgl. Vollenweider, Freiheit, 314 Anm. 156). Vgl. Söding, Liebesgebot, 218f. Er interpretiert den Begriff παιδαγωγός (Gal 3,24) negativ als Zuchtmeister. Anders Burchard, Summe, 46 mit Anm. 79.

[169] Insofern ihm oder seiner Befolgung Heilsbedeutung zuerkannt wird.

[170] Kertelge, Freiheitsbotschaft, 329. Er spricht auch von der "Freiheitsbotschaft zum Liebesgebot".

zur Agape" charakterisiert, in der das Gesetz "eschatologisch" erfüllt werde[171].
Diese beiden Ansätze setzen das Verständnis der Freiheit als Befreiung vom
Gesetz voraus und verbinden es mit dem Gedanken der Kindschaft (υἱοθεσία;
vgl. Gal 3,29; 4,7)[172]. Die Pointe bei Paulus sehen beide in der "Freiheit zu".
Neuerdings wird in Frage gestellt, ob von einer "Freiheit vom Gesetz" die Rede
sein könne[173]. Die Galater als ehemalige Heiden waren nicht im Besitz der Tora,
in der das universale Gesetz seine paradigmatische Ausprägung gefunden hat.
Ihre "Freiheit von" könnte also höchstens in einer Freiheit bestanden haben, "die
Tora nicht übernehmen zu müssen; diese Freiheit haben sie auch, aber sind sie
speziell dazu 'berufen' worden?"[174] Vielmehr könnte in 4,21-31 ein "politischer"
Ton mitschwingen, der die Freien als "Angehörige[] der freien Mutterstadt Ober-
Jerusalem auszeichnet im Gegensatz zum politisch unfreien irdischen Jerusalem
und ihren Bewohnern und Abkömmlingen"[175]. Diese Interpretation stuft das
Verhältnis des Paulus zum jüdischen Gesetz grundsätzlich positiver ein als die
vorhergehenden Modelle und legt den Akzent auf die "Freiheit zu". Konkret
werde diese in der Mahnung an die Freien, nicht der Sarx ihren Lauf zu lassen,
sondern durch die Agape einander zu dienen, also eine "besondere Art von gegenseitiger Sklaverei"[176] zu praktizieren.
Der Begriff "Fleisch" (σάρξ)[177] wird zumeist in einem engen Zusammenhang
mit der Sünde (ἁμαρτία) gesehen. Sarx bezeichne "den der alles beherrschenden
Macht der Sünde ausgelieferten Menschen"[178]. Sündig sei zwar nicht das Fleisch
an sich, aber das Vertrauen darauf[179]. Mitunter wird das Fleisch als eine den
Menschen beherrschende Macht interpretiert[180], doch wird auch darauf verwiesen, daß die Sarx "nicht etwas außerhalb und unabhängig vom Menschen [ist],

[171] Söding, Liebesgebot, 220.

[172] Vgl. Kertelge, Freiheitsbotschaft, 331, und Söding, Liebesgebot, 220.

[173] Vgl. zum folgenden Burchard, Summe, 45-48. Er sieht sehr wohl, daß Gal 2,4 für
seinen Ansatz zum Problem wird (S. 47 Anm. 80). Diesen Ansatz verfolgt auch Finsterbusch, Thora, z.B. 98 mit Anm. 2.

[174] Burchard, Summe, 47.

[175] Burchard, Summe, 47. Er weist auch auf die Problematik dieses Gegensatzes hin.
Christliche Juden sind nämlich z.B. auch frei.

[176] Burchard, Summe, 48.

[177] Zwar liegt bei Paulus kein systematischer Entwurf oder eine genau definierte Anthropologie vor (so mit Sand, Fleisch, VII, doch kann von einer zumindest in Ansätzen
differenzierten Anthropologie gesprochen werden (so Brandenburger, Fleisch, 43). Der
Begriff σάρξ ist jedoch sehr vielschichtig, vgl. die Spezialuntersuchungen.

[178] Sand, σάρξ, 552. Vgl. Mußner, Galaterbrief, 376; Sand, Fleisch, 215; Söding, Liebesgebot, 213; und Brandenburger, Fleisch, 53.

[179] Schweizer, σάρξ, 129.133.

[180] In dieser Einseitigkeit vgl. Brandenburger, Fleisch, 45.

sondern ... der Mensch selbst, der mit Hilfe einer mißverstandenen Freiheit sich wieder in den Dienst des Gesetzes und damit der Sünde stellen will"[181].

Bei dieser Interpretation stellt sich die Frage, warum Paulus nicht nur von Sünde gesprochen hat, sondern auch von der Sarx[182]. Allgemein wird das damit erklärt, daß Paulus an einen radikalen Dualismus zwischen Fleisch und Geist anknüpfe[183]. Doch kann in Frage gestellt werden, ob Paulus wirklich in streng dualistischen Kategorien denkt[184]. Der Mensch wird von ihm stets als Einheit gesehen. Die verschiedenen Bezeichnungen heben immer nur einen bestimmten Aspekt des einen Menschen hervor.

Vielleicht verwendet Paulus den Begriff Sarx in Gal 5,13 eher deshalb, weil er allgemein das Fehlverhalten und Versagen[185] des Menschen in seiner "jeglicher Entscheidungsmöglichkeit entzogenen substanzbedingten Verfaßtheit des Daseins"[186] im Blick hat und damit die Konnotationen an das alttestamentliche Gesetz, die dem Begriff ἁμαρτία anhängen[187], umgeht. Diese Annahme führt zu der These, daß Paulus vermeiden möchte, das Fehlverhalten in seinen Gemeinden in einen expliziten Bezug zum Mosegesetz zu bringen[188], und stattdessen auf allgemein menschliches Fehlverhalten und gegenseitiges Versagen rekurriert, das nicht der Agape entspricht.

Diese allgemeinere Interpretation scheint es zu ermöglichen, in der Sarx einen Bezug zum "*biologischen Erbe* des Menschen" zu sehen, auch "zur *Aggressivität*"[189]. Darauf weisen besonders die Begriffe "beißen" (δάκνειν) und "fressen" (κατεσθίειν; Gal 5,15) hin, die

---

[181] Sand, Fleisch, 210. Vgl. Schweizer, σάρξ, 135f.

[182] Vgl. Brandenburger, Fleisch, 53.

[183] So Betz, Galaterbrief, 474.522, der der Meinung ist, daß der Dualismus zwischen Fleisch und Geist der Theologie des Galaterbriefes zugrunde liege. Vgl. Brandenburger, Fleisch, 53, der an anderer Stelle (S. 44) von einer "ausschließenden Dualität" zwischen Sarx und Pneuma ausgeht, wodurch ihm die Stelle Gal 2,20, an der vom Leben der Glaubenden im Fleisch gesprochen wird, zum interpretatorischen Problem wird, das er m.E. nicht löst (S. 52-54).

[184] Vgl. Sand, Fleisch, 296f.

[185] Vgl. Betz, Galaterbrief, 467, der Fehlverhalten und Versagen geradezu mit dem "Fleisch" identifiziert.

[186] Brandenburger, Fleisch, 53.

[187] Vgl. Barclay, Truth, 108-110, der ἁμαρτία als "disobedience to the law" (S. 110) charakterisiert, und Betz, Galaterbrief, 503, der davon spricht, daß Paulus "'Sünde' als nur auf die vorchristliche Situation anwendbar" betrachte (zu Gal 6,1, wo Paulus von παραπτώματι, Verfehlung, spricht).

[188] Dies unterstützt das oben Dargelegte. Es geht Paulus nicht vorrangig um eine "Freiheit vom (Mose-)Gesetz".

[189] Vollenweider, Freiheit, 317 (gegen Sand, Fleisch, 215). Die Aggressivität (vgl. V.15) scheint als ein Bestandteil des biologischen Erbes verstanden zu werden. Vollenweider weist auch auf Theißen, Glaube, hin (Anm. 166.169).

den Menschen als wildes Tier erscheinen lassen[190]. Den Begriff Fleisch im Anschluß daran als ein "Verharren und sich-Verschliessen auf einer nicht mehr zeitgemäßen Organisationsebene" zu deuten, da durch das Pneuma "eine neue Dimension der Wirklichkeit unter dem Zeichen der Freiheit herauf[geführt wurde], die eine elementare Evolution des menschlichen Bewusstseins initiiert und der schöpferischen Liebe im Raum der menschlichen Gemeinschaft Bahn bricht"[191], heißt jedoch, die rein biologische Ebene zu überschreiten. In diesem Ansatz geht es nicht ausschließlich um das biologische Erbe des Menschen. Die "nicht mehr zeitgemäße[] Organisationsebene" ist immer auch eine kulturelle Errungenschaft. Die Schwäche dieses Entwurfs besteht darin, daß zwar zwischen Pneuma und Kultur unterschieden werden soll und wird[192], das Verhältnis zwischen Kultur und biologischem Erbe des Menschen aber durch die Aussage, daß "die meisten überkommenen *sozialen Verhaltensweisen* mit ihrer Orientierung an der *Gruppe*"[193] auf Aggressivität basieren, nicht ausreichend geklärt wird[194]. Seine Stärke besteht in dem Hinweis auf den Bezug der Sarx zum biologischen Erbe des Menschen.

"Dienen" (δουλεύειν) spielt eine zentrale Rolle in V.13. Es betont die "umfassende Dienstverpflichtung und Dienstbereitschaft"[195] und ist an Status und Rolle des Sklaven in der Antike orientiert.

Paulus spricht in Gal 5,1 davon, daß sich die Galater, nachdem sie durch Christus zur Freiheit befreit sind, nicht wieder das Joch der "Knechtschaft" (δουλεία) in Form der Beschneidung und damit des alttestamentlichen Gesetzes auflegen lassen sollen. In 5,13 jedoch fordert er die Galater auf: δουλεύετε ἀλλήλοις. Dieser in sich paradoxe Gedanke eines gegenseitigen Sklavendienstes[196] trägt einen anderen Charakter als das "Joch der Knechtschaft" in 5,1. Er weist zum einen hin auf die "Intensität und Qualität freiwilliger Hingabe an die anderen, die um ihrer und der Ekklesia Auferbauung willen notwendig ist"[197]. Zum anderen macht er deutlich, daß es sich nicht wirklich um ein Sklavesein der Freien im

---

[190] Finsterbusch, Thora, 99, spricht von einem "kannibalische[n]" Benehmen. Dies verfehlt die Zugehörigkeit der Begriffe zur Tiermetaphorik.

[191] Vollenweider, Freiheit, 318.

[192] So Vollenweider, Freiheit, 317 Anm. 166.

[193] Vollenweider, Freiheit, 317.

[194] Weitere Schwächen lassen sich durch folgende Fragen charakterisieren: Trifft dies überhaupt für die anscheinend als nicht mehr zeitgemäß eingestufte Organisationsebene des durch das alttestamentliche Gesetz geregelten Lebens zu? Muß man dieses Gesetz, von dem Paulus paradigmatisch spricht, so abwerten? Drückt sich die Erfahrung des Pneuma nicht in kulturellen Formen aus, so daß zwischen Kultur und Pneuma nicht so strikt unterschieden werden kann?

[195] Söding, Liebesgebot, 192. Vgl. Weiser, δουλεύω, 845ff.

[196] Vgl. Barclay, Truth, 109.

[197] Söding, Liebesgebot, 192, der dies durch die Verbindung von δουλεύειν mit ἀγάπη gesichert sieht. Vgl. Betz, Galaterbrief, 468.

üblichen soziologischen Sinne handelt[198]. Die Agape des Freien drückt sich als gegenseitige Dienstbereitschaft und damit als Handlung zwischen gleichwertigen Menschen gemeinschaftsfördernd aus - nur dann kann von Freiheit gesprochen werden[199]. Dies ist jedoch kein Grundprinzip allen christlichen Verhaltens, sondern bezogen auf das Leben der Freien miteinander[200].

Eine Begründung für dieses Vorhergehende liefert Paulus in V.14: Denn ὁ πᾶς νόμος ist in einem Wort erfüllt, in dem (ἐν τῷ): "Liebe deinen Nächsten wie dich selbst!"

Es fällt auf, daß Paulus das Nächstenliebegebot aus Lev 19,18 LXX als Begründung nicht einfach mit einer kurzen Einführung oder einführungslos zitiert, sondern als Apposition zu einem Satz über ὁ πᾶς νόμος[201]. Dieser Begriff wird hier nicht kritisch-ironisch[202], sondern eigentlich und theologisch reflektiert gebraucht[203].

Die main-stream Interpretation versteht unter ὁ πᾶς νόμος die jüdische Tora in ihrer Gesamtheit[204]. Eine ähnliche Formulierung findet sich bereits in Gal 5,3: ὅλον τὸν νόμον ποιῆσαι. Die prädikative Stellung von ὅλος bedeutet zwar

---

[198] Vgl. Burchard, Summe, 48. Mußner, Galaterbrief, 368f, spricht davon, daß es sich, "soziologisch-weltlich gesehen, eigentlich [um] Unsinn" handele und das "füreinander Sklave sein" erst möglich sei "durch Christi beispielhaftes Sklave-Sein" (S. 369).

[199] Vgl. I Kor 9,19. Es geht nicht darum, einer falschen Wesensbestimmung der Freiheit die richtige gegenüberzustellen (so auch Mußner, Galaterbrief, 366-369; zur Kritik vgl. Burchard, Summe, 48 mit Anm. 85).

[200] Vgl. Burchard, Summe, 48. Söding, Liebesgebot, 223, schreibt dazu: "Die Freiheitsbotschaft des Evangeliums verkäme ohne den Imperativ der Agape zur Ideologie des Libertinismus; die Freiheit der Christenmenschen depravierte ohne die Praxis der Nächstenliebe zur Tyrannei des religiös überhöhten Selbstbehauptungswillens". Vgl. Niederwimmer, ἐλεύθερος, Sp. 1056.

[201] Vgl. Burchard, Summe, 48f. Die Zitierungsformel ἐν τῷ selbst findet sich nur hier bei Paulus. Ob sie darauf hinweist, daß der Vers den Galatern bekannt war (so Betz, Galaterbrief, 471), kann nicht begründet werden.

[202] So Hübner, Gesetz, 38 (vgl. bereits Hübner, Problemkreis). Nach Burchard, Summe, 49, deutet Hübner den Begriff metaphorisch. Vgl. Westerholm, Fulfilling, 232, der ein ironisches Moment nicht völlig ablehnt, die Interpretation von Gal 5,14 aber aufgrund enger Parallelen im Römerbrief ohne ironischen Charakter (er nennt Röm 8,4) nicht darauf beschränkt wissen will.

[203] So mit Burchard, Summe, 49; Kertelge, Freiheitsbotschaft, 335; und Söding, Liebesgebot, 201. Letzterer geht von einer Identifikation des im Liebesgebot erfüllten Gesetzes und dem "Gesetz des Christus" (Gal 6,2) aus. In der vorliegenden Untersuchung soll 5,14 zuerst unabhängig von 6,2 untersucht werden. Anschließend können Beziehungen aufgezeigt werden.

[204] Die attributive Stellung des πᾶς betont die Einheit im Gegensatz zu ihren Teilen. Vgl. Blaß/Debrunner/Rehkopf, Grammatik, §275,3.

auch "die ganze Tora"[205], doch wird das Gesetz aus verschiedenen Perspektiven betrachtet, die sich aus den Kontexten ergeben - weniger aus den Attributen. So wird das Gesetz in 5,14 als "im Liebesgebot eschatologisch erfüllte Ganzheit" verstanden, "aus der sich Sinn und Verbindlichkeit der Einzelgebote bestimmen"[206], während in 5,3 das Gesetz des Mose in seinen einzelnen Geboten gemeint sei[207]. Dabei wird von vielen Exegeten auf die verschiedenen Verben hingewiesen: ποιεῖν in 5,3 und πληροῦν in 5,14[208]. Während ποιεῖν auf ein Tun der einzelnen Gebote der Tora ziele, weise das πληροῦν darauf hin, daß das Gesetz als Ganzes erfüllt werde und von daher die einzelnen Gebote, nicht umgekehrt[209]. Paulus verwendet (ἀνα-)πληρόω in Verbindung mit dem Gesetz immer in bezug auf Christen, präziser dort, wo es sich um die eschatologische Erfüllung durch das Liebesgebot handelt[210]. Dies scheint auf den ersten Blick den Status der restlichen Gebote neben dem Liebesgebot unklar zu lassen[211]. Doch ist diese Aporie von Paulus gewollt. Mit der Verwendung des interpretationsoffenen Begriffs πληροῦν macht Paulus deutlich, daß es sich um einen eschatologischen Neuansatz handelt. "Erfüllung" ist keine quantitative, sondern eine qualitative Kategorie: bestimmte Erfordernisse müssen nicht getan werden[212], wenn sie nicht der Forderung der Nächstenliebe entsprechen. Das Liebesgebot Lev 19,18 besitzt für ihn "kriterielle Funktion"[213]. Mit ihm bestimmt Paulus die Einheit des ganzen Gesetzes von innen heraus neu[214]. Diese Konzentration auf

[205] So mit Burchard, Summe, 49 mit Anm. 93, der darauf hinweist, daß ὅλος attributiv im ganzen NT nicht vorkomme.

[206] Söding, Liebesgebot, 201. Vgl. Wilckens, Entwicklung, 174f.

[207] Konkret ist die Beschneidungsforderung im Blick.

[208] Vgl. Betz, Galaterbrief, 470; Wilckens, Entwicklung, 174f; Westerholm, Fulfilling, 233-237; Barclay, Truth, 138-140; Finsterbusch, Thora, 99 Anm. 8; und Vollenweider, Freiheit, 313 mit Anm. 145.

[209] Söding, Liebesgebot, 207, möchte im Anschluß an Mußner, Galaterbrief, 370, das "Tun" als eine mögliche Bedeutungsnuance von πληροῦν beibehalten, wofür sich noch weitere Exegeten aussprechen (v.a. Delling, πληρόω, 291, und Räisänen, Paul, 63f Anm. 104). Er betont jedoch, daß dies nicht die grundlegende Aussage sei.

[210] Vgl. Vollenweider, Freiheit, 313; Barclay, Truth, 139f, der auf die Verbindung mit Gal 4,4 (ὅτε δὲ ἦλθεν τὸ πλήρωμα τοῦ χρόνου) hinweist, und Westerholm, Fulfilling, 235f, der im "Tun" eine Forderung sieht, während das "Erfüllen" retrospektiv ein Ergebnis und kein Imperativ sei. Von daher folgert er: "Statements to the effect that the law is 'fulfilled' by believers are thus not in conflict with the claim that believers are no longer subject to the law's demands" (S. 236).

[211] So Barclay, Truth, 140.

[212] Vgl. Westerholm, Fulfilling, 235, und Wilckens, Entwicklung, 175.

[213] So mit Söding, Liebesgebot, 208.

[214] Vgl. Kertelge, Freiheitsbotschaft, 335.

das Liebesgebot führt materialiter zu einer Reduktion des Gesetzes[215]. Doch geht es in Gal 5,14 wohl nicht primär um den Umfang der Tora. Paulus wird die Tora vielmehr ins Spiel gebracht haben, "um die Dimension des Nächstenliebegebots zu erläutern"[216]. Von einer völligen Diskontinuität gegenüber dem alttestamentlichen Gesetz kann jedenfalls nicht gesprochen werden, da kontinuierliche, identische Elemente erhalten bleiben[217].

Es wäre m.E. überlegenswert, ob Paulus mit der Wendung ὁ πᾶς νόμος an dieser Stelle so vom jüdischen Gesetz spricht, daß "jedes Gesetz" darin transparent wird[218]. Verschiedene Aspekte könnten für ein solches Verständnis sprechen.

Die heidenchristlichen Galater kommen nicht vom jüdischen Gesetz her, sondern sollen von Gegnern des Paulus zu dessen Einhaltung verführt werden. Ihre Freiheit ist keine Freiheit von der Tora, sondern kann als eine Freiheit von den alten Gesetzen, denen sie unterstanden - den στοιχεῖα τοῦ κόσμου (Gal 4,3.9) -, und als eine Freiheit, die Tora nicht übernehmen zu müssen, verstanden werden. Am Gesetz des Mose zeigt Paulus ja nur paradigmatisch auf, "was es heißt, unter die 'Weltmächte' überhaupt versklavt zu sein"[219]. Diese enge (gedankliche) Verquickung von jüdischer Tora und heidnischem Stoicheia-Dienst[220] könnte es wahrscheinlich machen, daß Paulus auch in Gal 5,14 in einem universalistischen Sinne auf "jedes Gesetz" anspielt, die er in einer Aussage aus der ihm eigenen jüdischen Tradition, dem Nächstenliebegebot, erfüllt sieht[221].

Für dieses Verständnis spräche auch, daß es in Gal 5,14 primär darum geht, die Dimension des Nächstenliebegebots zu erläutern. Diese wird bei einer Anspielung auf "jedes Gesetz" umso eindeutiger und größer.

Ein weiterer Hinweis kann in der Verwendung des Wortes σάρξ gesehen werden, das anders als ἁμαρτία keine gesetzlichen Konnotationen besitzt, sondern allgemeiner als Fehlverhalten und Versagen des Menschen in seiner substanzbedingten Verfaßtheit zu

---

[215] Vgl. Söding, Liebesgebot, 208f mit Anm. 104.

[216] Burchard, Summe, 49.

[217] Gegen Vollenweider, Freiheit, 312.

[218] Vgl. bereits Schäfer, Galater, 339: "Leitender Gedanke des Apostels ist: wir sind frei und unterliegen dem Gesetz nicht mehr, und es ist auch deshalb nicht notwendig, weil *jedes* Gesetz, nicht bloß das alttestamentliche, seine Erfüllung gefunden hat". Diese Position wird von Schlier, Galater, 244, ohne eine Begründung zurückgewiesen.

[219] Vollenweider, Freiheit, 309 mit Anm. 131. In Gal 4,8-10 warne Paulus vor der Unterwerfung unter das Gesetz als Rückfall unter die Elemente. Vgl. Mußner, Galaterbrief, 344. Klein, Gesetz, 69, spricht sogar von einer "Austauschbarkeit von στοιχεῖα τοῦ κόσμου und νόμος".

[220] Beiden soll nicht weiter gedient (δουλεύειν) werden (vgl. 4,9; 5,1.3).

[221] Das heißt nicht, daß Paulus bei besserer Kenntnis anderer Traditionen vielleicht auf ein Zitat daraus zurückgegriffen hätte. Über die Kenntnis des Paulus in bezug auf andere Traditionen soll keine Aussage gemacht werden.

verstehen ist[222] . Einem solchen Verhalten zu wehren, ist Aufgabe "jedes Gesetzes"[223] -
sie sind ins Leben gerufen, um sozialen Unfrieden zu verhindern und so das Zusammenleben der Menschen zu ermöglichen[224] .

Die weiteren Vorkommen des Begriffs νόμος im Kontext von Gal 5,14 können im Rahmen dieser Deutung interpretiert werden. Als solche, die vom Geist geführt werden, steht
man nicht ὑπο νόμον, weder unter dem alttestamentlichen, zu dem die Gegner hinführen
wollen, noch weiterhin unter dem, von dem man herkommt (5,18). Auch der νόμος, der
nicht gegen die Frucht des Geistes ist (Gal 5,22f) - der Singular καρπός weist auf die
Einheit des Aufgezählten hin -, könnte über das alttestamentliche Gesetz hinausweisen, da
Paulus in der Liste der Frucht des Geistes Begriffe aus der hellenistischen Ethik anführt[225] .

In diesem Zusammenhang kann auf Röm 13,8-10 vorverwiesen werden. Dort könnte der
Begriff νόμος neben dem Bezug auf die Tora auch auf das römische Gesetz anspielen, so
daß ebenfalls ein weiteres Verständnis vorläge[226] .

Diese Interpretation könnte erklären, warum Paulus im Unterschied zu 5,3 (ὅλον τὸν
νόμον) in 5,13 mit ὁ πᾶς νόμος formuliert, und läßt diese Formulierung in einem anderen Licht erscheinen. Eigentlich und theologisch reflektiert wäre der Begriff auch in
diesem Fall verwendet. Er bezeichnete nicht nur das eine und ganze jüdische Gesetz,
sondern die Ganzheit aller Gesetze.

Gegen diese Interpretation könnte sprechen, daß Paulus ὁ πᾶς νόμος und nicht πᾶς ὁ
νόμος oder den Plural οἱ πάντες νόμοι verwendet. Es wäre notwendig, diesen Gedanken
im Kontext des paulinischen Gesetzesverständnisses allgemein zu betrachten. Dazu sind
jedoch über den Rahmen dieser Untersuchung hinausgehende Arbeiten notwendig.

In Gal 5,15 bekräftigt Paulus die zuvor dargelegte Mahnung zur dienstbereiten
Agape durch ihr negatives Gegenbild eines gegenseitigen Beißens, Fressens und

---

[222] S.o. in diesem Abschnitt. Vgl. Gal 6,1, wo Paulus auch von einer Verfehlung
(παράπτωμα) spricht und nicht den Begriff ἁμαρτία verwendet.

[223] Vgl. die positiven Aussagen über die Funktion der Obrigkeit in Röm 13,1-7. Damit
werden die Gesetze positiv gesehen, so daß auch ihre Erfüllung im Liebesgebot sie nicht
abwertet, sondern in der ihnen eigenen Intention ernst nimmt.

[224] Vgl. v.a. die beiden Reihen in Gal 5,19-21 und 5,22f. Beidemale dominieren die
"das Zusammenleben betreffenden Verhaltensweisen" (Wilckens, Entwicklung, 174). -
Diese Aufgabe des Gesetzes macht verständlich, warum Paulus in 6,2 von einem pneumatisch gewirkten "Gesetz Christi" sprechen kann. Auch dessen Aufgabe besteht in der
Regelung des Zusammenlebens (6,1f).

[225] Vgl. Betz, Galaterbrief, 490f. Ob mit ἐγκράτεια nur auf Enthaltsamkeit angespielt
wird oder darunter allgemeiner die Selbstbeherrschung zu verstehen ist, muß hier offen
bleiben. Zu Gal 6,2 s.u. II.3.3.3.c.

[226] Vgl. Burchard, Summe, 43 mit Anm. 70, und II.3.4.5.

Verschlingens[227]. Er unterstreicht damit die Notwendigkeit wechselseitigen Liebens und Dienens zur Erhaltung der Gemeinschaft.

b) Der Adressatenbereich des Nächstenliebegebotes im Kontext von Gal 5,13-6,10

Gal 5,13-15 erweckt den Eindruck, daß Paulus seine Ermahnungen primär auf den innerekklesialen Bereich beschränkt. "ὁ πλησίον ist zunächst einmal der Nächste in der Gemeinde (vgl. 6,10) und ἀγάπη der Spitzenwert gemeinschaftsdienlicher Tugenden (vgl. 5,22f.)"[228]. Doch wird die Ethik dadurch nicht partikularistisch verengt[229]. Im Gegenteil wird man bei Paulus davon ausgehen dürfen, daß seine ethischen Mahnungen im Galaterbrief universalen Charakter tragen. Besonders deutlich wird dies in Gal 6,10, dem letzten Satz des Briefes vor dem eigenhändigen Briefschluß:

"Darum, solange wir noch Zeit haben, laßt uns Gutes tun an jedermann (πρὸς πάντας), allermeist aber an des Glaubens Genossen (μάλιστα δὲ πρὸς τοὺς οἰκείους τῆς πίστεως)."

Paulus betont zuerst, allen gegenüber das Gute zu tun[230]. Auffallend ist die Selbstverständlichkeit, mit der universalistisch argumentiert wird. Zwar fehlt eine explizite Begründung, doch ist diese universale Verpflichtung letztlich von der Universalität des Heilshandelns Gottes herzuleiten[231]. Der qualifizierende Zusatz im zweiten Teil spricht von einer Konzentration des Gutes-tun auf die Mitchristen[232]. Dieses paulinische Paradox[233] zeigt die Grundstruktur der paulinischen Ethik auf. Es widerruft die universalistische Aussage nicht und schränkt sie auch nicht ein, sondern richtet sich auf die konkrete historische Realität der christlichen Gemeinschaft. Hier war der erste Ort, an dem sich die universale Mahnung zur Liebe bewähren konnte und mußte[234].

---

[227] Paulus hat keine konkreten Vorgänge in den Gemeinden vor Augen, sondern greift einen Topos ethischer Mahnrede auf. Vgl. Betz, Galaterbrief, 472 mit Anm. 43.

[228] Burchard, Summe, 50.

[229] Dieser Ansicht sind jedoch einige Exegeten, vgl. z.B. Montefiore, Neighbour.

[230] Im Röm wird deutlicher, daß die Agape die christliche Definition des Guten ist. Vgl. II.3.4.

[231] Vgl. Gal 2,16; 3,8.22.26-28, wo Paulus betont von πᾶς (alle) spricht. So mit Betz, Galaterbrief, 527 mit Anm. 191. Vgl. Söding, Liebesgebot, 196.

[232] Darauf bezieht sich die Metapher "Genossen des Glaubens". Vgl. Betz, Galaterbrief, 528 mit Anm. 197.

[233] Vgl. Betz, Galaterbrief, 528.

[234] Traditionsgeschichtlich ist das Zitat des Nächstenliebegebotes aus Lev 19,18LXX durch Paulus Ergebnis "bewußter und gezielter theologischer Reflexion, zu der auch ein Stück schriftgelehrter Arbeit gehört" (Söding, Liebesgebot, 210). Theologische Vorarbeiten dazu gab es bereits im Frühjudentum (vgl. TestXII), die Paulus zumindest indirekt

Zwar bezieht sich das Nächstenliebegebot Lev 19,18 in seinem unmittelbaren Kontext Gal 5,13-15 primär auf den innergemeindlichen Bereich, doch zeigt die betont an den Schluß der Paraklese gestellte Ermahnung, allen Gutes zu tun, daß Paulus nicht auf die Gemeinde beschränkt denkt[235].

Von daher ist es berechtigt, im Galaterbrief im Zusammenhang mit dem Liebesgebot, das in diesen weiteren Kontext eingeordnet werden muß, von einem *Erweiterungsbewußtsein* zu sprechen.

c) Das "Gesetz des Christus " (νόμος τοῦ Χριστοῦ; Gal 6,2)

Eine große Zahl an Untersuchungen beschäftigt sich mit diesem Ausdruck, dessen Erklärung "eines der brennendsten Probleme des ganzen Briefes"[236] ist. Im folgenden sollen die wichtigsten Ansätze in der gebotenen Kürze betrachtet werden[237].

Einige Exegeten sind der Meinung, daß Paulus mit diesem Ausdruck die Tora des Messias bezeichne[238]. Es ist jedoch äußerst fraglich, ob von einer messianischen, eschatologischen Zionstora, die von der Mosetora verschieden ist, überhaupt gesprochen werden kann[239].

beeinflußten. Ein direkter Rekurs auf die Tradition des jesuanischen Doppelgebotes ist eher unwahrscheinlich, doch sind indirekte Einflüsse der frühchristlichen Jesusüberlieferung nicht auszuschließen. "Der ausdrückliche Rekurs auf Lev 19,18 und die Herausstellung des Liebesgebotes als des organisierenden Zentrums der gesamten Ethik bezeugt jedoch eine Intensität theologischer Reflexion, die entscheidend über diese Vorgaben hinausgeht" (Söding, Liebesgebot, 211).

[235] Vgl. Becker, Paulus, 461: "Es gibt für ihn [Paulus] keine christlich exklusive Ethik, sondern ein an Christus orientiertes Ethos, das zugleich offen ist für das Allgemeine".

[236] Betz, Galaterbrief, 509. Die Übersetzung des Ausdrucks ist ein Problem für sich, vgl. Burchard, Summe, bes. 51 mit Anm. 97.

[237] Vgl. Barclay, Truth, 126-135, und Söding, Liebesgebot, 203f. In der vorliegenden Untersuchung wird Barclays eigener Lösungsvorschlag zusammen mit dem von Söding, Liebesgebot, 200-211, und einem weiteren von Burchard, Summe, 51-60, aufgenommen.

[238] V.a. Davies, Torah, (vgl. Davies, Setting, 109-190); Schoeps, Paulus, 177-183; Schulz, Ethik, 164; und Stuhlmacher, Gesetz, Vgl. auch Hofius, Gesetz, 71f, der von den "*Weisungen des Gekreuzigten*" und der "neue[n] 'Lebensordnung' der in Christi Tod und Auferweckung angebrochenen Heilszeit" spricht (S. 72).

[239] Vgl. Luz, Gesetz, 153 Anm. 175. Kritisch auch Schäfer, Thora; Wilckens, Entwicklung, 175 Anm. 69 (S. 189); Räisänen, Paul, 239-245; Bammel, νόμος, 120-128; und Banks, Jesus, 65-81.

Um ein Schlagwort seiner galatischen Gegner, das Paulus aufnehme[240], handelt es sich ebenfalls nicht. Vielmehr liegt eine paulinische Bildung vor[241]. Zurückzuweisen ist der Versuch, unter νόμος τοῦ Χριστοῦ die Gesamtheit der Gebote Jesu zu verstehen[242]. Abgesehen davon, daß es methodisch schwierig ist, die Worte Jesu historisch eindeutig zu bestimmen, läßt sich methodisch ebenfalls nicht mit Bestimmtheit sagen, wo Paulus auf ein Jesuswort anspielt[243]. Daß sich in den paulinischen Paraklesen über weite Strecken kein direkter Hinweis auf die Jesustradition finden läßt, kann im Gegenteil als Hinweis darauf verstanden werden, daß Paulus Jesus nicht als Gesetzgeber verstand und seine Lehren für ihn keine "authoritative collection of rules"[244] darstellten.

Νόμος schließlich als Norm, Prinzip oder Regel zu interpretieren[245], scheitert daran, daß νόμος im ganzen Galaterbrief immer die Bedeutung "Gesetz" trägt.

Die beiden neuesten Untersuchungen zum Liebesgebot bei Paulus verstehen den Ausdruck ὁ νόμος τοῦ Χριστοῦ grundsätzlich als Gesetz im Sinne der alttestamentlichen Tora, ziehen jedoch gegensätzliche Schlußfolgerungen[246].

Der erste Ansatz versteht unter dem Begriff νόμος τοῦ Χριστοῦ das "eschatologisch verwandelte, durch das Grundgeschehen des Todes und der Auferweckung Jesu in seiner wahren Identität konstituierte 'Gesetz des Mose' (1 Kor 9,9)"[247]. Das, was das "Gesetz des Christus" fordere, finde im "Verhalten und Wort des Irdischen wie des Erhöhten, des Sich-Entäußernden wie des Gekreuzig-

---

[240] So Betz, Galaterbrief, 510f. Vgl. auch Wilckens, Entwicklung, 176, der diese Vermutung als "nicht unmöglich" einstuft. Barclay, Truth, 130 Anm. 77, nennt noch Stoike, Law.

[241] Vgl. den ähnlichen paulinischen Ausdruck in I Kor 9,21. Diese Stelle kann im Rahmen der vorliegenden Untersuchung nicht ausführlich betrachtet werden. Vgl. u.a. Dodd, Ἔννομος; und Burchard, Summe, 59.

[242] So Dodd, Ἔννομος, v.a. 146f, der in 6,1f eine Anwendung von Mt 23,4 und 18,15-20 sieht. Seiner Meinung nach bilden die traditionellen Jesus-Wörter den soliden, historischen und kreativen Kern des "Christusgesetzes".

[243] Vgl. Barclay, Truth, 129 mit Anm. 72 und 73.

[244] Barclay, Truth, 130. Vgl. Becker, Paulus, 462.

[245] So v.a. Räisänen, Paul, 79f; Hays, Christology, 276 ("a regulative principle or structure of existence"); und Strecker, Sittlichkeit, 872. Weitere Literatur bei Barclay, Truth, 131 Anm. 79.

[246] Zum folgenden vgl. Söding, Liebesgebot, 203-207, bzw. Burchard, Summe, 51-60. Sollte der Begriff νόμος vom Kontext Gal 5 her mehr als nur das alttestamentliche Gesetz implizieren (s.o. II.3.3.3.a.), so liegt in der Beziehung auf die Tora eine Beschränkung beider Ansätze. Integrieren ließe sich dieser Gedanke wohl besser bei Söding als bei Burchard (s.u.).

[247] Söding, Liebesgebot, 206.

ten, seinen verbindlichen Ausdruck"[248] und gipfele daher im Liebesgebot, in dem das Gesetz zusammengefaßt und erfüllt werde[249]. Zwischen dem "Gesetz des Christus" und dem "Gesetz des Mose" (I Kor 9,9; vgl. Gal 3,19) bestehe ein dialektisches Verhältnis von "Identität und Gegensätzlichkeit"[250]. Materialiter identisch sei das Nächstenliebegebot Lev 19,18, das in Gal 5,14 zitiert wird. In dieser Dialektik spiegele sich die "Identität des Einen Gottes ebenso wie die Geschichtlichkeit seines Offenbarungshandelns, dessen alles bestimmende Mitte der Kreuzestod und die Auferweckung Christi ist"[251].

Welche konkreten Einzelgebote über dieses Gebot hinaus zum "Gesetz des Christus" gehören, habe Paulus nicht detailliert dargelegt[252], da ihm nicht an einer Kasuistik gelegen sei. Anhand des Liebesgebotes mit seiner kritiellen Funktion müsse sich die Gemeinde als ganze wie auch die einzelnen Gemeindemitglieder jeweils entscheiden, wie sie sich verhalten sollen und was für sie Geltung besitzt[253]. Die Verantwortung des Menschen ist demnach ebenso gefragt wie seine Kreativität[254]. Dies sei die paulinische Anwort auf die seinem Ansatz inhärente nomistische und libertinistische Gefahr. Da Paulus den Galatern das Nächstenliebegebot als Kriterium für eigene Entscheidungen nahelegt, ist es nur folgerichtig, daß er ihnen als denen, die geistlich sind (οἱ πνευματικοί; 6,1), die Erfüllung des Nächstenliebegebotes auch zutraut. Dies zeigt das futurische οὕτως ἀναπληρώσετε ("so werdet ihr erfüllen") in 6,2.

Der zweite Ansatz spricht sich gegen eine Identifizierung des "Christusgesetzes" mit dem Nächstenliebegebot aus. Es bleibe nämlich "ungeklärt, warum Paulus nicht schon in Gal 5,14 so sagte"[255]. Außerdem verwende Paulus in 6,2

---

[248] Söding, Liebesgebot, 206. Vgl. Schürmann, Gesetz, und Barclay, Truth, bes. 133f.

[249] Die Agape wird dabei als pneumatisch gewirkte Partizipation an der Proexistenz Jesu Christi verstanden (Söding, Liebesgebot, 206).

[250] Söding, Liebesgebot, 209.

[251] Söding, Liebesgebot, 205.

[252] Vgl. Söding, Liebesgebot, 208.

[253] Man denke dabei an I Thess 5,21f: "Prüft aber alles, das Gute behaltet"; vgl. Phil 1,9-11 und Röm 12,2. Hierin liegt ein Grundzug der paulinischen Paraklese. Damit setzt er sich auch von seinen galatischen Gegnern ab. Ihren konkreten gesetzlichen Forderungen setzt er nicht andere gegenüber, sondern stellt sein grundsätzlich anderes Verständnis der christlichen Existenz dar.

[254] Vgl. Becker, Paulus, bes. 464-468; Betz, Galaterbrief, 491f: "die Befähigung, mit ethischer Verantwortung zu handeln, [ist] wichtiger ..., als einen Gesetzeskodex einzuführen, der eine bloße Forderung bleibt"; und Lategan, Ethics, 324-327: "Paul presents an ethical minimum to his readers to stimulate a creative and responsible application of basic theological principles in new situations" (S. 327). Vollenweider, Freiheit, 318, macht darauf aufmerksam, daß diese Kreativität ihren Ursprung in der "Rezeptivität des Menschen gegenüber der göttlichen Gnade" habe, m.a.W. selbst ein Geschenk des Pneuma ist.

[255] Burchard, Summe, 52.

ἀναπληρώσετε und nicht πληρώσετε (vgl. 5,14). Es wird ein zweiter Ausle-
gungsweg beschritten, der das Christusgesetz nicht von νόμος, sondern von τοῦ
Χριστοῦ ausgehend deutet[256]. Ὁ νόμος τοῦ Χριστοῦ könnte dann
"substantivisch ausdrück[en], daß die Tora fordert, daß Christus um unserer
Sünden willen am Kreuz sterben mußte"[257]. Der Begriff meine also die "geltende
Tora im ganzen, soweit sie den Christus betrifft". Dadurch erkläre sich auch die
Verwendung von ἀναπληρώσετε, das "nachvollziehen" bedeute: Die Galater
sollen die Erfüllung der Tora durch Christus nachvollziehen, indem sie
"gegenseitig ihre Lasten tragen, exemplarisch die der Verfehlungen anderer"[258].
Mit diesen Forderungen ist m.E. offensichtlich das Liebesgebot in seinem Kern
getroffen. Daß ihnen Paulus das zutraut - und hierin stimmen die aus dem ersten
Ansatz gezogenen Folgerungen und der zweite Ansatz überein -, zeige das Futur
καὶ οὕτως ἀναπληρώσετε. Es mache Mut: "sie werden es können"[259].
Beide Ansätze zeigen, daß man im Zusammenhang mit dem Nächstenliebegebot
nur differenzierend von einem *Überforderungsbewußtsein* sprechen kann.
Grundsätzlich zeigt das futurische καὶ οὕτως ἀναπληρώσετε (6,2), daß Paulus
den Galatern als οἱ πνευματικοί (6,1) die Erfüllung zutraut. Dabei ist natürlich
zu berücksichtigen, daß er die Liebe als erste Frucht des Geistes ansieht und
damit deren Geschenkcharakter betont (Gal 5,22).
Dennoch erkennt Paulus, daß auch innerhalb der christlichen Gemeinschaft Verfehlungen vorkommen (vgl. 6,1) und der Umgang mit der Freiheit schwierig sein
kann. Er warnt davor, in ein sarkisch bestimmtes Leben zurückzufallen und die
Sarx über das Pneuma siegen zu lassen (vgl. 5,13.16f). Der sarkische, nicht vom
Pneuma bestimmte Mensch scheint nämlich nach Paulus zu liebendem Verhalten
nicht in der Lage zu sein - ihm spricht Paulus jegliche kommunikative Kompetenz ab[260]. Dies wird in der Gegenüberstellung von "Werken des Fleisches"

---

[256] Zur kritischen Auseinandersetzung mit Hofius, Gesetz, und Hays, Christology, die
beide auch diesen Weg gegangen sind, vgl. Burchard, Summe, 52-54. Damit setzt sich
Burchard auch von Schürmann, Gesetz, ab, dem Söding, Liebesgebot, verpflichtet ist; vgl.
Burchard, Summe, 52 Anm. 101. Wir beschränken uns hier auf eine Darstellung der
thesenhaften Ergebnisse Burchards.

[257] Burchard, Summe, 59. Von dort auch das nächste Zitat.

[258] Burchard, Summe, 60.

[259] Burchard, Summe, 60. Finsterbusch, Lebensweisung, 130 Anm. 46, problematisiert
diesen Ansatz Burchards. Man kann ihrer Meinung nach nur schwer sagen, "die Schrift
würde *bestimmen oder fordern*, daß Christus einen Sühnetod sterben müßte". Explizite
Weisungen für Jesu Tod kämen "allein und direkt von Gott her (Röm 8,3), nicht über den
Umweg der Schrift". Außerdem sei zu überprüfen, ob die Interpretation von νόμος als
bezeugender Schrift zu dem restlichen Gebrauch von νόμος im Gal passe. Schließlich
seien Hinweise der Schrift auf den Sühnetod speziell auf den Messias zu beziehen, was
den Schluß auf ein Nachvollziehen durch die Gemeinde schwierig mache.

[260] Zum Begriff "kommunikative Kompetenz" vgl. Söding, Liebesgebot, 195.

(5,19-21) und der "Frucht des Geistes" (5,22f) deutlich, in denen beidemale die "das Zusammenleben betreffenden Verhaltensweisen"[261] dominieren - zum einen die es zerstörenden unter dem Stichwort "Werke des Fleisches", zum anderen die es ermöglichenden unter "Frucht des Geistes". Eine exponierte Stellung erhält der Abschnitt 5,16-26 ohnehin durch die Inklusion Gal 5,13-15 und Gal 6,1f, die eng aufeinander bezogen sind[262]. Trotz seines prinzipiellen Vertrauens in die Möglichkeiten der Galater in bezug auf die Erfüllung des Liebesgebotes zeigen gerade Inhalt und Stellung dieses Abschnittes Gal 5,16-26, daß Paulus der Gefahr, nicht im Geiste zu wandeln (vgl. 5,25), besondere Aufmerksamkeit schenkt und damit dem Problem der Überforderung einen hohen Stellenwert beimißt. Das *Überforderungsbewußtsein* nimmt somit im Gal eine zentrale Stellung ein.

Sollte der Nomos vom Kontext in Gal 5 her mehr als nur ein Verständnis als alttestamentliche Tora implizieren, müßte überprüft werden, ob dies auch in 6,2 eine sinnvolle Interpretation erlaubt.

Im Rahmen des ersten Ansatzes scheint mir dies ansatzweise möglich. Wie das alttestamentliche Gesetz so wird jedes Gesetz, also auch die hellenistischen Konzepte und Traditionen aus der vorchristlichen Zeit der Galater, durch das Liebesgebot "erfüllt". Anhand des in beiden Fällen gültigen Kriteriums des Liebesgebotes bleibt die Identität mit dem Gesetz Christi erhalten und auch nicht-alttestamentliche ethische Anweisungen können in das Gesetz Christi integriert werden[263]. Daß das Nächstenliebegebot materialiter identisch ist, gilt jedoch nur für die alttestamentliche Tora.

Der zweite Ansatz sträubt sich entschieden gegen diese Ausweitung, da er aus der Tora heraus argumentiert, deren Rahmen an keiner Stelle verlassen wird[264].

3.3.4. Zusammenfassung

Fassen wir diese ausführliche Untersuchung des Liebesgebotes im Galaterbrief im Blick auf die drei leitenden Gesichtspunkte dieser Arbeit zusammen.

Die Liebe ist wie der Glaube, der durch sie wirksam ist (Gal 5,6), eine Gegebenheit der neuen Schöpfung (6,15). Beide gemeinsam kennzeichnen den neuen Menschen, insofern in diesem jetzt Jesus Christus lebt (2,20). Die neue Schöp-

---

[261] Wilckens, Entwicklung, 174. Vgl. auch 6,8.

[262] Wie im I Thess deuten auch im Gal formale Aspekte auf eine besondere Akzentsetzung des Paulus hin.

[263] Zu diesem Gedanken vgl. Lategan, Ethics, 325.

[264] Wenn ὁ νόμος τοῦ Χριστοῦ "substantivisch ausdrückt, daß die Tora fordert, daß Christus um unserer Sünden willen am Kreuz sterben mußte" (Burchard, Summe, 59), kann wirklich nur die Tora gemeint sein. Dies spricht jedoch auf keinen Fall gegen diesen Ansatz. Im Gegenteil, in seinem Bemühen, die Tora zu achten und auch im christlichen Bereich ernst zu nehmen, ist er allen anderen Untersuchungen weit voraus. Der erste Ansatz argumentiert hier sehr stark absetzend.

fung enthält jedoch auch universalgeschichtliche und kosmologische Dimensionen. Das eschatologische Schöpferhandeln Gottes zielt auf den gesamten Kosmos und die ganze Geschichte. Auf diesem Hintergrund sind alle anderen Aussagen zum Liebesgebot zu verstehen, so daß wir von einem *Schwellenbewußtsein* sprechen können.

Das Nächstenliebegebot Lev 19,18 bezieht sich in seinem unmittelbaren Kontext Gal 5,13-15 zwar primär auf den innergemeindlichen Bereich, doch zeigt die betont an den Schluß der Paraklese gestellte Ermahnung, allen Gutes zu tun (6,10), daß Paulus nicht auf die Gemeinde beschränkt denkt. Es fehlt eine explizite Begründung, doch ist diese universale Verpflichtung letztlich aus der Universalität des Heilshandelns Gottes herzuleiten. Von daher ist es berechtigt, im Galaterbrief im Zusammenhang mit dem Liebesgebot, das in diesen weiteren Kontext eingeordnet werden muß, von einem *Erweiterungsbewußtsein* zu reden.

Dem eschatologischen Schöpferhandeln Gottes ist es schließlich auch zu verdanken, daß Paulus den Galatern Mut macht, daß sie als "Geistliche" (οἱ πνευματικοί) das Liebesgebot erfüllen können, auch über den primär angesprochenen unmittelbaren Nächsten hinaus. Dennoch schenkt Paulus der Gefahr, nicht im Geiste zu wandeln (vgl. 5,25), inhaltlich und formal besondere Aufmerksamkeit, wie die Stellung von 5,16-26 zwischen 5,13-15 und 6,1f zeigt. Damit mißt er dem Problem der Überforderung einen hohen Stellenwert bei, so daß wir von einer zentralen Rolle des *Überforderungsbewußtseins* im Kontext des Liebesgebotes sprechen können.

3.4. Das Liebesgebot im Römerbrief

3.4.1. Textgrundlage und Fragestellung

Im Römerbrief beschäftigt sich Paulus am umfangreichsten mit der Agape. Die gesamte Paraklese Röm 12-15 steht unter diesem Stichwort[265].

Im ersten Teil Röm 12-13 steht die Mahnung 12,9-21 unter der Überschrift: ἡ ἀγάπη ἀνυπόκριτος (Die Liebe sei ohne Falsch; 12,9)[266]. Paulus behandelt darin die Philadelphia innerhalb der Gemeinde (12,10) und das Verhalten gegen-

---

[265] Zumeist wird zwischen allgemeiner Paraklese in 12,1-13,14 und spezieller Paraklese in 14,1-15,13 unterschieden, vgl. Schmithals, Römerbrief, 436 (spezielle Paraklese nur bis 15,7), und Söding, Liebesgebot, 227. Diese Unterscheidung kann m.E. nur Tendenzen beschreiben, da es auch im ersten Teil der Paraklese spezifische Ermahnungen gibt (vgl. Ortkemper, Leben, 12f) - man denke an den Abschnitt Röm 13,1-7, von dem gezeigt werden soll, daß er nicht den Charakter eines Exkurses trägt, sondern in den Kontext von Röm 12-13 zu integrieren ist.

[266] So mit Söding, Liebesgebot, 227; Wilson, Love, 150 mit Anm. 2. Gegen Schmithals, Römerbrief, 444.

über Feinden (12,20). Umstritten ist Röm 13,1-7. Viele Exegeten sehen in diesem Abschnitt einen sekundären Einschub[267] oder Exkurs[268]. Doch kann m.E. gezeigt werden, daß Röm 13,1-7 in den Kontext Röm 12-13 integriert und vom Liebesgebot her interpretiert werden kann[269]. In Röm 13,8-10 zitiert Paulus das Nächstenliebegebot aus Lev 19,18 und spricht von der Agape als der Erfüllung des Gesetzes. Zusammen mit Röm 13,11-14 schließt Paulus damit den ersten Teil der Paraklese ab[270]. Obwohl der Abschnitt Röm 13,8-10 der Höhepunkt oder die Zusammenfassung der gesamten Paraklese sein soll, da Paulus hier die Agape in ihrem Zusammenhang mit dem Gesetz erörtert, scheint er in bezug auf die Reichweite des Liebesgebotes hinter Röm 12,9-21 zurückzubleiben und auf die innergemeindliche Agape beschränkt zu sein[271].

Der zweite Teil der Paraklese handelt vom Verhalten der "Starken" und der "Schwachen" und ist eine Explikation des Liebesgebotes: Das Verhalten wird an der Agape gemessen (14,15). Niemand, gerade der Starke nicht, soll auf Positionen verharren, die zwar theologisch einwandfrei sind, aber anderen Gemeindemitgliedern Anstoß geben (vgl. 14,13) und sie ins Verderben führen (14,15).

Die vorliegende Untersuchung beschränkt sich auf eine Betrachtung der Agape-Stellen im ersten Teil der Paraklese, Röm 12-13[272]. Im Vordergrund werden v.a. die Frage nach dem Adressatenbereich der Agape in den verschiedenen Abschnitten und das Problem der Integration von Röm 13,1-7 in den Kontext stehen. Zuvor jedoch soll kurz der historische Anlaß des Römerbriefs dargestellt werden. Dabei wird auch auf die Frage eingegangen, in welchem Verhältnis die Paraklese Röm 12-15 zu den vorausgehenden Kapiteln 1-11 des Römerbriefes steht.

---

[267] Vgl. Schmithals, Römerbrief, 458.

[268] Vgl. Söding, Liebesgebot, 227. Er ist der Meinung, daß eine stringente Interpretation vom Liebesgebot her schwerfallen dürfte und schenkt diesem Abschnitt in seiner Untersuchung leider keine Beachtung.

[269] So mit Wilckens, Römer III, bes. 31.

[270] Röm 13,11-14 fügt sich gut an die vorangehenden Verse an und schließt gleichzeitig Kap. 12f insgesamt ab. Vgl. Schlier, Römerbrief, 395-400, und Burchard, Summe, 43 mit Anm. 72 und 73, der gegen Nestle-Aland[26] V.11-14 "nicht nur durch Spatium vor V.11 vom vorigen Kontext absetzen" würde.

[271] Vgl. Burchard, Summe, 37.

[272] Zum zweiten Teil vgl. neben den Kommentaren v.a. Söding, Liebesgebot, 228-232.258-264.

3.4.2. Anlaß des Römerbriefes und das Verhältnis von Indikativ und Imperativ

Paulus schreibt diesen Brief, um bei der römischen Gemeinde um Unterstützung für seine bis nach Spanien reichenden Missionspläne zu bitten (15,24)[273]. Daher ist es sein Ziel, die Grundstrukturen seiner Evangeliumsverkündigung so darzulegen, daß er in Rom auf Akzeptanz treffen kann. Dies betrifft v.a. die Universalität und Gesetzesfreiheit seiner Verkündigung, deren Übereinstimmung mit dem in Rom akzeptierten Evangelium von Tod und Auferweckung Jesu er aufzeigen muß[274]. Vorrangige Aufgabe ist es zu zeigen, daß trotz kritischen Umgangs mit dem Gesetz die Entwicklung ethischer Impulse integral zu seiner Evangeliumsverkündigung dazugehört[275]. Dies wird einerseits an den ethisch orientierten Abschnitten der Kapitel 1-11 deutlich[276] und andererseits an den soteriologisch wichtigen Aussagen in Röm 12-15[277].

Am engsten ist die Verbindung zwischen Indikativ und Imperativ des Evangeliums in Röm 12,1f. Diese beiden Verse bilden die programmatische Überschrift über die folgende Paraklese und stellen zugleich die Verbindung zwischen indikativischer und imperativischer Evangeliumsverkündigung her. Das οὖν ist nicht nur Übergangspartikel[278]. Es weist zum einen auf ein tendenzielles Gefälle vom Indikativ zum Imperativ und zum anderen auf die Integration der Paraklese in das

---

[273] Neben den Kommentaren und Einleitungen vgl. Klein, Abfassungszweck; Kettunen, Abfassungszweck; Theobald, Römerbrief; Stuhlmacher, Abfassungszweck; und Wedderburn, Reason. Eine kürzere Diskussion findet sich bei Söding, Liebesgebot, 235-241, an dem ich mich in diesem Abschnitt orientiere.

[274] Allgemein ist anzunehmen, daß Paulus Informationen über die römischen Christen besessen hat. Ihn verbinden freundschaftliche Beziehungen zu einigen römischen Christen (Röm 16). Auch sonst können natürlich Nachrichten aus Rom nach Korinth gelangt sein, von wo aus Paulus den Brief schreibt. Vorausgesetzt wird die Zugehörigkeit von Kap. 16 zum Röm (vgl. Wilckens, Römer I, 24-27, und Zeller, Römer, 244ff, gegen Schmithals, Römerbrief, z.St.).

[275] Unter diesem Aspekt ist Röm 13,8-10 als "theologischer Höhepunkt der Paraklese" anzusehen, "während 12,9-21 die Agape, die nach 13,10 das Gesetz erfüllt, des näheren charakterisiert und Kapitel 14 sie an einem konkreten Fallbeispiel konkretisiert" (Söding, Liebesgebot, 237). Genau an dieser Stelle wird Burchard, Summe, 36, "stutzig", da seiner Meinung nach 13,8-10 hinter der Paraklese 12,9-21 zurückbleibt.

[276] Söding, Liebesgebot, 237 mit Anm. 37, verweist auf Röm 6,12-14.15-23 (auf Hintergrund von 6,5f) und Röm 8,12f (vor dem Hintergrund von 8,5ff). Vgl. auch Ortkemper, Leben, 1.

[277] Söding, Liebesgebot, 237 mit Anm. 38, denkt neben 12,4f v.a. an 14,7ff.15.17; 15,3.7-13; und unter eschatologischem Vorzeichen an 13,10ff.

[278] So aber Lietzmann, Römer, 107, und Käsemann, Römer, 314. Schmithals, Römerbrief, 46, hält es für redaktionell. Die bei ihm zugrundeliegende literarkritische Zerstückelung des Römerbriefes ist jedoch abzulehnen; vgl. Wilckens, Römer I, 15-22.28f.

Evangelium. Das verdeutlicht der Hinweis auf das "Erbarmen Gottes" (οἰκτιρμοὶ τοῦ θεοῦ) . Dieser Terminus bezeichnet die Ursache des gesamten Heilsgeschehens, das Paulus in Röm 1-11 beschrieben hat. Vor allem ἔλεος ist vom Kontext her als Parallelbegriff anzusehen: Gottes Erbarmen mit den Heiden (11,30; 15,9) und den Juden (11,31f), die er aus Gnade retten wird (11,26; vgl. 15,9)[279] .

In direktem Zusammenhang damit ist auf die paulinischen Aussagen zur Agape Gottes zu verweisen, die im Hintergrund von 12,1f stehen[280]. Gottes Agape ist durch den Geist in die Herzen der Menschen ausgegossen (5,5) und bestimmt von innen heraus deren Leben. Sie ist die Kraft, die sich den Sündern, ja Feinden Gottes in Christus zuwendet (5,8.10; 8,39)[281] und von der die Glaubenden in Ewigkeit nichts scheiden kann (8,39). Gottes Liebe liegt der menschlichen Liebe ermöglichend zu Grunde, indem sie durch den Geist das Leben der Menschen bestimmt. Man kann in diesem Zusammenhang von einer eschatologischen Neuschöpfung des Menschen sprechen, auf die die gesamte Schöpfung hofft (Röm 8,18ff), und darin im Rahmen der vorliegenden Untersuchung einen Hinweis auf das *Schwellenbewußtsein* sehen: Gottes Geist schafft den neuen Menschen, den die Agape nicht äußerlich, sondern von innen heraus bestimmt, und mit dem sich die ganze Schöpfung verbunden weiß[282] .

Hierin ist gleichzeitig ein erster deutlicher Hinweis auf das *Überforderungsbewußtsein* zu finden. Demjenigen Menschen, der nicht an der Agape Gottes partizipiert, sondern unter der Macht der Sünde steht (vgl. Röm 7,7-25[283]), wird liebendes Verhalten in den von Paulus dargestellten Dimensionen bis hin zur Feindesliebe[284] nicht zugetraut. Umgekehrt ermöglicht die Agape Gottes, daß der Glaubende grundsätzlich zu Nächsten- und Feindesliebe in der Lage ist. Dies wird durch die Einleitung der Paraklese in 12,1f unterstützt.

---

[279] Vgl. Söding, Liebesgebot, 238f, und Wilckens, Römer III, 1f. Letzterer sieht zudem in der Mahnung Röm 12,2 einen inhaltlichen Anschluß an Röm 6,12ff. Beidemale wählt Paulus den Begriff παραστῆσαι ("zur Verfügung stellen"), um das Verhalten der Christen gegenüber Gott zu charakterisieren (S. 2f).

[280] Vgl. Wilckens, Römer III, 19.

[281] Die Agape Gottes ist in Röm 5 und Röm 8 eng mit Christus und der Agape Christi verbunden (Röm 5,6-11; 8,34-37).

[282] Vgl. auch Wilckens, Römer III, 73, der herausstellt, daß man gerade Liebe nur im Zuge der Bekehrung und Erneuerung tun kann, wie sie in 12,1f ihren Ausdruck finden.

[283] Auch in diesem Abschnitt geht es um die Gegenüberstellung von ἀγαθόν und κακόν (Röm 7,18-21), die für 12,9-21 charakteristisch ist. Der Mensch unter der Sünde will zwar das Gute tun, tut aber das Böse, das er nicht will. Es ist bemerkenswert, daß Paulus grundsätzlich davon ausgeht, daß auch der Mensch unter der Sünde einen Willen zum Guten besitzt, auch wenn dieser sich nicht durchsetzen kann. Auf die vielfältigen Probleme, die Röm 7,7-25 aufwirft, kann im Rahmen der vorliegenden Untersuchung nicht eingegangen werden. Vgl. Theißen, Aspekte, 181-268, und Wilckens, Römer II, 72-117.

[284] Vgl. die Ausführungen zu Röm 12,9-21 im nächsten Abschnitt.

Paulus macht hier deutlich, daß es ihm nicht darum geht, einen fertigen moralischen Katalog zu liefern. Er traut dem Glaubenden vielmehr selbst zu, zu prüfen, was Gottes Wille ist, auch wenn dies ein "Prozeß mühsamen Suchens"[285] sein kann. Dennoch ist er realistisch genug, um sich bewußt zu sein, daß es trotz der Agape Gottes, die den Glaubenden von innen heraus bestimmen soll, zu Fehlformen kommen kann. Die Ermahnung zu "ungeheuchelter" Liebe (12,9) weist auf die Gefahr hin, daß der Dienst am Nächsten hintergründig durch Eigennutz motiviert sein kann[286].

Diese Agape Gottes ist der charakteristischste Zug des Erbarmens Gottes, von dem Paulus in 12,1 spricht. Aufgrund der Konstruktion mit διά c. gen. ist im Erbarmen Gottes die wirkende Ursache der Paraklese zu sehen, die damit deutlich als Teil des Evangeliums gekennzeichnet ist. Zugleich steht die gesamte Paraklese unter einem theozentrischen Vorzeichen[287]. Indikativ und Imperativ sind also ähnlich wie im Galaterbrief eng ineinander verwoben, so daß eine klare Trennung nicht möglich ist, wohl aber zwischen beiden unterschieden werden kann[288].

3.4.3. Philadelphia und das Verhalten gegenüber Feinden in Röm 12,9-21

Der Abschnitt Röm 12,9-21 knüpft an 12,1f an. Er führt aus, was es heißt, sich nicht dieser Welt anzugleichen, sondern sich durch Erneuerung der Vernunft verwandeln zu lassen. Und er zeigt, worin der Wille Gottes als das Gute und Wohlgefällige und Vollkommene im konkreten christlichen Leben besteht[289].

Die Agape steht betont am Anfang des Abschnitts (V.9a) und bildet dessen Thema: sie ist das in allem Verhalten innerhalb und außerhalb der Gemeinde Entscheidende[290]. Alle imperativischen Wendungen[291] sind Konkretionen der

---

[285] Ortkemper, Leben, 41. Vgl. Wilson, Love, 201f: "One of the goals of the gnomic exhortation in Romans 12 ... is to promote in the audience constant criticism and self-evaluation, in order to maintain a high level of ethical awareness and moral responsibility. ... he strives to develop in his readers a mature ethical outlook that is both practical and endowed with reason".

[286] Vgl. Ortkemper, Leben, 86; Wilckens, Römer III, 19; und Söding, Liebesgebot, 243.

[287] Vgl. Söding, Liebesgebot, 240, der daran anschließend herausstellt, daß Paulus diesem Sachverhalt "in Röm 12,1f dadurch Rechnung [trägt], daß er die Erkenntnis des Willens Gottes als die entscheidende Vorbedingung authentischer christlicher Praxis betrachtet" (S. 240).

[288] Vgl. Ortkemper, Leben, 1. Er weist die Teilungshypothese von Schmithals, Problem (auch im Kommentar zum Römerbrief), zurück (S. 1-4).

[289] So Wilckens, Römer III, 18, mit Hinweis auf Merk, Handeln, 160f, und Schlier, Römerbrief, 374.

[290] Vgl. u.a. Wilson, Love, 207.

[291] Vgl. Sauer, Erwägungen, 17f. Zum imperativen Partizipialstil siehe Wilckens, Römer III, 18 mit Anm. 83.

Agape-Mahnung. Die Motive sind in hohem Maße traditionell und in der stoischen Philosophie wie auch in alttestamentlichen und frühjüdischen weisheitlichen Traditionen bekannt[292]. Das hat zur Folge, daß Heiden wie Juden dem Abschnitt Bedeutung beimessen konnten[293]. Zusammenhängende vorpaulinische Traditionen liegen jedoch nicht zu Grunde[294].

Inhaltlich läßt sich zwischen Mahnungen zur verstärkten innergemeindlichen Philadelphia (φιλαδελφία; V.10a) und solchen, die das Verhalten gegenüber Feinden und Verfolgern der Gemeinde betreffen (V.14.17-20), unterscheiden. Tendenziell ist der erste Teil stärker von Aussagen über die innerekklesiale Dimension der Agape bestimmt (12,9b-13.15f), während im zweiten Teil der Aspekt der Beziehung zu Nicht-Christen überwiegt (12,17-20; vgl. 12,14). Auf eine klare Gliederung in zwei Teile muß man jedoch verzichten[295]. Vielmehr zeigt sich an den fließenden Übergängen, daß es "zwischen dem Verhalten zu den Brüdern innerhalb der Gemeinde und dem Verhalten zu den Menschen außerhalb keinen grundsätzlichen Unterschied, sei es der ethischen Gewichtung, sei es der Art des Verhaltens, gibt"[296].

Das wird dadurch deutlich, daß Paulus nicht zwischen dem anderen Christen geltenden Liebesgebot und dem Nicht-Christen geltenden Gebot, Gutes zu tun, unterscheidet. Ihm geht es vielmehr darum zu zeigen, daß das Gute, das nach 12,2 dem Willen Gottes entspricht, seinen Inhalt und sein Kriterium in der Liebe hat. Sie ist die "christliche Definition des Guten"[297].

Philadelphia bezeichnet hier wie in I Thess 4,9 metaphorisch die Geschwisterliebe innerhalb der Gemeinde, die die familia Dei bildet[298]. Durch den Hinweis auf ihre Herzlichkeit gewinnt sie besonderen Nachdruck. Φιλόστοργος bezieht

---

[292] Vgl. Wilckens, Römer III, 18; Söding, Liebesgebot, 242; Ortkemper, Leben; und Wilson, Love. Wilson, Love, 206, macht besonders darauf aufmerksam, daß Paulus durch die Aufnahme bestimmter jüdischer Traditionen positiv an diese anknüpft und damit deren Relevanz betont.

[293] So Wilson, Love, 203.

[294] Vgl. Sauer, Erwägungen, 17-22. Gegen Talbert, Tradition, und Schmithals, Römerbrief, 449, die aber unterschiedliche Vorlagen rekonstruieren, wobei sich Schmithals noch von Talbert distanziert (S. 452).

[295] So mit Schlier, Römerbrief, 374. Gegen Schmithals, Römerbrief, 436. Zudem gibt es einige grundsätzliche Formulierungen, die beiden Bereichen zugeordnet werden können (12,9bc.11c.15.16c.17a).

[296] Wilckens, Römer III, 22.

[297] Wilckens, Römer III, 20 (und 27). Vgl. Söding, Liebesgebot, 246 Anm. 80. Dies spricht gegen Burchard, Summe, 36 mit Anm. 39, der in Ansätzen zwischen dem anderen Christen geltenden Liebesgebot und dem Nicht-Christen geltenden Gebot, Gutes zu tun, unterscheiden will.

[298] Vgl. neben den Kommentaren z.B. Ortkemper, Leben, 88f, und II.3.1.3. Vgl. außerdem I Petr 1,22; 2,17; 3,8; Hebr 13,1; II Petr 1,7.

sich im klassischen Griechisch und zumeist in der Koine auf die herzliche Zuneigung zwischen Verwandten. Paulus beabsichtigt offensichtlich, die Intensität ekklesialer Gemeinschaft und deren Solidarität zu stärken[299]. Die Plausibilität seiner Mahnungen steht dabei außer Frage[300].

In 12,11b-12 kommt Paulus direkt auf das Gottesverhältnis der römischen Gemeinde zu sprechen. Er weist damit auf die theozentrische Ausrichtung von 12,1f zurück und macht nochmals deutlich, daß die Agape eine Geistesgabe Gottes ist, die im Herzen der Christen brennen soll. Auf diese Weise bindet er den paränetischen Teil implizit an den indikativischen Teil des Röm an.

Die Agape macht jedoch nicht bei der Gemeinde halt, sondern geht über sie hinaus. Sie gilt auch den Verfolgern und Feinden der Gemeinde[301]. Die Verfolger sind zu segnen, nicht zu verfluchen (V.14)[302]. Dies geht noch über eine Mahnung hinaus, Feindseligkeit nicht mit ebensolcher Feindseligkeit zu beantworten. Vielmehr sollen die Christen in Rom ihren Gegnern aktiv mit Gutem begegnen, wie es Paulus in 12,17-21 verdeutlicht.

Der Horizont bleibt jedoch nicht auf Gegner beschränkt. Allen Menschen gegenüber[303] soll man auf das Gute[304] bedacht sein und nicht Böses mit Bösem vergel-

---

[299] Dies ist wohl auch vor dem Hintergrund zu sehen, daß die Bekehrung zur christlichen Gemeinde oft den Bruch mit der eigenen Familie nach sich gezogen hatte. Vgl. Ortkemper, Leben, 90. Zum Begriff φιλόστοργος vgl. Spicq, Φιλόστοργος, und Wilckens, Römer III, 20 Anm. 92.

[300] Vgl. Söding, Liebesgebot, 244.

[301] Hierbei handelt es sich um Anspielungen auf die Situation der römischen Gemeinde; zu ihr vgl. II.3.4.4.b. Gegen Wilson, Love, 209: " ... there is no reason to suppose that Paul had any special reason to instruct the Romans to bless persecutors, for instance ...".

[302] Es ist eher unwahrscheinlich, daß Paulus hier bewußt das Jesuswort aus Lk 6,28 (par Mt 5,44) zitiert. Vielmehr dürften Stoffe der Jesusüberlieferung schon früh in der urchristlichen Katechese zu allgemeinen Sätzen der Paraklese geworden sein. Vgl. Wilckens, Römer III, 22f und Söding, Liebesgebot, 246f. Anders: Stuhlmacher, Jesustradition, 245. Sauer, Erwägungen, bes. 26-28, ist der Meinung, Röm 12,14 sei gegenüber Lk 6,28 die traditionsgeschichtlich ältere Fassung. Erst im Laufe der Zeit habe man dieses weisheitlich-paränetische Traditionsgut Jesus in den Mund gelegt. Auch das explizite Gebot der Feindesliebe sei einem späteren Redaktionsprozeß zuzuschreiben. Diese Schlußfolgerungen sind jedoch nicht zwingend Ergebnis seiner Beobachtungen. Vgl. Söding, Liebesgebot, 247 Anm. 84. Daß Paulus den Ausschluß der Christen aus der Synagogengemeinschaft im Blick habe (so Ortkemper, Leben, 102), ist nicht zu erkennen.

[303] So dürfte ἐνώπιον πάντων ἀνθρώπων vom Kontext her zu verstehen sein. Vgl. Schlier, Römerbrief, 381f; Wilckens, Römer III, 24; Ortkemper, Leben, 107f; und Söding, Liebesgebot, 248 mit Anm. 86. Gegen Schmithals, Römerbrief, 452f.

[304] Καλός ist Synonym von ἀγαθός.

ten (V.17). Das Gute aber ist die Liebe. Sie gilt grundsätzlich allen[305]. So soll man auch allen Menschen gegenüber den Willen zum Frieden haben, dabei aber in der Lage sein, die realen Möglichkeiten nüchtern einzuschätzen. Paulus fördert keinen Utopismus (V.18)[306]. Der anschließende Vers ist ein weiteres Beispiel für den Realitätssinn des Paulus. Es ist klar, daß es nicht einfach ist, dem Bösen mit Gutem zu begegnen, anstatt sich zu rächen. Daher formuliert er unter Berufung auf Dtn 32,35[307] das Racheverbot, das den Ausgleich Gott überläßt (V.19). Er schafft dadurch den Raum für eine "kreative Überwindung des Bösen durch das Gute"[308]. Wiederum mit einem alttestamentlichen Zitat Prov 25,21f LXX versetzt Paulus auch den Feind in den Kontext der christlichen Agape (V.20)[309]. Feindesliebe ist die positive Alternative zur Rache[310]. Paulus möchte durch den Wiedervergeltungsverzicht, die Überwindung der Rache und die aktive Feindesliebe erreichen, daß der Gegner umkehrt und so der göttlichen Vergeltung entgeht[311].

Bemerkenswert ist, daß Paulus den Hinweis auf eine göttliche Belohnung in Prov 25,22 wegläßt[312], obwohl I Kor 13,1-3 und Gal 6,8 zeigen, daß der Gedanke an Lohn nicht unpaulinisch ist[313].

---

[305] Paulus fügt zum LXX-Text von Prov 3,4 und auch über II Kor 8,21 hinaus betont πάντων hinzu. Dies zeigt sein Bemühen, den "Blick der Leser über die Grenzen der eigenen Gemeinde hinauszulenken" (Ortkemper, Leben, 108).

[306] Nüchtern eingeschätzt werden muß die Situation insgesamt, zu der auch das endliche Vermögen der Christen zählt. Söding, Liebesgebot, 248, versteht εἰρήνη (Frieden) umfassender und "letztlich vom eschatologischen Heilsgeschehen her bestimmt."

[307] Vgl. Ortkemper, Leben, 110f, der untersucht, welchen Text Paulus benutzt haben könnte. Zu Dtn 32,35 vgl. auch Wilckens, Römer III, 25f.

[308] Söding, Liebesgebot, 249.

[309] Dabei dürfte ebenso an den persönlichen Feind zu denken sein wie an die Verfolger der Gemeinde.

[310] Diese Feindesliebe ist vom Kontext her nicht auf den hilfsbedürftigen Feind in Not eingeschränkt, wie er im Zitat auftaucht. So mit Söding, Liebesgebot, 249, und gegen Ortkemper, Leben 120.

[311] Vgl. Wilckens, Römer III, 26; Ortkemper, Leben, 120-123; und Söding, Liebesgebot, 249, zur zweiten Vershälfte mit dem umstrittenen Bildwort von den feurigen Kohlen. Gegen Stendahl, Hate, der Paulus in Röm 12,19-21 aus der Perspektive Qumrans deutet: "If you act in non-retaliation your good deeds are stored up as a further accusation against your enemy for the day of Wrath to which you should defer all judgment" (S. 348). M.E. spricht Röm 12,14 gegen eine solche Interpretation.

[312] Vgl. Ortkemper, Leben 119f. Wilson, Love, 204, verweist auch auf das Fehlen von Hinweisen auf eine Belohnung, bringt dies jedoch nicht mit Prov 25,22 in Verbindung.

[313] Reziprozität im Sinne göttlichen Lohnes ist jedoch an beiden Stellen nicht Bedingung des Verhaltens. Zu Gal 6,8 vgl. Betz, Galaterbrief, 522, und Mußner, Galaterbrief, 406. Vgl. auch II Kor 5,10.

Schließlich faßt Paulus noch einmal in weisheitlichem Stil zusammen, um was es ihm in diesem Abschnitt ging: Man soll sich nicht vom Bösen überwinden lassen, sondern das Böse mit Gutem überwinden (V.21). Und zwar von dem Guten, dessen Kriterium die ungeheuchelte Liebe (V.9) ist.

Zusammenfassend kann man sagen, daß Paulus die "Grundhaltung"[314] der *einen* Agape herausstellt, die sowohl das Verhältnis der Gemeindeglieder zueinander als auch deren Beziehungen zur Umwelt bestimmen soll. Es gibt für ihn keinen Unterschied zwischen dem Binnenraum der Gemeinde und der sie umgebenden Welt. Allen Menschen ist mit Liebe zu begegnen, auch und gerade den Feinden. Denn in der Feindesliebe der Christen zeigt sich ihr "Bestimmtsein durch das Erbarmen Gottes" am deutlichsten, "das in der Lebenshingabe Jesu seinen eschatologisch klarsten Ausdruck gefunden hat"[315] (vgl. Röm 5,8.10). Damit spielt das *Erweiterungsbewußtsein* eine zentrale Rolle im Röm.

3.4.4. Die Unterordnung unter die Obrigkeit Röm 13,1-7 im Kontext von Röm 12f

Die Literatur zu Röm 13,1-7 ist Legion[316]. Es kann daher in diesem Abschnitt nicht darum gehen, die vielfältigen Probleme detailliert aufzuarbeiten. Vielmehr beschränken wir uns darauf, die Stellung von Röm 13,1-7 im Kontext von Röm 12f zu untersuchen.

a) Röm 13,1-7 als Exkurs oder sekundärer Einschub?

Vielfach wird Röm 13,1-7 als Exkurs angesehen, der mit dem Kontext in einer lockeren Beziehung steht[317]. Einige Exegeten gehen noch darüber hinaus und halten den Abschnitt für einen sekundären Zusatz[318]. Die Argumente, die zu

---

[314] Söding, Liebesgebot, 242.

[315] Söding, Liebesgebot, 250. Vgl. Wilckens, Römer III, 27. Die Feindesliebe ist letztlich das in 12,1 geforderte Opfer; vgl. Schlier, Römerbrief, 383.

[316] Vgl. z.B. die Übersichten bei Riekkinen, Römer 13, 34-49, und Käsemann, Römer 13. Ein Blick in den Kommentar von Wilckens, Römer III, 28-66, gibt bereits mehr als einen ersten Anhaltspunkt. Man betrachte nur die Darstellung der Wirkungsgeschichte.

[317] So Söding, Liebesgebot, 227 (vgl. Merk, Handeln, 161). Seiner Meinung nach dürfte es "schwerfallen, Röm 13,1-7 stringent vom Liebesgebot her zu interpretieren". Er begründet diese Position jedoch nicht weiter. Da er an anderer Stelle auf Friedrich u.a., Situation, hinweist (S. 234 Anm. 27), die Röm 13,1-7 in den Kontext integrieren, ist nicht ganz nachzuvollziehen, warum er Röm 13,1-7 als Exkurs ansieht, auf den er nicht eingeht. Ortkemper, Leben, 125, spricht von einem "Zwischenstück", behandelt Röm 13,1-7 jedoch ebensowenig wie Söding.

[318] Zuletzt Schmithals, Römerbrief, 458 (so bereits Schmithals, Problem. Weitere Exegeten nennt Wilckens, Römer III, 30 Anm. 137). Diese Möglichkeit wird von Merk,

einer solchen Annahme veranlassen, sind vielfältig. Im Mittelpunkt steht, daß Röm 13,8-10 literarisch mit Röm 12,9-21 einen unlösbaren Zusammenhang bilde und Röm 13,1-7 keinerlei brieflichen Bezug zum Kontext habe und von daher isoliert stehe. Auch sachliche Zusammenhänge und Integrationsversuche, die Röm 13,1-7 in der Situation der römischen Gemeinde verankern, werden zurückgewiesen. Stichwortverbindungen werden zwar als solche erkannt, aber als "typisches Zeichen von Redaktionsarbeit" angesehen[319].

Diese Position ist m.E. schon im Ansatz methodisch fragwürdig. Ein Text kann nicht schon daher als sekundärer Einschub angesehen werden, weil der Kontext auch ohne ihn stimmig ist[320]. Bevor man zu literarkritischen Operationen schreitet, muß geklärt werden, ob Röm 13,1-7 nicht innerhalb des vorliegenden Textes Sinn macht. M.E. kann genau dies gezeigt und begründet werden. Selbst ein Verständnis als Exkurs ist nicht angemessen.

b) Röm 13,1-7 als integraler Bestandteil von Röm 12f

Aus vier unterschiedlichen Perspektiven heraus kann Röm 13,1-7 als integraler Bestandteil von Röm 12f betrachtet werden[321].

1. Wortstatistisch und stilkritisch betrachtet, liegt ein von Paulus unter Zuhilfenahme von traditionellem Überlieferungsmaterial diktierter (vgl. 16,22) und sorgfältig strukturierter Text[322] vor, dessen angebliche Glosse V.5[323] sogar rein

---

Handeln, 161f; Ortkemper, Leben, 125; und Söding, Liebesgebot, 227 Anm. 2, zurückgewiesen.

[319] Vgl. Schmithals, Römerbrief, 458-462 (Zitat S. 461).

[320] So mit Friedrich, Situation, 149, der sich mit Schmithals, Problem, auseinandersetzt. In seinem Römerbrief-Kommentar vertritt Schmithals weiterhin seine alte Position. Burchard, Summe, 37, stellt sogar in Frage, ob der Zusammenhang von 12,9-21 mit 13,8-10 wirklich stimmig ist. Seiner Meinung nach bleibt 13,8-10 hinter der Paraklese Röm 12,9-21 zurück, da 13,8-10 nur auf gegenseitige Liebe unter Christen ziele, auch wenn deren Kreis einen offenen Rand habe (,nicht aber die Liebe zu allen Menschen einschließlich der Feinde im Blick habe wie 12,9-21), und V.10a minimalistisch formuliert sei: "Die Liebe tut dem Nächsten nichts Böses". Dies veranlaßt ihn dazu, 13,8-10 als Fortsetzung der Obrigkeitsparaklese in 13,1-7 zu lesen. Diese Folgerung ist m.E. richtig, auch wenn an ihren Voraussetzungen Kritik geübt werden kann. M.E. ist 13,8-10 nicht auf Liebe zwischen Christen beschränkt (s.u.). Auch von einer minimalistischen Formulierung kann man nur sprechen, wenn Agape und das Gute nicht zu eng aufeinander bezogen werden.

[321] Formal schließe ich damit an die Gliederung von Friedrich u.a., Situation, 146-159, an. Auch inhaltlich stimme ich im großen und ganzen mit ihnen überein, so daß nur Abweichungen besonders gekennzeichnet werden. Vgl. auch Merklein, Sinn.

[322] Zur semantischen Struktur vgl. Merklein, Sinn, 241-254.

[323] So Bultmann, Glossen, 281f.

paulinisch formuliert ist, wie sich überhaupt viele typisch paulinische Worte finden.

2. Auffällig sind einige Stichwortverbindungen sowohl nach hinten als auch nach vorne[324]. In 13,4 (ἔκδικος εἰς ὀργήν) klingt 12,19 an (ἐκδικοῦντες; τῇ ὀργῇ), in 13,7 (πᾶσιν) vielleicht das πάντων ἀνθρώπων aus 12,17f. Ὀφείλετε in V.8 knüpft an ὀφειλάς in V.7 an[325]. Besonders wichtig sind die Stichworte ἀγαθόν und κακόν. Programmatisch wird das "Gute" bereits in 12,2 erwähnt. "Gut" und "Böse" sind Thema des Abschnitts 12,9-21 (vgl. 12,17.21) und tauchen in der Begründung der Gehorsamsforderung in 13,3f erneut auf. Schließlich findet sich κακόν in 13,10a[326]. Dies macht mehr als wahrscheinlich, daß die gesamte Paraklese in Röm 12f einschließlich 13,1-7 unter dem Thema "Die Liebe als das Gute"[327] steht. Zur Begründung der Interpolationshypothese können die Stichwortverbindungen auf keinen Fall angeführt werden[328].

3. Auch die Disposition von Röm 12f läßt die feste Einbettung von Röm 13,1-7 in den Zusammenhang der Paraklese erkennen.

Nach der programmatischen Einleitung in 12,1-2 wendet sich Paulus zuerst dem Zusammenleben der Christen und deren Charismen zu, die zum Aufbau der Gemeinde eingesetzt werden sollen (12,3-8).

In dem anschließenden Abschnitt 12,9-21 finden sich fließende Übergänge zwischen Aussagen über innergemeindliches Verhalten und solches nach außen, wobei im ersten Teil die innerekklesiale Dimension überwiegt (12,9-13.15f), während im zweiten Teil der Aspekt der Außenverhältnisse betont wird (12,17-20; vgl. 12,14)[329].

Röm 13,1-7 hat nun m.E. eine doppelte Funktion. Zum einen behandelt Paulus einen wichtigen öffentlichen Aspekt des Lebens der Christen in der Welt: Der Wille Gottes gegenüber den staatlichen und politischen Instanzen drückt sich im Gebot der Unterordnung aus[330]. Denn die Obrigkeit[331] mit ihrer "weltlichen"

---

[324] Vgl. Friedrich, Situation, 148f, der noch weitere Beispiele anführt, und Wilckens, Römer III, 30f.

[325] Daß hier unterschiedliche Bedeutungen vorliegen sollen (so Schmithals, Römerbrief, 460), ist nicht ersichtlich.

[326] Burchard, Summe, 37, spricht von einer minimalistischen Formulierung. Wenn man jedoch in Betracht zieht, daß die Liebe die christliche Definition des Guten ist, braucht der Satz nicht minimalistisch verstanden zu werden.

[327] Wilckens, Römer III, 31. Vgl. Kuhn, Liebesgebot, 199.

[328] Gegen Schmithals, Römerbrief, 461.

[329] Vgl. II.3.4.3. Diese Gliederung ist etwas feinkörniger als die von Friedrich u.a., Situation, 150-152.

[330] Riekkinen, Römer 13, 57-65, macht auf die Nähe zum griechisch-römischen Untertanenverständnis aufmerksam. Opportunismus liegt nicht vor. Der Gedanke ist "von der in der hellenistisch-römischen Antike allgemein anerkannten normativen Vorstellung gelei-

Aufgabe, das Gute zu schützen[332], ist eine "Dienerin Gottes" (θεοῦ διάκονος; V.4) und partizipiert als solche an der eschatologischen Richterfunktion Gottes, von der Paulus in 12,19 spricht[333]. Zum anderen liegt es nahe, 13,1-7 als paradigmatische Anwendung von 12,21: "Laß dich nicht vom Bösen überwinden, sondern überwinde das Böse mit Gutem" aufzufassen. In dieser Hinsicht ist die römische Obrigkeit und ihr Verhalten, das sie gegenüber den Christen an den Tag gelegt hat und noch legt[334], implizit mit dem "Bösen" zu identifizieren, das überwunden wird, indem Paulus es positiv in einen theozentrischen Kontext integriert[335]. Damit wird die positive Darstellung der Obrigkeit als Dienerin Gottes jedoch nicht zur bloßen Rhetorik. Vielmehr gelingt es Paulus, positive und negative Aspekte seines Obrigkeitsverständnisses so miteinander zu verbinden, daß sie ineinander aufgehen.

Röm 13,8-10 knüpft direkt an V.7 an und bildet zusammen mit 13,11-14 den Abschluß des ersten Teils der Paraklese (Röm 12f)[336].

4. Schließlich ist die Situation der römischen Gemeinde zu bedenken. Das aus dem Jahre 49 n.Chr. stammende Claudius-Edikt[337] wurde wahrscheinlich erst durch den Regierungsantritt Neros 54 definitiv aufgehoben. Von daher konnten

tet, nach der dem Herrscher die Aufgabe zukommt, das Gute (bonum commune) zu fördern und das Böse zu verhindern" (Merklein, Sinn, 247). Es geht um die Loyalität der Christen. Zum religionsgeschichtlichen Hintergrund der Einsetzung der Obrigkeit durch Gott vgl. Merklein, Sinn, 261f mit Anm. 64 bis 69.

[331] "Obrigkeit" wird hier als Sammelbezeichnung für die in 13,1-7 genannten Funktionsträger gebraucht. Vgl. Burchard, Summe, 36 Anm. 35. Ein Bezug zu dämonischen Mächten ist aufgrund der Gehorsamsforderung und der göttlichen Anordnung (V.1f) ausgeschlossen; vgl. Merklein, Sinn, 244 mit Anm. 12 (Lit.).

[332] Vor aller theologischen oder eschatologischen Interpretation geht es hier zunächst um die staatliche Bestrafungspraxis; vgl. Merklein, Sinn, 249.

[333] Die Relativierung staatlicher Macht, die darin zum Ausdruck kommt, wird im Text nicht weiter ausgeführt. Vgl. aber I Petr 2,13: die staatlichen Autoritäten inklusive Kaiser werden als "menschliche Ordnung" (ἀνθρωπίνη κτίσις) gekennzeichnet.

[334] Auf die Situation der römischen Christen komme ich gleich ausführlich zu sprechen.

[335] Gegen Schmithals, Römerbrief, 461, läge also sehr wohl eine inhaltliche Systematik zugrunde: In 13,1-7 handelt Paulus gerade von einer Obrigkeit, die versagt hat und versagen kann. 12,14.17-21 bilden die Voraussetzung zum Verstehen von 13,1-7 und dürfen nicht auf diese Verse folgen. Das kritische Wort gegen die Obrigkeit, das man erwarten könnte (zum Problem vgl. Merklein, Sinn, 260-262), liegt Röm 13,1-7 insgesamt zugrunde und ist nicht ein vermeintlich fehlender inhaltlicher Aspekt des Abschnitts.

[336] Diese kurze Bemerkung zu Röm 13,8-10 soll an dieser Stelle genügen, da diese Stelle im nächsten Abschnitt noch ausführlich behandelt werden wird. Die Gliederung insgesamt macht deutlich, daß Röm 12 nicht "as a general literary and material introduction to the concrete paraenesis of chapters 13-15" (so aber Wilson, Love, 146) angesehen werden darf, sondern eng zu Kap. 13 gehört.

[337] Zum Claudius-Edikt und seiner Datierung vgl. Lampe, Christen, 4-8.

die durch das Edikt vertriebenen Judenchristen erst wieder kurze Zeit vor der Abfassung des Römerbriefs nach Rom[338] zurückkehren. Dort trafen sie auf eine heidenchristliche Gemeinde, die wahrscheinlich in der Zwischenzeit stark angewachsen war[339]. Die Vertreibungs- und Verfolgungssituation aber blieb lebendig erhalten[340]. Die römischen Christen durften daher keine neuen Unruhen hervorrufen[341]. Gleichzeitig mußten sie, die in einzelnen Hausgemeinden organisiert waren[342], vermeiden, gegen das Gebot politisch-konspirativer Vereine zu verstoßen. Zudem hatte man, wie die anderen römischen Bürger auch, unter den hohen Steuerforderungen unter Nero zu leiden, die erst 58 n.Chr. nach Protesten der Bevölkerung durch ein Edikt Neros reformiert wurden[343].

Auf diese konkrete Situation der römischen Gemeinde um 55 n.Chr. stimmt Paulus seine Paraklese ab. Die Mahnung zur Subordination ist in diesem Zusammenhang sehr verständlich, da Anlaß zu neuen Unruhen zur Genüge vorhanden gewesen wäre[344]. Die Situation, begegnendes Übel durch Wohltun zu besiegen, war für die römischen Christen gegeben[345].

Insgesamt sprechen diese vier Perspektiven eindeutig für eine Integration von Röm 13,1-7 in den Kontext. Es liegt weder ein Exkurs vor, noch haben wir es mit

---

[338] Als Abfassungszeit wird gewöhnlich das Jahr 55/56 oder 56/57 angegeben.

[339] Vgl. Wilckens, Römer I, 35f. In die Folge der Ereignisse um das Claudius-Edikt dürfte auch die Ablösung des stadtrömischen Christentums von der Synagoge fallen. Vgl. Lampe, Christen, 8f. Gegen Schmithals, Problem, 87-90, der die Ansicht vertritt, daß Paulus mit dem Römerbrief die stadtrömischen Christen endgültig aus dem Synagogenverband herauslösen wolle.

[340] In 12,14 könnte eine Anspielung daran zu finden sein. Da auch die vertriebenen Juden nach Rom zurückkehrten, sind Spannungen nicht unwahrscheinlich. Nach Tacitus, Ann XV 44, und Sueton, Nero XVI, herrschte eine latente Mißstimmung in der römischen Bevölkerung gegen die Christen, die sich Nero zunutze machen konnte. Eine detaillierte Rekonstruktion ist auf der Basis des Röm jedoch nicht möglich:

[341] Immerhin waren es nach Sueton, Claudius XXV, "Tumulte", deretwegen Claudius das Edikt erlassen hatte.

[342] Vgl. Lampe, Christen, 301f.

[343] Daran knüpft Röm 13,6f an. Vgl. Friedrich u.a., Situation, 153-159.161, die v.a. auf Sueton, Nero X, hinweisen. Das unbedingte Unterordnungsgebot von 13,1-5 steht im Dienste der in V.6-7 vorauszusetzenden Situation. Paulus möchte Aufsehen vermeiden. Vgl. Merklein, Sinn, 266f.

[344] Paulus begründet seine Forderung zur Unterordnung nicht allein mit der von den politischen Autoritäten ausgeübten Strafgerichtsbarkeit (Röm 13,4), sondern auch mit dem Hinweis auf das Gewissen (13,5). Das speziell christliche Gewissen dürfte nicht angesprochen sein. Paulus greift damit auf 12,2 zurück und appelliert an das "kritische Selbst- und Verantwortungsbewußtsein", das aus der "verantwortliche[n] Einsicht in die Gesamtumstände" (Friedrich u.a., Situation, 164) resultiert. Vgl. Merklein, Sinn, 250.

[345] Hierin knüpft Röm 13,1-7 an 12,21 an. Vgl. Friedrich u.a., Situation, 161.

einem sekundären Zusatz zu tun. Röm 13,1-7 steht unter der Überschrift "Die Liebe als das Gute"[346]. Auch gegenüber der Obrigkeit soll man in Liebe handeln. Konkret heißt das, sie innerhalb eines theozentrischen Kontextes zu betrachten und sich ihr daher unterzuordnen und ihren Anforderungen - beispielhaft an den Steuerabgaben dargestellt - Folge zu leisten[347]. Dies entspricht dem paulinischen Verständnis, der Obrigkeit gegenüber das Gute zu tun[348].

3.4.5. Das Nächstenliebegebot als Erfüllung des Gesetzes in Röm 13,8-10

Röm 13,8-10 bildet den Höhepunkt und die Zusammenfassung der Paraklese in Röm 12-13[349]. Dennoch hat es den Anschein, als blieben diese Verse hinter der Paraklese insbesondere von 12,9-21 zurück[350]. Dies liegt vor allem daran, daß das Liebesgebot in 13,8-10 auf die Mitglieder der christlichen Gemeinde beschränkt zu sein scheint[351].

Es ist zwar richtig, daß das ἀλλήλους ἀγαπᾶν (13,8) das ἀλλήλων und ἀλλήλους des Abschnitts 12,3-21 aufnimmt (12,5.10.16), die dort auf die Gemeinde bezogen sind. Im Kontext von Röm 13,7.8[352] ist jedoch eine umfassendere Deutung möglich. Interpretiert man ἀλλήλους im Zusammenhang mit μηδενί, das in negativer Formulierung alle Menschen ohne Ausnahme meint und das positive πᾶσιν aus 13,7 aufnimmt[353], so kann ἀλλήλους ἀγαπᾶν umfassender verstanden werden[354]: Die Nächstenliebe soll allen Menschen der Umge-

---

[346] Wilckens, Römer III, 31.

[347] Ich bin mir bewußt, daß hier ein relativ weites Verständnis von "lieben" zugrunde liegt.

[348] Historisch könnte Röm 13,1-7 als "Anweisung für [ein] missionarisches Tatzeugnis im politischen Alltag der römischen Christengemeinde in der Mitte des 1. Jahrhunderts" (Friedrich u.a., Situation, 161) angesehen werden. Vgl. Merklein, Sinn, 267 mit Anm. 81.

[349] Berger, Gesetzesauslegung, sieht einen traditionsgeschichtlichen Zusammenhang zwischen Röm 13,8-10 und Mk 12,28-34. Zur Auseinandersetzung mit Berger vgl. Wischmeyer, Gebot, bes. 175-180, die jedoch leider von einer "Sprengung der Tora von innen heraus" und einer "torazerstörende[n] Absicht" (S. 178) in bezug auf beide Texte spricht. Dies ist m.E. nicht der Fall.

[350] So Burchard, Summe, 37.

[351] Vgl. v.a. Montefiore, Neighbour, 161.

[352] Beide Verse sind eng aufeinander bezogen, dennoch dürfen V.7-10 nicht als eigene Perikope betrachtet werden. Vgl. Burchard, Summe, 39.

[353] Selbst wenn πάντες in 13,7 nur auf die Obrigkeit zu beziehen ist (so Merklein, Sinn, 252), ist die Perspektive insgesamt nicht auf die christliche Gemeinde beschränkt. Μηδενί würde in diesem Fall noch weiter verallgemeinern.

[354] Vgl. Cranfield, Romans, 675. Ihm schließt sich Wilckens, Römer III, 68 mit Anm. 374, an.

bung erwiesen werden[355]. Darauf verweist auch die Formulierung ἀγαπῶν τὸν ἕτερον (13,8), die generalisierend die Liebe zu jeglichem Menschen meint[356]. Bezogen auf den Adressatenkreis der Agape bleibt Röm 13,8-10 also nicht hinter 12,9-21 zurück, so daß wir auch hier von einem *Erweiterungsbewußtsein* im Zusammenhang mit dem Liebesgebot sprechen dürfen.

Für den Liebenden gilt, daß er den νόμος erfüllt hat (13,8). Zumeist wird darunter die alttestamentliche Tora verstanden[357], die im Liebesgebot Lev 19,18 zusammengefaßt wird (V.9). Doch Paulus spricht auch noch von "anderen Geboten" (καὶ εἴ τις ἑτέρα ἐντολή; V.9). Darunter müssen nicht "sämtliche Gebote der Tora insgesamt"[358] bzw. der Rest des Dekalogs oder der Tora, der nicht in der Aufzählung der Gebote in V.9 genannt wurde, zu verstehen sein. Vielmehr scheint Paulus die aufgezählten Dekaloggebote aufgrund der gemeinsamen Substantivierung durch τό als "Ensemble" aufzufassen, "dessen Glieder etwas gemeinsames haben"[359], nämlich das Verbot von Beschädigungen von Leib und Gut. Paulus nennt also Verbote von Verbrechen, die auch von der Obrigkeit geahndet werden, wenn auch nach deren Gesetzen. Καὶ εἴ τις ἑτέρα ἐντολή könnte in diesem Zusammenhang Gebote meinen, die vergleichbare Beschädigungen verbieten wie die zitierten, oder einfach andeuten, daß noch mehr Gebote im Nächstenliebegebot zusammengefaßt sind, die nicht explizit genannt werden müssen[360]. Damit reduziert Paulus nicht das Gesetz, sondern erklärt das Nächstenliebegebot zu seinem zusammenfassenden Leitsatz[361]. Die Agape ist es, die

---

[355] Εἰ μή (13,8a) ist syntaktisch schwierig, vgl. Walther, Dilemma. Die Mehrheit versteht es im Sinne von "außer" (vgl. Burchard, Summe, 37f). Anders z.B. Ortkemper, Leben, 126f, und Söding, Liebesgebot, 256, die an ein adversatives Verständnis denken und auf das aramäische אלא rekurrieren. Auf jeden Fall verweist Paulus in V.8α auf ein bürgerliches hellenistisches Ideal, das er in V.8β mit der Liebe als dem ungleich wichtigeren überbietet. Vgl. Ortkemper, Leben, 127f, und Wilckens, Römer III, 67 mit Anm. 372.

[356] Vgl. Friedrich, u.a., Situation, 152, die jedoch zwischen τὸ ἀλλήλους ἀγαπᾶν und ἀγαπῶν τὸν ἕτερον stärker unterscheiden. Τὸν ἕτερον gehört als Objekt zu ὁ ἀγαπῶν, nicht als Attribut zu νόμον. Vgl. Wilckens, Römer III, 68; Schlier, Römerbrief, 394f; und Cranfield, Romans, 675f. Anders Marxsen, Röm 13; und Burchard, Summe, 38, für den die vorgelebte gegenseitige Liebe der Christen das ist, was diese der Außenwelt schulden.

[357] Vgl. Ortkemper, Leben, 129; Wilckens, Römer III, 70; und Burchard, Summe, 40.

[358] Wilckens, Römer III, 70.

[359] Burchard, Summe, 41. Zur folgenden Interpretation vgl. Burchard, Summe, 41-43.

[360] Vgl. Schlier, Römerbrief, 395. Vielleicht muß man dabei sogar nicht auf die alttestamentlichen Gebote beschränkt bleiben, sondern kann auch an ähnlich zielende obrigkeitliche Gesetze denken.

[361] Auf keinen Fall will Paulus "durch das Gesetz das Gesetz aufheben" (so aber Wischmeyer, Gebot, 182). Auch an einer Gegenüberstellung ist ihm nicht gelegen, wie es

das Gesetz (voll) erfüllt (13,10) - sei es durch die Tora oder die Obrigkeit gefordert[362]. Der Begriff νόμος könnte "doppelbödig"[363] sein: Zum einen bezeichnet er die alttestamentliche Tora, zum anderen spielt Paulus implizit auf die staatlichen Gesetze an[364]. Beide werden durch die Agape erfüllt. Auf jeden Fall weist Paulus die mögliche Annahme zurück, sein Gesetzesverständnis führe zu ethischer Indifferenz[365].

Röm 13,8-10 bildet den Abschluß der Obrigkeitsparaklese Röm 13,1-7 und gleichzeitig in Verbindung mit Röm 13,11-14[366] den Schluß des ersten paränetischen Teils, in dem Paulus in umfassender Weise sein Agape-Verständnis darlegt.

3.4.6. Zusammenfassung

In erster Linie läßt sich für das Liebesgebot im Röm festhalten, daß die durch den Geist ermöglichte Partizipation an der Liebe Gottes die grundsätzliche Voraussetzung darstellt, Agape zu leben. Diejenigen Menschen, die von innen heraus durch die Liebe Gottes bestimmt werden, scheinen in der Lage zu sein, das Liebesgebot zu erfüllen. Dennoch ist Paulus realistisch genug zu wissen, daß der Dienst am Nächsten auch eine subtile Form der Selbstsucht darstellen kann (12,9). Den Lohngedanken grenzt er jedoch aus (12,20). Anderen Menschen, die (noch) nicht an der Liebe Gottes partizipieren, spricht er eine kommunikative Kompetenz ab (vgl. Röm 7).

Die Dimension des Nächstenliebegebotes aus Lev 19,18 tritt klar hervor. Paulus beschränkt es nicht auf die Gemeindeglieder. Vielmehr umfaßt es alle Menschen. Selbst die Feinde werden im Horizont der Liebe gesehen (Röm 12,9-21; 13,8-10). Dies wird theologisch durch die Feindesliebe Gottes vorbereitet und basiert auf dieser (5,10). Die Adressatenfrage spielt im Röm eine wichtige Rolle, wie die Untersuchung gezeigt hat. Somit kann man das *Erweiterungsbewußtsein* als den zentralen Aspekt des Röm ansehen.

---

bei Bencze, Analysis, zum Ausdruck kommt: "He wants to make them [the audience] get from law to love" (S. 91).

[362] Daß Paulus das Zitat von Lev 19,18 mit ἐν τῷ λόγῳ τούτῳ einleitet, nimmt ihm nicht seinen Gebotscharakter. Vgl. Söding, Liebesgebot, 277. Gegen Schmithals, Römerbrief, 474.

[363] Burchard, Summe, 43.

[364] Burchard, Summe, 43 Anm. 70, ist sich bewußt, daß diese Interpretation noch überzeugender wäre, wenn in 13,1-7 der Begriff νόμος vorkäme. Dieser wurde jedoch seit 10,5 nicht mehr erwähnt. Vgl. Cranfield, Romans, 679, der sich kritisch zu einem ähnlichen Vorschlag von Leenhardt, Romains, 189f, äußert.

[365] Vorausgesetzt ist offenbar, daß den Angeredeten die Erfüllung möglich ist, mit der Paulus rechnet. Neben Burchard, Summe, 43, vgl. Wilckens, Römer III, 73f.

[366] Καὶ τοῦτο (V.11) blickt auf die gesamte bisherige Paraklese zurück.

Damit besteht im Röm - vergleichbar mit den vorhergehenden Briefen - ein un-
lösbarer Zusammenhang der drei leitenden Themenkreise dieser Untersuchung
bei gleichzeitiger Betonung eines bestimmten Aspektes: Die durch den Geist
Gottes erneuerten Menschen, auf die die gesamte Schöpfung hofft (Röm 8,18ff;
Schwellenbewußtsein), sind diejenigen, die zur Agape selbst über den allernächsten Nächsten hinaus (*Erweiterungsbewußtsein*) grundsätzlich fähig sind (kein
Überforderungsbewußtsein im Blick auf diese).

3.5. Zusammenfassende Betrachtung zum Liebesgebot in den paulinischen Briefen

Das Liebesgebot stellt das Zentrum der paulinischen Ethik dar. Bereits in I Thess
und I Kor wird die Agape stark betont, auch wenn sie noch nicht die überragende
Rolle für die Ethik spielt wie in Gal und Röm, wo sie im Rahmen der Rechtfertigungslehre und Gesetzeskritik entfaltet wird[367]. Doch bereits in diesen beiden
früheren Briefen werden grundsätzliche Strukturen des paulinischen Agape-Verständnisses deutlich[368]. In Gal 5 und Röm 13 greift Paulus explizit auf das Nächstenliebegebot aus Lev 19,18 LXX zurück, um die ethischen Perspektiven seiner
Verkündigung in Auseinandersetzung mit der Tora und aus deren Mitte heraus
deutlich zu machen.

Das Liebesgebot ist das Kriterium, an dem sich der Umgang mit dem Gesetz und
christliches Verhalten gegenüber Außenstehenden, aber auch zwischen christlichen Gruppen zu orientieren hat. Nirgends jedoch liefert Paulus einen Katalog,
der erklärt, welches konkrete Tun in den verschiedenen Situationen des Alltags
gefordert wäre. Vielmehr ermuntert er die Glaubenden, anhand des Liebesgebotes selbst zu prüfen, welches Verhalten jeweils angemessen ist. Er appelliert an
die ihnen eigene Einsicht in die Situation. Diese Einsicht wird bestimmt durch
die Agape Gottes, an der die Glaubenden pneumatisch partizipieren[369]. Durch
diese Liebe von innen heraus bestimmt, in Paulus Worten als καινὴ κτίσις[370],
d.h. als neuer Mensch im Sinne des *Schwellenbewußtseins*, ist die Erfüllung des

---

[367] Der Bezugsrahmen, innerhalb dessen Paulus sein Agape-Verständnis ausbreitet, ist
wichtig. Die Rechtfertigungsproblematik spielt in I Thess und I Kor noch keine Rolle und
darf auch nicht für sie vorausgesetzt werden.

[368] Vor allem die Orientierung des Verhaltens an Gottes eschatologischem Heilshandeln
spielt in allen Briefen eine Rolle. Ebenso die Einbeziehung von Nicht-Christen unter die
Agape.

[369] Dieser Aspekt erscheint zum ersten Mal ausdrücklich im I Kor in der Auseinandersetzung mit dem korinthischen Enthusiasmus und wird im Gal und Röm im Zusammenhang mit der Rechtfertigungslehre reflektiert.

[370] Vgl. II Kor 5,11-21. V.17: "Darum: Ist jemand in Christus, so ist er eine neue Kreatur (καινὴ κτίσις); das Alte ist vergangen, siehe, Neues ist geworden."

Liebesgebotes möglich. Das *Überforderungsbewußtsein* gilt für die Glaubenden nur insofern, als sich Paulus bewußt ist, daß Fehlhaltungen auftreten können. Grundsätzlich jedoch hält er die Einhaltung des Liebesgebotes durch die von der Liebe Gottes bestimmten Menschen für möglich.

Die Agape selbst kann für Paulus nicht bei den Mitgliedern der Gemeinde stehen bleiben. Zwar ist sie aus religionssoziologischen und theologischen Gründen[371] in erster Linie innerekklesiale Philadelphia. Aber sie bezieht über die Grenzen der Gemeinde hinaus auch Nicht-Christen ein, seien sie selbst Verfolger und Feinde der Gemeinde oder des Einzelnen. Wir können daher von einem *Erweiterungsbewußtsein* sprechen. Diese Einsicht ist für Paulus letztlich in der Universalität des Heilswillens Gottes begründet.

Interessant ist m.E., daß Paulus in seinen Briefen im Zusammenhang mit dem Liebesgebot nicht alle Aspekte jeweils gleichermaßen gewichtet. Zwar bildet das *Schwellenbewußtsein* in allen Briefen den Hintergrund für das jeweilige Agape-Verständnis, doch lassen sich verschiedene Akzentsetzungen feststellen.

Im I Thess tritt aufgrund der Rahmung der Abschnitte über die Auferstehungsproblematik und den Zeitpunkt der Parusie (4,13-18; 5,1-11) durch Aussagen zur Agape (4,9-12; 5,12-15) das *Schwellenbewußtsein* in den Vordergrund. Die "neue Welt" und der "neue Mensch" sind von Agape-Aussagen umschlossen. Die anderen Aspekte treten demgegenüber zurück. Der I Kor betont besonders den Charakter der Agape als eschatologische Gabe Gottes, die zum innerchristlichen Kriterium gegenüber den Enthusiasten wird. Im Gal wiederum steht die *Überforderungsproblematik* im Kontext der Diskussion um die Sarx im Vordergrund. Dies zeigt sich über inhaltliche Gesichtspunkte hinaus an der Stellung von Gal 5,16-26 zwischen Gal 5,13-15 und 6,1f. Im Röm schließlich besitzt die Frage nach dem *Adressatenbereich* der Liebe in der Konfrontation mit der Gesellschaft ein besonderes Gewicht. Sie spielt eine wichtige Rolle bei der Einordnung von Röm 13,1-7 in den Kontext und der Bewertung von Röm 13,8-10 als zusammenfassendem Höhepunkt der Paraklese.

Diese verschiedenen Akzentsetzungen weisen auf einen sehr reflektierten Umgang mit dem Begriff Agape durch Paulus hin.

---

[371] Die christlichen Gemeinden sind klein und jung und müssen sich erst nach innen konsolidieren, um den vielfältigen, oft feindseligen Beziehungen zwischen ihrer Umwelt und ihnen selbst gewachsen zu sein. Zudem versteht sich die christliche Gemeinschaft durch die Taufe als Leib Christi, innerhalb dessen die Liebe vorrangig ihren Ort hat.

4. Das Liebesgebot im Jakobusbrief

"Die Geschichte der Erforschung des Jakobusbriefes zeigt, daß es nicht leicht-
fällt, Zugang zu diesem frühchristlichen Dokument zu finden" - mit diesen Sätzen
beginnt W. Popkes seine Untersuchung zum Jakobusbrief, der er einen ausführlichen Forschungsbericht voranstellt[1]. Die unterschiedlichsten methodischen
Wege wurden bestritten, um einen Einstieg zu finden. Im Rahmen der vorliegenden Untersuchung beschränken wir uns auf eine ausführliche Analyse des Liebesgebotes auf dem Hintergrund der "pragmatischen Exegese", deren Programm
sich kurz als "Frage nach der praktisch-theologischen Absicht"[2] beschreiben läßt.
Die Grundthese jeder Textpragmatik ist, daß "Texte bei ihren Lesern etwas be-
wirken ..., Lebenseinstellungen, Handlungsmuster verändern wollen"[3]. Sie ist
dadurch eng mit der Frage nach der Anthropologie eines Schriftdokuments verbunden. Daß das Liebesgebot als konkrete Handlungsanweisung an Menschen
hierbei eine Rolle spielt, ist offensichtlich. Die Situation des Verfassers und der
Adressaten ist ebenso zu berücksichtigen wie der Kontext, in dem das Liebesgebot steht[4]. Beide erst ermöglichen konkrete Aussagen über das Liebesgebot als
pragmatische Handlungsanweisung. Im folgenden soll daher das Liebesgebot von
Jak 2,8 in seinem Kontext untersucht werden. Wir wenden uns v.a. Jak 1,16-2,13
zu. Aus den Texten sollen auch Hinweise auf die Situation des Verfassers und
der Adressaten gewonnen werden[5]. Anhand diese Betrachtung sollte es zudem

---

[1] Popkes, Adressaten, 9. Der ausführliche Forschungsbericht ist identisch mit dem ersten Kapitel seines Buches (S. 9-52). Auf ihn braucht an dieser Stelle nur verwiesen zu
werden. Neuere Forschung daneben bei Baasland, Form, und Davids, Epistle. Vgl. auch
Paulsen, Jakobusbrief.

[2] Popkes, Adressaten, 189. Frankemölle, Jakobusbrief, 387, spricht von einer
"pragmatischen, handlungsorientierten Exegese".

[3] Frankemölle, Gespalten, 160. "Pragmatische Exegese fragt dezidiert nach dem Verfasser und seinen Adressaten, nach ihrer historisch und sozialgeschichtlich bedingten singu-
lären Kommunikationssituation, um so die entscheidende Frage zu beantworten, wie der
Verfasser mit welchem Texttyp auf die vorgegebene Situation der Adressaten einwirken
wollte" (S. 160). Frankemölle, Jakobus, 319, betont jedoch, daß die Aussagen trotz starker Situationsgebundenheit einen über die Situation hinausweisenden grundsätzlichen
Charakter besitzen.

[4] Der Jak ist kein Sammelsurium verschiedenster paränetischer Traditionen, sondern
muß als kohärentes Schreiben mit einem einheitlichen Thema in einer bestimmten soziologischen Wirklichkeit angesehen werden. Zur Situation vgl. Burchard, Gemeinde, und
Popkes, Adressaten, 33-41, der verschiedene Ansätze kurz zusammenfaßt. Zur Frage nach
dem Thema des Jak vgl. Frankemölle, Gespalten, 162; Schille, Gespaltenheit, 73f.77.86;
und Zmijewski, Vollkommenheit, 52f.54 (Anm. 31) und 76.

[5] Die Abgrenzung des Kontextes nach hinten ergibt sich aus dem Neuansatz in 2,14 (τί
τὸ ὄφελος, ἀδελφοί μου). Nach vorne bildet 1,16 einen Einschnitt, der in seiner knappen
Formulierung "Irrt euch nicht, meine lieben Brüder" (μὴ πλανᾶσθε, ἀδελφοί μου

möglich sein, Linien zu anderen Problemen der Jakobusforschung zu ziehen, die nicht ausführlich behandelt werden können[6].

4.1. Das Liebesgebot im Kontext von Jak 1,16-2,13

4.1.1. Kontextbetrachtung

Formal gehört das Nächstenliebegebot in Jak 2,8 zu dem kurzen Abschnitt 2,8-11, in dem neben ihm Gebote des Dekalogs und das (königliche) Gesetz thematisiert werden. Während das Nächstenliebegebot buchstäblich Lev 19,18 LXX entspricht, zitiert Jakobus die beiden Dekaloggebote nicht in ihrer LXX-Form[7], wohl aber in deren Reihenfolge[8].

Jak 2,8-11 selbst ist Teil einer Argumentation, die das Verbot in 2,1 begründet:

"Liebe Brüder, haltet den Glauben an Jesus Christus, unsern Herrn der Herrlichkeit, frei von allem Ansehen der Person (μὴ ἐν προσωπολημψίαις)".

Dieser Vers ist formal ein Neuanfang, sachlich jedoch müssen wir weiter zurückgehen. Die beiden οὕτως ("so") in Jak 2,12a sind rückweisend zu verstehen[9]. Zwar ist das Verbot der Parteilichkeit[10] in 2,1 mitgemeint, doch dürfte οὕτως λαλεῖτε ("redet so") auf Jak 1,26 und οὕτως ποιεῖτε ("handelt so") auf Jak 1,27 und 2,1ff[11] zurückverweisen. Damit faßt V.12a den Abschnitt 1,26-2,11 zusammen. Gerahmt wird dieser Teil durch zwei Aussagen über das (vollkommene)

ἀγαπητοί) das Thema des Abschnittes bis 2,13 angibt und dem Neuansatz in 2,14 formal ähnlich ist. Die Berechtigung dieser Abgrenzung wird aus der weiteren Untersuchung ersichtlich werden. Burchard, Nächstenliebegebot, 519.520ff, greift nur bis Jak 1,21 zurück mit einem kurzen Hinweis auf 1,18 (S. 522 Anm. 10). Dies ist m.E. noch nicht ausreichend. Daneben spielt noch Jak 4,11f eine Rolle.

[6] Z.B. das Verhältnis zwischen Jakobus und Paulus, das immer wieder Anziehungskraft besitzt, zumal im Anschluß an Luthers Einschätzung des Jak als "stroherner Epistel". Vgl. neuerdings Hengel, Jakobusbrief, der von einer "gezielte[n] antipaulinische[n] Polemik" spricht, "die mit dem persönlichen Verhalten des Paulus, seiner Missionspraxis und gefährlichen Tendenzen seiner Theologie abrechnet" (S. 265). Burchard, Jakobus, 44 Anm. 77, spricht sich gegen ein antipaulinisches Verständnis aus. Zum Verhältnis von Jakobus und Paulus in der Rezeptionsgeschichte bis in die Gegenwart vgl. Frankemölle, Jakobus, 110-118.

[7] Μή μοιχεύσῃς und μή φονεύσῃς statt LXX οὐ μοιχεύσεις und οὐ φονεύσεις.

[8] Vgl. Burchard, Nächstenliebegebot, 519.

[9] Vgl. Burchard, Nächstenliebegebot, 531f.

[10] Burchard, Nächstenliebegebot, 520f mit Anm. 8, spricht von "Parteiischkeit", um "die negative Bedeutung von parteiisch (die parteilich heute nicht immer hat) [zu] substantivieren".

[11] Arme (2,2) tauchen traditionell neben Witwen und Waisen (1,27) auf. Ob in 2,2-4 auch von Fremden die Rede ist, soll später erörtert werden.

Gesetz der Freiheit (1,25 und 2,12b)[12]. Dieses Gesetz (νόμος) ist wohl unter verschiedenem Aspekt dasselbe wie das "eingepflanzte Wort" (ἔμφυτος λόγος) in 1,21[13] bzw. das "Wort der Wahrheit" (λόγος ἀληθείας) in 1,18[14]. Die Bezeichnung dieses Gesetzes als vollkommenes (τέλειος) Gesetz (1,25) verweist zudem auf die vollkommene (τέλειον) Gabe, die von oben (ἄνωθεν) kommt (1,17)[15]. Zusammenfassend kann man sagen, daß in diesem Abschnitt die Begriffe νόμος und τέλειος eine zentrale Rolle spielen[16].

Aus diesen Beobachtungen ergeben sich folgende Themen für die inhaltliche Erörterung: Zuerst soll untersucht werden, in welchem Verhältnis das Nächstenliebegebot zum "königlichen" Gesetz (2,8) steht. Beide könnten identisch sein, das Liebesgebot kann aber auch als inhaltlicher Teil des dann umfassender zu verstehenden königlichen Gesetzes angesehen werden. Daran knüpft die Frage an, was unter dem "(vollkommenen) Gesetz der Freiheit" (1,25; 2,12) zu verstehen ist, das mit dem "eingepflanzten Wort (der Wahrheit)" (1,18.21) zusammenzusehen ist. Hierbei wird es unerläßlich sein, auf sozialgeschichtliche Fragestellungen einzugehen und die Situation des Verfassers und der Adressaten kurz zu beleuchten. Schließlich ist zusammenfassend auf die Rolle einzugehen, die das Nächstenliebegebot in diesem vom Verfasser geknüpften Rahmen spielt.

[12] Frankemölle, Gesetz, 201, spricht von einem "variierende[n] Rückgriff". V.13 ist als Begründung zu V.12 aufzufassen, nicht als bloß assoziierter Spruch. So mit Burchard, Nächstenliebegebot, 531.

[13] Zum ἔμφυτος λόγος vgl. Gemünden, Vegetationsmetaphorik, 270f.

[14] Die Begriffe νόμος und λόγος sind im Jak zwar "zum Teil auswechselbar", aber "keineswegs identisch", so Baasland, Form, 3668, der auf die verschiedenen Aspekte der beiden Begriffe explizit eingeht.

[15] Auch die "Weisheit" kommt "von oben" (vgl. 3,13-18) und besitzt Attribute, die Maston, Dimensions, 32, zufolge "in beauty and depth to the fruit of the Spirit (Gal 5:22), the characteristics of *agape* (I Cor. 13:4-7), and the description of the new nature (Col. 3:12-14)" vergleichbar sind. Zur Wendung "von oben", die umschreibend "von Gott" her bedeute, vgl. Frankemölle, Jakobus, 294f. Das Adjektiv τέλειον von 1,25 scheint in 2,8 durch das Verbum τελεῖτε ersetzt zu werden. Vgl. Frankemölle, Gesetz, 201, der auch das "Verbum in 2,10: 'das ganze Gesetz halten'" als eine "sprachliche Variation" zu 2,8 ansieht.

[16] Zum Begriff der Vollkommenheit vgl. bes. Zmijewski, Vollkommenheit, der darin vielleicht sogar "*das* Schlüsselwort" (S. 52) des Jak sieht. - Zur Disposition des Jak insgesamt vgl. Baasland, Jakobusbrief, 122f, und Baasland, Form, 3654-3659.

4.1.2. Interpretation

a) Das Verhältnis von "königlichem" Gesetz und Nächstenliebegebot in Jak 2,8

Nur in Jak 2,8 wird das Gesetz "königlich" (βασιλικός) genannt. Das hat einige Exegeten dazu veranlaßt, das Liebesgebot mit diesem "königlichen" Gesetz zu identifizieren[17]. Κατὰ τὴν γραφήν gehört syntaktisch aber wohl zu τελεῖτε, nicht zu νόμον βασιλικόν, so daß das Liebesgebot nicht selber das "königliche" Gesetz heißt[18]. Gegen eine Gleichsetzung spricht auch, daß Jak 2,8f an eine feste Auslegungstradition anknüpfen dürfte, in der die Mahnung zur Unparteilichkeit und das Gebot der Nächstenliebe einander zugeordnet werden[19]. Ferner widerspricht dieser Deutung, daß in Jak 2,10f verschiedene Gebote gleichgestellt werden. Dies hätte als Beweis keinen Sinn, wenn das Liebesgebot als einziges Hauptgebot anzusehen wäre[20]. Aufgrund der aufwendigen Formulierung könnte man allenfalls vermuten, daß das Liebesgebot eine Art "Obersatz ist, nur eben für

---

[17] So z.B. Mußner im Anhang zur dritten Auflage des Jakobusbriefkommentars (Mußner, Jakobusbrief, 242), während er bei der Besprechung der Stelle nur folgert, daß "das Gebot von Lv 19,18 königlichen Rang unter den anderen Geboten hat" (S. 124). Jak mache "also die von Jesus und Paulus schon vollzogene Reduktion der vielen Gebote auf das Liebesgebot entschlossen mit" (S. 243). Vgl. Hoppe, Hintergrund, 87-90 (speziell zu Mußner S. 88 Anm. 3), der ebenfalls von einer "Zusammenfassung des Gesetzes" (S. 88f.99) im Liebesgebot spricht, und Maston, Dimensions, bes. 25-27. So auch Schnider, Jakobusbrief, 64.

[18] So Burchard, Nächstenliebegebot, 525f mit Anm. 23, und Schrage, Jakobusbrief, 28.

[19] So mit Heiligenthal, Werke, 31, der diese Tradition in Lev 19,13-18 verwurzelt sieht. Vgl. Frankemölle, Gesetz, 208. Das fehlende Zitat von Lev 19,15 weist darauf hin, daß eine Zitation nicht immer notwendig war. Johnson, Use, untersucht die These, ob Jak Lev 19,12-18LXX insgesamt für seine christlichen Ermahnungen benutzt habe, und kommt zu dem Ergebnis, daß "in the passages I have isolated, James engages in halachic midrash. The text is Lev 19:12-18. The perspective on the text is provided by the understanding of life and law given by the experience of Jesus Christ." Frankemölle, Jakobus, 404, hält den Nachweis dieser These aufgrund breitbelegter und festgeprägter Traditionen im Frühjudentum und Urchristentum für schwierig. Dennoch macht Johnson damit auf ein wichtiges Faktum aufmerksam, nämlich auf die enge Beziehung von Jak zur alttestamentlichen Tora, die jedoch durch den Filter der christlichen Tradition gesehen wird.

[20] Vgl. Dibelius, Jakobus, 177.

einen Teilbereich des Gesetzes, die Liebe untereinander"[21], ansonsten aber den anderen Geboten des Gesetzes grundsätzlich gleichgeordnet ist[22].

Scheidet diese Deutung des "königlichen" Gesetzes auf das Liebesgebot aus, müssen andere Wege beschritten werden. Grundsätzlich gibt es drei Möglichkeiten.

Zum einen kann man das Prädikat "königlich" auf das "ganze" Gesetz (Jak 2,10) beziehen[23], zu dem das Liebesgebot als Teilbereich dazugehört. Jak will es damit als "wichtiges, unbedingt verbindliches hinstellen"[24]. Diese Interpretation geht davon aus, daß das Gesetz durch Funktion oder Rang selbst "königlich" ist[25].

Eine zweite Möglichkeit wäre, daß "königlich" den Gesetzgeber selbst meint - im vorliegenden Kontext wäre an Gott zu denken, der in 2,11 implizit als Urheber der Gebote angesprochen wird[26].

Schließlich kann das Adjektiv "königlich" auch auf die Adressaten des Gesetzes bezogen werden. Es ist "das Gesetz, das für Könige bestimmt ist"[27] und verleiht

---

[21] Burchard, Nächstenliebegebot, 526. Er bezieht βασιλικός m.E. nicht verkürzend auf eben diesen Teilbereich, "der hohen Rang hat und dessen Erfüllung den Täter ehrt", sondern denkt an das ganze Gesetz, dem diese Bezeichnung vermittelt durch diesen Teilbereich gilt.

[22] Vgl. Schrage, Jakobusbrief, 28. Vgl. nochmals Burchard, Gemeinde, 324, der das Nächstenliebegebot für "ein Gebot neben anderen", aber nicht für "irgendeines, sondern wohl [für] das wichtigste" hält. In seinem Aufsatz zum Nächstenliebegebot in Jak 2,8-11 stellt er die verschiedenen Möglichkeiten der Gewichtung dar (Burchard, Nächstenliebegebot, 525).

[23] So z.B. Frankemölle, Jakobus, 402.

[24] Dibelius, Jakobus, 177.

[25] Vgl. bereits Pindar, Fragment 169: Νόμος ὁ πάντων βασιλεύς θνατῶν τε καὶ ἀθανάτων (s. Snell, Fragmentis, 123).

[26] So deutet Schmidt, βασιλεία, 593, der aber auch eine Deutung entsprechend der dritten Interpretation für möglich hält. Vgl. Schrage, Jakobusbrief, 28: "'Königlich' ist das Gesetz vielmehr, weil es von Gott als dem König des Reiches kommt (vgl. 1.Esr.8,24; 2.Makk.3,13), also göttlichen Ursprungs und von göttlicher Autorität ist". Davids, James, 72, vertritt dagegen die Ansicht, "that this is the royal law because it was so emphasized by the exalted Lord of the kingdom." Ihm zufolge spielt Jakobus wiederholt auf die Jesus-Tradition an (vgl. auch Schawe, Ethik, 134 mit Anm. 5), so daß er folgert: "If one wished to use the term loosely, one could term James a halakah based on the Jesus tradition in which the oral law (the tradition) is amplified and applied to concrete situations by means of argument and Old Testament exegesis (using both midrashic method and haggadic expansion)" (S. 74). Vgl. allgemein Sigal, Halakhah, und Johnson, Use, z.B. 401, der von "halachic midrash" spricht, als Basis der jakobeischen Ermahnungen aber den alttestamentlichen Text von Lev 19,12-18 bestimmt. Unabhängig von einem Urteil über die Frage nach Anspielungen an die Jesus-Tradition spricht der Kontext m.E. eher für Gott als Urheber.

[27] Dibelius, Jakobus, 178.

denen, die es befolgen, königlichen Status[28]. Im Zusammenhang mit 2,5, wo
Jakobus denen das "Königreich" verheißt, die Gott lieben[29], ist dieser königliche
Status zwar als zukünftig zu denken, doch "kann auch das gegenwärtige Verhal-
ten, dem die Verheißung gilt, ein 'königliches' Verhalten genannt werden"[30].

In allen drei Deutungsmöglichkeiten[31] ist das Nächstenliebegebot jeweils eine
zentrale Stelle des "königlichen Gesetzes". Vom Kontext her wird man dieses
"königliche Gesetz" mit dem "(vollkommenen) Gesetz der Freiheit" (1,25; 2,12)
zu identifizieren haben, dem wir uns nun zuwenden wollen[32].

b) Das "(vollkommene) Gesetz der Freiheit" - Kontext, Inhalt und Bedeutung

Die Wendung das "(vollkommene) Gesetz der Freiheit (1,25; 2,12)[33] rahmt den
Abschnitt 1,26-2,11 und meint im Kontext unter verschiedenem Aspekt dasselbe
wie das "eingepflanzte Wort (der Wahrheit)", durch das Gott die Menschen geboren hat (1,18.21)[34]. Am wahrscheinlichsten ist, daß mit dem "Wort der Wahrheit" das "Wort der christlichen Unterweisung gemeint ist, das die Täuflinge in
der missionarischen Verkündigung und im Taufunterricht gehört und gläubig
angenommen haben"[35]. Das "(vollkommene) Gesetz der Freiheit" wäre dann das

---

[28] So Theißen in einem unveröffentlichten Manuskript.

[29] Der Adressatenkreis der Verheißung wird dadurch über die unmittelbar angesprochenen Armen ausgeweitet.

[30] So Theißen in einem unveröffentlichten Manuskript.

[31] Eine endgültige Entscheidung zwischen diesen dreien soll hier nicht gefällt werden,
zumal sie sich m.E. nicht gegenseitig ausschließen. Dazu zwei Illustrationen: 1) Das
Adjektiv "königlich" kann deswegen auf die Adressaten des Gesetzes bezogen sein, weil
das Gesetz als Wort in sie eingepflanzt ist (ἔμφυτος λόγος; Jak 1,21). Dieser Logos aber
kommt letztlich von Gott her. 2) Die Herkunft von Gott gibt dem Gesetz eine Funktion
und einen Rang, die es selbst als "königlich" erscheinen lassen. Beide Interpretationen
betonen zudem die unbedingte Verbindlichkeit dieses Gesetzes. Man könnte die drei
Ansätze kurz zusammenfassend so formulieren, daß das königliche Gesetz des Königs zu
Königen macht.

[32] Vgl. Hoppe, Hintergrund, 87, der aber dann das königliche Gesetz mit dem Nächstenliebegebot gleichsetzt. Τέλειος und ὅλος gehören dem gleichen Wortfeld an, ob sie
gleichbedeutend sind (so Zmijewski, Vollkommenheit, 52), sei zumindest in Frage gestellt.

[33] Das Syntagma "das Gesetz der Freiheit" ist vor Jakobus nicht belegt; vgl. Frankemölle, Jakobus, 414.

[34] Mußner, Jakobusbrief, 241 Anm. 19, spricht linguistisch von einer Substitution. Vgl.
p[74], das in 2,12 vermutlich im Rückblick auf 1,21 διὰ λόγου (statt νόμου) ἐλευθερίας
liest.

[35] Mußner, Jakobusbrief, 241f. Die Substituierung des Terms λόγος (Wort) durch
νόμος (Gesetz) erklärt Mußner so, daß Jak damit den "*verpflichtenden*" Charakter des

christliche "Taufwort"[36], nicht aber identisch mit der alttestamentlich-jüdischen Tora. Der Ort dieses Gesetzes ist primär die katechetische (Neophyten-) Unterweisung, die die Grundlage für Lehre und Predigt in der Gemeinde bildet. Im Kontext von Jak 1,17 sieht Jak dieses Gesetz als Gabe Gottes, worauf das Stichwort "vollkommen" hinweist. Jakobus spannt nun den Bogen beim "Gesetz der Freiheit" bis hin zum Gericht. In ihm sollen die Menschen durch das Gesetz der Freiheit gerichtet werden (2,12). Innerhalb dieses Spannungsbogens geht es ihm um eine "Umsetzung des Indikativs in den Imperativ, der zur Tat führen will"[37]. Taufe und Gericht werden auf diese Weise eng einander zugeordnet, und es scheint so, daß diejenigen, die das "Gesetz der Freiheit" erfüllen, keine Befürchtungen mehr vor dem Gericht haben müssen. Als Gabe macht das Gesetz der Freiheit heilsgewiß[38].

Inhaltlich wird man sich Jakobus' Gesetz der Freiheit am ehesten als eine Reihe von Geboten vorzustellen haben, die aufgrund ihrer Verwendung im Taufunterricht in einer einigermaßen geordneten Form bekannt gewesen sein könnte. Ob diese schriftlich vorlag, "kann man wohl nicht wissen"[39]. In dieser Gebotsreihe dürfte das Liebesgebot ein zentrales Stück sein. Daneben könnten die zweite Tafel des Dekalogs, das Verbot der Parteilichkeit und einige explizite oder implizite Handlungsanweisungen (1,19f.26f; 2,13 u.a.) dazugehört haben[40]. Die

Taufwortes unterstreichen wolle. Vgl. die Anspielung auf die Taufe in 2,7. Frankemölle, Jakobus, 301, ist anders als Mußner der Meinung, daß die Wendung "Wort der Wahrheit" nicht von vornherein mit dem christlichen Evangelium oder mit dem Taufbekenntnis zu verbinden sei, sondern zunächst im Kontext der biblischen Schöpfungstheologie zu verstehen sei. Auch in Jak 2,7 lege sich ein vorschneller Bezug auf die Taufe nicht nahe (Frankemölle, Jakobus, 396). Mehrheitlich wird in der Forschung jedoch ein Bezug zur Taufe hergestellt.

[36] Zur Verhältnisbestimmung zwischen Taufe und Paränese bzw. Taufe und Katechese und zur Taufpredigt vgl. Popkes, Adressaten, 142f.

[37] Mußner, Jakobusbrief, 241. Gegen Luck, Theologie, 18, ist zu betonen, daß die Theologie des Jakobus sehr wohl in einem Indikativ begründet ist; vgl. Jak 1,17. Luck interpretiert den Jakobusbrief auf dem Hintergrund des "hellenistischen Judentums ... mit seiner sapientialen Theologie". Vgl. Baasland, Jakobusbrief.

[38] So mit Burchard, Nächstenliebegebot, 532, und Popkes, Adressaten, 200. Vgl. Jak 1,21: das eingepflanzte Wort hat Kraft, "eure Seelen zu retten" (σῶσαι τὰς ψυχὰς ὑμῶν).

[39] Burchard, Nächstenliebegebot, 528. Er geht leider auf den Zusammenhang mit der doch sehr wahrscheinlichen Taufunterweisung nur sehr spärlich ein (S. 529 Anm. 34 mit Hinweis auf S. 522 Anm. 10). Mußner, Jakobus, 242, sagt zwar, daß sich Jak über den Inhalt des Gesetzes der Freiheit nicht näher auslasse, betont vorher aber schon, daß "2,8-11 ... eindeutig [zeigt], daß mit dem 'Gesetz der Freiheit' der Dekalog und seine Zusammenfassung im 'königlichen Gesetz' des Liebesgebotes gemeint ist" (S. 107f Anm.3).

[40] So Burchard, Nächstenliebegebot, 529. Eckart, Terminologie, 523, spricht nur von einer Zusammenstellung von Dekaloggeboten mit dem Liebesgebot zu einem neuen,

Verwendung des Gesetzes der Freiheit im Zusammenhang mit der Taufunterweisung macht es zudem wahrscheinlich, daß es nicht nur ethische Aussagen enthielt, sondern auch Aussagen, die den Glauben an Gott und die Liebe zu Gott betrafen[41]. Glaube und Werke hängen bei Jak ja untrennbar miteinander zusammen[42]. Diese Vermutung wird gestützt durch die vielen direkten oder indirekten Anspielungen auf Gott in dem Abschnitt 1,26-2,11[43], der vom Begriff "Gesetz der Freiheit" gerahmt wird. Das Gesetz der Freiheit ist die Grundlage allen kirchlichen Geschehens in Wort und Tat in der jakobeischen Gemeinde und gleichzeitig "das, was zu tun ist, um das eigene Christentum zum ewigen Leben zu bewahren"[44].

Zwei zusammenhängende Fragen bleiben noch zu klären: Warum spricht Jak von einem "(vollkommenen) Gesetz der Freiheit", d.h. welche Absicht verbindet Jak mit dieser Formulierung, und in welchem Verhältnis steht dieses Gesetz zum alttestamentlichen Gesetz?

Auf keinen Fall dient die Formulierung bei Jak der Absetzung von einem "unvollkommenen Gesetz, das nicht in die Freiheit zu führen vermag"[45] und das womöglich noch mit dem "Gesetz des Alten Bundes"[46] gleichgesetzt wird. Dies wird dem Alten Testament und dem Judentum nicht gerecht[47]. Das "(vollkommene) Gesetz der Freiheit" ist vielmehr nur vor dem Hintergrund der frühen jüdischen Theologie und ihrer Gesetzesauslegung zu verstehen[48]. Eine

---

christlichen Gesetz - ein Vorgang, der als solcher nicht original jakobeisch, sondern alte christliche Tradition sei.

[41] Vgl. Jak 2,5, wo auf die Gottesliebe explizit angespielt wird. Im Zusammenhang mit Jak 2,8, dem Zitat von Lev 19,18, folgert Frankemölle, Jakobus, 402, daß Jak hier das Doppelgebot von Gottes- und Nächstenliebe im Visier habe.

[42] Vgl. Burchard, Jakobus. Dieses Problem kann im Rahmen der vorliegenden Untersuchung nicht genauer besprochen werden.

[43] Siehe 1,26f; 2,5.11.

[44] Burchard, Nächstenliebegebot, 530. In seinem Aufsatz zu Jakobus 2,14-26 unterscheidet Burchard zwischen der Aufgabe des Gesetzes der Freiheit, das Leben zu regulieren, und der, den Weg zu zeigen, um im Endgericht zu bestehen (S. 30). Ist diese Unterscheidung überhaupt möglich? Hängen beide Aspekte nicht vielmehr unmittelbar miteinander zusammen? Daß das Gesetz der Freiheit nicht alles enthält, was die Christen tun sollen, Jakobus' materiale Ethik (Burchard, Jakobus, 29), ist zwar wohl richtig, aber es enthält m.E. die prinzipiellen Grundlagen für das, was die Christen tun sollen.

[45] Mußner, Jakobusbrief, 242.

[46] Mußner, Jakobusbrief, 108f.

[47] Vgl. Frankemölle, Gesetz, 205f, der von einer "Freude und Freiheit vermittelnden Tora im AT und Judentum" spricht, die eine "kritische Nuance - auch angesichts der positiven Grundorientierung des Jak hinsichtlich des Judentums" nicht vermuten lasse.

[48] Dazu siehe Frankemölle, Gesetz, 180-189. "Für das Gesetzesverständnis des Jakobus hat dies weittragende Folgen, da er nun nicht mehr theologiegeschichtlich im Wider-

Gleichsetzung mit dem von Jeremia und Ezechiel verheißenen Gesetz, das Gott ins Innere des Menschen gibt, empfiehlt sich jedoch nicht[49], ebensowenig eine Herleitung von der Ordensregel von Qumran[50]. Auch daß Jak perfektionistisch denke, kann man ausschließen[51]. Soweit die negative Abgrenzung. Positive Aussagen fallen schwerer. Soviel kann man jedenfalls sagen, daß das "vollkommene Gesetz der Freiheit" ein christliches Gesetz ist (vgl. 2,1)[52]. Kultgebote spielen in ihm keine Rolle[53]. Zentrale Aussagen des alttestamentlichen Gesetzes stehen jedoch auch bei ihm im Mittelpunkt. Vielleicht kann man es als ein eschatologisches Gesetz bezeichnen, das den Menschen aus seiner Zwiegespaltenheit (Jak 1,8) herausführen und ihm die Freiheit zum Tun des Willens Gottes, wie er im Gesetz niedergelegt ist, ermöglichen will. Das alles ist jedoch recht unbestimmt und bedürfte einer Erörterung "im Zusammenhang mit der Rekonstruktion von Jakobus' Theologie als ganzer ... Dafür ist noch einiges zu tun"[54].

Im nächsten Abschnitt wenden wir uns der Frage zu, in welcher Situation sich Verfasser und Adressaten befinden, denen dieses "(vollkommene) Gesetz der Freiheit" gegeben ist. Dadurch soll seine Funktion und die des Jak im ganzen weiter geklärt werden.

spruch zu Paulus interpretiert wird, sondern als eigenständige christliche Transformation im jüdischen Kontext" (S. 196). Sigal, Halakhah, 343, ist der Meinung, daß "*nomos eleutherias* ... can mean something that comes out of his [Jak] Judaic matrix like so much else in his epistle".

[49] So im Anschluß an Hübner, τέλειος, 824.

[50] Stauffer, Gesetz, will 1QS X,6.8.11 חוק חריה mit "Gesetz der Freiheit" übersetzen. Vgl. aber Nauck, Lex, und Nötscher, Gesetz.

[51] Mit Schrage, Jakobusbrief, 29, der auf Jak 3,2 verweist.

[52] Vgl. Frankemölle, Gesetz, 205. Anders wohl Burchard, Jakobus, 29. Daß mit dem vollkommenen Gesetz der Freiheit jedoch auf die Bergpredigt angespielt werde (Stuhlmacher, Gesetz, 291 mit Anm. 12), geht interpretativ einen Schritt zu weit.

[53] Frankemölle, Gesetz, 207. Er schließt daraus, daß es Jak nicht um Gesetzes-"Lehre" gehe (vgl. 203).

[54] Burchard, Nächstenliebegebot, 531. Diese Rekonstruktion ist im Rahmen der vorliegenden Untersuchung nicht zu leisten. Soviel kann jedoch gesagt werden, daß Jak nicht an der Theologie des Paulus gemessen werden sollte, wie es Hoppe, Hintergrund, 96f, bei der Besprechung des Gesetzes der Freiheit unternimmt. Anders als Hoppe denkt Mußner, Jakobusbrief, 108, z.B. bei Freiheit nicht an die Freiheit von der Sünde. Ein Konsens über das "(vollkommene) Gesetz der Freiheit" ist noch nicht erreicht.

4.1.3. Die Situation von Verfasser und Adressaten

Die Verfasserfrage ist ein vieldiskutiertes Problem in der Jakobusbrief-Forschung[55]. Die klassische Position hält den Jakobusbrief für pseudepigraph und nach dem Tod des Herrenbruders (62 n.Chr.) entstanden[56]. Es mehren sich jedoch die Stimmen, die den Brief wieder dem Herrenbruder Jakobus zuschreiben[57]. Daneben gibt es Ansätze, die diese beiden Positionen zu verbinden versuchen. Jak wird dann als "nach-jakobeisches Schreiben betrachtet[, das] die gemäßigte Linie des Herrenbruders fort[setzt]"[58]. In dieser Untersuchung soll an der Pseudepigraphie festgehalten werden, doch wird zugestanden, daß eventuell Linien vom Verfasser zum historischen Jesusbruder Jakobus gezogen werden können.

Der Verfasser schreibt in einem guten Griechisch, woraus man auf gute Bildung schließen kann[59]. Die Gemeinde ist bildungsmäßig und sozial geschichtet[60]. Es gibt Christen, denen es an Weisheit mangelt (1,5), und daneben solche, die im Besitz der Weisheit sind (3,13-18). Diese Unterschiede markieren für Jak nicht nur ein "intellektualistisches Problem"[61], sondern schaffen soziale Spannungen, die er in den Beziehungen von Weisheit/Mangel an Weisheit, Reichtum/Armut differenziert darstellt[62]. Sozial dürfte die Gemeinde überwiegend zwischen den wohlhabenden Kreisen ihrer Umwelt und den Ärmsten anzusiedeln sein. Wohlhabende sind auf jeden Fall auch Gemeindemitglieder, die geben sollen, von denen

---

[55] Vgl. z.B. die Darstellung bei Frankemölle, Jakobus, 45-54. Er hält an der Pseudonymität fest, "da unterschiedliche theologische Denkansätze und Konzepte beim historischen Jakobus und beim Verfasser des Jakobusbriefes vorliegen" (S. 52). Literarisch und thematisch spreche nichts für die Annahme eines möglichen Wandels und einer Entwicklung vom Herrenbruder zum Verfasser des Jakobusbriefes.

[56] So Dibelius, Jakobus. Zur Literatur vgl. Burchard, Nächstenliebegebot, 517 Anm. 1.

[57] Mußner, Jakobusbrief. Neuerdings Hengel, Jakobusbrief. Vgl. Burchard, Nächstenliebegebot, 517 Anm. 1.

[58] Popkes, Adressaten, 186. Halson, Epistle, 312f, sieht in dem Brief eine "collection of catechetical material for use in the Christian churches, emanating from a particular 'school' of catechists", die in Verbindung mit dem Herrenbruder Jakobus stand. Zur Kritik an Halson vgl. Mußner, Jakobusbrief, 240 Anm. 16.

[59] Für die Frage nach dem Entstehungsort trägt dieser Sachverhalt wenig aus; vgl. Davids, Epistle, 3624f.

[60] Zum folgenden vgl. v.a. Burchard, Gemeinde; Frankemölle, Gespalten, bes. 169-172; Perdue, Paraenesis; und Popkes, Adressaten, bes. 53-124.

[61] Frankemölle, Gespalten, 169.

[62] Frankemölle, Jakobus, 89, spricht von einem gestörten Selbstbewußtsein der Christen, dem ein gestörtes ekklesiales Sozialbewußtsein entspreche.

aber keine Selbstenteignung verlangt wird[63]. Sowohl bei den Reichen als auch bei den Armen konstatiert Jak ein hohes Maß an unsolidarischem Fehlverhalten, das auf einer Fehlentwicklung des Glaubens basiert[64]. Er kritisiert, daß die Armen von den Reichen sogar gewalttätig behandelt werden (2,6f), und sich die Armen "ihrer Hoheit (1,9), ihres Reichtums 'im Glauben' (2,5) nicht bewußt [sind], was ein sozial-ekklesiogenes Fehlverhalten gegenüber den Reichen zur Folge hat (2,1-4)"[65].

Es herrscht in der Forschung keine Einigkeit darüber, ob sich die Polemik gegen Reiche in 2,6f an Außenstehende oder Mitglieder der Gemeinde richtet. Zwar wird diese Stelle meist auf Reiche außerhalb der Gemeinde gedeutet[66], doch könnte Jakobus wie Paulus (vgl. I Kor 6,1-8) Prozesse unter seinen christlichen Adressaten voraussetzen[67]. Auch in Jak 2,2-4 herrscht kein eindeutiger Konsens, ob der in die Gemeindeversammlung kommende begüterte Mensch und der Arme Christen sind oder nicht. Zwar spricht sich die Mehrheit der Exegeten für eine Interpretation als Außenstehende aus[68], doch könnten aufgrund der sonstigen Binnenorientierungen der jakobeischen Mahnungen (vgl. 1,9-11; 4,13-17) und des ἐν ἑαυτοῖς in 2,4 sowohl der Arme als auch der Reiche in 2,2-4 Gemeindeglieder sein[69]. Die Abgrenzungen zwischen in-group und out-group sind nicht eindeutig.

---

[63] Vgl. Burchard, Gemeinde, 327f, bei der Besprechung von 4,13-17, und Popkes, Adressaten, 197. Von einem Haß auf Reichtum ist also nicht die Rede, so aber Noack, Jakobus, 22. Noack sieht die Adressaten des Jak als konventikelhaft an, die "inmitten eines regen Verkehrs ein soziales und kulturelles Eigenleben geführt haben, das sie zwar befähigte, eine nicht unwesentliche Tendenz in der Verkündigung Jesu und im Urchristentum auf ihre Weise weiterzuführen, das sie aber anderseits von der Beteiligung an der Ausbreitung des Christentums ausschließen mußte" (S. 25). Demgegenüber betont Popkes, Adressaten, 123, gerade, daß sich die Rivalitäten aus dem gesellschaftlichen und wirtschaftlichen Alltag im Gemeindeleben fortsetzten. Im besonderen spricht er von einer "Aufstiegsmentalität" (S. 122), die in der christlichen Gemeinde auf einen guten Nährboden treffe. Vgl. 4,13-17.

[64] So Popkes, Adressaten, 209. Vgl. Maston, Dimensions, 26, der betont, daß es Jakobus nicht darum gehe, die Armut als vorteilhaft herauszustellen, sondern "that God is no respecter of persons and that his people should not be".

[65] Frankemölle, Gespalten, 171. - Wir haben hier das typische Bild einer hellenistischen Gemeinde vor uns, die das Ethos des urchristlichen Liebespatriarchalismus vertritt. Vgl. Frankemölle, Gespalten, 171 mit Anm. 39, der auf Troeltsch, Soziallehren, und Theißen, Studien, hinweist.

[66] Vgl. Dibelius, Jakobus, 172f, und Burchard, Gemeinde, 323.

[67] So Frankemölle, Gespalten, 170f, und Frankemölle, Jakobus, 395.

[68] Vgl. Burchard, Gemeinde, 323f, der an interessierte Heiden denkt.

[69] Dafür spricht sich Frankemölle, Jakobus, 387f, aus, der "alle Hinweise darauf, ob der Reiche nicht zur Gemeinde gehört", als reine Spekulation ansieht, die von dogmatischen oder sonstigen Vorurteilen gespeist sei. Ἐν ἑαυτοῖς muß nicht unbedingt auf Gemeindeglieder hinweisen; vgl. Burchard, Gemeinde, 324: "es könnte soviel wie 'in eurer Ver-

Die Grundproblematik sieht Jak darin, daß Sein und Tun, Glaube und Werke bei den einzelnen Gemeindemitgliedern wie auch bei der Gemeinde als ganzer keine untrennbare Einheit mehr bilden und die Gleichheit aller vor Gott vernachlässigt wird[70]. So läßt es die Gemeinde beispielsweise offensichtlich zu bzw. ermöglicht es durch eine falsche Unterweisung, die den Glauben den Werken vorordnet, daß eines ihrer Mitglieder einem Bruder oder einer Schwester in Not zwar den Friedensgruß zusagt, die konkrete Hilfe aber von der Gemeinde als ganzer nicht geleistet wird (2,15-17)[71].

Primäres Ziel des Schreibens ist es daher, die Solidarität zwischen Reichen und Armen und damit die "'Ganzheit' der Gemeinde"[72] wie auch die des einzelnen Christen wieder herzustellen[73], das praktizierte Verhalten zu korrigieren und an Gottes Handeln und Sein zurückzubinden. Dies jedoch nicht so, daß das soziale Gefälle zwischen Reichen und Armen zementiert wird. Vielmehr sollen die Reichen auf ihren Status verzichten (1,9-11), damit sie nicht als Reiche, sondern als Nächste dem Armen als Nächstem und Bruder begegnen (vgl. 4,11f). Die Gleichheit der einzelnen Gemeindemitglieder vor Gott wird angestrebt.

---

sammlung' (V.2) bedeuten oder an die mögliche Bekehrung der Besucher denken". Beide Gruppen, Reiche und Arme, dürfte es in der jakobeischen Gemeinde gegeben haben. Auf die Anwesenheit von Armen in der Gemeinde und einen verfehlten Umgang mit ihnen verweist m.E. 2,15f. Diese sind nicht grundsätzlich von den "Armen für die Welt" (2,5) zu unterscheiden. Auch nach Burchard, Gemeinde, 317, regelt der Jak Binnenprobleme. Er läßt letztlich offen, ob nicht auch in 2,2ff Christen gemeint sein könnten; vgl. Burchard, Nächstenliebegebot, 524. Daß es sich um Prozeßparteien handele, die vor einem Gemeindegremium auftreten (so Ward, Partiality), ist m.E. kaum haltbar. Vgl. Burchard, Gemeinde, 322f.

[70] Eine Interpretation, wonach im Jak der Glaube radikal abgewertet werde, ist völlig unbegründet. So aber Walker, Allein, 189.

[71] Zur Interpretation vgl. Burchard, Jakobus, bes. 34f, und Burchard, Gemeinde, 325f. Diese Stelle zeigt sehr gut, daß die Unterstützung bedürftiger Mitglieder eine kollektive Aufgabe der Gemeinde war. Dadurch wird eine direkte Abhängigkeit der Armen von den Reichen vermieden. Vgl. Theißen, unveröffentlichtes Manuskript, 52f.

[72] Frankemölle, Gespalten, 171. In der Ganzheit oder Vollkommenheit sowohl des einzelnen Christen wie der Gemeinde und dem Weg zu ihr sieht er das Thema des Schreibens (vgl. S. 161f.164). Vgl. auch Zmijewski, Vollkommenheit.

[73] Frankemölle, Gespalten, 165, schreibt dazu: "Wie eine Aufspaltung zwischen Theologie und Praxis für Jakobus unmöglich ist, so ist auch eine Aufspaltung zwischen privatem Christentum und Gemeinde ein Widerspruch in sich ... Jakobus macht deutlich, daß es darauf ankommt, was ein glaubender Christ *tut* und wie eine glaubende Kirche *handelt*." Mit Recht kann als ethisches Materialprinzip des Jak die "Brüderlichkeit" angesehen werden. So Burchard, Gemeinde, 322, der auch die Kehrseite dieses angestrebten "relativ egalitäre[n]" Bildes sieht: "... die analog Gal 3,28 möglichen Konsequenzen ziehen weder Jakobus noch offenbar die Gemeinde. Die Ungleichheit der Geschlechter scheint weder ihm noch ihr ein Problem zu sein oder eins zu verursachen" (S. 321).

In Form eines "Korrekturschreibens"[74] verfolgt Jak dieses Ziel auf drei verschiedenen Wegen. Zum einen erinnert Jak an die "Anfänge" des Christenweges in der Taufe und der mit ihr verbundenen Taufunterweisung. Das damals gehörte und als Gabe empfangene "(vollkommene) Gesetz der Freiheit", durch das alle gleichermaßen (neu) geboren wurden (1,18) und das für die in diese neue soziale Gruppe Eintretenden stabilisierend wirken sollte[75], wird betont als verbindlich herausgestellt. An ihm sollen sich die Neubekehrten und die gestandenen Christen wie auch die Gemeinde als ganze ausrichten[76]. Daneben verwendet Jak die Gerichtsandrohung, die er ebenfalls mit dem "Gesetz der Freiheit" verbindet (2,12)[77], als Mittel seines Korrekturschreibens. Die Zukunft soll als Ansporn für gegenwärtiges Verhalten dienen[78]. Basis jeglicher Argumentation ist die theozentrische Begründung der "Struktur des christlichen Seins und Handelns aus dem

---

[74] Popkes, Adressaten, 209. Dieser Terminus, der kein (antiker) Gattungsbegriff ist, drückt m.E. das auf die Hörer zielende, sie zum Handeln oder Unterlassen bewegen wollende Anliegen des Briefes präziser aus als die bekannten Begriffe Katechese oder Paränese. Zur Kritik am Gattungsbegriff "Paränese", der von Perdue, Paraenesis, im Anschluß an Dibelius, Jakobus, 4, selbstverständlich vorausgesetzt wird (vgl. Hoppe, Hintergrund, 15), siehe Mußner, Motivation, 420f, und Baasland, Form, 3649f. Berger, Formgeschichte, 147, spricht von einer "symbuleutische[n] Komposition". Baasland, Form, 3653f, charakterisiert den Brief als "Rede, die Bitte und Befehle/Anweisungen enthält" und "die später als Brief publiziert wurde". Die Briefform ist von daher keine Fiktion. Zudem sei die "Verwandtschaft der paränetischen Rede mit der literarischen Form des Briefes ... auch sonst in der Urkirche zu beobachten". Er denkt dabei an 2Klem und Hebr. - Eine Auseinandersetzung mit der literarischen oder sonstigen Vorgeschichte des Jak kann in dieser Untersuchung nicht stattfinden.
[75] Vgl. Perdue, Paraenesis, 251-256. Er spricht im Anschluß an Victor Turner von "ontological refashioning of one who is socialized during the period of liminality, i.e. during the transitional period before an individual has entered into a new social group or new position in the social structure" (S. 252).
[76] Burchard, Gemeinde, 317, stellt die Paränese an die gestandenen Christen in den Vordergrund, die er wohl nicht nur als Individuen, sondern auch als Gruppe betrachtet.
[77] Vgl. Popkes, Adressaten, 183, und Frankemölle, Gespalten, 165.
[78] So Burchard, Gemeinde, 317, der sich damit von Mußners Verständnis der Tat als "Zeichen der καινὴ κτίσις" absetzen will (Mußner, Jakobusbrief, 210). Nach Theißen, Studien, 60, kann sich "eine neue Lebensform ... nur durchsetzen, wenn die alte Welt durch die symbolischen Handlungen mythischer Phantasie zerstört und entmächtigt wird". Dieses Verständnis dürfte wohl hinter den Motivationsversuchen zur Gruppenidentität und -solidarität durch den Gerichtsgedanken stehen, bei dem die Heilsgewißheit der Adressaten vorauszusetzen ist. Frankemölle, Jakobus, 316, stellt zurecht fest, daß Jakobus kein Gerichtstheologe sei, "sondern ihm alles an einer Kehrtwendung der Adressaten liegt".

Sein und Handeln Gottes"[79]. Das ungeteilte göttliche Sein und Verhalten ist Maßstab und Ermöglichungsgrund des menschlichen Seins und Tuns[80]. Das Mängelwesen Mensch ist angewiesen auf Gott, dessen Gabe den Reichen wie den Armen erst "vollständig" werden läßt (1,4f), so daß sich beide vor Gott in nichts unterscheiden. Die Gleichheit vor Gott wird durch diese Gabe positiv betont. Damit schließt sich der argumentative Kreis, den Jakobus beschreibt, denn genau an diese Gabe erinnert Jak ja seine Adressaten. Anthropologie und Theologie korrelieren im Jak zutiefst[81].

4.2. Konsequenzen für das Verständnis des Liebesgebotes im Jak

Das Nächstenliebegebot in Jak 2,8 muß nach dem bisher Dargelegten im Zusammenhang mit der Funktion des "(vollkommenen) Gesetzes der Freiheit" interpretiert werden, dessen zentralen Teil es bildet.

Im Rahmen der jakobeischen Darstellung sind zwei Aspekte besonders hervorzuheben. Zum einen: der Anlaß des Schreibens. Die jakobeische Gemeinde ist durch zutiefst unsolidarisches Fehlverhalten zerrüttet, das auf einer Fehlentwicklung des Glaubens basiert. Glaube und Werke werden nicht mehr als unzertrennbare Einheit gesehen. Parteilichkeit überwiegt in der Gemeinde. Die "Vollkommenheit", die als Gabe von oben kommt (1,17), wird von den Christen nicht mehr in ihr Leben hineingenommen und darin zur Auswirkung gebracht[82]. Sie leben nicht dem "Gesetz der Freiheit" entsprechend, das sie - obwohl Gabe - zu überfordern scheint[83]. Das Nächstenliebegebot steht somit vermittelt durch

---

[79] Frankemölle, Gespalten, 168. Er schreibt weiter: "Gottes kommunikatives Handeln ... ist Grund seiner [Jakobus'] pragmatischen Intentionalität. Ausgehend von den ambivalenten Erfahrungen beim einzelnen Christen und beim gemeindlichen Zusammenleben ..., versteht Jakobus die Neuorientierung des kommunikativen Handelns seiner christlichen Adressaten als Orientierung am kommunikativen Handeln Gottes selbst. Sein Denkansatz ist dem der synoptischen Gleichniserzähler analog." Insgesamt knüpft Frankemölle an den handlungstheoretischen Ansatz von H. Peukert an. Vgl. v.a. Peukert, Wissenschaftstheorie. - Zur Bedeutung des Gottesbegriffes vgl. Baasland, Form, 3667.

[80] Vgl. Frankemölle, Gespalten, 167.

[81] Vgl. Frankemölle, Jakobus, Exkurs 5: Anthropologie und Theologie, 305-320. Besonders in der "semantisch exponierten Stellung des Prologes", den er in 1,2-18 sieht, betone Jakobus die "Korrelation von Anthropologie und Theo-logie. Ohne Gottes Sein und Handeln als unaufgebbare Voraussetzungen sind für Jakobus anthropologische und ekklesiologische Aussagen undenkbar" (S. 307). Diese Korrelation von Theo-logie und Anthropologie kennzeichne auch weiterhin das eigenständige theologische Denken des Jakobus (vgl. S. 312).

[82] Vgl. Zmijewski, Vollkommenheit, 52f.

[83] Vgl. Jak 3,2: "Denn wir verfehlen uns alle mannigfaltig."

das Gesetz der Freiheit in erster Linie im Zusammenhang eines *Überforderungsbewußtseins*. Jakobus' Intention ist es, die Solidarität innerhalb der Gemeinde und die Gleichheit der einzelnen Mitglieder wieder herzustellen. Das Nächstenliebegebot bedeutet für ihn die Verpflichtung zu egalitärem Verhalten. Dabei ist er primär an der Binnenproblematik orientiert. Reiche und Arme sollen sich nicht als solche, sondern als Nächste, die ihren Nächsten lieben, begegnen. Statusunterschiede soll es innerhalb der Gemeinde nicht geben.

Die Verhältnisse zur Außengruppe werden nur am Rande zur Sprache gebracht (vgl. 4,4). Parteilichkeit gegenüber Außenstehenden scheint das Nächstenliebegebot nicht zu verletzen, da es primär intern ausgerichtet ist[84]. Die Sache wird freilich anders, wenn man in den beiden Männern des Beispiels in 2,2-4 keine Gemeindemitglieder sieht. Interessanterweise gelte das Gesetz der Freiheit dann auch für Menschen, die als (noch?) Nichtchristen in die Gemeindeversammlung kommen. In diesem Fall könnte von einem *Erweiterungsbewußtsein* im Zusammenhang mit dem Liebesgebot gesprochen werden.

Hält man die beiden Männer des Beispiels für Gemeindeglieder, könnte man allenfalls in der Forderung nach einem egalitären Verhalten gegenüber Reichen und Armen ein Bewußtsein zutage treten sehen, das das gegenüber Reichen ausgeübte Verhalten auch auf die Armen ausdehnt und dadurch Statusunterschiede überwindet[85]. Von einer Erweiterung kann jedoch nur in einem sehr eingeschränkten Maße die Rede sein. Ganz absprechen kann man dieser Erwägung ihre Berechtigung nicht, da auch hier der Adressatenkreis eines bestimmten Verhaltens - wenn auch intern - erweitert wird[86].

Der zweite Aspekt ist die Art der Begründung, die Jak gibt, um die Solidarität innerhalb der Gemeinde und die Gleichheit deren Mitglieder vor Gott wiederherzustellen. Wir haben bereits gesehen, daß er drei eng miteinander verknüpfte Mittel einsetzt: die Rückerinnerung an die Taufe (anthropologische Begründung), den Hinweis auf das kommende Gericht (eschatologische Begründung in einem kosmischen Rahmen) und die Grundlegung des menschlichen Seins und Handelns in Gott (theologische Begründung). Die Taufe ist ein wesentlicher Übergangsritus, die den Menschen, der sich ihr unterzieht, aus seinen alten sozialen Beziehungen herausholt und in neue hineinversetzt. Im Prozess dieser sekundären Sozialisierung dient das Gesetz der Freiheit und mit ihm das Nächstenliebegebot dazu, dem Eintretenden Strukturen zu vermitteln, um sich in diesem neuen Be-

---

[84] In 4,11f wechselt ἀδελφός mit πλησίον. Vgl. Burchard, Nächstenliebegebot, 525f mit Anm. 21, und Burchard, Gemeinde, 317. Die Perspektive wäre in diesem Fall nicht ganz so eng, worauf auch die Verheißung des Reiches an die, die Gott lieben, in 2,5 hinweisen könnte. Vgl. Mußner, Jakobusbrief, 120.

[85] Vgl. Jak 1,9-11.

[86] Vor zu endgültigen Urteilen über das Verhalten nach außen muß aufgrund der besonderen, intern gerichteten Intention des Jak sowieso gewarnt werden.

zugsfeld zurecht zu finden. Da sich v.a. die eintretende Person aufgrund ihres Eintrittes in ein neues sozial-religiöses Umfeld ändert, kann man von einem *Schwellenbewußtsein* im Sinne einer Neuwerdung des Menschen sprechen (vgl. 1,18). Jak verknüpft dies aufs engste mit der zweiten, eschatologisch-kosmischen Begründung. Das kommende Gericht (2,12) bedeutet den Anbruch einer neuen Welt. Diejenigen, die nach dem eingepflanzten Wort und damit nach dem Gesetz der Freiheit leben, dürfen dieser Welt heilsgewiß entgegenschauen, weil dieses Wort die Kraft hat, ihre Seelen zu retten (1,21)[87]. Auch hier steht das Liebesgebot im Zusammenhang mit einem *Schwellenbewußtsein*, jetzt im Sinne einer Neuwerdung der Welt. Dieses eingepflanzte Wort der Wahrheit zieht jedoch keinen Heilsmechanismus nach sich[88]. Erst wenn sich das menschliche Sein und Handeln - sozusagen 'zwischen' Taufe und Gericht - in Gottes Sein und Handeln begründet weiß, können Glaube und Werke (u.a. der Nächstenliebe) zu (den) "zwei Elemente[n werden], die die christliche Existenz so konstituieren wie Leib und Geist die natürliche"[89]. Da Jakobus dies als (die eine) Gabe Gottes versteht, ist es für ihn letztlich Gott, der die Schwellen zwischen dem alten und neuen Menschen und zwischen der alten und der neuen Welt überschreitet und vom einen ins andere hinüberführt.

4.3. Zusammenfassende Betrachtung zum Liebesgebot im Jakobusbrief

Im Jakobusbrief stoßen wir im Zusammenhang mit dem Liebesgebot als wohl wichtigstem Teil des "(vollkommenen) Gesetzes der Freiheit" auf Aspekte, die zur weiteren Klärung unserer drei leitenden Themenkreise beitragen.

In erster Linie wichtig ist die Funktion des Jak als Korrekturschreiben, das unsolidarisches Fehlverhalten in der Gemeinde überwinden möchte. Die jakobeische Gemeinde zeichnet sich durch Parteilichkeit aus, die nicht im Einklang mit dem Gebot der Nächstenliebe steht. Es fehlt ihr an der Erkenntnis und Verwirklichung der Gleichheit aller Mitglieder vor Gott. Vermittelt durch das "Gesetz der Frei-

---

[87] Vgl. Mußner, Jakobusbrief, 102f, der von der "Rettung des Menschen aus dem göttlichen Gericht ins ewige Leben" spricht. Der Begriff σῴζειν ("retten") werde auch sonst im NT "in Zusammenhang gebracht mit der Überführung aus der Sphäre des Todes in die des Lebens".

[88] So mit Mußner, Jakobusbrief, 103.

[89] Burchard, Jakobus, 32 mit Anm. 21. Er wendet sich damit gegen einen Kausalzusammenhang zwischen Glauben und Werken, wie er von vielen Exegeten vertreten wird. Vielleicht sollte man besser von "zwei Aspekten" als von "zwei Elementen" sprechen, da letzteres zu sehr den Eindruck des Zusammengesetzten, des Additiven hinterläßt. M.E. sind Glaube und Werke nur zwei Aspekte der gleichen Sache. Dies ist wohl auch im Sinne Burchards, der Jak kein zweigeteiltes Menschenbild zuschreiben will.

heit" steht das Nächstenliebegebot somit primär im Zusammenhang eines *Über-forderungsbewußtseins*.

Zur Überwindung dieser Parteilichkeit und der Statusunterschiede führt Jak drei Begründungen an, die eng miteinander verknüpft sind: die Rückerinnerung an die Taufe (anthropologische Begründung), den Hinweis auf das kommende Gericht (eschatologische Begründung in einem kosmischen Rahmen) und die Grundlegung des menschlichen Seins und Handelns in Gott (theologische Begründung). Alle drei erlauben es, von einem *Schwellenbewußtsein* zu sprechen, das im Zusammenhang mit dem Versuch der Verwirklichung des Nächstenliebegebotes anstelle der Parteilichkeit steht.

Von einem *Erweiterungsbewußtsein* kann nur eingeschränkt die Rede sein. Zwar ist Jak primär an Binnenproblemen der Gemeinde orientiert, doch ist das Verhältnis von in-group und out-group nicht mit letzter Sicherheit zu bestimmen.

Der Jakobusbrief zeigt damit, daß die Traditionen im Neuen Testament in bezug auf das Liebesgebot nicht prinzipiell in allen Aspekten eine Einheit bilden. Trotz vorhandener großer Übereinstimmungen läßt sich eine Vielgestaltigkeit im Umgang mit dem Liebesgebot feststellen.

5. Das Liebesgebot im johanneischen Schrifttum

Das Liebesgebot nimmt im Corpus Johanneum[1] eine zentrale Stellung ein. Gut die Hälfte aller Belegstellen für die mit "lieben" zu übersetzenden beiden Verben ἀγαπᾶν und φιλεῖν im NT findet sich im Joh und in den Johannesbriefen[2]. Im Vergleich mit den Synoptikern fällt auf, daß ἀγαπᾶν im johanneischen Schrifttum nie mit dem Ausdruck "Nächster" (πλησίον) zusammen erscheint, sondern in Verbindung mit "gegenseitig" (ἀλλήλων) oder "Bruder" (ἀδελφός)[3]. Dies wird von der Johannesforschung bis heute als ein Problem empfunden, wenn es darum geht, die johanneische Ethik in die Entwicklung des Urchristentums einzuordnen. Vielfach ist von einer Reduktion des synoptischen (oder jesuanischen) Gebots der Nächsten- und Feindesliebe die Rede[4]. Teilweise verbindet sich da-

---

[1] Zu ihm rechne ich das Joh und die Johannesbriefe. Die Apokalypse des Johannes ist zu verschieden von den genannten Schriften, so daß sie nicht zum johanneischen Schrifttum zu rechnen ist; vgl. Thyen, Johannesbriefe, 186. Von den Johannesbriefen soll v.a. I Joh betrachtet werden.

[2] Vgl. Morgenthaler, Statistik, 67.153. Von wenigen Ausnahmen abgesehen (z.B. Frieling, Agape; vgl. Anm. 164) besteht in der Johannesforschung Einigkeit darüber, daß die Begriffe ἀγαπᾶν und φιλεῖν (nur in Joh) synonym gebraucht werden. Andere im Griechischen verwendete Begriffe für "lieben" wie ἔρος, ἐρᾶν (ἐρᾶσθαι) und στέργειν fehlen im Joh wie überhaupt im NT (vgl. Lattke, Einheit, 11-17).

[3] Die Verbindung mit ἀδελφός beschränkt sich auf I Joh. Von daher halte ich es für unangebracht, von "Bruderliebe" im Joh zu sprechen, wie es immer wieder geschieht (vgl. Wengst, Gemeinde, 227 Anm. 127, der keinen sachlichen Unterschied feststellen will, und Schlier, Bruderliebe, der vorschnell Evangelium und Briefe über einen Kamm schert). Der Begriff "Bruder" taucht im Joh nur 20,17 auf, dort aber nicht im Zusammenhang mit "lieben". Thyen, Nächstenliebe, 294f, macht darauf aufmerksam, daß der Gebrauch des Bruderbegriffes in I Joh das Evangelium voraussetzt, da die "im Abschied zu Freunden gewordenen Jünger [erst] im österlichen Wiedersehen [Jesu] Brüder wurden" (vgl. Joh 15,15; 20,17). Zwar wird man im heutigen Horizont besser von "Brüdern und Schwestern" reden (vgl. Schnackenburg, Botschaft II, 172), doch darf man für die Zeit damals "kaum ... vermuten, die weiblichen Mitglieder der Gemeinde seien selbstverständlich mitgemeint" (so Rese, Bruderliebe, 44; gegen Klauck, Johannesbrief, 277; Brown, Gemeinde, 163 Anm. 46; Brown, Epistles, 269; und Schunack, Briefe, 40). Für Exegetinnen und Exegeten heute stellt sich die Frage nach der angemessenen Übersetzung. Hier soll im folgenden von "Bruderliebe" gesprochen werden, um mit dieser gegenüber "Geschwisterliebe" wörtlicheren Übersetzung auf die Fremdheit des damaligen Denkens im Vergleich zu dem in Deutschland üblich werdenden inklusiven Sprachgebrauch hinzuweisen. Überlegungen zum Verhältnis zwischen Sprache, Denken und Wirklichkeit können hier leider nicht angestellt werden. Vgl. Whorf, Sprache.

[4] Exemplarisch sei Käsemann, Wille, genannt, der noch ausführlicher dargestellt werden soll (vgl. II.5.2.1.).

mit die Feststellung, daß die Liebesaussagen im johanneischen Schrifttum die Ethik transzendieren oder sogar keinen ethischen Charakter mehr besitzen[5].

Da gerade dieser zuletzt genannte Aspekt eine ernsthafte Anfrage an die Behandlung des johanneischen Liebesgebotes in dieser an einer ethischen Fragestellung orientierten Untersuchung darstellt, sollen in einem ersten Abschnitt die diesbezüglichen Probleme erarbeitet und ausgewertet werden[6]. Damit soll dem Vorwurf begegnet werden, in dieser Untersuchung werde "naiv voraus[ge]setzt", daß der Begriff der Liebe im Joh "nichts als ein normales ethisches Verhalten"[7] bezeichne. Nichts liegt dieser Untersuchung ferner. Vielmehr wird sich am Ende dieses Kapitels zeigen, daß der johanneische Liebesbegriff in sich zweideutig ist, ohne jedoch auseinanderzufallen. Ethische und die Ethik transzendierende, theologisch-soteriologische[8] Aspekte sind grundsätzlich aufeinander bezogen und angewiesen.

Anschließend wenden wir uns der Frage nach dem Adressatenbereich der Liebe zu. Es ist zu überprüfen, ob das gängige "Reduktionsmodell", nach dem die Liebe auf die Gemeinde beschränkt ist, dem Text gerecht wird oder ob ein zu erarbeitendes angemesseneres Modell den Vorzug verdient.

Schließlich fragen wir nach dem Subjekt der Liebe. Exemplarisch für die Jünger soll die Person des Petrus untersucht werden, dem im Joh im Zusammenhang mit dem Thema Liebe eine m.E. wichtige Rolle zufällt[9]. Zuletzt wenden wir uns Gott

---

[5] Hier ist erneut Käsemann, Wille, und seinen Ansatz einseitig ausbauend Lattke, Einheit, zu nennen (vgl. II.5.1.1.).

[6] Vgl. die Wahrnehmung eines "fast vollständige[n] Fehlen[s] konkreter Weisungen oder ausführlicher paränetischer Abschnitte" und die Einstufung dieses Sachverhalts als Problem für eine Ethik des NT bei Schrage, Ethik, 302 (vgl. Brown, Gemeinde, 100). Die Frage, inwiefern Liebe den ethischen Bereich transzendiert, wird von Schrage erst später erörtert (S. 323f), gehört m.E. aber in die Ausgangsproblematik mit hinein. Ein Transzendieren des ethischen Bereichs schließt ihm zufolge die ethische Dimension nicht aus. Liebe schließe ein konkretes Verhalten ein und sei "eine so radikale Forderung, daß sie bis zur Hingabe des Lebens geht" (S. 323). Dies liegt auf einer Linie mit der hier vorgeschlagenen Interpretation. Schnackenburg, Botschaft II, 148, sieht "eine konkrete, auf die Verhältnisse in Kirche und Welt bezügliche Ethik" nicht völlig zurücktreten. Für ihn bedarf der sittliche Imperativ "keiner ausdrücklichen Artikulation, weil er im Hören auf das Wort des göttlichen Gesandten wie selbstverständlich mitgesetzt ist". Die Briefe sind ihm zufolge "für eine Ethik ergiebiger" (S. 149).

[7] Käsemann, Wille, 125f.

[8] Dibelius, Joh 15, 209, gebraucht dafür den Begriff "metaphysisch". Dieser soll in der vorliegenden Untersuchung vermieden werden, da die ihn charakterisierenden Konzepte dem im johanneischen Schrifttum zu erkennenden Befund nicht angemessen sind.

[9] Der Lieblingsjünger, den man an dieser Stelle vielleicht spontan erwartet hätte, wird nie explizit als Subjekt des Liebens bezeichnet. Er bildet keinen speziellen Gegenstand dieser Untersuchung, sondern wird nur am Rande erwähnt werden. Vgl. die Spezialunter-

als Subjekt und Ursprung der Liebe zu. An dieser Stelle wird sich zeigen, daß ethische und nicht-ethische Deutung der johanneischen Liebe aufeinander bezogen sind. Damit werden wir zu der im nächsten Abschnitt aufzugreifenden Problemstellung zurückkehren und den Kreis der Interpretation schließen.

Methodisches Ziel ist eine Verbindung von "textkohärenter" Exegese und sozialgeschichtlicher Auslegung. Das Joh und die Johannesbriefe werden dabei getrennt betrachtet. Zwar haben neuere Untersuchungen eine große Übereinstimmung der Sprache und des Stils in den einzelnen Schriften des johanneischen Schrifttums sowie eine gemeinsame Theologie festgestellt und daher auf einen einzigen Verfasser geschlossen[10]. Um aber den Blick für eventuell vorhandene Differenzen zwischen dem Joh einerseits und den Johannesbriefen andererseits in bezug auf das Liebesgebot nicht schon im Ansatz zu verstellen, ziehen wir eine getrennte Untersuchung vor[11]. Als Joh betrachten wir das gesamte vorliegende Evangelium (1,1-21,25), dessen letzter Redaktor als "vierter Evangelist" angesehen wird[12].

Anhand dieses Vorgehens hoffen wir, Einsichten darüber zu gewinnen, ob und - wenn ja - wie die drei Themenkreise, an denen sich diese Untersuchung orientiert, aus dem johanneischen Schrifttum heraus erhellt werden können.

5.1. Ist das johanneische Verständnis von "lieben" ein ethisches Verständnis?

5.1.1. Die Positionen von M. Dibelius, E. Käsemann und M. Lattke

Nach *Dibelius*[13] verweist der Gebrauch von "lieben" im Joh "ins Metaphysische, nicht ins Ethische". "Liebe" beschreibe "nicht ein ethisches Verhältnis ..., son-

---

suchungen von Kragerud, Lieblingsjünger; Kügler, Jünger; und Lorenzen, Lieblingsjünger.

[10] Vgl. Ruckstuhl/Dschulnigg, Stilkritik, 52-54.

[11] Damit soll an dieser Stelle kein Urteil über die Verfasserfrage gefällt werden - etwa im Sinne der Annahme von verschiedenen Verfassern. Thyen, Johannesbriefe, 191, führt Akzentverschiebungen zwischen dem Evangelium und den Briefen auf eine "fundamentale Gattungsdifferenz" und nicht auf einen zeitlichen Abstand oder fundamentale theologische Differenzen zwischen dem Evangelium und den Briefen zurück. Von daher fragt er unter Rückgriff auf Overbeck, ob I Joh nur im Zusammenhang mit dem Joh als dessen begleitendes Erläuterungsschreiben von Bedeutung sei. Über eine einheitliche Verfasserschaft äußert er sich jedoch nicht explizit. Eine ausführliche Auseinandersetzung mit diesem Problem ist im Rahmen der vorliegenden Untersuchung nicht möglich.

[12] Vgl. z.B. Thyen, Johannes 13, 356, und Johannesevangelium, 210f, aber auch seine sonstigen Veröffentlichungen.

[13] Dibelius, Joh 15. Folgendes Zitat auf S. 209.

dern die durch Offenbarung hergestellte Wesensgemeinschaft"[14] zwischen Vater und Sohn und zwischen Jesus und den Jüngern. Daher könnten als Objekt der Liebe verständlicherweise "*nur die Jünger, nicht die Nächsten* genannt werden"[15]. Der Gebrauch des Begriffes Liebe im Joh stimme nicht "mit der sonst in Judentum und Urchristentum gebräuchlichen" Bedeutung überein[16]. In Joh 15,13-15 handele es sich um eine "midraschartige Abschweifung"[17], deren Zentrum der überlieferte vorjohanneische Spruch 15,13 sei. "Liebe" habe darin nichts mit Wesensgemeinschaft zu tun, sondern bezeichne den "heroischen Liebesaffekt, der zum Opfer des Lebens führt"[18]. Dieser Opfergedanke liege jedoch fern von dem sonstigen Verständnis von "Liebe" und "lieben" im Joh. Auch die Bezeichnung des Lieblingsjüngers als der, "den Jesus lieb hatte" (ὅν ἠγάπα (ἐφίλει) ὁ Ἰησοῦς; vgl. Joh 13,23; 20,2), die Liebe Gottes zur Welt in Joh 3,16 und die Bedeutung in der Geschichte von Lazarus (Joh 11) bestimmt er als scheinbare oder wirkliche Ausnahmen vom johanneischen Verständnis von Liebe.

Ohne sich explizit auf Dibelius zu beziehen, sieht auch *Käsemann* in der Liebe als Lebenshingabe (Joh 15,13) eine Aufnahme eines Gedankens urchristlicher Tradition, "nicht [jedoch] die charakteristisch johanneische Weise, von Liebe zu sprechen"[19]. Liebe sei "etwas anderes als ein Gefühl" und transzendiere "sogar den Bereich ethischer Entscheidungen"[20]. Sie bezeichne "im johanneischen Sinne die Gemeinschaft, die durch das Wort gestiftet und mit dem Wort bewahrt wird"[21]. Liebe und Einheit stehen bei Käsemann in einem dialektischen Verhältnis zueinander und drücken beide unter verschiedenen Aspekten die "Solidarität des Himmlischen"[22] aus. Das johanneische Liebesgebot sei Ausdruck einer Konventikelethik, bei der das "Objekt christlicher Liebe" faktisch zwar der Mitmensch als solcher sein kann, theologisch und grundsätzlich jedoch nur der Objekt ist, der "zur Gemeinde unter dem Wort gehört oder dazu erwählt ist"[23]. Deshalb sei die "eherne Kälte des angeblichen Apostels der Liebe" "nicht

---

[14] Dibelius, Joh 15, 212f.

[15] Dibelius, Joh 15, 213.

[16] Dibelius, Joh 15, 214. Den streng "religiösen" Sinn von Liebe findet er auch in den Hermetica, in den Mandaica, bei Pseudo-Apuleius u.ö.

[17] Dibelius, Joh 15, 206.

[18] Dibelius, Joh 15, 216.

[19] Käsemann, Wille, 127.

[20] Käsemann, Wille, 128.

[21] Käsemann, Wille, 129.

[22] Käsemann, Wille, 139. Siehe auch S. 123.

[23] Käsemann, Wille, 136. Auf diese Problematik soll in II.5.2. näher eingegangen werden.

im Moralischen, sondern in einem andern Verhältnis zum Irdischen"[24] zu suchen. Auch für ihn ist Joh 3,16 eine traditionelle und vom Evangelisten aufgegriffene urchristliche Formulierung. Von daher hält er es für "mehr als zweifelhaft, ... die gesamte johanneische Verkündigung von ihr her zu interpretieren"[25].

Lattke knüpft an Dibelius und Käsemann an[26] und bestimmt die johanneische Liebe als "Einheit im Wort" - Liebe sei nur in einem "höchst eingeschränkten und modifiziertem Sinne Thema des Johannesevangeliums"[27], nämlich als "personales Subjekt-Objekt-Verhältnis"[28], bei dem jede erotische, ethische oder mystische Deutung ausgeschlossen sei. Lieben sei ein reziprokes Verhältnis zwischen Vater, Sohn, Jünger und Jüngern untereinander und bleibe auf diesen Kreis beschränkt. In dieser "kettenartige[n] Abbildhaftigkeit"[29] finde deren Einheit ihren angemessenen Ausdruck. Seine Formel "Einheit im Wort" drückt aus, daß die Einheit im Hören und Annehmen des Wortes besteht. Die Begriffe "Liebesgebot" oder "Gebot der Bruderliebe" hält Lattke für sehr problematisch, da "mit ihnen fast ausnahmslos Gegensätzliches harmonisiert"[30] werde. Für ἐντολή zieht er die Übersetzung "Auftrag" vor. Die Modifikation gegenüber den Geboten der Nächsten- und Feindesliebe besteht s.E. vor allem in einer "Veränderung des Inhalts. Einander 'lieben' heiße nach Joh zunächst, in der Einheit des Wortes und dadurch im Wort des Lebens und im himmlischen Leben selbst zu bleiben"[31]. In seiner Interpretation von Joh 15,13-15 schließt er sich Dibelius an und sieht auch in Joh 3,16 keine für das Joh zentrale Stelle[32]. Als

---

[24] Käsemann, Wille, 124.137.

[25] Käsemann, Wille, 124.

[26] Lattke, Einheit, 51f.

[27] Lattke, Einheit, 1.

[28] Lattke, Einheit, 18.

[29] Lattke, Einheit, 24. Im Vergleich zu Lattke ist es Segovia, Relationships, nicht möglich, ein einheitliches theologisches Konzept hinter den johanneischen Liebesaussagen zu sehen. Er wählt als Ausgangsbasis die These von Becker, Abschiedsreden, daß die Abschnitte 15,1-17; 15,18-16,15 und 13,34f in das Joh eingefügt wurden und dem Gemeindestadium des I Joh entsprechen (Segovia, Relationships, 23). Vgl. jedoch Becker, Johannes, 485f: "Aber die konkreten Verhältnisse des 1Joh kann man in Joh 15 nur schwer angedeutet finden".

[30] Lattke, Einheit, 211f. Als Ausnahmen nennt er Käsemann und Dibelius (Anm. 4), die aber an der Bezeichnung "Gebot" festhalten.

[31] Lattke, Einheit, 170 Anm. 5.

[32] Vgl. Lattke, Einheit, 178-183 und 64-85. Joh 15,13 ist von großer Bedeutung für Lattke, da sich seiner Meinung nach an der Interpretation dieses Verses entscheidet, ob man der These seiner Arbeit zustimmen kann oder nicht (S. 177 Anm. 4. Ich werde auf Joh 15,13 noch zu sprechen kommen). Die Lazarus- und Lieblingsjüngerstellen rechnet er wie Dibelius zu den "Ausnahmen" im joh. Sprachgebrauch für "lieben" (S. 63).

einziger der hier genannten Exegeten kommt Lattke auf I Joh zu sprechen, in dem im Gegensatz zum Joh die Bruderliebe ethisch verstanden werde[33].

Dibelius, Käsemann und Lattke gehören zu den wichtigsten Exegeten, die die ethische Interpretation des Joh in Frage stellen[34] - Lattke und Dibelius insofern radikaler als Käsemann, als sie nicht nur von einem Transzendieren der ethischen Bedeutung (so Käsemann) sprechen, sondern zwischen einem von ihnen rekonstruierten spezifisch johanneischen Verständnis der Liebe und einigen wenigen Ausnahmen unterscheiden[35]. Darüberhinaus lehnt Lattke sogar die Bezeichnung "Liebes*gebot*" für Joh ab.

Die nachfolgende Interpretation wird an entscheidenden Stellen auf diese Autoren Bezug nehmen und ihr Verständnis in Frage stellen[36]. Um das johanneische Verständnis von Liebe zu erheben, soll die ganze Bandbreite an Bedeutungen herangezogen werden, die mit "lieben" verbunden sind, und nicht nach einer spezifisch johanneischen Bedeutung und Ausnahmen davon gefragt werden. Vielmehr wird es darum gehen, die verschiedenen Aspekte einschließlich der vermeintlichen Ausnahmen in einem zusammenhängenden Bild zu integrieren. In diesem Bild werden auch einige wichtige Einsichten der drei besprochenen Exegeten einen Platz finden. Doch zunächst sollen Argumente zusammengetragen werden, die die Notwendigkeit und Bedeutung eines ethischen Akzentes für das johanneische Verständnis von Liebe aufzeigen.

---

[33] Lattke, Einheit, 106 Anm. 2. Darin komme die frühkatholische Wende und die damit vollzogene Überführung der joh. Tradition in die katholische Kirche zum Ausdruck.

[34] Vgl. auch Vouga, Johannesbriefe, 36f, der das Liebesgebot im Joh wie im I Joh ebenfalls nicht als "Charakterisierung der christlichen Ethik" ansieht. Wischmeyer, Liebe, 144, ist ebenfalls der Meinung, daß Liebe im pointiert ethischen Sinne nicht Thema der johanneischen Schriften sei, sondern immer Liebe als Bestandteil des Heilsgeschehens.

[35] Einzig Käsemann, Wille, 123, spricht von "Liebe" als der "konkrete[n] Äußerung der Einheit", doch ist nicht klar, ob er in seinen weiteren Ausführungen an der Konkretheit der johanneischen Liebe festhält. Vgl. Lattke, Einheit, 210f.

[36] Thyen, Freunde, leistet einen ersten Ansatz dazu, stellt jedoch der These von Dibelius nur eine Antithese entgegen, deren "größere Wahrscheinlichkeit und ... bessere Eignung als Arbeitshypothese" (S. 470) er vorläufig begründen will. Augenstein, Liebesgebot, faßt die verschiedenen Positionen (und weitere) in der Einleitung seiner Arbeit zusammen, um im Anschluß daran die Fragestellung seiner Untersuchung zu formulieren. Im Verlauf seiner Darstellung setzt er sich dann mit den verschiedenen Positionen auseinander und füllt die von Thyen offengelassene Lücke. Ein ethisches Verständnis von "lieben" setzt er stillschweigend voraus. Seiner Meinung nach gibt es keine verschiedenen Liebesbegriffe unterschiedlicher Autoren im Joh. Die verschiedenen Akzente deutet er als unterschiedliche Zielsetzungen der verschiedenen Teile des Evangeliums. "Während sich der erste Teil in den Reden und Taten mit der Sendung des Sohnes in der Vollmacht des Vaters und dem daraus erwachsenden Konflikt beschäftigt, nehmen die Abschiedsreden die Jünger in den Blick" (S. 55).

5.1.2. Ethische Aspekte des johanneischen Verständnisses von Liebe

Die meisten Exegeten verstehen Lieben im johanneischen Schrifttum sehr wohl als ethisches Verhalten[37]. Dies soll im folgenden exemplarisch für Joh anhand der Perikope von der Fußwaschung (13,1-20) und der Weinstockrede (15,1-8) erörtert werden. Beide stehen im nächsten Kontext der johanneischen Liebesgebote (13,34f und 15,12.17), die im Zusammenhang mit diesen Texten interpretiert werden müssen[38]. Im I Joh werden wir uns in erster Linie I Joh 3,16-18 zuwenden.

Die Fußwaschungsszene steht im Joh anstelle der synoptischen Abendmahlsüberlieferung. Anklänge an eine Mahlsituation finden sich in 13,2.4[39], wobei das Mahl selbst der Entlarvung des Verräters dient[40]. Als Motivangabe für die Waschung durch Jesus und die darin liegende Umkehrung der Sozialbeziehungen ist die Liebe Jesu zu den Seinen anzusehen, die im (weiteren) Rahmen der Fußwaschung eine Inklusion bildet (Joh 13,1.34f).

Die Fußwaschung wird im Text verschieden gedeutet[41]. In 13,6-11 wird ihre soteriologische Bedeutung in drei Gesprächsgängen zwischen Jesus und Petrus entfaltet. Die Notwendigkeit der Fußwaschung, die Formulierung "du hast kein Teil an mir" (οὐκ ἔχεις μέρος μετ᾽ ἐμοῦ; 13,8)[42] und der Zuspruch der Reinheit (13,10) sind deutliche Belege für diese Deutung, die in der Fußwaschung eine vorweggenommene Reinigung der Jünger vor dem Eingehen in das Haus des Vaters sieht. Eine zweite, ethische Deutung schließt sich in 13,12-20 an. In V.12 werden die Hörer und Leser angesprochen ("Wißt ihr, was ich euch getan

---

[37] Z.B. stellt Schrage, Ethik, 323, fest, daß "auch für Johannes Liebe ein konkretes Verhalten einschließt".

[38] Vgl. Collins, Commandment, 226, der auch auf diese Verknüpfung hinweist. Augenstein, Liebesgebot, 25, nennt als Voraussetzung, um das gesamte 13. Kapitel in seiner Beziehung zum Liebesgebot zu interpretieren, daß Joh 13 als sinnvolle literarische Einheit zu betrachten sei. Dies gelte auch dann, wenn Joh 13,34f auf einen Redaktor letzter Hand zurückgeführt werde, will man diesem "nicht jedes literarische Vermögen" absprechen. Ich teile diesen Ansatz einer textkohärenten Exegese.

[39] In 13,12 wird die Mahlsituation vorausgesetzt. Zu den Anklängen an die synoptische Abendmahlsüberlieferung vgl. Sabbe, Footwashing, 287ff.

[40] Vgl. Augenstein, Liebesgebot, 27f. An seine Untersuchung knüpfe ich im folgenden an.

[41] Eine ausführliche Analyse bietet die Monographie von Richter, Fußwaschung. Ergänzend Sabbe, Footwashing, und Segovia, Footwashing.

[42] Μέρος ἔχειν kann sowohl im Sinne einer Schicksalsgemeinschaft (vgl. Hultgren, Footwashing, 545 Anm. 10) als auch im Sinne von "Platz haben bei jmdm" (Bauer, Wörterbuch, 1026) verstanden werden. Augenstein, Liebesgebot, 32-36, versteht es als Schicksalsgemeinschaft und hebt den Aspekt der Nachfolge als dritte mögliche Deutung der Fußwaschung hervor.

habe?"), die Bedeutung der Fußwaschungsszene im Sinne des im folgenden Abschnitt zum Ausdruck Gebrachten zu bedenken[43]. Thematisiert wird das Tun der Jünger, das in Jesu Tun gegründet ist (13,15). Belege, daß hier auf das konkrete Verhalten der Jünger abgezielt wird, finden sich in V.14f. Zum einen bezeichnet der Begriff ὑπόδειγμα das vorbildhafte Handeln[44], an dem sich das Verhalten der Jünger orientieren soll. Zum anderen weist der Wechsel vom konkreten νίπτειν ("waschen") zum allgemeineren ποιεῖν ("tun") darauf hin, daß das Handeln der Jünger insgesamt in den Blick kommt[45]. Besonders die sprachlichen und stilistischen Übereinstimmungen dieser Forderung des gegenseitigen Waschens in 13,14f mit den Formulierungen des Liebesgebots an anderen Stellen des johanneischen Schrifttums zeigen, daß das Liebesgebot im Sinne konkreten Tuns zu interpretieren ist[46].

Joh 13,14f: "Wenn nun ich, euer Herr und Meister, euch die Füße gewaschen habe, so sollt auch ihr euch untereinander (ὑμεῖς ὀφείλετε ἀλλήλων) die Füße waschen. Ein Beispiel habe ich euch gegeben, damit ihr tut, wie ich euch getan habe (ὑπόδειγμα γὰρ ἔδωκα ὑμῖν ἵνα καθὼς ἐγὼ ἐποίησα ὑμῖν καὶ ὑμεῖς ποιῆτε)."

I Joh 4,11: "Ihr Lieben, hat uns Gott so geliebt, so sollen wir uns auch untereinander lieben (ἠγάπησεν ἡμᾶς, καὶ ἡμεῖς ὀφείλομεν ἀλλήλους ἀγαπᾶν; vgl. I Joh 3,16)."

Joh 13,34: "Ein neues Gebot gebe ich euch, daß ihr euch untereinander liebt, wie ich euch geliebt habe, damit auch ihr einander lieb habt (δίδωμι ὑμῖν, ἵνα ἀγαπᾶτε ἀλλήλους, καθὼς ἠγάπησα ὑμᾶς ἵνα καὶ ὑμεῖς ἀγαπᾶτε ἀλλήλους)."

Joh 15,12: "Das ist mein Gebot, daß ihr euch untereinander liebt, wie ich euch liebe (ἵνα ἀγαπᾶτε ἀλλήλους καθὼς ἠγάπησα ὑμᾶς)."

Das Verhältnis der beiden Deutungen zueinander wird kontrovers diskutiert[47]. Im Sinne einer textkohärenten Exegese schließen sich beide nicht aus, sondern ergänzen einander. Dies zeigt sich v.a. an der engen Zuordnung der bedingten Seligpreisung in V.17 ("Wenn ihr dies wißt - selig (μακάριοι) seid ihr, wenn ihr's tut") zu der unbedingten Heilszusage in V.10 ("Wer gewaschen ist, bedarf nichts, als daß ihm die Füße gewaschen werden; denn er ist ganz rein (ἀλλ᾽ ἔστιν καθαρὸς ὅλος)"). Die Heilszusage, "die aufgrund des Todes Jesu am Kreuz erfolgt, hat seitens der angesprochenen Menschen ihre konkrete Wirklichkeit in einem ihr entsprechenden Handeln"[48].

---

[43] Vgl. Schulz, Ethik, 502.

[44] Vgl. Schlier, ὑπόδειγμα, 33.

[45] Eine Interpretation als Imitationsethik (vgl. Collins, Commandment, 246) ist aus genau diesem Grund abzulehnen.

[46] Vgl. Augenstein, Liebesgebot, 34f.

[47] Vgl. die kurze Darstellung bei Schrage, Ethik, 311. Nach Lattke, Einheit, 147, erhalten V.12-17 von V.6-11 her einen neuen Sinn, d.h. er lehnt eine ethische Interpretation ab.

[48] Wengst, Gemeinde, 225f.

Die Fußwaschung ist somit als "szenische Verdeutlichung des Liebesgebotes"[49] bzw. als beispielhaft konkreter Liebesdienst[50] zu betrachten, in der sowohl der soteriologische wie der ethische Aspekt des Liebesgebotes zum Ausdruck gebracht werden.

Bei der Weinstockrede Joh 15,1-8(17) liegt der Sachverhalt anders[51]. Im Gegensatz zur Perikope von der Fußwaschung steht in exegetischen Untersuchungen nicht die Frage im Vordergrund, ob von einer ethischen Aussage über "Liebe" die Rede ist oder ob diese durch eine andere Deutung überlagert werde. Hier wird nach der Bedeutung des Fruchtbringens (καρπὸν φέρειν) gefragt[52]. Eine Interpretation, die darunter einseitig das "missionarische Wirken" versteht[53], wird als zu eng zurückgewiesen[54]. Fruchtbringen wird vielmehr als "sittlich-religiöses Tun"[55], näher als gegenseitige Liebe[56] bestimmt, die das Thema der

---

[49] Augenstein, Liebesgebot, 40.

[50] Vgl. Schrage, Ethik, 312. Eine Deutung der Fußwaschung als Waschung vor oder zur Mahlzeit oder als rituelle Reinigung wird von Augenstein, Liebesgebot, 29f, zurückgewiesen.

[51] Eine ausführliche Untersuchung bietet die Monographie von Borig, Weinstock. Leitwortfunktion in 15,1ff hat v.a. μένειν ἐν ("bleiben in"), vgl. dazu Heise, Bleiben, und Malatesta, Interiority.

[52] Daß diese Metapher innerhalb des Textes nicht eindeutig aufgelöst wird, veranlaßt Borig, Weinstock, 239f, zu dem Schluß, "daß es zunächst gar nicht auf eine genaue Deutung derselben ankommt, sondern daß dieses Fruchtbringen als Detail eine Funktion im Gesamtbild hat". Zur genaueren Bestimmung dieser Funktion siehe die weitere Darstellung. Augenstein, Liebesgebot, 68, blendet diese Fragestellung leider aus und stellt lediglich fest, daß das Fruchtbringen "inhaltlich unbestimmt" bleibe. Vgl. aber Gnilka, Johannesevangelium, 117, der Joh 15,1-17 als "Bildrede vom Fruchtbringen" bezeichnet.

[53] Vgl. Thüsing, Erhöhung, 101-123.

[54] Vgl. Borig, Weinstock, 237-246, der auch auf die Verwendung der traditionellen Fruchtmetapher im Bild vom Weizenkorn Joh 12,24 und im Erntebild Joh 4,36 eingeht - den einzigen beiden anderen Stellen im Joh, an denen diese Metapher vorkommt. Während die Bedeutung von 12,24 umstritten sei, handele es sich in Joh 4 eindeutig um die "Missionsfrucht". Diese Interpretation dürfe jedoch aufgrund des verschiedenen Bildgebrauchs und Textzusammenhanges nicht auf Joh 15 übertragen werden. Siehe auch Ritt, Imperativ, 142 Anm. 22. Schnackenburg, Johannesevangelium III, 113, schließt aufgrund V.5 ("ohne mich könnt ihr nichts tun") auf eine "weite Bedeutungsfülle" und denkt "vor allem an ein 'fruchtbares', in Glaube und Liebe bewährtes Gemeindeleben".

[55] Borig, Weinstock, 238.

[56] Vgl. Ritt, Imperativ, 142, und Borig, Weinstock, 242, der von einer Präzisierung des Fruchtbringens verstanden als Halten der Gebote durch das Gebot der Bruderliebe spricht. Vgl. auch Segovia, Theology, 125, und Collins, Commandment, 255, der unter Berufung auf Schnackenburg, Johannesevangelium III, 127, und Brown, John, 680, schreibt: "In fact, John 15,9-17, with its theme of love, is really an interpretation of the idea of bearing fruit which is found in the parable of the vine and the branches".

Verse 12-17 bildet. Dabei scheint vorausgesetzt zu werden, daß "Liebe" eine ethische Komponente besitzt. Wir sind also auf eine Interpretation von Joh 15,12-17 angewiesen[57].

Eine missionarische Komponente des Fruchtbringens wird damit nicht geleugnet. Sie ist jedoch nur mittelbar vorhanden, da über die gegenseitige Liebe und Einheit alle (πάντες; 13,35) die Jüngerschaft erkennen und die Welt (ὁ κόσμος) zum Glauben an die Sendung des Sohnes kommen soll (17,21.23). Eine strenge Alternative liegt den beiden Interpretationsansätzen nicht zugrunde.

Joh 15,12-17 wird durch das Liebesgebot in V.12.17 gerahmt (ἵνα ἀγαπᾶτε ἀλλήλους). Vergleichsgröße und Grund der gegenseitigen Liebe der Jünger ist die Liebe, die Jesus den Jüngern erwiesen hat. Diese Liebe Jesu wird in V.13-15 als Lebenshingabe Jesu für seine Freunde bezeichnet und auf die Jünger übertragen[58]. Sie nimmt damit direkten Bezug auf Jesu Tod (vgl. Joh 13,1).

Die Funktion der Verse 13-15 wird in der Forschung kontrovers diskutiert. Dibelius spricht von einer "midraschartige[n] Abschweifung" mit ihrem Zentrum im vorjohanneischen Spruch V.13, deren Bedeutung von Liebe nicht mit der johanneischen Liebe, die er als Wesensgemeinschaft bestimmt, übereinstimme[59]. Hier handele es sich um die gemeinchristlich-ethische Bedeutung von Liebesgemeinschaft.

Ihm gegenüber hat besonders Thyen zur Diskussion gestellt, daß Joh 15,13 "*zentrale* Bedeutung für das gesamte überlieferte Johannesevangelium" besitze und "als *Schlüssel* für dessen Verständnis der Sendung und des Todes Jesu angesehen werden"[60] müsse. Hier würden "*menschliche* und *christliche* Liebe, Eros und Agape"[61] vermittelt. In Auseinandersetzung mit den Thesen Dibelius' hat Augenstein die Position von Thyen bekräftigt[62]. Joh 15,13 habe zwar Parallelen in der griechisch-hellenistischen Freundschaftsethik, doch liege "nicht das grie-

---

[57] Joh 15,9-11 hat die Funktion einer Überleitung. Diese Verse verlassen das Weinstockbild, das erst in V.16 nochmals kurz aufgegriffen wird. Sie behalten jedoch das Thema des Bleibens bei und verbinden es mit der Liebe und dem Gebot/den Geboten (ἐντολή /ἐντολαί), den zentralen Themen von Joh 15,12-17. Vgl. Augenstein, Liebesgebot, 70f.

[58] Als Grund der Freundesbezeichnung für die Jünger wird genannt, daß Jesus ihnen alles, was er beim Vater gehört hat, kundgetan habe.

[59] Dibelius, Joh 15, 205.

[60] Thyen, Freunde, 470. Er bezweifelt, daß Joh 15,13 ein Stück urchristlicher Tradition sei. Thyen überprüft in seinem Aufsatz nicht die These von Dibelius, sondern setzt ihr eine plausiblere Antithese entgegen.

[61] Thyen, Freunde, 470. Zum Verständnis und Verhältnis von Eros und Agape vgl. Nygren, Eros, der hier jedoch nicht kritisch betrachtet werden soll.

[62] Vgl. Augenstein, Liebesgebot, 72-74. Auf seine Ergebnisse stütze ich mich im folgenden. Zur Kritik an Dibelius vgl. auch Segovia, Theology, 124 Anm. 25.

chische Modell des Freundespaares, in dem ein Freund für den anderen in einer lebensgefährlichen Situation eintritt, zugrunde, sondern die Lebenshingabe Jesu bildet die notwendige Voraussetzung für das Heil der Jünger"[63]. Außerdem ist der Text weder im näheren Kontext noch im gesamten Johannesevangelium ein Fremdkörper. 15,13 ist Auslegung zu 15,12 und φίλοι ("Freunde") korrespondiert mit dem Verb φιλεῖν ("lieben") in Joh 15,19; 16,27. Bereits in Kap. 13 ist das Liebesgebot mit dem Tod Jesu und seinem Gang zum Kreuz verbunden (vgl. 13,1). So wird man annehmen dürfen, daß das "Thema der Liebe, die sich in der Hingabe des Lebens für die Freunde vollendet, ... keineswegs eine bloß zufällige Randerscheinung in Joh 15,13, sondern zentrales Motiv und Strukturprinzip der johanneischen Passionsgeschichte und Christologie"[64] ist.

Damit ist erwiesen, daß die ethische Bedeutung von "lieben" als Lebenshingabe in Joh 15,13-15 nicht als Abschweifung zu betrachten ist, sondern zentrale Bedeutung für den Kontext und das Evangelium insgesamt besitzt. Aus diesem Grund kann auch das Fruchtbringen aus Joh 15,1-8 in einem ethischen Sinne als gegenseitige Liebe interpretiert werden[65].

Die Wendung τίθημι τὴν ψυχήν μου ὑπέρ τινος ist doppeldeutig. Andere griechische Texte verstehen darunter "sein Leben aufs Spiel setzen"[66]. Die johanneischen Vorkommen beziehen sich jedoch eindeutig auf den tatsächlichen Tod Jesu und prägen die Wendung um ("sein Leben lassen für")[67]. Somit motiviert der als liebende Lebenshingabe verstandene Tod Jesu im Martyrium das liebende Verhalten der Brüder zueinander.

Weitere Stellen belegen, daß die "übliche[] Bedeutung" der Liebe als "Liebesgesinnung"[68] im Joh vorhanden ist. Joh 11, die Geschichte von Lazarus,

---

[63] Augenstein, Liebesgebot, 73.

[64] Thyen, Freunde, 476. Auch Joh 3,16 ist für ihn nicht bloß mitgeschleppte Tradition, sondern "Quintessenz johanneischer Theologie" (476). In seinem Artikel zum Johannesevangelium schreibt Thyen darüberhinaus, daß "nicht erst die Passionsgeschichte, ... sondern das ganze Evangelium von Anfang an den Prozeß dar[stellt], in den die Welt Jesus und Jesus die Welt verwickelt" (214f). Augenstein, Liebesgebot, 75, spricht daher von einem "Passionsevangelium". Das im Joh wenig gebräuchliche Substantiv Liebe (ἀγάπη) erinnert in seiner Zusammenstellung mit ἔχειν ("Liebe haben"; 15,13) an das "Macht haben" (ἐξουσίαν ἔχειν) in Joh 10,18, wo zum ersten Mal von Lebenshingabe (und Wiedernahme) die Rede ist.

[65] Hält man an Dibelius' Interpretation von Joh 15,13-15 als midraschartiger Abschweifung fest, so wird in 15,12.17 das eigentliche johanneische Liebesverständnis ausgedrückt, nämlich die Wesensgemeinschaft. In diesem Fall liegt eine Deutung des Fruchtbringens als missionarische Wirksamkeit näher.

[66] Vgl. Maurer, τίθημι, 155.

[67] Vgl. I Joh 3,16-18. Diese Verse sollen gleich besprochen werden.

[68] Um diesen Sachverhalt mit Dibelius' Worten auszudrücken; vgl. Dibelius, Joh 15, 215.213.

setzt ein ethisches Verständnis von "lieben"[69] ebenso voraus wie die Bezeichnung des sog. Lieblingsjüngers als den, "den Jesus lieb hatte" (ὅν ἠγάπα (ἐφίλει) ὁ Ἰησοῦς)[70]. Aber auch in Joh 3,16 kommt ein ethischer Aspekt in der "Liebe Gottes zur Welt" zum Tragen. Dieser Sprachgebrauch ist keine "scheinbare oder wirkliche" Ausnahme[71], sondern ein konstitutives Element des johanneischen Verständnisses von Liebe.

I Joh 3,16-18 bestätigt diesen Befund[72]. Die Lebenshingabe Jesu ist Erkenntnisgrund der Liebe und Vorbild und Maßstab für die gegenseitige Liebe, die ebenfalls bis zur Lebenshingabe für die Brüder gehen soll (V.16)[73]. Ψυχή bezeichnet das physische Leben, vom atl. Sprachgebrauch her (vgl. Gen 2,7 LXX) aber auch "die Lebendigkeit, die Lebenskraft, die Lebensenergie"[74]. Wenn in V.17 die Lebenshingabe als Hilfe für notleidende Brüder illustriert wird[75], knüpft dies an das zweite Verständnis von ψυχή an - an den Einsatz der physischen und psychischen Kräfte für den anderen. Daran zeigt sich, daß es dem Verfasser um die konkrete ethische Verpflichtung gegenüber dem Bruder auch im Alltag geht. Es wird jedoch nicht zwischen der Hilfe als "Normalfall" in V.17 und dem Martyrium als Sonderfall von Bruderliebe in V.16 unterschieden[76]. Beides dürfte vielmehr in der johanneischen Gemeinde möglich gewesen sein[77]. In V.18 wird die Mahnung zur Liebe wiederholt und durch antithetische Begriffspaare ("laßt uns nicht lieben mit Worten noch mit der Zunge (λόγῳ μηδὲ τῇ γλώσσῃ), sondern mit der Tat und mit der Wahrheit (ἐν ἔργῳ καὶ ἀληθείᾳ)") verstärkt. Erneut wird die Liebe als konkretes Tun gefordert[78].

---

[69] Hier steht im griechischen Text neben ἀγαπᾶν (11,5) das synonym gebrauchte φιλεῖν (11,3.36). Aus diesem Grund läßt sich die ethische Deutung nicht einseitig auf φιλεῖν einschränken. Lieben drückt sich in der Lazarus-Perikope konkret aus als Anteilnahme am Schicksal von Sterbenden.

[70] Ἀγαπᾶν: 13,23; 19,26; 21,7.20; φιλεῖν: 20,2. Wie die Aussagen über den Lieblingsjünger und Lazarus zeigen, sind die Begriffe ἀγαπᾶν und φιλεῖν austauschbar. Dies bestätigt, daß sie im Joh synonym gebraucht werden. Vgl. Anm. 2.

[71] So Dibelius, Joh 15, 214.

[72] Selbst Lattke, Einheit, 106 Anm. 2, spricht von einem "ethisch verstandene[n] ἀγαπᾶν τοὺς ἀδελφούς " im I Joh.

[73] Das Sterben Jesu für die Seinen ist hier wie im Joh ein zentraler Aspekt der johanneischen Theologie.

[74] So Klauck, Brudermord, 164. An seinen Ausführungen orientiere ich mich bei dieser Interpretation.

[75] Vouga, Johannesbriefe, 58, spricht von einer literarischen Illustration.

[76] So aber Schnackenburg, Johannesbriefe, 199, und Wengst, Brief, 152.

[77] V.16 weist deutlich auf eine Bedrohungssituation hin. Vgl. Augenstein, Liebesgebot, 126f mit Anm. 173.

[78] Tat und Wahrheit bilden einen "einzigen zusammenhängenden Begriff" (Wengst, Brief, 156). Nur eine sich in der konkreten Tat realisierende Liebe ist wahr. Vgl.

Auch in II und III Joh steht die Liebe in Bezug zu konkretem Tun. Der Wandel in Wahrheit, zu dem das Liebesgebot anleitet (II Joh 5f), ist nicht nur Ausdruck des rechten Glaubens, sondern auch der Lebensführung[79]. In III Joh wird die Liebe als tatkräftiges Handeln in Form von Aufnahme und Ausrüstung herumziehender Wanderprediger gesehen (III Joh 5-8)[80].

Damit ist ausreichend gezeigt, daß "lieben" im johanneischen Schrifttum ein ethisches Verhalten beschreibt. Es kann Hilfeleistung, Gastfreundschaft, Fußwaschung und sogar das Martyrium bedeuten. Auf die enge Zusammengehörigkeit mit dem darüber hinausgehenden theologisch-soteriologischen Aspekt wird am Ende dieses Kapitels eingegangen.

Da gerade Interpretationsansätze, die den johanneischen Liebesbegriff nicht-ethisch deuten, zumeist auch von einer Reduktion der Reichweite des jesuanischen oder synoptischen Liebesverständnisses sprechen, wenden wir uns im nächsten Abschnitt der Frage nach dem Adressatenbereich der johanneischen Liebe zu.

5.2. Der Adressatenbereich der johanneischen Liebe

5.2.1. Der Grunddissens: Die Positionen von R. Bultmann, E. Käsemann und M. Rese

Bultmann erklärt die scheinbare Einschränkung des Liebesgebotes durch ἀλλήλων ("gegenseitig") damit, daß aufgrund der Frontstellung zur Gnosis die "Existenz des Jüngerkreises in Frage"[81] gestellt werde. Er ist jedoch der Meinung, daß durch das johanneische Gebot zum gegenseitigen Lieben "das christliche Gebot der Nächstenliebe nicht eingeschränkt oder außer Kraft gesetzt"[82] werde. Da der Jüngerkreis keine geschlossene Gruppe ist, sondern eine eschatologische Gemeinde, die in der Welt Zeugnis ablegt, "besteht für die Welt ständig die Möglichkeit, in den Kreis des ἀλλήλους ἀγαπᾶν einbezogen zu werden", zumal "in den Sätzen des 1. Joh über die Bruderliebe keineswegs nur an den christlichen Bruder gedacht zu sein [scheint] (z.B. 3,17)"[83]. Die Nächstenliebe steht in diesen Aussagen primär im Kontext und Dienst der Mission. Sie will

---

Schunack, Briefe, 66, der mit "tatkräftiger Wahrheit" übersetzt. Auf eine ausführlichere Interpretation der Begriffspaare wird hier verzichtet. Vgl. die Kommentare zur Stelle.

[79] Vgl. Augenstein, Liebesgebot, 138f.

[80] Vgl. Wengst, Brief, 247. Gegen Augenstein, Liebesgebot, 141.

[81] Bultmann, Johannes, 406. Unabhängig davon, ob man Bultmanns Verhältnisbestimmung des Joh zur Gnosis zustimmt oder nicht, wird deutlich, daß das johanneische Liebesgebot nicht abgelöst von der historischen Situation der Gemeinde gelesen werden darf.

[82] Bultmann, Theologie, 435. Vgl. Bultmann, Johannes, 406.

[83] Bultmann, Theologie, 435.

Menschen aus der Welt für die Gemeinde gewinnen und wird von der Bruderliebe unterschieden[84]. Auch wenn Bultmann von einer Nächstenliebe spricht, die umfassend für alle Menschen in ihrer "primären Verbundenheit von Ich und Du"[85] gilt, ist damit der Gedanke verbunden, diese zur (christlichen) Liebe zu befreien[86].

Käsemann hält die johanneische Gemeinde für einen von der Großkirche abgesonderten häretischen Konventikel[87] mit gnostisierenden Tendenzen[88]. Nichts spreche dafür, "daß die Bruderliebe exemplarisch die Nächstenliebe umfaßt". Im Gegenteil, es werde eine "unverkennbare Einschränkung" vorgenommen, wie sie "auch aus der Qumrangemeinde"[89] bekannt sei. Das "Objekt christlicher Liebe" sei "theologisch und grundsätzlich" nicht der Mitmensch als solcher, sondern "allein, was zur Gemeinde unter dem Wort gehört oder dazu erwählt ist". Käsemann hält es jedoch "faktisch" für möglich, daß der Mitmensch als solcher Objekt christlicher Liebe ist, "sofern die Botschaft an alle ergeht und nie vor der Reaktion darauf entschieden ist, wer potentiell sich als Bruder erweist"[90]. Diese Aussage ist in der bisherigen Auseinandersetzung mit Käsemann leider weitgehend vernachlässigt worden[91]. Dies hängt wohl mit der m.E. problematischen Unterscheidung zwischen der "theologisch-grundsätzlichen" und der "faktischen" Anwendung des Liebesgebotes zusammen, die Käsemann zu diesen sich scheinbar widersprechenden Aussagen über den Adressatenbereich der johanneischen Liebe veranlaßt. Es liegt nahe, die faktische Ausweitung christlicher Liebe als

---

[84] "Die Forderung der Bruderliebe ist *aber* das Vermächtnis des scheidenden Offenbarers für den Kreis der Seinen, die seine Liebe empfangen haben; es ist das Gesetz des Jüngerkreises" (Bultmann, Theologie, 435; Hervorhebung durch Verfasser). Anhand dieser Begründung unterscheidet er m.E. zwischen Bruderliebe und Nächstenliebe.

[85] Bultmann, Nächstenliebe, 231 (vgl. 235).

[86] Vgl. Bultmann, Nächstenliebe, 243f.

[87] Immer wieder taucht in der Literatur die Bezeichnung "Sekte" für die johanneische Gemeinde auf, vgl. Segovia, Relationships, 213. Eine kurze, aber sehr erhellende Diskussion dieser Problematik mit weiteren Literaturhinweisen findet sich bei Klauck, Johannesbrief, 280-282.

[88] Vgl. Käsemann, Wille, 152.

[89] Käsemann, Wille, 124. Auch Wahlde, Commandments, 242, geht davon aus, daß die johanneische Liebe auf die Mitglieder der Gemeinschaft beschränkt ist. Vgl. Lattke, Einheit, 210, der sich in seiner Argumentation an Käsemann anschließt; Dibelius, Joh 15, 213f; und Becker, Feindesliebe, 16. - Daß die Annahme einer traditionsgeschichtlichen Verbindung zwischen Qumran und dem johanneischen Schrifttum nicht notwendig ist, macht Augenstein, Liebesgebot, 164-166.177f, deutlich.

[90] Käsemann, Wille, 136.

[91] Vgl. Augenstein, Liebesgebot, 14-16, und Kittler, Bruderliebe, 28, der Käsemanns (angebliche) Einschränkung der Liebe auf Bruderliebe zurechtrücken will, leider aber nicht erkennt, daß Käsemann selbst diese Einschränkung "faktisch" wieder ausweitet.

theologisch und grundsätzlich nicht gebotene, faktisch jedoch mögliche (d.h. virtuelle) Nächstenliebe anzusehen[92]. Diese wäre dann der "Testfall", um potentielle Brüder zu erkennen, auf die sich die christliche Liebe im folgenden beschränkt[93]. Immerhin aber ist eine Einschränkung der These von der unverkennbaren Einschränkung zu erkennen.

Rese fragt danach, "wie die Bruderliebe konkret"[94] im Alltag der johanneischen Gemeinden ausgesehen hat. Er setzt voraus, daß die von ihm untersuchten Johannesbriefe einen durch die alltägliche Wirklichkeit geschriebenen Kommentar zum Programm der Liebe untereinander darstellen[95]. Seiner Meinung nach ist die Differenz zwischen den Positionen Käsemanns und Bultmanns "längst überholt und mit bemerkenswerter Eindeutigkeit entschieden: Das Gebot der Bruderliebe hat zu einer bestimmten Zeit, in einem begrenzten Raum und in genau zu bezeichnenden Gemeinden das Gebot der Nächstenliebe nicht nur eingeschränkt, sondern schlicht ausser Kraft gesetzt"[96]. Außerdem habe die johanneische, konventikelhafte Gemeinschaft die "Trennung von der Welt zu einem weiteren Programmpunkt" erhoben und "so die Sendung der Kirche Christi in diese Welt"[97] verraten. Rese vertritt mit dieser Position die mit Abstand negativste Wertung des Liebesgebotes im johanneischen Schrifttum.

Anhand dieser Positionen sollen einige Fragen für unsere Untersuchung des Adressatenbereiches des johanneischen Liebesgebotes herausgearbeitet werden. Ist das Liebesgebot im johanneischen Schrifttum wirklich nur auf die eigene Gemeinde beschränkt, die in keinerlei Verhältnis mehr zur Welt steht? Oder gibt es über die Öffnung des Liebesgebotes zur Welt als Auswahlkriterium bei der Suche nach weiteren "Brüdern" hinaus auch eine der Binnenmoral entsprechende Außenmoral, die nicht im Lichte der Mission steht und sich in ihrer theologischen Begründung von der Binnenmoral nicht unterscheidet? Gerade bei der letzten Frage werden wir darauf achten müssen, wie sich das johanneische Liebesverständnis zu dem der "Welt" verhält, um über die Ansätze von Käsemann und Bultmann hinauskommen zu können.

---

[92] Hierin unterscheidet er sich von Bultmann, bei dem es sich um eine theologisch begründete und damit faktisch nicht nur mögliche, sondern gebotene Nächstenliebe handelt.

[93] Ob einem Menschen, der als theologischer Nicht-Bruder erkannt wurde, faktisch jegliche Liebe verweigert wurde, läßt sich nicht sagen, dazu fehlen die notwendigen Quellen. Dies wäre aber eine Konsequenz aus Käsemanns Interpretation - außer man geht davon aus, daß weiterhin um diesen Menschen liebend geworben wurde.

[94] Rese, Bruderliebe, 45.

[95] Zum Verhältnis der Johannesbriefe untereinander und zum Evangelium vgl. Thyen, Johannesbriefe.

[96] Rese, Bruderliebe, 57.

[97] Rese, Bruderliebe, 57.

5.2.2. Aspekte für einen erweiterten Adressatenbereich der johanneischen Liebe

Grundsätzlich soll zuerst das Verhältnis zwischen den johanneischen Gemeinden und der Welt im johanneischen Schrifttum untersucht werden. Daran anschließend und darauf aufbauend kann eingehender nach den Adressaten der johanneischen Liebe gefragt werden.

a) Das Verhältnis zur Welt im johanneischen Schrifttum

Der johanneische Kosmosbegriff ist von einer "tiefgreifenden Ambivalenz"[98] bestimmt. Es finden sich sowohl dezidiert negative, als auch dezidiert positive Wertungen des Kosmos[99].

Vor allem an der Bewertung von Joh 3,16 scheiden sich die Geister:

"Denn also hat Gott die Welt geliebt (ἠγάπησεν ... τὸν κόσμον), daß er seinen eingeborenen Sohn gab, damit alle, die an ihn glauben, nicht verloren werden, sondern das ewige Leben haben (ἵνα πᾶς ὁ πιστεύων εἰς αὐτὸν μὴ ἀπόληται ἀλλ᾽ ἔχῃ ζωὴν αἰώνιον)."

Vielfach wird darin nur "eine traditionelle und von dem Evangelisten aufgegriffene urchristliche Formel"[100] gesehen, die einen für Johannes untypischen Liebesbegriff wiedergebe. Dabei wird jedoch meist zu Unrecht davon ausgegangen, daß der Kosmos im johanneischen Schrifttum grundsätzlich eine negative oder höchstens eine neutrale Bedeutung habe. Dem widerspricht der Textbefund[101]. Zudem kann Joh 3,16 im direkten Kontext als "Zielpunkt der Ausführungen über den Auf- und Abstieg"[102] in Joh 3,14-19 angesehen werden. V.14f deuten den

---

[98] Klauck, Welt, 58. Einen sehr empfehlenswerten Überblick über die verschiedenen Positionen bietet Onuki, Gemeinde, 1-8. Nach einer Darstellung der grundsätzlichen Überlegungen von Bultmann, Theologie; Bultmann, Johannes; Käsemann, Wille; und Blank, Krisis, faßt er die neuere Forschung bis 1984 (u.a. Baumbach, Gemeinde, und Schottroff, Glaubende) zusammen. Eine Wiederholung der Diskussion kann daher in dieser Untersuchung unterbleiben. Auf die These Onukis ist jedoch zurückzukommen.
[99] Eine wichtige statistische Untersuchung liefert Cassem, Inventory, 81-91. Vgl. Klauck, Welt, 64f. S.u. Anm. 101.
[100] Käsemann, Wille, 124. Vgl. Lattke, Einheit, 64-85.
[101] Vgl. Cassem, Inventory, 88f mit Tafel 4 und Fig. 1, an den Klauck, Welt, 64, anknüpft. Vor allem in der ersten Hälfte des Joh überwiegen die positiven Stellungnahmen (u.a 1,29: Jesus nimmt die Sünde der Welt hinweg; 4,42: er ist ihr Heiland; 6,51: er gibt sein Fleisch dahin für das Leben der Welt). Aber auch im zweiten Teil, der stärker von negativen Aussagen bestimmt ist, finden sich positive Stellungnahmen (Joh 17,5.24: der Gedanke der Schöpfung des Kosmos wird aufrechterhalten).
[102] Augenstein, Liebesgebot, 62. Vgl. Wengst, Gemeinde, 35, der ebenfalls von einem "wohlüberlegte[n] Aufbau" spricht. "Zuerst" sei "von der Erhöhung die Rede, dann von der Hingabe und schließlich von der Sendung."

Aufstieg als Erhöhung und V.16ff den Abstieg als Sendung des Menschensohnes bzw. Sohnes Gottes[103]. Selbst unter der Voraussetzung, daß mit 3,16 ein Traditionsstück eingefügt worden wäre, muß man das Motiv von der Liebe Gottes zur Welt als einen wesentlichen Bestandteil der johanneischen Theologie ansehen. Denn dieses Motiv ist im Zusammenhang mit sowohl der Dahingabeformel als auch der Sendungsformel einzigartig in Joh 3,16 und "mit aller Wahrscheinlichkeit dem Evangelisten zuzuschreiben"[104]. Wir können davon ausgehen, daß Joh 3,16 die Botschaft des Joh zusammenfaßt[105].

Betrachten wir die pragmatischen Funktion, die das Johannesevangelium im ganzen für seine Leser besitzt[106]. Die johanneische Gemeinde weiß sich in die Welt gesandt und versteht ihre Verkündigung als geistgewirkte Fortführung der Verkündigung Jesu. In der Welt trifft sie immer wieder auf Unverständnis und Unglauben. Hier hat die pragmatische Funktion ihren Ort: "Die Gemeinde wird aus der Verkündigungssituation in der ungläubigen Welt herausgerufen und zur Rückbesinnung angeleitet. Hier versichert sie sich erneut der Identität der Offenbarung Gottes und damit auch der Identität ihrer eigenen Verkündigungsaufgabe. So gefestigt wird sie erneut in die Welt gesandt - zur weiteren Verkündigung"[107]. Ein statisches Verständnis sowohl der johanneische Gemeinde als auch des Kosmos ist dadurch ausgeschlossen. In dynamischen Zirkeln bewegen sich beide aufeinander zu, aber auch wieder voneinander weg. Getragen wird diese immer neue Sendung in die Welt gerade von der Aussage in Joh 3,16, daß Gott die Welt geliebt habe[108]. Ziel der Sendung ist es, neue Mitglieder für die Gemeinde zu gewinnen. Als Adressaten sind jedoch "nicht die in der Welt zerstreuten, erst noch herauszufindenden Prädestinierten" gemeint, sondern "potentiell alle und jeder einzelne"[109].

---

[103] Über das Verhältnis dieser beiden Titel zueinander kann an dieser Stelle nicht reflektiert werden. Zur johanneischen Sendungschristologie vgl. Bühner, Gesandte.

[104] Wengst, Gemeinde, 231-233 (Zitat auf S. 233).

[105] Vgl. Schnackenburg, Botschaft II, 152.

[106] Vgl. Onuki, Gemeinde. Auf seine Untersuchung stützen sich die folgenden Ausführungen. Auf S. 213-218 faßt er seine Position kurz zusammen.

[107] Onuki, Gemeinde, 218 (im Original kursiv). Auf S. 111-115 führt er diesen Gedanken ausführlicher aus.

[108] Vgl. Onuki, Gemeinde 114.

[109] Onuki, Gemeinde, 114f. Onuki folgert dies aus der Bedeutung von ἄν τινων in Joh 20,23, wo es um die Frage des Sünden Erlassens oder Festhaltens geht. Diese "johanneische Stileigentümlichkeit" ist seiner Meinung nach "nicht *identifizierend* oder *spezifizierend*, sondern ... *unbestimmt*" zu verstehen und meine "*alle* und *jeden Menschen*" (S. 89f). Darin geht er über Käsemann, Wille, 136, hinaus, der von denen, die "erwählt" sind, spricht. Vgl. Lindemann, Gemeinde, bes. 143-145, der Joh 3,16-18 in Auseinandersetzung mit Käsemann diskutiert und wie Onuki die Meinung vertritt, daß "jeder Mensch als potentiell Glaubender angesprochen ist" (S. 144).

Diese Verhältnisbestimmung zwischen johanneischer Gemeinde und Welt macht deutlich, wie offen die Gemeinde zur Welt hin ist. Es gibt kein grundsätzliches Sich-Verschließen vor der Welt. Diese wird immer wieder als Aufgabe angesehen. Ebensowenig aber öffnet sich die Gemeinde prinzipiell der Welt und heißt diese gut. Das Verhältnis ist durch die Dialektik von Nähe und Distanz bestimmt. Auch für I Joh gilt, daß der Begriff Kosmos negativ und positiv bewertet wird. So wird vor dem Kosmos und seinen Begierden gewarnt (2,15-17). Man soll sich eines "bestimmten, die Welt qualifizierenden Verhalten[s]"[110] enthalten. Eine Mahnung, den Kosmos generell oder die in ihm lebenden Menschen nicht zu lieben, findet sich jedoch nicht[111]. Es besteht sogar Hoffnung für den Kosmos, da die Sendung des Sohnes in die Welt zur Vergebung der Sünden der Gemeinde und des Kosmos (2,2) und zur Rettung des Kosmos (4,14) geschehen ist. Die Aussage von Joh 3,16 über Gottes Liebe zur Welt hat jedoch im I Joh kein Äquivalent[112].

Diese Ambivalenz darf nicht dahingehend gedeutet werden, daß die "joh. Sprache ... die verschiedenen Aspekte des 'Welt'-Begriffs" nicht genügend aufdecke[113]. Hinter dem einen Begriff "Kosmos" stehen vielmehr verschiedene Perspektiven, die nicht auseinanderfallen. In dieser Mehrschichtigkeit zeigt sich ein dynamisches Weltverständnis, das die "Welt nicht unter Absehen von ihrer Geschichte, die Geschichte des Menschen und Geschichte Gottes umfaßt"[114], betrachtet. Die Welt ist nicht grundsätzlich negativ bewertet, auch für die Jünger nicht, die ja in die Welt gesandt werden. Erst wenn sich die Welt vor dem Angebot Gottes verschließt, erhält sie eine neue, negative Qualität, die sie sich selbst zuschreibt und die ihr nicht von Gott programmatisch aufgezwungen wird, die sie aber auch nicht grundsätzlich von Gott trennt[115].

---

[110] Wengst, Brief, 97. Vgl. Klauck, Welt, 58-64, und Augenstein, Liebesgebot, 108.

[111] Gegen Schnackenburg, Agape, 39: "Wer die Liebe Gottes erfahren hat und in ihr lebt, kann die Welt mit allem, was in ihr ist, nicht lieben".

[112] Vgl. die von Joh 3,16 abweichende Stelle I Joh 4,9.14f.

[113] So Schnackenburg, Botschaft II, 154. Vgl. Schnackenburg, Agape, 43f, wo er die unterschiedlichen Perspektiven des johanneischen Weltbegriffs darzulegen versucht. Seine zeitliche Zuordnung (3,16: Welt *vor* Kommen Jesu Christi; 15,18-20: ungläubig verschlossene Welt *nach* Kommen Jesu Christi; I Joh 2,15-17: dualistisch verschärfte Warnung vor der Welt) ist problematisch, da sie zu der Aussage führt, daß der johanneische nachösterliche Kosmos-Begriff die Welt von der Liebe des Vaters und Jesu ausschließe (Anm. 44 unter Verweis auf Segovia, Relationships, 169. Gleichwohl spricht er davon, daß die Welt nicht aus der Liebe Gottes herausfällt, S. 47). Gerade die Verwendung nur des einen Begriffes "Kosmos" zeigt, daß die Welt immer von Gott geliebt wird. Zumal die Sendung, d.h. das Kommen Jesu in der Sendung der Jünger in den Kosmos fortgesetzt wird (Joh 17,20; 20,21).

[114] Klauck, Welt, 68.

[115] Vgl. Klauck, Welt, 63-65, und Lindemann, Gemeinde, 143-145.

b) Adressaten der johanneischen Liebe

Schon die zentrale Bedeutung der Liebe Gottes zur Welt (3,16) im Joh deutet darauf hin, daß "das Gebot, einander zu lieben, nicht eine prinzipielle Beschränkung" meint und "als seine Kehrseite den Haß gegen die Menschen außerhalb der Gemeinde"[116] hat. Johannes bestimmt den Willen Gottes dahingehend, daß der Kosmos durch die Sendung des Sohnes gerettet werde (3,17) und jeder, der an ihn glaubt (3,16), das ewige Leben erlange. Eine Begrenzung auf dazu prädestinierte Menschen ist dem Text nicht zu entnehmen.

Wenn die Adressaten der Mission - wie im letzten Abschnitt gezeigt - potentiell alle Menschen sind, welche Konsequenzen ergeben sich dann für die Frage nach den Adressaten der johanneischen Liebe?[117] Sind die Menschen außerhalb der Gemeinde nur insofern Adressaten der Liebe, als sie potentielle Mitglieder der johanneischen Gemeinde sind? Dies hieße, nur fragmentarisch über die Interpretation von Käsemann hinauszugehen. Dieser sieht in den faktischen Liebeserweisen nach außen Mittel für die Suche nach den Erwählten, während es in dem im vorangehenden Abschnitt dargestellten Modell nicht nur um die Erwählten ging. Beide Ansätze sind aber dadurch charakterisiert, daß die Liebe nach außen der Gewinnung neuer Mitglieder dient, so daß die Außenmoral nur dann der Binnenmoral gleich wäre, bis der Gegenüber als potentieller "Bruder" erkannt wird. Entpuppt er sich nicht als solcher, gilt ihm das Liebesgebot nicht mehr[118].

Es soll daher gefragt werden, ob sich im Joh ein Ansatzpunkt finden läßt, der die Liebe oder eine Liebesforderung nach außen als eine Aufgabe erkennt, die von der Bruderliebe her theologisch und grundsätzlich ihren Ausgangspunkt nimmt und nicht durch Mission motiviert ist (gegen Käsemann), und bei dem sich Außenmoral und Binnenmoral in ihrer theologischen Begründung nicht unterscheiden (gegen Bultmann). Nur dann ist es möglich, über die Interpretationen von Käsemann und Bultmann grundsätzlich hinauszugehen.

Die Suche nach einem solchen Ansatzpunkt gestaltet sich insofern schwierig, als die vorherrschende Johannesinterpretation eine solche Möglichkeit grundsätzlich nicht in Betracht zieht.

Erst *Augenstein* kommt zu dem Ergebnis, daß sich die johanneische Außenmoral nicht von der Binnenmoral unterscheide, weil die "Liebe im Joh ... keine Liebe des Eignen"[119] und "die in Joh 15 im Zusammenhang mit der Liebe Jesu beschriebene Sendung der Jünger in den Kosmos mit der Liebe des Vaters, wie sie

---

[116] Wengst, Gemeinde, 238.

[117] Diese Frage geht über die Untersuchung von Onuki, Gemeinde, hinaus.

[118] Dieser Vorgang muß noch dynamischer vorgestellt werden als dauernde Hinwendung zu den Menschen außerhalb der Gemeinde.

[119] Augenstein, Liebesgebot, 88.

in Joh 3,16 begegnet, vergleichbar"[120] sei. Dies versucht er anhand Joh 15,18f deutlich zu machen. Dort begründet die Liebe des Eigenen (φιλεῖν τὸ ἴδιον) den Haß, den die Jünger durch den Kosmos erfahren[121]. Diese Eigenliebe müsse als negative Eigenschaft des Kosmos gewertet werden, und das Liebesgebot in 15,12 dürfe im Kontrast dazu gerade nicht als Liebe des Eigenen verstanden werden[122]. Seine Untersuchung führt zwar über Bultmann und Käsemann hinaus, insofern er aufzuweisen versucht, daß Außen- und Binnenmoral identisch sind. Er unterscheidet jedoch m.E. nicht zwischen einer umfassenden Liebe zum Kosmos und der Liebe zum Kosmos um der Mission willen. Seine Folgerung, daß der "Kreis der Jünger offen"[123] ist, schließt unmittelbar an die Gleichstellung von Außen- und Binnenmoral an und zeigt, daß ihm nicht explizit an einer solchen Unterscheidung gelegen ist. Damit geht er nicht grundsätzlich über Käsemann hinaus,

---

[120] Augenstein, Liebesgebot, 88.

[121] Lattke, Einheit, 23, spricht von "Abgeschlossenheit des johanneischen κόσμος in sich selber". Φιλεῖν besitzt jedoch deswegen keine negative Konnotation im Vergleich zu ἀγαπᾶν; auch das Lieben Gottes wird mit φιλεῖν ausgedrückt (Joh 16,27).

[122] Augenstein bedarf einer sehr abstrakten Interpretation von Joh 13,1 im Zusammenhang mit 1,11 um zu folgern, daß sich "die Liebe Jesu ... deshalb von der des Kosmos [unterscheide], weil er diejenigen erwählt, die zuvor nicht sein eigen waren" (Liebesgebot, 84). Konkret bedeutet diese annäherungsweise vollzogene Gleichsetzung der Seinen (ἴδιοι) in 13,1 mit den Nicht-Eigenen in 1,12 entweder, daß die johanneische Gemeinde von Anfang an nur aus Heiden bestanden haben dürfte, da er die ἴδιοι in 1,11 mit den Juden bzw. den Jerusalemern identifiziert. Die johanneische Gemeinde dürfte jedoch eine vorwiegend judenchristliche Gruppe gewesen sein (Thyen, Heil, 168; vgl. Thyen, Johannesevangelium, 211f). Daß Augenstein im Gegensatz zu dem, was seine Interpretation von 1,11f und 13,1 impliziert, von einer judenchristlichen Gruppe ausgeht, zeigt sich in seiner Deutung der Dissidenten im I Joh als "Judenchristen ..., die unter der Leugnung der Messianität Jesu wohl wieder in den Verband der Synagoge zurückkehrten" (Liebesgebot, 157). Daß sich alle Judenchristen der johanneischen Gemeinde so verhielten, ist damit nicht gesagt und auch kaum der Fall. Oder Augenstein versteht unter den Nicht-Eigenen auch Juden. Dann aber wäre die betreffende Gruppe sowohl mit "die Seinen" als auch mit "die Nicht-Seinen" zu bezeichnen. Hierin liegt m.E. ein schwacher Punkt in seiner Argumentation. M.E. liegt es näher, die ἴδιοι in 13,1 nicht grundsätzlich von den ἴδιοι in 1,11 abzusetzen. 13,1 wäre dann so zu verstehen, daß Jesus weiterhin alle Juden als die Seinen liebt, auch wenn er nur von einigen von ihnen und daneben von Heiden aufgenommen wurde (was 1,12 ausdrücken will). Er sieht es als Aufgabe an, diese begrenztere Gruppe derer, die ihn aus den Juden und Heiden aufgenommen haben, weiterhin in den Kosmos und damit auch zu den Juden als den eigentlich Seinen zu senden. Für dieses Verständnis könnte die Kaiphas-Szene sprechen (11,47-53), in der der Tod Jesu als Sterben für das - zu ergänzen wird sein: ganze jüdische - Volk gedeutet wird. Die Liebe Jesu unterscheidet sich in dieser Interpretation von der des Kosmos, weil er neben denjenigen, die zuvor sein Eigen waren, auch die erwählt, die zuvor nicht sein Eigen waren.

[123] Augenstein, Liebesgebot, 184 (vgl. bereits S. 93).

der ja auch den Mitmenschen "faktisch" als Objekt christlicher Liebe ansieht, "sofern die Botschaft an alle ergeht und nie vor der Reaktion darauf entschieden ist, wer potentiell sich als Bruder erweist"[124]. Zudem könnte die Außenmoral als eine Funktion der Binnenmoral verstanden werden, den Kreis der Jünger zu erweitern.

Im folgenden wenden wir uns dem Abschnitt Joh 15,18-16,3[125] zu, der in Augensteins Argumentation von zentraler Bedeutung ist[126], und untersuchen, ob eine Interpretation möglich ist, die noch über Augenstein hinausgeht. Diese wird sicherlich hypothetischen Charakter besitzen.

Wie Augenstein gehen wir davon aus, daß die Liebe des Eigenen als negative Eigenschaft des Kosmos gewertet wird und als Negativbeispiel für das Verhalten der Jünger dient. Deswegen muß jedoch die Liebe untereinander (15,12.17) nicht dahingehend interpretiert werden, daß sie "nicht als Liebe des Eigenen zu verstehen ist"[127]. Bruderliebe ist faktisch immer Liebe des Eigenen, nämlich derer, die der gleichen Gruppe angehören - unabhängig davon, daß sie vorher Außenstehende (Nicht-Eigene) waren. M.E. könnte die negative Bewertung der Liebe des Eigenen in diesem Kontext darauf hindeuten, daß sich die Liebe untereinander nicht in sich selbst erschöpfen darf, sondern immer wieder auf die Menschen außerhalb der Gemeinde richten muß. Joh 15,18f wäre auf diese Weise eine Ergänzung für das Liebesgebot in Joh 15,12.17. Die Liebe untereinander muß immer wieder neu Liebe des Nicht-Eigenen sein. Wie Gott grundsätzlich die Welt liebt (Joh 3,16), so soll auch die johanneische Gemeinde ihre Liebe der Welt nicht vorenthalten. Täte sie es, würde sie sich in ihrem Verhalten der Welt gleich stellen, die nur das ihr Eigene liebt. Explizit ist zwar an dieser Stelle die Liebe zur Welt nicht geboten, implizit aber könnte sie vermutet werden[128].

Setzt man dieses liebende Verhältnis zur Welt in einen unmittelbaren Zusammenhang mit dem Gedanken der Mission, so wird die Außenmoral m.E. wieder eingeschränkt, da sie im Kern auf die Gewinnung neuer "Brüder" bezogen ist. Dies bedeutete aber in letzter Konsequenz eine Vorrangstellung der Liebe der (zukünftig) Eigenen. Angesichts der Liebe Gottes, die der ganzen Welt gilt

---

[124] Käsemann, Wille, 136. Vgl. II.5.2.

[125] Zur Abgrenzung vgl. Augenstein, Liebesgebot, 67. Onuki, Gemeinde, 131f, zählt V.4a noch zu dieser Einheit dazu und sieht in diesem Abschnitt die gleiche Struktur angelegt, die das ganze Joh charakterisiert. Vgl. Lindars, Persecution, 64f, der ebenfalls V.4a zu 16,1-3 dazunimmt.

[126] Vgl. Augenstein, Liebesgebot, 83f.

[127] Augenstein, Liebesgebot, 84.

[128] In diesem Fall wäre sie ebenso wie das Gebot der gegenseitigen Liebe ein "Vermächtnis des scheidenden Offenbarers für den Kreis der Seinen", was Bultmann, Theologie, 435, nur auf das Gebot der gegenseitigen Liebe eingrenzt.

(3,16), trägt aber vielleicht auch die Liebe der Jünger zur Welt grundsätzlichere Züge, so daß Außenmoral und Binnenmoral übereinstimmen können[129].

Bemerkenswert an der johanneischen Argumentation ist der implizite Haßverzicht durch die Jünger. Auf den Haß des Kosmos soll nicht mit Gegenhaß geantwortet werden. Vielmehr sollen die Jünger im Kosmos Zeugnis ablegen[130]. Verzicht auf Haß und Gegenhaß sind ein Bestandteil der synoptischen Feindesliebe (Lk 6,27). Somit schließt das johanneische Liebesgebot die Feindesliebe nicht aus[131]. Zumal auf einer narrativen Ebene die bestehende Feindschaft zwischen Juden und Samaritanern durch die Zuwendung Jesu zur samaritanischen Frau (Joh 4) überwunden wird[132]. Auch die Tatsache, daß es vielfältige Verbindungslinien zwischen der johanneischen und der synoptischen Tradition gibt, macht es "unwahrscheinlich, daß ... Jesu Hauptgebot der Gottes- und Nächstenliebe"[133] von den johanneischen Gemeinden übersehen wurde.

Kurz zusammenfassend kann man sagen, daß die johanneische Gemeinde in Joh 15 aufgefordert wird, sich nicht wie der Kosmos zu verhalten, der seine Liebe nur auf das Eigene richtet. Im Vergleich zu ihm ist der Adressatenbereich der johanneischen Liebe nicht auf das Eigene beschränkt, sondern auf den Kosmos erweitert, auch wenn nicht explizit die Liebe zum Kosmos gefordert wird. Dieses Ergebnis läßt sich als *Erweiterungsbewußtsein* interpretieren, das im Joh gerade im Gegenüber zum Kosmos seinen spezifischen Platz erhält.

Wenden wir uns nun I Joh zu, um auch hier nach dem Adressatenbereich der Liebe zu fragen[134].

Im I Joh scheinen auf den ersten Blick alle Stellen, an denen vom Liebesgebot oder gehäuft von "lieben" oder Liebe die Rede ist[135], ein eingeschränktes Verständnis der Liebesforderung zum Ausdruck zu bringen. Vor allem die Fassung

---

[129] Gegen eine solche Interpretation spricht natürlich grundsätzlich die Ansicht, daß das Außenverhältnis der urchristlichen Gruppen immer vom Gesichtspunkt der Mission getragen war. Zumal die Jünger im Joh ja zu missionarischen Zwecken in die Welt gesandt werden (vgl. Joh 17,20; 20,21-23) und auch die Liebe Gottes zur Welt in einem Zusammenhang mit dem Gedanken der Mission steht (Joh 3,14-18). Von daher kann der vorliegende Interpretationsversuch wirklich nur hypothetisch genannt werden.

[130] Davon spricht Joh in 15,26f, vgl. Onuki, Gemeinde, 138. Gerade der Haßverzicht spricht gegen eine Verbindung mit Qumran, vgl. Augenstein, Liebesgebot, 177f.

[131] So mit Augenstein, Liebesgebot, 182. Anders Becker, Johannes, 456, der eine "Radikalisierung der Liebe als Feindesliebe ... in weite Ferne" gerückt sieht.

[132] Vgl. Thyen, Brüder, 539.

[133] Schnackenburg, Botschaft II, 179. Vgl. Thyen, Johannesevangelium, und den Sammelband von Denaux, John. Auf die Anklänge an ein Doppelgebot in I Joh 3,23 und 4,21 wird noch zurückzukommen sein.

[134] II und III Joh tragen zur Frage nach dem Adressatenbereich der Liebe nicht viel bei, so daß wir uns ausschließlich I Joh zuwenden werden.

[135] V.a. I Joh 2,7-11; 3,11-18.23; 4,7-5,5.

als "Bruderliebe" (2,10; 3,10.14; 4,20f) neben der "gegenseitigen Liebe" (3,23; 4,7,11f) könnte darauf hindeuten[136]. Um den Adressatenbereich bestimmen zu können, muß daher untersucht werden, auf wen sich der Begriff "Bruder" (ἀδελφός) bezieht[137].

In I Joh 2,7-11 wird zum ersten Mal von der Liebe zum Bruder gesprochen, doch bleibt an dieser Stelle ungeklärt, wer als Bruder bezeichnet wird[138].

Bessere Hinweise liefert I Joh 3,11-18. Ähnlich wie in Joh 15,18ff ist in V.13 vom Haß der Welt die Rede. Wenn in V.14 von der Liebe zu den Brüdern die Rede ist, "würde eine muffige Enge herrschen, wenn der Verf. ... nur erklärte, und zwar mit Emphase (ἡμεῖς), daß die Christen - einander liebten"[139]. Eher legt sich nahe, daß zumindest die Abgefallenen[140], vielleicht sogar "alle, also auch die Außenstehenden, mit denen die Christen in Berührung kommen"[141] noch als Brüder zu betrachten sind. Für ein weiteres Verständnis im Sinne von "Abgefallenen" spräche, daß der Bruderkonflikt am biblischen Beispiel von Kain illustriert wird, für den die Bezeichnung Bruder sehr wohl gilt[142]. Damit aber ist die Ausweitung auf alle Menschen noch nicht zu begründen, da Kain nicht mit dem Kosmos gleichgesetzt werden darf[143]. Versteht man den Bruderkonflikt jedoch als eine "Art Archetyp menschlicher Feindschaft" überhaupt, dann "kann die Geschwisterliebe ein Paradigma werden ... für den Umgang, den Menschen miteinander pflegen sollten"[144]. In diesem Sinne wäre eine Ausweitung des johanneischen Liebesgebotes auf alle Menschen möglich, mit denen die Mitglieder der johanneischen Gemeinde in Berührung kommen.

Die letzte zu untersuchende Stelle ist der Abschnitt I Joh 4,7-5,5, dessen Hauptthema die Liebe ist[145]. Neben I Joh 4,20f, wo explizit der Bruderbegriff auf-

---

[136] Im Joh ist von "Bruderliebe" nicht die Rede. Diese Bezeichnung im I Joh erklärt sich vielleicht daher, daß in Joh 20,17 von den "Brüdern" Jesu die Rede ist, während die Jünger vor Ostern nur als Freunde (Joh 15,15) bezeichnet wurden. Zur Bedeutung der Verwendung des Brudertitels im johanneischen Schrifttum vgl. oben Anm. 3 und unten in diesem Abschnitt.

[137] Zur Verwendung des Brudertitels in Hellenismus, AT und jüdischen Gemeinschaften wie den Pharisäern bis hin zur Qumrangemeinde vgl. Schnackenburg, Johannesbriefe, 118f, und Klauck, Johannesbrief, 227f.

[138] So mit Augenstein, Liebesgebot, 109. Zur auffälligen Form der Verse 9-11 vgl. Augenstein, Liebesgebot, 104-107.

[139] Schnackenburg, Johannesbriefe, 120.

[140] So Augenstein, Liebesgebot, 125.

[141] Schnackenburg, Johannesbriefe, 120.

[142] Vgl. Augenstein, Liebesgebot, 129, und Thyen, Nächstenliebe, 296.

[143] Vgl. Augenstein, Liebesgebot, 123-125.

[144] Klauck, Johannesbrief, 279. Vgl. Klauck, Brudermord.

[145] Eine detaillierte Analyse bietet Augenstein, Liebesgebot, 130-137.

taucht, ist I Joh 5,1-5 für diese Untersuchung interessant - eine ausgesprochene "crux interpretum"[146], deren zweiten Vers Bultmann als "fast unverständlich"[147] bezeichnet.

In I Joh 4,20 könnte vermutet werden, daß die Antithese sichtbarer Bruder - unsichtbarer Gott darauf zielt, "daß die 'Bruderliebe' auf alles, was Menschenantlitz trägt, auszuweiten ist"[148]. Doch ist dieses Verständnis nicht zwingend[149]. Auch der Hinweis darauf, daß sich der Verfasser in 4,21 auf das synoptische Doppelgebot der Gottes- und Nächstenliebe beziehe, stützt diese Auslegung nicht, da nicht unhinterfragt gelten darf, daß sich die Nächstenliebe auf alle Menschen beziehe[150]. Man wird vorsichtig sein müssen, an dieser Stelle von einer Erweiterung des Adressatenkreises zu sprechen.

Die Aussage in I Joh 5,2 ist am besten so zu interpretieren, daß wir erst im Vollzug der Liebe erkennen können, ob die, die wir lieben, wirklich Gottes Kinder und damit 'Brüder' sind. "Es würde also gerade durch diesen 'fast unverständlichen' Satz den Lesern Mut gemacht, die Liebe zu demjenigen Bruder, der ihnen innerlich fremd zu sein scheint, allen Bedenken zum Trotz einfach zu riskieren und womöglich gerade auf diese Weise den Bruder als Bruder zu finden"[151]. Faktisch wäre damit der "Nächste" mitgemeint, nämlich in der "Gestalt des 'Bruders', die am Rande einer Heterodoxie angesiedelt zu denken wäre"[152]. Bei dieser Interpretation ist der Kreis der unmittelbaren Gemeindemitglieder verlassen und der Bereich der Personen ausgeweitet, die als Brüder anzusehen sind[153].

---

[146] Kittler, Bruderliebe, 223.

[147] Bultmann, Johannesbriefe, 80.

[148] Schnackenburg, Johannesbriefe, 121.

[149] Dies gesteht Schnackenburg, Johannesbriefe, 121, selber zu.

[150] Ein doppelgliedriges Gebot taucht neben I Joh 4,21 in anderer Formulierung noch in 3,23 auf. Das läßt darauf schließen, daß es keine feste Form eines johanneischen Doppelgebotes gibt. Gleichwohl kann aufgrund einiger anderer gemeinsamer Stoffe eine Kenntnis des synoptischen Doppelgebotes nicht ausgeschlossen werden (so auch Augenstein, Liebesgebot, 180).

[151] Kittler, Bruderliebe, 227.

[152] Kittler, Bruderliebe, 228.

[153] Kittler, Bruderliebe, 226, bezieht sich auf 4,20f zurück und überlegt, ob "es sich nicht ... in 4,20f. bei dem 'Bruder', den es nicht zu hassen gilt, um einen solchen handeln [kann], den man nur deswegen versucht ist zu hassen (und d.h. in diesem Fall: nicht mehr als 'Bruder' anzuerkennen), weil er irgendwie anders ist als man selbst und in seiner Glaubens- und Lebensauffassung sich anscheinend in einer verdächtigen Nähe zu den Irrlehrern ... befindet?" Diese Überlegung ist m.E. berechtigt und ermöglicht anders als in der bisher vorgestellten Interpretation auch für 4,20f eine offenere Deutung des Bruderbegriffes, da wir uns hier bereits an der Grenze zwischen Gemeinde und Dissidenten bewegen.

Als Ergebnis können wir festhalten: Genausowenig wie im Joh ist der Adressatenbereich der Liebe im I Joh auf die Mitglieder der Gemeinde beschränkt[154]. Von einer Einengung der Nächstenliebe auf die Bruderliebe darf man also im gesamten johanneischen Schrifttum nicht sprechen. Weder mit der "gegenseitigen Liebe" noch mit der "Bruderliebe" soll die Reichweite der Liebe eingeschränkt werden. Vielmehr dient die Bezeichnung "Bruder" im Kontext des Liebesgebotes der "Motivierung und Intensivierung"[155] der Liebesmetapher. Wie gerade Joh 15,18ff und I Joh 3,13ff zeigen, wird diese Position in der Auseinandersetzung mit dem als enger aufgefaßten Liebesverständnis des Kosmos entwickelt. Dies berechtigt uns dazu, hier das *Erweiterungsbewußtsein* zu verorten.

5.3. Die Subjekte der johanneischen Liebe

Wenden wir uns nun der Frage nach dem Subjekt der Liebe zu. Drei verschiedene Aspekte sollen untersucht werden. Zuerst ist zu klären, ob es im johanneischen Schrifttum Anhaltspunkte dafür gibt, wie die Gemeinde mit dem Liebesgebot zurecht kam. Damit verbunden werden wir nach den Konsequenzen und Auswirkungen der Erfüllung des Liebesgebotes fragen. Abschließend untersuchen wir, wo das johanneische Schrifttum die Liebe letztlich verortet, d.h. deren Grund und Ursprung sieht, und fragen nach der Bedeutung dieser Herkunft für die Ergebnisse des bisherigen Gangs der Untersuchung.

Es sollen nicht alle tatsächlich genannten Subjekte der johanneischen "Liebe" einzeln untersucht werden[156]. Wir beschränken uns auf die Subjekte, von denen wir neue Einsichten in das johanneische Verständnis von Liebe erwarten.

---

[154] Auch nach Schlier, Bruderliebe, 133 Anm. 13, ist das Liebesgebot in I Joh nicht exklusiv gemeint. Er faßt die johanneischen Schriften zu Recht als theologische Einheit auf, die aus ein und derselben theologischen Schule stammen. Das nimmt er jedoch im Unterschied zur vorliegenden Untersuchung zum Anlaß, nicht zwischen Aussagen im Joh und in I Joh zu unterscheiden, so daß er auch von Bruderliebe im Joh redet. Dies wird dem Textbefund jedoch nicht gerecht.

[155] Augenstein, Liebesgebot, 181. Vgl. Thyen, Nächstenliebe, 295. Augenstein, Liebesgebot, 182, macht erläuternd darauf aufmerksam, daß das "johanneische Liebesgebot eine Anweisung für die konkrete Situation" der innergemeindlichen Vorgänge und Probleme ist. Hier hat das Liebesgebot die "Aufgabe, die bedrohte Gemeinschaft zu erhalten." Diese Zuspitzung muß jedoch unterschieden werden von dem allgemeinen Verständnis von Liebe. Klauck, Johannesbrief, 280, spricht von einer "Intensivierung und Konkretisierung" und vergleicht es mit Paulus, der in Gal 6,10 dazu aufruft, allen Menschen Gutes zu tun, "allermeist aber an des Glaubens Genossen".

[156] Als Subjekte werden genannt: der Vater (ὁ πατήρ; 3,35; 5,20 u.ö.), Gott (ὁ θεός; 3,16), der Sohn und "ich" (ὁ υἱός und ἐγώ; 14,31; 15,9 u.ö.), Jesus (11,3.5.36; 13,23 u.ö.), ihr (ὑμεῖς; 14,15; 16,27 u.ö.), Petrus (21,15ff), Kosmos oder Menschen daraus (3,19; 12,43; 15,19).

5.3.1. Die Jünger Jesu

a) Petrus als Modellfall für die Jünger im Joh

Eine Untersuchung der literarischen Figur "Petrus"[157] als Modellfall für die Jünger als Subjekte des Liebesgebotes ist gleichbedeutend mit der Frage nach der Praktikabilität des Liebesgebotes durch die Jünger bzw. die johanneische Gemeinde. Keine andere Figur im Joh wird so oft im Kontext der Stellen genannt, die von Liebe handeln, wie Petrus. Im folgenden sollen vor allem die Fußwaschungsszene Joh 13,1-20, die Ansage der Verleugnung des Petrus Joh 13,36-38 und das Gespräch zwischen Jesus und Petrus in Joh 21,15-19 untersucht werden.

In der Fußwaschungsszene Joh 13,1-20 spielt die Figur des Petrus vor allem in den drei Gesprächsgängen zwischen ihm und Jesus im ersten, soteriologischen Teil (V.1-11) eine wichtige Rolle. Petrus, der Sprecher der Jünger, versteht die Bedeutung der Fußwaschung nicht, ja kann sie nicht verstehen. In Jesu Worten "Was ich tue, das verstehst du jetzt nicht; du wirst es aber hernach (μετὰ ταῦτα) erfahren" (V.7) wird dies deutlich. Dieses Unvermögen des Petrus wird auch nicht durch V.12 ("Wißt ihr, was ich euch getan habe?") und die zweite, ethische Deutung der Fußwaschung als Liebeserweis Jesu (vgl. 13,1) überwunden. Hier wendet sich der Evangelist an alle Jünger. Die Situation ändert sich jedoch nicht grundsätzlich, da das volle Verstehen der Jünger wie das des Petrus (V.7) erst nach der Auferstehung möglich ist[158]. Die Deutung der Fußwaschung als Liebeserweis Jesu und das Unvermögen des Petrus, die Fußwaschung zu verstehen, sind hier eng einander zugeordnet, wie überhaupt die beiden Deutungen der Fußwaschung aufeinander bezogen sind[159]. Daher wird man das beschriebene Verhalten des Petrus auch zur ethischen Deutung in Beziehung setzen dürfen. Es wäre dann als konkreter Hinweis dafür anzusehen, daß das volle Verständnis des Liebesgebots und damit auch die Möglichkeit zu seiner Erfüllung erst nach der Auferstehung Jesu gegeben ist. Im Sinne einer Horizontverschmelzung der erzählten Zeit und der Zeit des Erzählers wird man diese Szene für den Erzähler und seine Gemeinde so deuten können, daß auch ihnen der Umgang mit dem

---

[157] Im folgenden soll nicht nach dem historischen Petrus gefragt werden, sondern nach der literarischen Intention, die der Evangelist mit der Petrus-Figur verband (vgl. Augenstein, Liebesgebot, 38f). Das Joh wird dabei als kohärenter Text betrachtet. Im Gegensatz zu einer Vielzahl von Untersuchungen steht jedoch nicht das Problem des Verhältnisses zwischen Petrus und dem Lieblingsjünger im Vordergrund. Die Petrus-Lieblingjünger-Diskussion kann im Rahmen der vorliegenden Untersuchung nicht aufgegriffen werden. Aus der Vielzahl der Untersuchungen, die sich damit beschäftigen, seien genannt: Brown, Petrus; Droge, Peter; Kragerud, Lieblingsjünger; Kügler, Jünger; Lorenzen, Lieblingsjünger; Mahoney, Disciples.

[158] Vgl. Augenstein, Liebesgebot, 32-34.

[159] Vgl. II.5.1.2.

Liebesgebot Probleme bereitete. Anhand der literarischen Figur "Petrus" verarbeiten sie ihre Situation, indem sie zeigen, daß selbst einer der vertrautesten Jünger Jesu Schwierigkeiten im Umgang mit dem Liebesgebot hatte.

Joh 13,36-38 hilft, das bisher Gesagte zu präzisieren. Nicht nur strukturell ist die enge Verknüpfung der Ansage der Verleugnung des Petrus mit dem direkt vorausgehenden Liebesgebot (13,34f) auffällig. Auch inhaltlich lassen sich wichtige Verbindungslinien zu Aussagen im gesamten Joh ziehen, die im Zusammenhang mit der johanneischen Interpretation des Liebesgebotes von Bedeutung sind. Die Aussage des Petrus, sein Leben für Jesus zu lassen (V.37), spielt die Schlüsselrolle der vorliegenden Interpretation. Sie bezieht sich zurück auf die Hirtenrede, in der Jesus über sich als guten Hirten spricht, der sein Leben für die Schafe läßt (10,11). Gleichzeitig verweist sie vor auf Joh 15,13, in dem die Lebenshingabe für die Freunde als größte Liebe geschildert wird, und Joh 21,15-19, in dem das Motiv des Hirten charakteristisch wieder begegnet und das Martyrium des Petrus vorausgesagt wird. Folgende Deutung liegt nahe:

Petrus bietet Jesus zwar an, ihm nachzufolgen und sein Leben für ihn hinzugeben. Dies ist aber grundsätzlich noch nicht möglich, da die Lebenshingabe Jesu nicht durch einen Jünger vorweggenommen werden kann. Darauf verweist die erste Antwort Jesu an Petrus "du wirst mir später folgen" (13,36; vgl. 13,7), die in Joh 21,19 als Aufforderung zur Nachfolge erfüllt wird. Die Lebenshingabe ist bislang nur dem Hirten Jesus möglich (Joh 10). Außerdem deutet die erst in Joh 15 erfolgende Interpretation der Lebenshingabe als größtem Liebeserweis darauf hin, daß Petrus in Joh 13 sein Angebot noch nicht im Sinne eines Liebesdienstes und nach außen hin als Zeugendienst erfüllen konnte[160]. Im Gegenteil, er wird Jesus sogar verleugnen. Petrus ist noch nicht in der Lage, sein Angebot einzulösen. Er muß am Anspruch des Liebesgebotes scheitern, da die notwendigen Voraussetzungen fehlen. Dies erklärt die enge Zuordnung von Liebesgebot und Ansage der Petrusverleugnung. Petrus wird als eine Person gezeichnet, die überfordert ist, das Liebesgebot zu erfüllen[161].

Wir können somit im Joh von einem *Überforderungsbewußtsein* im Zusammenhang mit dem Liebesgebot sprechen, das narrativ anhand der zentralen Person des Petrus dargestellt wird. Im Unterschied zu den Synoptikern scheint diese Überforderung im Joh jedoch grundsätzlicher Natur zu sein. Sie wird direkt an

---

[160] Daß Petrus hier Nachfolge als heroischen Einsatz des Lebens mißverstehe (vgl. Krafft, Personen, 24), geht mir interpretativ einen Schritt zu weit. - Zum Zeugendienst vgl. Joh 13,35 und Joh 15,27 im Zusammenhang mit Joh 15,18-16,4.

[161] Augenstein, Liebesgebot, 37f, spricht m.E. zu Unrecht davon, daß neben Judas auch mit der Figur des Petrus falsche Jüngerschaft thematisiert werde. Dies mag für Judas zutreffen, wird jedoch der literarischen Charakterisierung des Petrus im Joh insgesamt nicht gerecht.

einer wichtigen Figur der Gemeinde dargestellt und nicht auf andere Gruppen übertragen[162].

In Joh 21,15-19 laufen alle Fäden zusammen, die im vorausgehenden Evangelium in bezug auf Petrus und das Liebesgebot gesponnen wurden[163]. Hier erhält Petrus alle Qualifikationen, die für die Erfüllung des Liebesgebotes notwendig sind. Erst nachdem die Aufforderung "Folge mir nach!" (ἀκολούθει μοι; 21,19) ergeht, ist Petrus in der Lage, sein Angebot zur Lebenshingabe einzulösen. Er wird Gott durch den Märtyrertod verherrlichen. Vorausgegangen ist die Einsetzung des Petrus zum Hirten durch die dreifache Frage nach der Liebe zu Jesus[164], die mit dem Befehl, die Schafe zu weiden, verbunden ist. Die dreifache Frage nimmt formell eindeutig auf die dreifache Verleugnung des Petrus Bezug (Joh 18,15-18.25-27)[165], so daß die Szene als Restitution des Verleugners gedeutet werden muß[166]. Der Einsetzung zum Hirten kommt dabei eine doppelte Bedeutung zu. Einmal schafft sie einen Bezug zu dem guten Hirten Jesus (Joh 10). Wie dieser ist Petrus jetzt in der Lage, sein Leben für die ihm anvertrauten Schafe hinzugeben[167]. Die Betonung liegt hier weniger auf der Rolle als Hirte, sondern

---

[162] Vgl. II.2.2. Auch an anderer Stelle spricht Joh allgemein davon, daß Menschen, d.h. an den betreffenden Stellen Juden, nicht in der Lage sind, Jesu Rede zu verstehen (3,12; 8,27).

[163] Vgl. Minear, Functions, bes. 91f.

[164] Ἀγαπᾶν und φιλεῖν werden in Joh 21 synonym gebraucht (vgl. 3,35 mit 5,20 und die Verwendung von φιλεῖν für das Lieben Gottes in 16,27. Vgl. Augenstein, Liebesgebot, 38 mit Anm. 87; Brown, John, 1102-1103; und Lattke, Einheit, 11-16). Für eine Unterscheidung der beiden Begriffe in Joh 21 sprechen sich Glombitza, Petrus, 277ff, und Maynard, Peter, 542, aus. Beide sehen in dieser Stelle einen weiteren Hinweis für das Unverständnis des Petrus, erklären jedoch nicht, warum die Hirtenterminologie keine Rücksicht auf die von ihnen vorgeschlagene Unterscheidung nimmt.

[165] Gegen Gewalt, Petrus, 63, der sich auf Bultmann, Johannes, 551, stützt.

[166] Darauf weisen noch weitere Einzelheiten hin. Der Ankündigung der Verleugnung und der "Restitution" in Joh 21,15-19 geht beidemale ein Mahl voraus. Außerdem finden sowohl die Verleugnung wie auch die Restitution des Verleugners an einem Kohlenfeuer (ἀνθρακιά 18,18; 21,9) statt. Zudem bezieht sich Joh 21,20 auf die Mahlszene von Joh 13 zurück. Vgl. Augenstein, Liebesgebot, 38f. Den Aspekt der Restitution rückt ebenfalls Thyen, z.B. Johannesevangelium, 214f, vgl. Johannesbriefe, 198, in den Vordergrund, nachdem er in früheren Aufsätzen noch von der Einsetzung ins Hirtenamt gesprochen hatte (z.B. Thyen, Entwicklungen, 264 Anm. 13). Auch Brown, John, 1110-1112, ist der Ansicht, daß es hier um die Rehabilitation des Petrus geht. Diese Textgrundlage spricht gegen den Einwand von Kragerud, Lieblingsjünger, 56, der wie Bultmann, Johannes, 551, in der Rehabilitation des Verleugners nicht die Pointe der Erzählung sieht, weil eine Absolution nicht "Weide meine Schafe" lauten könne. Ihm schließt sich Mahoney, Disciples, 234, an.

[167] Die Schafe gehen jedoch nicht in den Besitz des Petrus über, sondern gehören weiterhin zu Jesus.

vielmehr auf der damit verbundenen Möglichkeit und Forderung der Lebenshingabe, die die äußerste Form des Liebesgebotes als Zeugendienst darstellt. Zum anderen wird darin eine grundsätzliche Veränderung für Petrus angezeigt. Petrus war nach Joh 21,1-14 zu seinem alten Lebensstil zurückgekehrt und Fischer geworden[168]. Dies veranlaßte weitere Jünger, sich ihm anzuschließen. Aus diesem Fischerdasein wird Petrus herausgerufen und durch die dreifache Frage nach seiner Liebe zu Jesus zum Hirten über die Herde Jesu eingesetzt[169]. Der Akzent liegt erneut nicht auf dem Hirtenamt als solchem, sondern auf der Bewegung, die vom Fischer zum Hirten führt und die aus Petrus einen neuen Menschen mit neuen Aufgaben macht[170]. Da dies anhand der dreifachen Frage nach der Liebe zu Jesus veranschaulicht wird, die mit der Ermöglichung der Lebenshingabe des Petrus als Liebesdienst verbunden ist, darf hier von einem *Schwellenbewußtsein* im Zusammenhang mit dem Liebesgebot gesprochen werden.

---

[168] Darauf macht Maynard, Peter, 541, aufmerksam. Er interpretiert dies als Unvermögen des Petrus, aufgrund der Auferstehung von der Hoffnungslosigkeit wegzukommen. M.E. zeigt sich darin auch, daß die Liebe nach Jesu Tod nicht sofort als Zeugendienst für Gott und Jesus (vgl. Joh 15,26f; 16,2) verstanden wurde, sondern eine Rückkehr in das alte Leben möglich war. Petrus muß erst noch zum liebenden Zeugendienst "eingesetzt" werden. Angemerkt werden muß, daß wir von Petrus Beruf als Fischer vor seiner Jüngerschaft nur aus den synoptischen Evangelien wissen. Die Erzählung von den ersten Jüngern im Joh nennt den Beruf des Petrus nicht. Doch kann das Wissen darüber für Joh vorausgesetzt werden.

[169] Im Unterschied zur synoptischen Fischfanggeschichte Mk 1,16-20parr (bes. Lk 5,1-11; vgl. Fortna, Reading) findet bei Joh in der Folge ein Bildsprung statt. Aus dem Fischer Petrus wird nicht nur ein Menschenfischer (so deutet Thyen, Nächstenliebe, 287, das Einholen des Netzes mit den "wundersamen einhundertdreiundfünfzig Fischen"), sondern ein Hirte (Joh 21,15-19). Dies legt den Akzent m.E. noch etwas stärker auf die radikale Erneuerung des ehemaligen Fischers Petrus. Kap. 21 spricht somit gegen eine einseitig negative Charakterisierung des Petrus, wie sie z.B. Droge, Peter, vornimmt. Seiner Meinung nach steht selbst die Bezeichnung "Kephas" für das ständige Unvermögen, Jesus zu verstehen (S. 308).

[170] Da das Hirtenamt als solches nicht im Vordergrund steht, muß eine Deutung zurückgewiesen werden, die hier ein Gemeindeamt errichtet sehen will. Gegen z.B. Kragerud, Lieblingsjünger. Thyen, Heil, 182, interpretiert Joh 21,15-19 allgemein für die johanneische Gemeinde so, daß "denen, die nicht den Mut fanden zum Bekenntnis wie Johannes [der Täufer], sondern ihren Herrn eingeschüchtert verleugnet haben wie Petrus, durch dessen dreifache Restitution und Einsetzung zum Hirten der Schafe unter dem Geleit des Auferstandenen ein neuer Anfang verheißen" werde. Ähnlich wie durch die Vergebungsbereitschaft bei Mt (siehe II.2.2.4.) wird im Joh die Überforderung durch die Restitution des Petrus aufgefangen, die denen, die eingeschüchtert und mutlos waren, einen neuen Anfang verheißt.

Das Motiv des Übergangs von einem Zustand in einen anderen (*Schwellenbewußtsein*) findet sich auch in 5,24, hier jedoch nicht im Zusammenhang mit Liebe[171]. Es wird dem, der Jesu Wort hört und Gott glaubt, der Jesus gesandt hat, zugesagt, daß er vom Tod ins (ewige) Leben hinübergegangen sei[172]. Auch auf literarischer Ebene wird dieses *Schwellenbewußtsein* ausgedrückt. Die Abschiedsreden Joh 13-17, in denen das Liebesgebot im Joh begegnet, bilden im Gang der Erzählung eine Grenze zwischen dem Wirken Jesu und seiner Erhöhung. In ihnen spricht der erhöhte und verherrlichte Christus (vgl. Joh 13,31)[173]. Das Liebesgebot scheint dabei in Joh 13,34f die "Lücke ausfüllen zu sollen, die der scheidende Jesus hinterläßt"[174]. Es ist das Zeichen der eschatologischen Gemeinde, der Jesus den Parakleten verheißt, der sie in alle Wahrheit (Joh 16,13) führen wird, und die die volle Erkenntnis haben wird. Insofern kann man vielleicht von einer "neuen Welt" nach Jesu Erhöhung sprechen.

b) Kain als Modellfall für die Gemeinde im I Joh

Die Erwähnung des Brudermörders Kain im Zusammenhang mit dem Liebesgebot als Botschaft "von Anfang an" (ἀπ᾽ ἀρχῆς)[175] in I Joh 3,11f zeigt, daß die

[171] Vgl. aber I Joh 3,14.

[172] Zum Verhältnis zwischen den Begriffen (ewiges) Leben und Reich Gottes (βασιλεία τοῦ θεοῦ) innerhalb des Joh und im Vergleich zu den Synoptikern, bei denen die Basileia als charakteristisches Zeichen für das *Schwellenbewußtsein* herausgearbeitet wurde, siehe Caragounis, Kingdom.

[173] Entgegen der überwiegenden Zuordnung der Abschiedsreden zur Testamentenliteratur (vgl. Becker, Johannes, Exkurs 10, 440-446) könnte man sie vielleicht auch den gnostischen Dialogen des Erhöhten mit seinen Jüngern zuordnen. Ein Vergleich mit EpJac zeigt Übereinstimmungen in der Dialogstruktur und in der inneren Situation, die auch bei Joh nach der Erhöhung anzusetzen ist. Zu EpJac vgl. Schneemelcher, Apogryphen, 234-244. Unabhängigkeit der EpJac von Joh postuliert Köster, Dialog, 547, von einer Abhängigkeit spricht Perkins, Traditions, passim. Eine eingehendere Erörterung dieser Zuordnung kann hier leider nicht erfolgen. Nur so viel soll gesagt sein, daß der jüdische Hintergrund des Joh eher für eine Zuordnung zu der Testamentenliteratur spricht, die dort verbreitet war.

[174] Thyen, Freunde, 475.

[175] Diese Wendung verweist auf den "absoluten" Anfang (vgl. die Diskussion bei Augenstein, Liebesgebot, 100-102) und macht deutlich, daß das johanneische Gebot der gegenseitigen bzw. der Bruderliebe als eine Auslegung des Nächstenliebegebotes von Lev 19,17f angesehen werden muß (vgl. Augenstein, Liebesgebot, bes. 177ff.183). Das Verhältnis von "neuem" (Joh 13,34), "altem und neuem" (I Joh 2,7f) Gebot und nicht neuem Gebot "von Anfang an" (II Joh 5) wird ausführlich bei Augenstein, Liebesgebot, 142-145, diskutiert. Seiner Meinung nach sind diese Bezeichnungen "nicht Ausdruck einer Entwicklung zwischen den einzelnen Schriften, sondern sie sind v.a. von ihrer Funktion innerhalb der einzelnen Schriften her zu erschließen" (S. 144). Ist Gott der Geber des Gebotes und ist es in seiner Liebe begründet, werde das Liebesgebot als altes bezeichnet (I und II Joh). Neu heiße es, wenn Jesus der Geber des Gebotes ist. Dies dürfe jedoch

hinter I Joh stehende Gruppe ein Bewußtsein davon besaß, daß das Gebot der gegenseitigen Liebe, gerade auch in seiner Intensivierung als Bruderliebe, zu einer Überforderung führen kann. Kain wird als repräsentative Figur angeführt, die das Gebot der Nächstenliebe, den traditionsgeschichtlichen Ursprung des johanneischen Liebesgebotes[176], nicht einhält, sondern den Bruder, somit den allernächsten Nächsten, umbringt. Wer aber im Gegensatz zu Kain den Bruder liebt, was bis hin zur Lebenshingabe als äußerster Zuspitzung der Liebe gehen kann (I Joh 3,16), der ist aus dem Tod in das Leben (I Joh 3,14) hinübergegangen. Die Liebe überschreitet die Schwelle vom Tod zum Leben und schafft einen "neuen" Menschen[177]. Sie ist nicht nur ein moralischer, sondern ein ontischer Vorgang[178]. Eine rein ethische Interpretation des johanneischen Liebesverständnisses greift schon aus diesem Grund zu kurz.

Auch im I Joh wird man somit im Zusammenhang mit dem Liebesgebot von einem *Schwellenbewußtsein* sprechen dürfen, das strukturell und inhaltlich eng dem *Überforderungsbewußtsein* zugeordnet ist und die Überforderung im Prinzip aufhebt, wie dies bereits im Joh der Fall war[179].

5.3.2. Gott als Ursprung der Liebe

Wie bereits angedeutet, erschöpft sich das johanneische Liebesverständnis nicht in seinem ethischen Aspekt. Es wird auf eine die Ethik transzendierende Deutung hingewiesen, auf die jetzt zurückzukommen ist[180].

"nicht als Differenz gewertet werden, erfüllt doch Jesus in seiner Sendung das Gebot und den Auftrag seines Vaters. Diese Sendung ist wiederum in der Liebe des Vaters begründet" (S. 145).

[176] Siehe vorhergehende Anmerkung. Vgl. Schulz, Ethik, 521, für den "in diesem kleinen Midrasch von I 3,12 ... die direkte Kontinuität zwischen dem alttestamentlichen Gesetz und der johanneischen Ethik sichtbar" wird.

[177] Die Liebe könnte hier sowohl als Realgrund als auch als Erkenntnisgrund des Übergangs vom Tod zum Leben verstanden werden. Eine Entscheidung zugunsten eines der beiden Aspekte soll nicht gefällt werden.

[178] Vgl. Schlier, Bruderliebe, 134. Dasselbe gilt für den Übergang des Petrus vom Fischer zum Hirten.

[179] Daß die Dissidenten den "Druck der ethischen Forderung innerhalb des johanneischen Kreises als zu große Belastung empfunden haben" könnten (Balz, Theologie, 51), spräche zwar für den überfordernden Charakter des johanneischen Liebesgebotes, wird im Text aber nicht explizit gesagt. Vgl. demgegenüber Thyen, Nächstenliebe, 289f, der von einer "Apostasie jüdischer Christen und ihre[r] Rückkehr in die Synagoge" spricht. Johannes habe bei "den Weggegangenen und den unentschlossen oder schwankend Gebliebenen ... beim Geltendmachen des Liebesgebotes auf breite Zustimmung rechnen" können. Von einer ethischen Überforderung der Dissidenten kann keine Rede sein.

[180] Vgl. die Darstellungen von Käsemann, Dibelius und Lattke in II.5.1.1.

Die Liebe als Subjekt-Objekt-Verhältnis taucht im Joh charakteristisch in der Beziehung zwischen dem Vater, Jesus und den Jüngern auf, die durch Reziprozität gekennzeichnet ist[181]. Der Vater liebt den Sohn und die Jünger, der Sohn liebt den Vater und die Jünger, die Jünger lieben den Sohn und sollen einander lieben[182]. Diese "kettenartige Abbildhaftigkeit"[183] dient als Ausdruck der Einheit dieser drei Subjekte, ohne daß jedoch die jeweilige Subjektivität oder Objektivität aufgegeben würde. Gott ist insofern Ursprung der Liebe, als die Liebe des Vaters zum Sohn zum Modell und Grund[184] für die Liebe des Sohnes zu den Jüngern wird. Diese wiederum fungiert als Modell und Grund für die Liebe der Jünger untereinander (Joh 15,9.12), aber auch darüber hinaus. Dieses Beziehungsgefüge verläßt den Rahmen einer rein ethischen Interpretation des johanneischen Liebesbegriffes, ohne diese jedoch zu negieren. Es deutet darauf hin, daß die theologisch begründete Liebe ein enges Verhältnis zwischen Vater, Sohn und Jüngern schafft, das wohl zu Recht als "Wesensgemeinschaft"[185] interpretiert werden kann.

Beide Interpretationen des Liebesgebotes bilden eine Einheit und dürfen nicht voneinander separiert werden[186]. Ohne das die Ethik transzendierende theologische Verständnis verliert die ethische Deutung ihre Ermöglichungsgrundlage. Die Liebe als Gemeinschaft mit Gott ist treibende Kraft und schöpferischer Ursprung der konkret geforderten Liebe im Umgang mit den Menschen. Diese konkrete Liebe wiederum ist Auftrag und Verwirklichung der Liebe als Gottesgemeinschaft, bewährt sie vor und an der Welt und ermöglicht dieser die Gemeinschaft mit Gott.

I Joh geht noch über diesen Ansatz hinaus und identifiziert Gott und Liebe: Ὁ θεὸς ἀγάπη ἐστίν (I Joh 4,8.16)[187]. Erfahren werden kann dieser liebende Gott

---

[181] Darauf verweist v.a. Lattke, Einheit, 18-26. Seine Auflistung der Subjekte der Liebe (S. 19) ist jedoch unvollständig, so daß er zu unrecht folgert, daß "der Kosmos (oder irgendeiner seiner Vertreter) ... an keiner Stelle des Johannesevangeliums 'liebendes' Subjekt" ist. Vgl. dagegen Joh 3,19; 12,43; 15,19.

[182] Einzig von der Liebe der Jünger zu Gott ist nirgends die Rede. Allgemein kann man sagen, daß die "Rede von der Liebe zu Gott nicht das Selbstverständliche ist, auch nicht in den johanneischen Abschiedsreden" (Beutler, Hauptgebot, 231). Dort wird nur in 14,31 von der Liebe Jesu zum Vater gesprochen.

[183] Lattke, Einheit, 24-26.

[184] Καθὼς kann beide Bedeutungen annehmen; vgl. Blass/Debrunner/Rehkopf, Grammatik, §453.

[185] Dibelius, Joh 15, 213. Lattke, Einheit, 22, hebt demgegenüber den Aspekt der Relation in den Vordergrund. Es sei eine "'personale' Relation" gemeint und es werde "nicht ohne weiteres eine Wesensaussage gemacht".

[186] Vgl. Collins, Commandment, 249 Anm. 125.

[187] Schnackenburg, Botschaft II, 167f, ist zu Recht der Ansicht, daß man bei der Interpretation dieses Satzes zwar zwischen einer "essentiellen" (Wesensaussage über Gott) und

in der Sendung seines Sohnes Jesus (I Joh 4,9). Die theologisch begründete Liebe ist auch hier Grund für die Forderung nach konkreter gegenseitiger Liebe (I Joh 4,7.11). Gleichzeitig führt die konkret ausgeführte Liebe zur Erkenntnis Gottes (I Joh 4,7) und zur Vollendung der göttlichen Liebe im Liebenden (I Joh 4,12)[188]. Auch hier stehen die ethisch interpretierte Liebe und ein diese Interpretation transzendierendes theologisches Liebesverständnis in einem engen Wechselverhältnis[189].

Damit wird die Liebe in ihren beiden Aspekten zum Konstitutivum der Gemeinde - sie ist das, was die Gemeinde im Innersten zusammenhält.

5.4. Zusammenfassende Betrachtung zum Liebesgebot im johanneischen Schrifttum

Mit diesem letzten Abschnitt sind wir gleichsam in einem interpretativen Zirkel wieder zum Ausgangspunkt dieses Kapitels zurückgekehrt.

Es konnte gezeigt werden, daß sich die ethische und die theologische Interpretation der johanneischen Liebe notwendig ergänzen und diese Liebe gerade im Zusammenklang beider Interpretationen die Grundlage der johanneischen Gemeinschaft bildet. Zudem wurde herausgearbeitet, daß die johanneische Ethik keine Konventikelethik darstellt, sondern Außenmoral und Binnenmoral übereinstimmen. Gerade im Vergleich zum Verhalten des Kosmos wird herausgestellt, daß sich die Liebe nicht nur auf das Eigene beschränkt (Joh 15,18ff), so daß wir von einem *Erweiterungsbewußtsein* sprechen können. Die literarische Figur des Petrus und das alttestamentliche Kainsbeispiel lieferten ein Indiz für den schwierigen Umgang mit dem Liebesgebot und weisen auf ein *Überforderungsbewußtsein* hin. Doch bleibt das johanneische Schrifttum dabei nicht stehen, sondern eröffnet die Möglichkeit zur Veränderung hin zu einem neuen Menschen mit neuen Aufgaben. Darin drückt sich ein *Schwellenbewußtsein* aus.

einer "funktionalen" Interpretation (eine Gottes Handeln charakterisierende Feststellung) unterscheiden kann, beide Aspekte aber nicht trennen darf (vgl. Schnackenburg, Agape, 41f). Dieses Verständnis steht vermutlich auch hinter der etwas kryptischen Formulierung von Schlier, Bruderliebe, 124, daß "Gott sein Wesen in der Liebe mitteilt".

[188] Schlier, Bruderliebe, 135, faßt diesen Gedanken in dem Satz zusammen, daß "in der Bruderliebe ... *letztlich* Gott die Liebe" ist.

[189] Vgl. I Joh 3,14. Hier wird deutlich, daß die (Bruder-)Liebe nicht nur ein moralischer, sondern ein ontischer Vorgang ist (vgl. auch Joh 5,24).

6. Abschließende Betrachtung zum Liebesgebot im Neuen Testament

Die Untersuchung des Liebesgebotes in den synoptischen Evangelien, in einigen ausgewählten paulinischen Briefen, dem Jakobusbrief und im Corpus Johanneum hat gezeigt, in welch vielfältigen Kontexten das Liebesgebot innerhalb des Neuen Testaments steht. Jede Schrift trägt einen besonderen Akzent. Diese sollen zusammenfassend kurz dargestellt werden.

Bei den synoptischen Evangelien konnte gezeigt werden, daß die Verwendung des Liebesgebots einen engen Bezug hat zu Stellen, die programmatischen Charakter für das jeweilige Evangelium besitzen. Bei Mk steht das Doppelgebot der Liebe im Zusammenhang mit der Basileia-Botschaft des markinischen Jesus, wie sie programmatisch in Mk 1,14f angeführt wird. Darin sehen wir ein *Schwellenbewußtsein*. Daß mit Jesus etwas Neues angebrochen ist, bildet zwar auch den Hintergrund der anderen Evangelien, doch setzen sie in bezug auf das Liebesgebot andere Akzente. Der Kontext bei Mt ist die Frage nach dem Gesetz und der "besseren Gerechtigkeit" (vgl. Mt 5,17-20). Das Liebesgebot erhält bei ihm einen stark fordernden Zug. Jüdische und heidnische Gruppen werden von ihm als überfordert dargestellt, Nächsten- und Feindesliebe zu üben, so daß von einem *Überforderungsbewußtsein* gesprochen werden kann, das bei Mt im Vordergrund steht. Diese antijüdische Frontstellung wurde besonders in der Perikope von der Feindesliebe (Mt 5,43-48) deutlich, obgleich letztlich vermutet werden konnte, daß Mt den Vorwurf an jüdische Gruppen als Spiegel für seine eigene Gemeinde benutzt. Er läßt den Vorwurf der Überforderung jedoch nicht im luftleeren Raum stehen, sondern fängt ihn auf durch die Möglichkeit der Vergebung. Bei Lukas schließlich spielte die Frage nach dem Adressaten der Liebe eine wichtige Rolle. Die Beispielerzählung vom barmherzigen Samariter (Lk 10,(25-27)28-37) zeigte anhand zweier Identifikationsangebote, daß der Nächste nicht auf Mitglieder der eigenen religiösen Gemeinschaft beschränkt werden darf, sondern daß die Liebe auch Feinde einschließen soll. Die Feindesliebe ist ein Beispiel voraussetzungslosen Liebens par excellence (vgl. Lk 6,27-36). Dieser erweiterte Adressatenkreis entspricht der Zuwendung Gottes zu Heiden in der programmatischen Stelle Lk 4,16-30. Darin wird ein *Erweiterungsbewußtsein* deutlich. Gleichzeitig verbindet Lk das Gebot der Feindesliebe eng mit einer Kritik des sich auf gleiche Gesellschaftsschichten beschränkenden Sozialverhaltens einiger seiner Gemeindemitglieder. Auch innergemeindlich darf sich die Liebe nicht auf Gleichgestellte beschränken.

In den besprochenen paulinischen Briefen zeigte sich v.a., daß die Liebe aus der Orientierung an Gottes eschatologischem Heilshandeln erwächst. Das *Schwellenbewußtsein* bildet somit einen durchgehenden Zug aller vier Briefe. Vor diesem Hintergrund setzt Paulus nun verschiedene Akzente. Der I Thess weist zwar auf den Zusammenhang der eschatologischen Ermöglichung der Liebe durch Gott und einen erweiterten Adressatenkreis über die innergemeindliche Philadelphia hinaus hin, doch liegt der besondere Akzent nicht auf dem sich darin ausdrükkenden *Erweiterungsbewußtsein*. Aufgrund der Rahmung der Abschnitte über die Auferstehungsproblematik und den Zeitpunkt der Parusie (4,13-18; 5,1-11) durch die Aussagen zur Agape (4,9-12; 5,12-15) steht die "neue Welt" und der "neue Mensch" und damit das *Schwellenbewußtsein* im Vordergrund. Im I Kor wird der Charakter der Liebe als eschatologischer Gabe Gottes betont, deren Ziel die Oikodome der Gemeinde ist. Sie ist primär innergemeindliche Nächstenliebe, bleibt aber nicht auf den Binnenraum der Gemeinde beschränkt. Konkret spielt sie dabei in der Auseinandersetzung mit korinthischen Enthusiasten eine Rolle, denen gegenüber sie eine innergemeindliche kritielle Funktion besitzt. Betont im Kontext der Rechtfertigungslehre taucht die Agape im Gal auf. Glaube und Liebe gehören untrennbar zusammen (vgl. Gal 5,6). Der Gal weist dabei besonders auf das Problem einer *Überforderung* durch das Liebesgebot hin. Dies zeigte sich über inhaltliche Gesichtspunkte hinaus an der Stellung von Gal 5,16-26 zwischen Gal 5,13-15 und 6,1f. Diese Überforderung gilt nicht nur dem sarkischen Menschen. Auch die Menschen, die vom Pneuma erfaßt sind, müssen immer wieder neu zum Wandel im Pneuma aufgefordert werden. Im Röm schließlich spielt die Frage nach den Adressaten der Liebe eine wichtige Rolle. Die Philadelphia gilt Verfolgern und Feinden der Gemeinde (12,9-21), und auch das Liebesgebot steht im Kontext der Formulierung ἀγαπᾶν τὸν ἕτερον (13,8), was generalisierend die Liebe zu jeglichem Menschen meint. Selbst die Obrigkeitsparänese Röm 13,1-7 kann im Lichte des Liebesgebotes gesehen werden, so daß hier das *Erweiterungsbewußtsein* im Vordergrund steht.

Am problematischsten gestaltete sich die Untersuchung des Liebesgebotes im Jak. Da dort das Verhältnis von in-group und out-group letztlich nicht eindeutig bestimmt werden konnte, mußte die Frage nach dem Adressatenbereich offen bleiben, obwohl ein primäres Interesse an binnengemeindlichen Problemen offensichtlich ist. Statusunterschiede sollen überwunden werden, um die Ganzheit der Gemeinde wie des Einzelnen wieder herzustellen, da sich die Gemeinde bisher durch Parteilichkeit auszeichnete. Unparteiisches Verhalten stellte eine *Überforderung* dar. Die anthropologischen, eschatologisch-kosmischen und theologischen Begründungen zur Überwindung der Parteilichkeit weisen auf ein *Schwellenbewußtsein* hin. Das Nächstenliebegebot ist die zentrale Stelle des "königlichen Gesetzes" (Jak 2,8), das mit dem "(vollkommenen) Gesetz der Freiheit" (Jak 1,25; 2,12) zu identifizieren sein wird.

In den johanneischen Schriften nimmt das Liebesgebot *die* zentrale Stellung ein. Die Liebe ist die Grundlage der Gemeinschaft und besitzt einen ethischen und einen die Ethik transzendierenden theologisch-soteriologischen Charakter, die in keinem Widerspruch zueinander stehen, sondern einander ergänzen. Die Binnenmoral unterscheidet sich nicht grundsätzlich von der Außenmoral, auch wenn einschränkend gesagt werden muß, daß die Außenmoral wohl im Kontext der

Mission steht und von daher einen anderen Stellenwert besitzt. Der Versuch, darüber hinaus zu gehen und die Liebe nach außen aus dem Kontext der Mission herauszunehmen, erwies sich als sehr hypothetisch. Dennoch können wir von einem *Erweiterungsbewußtsein* sprechen, da sich gerade im Vergleich zum Verhalten des Kosmos die Liebe nicht nur auf das Eigene beschränkt (Joh 15,18ff). Daß das Gebot der Liebe *überfordern* kann, wurde besonders an der literarischen Figur des Petrus deutlich. Doch eröffnet sich die Möglichkeit zur Veränderung hin zu einem neuen Menschen, der zum Lieben befähigt ist. *Überforderungsbewußtsein* und *Schwellenbewußtsein* sind damit aufs engste miteinander verbunden.

Alle drei leitenden Themenkreise - *Erweiterungs-*, *Überforderungs-* und *Schwellenbewußtsein* - finden sich somit in den verschiedenen untersuchten Schriften, jeweils in einer charakteristischen Gewichtung. Berücksichtigen wir ferner das Ergebnis unserer Betrachtung des Liebesgebotes im Alten Testament und im Frühjudentum, wo alle drei Aspekte in vergleichbaren Kontexten auftauchten, so können wir von einer relativ einheitlichen Ausgangsbasis für den Vergleich mit der Altruismusforschung in der Soziobiologie sprechen, der wir uns im nächsten Kapitel zuwenden werden[1].

---

[1] Die Stoa weist demgegenüber Unterschiede auf. Zwar wird auch hier ein altruistisches Verhalten anvisiert, das über den engen Verwandtschaftskreis hinausgeht und an der Gattung Mensch orientiert ist. Doch geht es nicht um einen radikalen Wandel des Menschen, sondern jeder Mensch ist als Vernunftwesen unter Anknüpfung an seine naturale Basis (und deren Entfaltung dienend) Adressat prosozialen Verhaltens. Begleitet wird dies von einem großen Optimismus, aufgrund dessen das Scheitern nicht so sehr im Vordergrund steht. Ein intensiverer Vergleich bedarf jedoch einer eigenständigen Untersuchung.

III. Die Altruismusforschung in der Soziobiologie

Dieser zweite Hauptteil der vorliegenden Untersuchung beschäftigt sich mit einer Forschungsrichtung innerhalb der Biologie, die sich mit den biologischen Grundlagen tierischen und menschlichen Verhaltens auseinandersetzt, der Soziobiologie. Das Hauptaugenmerk liegt dabei auf der Altruismusforschung beim Menschen, die ein wichtiges Arbeitsgebiet der Human-Soziobiologie darstellt[1].

Die Diskussion um die Soziobiologie findet v.a. im englischsprachigen Raum statt. Dort verwendet man anstelle des Begriffes "Human-Soziobiologie" die Bezeichnung "human behavioral ecology" oder andere Begriffe, da "Human-Soziobiologie" v.a. von Gegnern dieser Forschungsrichtung verwendet werde[2]. Der deutschsprachige Raum ist kein Mekka der Soziobiologie. Hier findet die Diskussion jedoch zumeist unter der Bezeichnung "Soziobiologie" statt, so daß wir uns diesem Sprachgebrauch anschließen.

Um die Forschungsrichtung insgesamt einordnen zu können, soll in einem ersten Abschnitt ein Überblick über Geschichte, Fragestellungen und Thesen sowie Theorien der soziobiologischen Forschung gegeben werden. Anschließend wenden wir uns unter Einbeziehung der drei leitenden Themenkreise dieser Arbeit - *Erweiterungsbewußtsein, Überforderungsbewußtsein* und *Schwellenbewußtsein* - der human-soziobiologischen Altruismusforschung zu und stellen diese systematisch vor. Aufgrund der Vielzahl der Veröffentlichungen müssen wir uns auf die wichtigsten wissenschaftlichen Beiträge konzentrieren. Eine umfassende Aufarbeitung der gesamten soziobiologischen Forschung überschritte bei weitem den Rahmen dieser Arbeit.

---

[1] Die Grundlagen des Phänomens Altruismus werden von vielen Disziplinen zu klären versucht - Philosophen, Psychologen und Genetiker haben sich damit beschäftigt (vgl. z.B. Staub, Entwicklung, 1-43.48f). Die vorliegende Arbeit will nicht diese ganze Bandbreite erfassen, sondern beschränkt sich auf die Behandlung der Altruismusproblematik in der Soziobiologie. Das Problem der Aggression muß vernachlässigt werden, obwohl es interessant wäre, gerade diese beiden Aspekte - Altruismus und Aggression - in Verbindung zu setzen. Denn: altruistisches Verhalten kann eng mit Aggression verbunden sein. Vgl. Theißen, Legitimitätskrise, 71: "In der Abwehr von Feinden entstanden Extremformen altruistischer Aufopferung".

[2] So Irons, Morality, 63, der eine Vielzahl anderer Bezeichnungen aufführt (S. 53). Vgl. Cronk, Ecology, 25.

1. Die Kontroverse um die Soziobiologie: Geschichte und Forschungsstand

1.1. Die Soziobiologie-Diskussion in den USA und im englischsprachigen Raum

1.1.1. Die Anfänge der Soziobiologie-Diskussion in den USA

Bereits auf einer Konferenz 1948 in New York trafen sich Verhaltensforscher, die sich mit der Zusammensetzung der tierischen Sozietäten und ihrem Sozialverhalten beschäftigten. Sie wollten Brücken schlagen zwischen der Verhaltensforschung, der Ökologie, der Physiologie, der Psychologie und der Soziologie, um tierisches und menschliches Verhalten erklären zu können.[1] Es entstand die *Soziobiologie* als eine neue interdisziplinäre Wissenschaft mit dem Ziel, "durch vergleichend zoologisch-soziologische Arbeiten auf allgemein gültige Gesetzmäßigkeiten zu stoßen, die für den Menschen ebenso wie für die anderen Lebewesen gültig sind"[2]. Dabei sollte auf Prinzipien der Evolution zurückgegriffen werden. Da dieser Wissenschaftszweig keine tragende Theorie besaß, konnte er sich nicht durchsetzen.

Erst *E. O. Wilson*, Professor am Harvard Museum of Comparative Zoology und von Hause aus Entomologe[3], machte die Soziobiologie in den 70er Jahren durch seine Trilogie "The Insect Societies" (1971)[4], "Sociobiology. The New Synthesis" (1975)[5] und "On Human Nature" (1978)[6] populär[7]. Während er im ersten Buch die Soziobiologie nur ankündigt[8], führt er sie in "Sociobiology" umfassend durch. Hier werden die Prinzipien der Populationsbiologie von den sozialen Insekten auf Wirbeltiere und schließlich auf den Menschen übertragen[9]. Wilson definiert die Soziobiologie als "die systematische Erforschung der biologischen

---

[1] Vgl. v.a. Wickler/Seibt, Eigennutz 67f; Wickler, Ethologie 178f; daneben Knapp, Soziobiologie, 38f, und Wuketits, Gene, 21-25.

[2] Wickler/Seibt, Eigennutz, 69.

[3] Wilson leitet die größte Ameisensammlung der Welt mit ca. 7000 Arten. Vgl. Ruse, Sociobiology, 2.

[4] Wilson, Insect.

[5] Wilson, Sociobiology.

[6] Wilson, Nature. Dt. Wilson, Biologie.

[7] Andere Untersuchungen rücken leider allgemein etwas in den Hintergrund des Interesses, so v.a. ein 1975 erschienener Aufsatz von Alexander, Search, der sich etwas vorsichtiger mit der Thematik auseinandersetzt als Wilson. Vgl. Gray, Sociobiology, 17-19.

[8] Das letzte Kapitel lautet: "The Prospect for a Unified Sociobiology".

[9] Das letzte Kapitel beschäftigt sich ausschließlich mit dem Menschen und überträgt die vorherigen Ergebnisse auf ihn.

Grundlagen des Sozialverhaltens in seinen unterschiedlichsten Ausprägungen, wobei alle Tierarten erfaßt werden; die Soziobiologie ist demnach in dieser Ausprägung in erster Linie eine vergleichende Wissenschaft"[10] und kann als eine Disziplin der vergleichenden Verhaltensforschung angesehen werden, die sich mit einem speziellen Aspekt des Verhaltens, dem Sozialverhalten, beschäftigt[11]. Sie baute auf den Erkenntnissen der Populationsgenetik[12] und der Verwandtschafts-Selektions-Theorie auf und wurde zu einem "Wendepunkt in der Verhaltensforschung"[13]. Ihrem Anspruch nach soll die Biologie als Grundlagenwissenschaft der Sozialwissenschaften eingesetzt werden, so daß "die bisherigen Aussagen der Psychologie, der Soziologie und der Philosophie teils überflüssig [gemacht] und teils als Spezialsätze in die Biologie [integriert]"[14] werden können.

Wilsons Soziobiologie liegt als zentrales Problem die Frage zugrunde, wie im Verlauf der biologischen Evolution der Altruismus über natürliche Selektion Teil des genetischen Apparates geworden sein könnte[15] : "... the central theoretical problem of sociobiology: how can altruism, which by definition reduces personal fitness, possibly evolve by natural selection?"[16]. Insbesondere wird der Mensch

---

[10] Wilson, Vorwort, 7; vgl. ders., Sociobiology, 4.

[11] Vgl. Wuketits, Gene, 22. Auf S. 24 listet er tabellarisch die Disziplinen auf, die für die Soziobiologie wichtig sind bzw. von dieser beeinflußt werden. Im Unterschied zur Verhaltensforschung sieht die Soziobiologie das Wesentliche der Evolution nicht im Vorteil für die Art, sondern im Vorteil für das Individuum. Vgl. Knapp, Soziobiologie, 39.

[12] In diesem Anschluß an die neodarwinistische Evolutionslehre liegt einerseits ein Gewinn für die Soziobiologie. Auf der anderen Seite wird die Perspektive sehr auf die genetische Ebene gelenkt; vgl. Wickler, Ethologie, 182.

[13] Wickler/Seibt, Eigennutz, 68.

[14] So Hemminger, Mensch, 8, in seiner kritischen Auseinandersetzung mit der Soziobiologie Wilsonscher Prägung, die eine extreme Version der Soziobiologie darstellt. Vgl. III.1.2.3. und III.1.3.

[15] Zu kritisieren wäre, daß gar nicht erst gefragt wird, *ob* der Altruismus überhaupt über natürliche Selektion Teil des genetischen Apparates geworden sein könnte. Dies gehört unbedingt zur Fragestellung dazu; vgl. Staub, Entwicklung, 30f.

[16] Wilson, Sociobiology, 3. Dieses Problem wurde bereits von Darwin gesehen; vgl. Lieb, Biologie, 63.67. Per definitionem führt der Prozeß der natürlichen Selektion zur Bevorzugung des Genotypes mit der höchsten Fitness, der an der Vermehrungsrate gemessen werden kann. Unter dieser Voraussetzung wird Altruismus zum Problem, da hier die Fitness des Ausführenden reduziert wird. Vgl. Krebs, Challenge, 82. Kitcher, Ambition, 115, spricht von einer Übertreibung, Altruismus als zentrales Problem anzusehen. Die Soziobiologie beschäftige sich ebenso mit tierischem sozialen Verhalten, bei dem es nicht um Fitness-Reduzierung gehe. Aufmerksam machen möchte ich auf Grant, Odds, der die soziobiologische Diskussion um den Altruismus ansatzweise zusammenfassend

zum "culminating mystery of all biology"[17], da er ein unerwartet hohes Maß an Altruismus zeige, obwohl der Verwandtschaftsgrad zwischen den einzelnen Individuen besonders im Vergleich zu Insekten, die sich äußerst altruistisch verhielten, sehr gering sei. Wilson spricht von einem Paradox: "To visualize the main features of social behavior in all organisms at once ... is to encounter a paradox. We should first note that social systems have originated repeatedly in one major group of organisms after another, achieving widely different degrees of specialization and complexity. Four groups occupy pinnacles high above the others: the colonial invertebrates, the social insects, the nonhuman mammals, and man. Each has basic qualities of social life unique to itself. Here, then, is the paradox. Although the sequence just given proceeds from unquestionably more primitive and older forms of life to more advanced and recent ones, the key properties of social existence, including cohesiveness, altruism, and cooperativeness, decline. It seems as though social evolution has slowed as the body plan of the individual organism became more elaborate"[18]. Diese Antiproportionalität - komplexere Formen zeigen geringeres soziales Verhalten - versucht Wilson über den Aspekt der genetischen Verwandtschaft zu erklären.

Der erste Höhepunkt zeichne sich durch eine absolute genetische Identität aus, die das Entstehen eines unbegrenzten Altruismus ermögliche. Der Verwandtschaftskoeffizient[19] beträgt eins. Bei Insekten sinke dieser Koeffizient auf maximal 0,75, während er bei Wirbeltieren - zu denen der dritte (nicht-menschliche Säugetiere) und der vierte Höhepunkt (Mensch) zählen - nur noch höchstens den Wert 0,5 erreiche. Wilson macht die Abnahme an genetischer Identität für die Abnahme an sozialem, altruistischem Verhalten verantwortlich. Die Gründe für die speziell nicht-menschlichen Wirbeltiere stellt er ausdifferenziert dar, da bei ihnen insgesamt ein größerer Prozentsatz ein soziales Verhalten zeige, als es bei Insekten der Fall sei[20]. Wirbeltiere erreichten jedoch nie das extreme Verhalten

---

bespricht. Die hier vorliegende Untersuchung versucht einen systematischeren Zugang zur Problematik als Grant.

[17] Wilson, Sociobiology, 362.

[18] Wilson, Sociobiology, 379. Zur folgenden Darstellung vgl. S. 379-382. Kritisch anzumerken ist, daß Wilson einen in sich wertfreien Sachverhalt mit der Bezeichnung des 'Paradoxen' versieht, ohne die Prämissen darzustellen, die ihn dazu veranlassen. Ich sehe keine zwingende Notwendigkeit, von einem Paradox zu sprechen, und verwende daher die neutrale Bezeichnung 'Antiproportionalität'. Auch Lieb, Biologie, 68f, kritisiert Wilson an dieser Stelle. Im Anschluß an Kaye, Meaning, weist er darauf hin, daß dieser "downward trend of evolution" (Wilson, Sociobiology, 382) nicht in der sozialen Evolution begründet liege, sondern in der Wahl der Schlüsselkriterien.

[19] Er steht für den Anteil an identischen Genen zwischen zwei Individuen; vgl. Wilson, Sociobiology, 581.

[20] Diese Beobachtung kann problematisiert werden. Wilson geht von den jeweils herausragenden Beispielen von Altruismus aus. Ebenso gerechtfertigt wäre es, von einem

bestimmter Insekten. Im Gegenteil - eine typische Wirbeltier-Gesellschaft begün-
stige das Überleben des Individuums bzw. einer Binnengruppe auf Kosten der
sozialen Integrität.

Für die Erklärung der ersten drei Höhepunkte scheint Wilsons Erklärungsmodell
auszureichen, doch wie steht es mit dem vierten Höhepunkt, dem Menschen?
Trotz eines geringeren Verwandtschaftskoeffizienten von maximal 0,5[21] kehre
der Mensch den generell zu beobachtenden Abwärtstrend der sozialen Entwicklung um - er zeige ein überaus kooperatives Verhalten, das an das der Insekten
heranreiche. Wilson sieht hierin ein erklärungsbedürftiges Problem. Dieses My-
sterium der Biologie kann Wilson mit seinem Modell der Verwandtschaftsselektion, auf das weiter unten noch genauer eingegangen werden soll, nicht klären.
Samaritanisches, scheinbar "pures" altruistisches Verhalten rechnet er dem reziproken Altruismus zu[22].

Insgesamt spielen bereits in der Anfangszeit der Soziobiologie-Diskussion drei
Theorien eine große Rolle, die die Entstehung von Altruismus über natürliche
Selektion zu klären versuchen: die Gruppenselektions-Theorie, die Verwandt-
schaftsselektions-Theorie von W. D. Hamilton[23] bzw. J. Maynard Smith[24] und
das Prinzip des reziproken Altruismus von R. L. Trivers[25]. Sie wurden nicht erst
als Antworten auf diese von Wilson aufgestellte Frage entwickelt, sondern lagen
schon vor und mußten nur systematisch auf dieses Problem bezogen werden[26].
Wilson nimmt sie auf und bespricht sie ausführlich[27].

In seinem populärwissenschaftlich ausgerichteten Buch "On Human Nature"
wendet sich Wilson in erster Linie dem menschlichen Sozialverhalten zu, verläßt
jedoch nicht die Ebene des Vergleichs mit tierischem Sozialverhalten[28]. Er unterscheidet zwischen einem strengen und einem milden Altruismus als den zwei
grundlegenden Formen des kooperativen Verhaltens. Während der strenge Altruismus den engsten Verwandten des Altruisten zugute komme und an Intensität
verliere, je ferner die Beziehungen werden, sei der milde Altruismus zwar nicht
auf Verwandte beschränkt, letztlich aber egoistisch, weil er eine Gegenleistung

---

Durchschnittswert auszugehen, der m.E. noch repräsentativer wäre. Ich möchte diese
Bemerkung als Anfrage an Wilsons Methodik verstanden wissen.

[21] Eine Ausnahme bilden eineiige Zwillinge. Bei ihnen beträgt der Koeffizient eins.

[22] Vgl. Wilson, Sociobiology, 120f.

[23] Vgl. Hamilton, Evolution, und Maynard Smith, Evolution.

[24] Vgl. Maynard Smith, Selection.

[25] Vgl. Trivers, Altruism.

[26] Da diese Fragestellung im zweiten Abschnitt dieses Kapitels eine zentrale Rolle
spielen wird, belassen wir es an dieser Stelle bei dieser Feststellung und verweisen für
eine genauere Darstellung der Theorien, die hier eine wichtige Rolle spielen, auf III.2.2.2.

[27] Vgl. Wilson, Sociobiology, 106-121.

[28] Ich orientiere mich im folgenden an der deutschen Übersetzung (Wilson, Biologie).

erwarte[29]. Form und Intensität altruistischer Handlungen seien "in hohem Maße kulturell determiniert. Die soziale Evolution des Menschen ist offensichtlich mehr kultureller als genetischer Natur"[30]. In bezug auf religiösen Altruismus führt er das Beispiel von Mutter Theresa an, die ein Leben völliger Armut und drückend schwerer Arbeit im Dienst an anderen führe[31]. Letztlich sei aber auch sie keine echte Altruistin, da sie nach der Unsterblichkeit ihrer Seele strebe[32]. Dies kann zwischen den Zeilen bei Wilson herausgelesen werden, der sich auf Mk 16,15f beruft: "Und er sprach zu ihnen: Gehet hin in alle Welt und predigt das Evangelium aller Kreatur. Wer da glaubt und getauft wird, der wird selig werden; wer aber nicht glaubt, der wird verdammt werden". Hierin findet er die Quelle des religiösen Altruismus, der durch die Aussicht auf eschatologisches Heil motiviert werde.

Besonders der Schritt zum Menschen löste eine lebhafte Diskussion um die Soziobiologie aus[33]. Dabei stand v.a. der Vorwurf im Vordergrund, es handele sich

---

[29] M. E. ist auch der strenge Altruismus letztlich egoistisch, wenn das Konzept der "Gesamteignung" (inclusive fitness) miteinbezogen wird, bei dem die Fitness des Individuums durch die seiner Verwandten ergänzt wird.

[30] Wilson, Biologie, 146.

[31] Vgl. Wilson, Biologie, 156f.

[32] So wird Wilson zurecht von Lopreato, Nature, 209, interpretiert. Lopreato kritisiert aber diesen Gedanken. Er ist der Meinung, daß Mutter Theresa sehr wohl eine echte, (in seiner Terminologie) asketische Altruistin sei. Die Frage nach dem Seelenheil dürfe nicht mit der genetischen Ebene in Beziehung gesetzt werden. Auf dieser genetischen Ebene sei Mutter Theresa eine klare Altruistin, da sie ihre reproduktive Fitness ganz für den Dienst an zahllosen Individuen opfert, die nicht mit ihr verwandt sind. Für Lopreato selbst spielt das Konzept der Seele eine wichtige, wenn auch äußerst spekulative Rolle. Es sei ein Nebenprodukt der Evolution der Selbsttäuschung, die bei der Reziprozität eine wichtige Bedeutung besitze. Sein Argument lautet folgendermaßen: "The evolution of self-deception consolidated the ascetic altruism selected through an hypertrophic need for social approval within an hierarchical organization by inventing the soul concept and redirecting a portion, sometimes overwhelming, of the gene's quest for immortality toward the quest for the eternal salvation of the soul. The emergence of the soul was a sort of moral echo of the selfish gene" (S. 228). D.h., daß es asketischen Altruismus solange geben wird, wie Selbsttäuschung und die Idee der Seele bestehen.

[33] Die folgende kurze Darstellung einiger Kritikpunkte an der Soziobiologie in der Anfangsphase zielt nicht auf Vollständigkeit. Zu der lebhaften Auseinandersetzung besonders in den Anfangsjahren der Soziobiologie vgl. Caplan, Debate; King's College Sociobiology Group (Cambridge), Problems; und Lewontin u.a., Gene, Kap. 9. Zur Kritik an Wilson und seinem Soziobiologieprogramm vgl. Peters, Sin, 300 Anm. 14, der die Kategorisierung der Kritik an Wilson durch Mortensen, Will, bes. 203, anführt (Mortensen spricht von einem politischen, einem kulturellen, einem methodologischen und einem reduktionistischen Argument gegen die Soziobiologie). Außerdem gibt Peters, Sin, 301f, eine Kurzzusammenfassung der amerikanischen Version von Lewontin u.a., Gene.

beim Ansatz der Soziobiologie um einen genetischen Determinismus, bei dem
der Mensch zu einseitig unter Nichtbeachtung der Kultur und des Geistes auf
seine biologischen Wurzeln beschränkt werde[34]. Wilson wurde vorgeworfen, daß
"alle Versuche, dem Sozialverhalten eine biologische Basis zu unterlegen, ...
zum Sozialdarwinismus und zu den mit kapitalistisch-imperialistischen Regimen verbundenen Übeln führen"[35] müßten. Insbesondere der Vorwurf des biologischen
Reduktionismus wurde von den Soziobiologen als berechtigt angesehen[36].

Wilson entwickelte daraufhin zusammen mit *C. J. Lumsden* das Modell der Gen-
Kultur-Koevolution[37]. Es handelt sich dabei um einen "sich ständig wiederho-
lenden Kreislauf des Wirkens von Genen auf Verhalten und von Verhalten auf
die genetische Ausstattung"[38]. Dabei spielen epigenetische Regeln und die sog.
1000-Jahr-Regel eine wichtige Rolle. Die 1000-Jahr-Regel besagt, daß innerhalb
von 50 Generationen oder 1000 Jahren die Rückwirkung von sog. Kulturgenen[39]
auf die Gene vollendet sein kann und die Kultur somit die genetische Ausstattung

---

[34] Vgl. Sahlins, Use, 11. Für ihn ist selbst der Begriff der Verwandtschaft kulturell determiniert (Sahlins, Use, 25). Simpson, View, zeigt jedoch, daß Wilson und Sahlins mit
zwei verschiedenen Begriffen von "kinship" operieren. Der Vorwurf des biologischen
Determinismus trifft nicht ganz den Wilsonschen Ansatz. Dies zeigt sich daran, daß
Wilson der Kultur einen wichtigen Platz einräumt, siehe das angeführte Zitat. Zu kritisieren wäre jedoch, daß Wilson nicht deutlich genug die Rolle der Kultur erläutert, zumal er
in seinem späteren Werk der Gen-Kultur-Koevolution, das er zusammen mit C. J.
Lumsden herausgegeben hat, die Kultur wieder im Zaum der Gene sieht (s.u.).

[35] Lumsden/Wilson, Feuer, 67. Sie beziehen sich dabei v.a. auf Vorwürfe des Komitees
Sociobiology Study Group of Science for the People, das im Sommer 1975 von Wissenschaftlern, Lehrern und Studenten in Boston gegründet wurde. Zum Sozialdarwinismus
vgl. Wuketits, Gene, 109-113, zum Ideologie-Vorwurf des genetischen Kapitalismus vgl.
Sahlins, Use, 69-107.

[36] Vgl. Lumsden/Wilson, Feuer, 75f.

[37] Vgl. Lumsden/Wilson, Genes. Eine eher populärwissenschaftliche Fassung findet
sich in Lumsden/Wilson, Feuer. Zeitlich in etwa parallel dazu wurde von Cavalli-Sforza
und Feldman, Transmission, ebenfalls eine Gen-Kultur-Koevolutionstheorie entwickelt,
auf die hier jedoch nicht näher eingegangen werden kann. Zur Theorie der Gen-Kultur-
Koevolution vgl. auch Lumsden/Wilson, Relation, die auf die Notwendigkeit und die
Schwierigkeiten der Ausarbeitung dieser Theorie hinweisen; Lumsden, Culture, der sich
mit dem Thema evoluierter Zwänge ("constraints") im Rahmen der Gen-Kultur-Koevolution beschäftigt: "A key function of these 'constraints' may be to free human beings to
learn (indeed, to create) culture" (S. 26); und Lumsden/Gushurst, Coevolution, die in
bezug auf die Gen-Kultur-Koevolution von einer "new phase of investigation in sociobiology" (S. 3) sprechen.

[38] Schmied, Religion, 32.

[39] Darunter sind keine Gene für Kultur zu verstehen, sondern "kulturschaffende Faktoren" (Lumsden/Wilson, Feuer, 172) bzw. "kulturproduzierende Mechanismen" vom Lateinischen *cultura* = Kultur und *genero* = erzeugen (vgl. Wuketits, Gene, 77f).

beeinflußt. Die umgekehrte Beeinflussung von den Genen auf die Kultur findet aufgrund sog. epigenetischer Regeln statt[40], die am besten beschrieben werden können als "Weg, auf dem genetische Konstellationen kulturelle Strukturen beeinflussen"[41]. Aufgrund dieser epigenetischen Regeln halten die Gene "die Kultur immer noch gewissermaßen im Zaum"[42].

Nach Lumsden/Wilson verlagerte sich mit dieser Antwort auf die Kritiken das zentrale Problem der Soziobiologie weg von der Altruismusproblematik und hin zur Beziehung zwischen der genetischen und der kulturellen Evolution[43]. Die Diskussion um den Altruismus ist jedoch m.E. keineswegs erloschen. Vielmehr werden Überlegungen über eine Beziehung zwischen der genetischen und der kulturellen Evolution verstärkt in sie einbezogen[44].

Insgesamt kann man die Soziobiologie weniger als eine neue Theorie bezeichnen als "ein Paradigma, ein Denkmodell mit anhängender Forschungsstrategie, das die Erklärungen für soziales Verhalten an die bestehende [neodarwinistische] Evolutionstheorie anschließt ..."[45].

Soweit zu den Anfängen der amerikanischen Soziobiologie, dargestellt an deren "Begründer" E. O. Wilson. Neben ihm spielen noch andere Autoren eine wichtige Rolle, die im folgenden vorgestellt werden sollen.

[40] Nur in Lumsden/Wilson, Genes, werden primäre epigenetische Regeln, die nur bis zur Wahrnehmung reichen, und sekundäre epigenetische Regeln, die auch das Verhalten und seine Wirkung einbeziehen, unterschieden.

[41] Wuketits, Gene, 78.

[42] Lumsden/Wilson, Feuer, 217. Dadurch rückt der gesamte Ansatz jedoch erneut in eine große Nähe zu einem genetischen Determinismus (vgl. Wuketits, Gene, 78; und Boyd/Richerson, Culture, 159.165), auch wenn dieser Vorwurf von Lumsden, Culture, 12f, zurückgewiesen wird. Kultur ist eine bloße Erweiterung epigenetischer Regeln. Allgemein zur Auseinandersetzung über Lumsden und Wilson's "Genes, Mind, And Culture" vgl. Maddox, Genes, der zu folgendem Ergebnis gelangt: "We all agreed that Wilson has taken hold of an important and interesting problem, but we are all convinced that a great deal remains to be done before it will be comprehensively established" (S. 232).

[43] Lumsden/Wilson, Feuer, 80.

[44] Dies soll im zweiten Teil dieses Kapitels deutlich werden.

[45] Wickler, Ethologie, 180. Vgl. Wickler/Seibt, Eigennutz (und Kitcher, Ambition, 118: "Wilson launched no grand new theory"). Irons, Morality, 64, spricht dagegen von einer "neuen Disziplin" (vgl. auch Knapp, Soziobiologie, 304). Zum Paradigma-Begriff vgl. Kuhn, Struktur. Seine Verwendung dieses Begriffes ist jedoch nicht einheitlich.

1.1.2. Weitere Positionen englischsprachiger Soziobiologen

In diesem Abschnitt sollen kurz die Positionen von R. Dawkins[46] als "Mann der ersten Stunde", R. Boyd/P. J. Richerson[47] und R. D. Alexander[48] vorgestellt werden, damit die Vielgestaltigkeit der Soziobiologie in den Blick kommen kann. *Dawkins* ist ein Vertreter der Gruppe an Soziobiologen, die ihre Theorien äußerst populär und öffentlichkeitswirksam verbreiten - und dies bereits im ersten Jahr nach dem Erscheinen von Wilsons "Sociobiology" 1975. Seiner Meinung nach sind Menschen und Tiere nichts anderes als "Überlebensmaschinen" für die selbstsüchtigen Gene. Aufgabe der Individuen sei es nicht, zu überleben, sondern Gene zu replizieren. Jedoch habe der Mensch als einziges Lebewesen die Möglichkeit, sich dieser Gefangenschaft durch die selbstsüchtigen Gene entgegenzustellen[49]. Die Lebensweise des Menschen sei nämlich "in einem hohen Maße von der Kultur und weniger von den Genen bestimmt"[50]. Sein Ausgangspunkt ist, daß Gene die Einheit der Selektion bilden, wobei die unmittelbare Äußerung der natürlichen Selektion auf der Ebene des Individuums erfolgt. Auf genetischer Ebene kann altruistisches Verhalten gegenüber Verwandten letztlich eigennützig sein, wenn es der Erhaltung oder Förderung der inklusiven Fitness dient[51]. Die biologische oder genselektierte Evolution habe darüberhinaus eine neue Art von Evolution hervorgebracht - die kulturelle Evolution, deren Replikatoren er mit "Mem" bezeichnet, die einen "Mempool" bilden[52]. Diese unterliege analogen Mechanismen wie die biologische Evolution und braucht ihr nicht untergeordnet zu sein. Gene und Meme könnten sich gegenseitig verstärken, gerieten aber auch in einen Gegensatz zueinander. Beide seien "egoistisch". Mit dieser Einbeziehung der Kultur bzw. von "Memen" wird dem Gen der alleinige Erklärungsanspruch für unser Denken über die Evolution entzogen. Auch wenn die Wechsel-

---

[46] Dawkins, Gen; und ders.: Gene. Die englische Ausgabe ist die neue Edition der älteren, bereits ins Deutsche übersetzten Version. Sie ist gegenüber der ersten Auflage um Fußnoten und zwei Kapitel erweitert. Vgl. daneben Dawkins, Phenotype; und ders., Uhrmacher.

[47] Vgl. Boyd/Richerson, Culture.

[48] Vgl. Alexander, Biology.

[49] Vgl. Dawkins, Gen, 237.

[50] Dawkins, Gen, 193. Vgl. Dawkins, Gene, 189.

[51] Ein Gen ist für Dawkins, Gen, 43, die "Grundeinheit des Eigennutzes". Die inklusive Fitness oder Gesamteignung mißt sich am "individuellen Fortpflanzungserfolg plus dem Reproduktionserfolg der genealogischen Verwandten, jeweils gewichtet nach dem Grad der Verwandtschaftsnähe" (Vogel, Moral, 206).

[52] Dawkins, Gen, 227.

wirkung zwischen Genen und Memen letztlich offen bleibt, so ist eine einseitig deterministische Interpretation Dawkins auszuschließen[53].

R. Boyd und *P. J. Richerson* berücksichtigen in ihrem Ansatz ähnlich wie Lumsden/Wilson und Dawkins, daß der Mensch sowohl ein biologisches als auch ein kulturelles Geschöpf ist[54]. Im Gegensatz zu ihnen jedoch besprechen sie in ihrer "Dual Inheritance Theory" (Zwei-Erbteile-Theorie) die Rolle der Kultur ausführlich und betonen sie stark[55].

Die Bezeichnung "Dual Inheritance Theory" weist darauf hin, daß genetisches und kulturelles Erbe zwei strukturell verschiedene Systeme sind, aus deren Wechselspiel das menschliche Verhalten resultiert[56]. Die kulturelle Evolution[57] ist dabei ein eigenständiges System und nicht nur eine Erweiterung der genetischen Evolution. Genetisches und kulturelles Erbe unterscheiden sich. Während ersteres von den Eltern an die nächste Generation weitergegeben und nicht durch Lernen der Eltern beeinflußt wird, ist für das kulturelle Erbe charakteristisch, daß

---

[53] Das Titelbild der deutschen Übersetzung von Dawkins "Das egoistische Gen", auf dem eine Marionette abgebildet ist, verleitet leider zu dieser einseitigen Sichtweise. Vgl Hemminger, Mensch, z.B. S. 9. Zur Kritik an Dawkins kultureller Mem-Evolution vgl. Knapp, Soziobiologie, 123.

[54] Boyd/Richerson, Culture. Vgl. bereits Boyd/Richerson, Model. Ich orientiere mich im folgenden zusätzlich noch an der sehr guten Zusammenfassung und kritischen Auseinandersetzung durch Görman, Nature. Boyd/Richerson schließen an Überlegungen von Campbell, Conflicts, an, auf die ich in III.2.2.3. zurückkommen werde. Sie verstehen die Soziobiologie, die sie grundsätzlich anerkennen, als Theorie, bei der kulturelle Faktoren in bezug auf menschliches Verhalten nicht einbezogen werden. Sie könne widerlegt werden, wenn gezeigt werden kann, daß Modelle unter Einbeziehung der Kultur menschliches Verhalten befriedigender erklären können, ohne die Bedingung des natürlichen Ursprunges zu verletzen (S.13f). Diese Kritik an der Soziobiologie ist nur insofern richtig, als selbst der Ansatz von Lumsden/Wilson letztlich die Biologie in den Vordergrund stellt. Kulturelle Faktoren werden jedoch von den meisten Soziobiologen nicht geleugnet (vgl. Wuketits, Gene, 74). Aus diesem Grund rechne ich die "Dual Inheritance Theory" der Soziobiologie zu.

[55] Ihre Theorie kann zu den koevolutionären Theorieansätzen gerechnet werden; vgl. Irons, Morality, 60.

[56] Richerson/Boyd, Role, 212f, weisen betont darauf hin, daß es ihnen um eine Wechselwirkung zwischen Genen und Kultur geht, da sie oftmals so interpretiert würden, als ob sie den genetischen und den kulturellen Prozeß voneinander entkoppelten.

[57] Boyd/Richerson, Culture, 4-9, verwenden den konzeptuellen und mathematischen Apparat der biologischen Evolution für die kulturelle Evolution, da ihrer Meinung nach die Parallelen die Differenzen überwiegen. Die natürliche Selektion besitze daher sowohl im kulturellen wie im genetischen System den gleichen Charakter. Anderer Meinung sind Tooby/Cosmides, Psychology, 30. Sie halten die Ansätze von Boyd/Richerson und Lumsden/Wilson aufgrund der weitreichenden Unterschiede zwischen kulturellen und populationsgenetischen Entwicklungen für sehr begrenzt ausbaubar.

es direkt zwischen Individuen weitergegeben werden kann und dem Einfluß "kultureller" Eltern unterliegt. Zudem verläuft die kulturelle Entwicklung wesentlich schneller als die biologische.

Im Anschluß an die Lerntheorie von Bandura und Walters[58] sehen Boyd/Richerson in der Imitation und dem beobachtenden Lernen effektive Wege der Vermittlung von Kultur. Daraus entwickeln sie vier Typen kultureller Transmission. Das erste, *guided variation*, bedeutet, daß Lernen nicht von einem Nullpunkt aus stattfindet, sondern auf dem, was von den kulturellen Eltern gelernt wurde, aufbaut. Die anderen drei Formen fassen sie unter der Bezeichnung *biased transmission* zusammen. Sie verstehen darunter die Tatsache, daß Individuen auf verschiedene Arten veranlagt sind, bestimmte Verhaltensmuster zu übernehmen. Im einzelnen zählen sie dazu *direct bias*, eine Art Versuch und Irrtum Lernen, bei dem man sich für das attraktivste Verhalten entscheidet, *frequency dependent bias*, bei dem man sich für das gebräuchlichste Verhalten entscheidet, und *indirect bias*, bei dem man sich für das Verhalten entscheidet, das ein in anderer Beziehung attraktives Modell zeigt[59]. Diese Typen sind ihrer Meinung nach nicht von den Genen kontrolliert, sondern sind genuin kulturelle Mechanismen[60]. Die Kultur kann ihrer Meinung nach Verhaltensweisen erzeugen, die den Vorhersagen der soziobiologischen Theorie (in der von ihnen vertretenen engen Fassung ohne Einbeziehung der Kultur[61]) widersprechen[62], muß dies aber nicht; auch eine gegenseitige Verstärkung ist vorstellbar[63]. Wie die Wechselwirkung genau aussieht, wird von ihnen jedoch nicht beschrieben.

Insgesamt läßt sich sagen, daß sie mit ihrer Theorie keinen Totalerklärungsanspruch verbinden. Sie sind sich der Vorläufigkeit und der Vereinfachungen ihrer "Dual Inheritance Theory" sehr wohl bewußt[64]. Ausdrücklich plädieren sie für ein synthetisches Verstehenlernen menschlicher Verhaltensformen, bei dem so-

---

[58] Vgl. Bandura/Walters, Learning, und Bandura, Theory.

[59] Am Beispiel des Tischtennisspielen-Lernens machen sie dies sehr bildhaft deutlich; vgl. Görman, Nature, 4.

[60] Als soziobiologische Kräfte sehen sie allenfalls die "guided variation" und die "direct bias" an, doch erscheinen ihnen kulturelle Erklärungen gepaart mit der Einbeziehung von Umfeldfaktoren angemessener.

[61] Vgl. Anm. 54. Soziobiologische Hypothesen sind ihrer Meinung nach äußerst wichtig, um als Vergleichsstandard zur Einschätzung von Theorien der kulturellen Evolution zu dienen (Vgl. Boyd/Richerson, Culture, 170).

[62] Hierin sehe ich einen Unterschied zum Konzept von Lumsden/Wilson, bei denen die epigenetischen Regeln die Kultur viel fester an die Biologie des Menschen binden.

[63] Vgl. z.B. Boyd/Richerson, Culture, 288: "Even if many cultural traits have evolved away from genetic fitness maximizing values, the cultural transmission system as a whole can be fitness maximizing."

[64] Vgl. Boyd/Richerson, Culture, 2.25.240.294.

ziale und biologische Konzepte einbezogen werden. Eine einseitige Betonung des einen oder anderen Aspektes lehnen sie ab[65].

Alexander setzt sich mit der "Biologie moralischer Systeme"[66] auseinander. Im Vergleich zur Theorie von Boyd/Richerson legt er keine Theorie über die Koevolution von Genen und Kultur vor. Er versucht in seinem Entwurf, das menschliche Sozialverhalten und die Funktion moralischer Systeme aus einer (biologisch-) evolutionären Perspektive zu erklären[67]. Das zentrale Konzept ist das der indirekten Reziprozität: "Moral systems are systems of indirect reciprocity"[68]. Dabei geht es darum, daß eine Hilfe nicht von der gleichen Person, die sie erhalten hat, vergolten werden muß, sondern von irgendeiner anderen Person der gleichen Gruppe[69]. Von daher sei die Reputation, der Ruf, den man in einer Gruppe besitzt, von großer Bedeutung. Moralische Systeme dieser Art seien in der menschlichen Evolution entstanden, da mit ihrer Hilfe der Zusammenhalt größerer Gruppen trotz interner Interessenkonflikte gewährleistet werden konnte, so daß sie in der Auseinandersetzung mit anderen menschlichen Gruppen bestehen konnten. Im Hintergrund steht die Vorstellung, daß der größte Feind des Menschen in seiner Evolution der Mensch selber war und sich diese Auseinandersetzung in Gruppen-Wettkämpfen abgespielt habe. Im Anschluß an Rawls[70] besitzen die moralischen Systeme nach Alexander vertraglichen Charakter[71], bei dem Belohnung und Bestrafung eine Rolle spielen. Als direkte Folge der indirekten Reziprozität sieht er die Verbreitung eines Altruismus an, der als soziale Inve-

---

[65] Boyd/Richerson, Culture, 281.

[66] Alexander, Biology (und Alexander, Consideration). Ich orientiere mich im folgenden neben diesem Buch an den kritischen Auseinandersetzungen durch Irons, Morality, und Görman, Biology, die in ihrer Detailhaftigkeit sehr zu empfehlen sind. Vgl. auch Mortensen, Theologie, 180f. J. Q. Wilson, Sense, 37, äußert sich ebenfalls kritisch gegenüber dem Konzept der indirekten Reziprozität, da empirische Ergebnisse es nicht bestätigten. Einzelne würden einem Opfer nämlich eher helfen als Personen in einer Gruppe.

[67] In dieser Hinsicht steht er Wilson, Biologie, näher als dem koevolutionären Modell von Lumsden/Wilson.

[68] Alexander, Biology, 77. Verwandt sind die Überlegungen von Fialkowski, Mechanism, zu einer indirekten MF-Strategie, wobei MF für Maximierung der Fitness steht. Bei ihm spielt jedoch die Gruppe eine wichtigere Rolle als bei Alexander. So sei nicht-reziproker Altruismus zu irgendeinem Mitglied der Systemgruppe äquivalent zu reziprokem Altruismus zur Systemgruppe als ganzer (S. 158f).

[69] Alexander, Biology, 140, nennt drei Formen der indirekten Reziprozität: a) Zurückerstattung durch einzelne Individuen, die Verhalten beobachtet haben; b) Zurückerstattung durch die Gruppe oder Teile von ihr; und c) Nachkommen erhalten Kompensation ("indirekter Nepotismus").

[70] Rawls, Theorie.

[71] Vgl. z.B. Alexander, Considerations, 180.

stition mit einem genetischen Nutzen für den Altruisten verbunden ist[72] . Alexanders Theorie insgesamt kann von ihrem Anspruch her auf zwei verschiedene Weisen gedeutet werden: Einer milden Interpretation zufolge sollen parallele evolutionäre Theorien im Bereich der Biologie ausgeschlossen sein, die den gleichen Erklärungsanspruch besitzen. Dies müßte jedoch empirisch überprüft werden. Ganz abzulehnen dürfte die strenge Interpretation sein, nach der Alexanders Theorie auch im Vergleich zu nicht-biologisch-evolutionären Theorien ein Erklärungsmonopol beansprucht. Dies liefe auf ein reduktionistisches Verständnis hinaus[73] .

Mit der Darstellung dieser drei weiteren Soziobiologen soll deutlich geworden sein, daß es im Grunde genommen nicht möglich ist, von *der* Soziobiologie zu sprechen. Dazu sind die einzelnen Ansätze zu verschieden, auch wenn sie sich um das gleiche Thema drehen: die Evolution sozialen Verhaltens. Nicht nur koevolutionäre Theorien und solche, die die biologische Komponente einseitig betonen, unterscheiden sich voneinander, auch die koevolutionären Theorien sind nicht einheitlich. Ein abschließendes Urteil darüber, welcher Ansatz in Zukunft eine größere Rolle spielen wird, muß hier offengelassen werden. Grundsätzlich jedoch scheint mir ein Mittelweg zwischen Kulturismus und Biologismus der wahrscheinlichste Weg zu sein.

1.1.3. Philosophische Rezeption und Kritik

Von philosophischer Seite wurde die Soziobiologie in erster Linie von M. Ruse, P. Singer und Ph. Kitcher rezipiert. Ihre Urteile fallen ganz unterschiedlich aus.

Ruse steht der Soziobiologie einschließlich der Human-Soziobiologie grundsätzlich positiv, jedoch nicht unkritisch gegenüber[74] . In einer ersten grundlegenden Auseinandersetzung mit ihr spricht er von einem "viable and fruitful enterprise"[75] , dem die Chance gegeben werden müsse, seine Überlebenstüchtigkeit zu erweisen. Er macht ausdrücklich darauf aufmerksam, daß ein Ablehnen der Human-Soziobiologie nicht automatisch eine Verneinung der gesamten Soziobiolo-

---

[72] Alexander, Biology, 97. Bereits bei Trivers, Altruism, 47, finden sich Überlegungen zur indirekten Reziprozität. Auch das Festlegungsmodell von Frank, Strategie, nach dem altruistisches Verhalten emotional kontrolliert wird, ist dem Konzept der indirekten Reziprozität zuzuordnen.

[73] Vgl. dazu Görman, Biology, 132-135. In diesem Punkt unterscheidet sich Alexander grundsätzlich von Boyd/Richerson, Culture, die sehr viel moderatere Behauptungen aufstellen und sich ihrer vereinfachenden Darstellung bewußt sind; vgl. Görman, Nature, 7.

[74] Ruse, Sociobiology, Kap. 5 und 6, diskutiert ausführlich kritische Positionen zur Soziobiologie. Vgl. auch Ruse, Knowledge, 63-67.

[75] Ruse, Sociobiology, 214.

gie zur Folge hat. Selbst innerhalb der Soziobiologen gäbe es unterschiedliche Einstellungen zu deren Verhältnis[76].

Besondere Aufmerksamkeit verdienen seine Überlegungen zum Problem des Altruismus und zum christlichen Liebesgebot.

Grundsätzlich erkennt er die Verwandtschaftsselektion und den reziproken Altruismus als Mechanismen für die Entstehung von Altruismus an[77]. Er unterscheidet zwischen evolutionärem Altruismus ("Altruismus") und wörtlichem Altruismus[78]. Ersterer spiele sich ausschließlich auf biologischer Ebene ab und ziele auf einen Nutzen für den Empfänger, ende aber letztlich in einem Gewinn des Ausführenden, der in einer erhöhten Chance der Reproduktion zu messen sei[79]. Der wörtliche Altruismus dagegen sei über bewußte Intentionen zu definieren. Ruse' Meinung nach sind beide über epigenetische Regeln[80] verbunden. Durch sie werde der Übergang von biologischem "Altruismus" zu genuinem Altruismus ermöglicht: "to make us 'altruists' nature has made us altruists"[81]. Dies sei zwar keine perfekte Lösung der Evolution, ermögliche dem Menschen aber immerhin die Dimension der Freiheit[82]. Als philosophische Implikation folgert Ruse aus diesen Überlegungen, daß die Moralität nicht mehr ist als eine Illusion der Gene,

---

[76] Ruse, Sociobiology, 52f, weist auf die unterschiedlichen Positionen von Trivers, Alexander, Wilson, Dawkins und Maynard Smith hin, die in dieser Reihenfolge von einer starken Betonung der Geltung des biologischen Ansatzes (Trivers) zu einer deutlichen Betonung der Kultur und damit verbunden zu einer kritischeren Einstellung gegenüber der Übertragung der animalischen Soziobiologie auf den Menschen (Dawkins, Maynard Smith) reichten.

[77] Vgl. Ruse, Sociobiology, 64-67.69-71, und Ruse, Ethics, 145.

[78] Er bezeichnet ihn auch als "Mutter-Theresa-Altruismus"; vgl. Ruse, Ethics, 144, und Ruse, Significance, 502. Genuiner Altruismus hat für Ruse eine Beziehung dazu, im Kontext von richtig und falsch zu denken, zu intendieren und sich zu verhalten (Ruse, Prospect, 32f). Vgl. Siep, Altruismus, 288, der "'[a]ltruistisches' Handeln im Sinne der Ethik ... zu den immer wieder als 'gut' bzw. 'richtig' bezeichneten Handlungsweisen" zählt.

[79] Vgl. Ruse, Prospect, 32f; Ruse, Ethics, 144; und Ruse, Harmony, 14.

[80] Ruse, Harmony, 12f.14. Vgl. bereits Ruse, Darwin, 221-223. Dies deutet leider auf eine nur in eine Richtung verlaufende Abhängigkeit des Altruismus vom "Altruismus" hin. Zu den epigenetischen Regeln vgl. III.1.1.1.

[81] Ruse, Ethics, 147. In Ruse, Prospect, 36, drückt er sich etwas anders aus: "biological forces have made us into altruists"; vgl. Ruse, Harmony, 14. Zwei andere Möglichkeiten der Entstehung von "Altruismus" werden von Ruse zurückgewiesen. Es handelt sich dabei um einen strengen genetischen Determinismus (Ausnahme: Beziehung zwischen Eltern und Kind; dies könnte darüber zu erkären sein) und die Vorstellung vom Menschen als eines kalkulierenden Supercomputers, der Kosten und Nutzen jedes Kooperationsangebotes im voraus berechnen müßte. Vgl. Ruse, Prospect, 34-37, und Ruse, Ethics, 146f.

[82] So Ruse, Prospect, 36f. Freiheit heißt für Ruse in diesem Zusammenhang, sich dagegen entscheiden zu können, das Richtige zu tun.

ein Epiphänomen unserer Biologie[83]. Sie sei "just an aid to survival and repro-
duction and has no being beyond or without this"[84]. Darin sieht er einen Bruch
zur christlichen Ethik, die von einer Objektivität der Moral ausgehe. Ruse' Meinung nach ist aber auch diese Objektivität letztlich biologisch begründet. Sie sei
das Mittel, um moralische Vorstellungen aufrecht zu erhalten, die ohne eine objektive Begründung nicht befolgt werden würden.

Beim Liebesgebot unterscheidet Ruse zwischen zwei verschiedenen Interpretationen[85]. Während sich die milde Interpretation nur auf die Familie, Freunde und
Bekannte konzentriere und damit in keinem Widerspruch stehe zu evolutionär-
biologischen Überlegungen, sei die strenge Interpretation, bei der der Feind eingeschlossen ist[86], aus der Sicht von Verwandtschaftsselektion und reziprokem
Altruismus kritisch zu betrachten. Ruse geht sogar soweit, für die evolutionisti-
sche Position zu votieren: "I suggest that the evolutionist's understanding of morality accords much more with common intuitions and practices than does the
strong interpretation"[87]. Im Hintergrund dieser ablehnenden Haltung von Ruse
gegenüber der christlichen Ethik steht, daß seiner Meinung nach "the gap between evolutionist and Christian should not be minimized[88]. Ihm geht es darum,
die Lücke nicht nur nicht zu überbrücken, sondern sie weiter aufzureißen. Es
handelt sich bei ihm um ein Konfliktmodell. Bei alledem ist sich Ruse bewußt,
daß seine Theorie äußerst spekulativ ist[89] und sein naturalistischer Ansatz zentral
von Entwicklungen innerhalb der Naturwissenschaften abhängt. So folgert er:
"certainly no one would yet claim that we have a fully articulated and confirmed
theory of the development of human moral nature. ... we may at least have moved
to the point where evolutionary ethics can be judged interesting"[90].

---

[83] Vgl. Ruse, Ethics, 152f. Ruse, Significance, 507: "an objective morality is irrele-
vant".

[84] Ruse, Harmony, 20.

[85] Zum folgenden vgl. Ruse, Harmony, 15-19.

[86] Ruse, Harmony, 16, bezieht sich hier ausdrücklich auf Mt 5,43-48.

[87] Ruse, Harmony, 19. Ruse spricht auch von einem Konflikt zwischen modernem evolutionistischen Denken und einer christlichen Ethik, die auf der strengen Version des
Liebesgebotes aufbaut. M.E. kann kein Konflikt vorliegen, da es sich um zwei verschiedene Ebenen der Interpretation handelt. Die Feindesliebe kann im Gegenteil als Erweiterung der Liebe, die innerhalb einer Familie gilt, aufgefaßt werden.

[88] Ruse, Harmony, 23.

[89] Vgl. Ruse, Ethics, 148: "although much of what has just been presented is speculative
it is intended seriously as empirically true. As noted also, evidence is starting to come in
supporting this".

[90] Ruse, Harmony, 159.

Singer[91] steht der Soziobiologie kritischer gegenüber als Ruse. Besonders in Beziehung auf das Vorhandensein von genuinem, nicht-reziprokem Altruismus gegenüber Fremden macht er die Erklärungsschwäche des soziobiologischen Ansatzes deutlich. Hier helfen die Theorien der Verwandtschaftsselektion, des Reziproken Altruismus und des Gruppenaltruismus, dem er noch eine geringe Rolle beimißt[92], nicht weiter, da sie nur die Biologie des Menschen in Betracht ziehen. Seiner Meinung nach ist es die Kultur des Menschen und besonders seine Vernunft[93], die es ihm ermöglicht, den Kreis der Adressaten seines altruistischen Verhaltens zu erweitern: "Kin altruism plus reciprocal altruism, with perhaps a little group altruism too, seems a slender basis on which to explain human ethics. Any sociobiologist who did not allow for a major cultural component would be a dogmatic fool"[94]. "If, however, we say that the expansion of the sphere of altruism is the result of the human capacity to reason, a possible solution to the mystery emerges. For the capacity to reason is not something that evolution is likely to eliminate"[95]. Die evolutionären Vorteile des Vernunftvermögens[96] überwiegen Singers Meinung nach die Nachteile gelegentlicher Taten, aus denen Fremde auf Kosten der eigenen Person einen Nutzen ziehen können[97].

Beschreite man diesen erweiternden Weg der Vernunft, die generalisierend eine immer universalere Perspektive erschließt[98], so kann rational fundiertes altrui-

---

[91] Vgl. bes. Singer, Circle, und Singer, Ethics.

[92] Vgl. Singer, Circle, 18-22.

[93] Die Kultur baut nach Singer auf dem vernünftigen Denken auf. Die Argumentation dazu wird von Browning, Altruism, 432, kurz folgendermaßen zusammengefaßt: "In its capacity to remember, reapply, and retain useful forms of reciprocal and group altruism, reason gradually builds a stable culture of practical rules which encourage and guide altruistic behavior beyond the boundaries of kin groups".

[94] Singer, Ethics, 316.

[95] Singer, Circle, 139. Auch M. Midgley, Beast, betont die Rolle der Vernunft. Vgl. Browning, Altruism, 432: "Singer believes ethics emerges when reason applies the affections between parents and children to others outside the family".

[96] So die Übersetzung von "capacity to reason" ins Deutsche; vgl. Vogel, Töten, 103, mit seiner deutschen Übersetzung eines Abschnittes aus Singer, Circle, 139.

[97] Vgl. Singer, Circle, 140.

[98] Vgl. Singer, Circle, 119: "If I have seen that from an ethical point of view I am just one person among the many in my society, and my interests are no more important, from the point of view of the whole, than the similar interests of others within my society, I am ready to see that, from a still larger point of view, my society is just one among other societies, and the interests of members of my society are no more important, from that larger perspective, than the similar interests of members of other societies. Ethical reasoning, once begun, pushes against our initially limited ethical horizon, leading us always toward a more universal point of view."

stisches Verhalten[99] nicht beim Menschen stehen bleiben. Es muß nicht-menschliche Lebewesen einschließen, die zu fühlen in der Lage sind. Pflanzen und unbelebte Materie schließt Singer noch aus, da sie nicht das Vermögen besitzen, Freude oder Schmerz zu empfinden[100]. Doch gesteht er zu, daß er darin vielleicht zu sehr seiner Zeit verpflichtet ist, zumal "the expansion of the moral circle to non-human animals is only just getting under way"[101].

Dieser Vernunft-geleitete Altruismus stellt keine Infragestellung der soziobiologischen Altruismustheorien dar, sondern zeigt ihnen ihre Grenzen auf. Auch wenn Singer der Soziobiologie kritisch-limitierend gegenübersteht, lehnt er sie nämlich nicht ab, sondern gibt ihr einen wichtigen Platz in seinem Denken - und dies auf zweifache Weise. Zum einen können biologische Erklärungen seiner Meinung nach eine wichtige Rolle spielen, wenn es darum geht, natürliche, "ewige" moralische Axiome vom Podest zu stoßen[102]. Diesen werde der Schleier der Selbst-Evidenz genommen. Damit könnte die Soziobiologie gewichtige Rückwirkungen auf das ethische Denken besitzen. Zum anderen sei es wichtig, die evolutionären Mechanismen so genau wie möglich zu kennen, um sie überwinden zu können, damit wir nicht mehr Sklaven unserer Gene seien[103].

Im Gegensatz zu dem Konfliktmodell, das Ruse vertritt und in dem die Soziobiologie die Hauptrolle spielt, handelt es sich bei Singer um ein Integrationsmodell mit dem Versuch, von ihm anerkannte soziobiologische Ansätze in seine Theorie einzubeziehen[104].

Kitcher diskutiert in erster Linie die Beweisbarkeit der soziobiologischen Thesen[105]. Er unterscheidet zwischen verschiedenen Formen der Soziobiologie, denen er unterschiedlich gegenübersteht. Während er eine nicht-menschliche Soziobiologie als positiv einstuft, hält er die Übertragungen auf den Menschen, wie sie in der von ihm sog. "Pop-Soziobiologie"[106] vertreten werden, für gefähr-

---

[99] Singer, Circle, 133, spricht von "rationally based altruism".

[100] Vgl. Singer, Circle, 120.

[101] Singer, Circle, 121.

[102] Vgl. bes. Singer, Ethics, 321-324.

[103] Vgl. Singer, Circle, 173, und Singer, Ethics, 324.

[104] Die Rolle der Vernunft müßte ausführlicher besprochen werden, als es im Rahmen der vorliegenden Arbeit möglich ist. Es kann nämlich in Frage gestellt werden, ob es so etwas wie eine "autonomy of reasoning" (Singer, Circle, 113) gibt. Dies führt jedoch in einen völlig neuen Diskussionsgang, der hier nicht verfolgt werden kann. Vgl. Rottschaefer/Martinsen, Singer, die kritisch gegenüber Singers Rolle der Vernunft eingestellt sind.

[105] Kitcher, Ambition, 8.

[106] Kitcher, Ambition, 14: "*Pop sociobiology* ... consists in appealing to recent ideas about the evolution of animal behavior in order to advance grand claims about human nature and human social institutions. I use the term as an abbreviation for 'popular sociobiology'; the name seems appropriate because the work that falls under this rubric not

lich und nutzlos. Schließlich entwickelt er ein Programm für eine ernsthafte Human-Soziobiologie, die aber noch in der Zukunft liege.

Sein besonderes Augenmerk gilt der Pop-Soziobiologie, von der er die drei wichtigsten rivalisierenden Programme diskutiert. Diese sind seiner Meinung nach Wilson und sein Progamm in "Biologie als Schicksal", Wilson und Lumsden mit "Genes, Mind, and Culture" und schließlich Alexander mit "Darwinism and Human Affairs"[107]. Ihnen wirft er vor allem vor, daß sie vorschnell Forschungsergebnisse aus dem nicht-menschlichen Bereich auf den Menschen hin verallgemeinern würden[108].

Insbesondere ist er der Ansicht, daß es eine Übertreibung sei, das Problem des Altruismus als das zentrale theoretische Problem des Arbeitsgebietes anzusehen[109]. Es gebe noch andere Verhaltensformen gerade bei Tieren, die eine wichtige Rolle spielten und die nichts mit Fitness-Reduzierung zu tun hätten. Insgesamt lehnt Kitcher es ab, bei der Soziobiologie Wilsonscher Prägung von einer "grand new theory"[110] zu sprechen. Er warnt davor, die Begriffe Verwandtschaftsselektion, reziproker Altruismus u.a. vorschnell zu verwenden, da sie nicht alle relevanten Faktoren in den Blick nähmen[111]. Im Gegensatz zu genuinem

only is what is commonly thought of as sociobiology but is deliberately designed to command popular attention."

[107] Dieses Buch wird in der vorliegenden Untersuchung in III.1.1.2. nicht extra besprochen, da wir uns auf die neuere Veröffentlichung von Alexander, Biology, beschränkt haben. Für ein Verstehen der Argumentation Kitchers ist diese Auslassung unerheblich. Als weitere Vertreter der Pop Sociobiology nennt Kitcher R. Trivers, R. Dawkins, D. Barash, P. van den Berghe und N. A. Chagnon.

[108] Vgl. Kitcher, Ambition, 158f. Zur Kritik im einzelnen vgl. die entsprechenden Abschnitte in seiner Untersuchung: Kap. 1-4 (Wilson), Kap. 9 (Alexander) und Kap. 10 (Lumsden und Wilson). Hier nur einige kurze Bemerkungen: Wilson wirft er vor, daß er in seiner Forschung über menschliches Verhalten nicht die gleiche Sorgfalt angewandt habe, die er bei der Untersuchung von Ameisen aufgebracht habe. Kitcher macht jedoch darauf aufmerksam, daß der Vorwurf des "genetischen Determinismus" nicht auf Wilson zutrifft, sondern eine Erfindung der Gegner der Soziobiologie sei. Dieser Methode der Erfindung eines zu kritisierenden Mythos bedienten sich aber auch die Soziobiologen. Alexanders Überlegungen zielten darauf, menschliches soziales Verhalten über die Maximierung der inklusiven Fitness zu verstehen. Doch lieferten seine vielen vage gehaltenen "general predictions" keinerlei Unterstützung für seine Theorie, die insgesamt nicht gewinnbringend sei. Die Theorie von Lumsden und Wilson hält er für nutzlos, da sie nicht wirklich auf die früheren Kritiken an Wilson eingehe und auch empirisch nicht nachvollzogen werde könne. Komplexe mathematische Modelle würden verwendet, um zum Teil einfachste Ideen zu behandeln. Außerdem würde die Kultur nur eingeführt, um sofort wieder ignoriert zu werden.

[109] Vgl. Kitcher, Ambition, 115.

[110] Kitcher, Ambition, 118.

[111] Vgl. Kitcher, Ambition, 111.

Altruismus, bei dem die Intention eine wichtige Rolle spiele, handele es sich beim biologischen Konzept um effektiven Altruismus. In der Pop-Soziobiologie werde Altruismus auf Egoismus zurückgeführt. Dabei gebe es zwei Interpretationsmöglichkeiten. Einmal könne die Intention als ursprüngliche Motivation der Hilfe angesehen werden. Sie sei aber evolutionär erklärbar. Zum anderen könne die ursprüngliche Motivation des Verhaltens die unbewußte Maximierung der inklusiven Fitness sein, die von der Intention nur überdeckt werde. Genuiner oder extremer Altruismus sei jedoch soziobiologisch nicht zu erklären. Letztlich führt Kitcher das Altruismusproblem auf die Autonomie-Problematik zurück: Sollten Intentionen nur Mittel sein, die die Evolution hervorgebracht habe, um eine Maximierung der inklusiven Fitness herbeizuführen, so sei die menschliche Autonomie und Freiheit in Frage gestellt. Zudem hält es Kitcher für fraglich, warum eine "'ultimate' perspective" immer die geeignete Perspektive sein solle, um die Autonomie oder den Wert einer Aktion einzustufen[112].

Schließlich entwickelt Kitcher Überlegungen zu einer ernsthaften Humansoziobiologie, die aber derzeit noch Zukunftsmusik sei und eine bessere Evidenzrate besitzen müsse. Sie brauche Hilfe von vielen anderen Arbeitsgebieten: "If it is to be achieved, it will have to draw on the work of evolutionary theorists, behavior geneticists, developmental biologists and psychologists, sociologists and historians, cognitive psychologists and anthropologists"[113]. Erst dann sei eine wirkliche Synthese möglich.

Bei Kitcher handelt es sich somit weder um ein Konfliktmodell, wie es Ruse vorstellt, noch um ein Integrationsmodell im Sinne Singers. Er möchte die Human-Soziobiologie von Grund auf neu entwickeln und legt dafür entsprechende Vorschläge vor. Von daher könnte man sein Konzept als Progressionsmodell charakterisieren, das über die alten Modelle hinausgehen möchte.

1.1.4. Theologische Rezeption und Kritik

Die theologische Rezeption der Soziobiologie in den USA und im englischsprachigen Raum ist weit gestreut. In der vorliegenden Untersuchung sollen einige Positionen ausgewählter Theologen vorgestellt werden, ohne daß damit ein Anspruch auf Vollständigkeit verbunden ist.

Eine besonders intensive Auseinandersetzung zwischen Soziobiologie und Theologie, aber auch anderen Wissenschaften, fand und findet durch Veröffentli-

---

[112] Vgl. Kitcher, Ambition, 414. Mit der "ultimate perspective" ist die trans-individuelle, zeitlich langfristige Perspektive gemeint. Eine Anspielung auf eine theologisch interpretierte ultimate reality oder letzte Realität liegt nicht vor.

[113] Kitcher, Ambition 436. Einige dieser Disziplinen seien bis jetzt noch nicht formiert (S. 436f).

chungen in der Zeitschrift "Zygon. Journal of Religion and Science" statt[114]. Dabei verdienen die Überlegungen der beiden Chicagoer Theologen Ph. Hefner und R. W. Burhoe besondere Aufmerksamkeit. Während Hefner die soziobiologischen Aussagen in eine schöpfungstheologisch ausgerichtete Theologie integriert[115], weist Burhoe der Religion eine Funktion im Rahmen der naturwissenschaftlichen Forschung zu[116]. Da wir am Ende dieser Untersuchung ausführlich auf diese beiden unterschiedlichen Modelle zu sprechen kommen werden, sollen diese vorläufigen Bemerkungen hier ausreichen.

Neben diesen beiden Theologen sollen der englische Theologe und Biologe A. Peacocke und der amerikanische Theologe K. J. Sharpe vorgestellt werden, die sich ebenfalls zum Verhältnis zwischen Soziobiologie und Theologie geäußert haben[117].

Peacocke wirft der Soziobiologie, die er zum evolutionären Naturalismus zählt[118], Reduktionismus und Determinismus vor[119]. Das menschliche Verhalten werde auf eine genetische Erklärungsebene reduziert und von den Genen her determiniert, was seiner Meinung nach keine vollständige Erklärung des Verhaltens liefern kann. Vielmehr müsse dieser reduktionistische Ansatz in einen weiter gefaßten theistischen Rahmen integriert werden, der auf Fragen antwortet wie: "Warum gibt es überhaupt etwas?", "Welche Bedeutung hat das menschliche Leben im Kosmos?" etc. Dabei müsse Gott als "erste Ursache" und Grund des Seins anerkannt werden[120]. In seinem Ansatz einer In-Beziehung-Setzung von Theologie und den Naturwissenschaften ist die Theologie in der Hierarchieleiter höher angesiedelt. Zwar erkennt er die biologische Fundierung geistigen und spirituellen Lebens an, aber "we then go on to interpret ourselves to ourselves at our own culturally developed level"[121].

---

[114] Besonders in den Jahrgängen 1979/80 und 1984 konzentrieren sich viele Autoren auf dieses Gebiet, da hier die Beiträge zu zwei entsprechenden Tagungen veröffentlicht werden; vgl. Baelz, Perspective; Bowker, Harp; Burhoe, Evolution; Davis, Importance; DeNicola, Sociobiology; Hefner, Is/Ought; Hefner, Sociobiology; Frankel, Sociobiology; Morin, Sociobiology; Nelson, Response; Peacocke, Sociobiology; und Reiss, Sociobiology. In der vorliegenden Untersuchung können verständlicherweise nicht alle Aufsätze zu Wort kommen. Wir beschränken uns auf die beiden wichtigsten Ansätze von Ph. Hefner und R. W. Burhoe.

[115] Vgl. Hefner, Sociobiology. Hefner gehört der lutherischen Kirche an.

[116] Vgl. Burhoe, Evolution; und Burhoe, ST. Burhoe ist Unitarier.

[117] Beide gehören der anglikanischen Kirche an.

[118] Eine Charakterisierung dieses wissenschaftlichen, evolutionären Naturalismus findet sich in Peacocke, Biology, 109.

[119] Vgl. Peacocke, Sociobiology (ebenfalls in Zygon). Der Aufsatz ist in etwa identisch mit Kap. 8: "God and the selfish genes" in Peacocke, Biology.

[120] Vgl. Peacocke, Biology, 111.

[121] Peacocke, Biology, 115.

Sein zweites Anliegen besteht darin, zu zeigen, daß die Ethik keine Illusion ist, die den Menschen von den Genen vorgespiegelt werde[122]. In entwickelten Gesellschaften habe sie eine rationale Begründung, die sich von der der sexuellen Reproduktion unterscheide. Außerdem seien ethische Codes nicht einheitlich und oft "counter-biological"[123]. Als Beispiel führt er die klassische Parabel vom barmherzigen Samariter an, die zeige, daß unser Nächster jeder sei, der in Not ist, nicht nur unsere genetischen Verwandten[124]. Aus diesen Gründen wirft er der Soziobiologie einen "genetischen Fehlschluß"[125] vor.

Insgesamt betrachtet er die Soziobiologie als wichtiges Mittel zu einer offeneren Erkenntnis unserer natürlichen Verwandtschaft zur physikalischen und biologischen Welt, in der unsere geistigen Bestrebungen zwar gründen, nicht aber vollständig vorgeschrieben werden. Aufgabe der Theologie sei es, den Rahmen für diesen naturalistischen Ansatz zu formulieren.

Die Überlegungen von *Sharpe*[126] orientieren sich vor allem an den kritischen Auseinandersetzungen zwischen Soziobiologie und Religion durch den kanadischen Philosophen M. Ruse[127]. Er versucht, Ruse' Angriffen gegen die Theologie durch eine Forderung nach einer konstruktiven Theologie zu begegnen, die dessen Kritikpunkte positiv aufnimmt. Diese konstruktive Theologie soll die eigenen Traditionen mit den Ergebnissen der soziobiologischen Forschung verbinden, um den oftmals eingeschlagenen Weg der Entgegensetzung zwischen Theologie und Naturwissenschaft zu vermeiden. Einen ersten Ansatzpunkt sieht er in der Überlegung, daß Gott amoralisch sei: "Morality ... has only to do with, and comes from, human beings", nicht von einem "'absolute other'"[128]. Dann aber erhebt sich das Problem, woher die Moral ihre Autorität nehme. Seiner Meinung nach gibt es zwei Quellen dafür: die Naturwissenschaften zusammen mit religiösen und kulturellen Traditionen. Sie könnten der Moral Autorität verleihen. Er bleibt jedoch bei diesen vorläufigen Überlegungen stehen, ohne den Ansatz weiter zu explizieren.

Auf katholischer Seite hat sich in jüngster Zeit besonders *St. J. Pope*[129] mit soziobiologischen Konzepten auseinandergesetzt.

---

[122] Vgl. Peacocke, Biology, 113, der sich dabei auf Ruse/Wilson, Evolution, bezieht.

[123] Peacocke, Biology, 114.

[124] Vgl. unsere Überlegungen zum barmherzigen Samariter in II.2.3.1.

[125] Peacocke, Biology, 114.

[126] Sharpe, Biology.

[127] Siehe III.1.1.3. Daneben spielt die Auseinandersetzung mit A. Peacocke eine Rolle; vgl. Sharpe, Biology, 80-84.

[128] Sharpe, Biology, 86.

[129] Vgl. Pope, Evolution, und Pope, Order. Wir orientieren uns im folgenden an Pope, Order.

Er vertritt die These, daß insbesondere die Human-Soziobiologie eine natürliche Ordnung des Altruismus deutlich werden läßt, die als Korrektiv gegenüber der Zurückweisung des traditionellen Gedankens des *ordo amoris* in der jüngsten katholischen Ethik dienen könne[130]. Seiner Meinung nach verhilft die Soziobiologie dazu, die Grenzen der menschlichen Liebe, die biologische Basis der menschlichen Gesellschaft und die natürliche Fundierung der Liebesordnung erkennen zu können. Daher ist es sein Anliegen, den traditionellen *ordo amoris* wieder als ein zentrales Thema gegenwärtiger katholischer Ethik zu etablieren und die Bedeutung der naturwissenschaftlichen Einsichten für diese Überlegungen aufzuzeigen. Insbesondere spielt in seinen Überlegungen der Verwandtschaftsaltruismus eine wichtige Rolle, da Pope über ihn den *ordo amoris* wiederbeleben möchte: "kin altruism reflects the divine ordering"[131]. Die christliche Liebesethik erweitert seiner Meinung nach diese natürlichen Präferenzen für nahestehende Personen auf die Menschen hin, die außerhalb des engen Zirkels stehen, den die Theorie der inklusiven Fitness vorgibt[132]. Ein unterschiedsloser Altruismus jedoch sei nicht möglich[133].

Popes Lehrer *D. Browning*[134], der den "Disciples of Christ" angehört, setzt sich mit dem Verhältnis von Altruismus und christlicher Liebe auseinander. Seiner Meinung nach sind Altruismus und christliche Liebe (Agape) zwei zu unterscheidende Konzepte, die jedoch komplementär und gegenseitig anreichernd sind. Er weist die Position, die in der Agape einseitig den Aspekt des Selbstopfers betont, zurück zugunsten einer Interpretation der Agape im Sinne von Caritas "which ... attempts to balance the features of self-regard and other-regard"[135]. In der soziobiologischen Forschung sieht er eine kulturelle Quelle, die christliche Definitionen der Liebe zu einer Beachtung des Elements des "self-regard"[136] führen könnte. Darüber hinaus ist er der Ansicht, daß "modern sociobiological views on the origin of altruism can offer to Christian ethics an updated biology to replace

---

[130] Leider geht er in seinem Aufsatz nicht auf die von ihm vorausgesetzte Theorie des natürlichen Gesetzes ein, so daß alle Anfragen, die die "Sein-Sollen-Problematik" betreffen, keine Antworten erhalten. Insgesamt argumentiert er aus einer thomistischen Sichtweise heraus. So wie Thomas die aristotelische Biologie für die christliche Ethik benutzt habe, so könnten christliche Theologen heute eine philosophisch aufgearbeitete Soziobiologie für die gleichen Zwecke verwenden (vgl. auch Browning, Altruism, 429).
[131] Pope, Order, 279.
[132] Die Biologie alleine reicht also nicht aus, eine komplexe Ethik aufzubauen (vgl. Browning, Altruism, 431).
[133] Vgl. Pope, Order, 274. Jesu Gebot der Feindesliebe (vgl. Mt 5,43-48) scheint mir demgegenüber sehr wohl auf einen unterschiedslosen Altruismus zu zielen.
[134] Vgl. Browning, Altruism.
[135] Browning, Altruism, 425f. Eine wichtige Rolle mißt er der feministischen Agape-Kritik zu; vgl. Browning, Altruism, 427.
[136] Browning, Altruism, 426.

the metaphysical biology that Aquinas is said to have inherited from Aristotle"[137]. Er schließt sich dabei eng an die Position von St. Pope an. In der Frage, wie die Elternliebe als zentralem Bestandteil des Verwandtschaftsaltruismus auf nichtfamiliäre Mitglieder erweitert und generalisiert werden könne, weist Browning im Anschluß an P. Singer[138] und M. Midgley[139] auf die Rolle des vernünftigen Denkens hin. Doch da dieses immer unstabil und korrupt sein kann, ist seiner Meinung nach die göttliche Gnade ein wichtiger Faktor bei der Ausweitung des Adressatenkreises der Liebe, die als christliche Liebe von dem Altruismus verschieden ist, der in der Soziobiologie vertreten werde. Er schließt seine Untersuchung mit den Worten: "In the end, we must conclude that sociobiological altruism and Christian love are distinguishable, but that sociobiology can help clarify the natural foundations of love that the grace of God, along with reason and culture, extend"[140].

Insgesamt läßt sich ein vielgestaltiger Umgang mit soziobiologischen Konzepten erkennen, der zum Teil durch den jeweiligen theologischen Hintergrund geprägt ist. Sie werden je nach Autor unterschiedlich in einen theologischen Rahmen integriert (Peacocke, Sharpe, Browning), dienen aber auch der Begründung traditionellen katholischen Gedankenguts (Pope). In allen Fällen wird versucht, konstruktiv mit soziobiologischen Überlegungen umzugehen.

1.2. Die Soziobiologie-Diskussion in der BRD und im deutschsprachigen Raum

1.2.1. Biologische Rezeption der amerikanischen Soziobiologie-Diskussion

Im deutschsprachigen Raum zählen zu den ersten, die die Soziobiologie rezipierten, W. Wickler und U. Seibt. Neben ihnen sind der Ethologe I. Eibl-Eibesfeldt, H. Markl und Chr. Vogel zu nennen[141]. Vogel bietet einen eigenständigen Entwurf in diesem Bereich, der am Ende dieses Abschnittes dargestellt werden soll.

Wickler/Seibt beschäftigen sich mit der Soziobiologie unter der Überschrift "Eigennutz der Gene"[142]. Dies ist als Sprachspiel aufzufassen, das zum Ausdruck bringen soll, "daß auf der organismischen Ebene beobachtbare Phänomene (Egoismus, Eigennutz, Moralität) eine - im weiteren Sinne - *genetische* Ursache

---

[137] Browning, Altruism, 428.
[138] Vgl. III.1.1.3.
[139] Midgley, Beast.
[140] Browning, Altruism, 435.
[141] Daneben soll noch auf E. Lieb hingewiesen werden, der sich in einem kurzen Aufsatz (Lieb, Biologie) mit dem Sozialdarwinismus von Konrad Lorenz und der Soziobiologie E. O. Wilsons auseinandersetzt, die er beide als Ideologien bezeichnet.
[142] Wickler/Seibt, Eigennutz. Vgl. auch Wickler, Ethologie.

haben, und nicht, daß ein einzelnes Gen eigennützig oder moralisch handeln kann"[143]. Ein Aspekt ihrer Untersuchung ist die Beschäftigung mit der Vor- und Zukunftsgeschichte der Soziobiologie[144]. Wickler sieht das Gestern der Entwicklung in der klassischen Verhaltensforschung/Ethologie bis etwa 1973. Die Soziobiologie gegenwärtiger Prägung charakterisiere das Heute[145]. Sie sei "keine neue Theorie, sondern ein Paradigma, ein Denkmodell mit anhängender Forschungsstrategie, das die Erklärungen für soziales Verhalten an die bestehende Evolutionstheorie anschließt und damit zur Vereinheitlichung unseres Verstehens führt"[146]. Aufgrund des Prinzips Eigennutz folgert er beispielsweise für die Kommunikation, daß sie ein Verfahren sei, "nicht um Wahrheiten zu übermitteln, sondern den eigenen Vorteil zu sichern, und zwar durch entsprechende Manipulation des Signalempfängers"[147]. Leider gehen Wickler/Seibt in ihrer Diskussion des Eigennutzes beim Menschen nicht über den Stand der Diskussion in den 70er Jahren hinaus. Für die Zukunft erhofft sich Wickler eine Forschung, die über die Soziobiologie hinausgeht und Verhaltensphänomene nicht nur als homogene, sondern als heterogene Programme versteht. Lernen und Tradition müßten dabei eine Rolle spielen[148]. Wickler selbst beschäftigt sich auch mit dem *Dekalog*, den Zehn Geboten, und betont, daß in einigen der Zehn Gebote biologisch relevante

[143] So Wuketits, Gene, 58, der zusätzlich auf die Ausdrücke "egoistisches Gen" (Dawkins, Gen) und "Moralität des Gens" (Ruse, Morality, und Wilson, Sociobiology) verweist.

[144] Wickler/Seibt, Eigennutz, 63-68. Vgl. Wickler, Ethologie, an dem wir uns im folgenden orientieren.

[145] König, Grundlagen, 170, weist darauf hin, daß eine klare Abgrenzung der Soziobiologie, die ihrer Meinung nach zu einem etablierten Wissenschaftsgebiet geworden ist, gegen andere Teilgebiete der Evolutionsbiologie wie z.B. die Ethologie oft nicht möglich und auch nicht sinnvoll sei. Dennoch stellt sie fest, daß bei der Soziobiologie "Fragen nach den evolutionären Ursachen von Sozialverhalten im Vordergrund" stehen, während die klassische Ethologie "traditionsgemäß nach den unmittelbaren Gründen für ein Verhalten" fragt.

[146] Wickler, Ethologie, 180.

[147] Wickler, Ethologie, 181. Vgl. die Diskussion zwischen Cronk, Theories, der auf die soziale Manipulation von Signalen hinweist, und Rappaport, Evolution, der kritisiert, daß Cronk eine Untergruppe an Signalen zum Hauptcharakteristikum der gesamten Gruppe mache. Cronk, Use, macht schließlich deutlich, daß beide unter Manipulation verschiedene Dinge verstehen. Während auf der einen Seite Manipulation weit gefaßt werde als jegliche Beeinflussung eines Gegenübers, so versteht die andere Seite die Manipulation im Sinne einer Übervorteilung.

[148] Solche Modelle liegen heute längst vor, man vergleiche nur Boyd/Richerson, Culture. Leider werden sie von Wickler nicht berücksichtigt. Selbst die Neuausgabe 1991 von "Das Prinzip Eigennutz" gibt im abschließenden Kapitel über Eigennutz beim Menschen nur den Stand der Diskussion in den 70er Jahren wieder.

Sachverhalte in normativer Sprache zum Ausdruck gebracht werden - z.B.: "Du sollst nicht töten" und "Du sollst nicht ehebrechen"[149].

Eibl-Eibesfeldt setzt sich kritisch mit der Soziobiologie auseinander[150]. Er zeigt, daß die Datenbasis, auf der viele Aussagen beruhen, häufig unzureichend ist[151]. Oft werde nur das Triviale umständlich als "Strategie" rechnerisch begründet. Den bedeutendsten Beitrag zum Verständnis der Evolution altruistischen Verhaltens sieht er in der Entwicklung des Konzeptes der inklusiven Fitness oder Gesamteignung durch Hamilton. Hier müsse jedoch beachtet werden, daß die Kalkulationen nur für die selteneren Gene gelten, die das Individuum bzw. seine Gruppe charakterisierten[152]. Die Mehrzahl der Gene habe man mit allen Gruppenmitgliedern gemeinsam. Beim Menschen spielt seiner Meinung nach die Gruppenselektion eine wichtige Rolle, doch macht er m.E. nicht deutlich, ob er sie auf einer biologischen oder einer kulturellen Ebene ansiedelt. Besonders wichtig für den Fortgang der vorliegenden Untersuchung wird seine Erkenntnis sein, daß "die Aussage, es gebe kein wirklich altruistisches Verhalten, da ein Altruist ja im Sinne seiner Eignung eigennützig handelt, ... auf einer Verwechslung der Niveaus"[153] beruht. Dieser Hinweis ist insofern wichtig, als deutlich wird, daß auf der "Ebene beobachteten und erlebten Handelns"[154] durchaus uneigennützig sein kann, was auf genetischer Ebene letztlich eigennützig ist[155]. Daß etwas zur Eignung beitrage, vertrage sich durchaus mit genuinem altruistischen Verhalten.

Markl sieht die wichtigste Aufgabe der Human-Soziobiologie darin, die "Ursachen der Befreiung des menschlichen Verhaltens von angeborenen Programmen aufzuklären - im Vergleich zu seinen tierischen Verwandten -, und nicht etwa [darin], die letzten Spuren solcher biologischen Fesseln aufzuspüren"[156]. Dies sei letztlich angemessener, da die "Natur" nur durch Vorschläge,

---

[149] Vgl. Wickler, Biologie, und Wickler, Ethik.

[150] Vgl. Eibl-Eibesfeldt, Biologie, Kap. 2.4: Die Einheiten der Selektion - eine kritische Wertschätzung der Soziobiologie. Vgl. auch Eibl-Eibesfeldt, Grundriß, bes. 452ff.

[151] Er zeigt dies besonders am Beispiel der Jungentötung. Dieses vielzitierte Beispiel für die Rücksichtslosigkeit genetischer Selbstsucht erweise sich als Produkt voreiliger Schlüsse (vgl. Eibl-Eibesfeldt, Biologie, 124f.130).

[152] Dies ist ein sehr wichtiger Hinweis für das Verständnis der Gesamteignung. Der Verwandtschaftsgrad r bezieht sich nämlich nicht unterschiedslos auf alle Gene, sondern nur auf spezifische, wie z.B. ein "Altruismus-Gen".

[153] Eibl-Eibesfeldt, Biologie, 136.

[154] Eibl-Eibesfeldt, Biologie, 136.

[155] Dies geht gegen eine Tendenz in der soziobiologischen Forschung, die Elimination des Altruismus auf genetischer Erklärungsebene auf die phänotypische Ebene auszudehnen. Vgl. dazu Grant, Odds, 101.

[156] Markl, Verhalten, 68, und Markl, Biologie, 68f. Vgl. Markl, Evolution.

nicht aber durch Vorschriften die menschliche Verhaltensentwicklung zu beeinflussen scheint[157]. Die kulturelle Evolution ist seiner Meinung nach nicht einfach
eine Fortsetzung der natürlichen Evolution mit anderen Mitteln. Es gebe für die
kulturelle Evolution noch andere Optimierungskriterien als den reproduktiven
Erfolg, d.h. die Fitnessmaximierung[158].

Vogel vertritt die Ansicht, daß Kultur und Natur des Menschen aufs engste miteinander verbunden sind[159]. Zwischen ihnen fänden beständig vielstufige Rückkopplungsprozesse statt, so daß eine Gegenüberstellung von biologisch und so-
ziokulturell falsch sei. Er unterscheidet zwischen einer *biogenetischen* und einer
tradigenetischen Evolution, die ständig miteinander wechselwirken. Bei der
biogenetischen Evolution erfolge die Informationsweitergabe als "genetische
Vererbung eingleisig von der Elterngeneration auf die jeweilige Kindergenera-
tion usw."[160] Anders bei der tradigenetischen Evolution. Sie sei ein von der
DNA-Kodierung im Genom "weitgehend unabhängiger Modus des Informa-
tionserwerbs, der Informationsverarbeitung und Informationsweitergabe"[161], bei
der individuell gesammelte Erfahrung im Zentralnervensystem gespeichert wird
und über Lehr- und Lernvorgänge an andere Individuen weitergegeben werden
könne[162]. In "einem geeigneten sozialen Feld können sich auf diesem Wege echte
Traditionen entwickeln"[163]. Beide Arten der Evolution, die biogenetische wie die
tradigenetische, sind seiner Meinung nach "originär Bestandteile der biologischen Evolution"[164]. Neben einigen Analogien stellt Vogel auch erhebliche Differenzen fest[165]. Er betont besonders, daß der tradigenetische Modus der schnel-
lere, flexiblere und möglicherweise radikalere Weg der Verhaltensänderung sei,
während der biogenetische Prozeß in unserer biokulturellen Evolution ständig
eine stabilisierende, eher konservative Rolle spiele. Bei beiden besitze der biologische Imperativ der Fitness-Steigerung über natürliche Selektion die "Rolle ei-

---

[157] Vgl. Markl, Verhalten, 86, und Markl, Biologie, 82.

[158] Vgl. Markl, Evolution, 8.

[159] Zum folgenden vgl. v.a. Vogel, Wechselwirkung; außerdem Vogel, Natur; und Vogel, Moral. Eine kurze Zusammenfassung findet sich auch in Wuketits, Gene, 74-77.

[160] Vogel, Wechselwirkung, 74.

[161] Vogel, Wechselwirkung, 74.

[162] Vogel, Natur, 63f, hält das Gehirn als außerordentlich komplexe Struktur für ein
evolutives Produkt der biogenetisch-tradigenetischen Wechselwirkung.

[163] Vogel, Wechselwirkung, 75.

[164] Vogel, Wechselwirkung, 75. Zur biologischen Evolution menschlicher Kulturfähigkeit vgl. Vogel, Kulturfähigkeit.

[165] Vgl. dazu Vogel, Wechselwirkung, 76-80.

nes unbewußten Richtungsweisers"[166]. Gegenteiliges werde mit der Zeit entfernt[167]. Von daher arbeiteten tradigenetische und biogenetische Fitness-Maximierung "nahezu zwangsläufig gleichsinnig Hand in Hand"[168], und es ist möglich, von einer Koevolution oder biokulturellen Evolution zu sprechen. Die Rückkopplungsprozesse spielen auch in der Evolution menschlicher Moral eine entscheidende Rolle[169]. Zwar stecke die Natur in unserer Moral, doch dieser Anteil konstituiere nicht die "moralische Qualität unseres Handelns oder Unterlassens"[170]: "Echte Moralität transzendiert die 'Moral der Gene'"[171], was bis hin zu altruistischer Selbstaufopferung führen könne. Doch werde natürliche Selektion dafür sorgen, daß solches Verhalten eine Ausnahme bleibe, "geeignet als ideales Vorbild, nicht jedoch durchsetzbar als allgemeinverbindliche Vorschrift"[172].

Zusammenfassend können wir festhalten, daß die Einstellungen gegenüber der Soziobiologie in der deutschsprachigen Diskussion mit Ausnahme von Vogel von keiner großen Eigenständigkeit geprägt sind. Nur Vogel gelingt m.E. ein Weiterdenken soziobiologischer Thesen, die die Kultur des Menschen ernstnehmen. Er verbindet die kulturelle Evolution jedoch so stark mit dem Gedanken der Fitness-Maximierung, daß hier Bedenken angebracht sind. Die kulturelle Evolution kann Verhaltensweisen hervorbringen, die nicht dem Fitness-Imperativ unterliegen und doch überleben. So ist z.B. ein höherer soziokultureller Status in unserer Gesellschaft nicht zwangsläufig mit einer besseren Reproduktionsrate verbunden[173]. Insgesamt schließt Vogel m.E. eng an das Modell der Gen-Kultur-Koevolution

---

[166] Vogel, Wechselwirkung, 80. Am Beispiel des exponentiellen Wachstums der Erdbevölkerung möchte er die gewaltige biologische Fitness-Steigerung durch den ständigen biogenetisch-tradigenetischen Rückkopplungsprozeß zeigen.

[167] Vgl. Vogel, Natur, 64. Dies sei jedoch kein genetischer Determinismus. Die biologische Evolution habe uns vielmehr eine beispiellose Emanzipation von genetischer Determination beschert. Der biologische Fitness-Imperativ aber ist immer vorhanden.

[168] Vogel, Wechselwirkung, 82. Vgl. Vogel, Evolution, 477.

[169] Vgl. Vogel, Evolution, bes. 494.

[170] Vogel, Moral, 217. Vgl. Vogel, Töten.

[171] Vogel, Evolution, 480.

[172] Vogel, Evolution, 481. Ideale, die den Zustand des faktisch geübten kooperativen und altruistischen Verhaltens deutlich übersteigen, wie sie z.B. in moralischen Wertsystemen von Philosophie und Religion auftreten, sind seiner Meinung nach ein wirkungsvolles Mittel der Effizienzsteigerung moralischer Normen, da sie einen "Sog" erzeugen, der das allgemeine moralische Verhalten auf ein Niveau anhebe, das zwischen der basalen Ebene der biogenetisch präformierten Altruismus-Werte und dem fiktiven Idealwert liege (vgl. Vogel, Evolution, 478f.482f). Vogel knüpft dabei an die Überlegungen von Campbell, Conflicts, an. Vgl. Abschnitt III.2.2.3..

[173] Gegen Vogel, Wechselwirkung, 83.

von Lumsden und Wilson an[174]. Auch seine Orientierung an der Fitness-Steigerung, die sowohl für den biogenetischen wie für den tradigenetischen Bereich
gelte, erinnert stark an die epigenetischen Regeln, so daß die Gefahr nicht zu
leugnen ist, in die Nähe eines genetischen Determinismus zu gelangen, auch
wenn dies von Vogel nicht beabsichtigt ist.

Die Leistungen der anderen Rezipienten der Soziobiologie sind keineswegs von
der Hand zu weisen. So gelingt es Wickler, einen Ausblick auf eine mögliche
Weiterentwicklung der Soziobiologie zu geben, die in ersten Schritten bereits
vollzogen ist. Eibl-Eibesfeldts Hinweis auf die "Verwechslung der Niveaus", die
in der soziobiologischen Forschung sehr schnell geschehen kann, ist wichtig.
Markl schließlich ist interessant für unser Verständnis des Verhältnisses zwischen
biologischer und kultureller Evolution mit seiner Aussage, daß die kulturelle
Evolution nicht einfach eine Fortsetzung der biologischen Evolution nur mit
anderen Mitteln sei.

1.2.2. Philosophische Rezeption und Kritik

Besonders ausführlich setzen sich der Philosoph P. Koslowski[175] und der Biologe und Philosoph F. M. Wuketits[176] mit der Soziobiologie auseinander. Sie
gelangen zu ganz unterschiedlichen Ergebnissen, die durch ihren methodischen
Zugang bedingt sind. Während Koslowski von Beginn an die Auseinandersetzung sucht, ist Wuketits' Ansatz deskriptiv orientiert und daran interessiert, die
Soziobiologie positiv aufzunehmen.

Koslowski gehört zu den Mitgliedern der wissenschaftlichen Vereinigung
CIVITAS, in der neben ihm besonders R. Spaemann und R. Löw eine wichtige
Rolle spielen. Ziel dieser Gruppe ist es, die Evolutionstheorie (und damit auch
die Soziobiologie) aus traditioneller Perspektive heraus zu beurteilen. Es werden
dezidiert Argumente traditioneller Philosophie wissenschaftlich gegen diese
Theorien ins Feld geführt und keine vorschnellen Versöhnungsangebote unter-
breitet.

Koslowski unterscheidet zwischen zwei verschiedenen Typen der Soziobiologie.
Während der eine, als dessen Vertreter er Wilson, Lumsden/Wilson und Trivers
nennt, annehme, daß "in menschlichen Gesellschaften dieselben Gesetze gelten
wie in tierischen", sei der zweite Typos, für den er H. Markl anführt, "in seinen
theoretischen Ansprüchen zurückhaltender"[177]. Von daher hält er die Soziobiologie zu Recht nicht für einen einheitlichen methodischen Ansatz, sondern für ein
"Programm mit unterschiedlichen ontologischen und epistemologischen Aus-

---

[174] Vgl. III.1.1.1.
[175] Vgl. Koslowski, Evolution.
[176] Vgl. Wuketits, Gene.
[177] Koslowski, Evolution, 16.

gangspositionen"[178]. Während der erste Typos "reduktionistisch-monistisch als materialistisch-evolutionistische Theorie der Gesamtwirklichkeit mit Weltanschauungsansprüchen"[179] eingestuft werden müsse, sei im zweiten Typos ein "pragmatisch-hypothetisches Forschungsprogramm einer genetisch-evolutionsbiologischen Erforschung tierischer und menschlicher Gesellschaften" zu sehen, "bei dem man noch nicht weiß, wie weit es im Humanbereich fruchtbar sein wird"[180]. Eine Abgrenzung zwischen diesen beiden Typen sei jedoch nicht immer einfach.

Seine Auseinandersetzung orientiert sich hauptsächlich an dem ersten Typos der weltanschaulichen, monistischen Soziobiologie. Neben einem Theorie-Imperialismus[181] wirft er ihr vor allem vor, daß sie keine Theorie der Gesamtwirklichkeit darstellen könne, da diese nicht als "Extrapolation von Partialmodellen gedacht werden"[182] könne. Als neo-darwinistischer Monismus sei sie parallel zum Sozialdarwinismus nur von ideologischer Bedeutung[183]. Die Phänomene der Intentionalität, des begrifflichen Erkennens und des Bewußtseins, v.a. des Todes- und Selbstbewußtseins, seien von ihr nicht zu erklären. Verbunden damit sei die reduktionistische Darstellung des Altruismus-Problems in der Soziobiologie, denn ein "Bewußtsein von Identität und Nicht-Identität mit sich selbst ist die Voraussetzung von Altruismus"[184]. Er folgert daher: "Weil die Wirklichkeitserklärung der Soziobiologie, auf die sich ihre Ethik stützt, unvollständig ist, bleibt auch der theoretische Status der Vernunftethik stärker als derjenige der soziobiologischen Gen-Ethik"[185]. Besonders das Selbstverständnis des Menschen als eines Geist- und Freiheitswesens vermöge sie nicht zur Darstellung zu bringen[186]. Positiv stuft er sie hinsichtlich ihrer Fähigkeit ein, an die biologische Basis des Menschen und seiner Gesellschaft zu erinnern, um damit einen "Widerpart gegen abstrakten Historismus und Kulturismus"[187] zu bilden. Das "ERGON TU

---

[178] Koslowski, Evolution, 17.

[179] Koslowski, Evolution, 17.

[180] Koslowski, Evolution, 17f.

[181] Vgl. Koslowski, Evolution, 24.

[182] Koslowski, Evolution, 44. Als Totaltheorie trage sie außerwissenschaftlichen Weltbildcharakter und sei eine Form von Metaphysik (Koslowski, Evolution, 70).

[183] Vgl. Koslowski, Evolution, 55.

[184] Koslowski, Evolution, 63.

[185] Koslowski, Evolution, 69. Hier wird die Vorgehensweise des CIVITAS-Kreises besonders deutlich. Die traditionelle Vernunftethik wird der Gen-Ethik übergeordnet, ohne selbst hinterfragt zu werden.

[186] Vgl. Koslowski, Evolution, 77.

[187] Koslowski, Evolution, 58.

ANTHROPU"[188] müsse eine naturrechtliche Soziobiologie jedoch im Tätigsein gemäß der Vernunft sehen, nicht in der Maximierung von Genüberleben. Als erstrebenswertes Ziel sieht er an, die Ergebnisse des zweiten, empirischen Typos der Soziobiologie "mit den Einsichten der Sozialphilosophie und Metaphysik zu einer Theorie der Gesamtwirklichkeit zu vereinigen"[189]. Eine intensivere Auseinandersetzung mit diesem zweiten Typos findet leider nicht statt, obwohl er hier einen Ansatzpunkt zu einer positiven Diskussion deutlich macht.

Wuketits unterscheidet zwischen einer wissenschaftlichen Soziobiologie und einem ideologisch gefärbten Soziobiologismus[190]. Seiner Meinung nach ist die Soziobiologie - und dabei bezieht er sich auf den wissenschaftlichen Typos - eine Disziplin der vergleichenden Verhaltensforschung und behandelt einen speziellen Aspekt des Verhaltens, das Sozialverhalten. Sie liefere Bausteine zu einer "Anthropologie von unten"[191], ohne jedoch zwangsläufig in einem biologischen Determinismus enden zu müssen, der die Eigendynamik der kulturellen Entwicklung des Menschen leugne. Im Gegenteil ist er der Überzeugung, daß der soziobiologische Ansatz dazu führen kann, Natur und Kultur als zwei Aspekte der einen menschlichen Existenz anzusehen, die wechselseitig aufeinander bezogen werden müssen. Eine kulturelle Überlagerung der biogenetisch verursachten Muster werde nicht bestritten, obwohl Wuketits als Problem erkennt, daß die Soziobiologen durch "eine Verbindung von biogenetischer und tradigenetischer Evolution doch zumindest in unmittelbare Nähe zu einem genetischen Determinismus gelangen"[192]. Biologismus wie Kulturismus lehnt er als Ausdruck ideologischer Überzeugungen ab[193]. Wichtig sei, ein ausgewogenes Verhältnis zwischen unseren biologischen Möglichkeiten und unseren kulturellen Forderungen herzustellen[194], bei dem der Mensch als biosoziale Einheit gesehen werde. Ein Ergebnis der Soziobiologie ist seiner Meinung nach ein "*Menschsein ohne Illusion*"[195]. Zur Illusion zählt er religiöse Empfindungen oder Überzeugungen wie einen Glauben an ein Leben nach dem Tode. Diese müßten jedoch im praktischen Leben nicht weniger bedeuten, weil sie der Evolution entsprungen oder materiali-

---

[188] Koslowski, Evolution, 58.

[189] Koslowski, Evolution, 78.

[190] Wuketits, Gene, X. Er spricht auch vom Unterschied zwischen einer ernstzunehmenden, empirisch fundierten Soziobiologie und einer medienwirksamen, aber weniger fundierten "Pop-Soziobiologie". Zur Auseinandersetzung mit der Soziobiologie vgl. auch Wuketits, Unmoral, 156-176.

[191] Wuketits, Gene, 24.

[192] Wuketits, Gene, 78. Die Begriffe "biogenetisch" und "tradigenetisch" stammen von Chr. Vogel, den er in diesem Zusammenhang bespricht. Siehe III.1.2.1.

[193] Vgl. Wuketits, Gene, 9.

[194] Vgl. Wuketits, Gene, 102.

[195] Wuketits, Gene, 137.

stisch interpretiert werden. Der Glaube soll niemandem genommen werden, zumal Wuketits zugesteht, daß religiöse Fragen durch die Soziobiologie nicht gelöst werden könnten, "da sich Religion und Soziobiologie auf zwei verschiedenen Ebenen bewegen"[196].

Auch wenn er die Soziobiologie als *"Programm"*[197] versteht, sieht er sie in wissenschaftlicher Hinsicht als bedeutsam an für das Verständnis des Menschen und seiner Sozialsysteme. Sie präsentiere "nicht nur interessante, sondern auch im Dienste unserer Selbsterkenntnis wichtige Ansätze ..., die ernst zu nehmen sind"[198]. Eine Integration anderer Wissenschaften in die Human-Soziobiologie könne letztlich zu einer Synthese von Natur und Kultur und zu einem umfassenden Menschenbild führen. Im Altruismus sieht er ebenso wie im Egoismus ein "fundamentales Evolutionsprinzip"[199]. Beide seien als Überlebensstrategie zu verstehen und vereinbar mit den Reproduktionsinteressen der Lebewesen. Das Vorkommen von "reine[m] Altruismus", d.h. Hilfe aus purer Selbstlosigkeit, hält er für fraglich, da bei "altruistischem Verhalten meist die vorbewußte, wenn schon nicht bewußte Erwartung eine Rolle spielt, daß man den anderen, dem man *jetzt* hilft, *später* vielleicht selbst einmal brauchen könnte und er sich dann eben auch altruistisch und kooperativ zeigen werde"[200]. Leider erläutert er diese Begründung nicht näher.

Zusammenfassend kann gesagt werden, daß sowohl Koslowski als auch Wuketits zwischen zwei Typen der Soziobiologie unterscheiden. Koslowski nennt sie weltanschauliche, monistische Soziobiologie und Soziobiologie als Forschungshypothese, Wuketits spricht von Pop-Soziobiologie und empirisch fundierter Soziobiologie. Im Gegensatz zu Koslowski, der sich v.a. kritisch gegenüber dem ersten Typos äußert, versucht Wuketits, positiv auf dem zweiten Typos aufzubauen. Beide Ansätze haben sicher ihre Berechtigung, doch erst zusammengenommen bilden sie eine umfassende kritische Auseinandersetzung mit der Soziobiologie.

---

[196] Wuketits, Gene, 137.

[197] Wuketits, Gene, 143.

[198] Wuketits, Gene, 147.

[199] Wuketits, Unmoral, 77. Er unterscheidet zwischen einem ethischen Altruismus-Konzept, bei dem den Motiven einer Person Rechnung getragen werde, und dem biologischen Begriff des Altruismus, der auf Fortpflanzungsinteressen zurückgeführt werde; vgl. Wuketits, Unmoral, 167.

[200] Wuketits, Unmoral, 76.

1.2.3. Theologische Rezeption und Kritik

Eine erste umfassende theologische Gesamtdarstellung der Soziobiologie-Diskussion wurde von dem katholischen Moraltheologen A. Knapp[201] vorgelegt, der
in der Tradition der wissenschaftlichen Vereinigung CIVITAS[202] steht. Ihm soll
in der vorliegenden Untersuchung eine intensivere Aufmerksamkeit geschenkt
werden[203].

Knapp versucht, das Verhältnis von Naturwissenschaft und theologischer Ethik
am Beispiel der Auseinandersetzung um das Menschenbild der Soziobiologie
und dessen ethischen Implikationen kritisch zu reflektieren.

Dies geschieht vor dem Hintergrund, daß sich die Moraltheologie, der es um den
Menschen in seinen vielfältigen Aspekten gehe, der Herausforderung durch die
Humanwissenschaften stellen muß. Theologie und Naturwissenschaften sind nach
Knapp wechselseitig aufeinander angewiesen, wobei er der Theologie eine er-
gänzende Funktion zuspricht: Während in den Naturwissenschaften immer nur
eine regionale Erkenntnis möglich sei, gehe es der Theologie um eine Sinnge-
bung der Welt als Ganzer. Die Theologie werde so zu einem Anwalt der kom-
plexeren Wirklichkeit des Menschen[204].

Knapp vertritt die These, daß eine solche Diskussion nur auf der Ebene eines
philosophischen Gesprächs möglich ist, für das beide Partner ihre philosophischen und besonders anthropologischen Voraussetzungen reflektieren müssen[205].
Als Hauptthema und zugleich als das zentrale theoretische Problem der Soziologie diskutiert er die Entstehung von Altruismus anhand der drei Modelle Verwandtschaftsselektion, reziproker Altruismus und Gruppenselektion. Im

---

[201] Knapp, Soziobiologie.

[202] Vgl. III.1.2.2. zu Koslowski.

[203] Neben ihm ist noch auf die beiden evangelischen Theologen G. Altner und H.
Schwarz hinzuweisen, die sich jeweils kurz mit der Soziobiologie beschäftigt haben. Vgl.
Altner, Mensch, der der Soziobiologie einen "gefährlichen Verlust an Ganzheit" (S. 192)
vorwirft, und Schwarz, Interplay, der v.a. Wilsons "Biologie als Schicksal" kurz erläutert
und für eine Kooperation zwischen Theologie und den Naturwissenschaften plädiert. B.
Hintersberger, Ethik, stellt den Versuch eines Dialogs zwischen theologischer Ethik und
(nicht-soziobiologischer) Verhaltensforschung dar. Die Ethologie könne mit der Theologie nur auf der Ebene einer kooperativen Interdisziplinarität zusammenarbeiten, da sie als
naturwissenschaftliche Disziplin inhaltlich wie methodisch von der Theologie unabhängig
sei. Umgekehrt jedoch sei für die Theologie eine interdisziplinäre Zusammenarbeit mit
der Ethologie notwendig, da deren Daten und Erkenntnisse als Randbedingungen sittlichen Handelns in die theologische Ethik zu integrieren sind.

[204] Vgl. Knapp, Soziobiologie, 20f.

[205] Vgl. Knapp, Soziobiologie, 25.29: "Ein echtes Gespräch ist ... nur möglich zwischen
dem philosophierenden Naturwissenschaftler und dem philosophierenden Theologen."

"dynamische[n] Tieferlegen der Erklärungsschicht"[206] von einer unmittelbaren Funktion (proximate function) zur letzten Funktion (ultimate function) sieht er dabei die typische Erklärungsstrategie der Soziobiologie. Der eigentliche Zankapfel der Auseinandersetzung sei jedoch die Human-Soziobiologie.

Er beobachtet, daß die Vertreter der Human-Soziobiologie in deren erster Phase vor der Entwicklung von Modellen der Gen-Kultur-Koevolution davon ausgehen, daß das menschliche Sozialverhalten auch von biologischen Komponenten geprägt ist, deren Reichweite jedoch unbestimmt bleibe. Ein biologischer Determinismus menschlichen Verhaltens stelle keine notwendige Konsequenz der Human-Soziobiologie dar[207]. In bezug auf die Entstehung des menschlichen Altruismus mißt er der Verwandtschaftsselektion eine große Bedeutung bei, da der Mensch während seiner Entwicklungsgeschichte lange in Sippenverbänden lebte. Aus soziobiologischer Sicht sei die ethische Forderung nach "altruistischem Verhalten" deshalb entstanden, weil ein solches Verhalten die eigene inklusive Fitness fördere. Alle altruistischen Normen seien auf dieses letzte Prinzip zurückzuführen[208].

Kritisch gegenüber der Human-Soziobiologie betont Knapp v.a. die Wesensverschiedenheit von Tier und Mensch, die in der Soziobiologie teilweise aufgehoben werde. Altruismus müsse mit Intention und Motivation definiert werden. Daß dies in der Soziobiologie nicht geschehe, offenbare deren Erklärungsschwäche. Von daher ist er der Meinung, daß der Begriff "Altruismus" im soziobiologischen Kontext vermieden werden sollte, da er nicht niveauadäquat und einer darwinistischen Erklärung nicht zugänglich sei[209]. Die neue, nicht reduzierbare Systemebene von Bewußtsein, Motivation und Sittlichkeit werde ausgeklammert und auch in den Gen-Kultur-Koevolutionsmodellen nicht adäquat einbezogen. Er folgert daraus, daß es zwar biologische Grundlagen für das ethische Handeln des Menschen gibt, die menschliche Ethik jedoch die Grenzen der Biologie überschreite[210]. Das sittliche Sollen stelle ein *"ursprüngliches Phänomen"*[211] dar und sprenge den soziobiologischen Erklärungsrahmen. Sein Hauptvorwurf gegenüber der Soziobiologie liegt darin, daß sie Wissenschaftlichkeit gegen Ideologie tausche, wenn sie das Überleben als höchsten Wert ansehe. Von daher richtet sich seine Kritik gegen das soziobiologische Welt- und Menschenbild, das kein naturwissenschaftliches Ergebnis sei, sondern der naturwissenschaftlichen Forschung immer schon voraus liege[212].

---

[206] Knapp, Soziobiologie, 41.
[207] Vgl. Knapp, Soziobiologie, 72.
[208] Vgl. Knapp, Soziobiologie, 87.
[209] Vgl. Knapp, Soziobiologie, 108f.
[210] Vgl. Knapp, Soziobiologie, 152.
[211] Knapp, Soziobiologie, 146.
[212] Vgl. Knapp, Soziobiologie, 167.

Seine philosophischen und moraltheologischen Reflexionen beschäftigen sich vor allem mit der Notwendigkeit der Teleologie. Leben bedeute "Strebevermögen", und die Verleugnung der Teleologie durch die Naturwissenschaften habe mit Empirie nichts zu tun, sondern sei eine Philosophie, die konsequenterweise in den erkenntnistheoretischen Nihilismus führe[213]. Zumal nur die Teleologie über sich selbst hinaus auf einen Sinn weise. Nur eine philosophische Anthropologie nehme im Gegensatz zu einer rein naturwissenschaftlichen Anthropologie das Ganze in den Blick, da hier der Mensch eine materiell-geistige Einheit darstelle und die Intentionalität als Konstitutivum für die sittliche Handlung in ihr Recht eingesetzt werde. Für die Soziobiologie gilt nach Knapp, daß sie in bezug auf die Entwicklung von Werten und Normen deskriptiven und rekonstruktiven Charakter besitzen könnte, nicht aber menschliches Handeln normativ begründen kann[214]. Neben dieser von ihm geforderten methodischen Bescheidung legt er der Soziobiologie eine gewisse Bescheidenheit im Erklärungsanspruch nahe - sie könne nicht das gesamte Phänomen des Altruismus erklären[215]. Das Naturrecht soll zum einen als Postulat verstanden werden, im menschlichen Handeln die menschliche Natur erinnernd gegenwärtig zu halten, zum anderen als regulative Idee, die alle geschichtlichen normativen Konkretionen noch einmal auf ihre Legitimität hin befragt[216]. Der soziobiologische Ansatz könnte dabei auf die Vielzahl unterschiedlichster Neigungen beim Menschen hinweisen und zeigen, daß soziales Verhalten nicht den natürlichen Gesetzen der Evolution widerspricht. So könnte er einem abstrakten Historismus und Kulturismus entgegenwirken[217].

Schließlich ist Knapp der Ansicht, daß sich Naturwissenschaften und Theologie in ihren Aussagen zu Welt und Mensch überschneiden und nicht unversöhnlich gegenüberstehen. Er vertritt jedoch die These, daß das christliche Welt- und Menschenbild, das von der Welt als Schöpfung Gottes ausgeht, in der der Mensch als Statthalter Gottes gegenüber den anderen Geschöpfen fungiert, dem Weltbild des Evolutionismus, zu dem die Soziobiologie als Ideologie zähle, theo-

---

[213] Vgl. Knapp, Soziobiologie, 193-202.

[214] Vgl. Knapp, Soziobiologie, 237.

[215] "Altruismus ... kann sich ausweiten bis zum Gebot der allgemeinen Nächstenliebe, ja bis zur Feindesliebe, die dann biologisch wohl nicht mehr zu begründen sind" (Knapp, Soziobiologie, 253 mit Anm. 600). M.E. kann aus der Sicht einer strengen Soziobiologie - die von mir jedoch nicht vertreten wird - in Frage gestellt werden, ob diese Aussage richtig ist. Allgemeine Nächstenliebe und Feindesliebe könnten sich über indirekte Reziprozität, sei es durch Mitglieder der Gruppe oder durch Gott, doch wieder "bezahlt" machen.

[216] Vgl. Knapp, Soziobiologie, 306.

[217] Vgl. Knapp, Soziobiologie, 254. Diese Meinung vertritt auch Koslowski (vgl. III.1.2.2.).

retisch wie praktisch überlegen sei[218] . Besonders erweise sich eine "theologische Anthropologie, die alle Ergebnisse der Humanwissenschaften, befreit von ideologischen Einseitigkeiten, in ihren Horizont aufzunehmen vermag"[219], als die bessere Alternative gegenüber einer evolutionistischen oder naturalistischen Anthropologie. Die Schöpfungslehre könne die Evolutionslehre integrieren und müsse die Ur-Frage nach dem Sinn des Daseins nicht als sinnlos abtun, während dies von der Evolutionslehre aus nicht möglich sei.

Knapp schließt seine Untersuchung mit dem Satz: "Während die soziobiologische Weltanschauung für viele ihrer konkreten sittlichen Forderungen - wie etwa für das Postulat der Menschenwürde oder die Aufforderung zur Pflege des Altruismus - keinen Grund anzugeben vermag, ohne den Rahmen ihres Weltbildes zu überschreiten, kann eine auf dem Glauben an Jesus Christus basierende Anthropologie den Menschen als freies und handelndes Wesen deuten, seiner Würde eine absolute Grundlage geben und schließlich seinem Leben und seinem Sterben einen Sinn verleihen"[220] .

Knapp vermittelt einen ausgezeichneten Einblick in einen Ansatz katholischer Theologie, der sich in der wissenschaftlichen Vereinigung "CIVITAS" artikuliert. Charakteristisch ist, daß er das Gespräch auf einer bestimmten philosophischen Ebene sucht - er steht in der Tradition des Neuthomismus.

Es fällt auf, daß er im Gegensatz zum regional beschränkten Erklärungsanspruch der Naturwissenschaften, den er ihnen kritisch vorhält, von einem das Ganze betreffenden Erklärungsvermögen der Philosophie und Theologie ausgeht. Dieses universale Vermögen jedoch müßte selbst einer kritischen Prüfung unterzogen und dürfte nicht fraglos vorausgesetzt werden. Seine Integration der Evolutionstheorie in eine Schöpfungstheologie ist auf den ersten Blick sehr vielversprechend, offenbart aber einige Schwächen. Wenn er den Zufall als Pseudonym Gottes deutet, so liegt die Gefahr einer Interpretation Gottes als Lückenbüßer nahe, der immer nur den neuen actus essendi an das Geschöpfliche mitteilt, sonst aber keine direkte Beziehung zum Leben besitzt.

In seiner Auseinandersetzung mit der Soziobiologie ist Knapp sehr um ein differenziertes Urteil bemüht. Er stellt die verschiedenen Theorien zur Altruismus-Problematik allgemein und beim Menschen im besonderen ausführlich dar. Dabei beschränkt er sich auf Literatur aus dem Zeitraum von 1975 bis 1985. Obwohl E. O. Wilson und R. Dawkins sicher zwei, wenn nicht sogar die zwei entscheidenden Figuren in diesem Zeitraum waren und der soziobiologische Ansatz mit ihren Namen eng verknüpft ist, hätte Knapp sich nicht so stark auf deren recht radikale Version der Soziobiologie konzentrieren sollen. Er gerät dadurch zu einseitig auf

---

[218] Vgl. Knapp, Soziobiologie, 275.

[219] Knapp, Soziobiologie, 275.

[220] Knapp, Soziobiologie, 307.

die Schiene der Auseinandersetzung verschiedener Weltbilder, deren Ergebnis für ihn von vornherein klar ist: das naturwissenschaftlich-soziobiologische Weltbild ist dem christlichen Weltbild unterlegen - wobei sicherlich zu fragen wäre, ob das von Knapp vertretene christliche Weltbild *das* christliche Weltbild schlechthin darstellt.

Die enge Verknüpfung seiner Argumentationen im Bereich der Auseinandersetzung mit den Naturwissenschaften allgemein und der Auseinandersetzung mit der Soziobiologie im besonderen läßt sich gut beobachten. Parallel zur Notwendigkeit des teleologischen Zugangs zur Wirklichkeit, der den Naturwissenschaften fehle, führt er in der Auseinandersetzung mit dem Altruismus-Begriff der Soziobiologie die Notwendigkeit an, daß Altruismus nur mit Intention oder Motivation definiert werden kann. Diese schlichte Setzung trägt jedoch nichts zur Lösung des Altruismus-Problems bei. Im Gegenteil, das Problem wird verschärft - oder man könnte auch sagen: nicht eigentlich gesehen. Verschärft wird es in dem Sinne, daß soziobiologischer Altruismus und "eigentlicher" Altruismus per definitionem und durch eine andere Begriffswahl im Bereich der Soziobiologie nichts mehr miteinander zu tun haben. Demgegenüber ist "nicht eigentlich gesehen" so zu verstehen, daß Knapp nicht ausreichend die Unterscheidung von unmittelbaren Kausalitäten und letzten Kausalitäten in seine Überlegungen miteinbezieht, deren Verhältnis zueinander das eigentliche Problem in der Altruismus-Problematik darstellt. Anstatt zu erkennen, daß den Forschungen im Bereich der Soziobiologie bereits jetzt in der Deskription und Rekonstruktion der Entwicklung von Werten und Normen eine wichtige Rolle beigemessen werden kann, möchte er diese Funktion erst noch von der Soziobiologie einfordern. Diese leider etwas undifferenzierte Wahrnehmung liegt darin begründet, daß er sich zu stark auf die Auseinandersetzung um das Welt- und Menschenbild konzentriert, und dabei fundierten soziobiologischen Einzelbeobachtungen zu wenig Gewicht beimißt. Man könnte ihm ein ansatzweise reduziertes Bild von der Soziobiologie vorwerfen.

Seine Untersuchung trägt insgesamt den Charakter einer Apologie, was in der derzeitigen Diskussionslage nicht überrascht. Sie zeichnet sich durch ihren konfrontativen Charakter aus, der nicht erst in der Auseinandersetzung mit den Naturwissenschaften eine Theologie entwickeln muß, sondern von einer theologischen Position ausgeht. Auch wer den theologischen Ansatz von Knapp kritisch betrachtet, wie es in der vorliegenden Untersuchung geschieht, kann darin grundsätzlich etwas Nachzuahmendes im Dialog mit den Naturwissenschaften sehen. Etwas mehr (sicherlich kritisches) Selbstbewußtsein stünde der Theologie im Dialog mit den Naturwissenschaften gut zu Gesicht.

Zu den Vorgängern von Knapp, die sich umfangreicher mit der Soziobiologie auseinandergesetzt haben, zählen die beiden Nicht-Theologen H. Hemminger[221] (Verhaltensbiologe) und G. Schmied[222] (Soziologe). Neuerdings hat sich auch der dänische Theologe V. Mortensen[223] zur Soziobiologie, wie sie v.a. Wilson vertritt, geäußert. Sie sollen in diesem Abschnitt abschließend besprochen werden[224].

Hemminger[225] befaßt sich mit der Soziobiologie in ihrer Anfangszeit vor der Entwicklung von Gen-Kultur-Koevolutionsmodellen. Er sieht in der Soziobiologie, die er als die "konsequent darwinistische Erforschung der sozialen Verhaltensweisen"[226] definiert, eine radikale Gegenbewegung gegen die bis dahin vorherrschende psychoanalytisch und psychologisch bestimmte Anthropologie. Ihr seiner Meinung nach "kraß verzeichnetes Menschenbild"[227], das zum "Vehikel eines 'rechten' Politikverständnisses"[228] werden könne, und ihr "reduktionistischer Anspruch"[229] allerdings veranlassen ihn zu einer negativen Wertung der Human-Soziobiologie, die "wie viele andere umfassende Welt- und Menschenerklärungen in der geistigen Rumpelkammer der Wissenschaft abgelegt werden müssen"[230]. Sie berücksichtige nämlich nicht, daß der Mensch ein

---

[221] Hemminger, Mensch. Vgl. Hemminger, Soziobiologie.

[222] Schmied, Religion.

[223] Mortensen, Theologie.

[224] Für Schmied liegt die Berechtigung der Zuordnung zur theologischen Rezeption darin, daß er sich mit dem Religionsverständnis der Soziobiologie auseinandersetzt. Hemminger bezieht sich nicht auf die Religion, setzt sich aber ähnlich wie Knapp mit dem Weltbild der Soziobiologie auseinander. Stärker populärwissenschaftlich orientiert sind Breuer, Mensch; Zimmer, Natur; und Dahl, Anfang.

[225] Wir orientieren uns hier an Hemminger, Mensch. In seiner neuesten Beschäftigung mit der Soziobiologie (Hemminger, Soziobiologie) bespricht er v.a. die "soziobiologische Floskel vom 'egoistischen Gen'" (S. 74), die er auf die Ideologie des Materialismus zurückführt, und vertritt die These, daß "die Soziobiologie sich auf dem anthropologischen Feld weithin noch in einem vorwissenschaftlichen Stadium befindet, was nicht nur ihre Fruchtbarkeit mindert, sondern auch ideologischen Mißbrauch begünstigen und unnötige Widerstände in Nachbardisziplinen und in der Öffentlichkeit provozieren kann" (S. 74). Seiner Meinung nach steht eine Krise des biologischen Weltbildes noch bevor, da "unter Biologen ... die Einsicht erst wenig verbreitet [sei], daß ihre Methoden nicht den Menschen als solchen erfassen, sondern sie nur Daten von ihren Forschungserfahrungen mit ihm gewinnen" (S. 80). Zur Auseinandersetzung mit Hemminger, Soziobiologie, vgl. Spektrum der Wissenschaft (März 1995), Briefe an die Redaktion.

[226] Hemminger, Mensch, 16.

[227] Hemminger, Mensch, 96.

[228] Hemminger, Mensch, 117.

[229] Hemminger, Mensch, 103.

[230] Hemminger, Mensch, 103.

"*Natur- und ein Kulturwesen*"[231] sei. Dies wird jedoch weder von Wilson noch von Dawkins bestritten, auch wenn sie sich über das genaue Verhältnis nicht konkret oder widersprüchlich äußern[232]. Hemminger läßt sich m.E. vom Umschlagbild der deutschen Übersetzung von Dawkins "The Selfish Gene" in seiner ersten Auflage irreführen, auf dem eine Marionette abgebildet ist, die am Wort "Gen" aufgehängt ist. Dadurch geht er von einem reduzierten Bild der Soziobiologie aus. Im Gegensatz zu dieser Ablehnung der Human-Soziobiologie prophezeit Hemminger Wilsons Werk über die Evolution des erblichen Sozialverhaltens bei Tieren, daß es zu einem "Klassiker der Evolutionstheorie werden dürfte"[233].

Schmied[234] befaßt sich mit dem Religionsverständnis der Soziobiologie. Nach Wilson[235] sei die Religion auf eine genetische Ausstattung zurückzuführen, die auf der Fähigkeit beruhe, sich indoktrinieren zu lassen. Demgegenüber betont Schmied die Fraglichkeit der genetischen Fundierung, da Religion nur beim Menschen vorkomme. Sie müsse eher dem Feld der Kultur zugeordnet werden. Die Soziobiologie sei eine materialistische Heilslehre, die ihrem Anspruch nach die Lücke schließen wolle, die eine niedergehende Religion hinterläßt. In bezug auf soziobiologische Bibelauslegungsversuche folgert Schmied, daß sie den Blick zwar weiten könnten, "aber ihn nicht von dem abwenden [können], was schon immer galt"[236]. Eine Antwort auf die Frage, was denn schon immer galt, gibt er jedoch nicht. So beweisen die von ihm aufgezeigten Übereinstimmungen zwischen Bibel und Soziobiologie[237] seiner Meinung nach "weder, daß die Bibel im Einklang mit modernen Denkmodellen oder gar einer biologischen Rationalität steht, noch, daß die Soziobiologie der Erbe der Religion ist"[238]. Gerade die Feindesliebe zeige die Grenzen der inhaltlichen Anwendung soziobiologischer Prämissen auf die Botschaft Jesu, da eine Dichotomisierung zwischen Wir-Gruppe und Ihr-Gruppe ausgeschlossen werde, die nach Wilson zu den wesentlichen Funktionen der Religion zähle. Das Verhältnis zwischen der Theologie und den

---

[231] Hemminger, Mensch, 118.

[232] Vgl. III.1.1.1. und III.1.1.2.

[233] Hemminger, Mensch, 103.

[234] Vgl. Schmied, Religion.

[235] Schmied bezieht sich hier auf Wilson, Sociobiology.

[236] Schmied, Religion, 86.

[237] Vgl. Schmied, Religion, 83-86. Z.B. sei Jesu Botschaft, soziobiologisch ausgedrückt, die Propagierung eines Altruismus, der über die Familie hinausreicht.

[238] Schmied, Religion, 86. Darin ist ihm recht zu geben. Die vorliegende Untersuchung hofft zu zeigen, daß sich die Beziehung zwischen Bibelexegese und Soziobiologie differenzierter gestaltet als in einem eindimensionalen Einklang-Modell. Die modernen Denkmodelle der Soziobiologie können zwar auf die biblischen Aussagen angewandt werden, doch gehen diese Aussagen über sie noch hinaus.

Naturwissenschaften sieht Schmied als komplementär an: "Wir brauchen beide Geschichten"[239].

Insgesamt ist die Rezeption der Soziobiologie in der deutschen theologischen Diskussion somit als negativ anzusehen. Es wurde bisher zu viel Wert auf eine Auseinandersetzung auf der Ebene der Welt- und Menschenbilder gelegt. So wichtig dies sein mag, es fehlt ein Versuch des konstruktiven Umgangs mit soziobiologischen Einsichten.

Einen Schritt in diese Richtung unternimmt der dänische Theologe *V. Mortensen*[240]. Er setzt sich vor allem mit der Soziobiologie auseinander, wie sie von E. O. Wilson geprägt wurde. Mortensen versteht die Soziobiologie als eine Gesellschaftsphilosophie, da sie den Anspruch besitze, alles soziale Verhalten auf darwinistisch evolutionstheoretischer Basis erklären zu können. Dieser expansionistische, universale Charakter führe zu einer Naturalisierung[241] der Ethik. Ihm müsse von Seiten der Theologie durch die Aufnahme eines Dialogs gewehrt werden.

In einem solchen Dialog seien die naturwissenschaftlichen Aussagen nicht zu dementieren, sondern würden "in dynamischer und potentiell problematisierender Weise bereichert, wenn sie in einem Licht gesehen werden, das von der Offenbarung her auf alles Seiende fällt"[242]. Von daher gibt es für Mortensen keinen Grund zu bestreiten, daß reziproker Altruismus - in seiner Terminologie "Bio-Altruismus"[243] - grundlegend für alles soziale Verhalten ist. Doch sei Moral mehr und anderes als Bio-Altruismus. Aufgabe der Theologie in einem Dialog mit den Naturwissenschaften sei es, Monopolisierungstendenzen entgegenzuwirken, damit ein interdisziplinäres Gespräch zustande kommen kann, in dem "die unterschiedlichen disparaten Einzelbeobachtungen und Reflexionen in einer vielleicht überraschenden neuen Weise kombiniert werden, eventuell mit einem kräftigen Schuß Phantasie und Intuition des Forschers, so daß neues Wissen entsteht"[244]. Im Anschluß an den dänischen Religionsphilosophen K. E. Løgstrup vergleicht Mortensen das Verhältnis zwischen Theologie und Naturwissenschaft mit der "klassischen Zweinaturenlehre: ohne Vermischung und ohne Trennung. ... Die scheinbaren Gegensätze sind vereint, und nur als vereint vermitteln sie gemeinsam ein wahres Bild vom Verhältnis zwischen den beiden Naturen Christi. In

---

[239] Schmied, Religion, 144.

[240] Mortensen, Theologie.

[241] Unter "Naturalisierung" versteht Mortensen, Theologie, 12, den "Drang, die wissenschaftliche Betrachtungsweise und ihre Methode in andere Bereiche eindringen zu lassen". Er verwendet den Begriff Naturalisierung statt Naturalismus, um "das Prozeßhafte daran besonders herauszustellen" (S.230).

[242] Mortensen, Theologie, 14.

[243] Mortensen, Theologie, 180.

[244] Mortensen, Theologie, 21.

derselben Weise dürfen Theologie und Naturwissenschaft weder vermischt noch getrennt werden. Nur wenn sie im vereinenden Gegensatz zusammengehalten werden, können sie einander in einer freundschaftlichen Wechselwirkung befruchten"[245]. Mortensen ist sich bewußt, daß sein Lösungsversuch, den er in Umrissen andeutet, etwas vage ist[246].

Die vorliegende Untersuchung hofft, hier einen konkreten Schritt weiter gehen zu können.

1.3. Weitere zentrale Kritikpunkte an der Soziobiologie

Eine umfassende kritische Darstellung der Soziobiologie wird nicht angestrebt, doch ist es notwendig, einige der weiteren zentralen Kritikpunkte kurz darzustellen, die in unserer bisherigen Auseinandersetzung nicht aufgetaucht sind.

Ein wichtiges Problem ist, ob die Ethik biologisiert werden kann. Zwei verschiedene Versionen der Soziobiologie können dabei unterschieden werden, eine milde und eine strenge Interpretationsmöglichkeit[247]. In ihrer milden Version erhebt die Soziobiologie den Anspruch, daß biologische Ansätze *notwendig* sind, ethische Schlüsse zu erklären, *nicht aber hinreichend*. Die strenge Version jedoch hält biologische Modelle für *ausreichend* zur Erklärung ethischer Schlüsse.

Besonders E. O. Wilson ist der strengen Version zuzuordnen[248]. Er verfolgt das Ziel, sowohl Einzelnormen als auch das "Sollen" selbst zu begründen. Seiner Meinung nach wird "die Wissenschaft vielleicht bald in der Lage sein, dem eigentlichen Ursprung und der Bedeutung der menschlichen Wertvorstellungen auf die Spur zu kommen, aus denen sämtliche ethischen Urteile und ein Großteil der politischen Praxis fließen"[249]. Sein Hauptgedanke ist, daß moralische Verhaltensweisen der Optimierung der genetischen Fitness und damit letztlich der Reproduktion und dem Überleben der Gene dienen. Ethische Vorschriften sind nach Wilson, der sich als "wissenschaftlichen Materialisten" bezeichnet, als Ergebnis

---

[245] Mortensen, Theologie, 262. "Gegensatz" ist seiner Meinung nach ein zu starkes Wort für das, was zu unterscheiden ist, doch behält er Løgstrups Sprachgebrauch bei.

[246] Mortensen, Theologie, 15.

[247] Vgl. Mattern, Altruism, 467-473, und Kitcher, Ambition, 114f. Kitcher, Arten, unterscheidet den hier vorgelegten Ansatz weiter ausdifferenzierend vier verschiedene Arten, die Ethik zu biologisieren. Eine etwas gröbere Einteilung reicht jedoch zum Verständnis der Problematik aus, zumal die Zuordnung von E. O. Wilson, auf den wir im folgenden eingehen werden, gleich ist. Nach Kitcher, Arten, 223, sieht dieser die Soziobiologie als eine Quelle von Normen an - und damit als hinreichend für deren Erklärung.

[248] Vgl. Mattern, Altruism, 468. Ich orientiere mich im folgenden an Knapp, Soziobiologie, 78-89.143-163.

[249] Wilson, Biologie, 12.

von genetischen evolutiven Prozessen zu erklären[250]. Von daher könne die Ethik aus der Philosophie gelöst und als Teilgebiet der Biologie integriert werden[251]. Religiöse oder andere transzendentale Erklärungen der Moral sollen somit hinfällig werden. "Moral gründet folglich nicht in ewigen Wahrheiten, sondern in der ganz und gar kontingenten menschlichen Natur"[252]. Das Phänomen der Ethik wird so zu einem einfachen Trick der Evolution.

Sicherlich ist anzuerkennen, daß es biologische Grundlagen für das ethische Handeln des Menschen gibt[253]. Die biologische Evolution setzt dem ethischen Verhalten Grenzen und nicht jede beliebige ethische Weisung ist sinnvoll[254]. Eine Anerkennung biologischer Grenzen für menschliches Verhalten bedeutet jedoch nicht gleichzeitig eine rein biologische Fundierung der Ethik[255]. Die menschliche Ethik überschreitet die Grenzen der Biologie und versucht, deren vorgegebenes Material zu transformieren. So kann es vorkommen, daß ethische Weisungen nicht von evolutionärem Nutzen sind. Die Soziobiologie kann einen Beitrag leisten, die Entwicklung von Norminhalten zu rekonstruieren, d.h. sie ist relevant für die Ethik. Auf die Gültigkeit einer Norm darf sie jedoch daraus nicht schließen, da sie sonst dem sog. "naturalistischen Fehlschluß" zum Opfer fällt: von einem Zustand, einem *is*, darf nicht auf einen Wert, ein *ought*, geschlossen

---

[250] So Wilson in einer Diskussion, die von Maddox, Genes, veröffentlicht wurde.

[251] Vgl. Wilson, Sociobiology, 562; Wilson, Biologie, 12f; Lumsden/Wilson, Feuer, 243. Ruse, Morality, 168, stimmt diesem evolutionären Zugang zur Ethik zu, wenn er schreibt: "I have come to the decision that he [Wilson] is right. Only by setting normative beliefs and behaviour against an evolutionary background can we hope to achieve a full understanding of morality. This is not a position I enjoy taking. Indeed, it goes against my training and my inclinations. It puts me apart from those whom I love most. But, I believe it is true." Zu Möglichkeiten und Grenzen einer evolutionären Ethik vgl. Vollmer, Möglichkeiten.

[252] Knapp, Soziobiologie, 83.

[253] Simpson, View, bezeichnet die Annahme, daß Ethik *keine* natürliche Grundlage habe, als "konternaturalistischen Fehlschluß". Zum Begriff des "naturalistischen Fehlschlusses" vgl. weiter unten.

[254] Vogel, Töten, 57f, drückt diesen Gedanken treffend folgendermaßen aus: "Allerdings wird die Aufstellung ethischer Prinzipien vernünftigerweise auch der Natur des Menschen Rechnung tragen müssen, wenn sie nicht endgültig im Reich der platonischen Ideen angesiedelt sein, sondern sich in realisierbare moralische Normen umsetzen lassen sollen." Vgl. Mattern, Altruism, 472, der die Grenzen noch etwas enger zieht und davon ausgeht, daß eine Überschreitung der Grenzen nicht sinnvoll ist: "Biological facts are relevant to ethics because they inform the theorist of some constraints on his ethical claims; we cannot be obliged to do what we are not capable of doing."

[255] In diesem Fall wäre der Schritt zum Biologismus, d.h. zur Ideologie vollzogen. Vgl. Lieb, Biologie, 73.

werden[256]. Mit anderen Worten: ein Schluß vom Sein auf das Sollen ist unzulässig, auch wenn das Sollen auf den Voraussetzungen des Seins basiert.

Von daher ist die strenge Version der Soziobiologie, die die Ethik allein auf die Biologie zurückführen möchte, äußerst problematisch und in ihrem Anspruch reduktionistisch. Anders die milde Version der Soziobiologie. Sie erkennt an, daß biologische Modelle in die Diskussion um die Ethik integriert werden müssen, vertritt aber keinen Alleingültigkeitsanspruch. Das Hinzuziehen anderer, nicht-biologischer Theorien wird als notwendig zur Begründung bzw. Erklärung ethischer Aussagen angesehen. Die meisten Soziobiologen sind Vertreter dieser milden Version, was von Kritikern leider oft vorschnell übersehen wird[257].

Ein weiterer Vorwurf, der immer wieder gegen die Soziobiologie erhoben wird, ist der des Anthropomorphismus[258]: Können Begriffe, die menschliche Eigenschaften bezeichnen, auf das Tierreich übertragen werden? Knapp sieht eine Gefahr darin, daß die derart übertragenen Begriffe letztlich dazu benutzt werden, "die menschlichen Charakteristika als Spezialfälle des in der Natur 'entdeckten' Phänomens herzuleiten[259], so daß ein Zirkelschluß vorliegt. Seiner Meinung nach können Begriffe wie Freundschaft, Feindschaft oder Sklaverei nicht unproblematisch übertragen werden, da sie "*typisch menschliche* Spezifika bezeichnen und dabei auch die spezifisch menschliche Systemebene von Geist und Kultur voraussetzen"[260]. Ruse dagegen rechtfertigt einen metaphorischen Gebrauch. Die Gefahr liegt seiner Meinung nach nicht im Leihen, sondern darin, daß der Begriff

---

[256] Der Begriff "naturalistischer Fehlschluß" geht auf Moore, Ethica, zurück und wird heute in einer von D. Hume geprägten Fassung verwendet. Lieb, Biologie, 67-69, sieht darin eine Gefahr der Soziobiologie. Zur Sein-Sollen-Problematik vgl. Hefner, Is/Ought. Das "Brücken-Prinzip" des kritischen Rationalismus erkennt zwar an, daß "aus einer Sachaussage nicht ohne weiteres ein Werturteil deduzierbar [ist], aber bestimmte Werturteile können sich durchaus *im Lichte einer revidierten sachlichen Überzeugung* als mit bestimmten Wertüberzeugungen, die wir bisher hatten, *unvereinbar* erweisen" (Albert, Traktat, 78).

[257] Vgl. Gray, Sociobiology, 28.33.

[258] Vgl. z.B. Lieb, Biologie, 69f.

[259] Knapp, Soziobiologie, 108. Lewontin u.a., Gene, 203, bezeichnen ein solches Verfahren als "rückwärtswirkende[] Etymologisierung" (backward etymology).

[260] Knapp, Soziobiologie, 108. Im Gegensatz dazu sei eine Übertragung bei Bezeichnungen wie "Auge" oder "Bein" möglich, da hier dieses spezifisch menschliche Niveau nicht vorausgesetzt werde. "Der Versuch, Sittlichkeit und Altruismus neu zu definieren und dabei Intentionalität und Subjektivität auszuklammern, offenbart die Erklärungsschwäche der Soziobiologie" (S. 109). Betrachtet man jedoch alle Begriffe von ihrer Funktion her, so ist m.E. auch die von Knapp zurückgewiesene Übertragung möglich. Leider stellt Knapp keine Beziehung her zu systemtheoretischen Überlegungen.

weiter wörtlich genommen werde[261]. In diesem Zusammenhang macht Hefner darauf aufmerksam, daß ein Begriff bei einer Übertragung in einen anderen Bereich nicht nur an Bedeutung verliere, sondern auch neue Bedeutungen hinzugewinne[262]. Diese Bereicherung wird zumeist vernachlässigt. Da diese Problematik vor allem den Begriff des Altruismus betrifft, wollen wir dies im nächsten Abschnitt aufgreifen.

---

[261] Vgl. Ruse, Ethics, 144f. Es ist jedoch berechtigt, mit Gray, Sociobiology, 5, zu fordern, daß die Soziobiologen die metaphorische Natur ihrer Sprache stärker betonen sollten.
[262] Vgl. Hefner, Sociobiology, 193f.

2. Altruismus in der soziobiologischen Theorie

Nachdem in den bisherigen Ausführungen immer wieder Aussagen zur Altruismus-Problematik aufgetaucht sind, soll diese nun zusammenhängend erläutert werden.

Nach einigen Vorüberlegungen zur Frage nach einer Definition des Begriffs Altruismus wenden wir uns der Altruismus-Problematik direkt zu. Dabei untersuchen wir deren Kriterium und verschiedene Lösungsversuche zur Evolution des Altruismus.

Anhand dieser Untersuchung sollen Anhaltspunkte für einen Vergleich mit dem neutestamentlichen Teil dieser Untersuchung und mögliche Verhältnisbestimmungen zwischen Theologie und Naturwissenschaft gefunden werden.

2.1. Zur Definition des Begriffs Altruismus

Nach E. O. Wilson bezeichnet Altruismus ein "selbstzerstörerisches Verhalten, das zum Wohle anderer ausgeführt wird"[1]. Diese Definition ist sehr allgemein gehalten und wird von anderen Soziobiologen modifiziert. So spricht Trivers in einem Aufsatz, der bereits vor Wilsons "Sociobiology" veröffentlicht wurde, von einem "behaviour that benefits another organism, not closely related, while being apparently detrimental to the organism performing the behaviour, benefit and detriment being defined in terms of contribution to inclusive fitness"[2]. Allgemein - und das zeigen bereits diese beiden exemplarisch vorgestellten Definitionen - gibt es keinen einheitlichen Konsens über die genaue Definition[3]. Eine Grundtendenz wird jedoch deutlich. Es geht immer um Kosten für den Altruisten und einen Nutzen für den Empfänger der altruistischen Handlung[4], die anhand der inklusiven Fitness in reproduktivem Erfolg gemessen werden[5]. Eine altrui-

---

[1] Wilson, Biologie, 197. Vgl. bereits Wilson, Sociobiology, 578. Zur Geschichte des Begriffs Altruismus vgl. Hillerdal, Altruismus.

[2] Trivers, Altruism, 35.

[3] Zur Problematik, Altruismus zu definieren, vgl. Bertram, Problems. Seine eigene Definition, die das Problem lösen soll, daß ältere Vorläufer in einigen Punkten nicht explizit sind oder sich widersprechen, lautet folgendermaßen: "*Altruism in biology is defined as behaviour which is likely to increase the reproductive output of another member of the same species who is not a descendant of the actor, and which at least in the short term is likely also to reduce the number of the actor's own descendants*" (S. 252). Anzumerken ist, daß Bertram von Altruismus in seiner biologischen Bedeutung ausgeht, nicht in einer moralischen oder ethischen Bedeutung bzw. als für die Menschen relevant. Er fragt u.a., ob Altruismus immer positiv sein müsse: "Is an animal altruistic if it only wounds instead of killing a rival who might therefore fight him again?" (S. 264).

[4] Vgl. Uyenoyama/Feldman, Altruism, 34.

[5] Zur inklusiven Fitness vgl. III.2.2.2.

stische Handlung verkleinert die inklusive Fitness des Handelnden, während sie diejenige des Empfängers erhöht. Dadurch wird der Begriff Altruismus soziobiologisch von den Folgen einer Handlung her definiert. Die Motive und Intentionen, die im umgangssprachlichen Verständnis wichtig sind, spielen keine Rolle[6]. Knapp spricht zutreffend von einem "dynamische[n] Tieferlegen der Erklärungsschicht ... Es wird nicht mehr nach den unmittelbaren Funktionen (proximate functions) eines Verhaltens gefragt, sondern nach dessen letzter Funktion (ultimate function), das heißt nach dessen Beitrag für das Überleben der entsprechenden Gene"[7].

Damit lassen sich in der gesamten Diskussion zwei verschiedene Altruismuskonzepte unterscheiden: 1) der umgangssprachliche Altruismus, bei dem Motive und Intentionen eine Rolle spielen[8], und 2) der evolutionäre Altruismus, der Motive und Intentionen ausschließt und allein von den Folgen einer Handlung her bestimmt ist[9]. In seinem Fall ist eine weitere Unterscheidung notwendig. Verwandtschaftsaltruismus und reziproker Altruismus sind zwar evolutionäre Altruismuskonzepte, laufen aber letztlich auf einen Nutzen für den Altruisten hinaus, haben also eine egoistische Komponente, und entsprechen somit nicht der allgemeinen soziobiologischen Altruismusdefinition, die nur von Kosten für den Altruisten spricht[10]. Daher sind sie von einem altruistischen Verhalten zu unterscheiden, das auf biologischer Ebene dem Altruisten keinen Nutzen einbringt[11].

---

[6] Zum unterschiedlichen Altruismusverständnis in der Umgangssprache bzw. der Ethik und der Soziobiologie vgl. Siep, Altruismus, 289f, der auch darauf hinweist, daß es sich jeweils um den gleichen "Gegenstand" handelt, der nur verschieden interpretiert werde.

[7] Knapp, Soziobiologie, 41. Vgl. Wilson, Biologie, 143, der davon spricht, daß die Soziobiologie "gerade im Hinblick auf den Altruismus ... durch eine tiefergehende Analyse etwas Neues beisteuern zu können" scheint. Knapps Rede von Funktionen ist mißverständlich. Gebräuchlicher sind die Begriffe "proximate mechanisms" und "ultimate mechanisms".

[8] Von einem umgangssprachlichen Altruismus (vernacular altruism) spricht Sober, Altruism, 75-78. D. S. Wilson, Relationship, 66, macht zu Recht darauf aufmerksam, daß Altruismus bereits in der Umgangssprache verschiedene Bedeutungen besitze. Er spricht von einer psychologischen Definition des Altruismus. Vgl. Rosenberg, Altruism, 19, der von "motivated altruism" spricht.

[9] Kitcher, Ambition, 397ff, spricht von genuinem Altruismus (inklusive Intentionen) und effektivem Altruismus.

[10] Trivers, Altruism, 35, spricht davon, daß "models that attempt to explain altruistic behavior in terms of natural selection are models designed to take the altruism out of altruism."

[11] Vgl. Sober, Egoism, 205, und Sober, Altruism, 84. Ruse trifft diese Unterscheidung nicht. Für ihn ist evolutionärer Altruismus (oder "Altruismus" in seinem Sprachgebrauch) eine "cooperation to maximize one's units of heredity (the genes) in the next generation" (Ruse, Ethics, 144).

Wir könnten somit zwischen einem echten und einem unechten evolutionären Altruismus unterscheiden.

Diese Diskussion weist auf zwei weitere Aspekte des Altruismus-Problems hin. Zum einen ist eine Verhältnisbestimmung zwischen umgangssprachlichem Altruismus und evolutionärem Altruismus weitgehend noch offen. Während Sober betont, daß beide relativ unabhängig voneinander seien[12], stehen sie für Ruse über die epigenetischen Regeln in einer Beziehung zueinander[13]. Seiner Meinung nach sind Menschen (umgangssprachliche) Altruisten, um (evolutionäre) "Altruisten" sein zu können[14].

Der zweite Aspekt ist von zentraler Bedeutung. Die soziobiologische Altruismus-Diskussion problematisiert den Gegensatz zwischen Altruismus und Egoismus[15]. Durch das Tieferlegen der Erklärungsebene versucht sie zu zeigen, daß phänotypisches altruistisches Verhalten wie das der Hilfe zu Verwandten (aufgrund Verwandtschaftsaltruismus) und Nicht-Verwandten (über reziproken Altruismus) auf einer genetischen Ebene letztlich eigennützig ist - beide Verhaltensweisen führen bzw. können zu einer Erhöhung der inklusiven Fitness führen. Dies dürfte weitreichende Konsequenzen in der theologischen ethischen Diskussion haben. Greift sie diese Erkenntnis auf, so müssen altruistisches wie egoistisches Verhalten gerade in ihrem Verhältnis zueinander neu bewertet werden[16].

An dieser Problematisierung zeigt sich jedoch auch, daß der Begriff Altruismus in der soziobiologischen Forschung nicht unumstritten ist. Es scheinen nicht nur die Grenzen zwischen Altruismus und Egoismus aufgehoben zu werden, sondern dem Begriff Altruismus in seiner soziobiologischen Verwendung fehlt gerade das, was ihn in seiner umgangssprachlichen Verwendung charakterisiert: die Einbeziehung von Motiven und Intentionen[17]. Einige Soziobiologen sind sich bewußt, daß der "Begriff Altruismus ... etwas unglücklich gewählt sein" dürfte, u.a. weil er einen "Bewußtseinsprozeß impliziert, der eigentlich nur beim Menschen vorkommt ... In der wissenschaftlichen Literatur hat sich der Begriff Altru-

---

[12] Vgl. Sober, Altruism, 94, und Sober, Egoism, 206. D. S. Wilson, Relationship, 67, kritisiert an Sober, daß er ein komparatives Verständnis des evolutionären Altruismus besitze: "... all definitions of altruism reviewed above are based on effects on self and others ... without reference to other behaviors that exist in the population."
[13] Vgl. Ruse, Harmony, 14.
[14] Vgl. Ruse, Ethics, 147.
[15] Vgl. Vogel, Evolution, 495f. Er zitiert dazu eine Aussage von Hofstadter, Metamagikum: "Der wahre Egoist kooperiert!"
[16] Eine ausführliche Diskussion dieser Problematik ist im Rahmen dieser Untersuchung nicht möglich.
[17] Frankel, Sociobiology, 268, spricht daher von "an object lesson in the abuse of words".

ismus jedoch durchgesetzt und wird vermutlich auch beibehalten werden"[18], auch wenn der Begriff prosoziales Verhalten eventuell besser geeignet wäre[19].

Auch in der vorliegenden Untersuchung wird daher weiterhin im soziobiologischen Kontext von Altruismus die Rede sein, wobei wir uns der Probleme dieser Redeweise aufgrund der soeben durchgeführten Darlegungen bewußt sind. Außerdem wird ein etwas engeres Altruismus-Verständnis vertreten, bei dem nahe Verwandte nicht einbezogen sind[20], die Grenzen der menschlichen Spezies jedoch nicht verlassen werden[21]. Unter Altruismus in einem soziobiologischen Kontext verstehen wir ein "Verhalten, das der inklusiven Fitness eines anderen Menschen, der kein naher Verwandter ist, zugute kommt, während es auch auf lange Sicht die inklusive Fitness des Altruisten mindert".

2.2. Diskussion der Altruismus-Problematik

2.2.1. Das Kriterium der Altruismus-Modelle

Da sich altruistisches Verhalten besonders beim Menschen nicht nur auf die Verwandten beschränkt, wo man ohnehin von Nepotismus und nicht von Altruismus sprechen könnte, ist der soziobiologischen Forschung daran gelegen, mit ihren Modellen altruistisches Verhalten gegenüber nicht-verwandten Individuen zu erklären[22]. Wie wir im nächsten Abschnitt sehen werden, gibt es Vorschläge, dieses Problem zu lösen. Sie sind aber mit erheblichen Schwierigkeiten belastet. Da die Prüfung der Modelle an diesem erweiterten altruistischen Verhalten als Kriterium ihrer Aussagekraft dient, kann hier das *Erweiterungsbewußtsein* verortet werden. Bei ihm geht es genau um die Frage der Erweiterung des Adressatenkreises altruistischen Verhaltens über den allernächsten Nächsten hinaus.

Die Modelle, die entwickelt wurden, um altruistisches Verhalten allgemein zu erklären, lassen sich in zwei Gruppen einteilen. Auf der einen Seite gibt es Ansätze, die sich mit der Frage nach einer möglichen rein genetischen Fundierung altruistischen Verhaltens beschäftigen. Daneben wurden Theorien entwickelt, die sich nicht auf eine genetische Basis beschränken, sondern kulturelle Faktoren miteinbeziehen. Gemeinsam ist beiden, daß sie altruistisches Verhalten als adap-

---

[18] Barash, Soziobiologie, 101. Vgl. Bertram, Problems, 251; Hinde, Individuals, 100; und Vogel, Evolution, 503 Anm. 1.

[19] So Hinde, Individuals, 100.

[20] Dies entspricht den Definitionen von Trivers, Altruism, 35, und Bertram, Problems, 252. Vgl. den Anfang dieses Abschnittes. Ein solches Verhalten fällt unter die Kategorie Nepotismus.

[21] Vgl. Bertram, Problems, 252f.

[22] Hefner, Factor, 191, sieht genau darin das Problem der soziobiologischen Forschung.

tiv ansehen, d.h. ein solches Verhalten unterliegt der natürlichen Selektion[23]. An diesen beiden Gruppen kann das *Überforderungs*- und das *Schwellenbewußtsein* dargestellt werden.

2.2.2. Genetische Grundlagen des Altruismus

Zuerst einige grundsätzliche Überlegungen[24]. Wie ist es zu verstehen, daß zwischen Genen und spezifischen Verhaltensweisen eine Verbindung besteht? Gibt es ein "Gen für ein Verhalten X"[25]? Dies ist eine sehr umstrittene Fragestellung, doch lassen wir uns auf sie ein.

Die meisten Verhaltensweisen des Menschen dürften durch eine Kombination von Genen beeinflußt sein (Polygenie), wobei diese nicht unmittelbar spezifische Verhaltensweisen kontrollieren, sondern eine Prädisposition zum Erlernen von Programmen schaffen, wenn angemessene Umweltbedingungen gegeben sind. Gene legen somit Grenzen fest, innerhalb derer sich die Entwicklung spezifischer Verhaltensmuster, abhängig von Umwelteinwirkungen, abspielt[26].

Die wichtigsten Modelle, altruistisches Verhalten auf eine genetische Grundlage zurückzuführen, sind die Gruppenselektion, die Verwandtschaftsselektion, die auf dem Gedanken der inklusiven Fitness oder Gesamteignung aufbaut, und das Prinzip des reziproken Altruismus[27].

---

[23] Bertram, Problems, 260, bespricht die Möglichkeit, daß altruistisches Verhalten auch nicht-adaptiv sein könnte, wenn es so selten vorkommt, daß es keiner Selektion unterliegt. Dies sei zwar keine häufig zutreffende Erklärung für Altruismus, müsse aber doch beachtet werden.

[24] Vgl. Staub, Entwicklung, 30-36.

[25] Dawkins, Gen, 73.

[26] Vgl. hierzu auch Hemminger, Mensch, 78-103.bes. 84.

[27] Vgl. die Klassifizierung bei Maynard Smith, Classification. Im Gegensatz zu ihm ordne ich E. O. Wilson der Verwandtschaftsselektion zu. Im folgenden eine kurze Charakterisierung der einzelnen Modelle:

1. *Gruppenselektion*: Eine Gruppe ist ein von einer Familie zu unterscheidendes Kollektiv an Individuen, die nicht verwandt zu sein brauchen. Gruppen sind in bezug auf ihre Fortpflanzung voneinander isoliert. Die Selektion setzt an der gesamten Gruppe an. Vgl. Williams, Adaptation.

2. *Verwandtschaftsselektion*: Sie bedeutet, "daß jemand, der eine altruistische Handlung ausführt - selbst wenn diese mit Selbstaufopferung verbunden ist - zum Überleben eng verwandter Personen beiträgt, so daß das reproduktive Potential eines jeden altruistischen Gens, das er und seine Verwandten besitzen, vergrößert wird" (Staub, Entwicklung, 31). Selektiert wird die Verwandtschaftsgruppe.

3. *Reziproker Altruismus*: Altruistisches Verhalten wird zu einem späteren Zeitpunkt zurückerstattet.

Die Theorie der *Gruppenselektion* geht davon aus, daß Gruppen von Individuen miteinander im Wettstreit liegen und diejenigen Gruppen die größeren Überlebenschancen besitzen, deren Mitglieder zum Wohl der Gruppe beitragen[28]. Wynne-Edwards[29] hat sich für die Möglichkeit einer Gruppenselektion ausgesprochen. Gegen ihn wandte Williams[30] ein, daß individuelle Selektion innerhalb einer Gruppe notwendig sei, damit sich Gruppen in ihrer Frequenz bestimmter Gene unterscheiden können. Die individuelle Selektion könne zudem ein Gen für Altruismus, das sich in einer kleinen Gruppe etabliert hätte, wieder aus dem Weg räumen. Außerdem seien für Gruppenselektion Randbedingungen notwendig, die nicht leicht zu erfüllen sind: geographische Isolation von verschiedenen Gruppen der gleichen Art, kleine Zahl an Gruppenmitgliedern und die schnelle Vernichtung von Gruppen mit nicht-altruistischen Mitgliedern. In Primatengruppen und besonders beim Menschen in seiner bisherigen Geschichte könnten die Bedingungen für Gruppenselektion günstig gewesen sein. Wilson[31] hält eine Gruppenselektion durchaus für möglich, auch wenn er sich nicht eindeutig für sie ausspricht. In jüngster Zeit plädiert besonders Sober für die Berechtigung der Gruppenselektion[32], und Eibl-Eibesfeldt ist der Meinung, daß beim Menschen in der Regel gruppenselektive Prozesse stattfänden[33].

Insgesamt kann dem Ansatz der Gruppenselektion nur eine begrenzte Berechtigung zugesprochen werden, da die vorausgesetzten Bedingungen ihn nicht sehr wahrscheinlich machen[34] und die Verwandtschaftsselektion immer eine Alternative darstellen wird[35].

---

[28] Zu den folgenden Erläuterungen zur Gruppenselektion vgl. neben den angeführten Artikeln bzw. Büchern Knapp, Soziobiologie, 45f.73f, und Campbell, Conflicts, 1111.

[29] Wynne-Edwards, Dispersion.

[30] Williams, Adaptation, bes. 221-250.251f. Dawkins, Gen, 12f, spricht sich ebenfalls gegen die Gruppenselektion aus, da bei ihm die Selektionseinheit das Gen und nicht die Art oder die Gruppe ist.

[31] Wilson, Sociobiology, 107-117.129. Meiner Definition einer Gruppenselektion entspricht seine interdemische Selektion.

[32] Vgl. Sober, Egoism, 206. Vgl. auch Lopreato, Nature, 202f, der neuere Untersuchungen zur Gruppenselektion anführt, die sie unter bestimmten, schwer zu erfüllenden Bedingungen für möglich halten.

[33] Eibl-Eibesfeldt, Grundriß, 461. Vgl. Eibl-Eibesfeldt, Biologie, 132f, wo er sich ebenfalls dafür ausspricht, daß die Gruppenselektion beim Menschen eine bedeutende Rolle spiele. Er unterscheidet jedoch nicht kritisch genug zwischen biologischen und kulturellen Gruppenselektionsansätzen. Zudem nähert sich seine Vorstellung der Gruppenselektion stark an die der Verwandtschaftsselektion an.

[34] Vgl. Krebs, Challenge, 89f.

[35] Beide Selektionsmechanismen könnten zudem gleichzeitig wirken. So Knapp, Soziobiologie, 46, mit Hinweis auf Hemminger, Mensch, 90.

Im Anschluß an Fisher[36] und Haldane[37] entwickelte Hamilton[38] das Konzept der inklusiven Fitness oder Gesamteignung[39], das zumeist mit der Theorie der *Verwandtschaftsselektion* identifiziert wird, auch wenn diese Bezeichnung erst von Maynard Smith stammt[40]. Die Gesamteignung mißt sich am "individuellen Fortpflanzungserfolg plus dem Reproduktionserfolg der genealogischen Verwandten, jeweils gewichtet nach dem Grad der Verwandtschaftsnähe"[41]. Der Grundgedanke ist, daß Verwandte gemeinsame Gene besitzen, die die Verwandtschaftsgruppe charakterisieren und in ihr weitergegeben werden[42]. Die Wahrscheinlichkeit, daß sich ein bestimmtes Gen auch in Verwandten befindet, beträgt

[36] Vgl. Fisher, Theory.

[37] Vgl. Haldane, Genetics.

[38] Hamilton, Evolution. Vgl. Hamilton, Behavior. Im folgenden orientiere ich mich neben den Originalartikeln an Knapp, Soziobiologie, 42-44.74f, und eingeschränkt an Lopreato, Nature, 199-201.

[39] So übersetzt durch Eibl-Eibesfeldt, Biologie, 122.

[40] Maynard Smith, Selection. Vgl. Lopreato, Nature, 200, der auf den zumeist synonymen Gebrauch der beiden Konzepte hinweist. Kurland, Selection, bietet eine umfangreiche Bibliographie zur Theorie der Verwandtschaftsselektion. Während Hamiltons Modell von einem einzelnen Gen für altruistisches Verhalten ausgeht, wurde durch Yokoyama/Felsenstein, Model, inzwischen auch ein Modell für eine multifaktorielle Vererbung des Merkmals entwickelt.

[41] Vogel, Moral, 206. Die Fitness kann nicht direkt gemessen werden, da die Ausbreitung der Gene, die die eigentlichen Fitness-Einheiten darstellen, nicht direkt verfolgt werden kann (vgl. Knapp, Soziobiologie, 44f, der wie Vogel zwischen einer persönlichen und einer Verwandtschafts-Komponente der Gesamtfitness unterscheidet). Grafen, Fitness, hat jedoch gezeigt, daß es in den meisten Fällen keinen Unterschied macht, ob man den individuellen reproduktiven Erfolg der Anzahl an Nachkommenschaft oder der an Genen berechnet (so nach Krebs, Challenge, 92). Vgl. die anschauliche Beschreibung der inklusiven Fitness durch Hamilton, Evolution, 16: "no one is prepared to sacrifice his life for any single person but ... everyone will sacrifice it when he can thereby save more than two brothers, or four half-brothers, or eigth first cousins ...". Er charakterisiert seine Theorie folgendermaßen: "In brief outline, the theory points out that for a gene to receive positive selection it is not necessarily enough that it should increase the fitness of its bearer above the average if this tends to be done at the heavy expense of related individuals, because relatives, on account of their common ancestry, tend to carry replicas of the same gene; and conversely that a gene may receive positive selection even though disadvantageous to its bearers if it causes them to confer sufficiently large advantages on relatives" (S. 17).

[42] Es geht also um spezifische Gene, die innerhalb einer Verwandtschaftsgruppe vorkommen, und deren Wahrscheinlichkeit des Auftretens bei Verwandten, nicht darum, daß in Wirklichkeit alle Mitglieder einer Art in fast allen Genen übereinstimmen (vgl. Eibl-Eibesfeldt, Biologie, 123; Knapp, Soziobiologie, 322 Anm. 65; und Krebs, Challenge, 93). Hamilton geht noch von der Verantwortung eines Genes für ein spezifisches Verhalten aus.

Kindern gegenüber 1:2 (50%), Enkeln gegenüber 1:4 (25%) usw. Altruistisches Verhalten gegenüber Verwandten liegt im reproduktiven Interesse eines jeden Individuums, da dadurch Kopien der eigenen Gene gefördert werden und die Gesamtfitness erhöht wird. Wichtig ist ein entsprechendes Verhältnis zwischen Verwandtschaftsgrad und Hilfeleistung. Der zentrale Satz der Verwandtschaftstheorie lautet daher: "Gene für altruistisches Verhalten werden von der Selektion begünstigt, wenn $k>1/r$, wobei k das Verhältnis zwischen dem Nutzen für den Hilfeempfangenden und dem Aufwand des Hilfeleistenden ist und r den Verwandtschaftsgrad zwischen Nutznießer und Altruist angibt, und zwar summiert über sämtliche Individuen, die in den Nutzen kommen"[43]. Eine bewußte Berechnung des Verwandtschaftsgrades wird dabei nicht vorausgesetzt, "es genügt, daß der Selektionsprozeß im Laufe der Generationen jene genetischen Konstitutionen übrigbleiben läßt, deren Träger sich unbewußt den genannten Forderungen verwandtschaftsmäßigen Verhaltens entsprechend verhalten und dadurch ihre Gesamtfitness erhöhen"[44].

Die Theorie der Verwandtschaftsselektion gibt also eine Antwort auf die Frage, warum wir Menschen dazu neigen, unsere Verwandten günstiger zu behandeln als Nicht-Verwandte. Obwohl die meisten Soziobiologen versuchen, den menschlichen Altruismus durch Verwandtschaftsselektion zu erklären, sind jedoch auch einige Probleme mit diesem Modell verbunden[45]. Abgesehen von der Beschränkung auf kleine Gruppen, in denen die Wahrscheinlichkeit groß ist, daß altruistisches Verhalten ein verwandtes Individuum trifft[46], kann es altruistisches Verhalten nicht erklären, das sich auf nicht-verwandte Individuen richtet[47]. Zudem ist altruistisches Verhalten gegenüber Verwandten aus der Perspektive der Gesamteignung letztlich eigennützig. Von daher besitzt das Modell der Verwandtschaftsselektion einen eingeschränkten Erklärungsanspruch.

Aufbauend auf dem Modell der Verwandtschaftsselektion entwickelt Rushton[48] seine Theorie der "Genetic Similarity" (genetische Ähnlichkeit). Bei ihr handelt es sich darum,

---

[43] Barash, Soziobiologie, 90.

[44] Knapp, Soziobiologie, 44. Er zitiert im Anschluß daran Wickler/Seibt, männlich, 16: "Wir erwarten von der Theorie her nicht, daß Lebewesen rechnen, wohl aber, daß sie ein Verhalten an den Tag legen, das dem von uns berechneten entspricht".

[45] Vgl. die kritischen Betrachtungen durch Gray, Sociobiology, Kap. 4, und Krebs, Challenge, 92-96, auf die wir noch zu sprechen kommen werden. Von daher können wir uns an dieser Stelle auf zwei Aspekte beschränken.

[46] Für die frühe Menschheitsgeschichte trifft dies wohl zu, nicht aber für die heutige Sozialstruktur der menschlichen Gesellschaft.

[47] Vgl. dazu Krebs, Challenge, 98, und Wilson, Sociobiology, 379-382.

[48] Rushton, Similarity, an dem wir uns im folgenden orientieren. Vgl. grundlegend bereits Rushton/Russell/Wells, Theory. Siehe auch Cunningham, Levites, 53-55, der auf

daß ein Gen, das sein eigenes Überleben durch Unterstützung der Reproduktion von Familienmitgliedern, die eine Kopie von ihm selbst besitzen, sichern kann, ebensogut die Reproduktion *jedes* Organismus unterstützen kann, mit dem es eine Kopie gemeinsam hat. "Rather than merely protecting kin at the expense of strangers, if organisms could identify genetically similar organisms, they could exhibit altruism toward these 'strangers' as well as toward kin"[49]. Die Verwandtschaftsselektion wäre dann nur ein Spezialfall der genetischen Ähnlichkeitstheorie. Kritisch ist jedoch, wie es zu einer Erkennung der Gene untereinander kommen soll. Zwar stellt Rushton einige Mechanismen zur Diskussion, doch sind diese äußerst umstritten, wie er selbst zugesteht[50]. Dennoch hält er an seiner Theorie fest, die seiner Meinung nach mit dem reziproken Altruismus interagieren und die Theorie von der Gruppenselektion stark machen könne, indem sie sich nicht auf Verwandte beschränkt, sondern auf alle Mitglieder einer Gruppe bezieht, die eine Kopie des gleichen Gens besitzen[51].

Im Gegensatz zu Rushton äußern sich Gray[52] und Krebs[53] kritisch in bezug auf die Theorie der Verwandtschaftsselektion[54]. So ist Gray der Meinung, daß es nicht unbedingt an der Verwandtschaftsselektion liegen müsse, wenn altruistisches Verhalten öfter zwischen Verwandten als zwischen Nicht-Verwandten zu beobachten sei[55]. Dies könne alternativ ebensogut mit dem ontogenetischen Lernprozeß oder anderen Faktoren zu tun haben, aufgrund derer man öfter mit Verwandten zusammen sei. Beide Autoren weisen auf die Schwierigkeiten hin, die Kosten und den Nutzen eines Verhaltens zu bestimmen bzw. den Verwandtschaftskoeffizienten zu messen. Im Anschluß an Grafen[56] folgert Gray, daß die inklusive Fitness meist falsch berechnet werde[57], u.a. weil nicht ausreichend zwischen wirklichen und terminologischen Verwandten unterschieden werde[58].

die Theorie der "Genetic Similarity" zu sprechen kommt, die Ergebnisse formalisiere, zu denen Cunningham selbst gelangt sei.

[49] Rushton, Similarity, 504.

[50] Vgl. die kritischen Antworten von Hartung und Krebs, die in Rushton, Similarity, 529-533, enthalten sind. Vgl. ebenfalls Porter, Recognition, der sich mit der Erkennung von Verwandten beschäftigt.

[51] Vgl. insgesamt die kritische Auseinandersetzung mit dieser Theorie durch verschiedene Autoren in Rushton, Similarity, 518-548, mit anschließender Antwort des Autors (S. 548-554). Vgl. Jaffe, Similarity, mit ebenfalls sich anschließender Antwort von Rushton.

[52] Vgl. Gray, Sociobiology, Kap. 4.

[53] Vgl. Krebs, Challenge, 92-96.

[54] Krebs, Challenge, 93, befaßt sich auch kurz mit der "genetic similarity theory" von Rushton u.a., die er für eher unwahrscheinlich hält.

[55] Vgl. Gray, Sociobiology, 79. Er schließt sich an Williams, Selection, an, der die Verwandtschaftsselektion nicht als wichtigen Faktor in der menschlichen Evolution ansieht (vgl. Gray, Sociobiology, 81.119f).

[56] Vgl. Grafen, Fitness.

[57] Vgl. Gray, Sociobiology, 81f.

[58] Vgl. Gray, Sociobiology, 83.

Dies sei jedoch sehr wichtig, zumal er auf Sahlins[59] aufbauend auf den kulturellen Aspekt des Verwandtschaftsbegriffes hinweist. Insgesamt hofft er auf eine weitere empirische Beschäftigung mit der Nepotismus-Theorie[60], da hier noch erhebliche Defizite vorlägen.

Auf die Problematik der terminologischen, fiktiven oder klassifikatorischen Verwandtschaft kommen Barash[61] und Berghe[62] zu sprechen. Für Berghe ist die kulturelle Verwendung des Verwandtschaftsbegriffs eine Ausweitung der wirklichen Verwandtschaft, was zu kooperativem Verhalten auch gegenüber Nicht-genetisch-Verwandten führen kann[63]. Gegen Sahlins[64] sei die Verwandtschaft jedoch kein rein kulturelles Phänomen, sondern Kultur und Natur stünden in einer Wechselwirkung miteinander: "Culture elaborates on biology; it is not divorced from it"[65]. "Since kin selection has proven such an effective cement of sociality in human societies, it has been repeatedly extended to these larger groups of real or putative kinsmen we call 'tribes', 'nations' or 'ethnic groups.' The recipe of exhibiting solidarity on the basis of shared genes was evolutionary successful, so it was culturally used, extended, manipulated and elaborated on"[66]. Es sei geradezu paradox, daß kulturelle Merkmale schließlich sogar auffälliger wurden als biologische, obwohl sie auf diesen basieren. Seiner Meinung nach ist die menschliche Familie die basale Form der menschlichen sozialen Organisation, von der aus viele Merkmale auf größere Gruppen mit nicht-verwandten Individuen ausgeweitet wurden[67].

Das Modell des *reziproken Altruismus*, auf das wir nun zu sprechen kommen, möchte das Problem überwinden, von dem am Schluß der Besprechung der Theorie der Verwandtschaftsselektion die Rede war: die Erklärung von altruistischem Verhalten gegenüber nicht-verwandten Individuen.

Die grundlegenden Überlegungen zum reziproken Altruismus stammen von Trivers[68]. Reziproker Altruismus beruht auf dem Prinzip der Gegenseitigkeit zwischen einem Altruisten und dessen Nutznießer, die nicht genetisch verwandt zu

---

[59] Sahlins, Use.

[60] So sein Sprachgebrauch für die Theorie der Verwandtschaftsselektion.

[61] Barash, Sociobiology, 131.

[62] Berghe, Systems, 210.

[63] Cronk, Theories, 89, spricht davon, daß Verwandtschaftsbegriffe manipulativ gebraucht werden könnten.

[64] Vgl. Sahlins, Use, 25.

[65] Berghe, Systems, 211.

[66] Berghe, Systems, 214.

[67] Vgl. Berghe, Systems, 220.

[68] Vgl. Trivers, Altruism, und Trivers, Evolution, bes. 386-389. Wir orientieren uns im folgenden zusätzlich an Knapp, Soziobiologie, 45.75f. Vgl. auch Lopreato, Nature, 201f, und Krebs, Challenge, 84-86, der zusätzlich noch auf die TIT-FOR-TAT-Strategie eingeht, auf die wir ebenfalls im Anschluß an die kritische Auseinandersetzung mit Trivers zu sprechen kommen werden.

sein brauchen[69]. Langfristig muß dabei der Gewinn des Altruisten für seine Gesamteignung größer sein als seine Investition[70]. Es ist vor allem der Austausch, der ein solches altruistisches Verhalten charakterisiert[71]. Ein entscheidender Faktor ist die Zeitdifferenz zwischen ursprünglicher und wiedererstatteter Hilfe[72]. Die Hauptgefahr liegt im betrügerischen Verhalten des Nutznießers, d.h. es findet keine Reziprozität statt. Ein solches "'Betrüger'-Verhalten"[73] kann sich jedoch aufgrund einer Modellrechnung nicht halten: "Die Verhaltensstrategie 'reziproker Altruismus' ist dauerhafter, da der Mensch ein langes Erinnerungsvermögen besitzt sowie die Fähigkeit, Individuen zu erkennen"[74]. Neben diesem Erinnerungsvermögen und der Fähigkeit zu individuellem Erkennen sind es besonders das lange Leben der Individuen, eine geringe Zerstreuungsrate, eine lange Zeit elterlicher Fürsorge für die Kinder und ein Leben in kleinen, stabilen sozialen Gruppen, die die Vorbedingungen für die Evolution von reziprokem Altruismus darstellen[75]. Der Mensch ist nach Trivers der am besten dokumentierte Fall von reziprokem Altruismus[76]. Während des Pleistozäns oder bereits früher könnten menschliche Gruppen die Vorbedingungen für die Evolution von reziprokem Altruismus erfüllt haben. Mindestens fünf universale Typen altruistischen Verhalten werden von Trivers genannt[77]: 1. Helfen in Zeiten von Gefahr (Unfall, Beute, innerartliche Aggression), 2. Teilen von Nahrung, 3. Hilfe für Kranke, Verwundete, Junge und Alte, 4. Ausleihen von Werkzeugen und 5. Weitergabe von Wissen.

Eine genetische Basis des reziproken Altruismus ist zwar nach Trivers nicht klar, doch "angesichts der universalen und fast täglichen Ausübung von reziprokem Altruismus unter den heutigen Menschen läßt sich vernünftigerweise annehmen,

---

[69] Das Modell des reziproken Altruismus ist ausdrücklich ein Zwei-Parteien-Modell (vgl. Trivers, Altruism, 52). Eine Erweiterung muß vorsichtig betrachtet werden (so Thompson, Neighbour, 349).

[70] Vgl. Trivers, Altruism, 35; siehe auch Meyer, Soziobiologie, 107. Barash, Soziobiologie, 99, drückt diesen Gedanken folgendermaßen aus: "Der Gewinn für den Altruisten muß also größer als die mit der altruistischen Anfangshandlung verbundene Minderung der Gesamt-Eignung [sein]. Dies ist eine Art Goldene Regel der Biologie ..."

[71] Vgl. Trivers, Altruism, 37.

[72] Vgl. Trivers, Altruism, 39.

[73] Knapp, Soziobiologie, 75.

[74] Knapp, Soziobiologie, 75.

[75] Vgl. Trivers, Altruism, 37f, der noch weitere Faktoren nennt. Siehe auch Knapp, Soziobiologie, 75.

[76] So Trivers, Altruism, 39. Er bespricht außerdem altruistisches Verhalten in Symbiosen zwischen Tieren, was nach unserer Definition nicht unter Altruismus fällt, und Warnrufe bei Vögeln. Zur Frage der empirischen Überprüfung seiner Theorie vgl. unten in diesem Abschnitt.

[77] Vgl. Trivers, Altruism, 45.

daß er ein wichtiger Faktor in der jüngeren menschlichen Evolution gewesen ist und daß die dem altruistischen Verhalten zugrunde liegenden gefühlsmäßigen Dispositionen wichtige genetische Komponenten haben"[78].

Besonders interessant ist, daß Trivers mit seinem Modell des reziproken Altruismus auch altruistische Akte gegenüber Fremden, ja Feinden erklären möchte[79]. Er ist der Meinung, daß sich Menschen gerade gegenüber Fremden anfangs altruistischer verhalten als gegenüber Freunden, weil sie damit den Gedanken verbinden, neue Freundschaften aufzubauen. Eine menschliche Antwort auf altruistisches Verhalten sei nämlich das Gefühl der Freundschaft, das erneut zu altruistischem Verhalten führen könne.

Aufgrund der Tatsache, daß der reziproke Altruismus letztlich auf eine Erhöhung der individuellen Fitness des Altruisten hinausläuft, kann man mit Trivers sagen, daß bei Modellen, die altruistisches Verhalten über natürliche Selektion erklären wollen, der Altruismus aus dem Altruismus genommen werde[80]. Die Gefahr einer Vermischung verschiedener Ebenen liegt bei dieser Aussage jedoch sehr nahe. Es muß nämlich beachtet werden, daß es sich auf einer phänotypischen Ebene sehr wohl um altruistisches Verhalten handelt, auch wenn auf genetischer Ebene letztlich eine Rückerstattung stattfindet, die auf phänotypischer Ebene wohl ebenfalls als solche dem Altruismus zuzuordnen ist[81]. Rein "biologisch" betrachtet und gemäß unserer obigen Definition handelt es sich jedoch nicht um ein altruistisches Verhalten[82].

Das Modell des reziproken Altruismus hat viele kritische Stimmen hervorgerufen[83]. Obwohl Reziprozität der vorherrschende Faktor der alltäglichen mensch-

---

[78] Trivers, Altruism, 48. Deutsche Übersetzung nach Knapp, Soziobiologie, 76.

[79] Vgl. Trivers, Altruism, 52.

[80] Vgl. Trivers, Altruism, 35. Dies gilt aufgrund des Konzeptes der Gesamteignung auch für den Verwandtschaftsaltruismus.

[81] Zu einer Kritik an einer Verwechslung der verschiedenen Niveaus vgl. Eibl-Eibesfeldt, Biologie, 136.

[82] Campbell, Theory, 107, spricht von "clique selfishness" (vgl. auch Campbell, Funktion, 177); Vogel, Evolution, 474, im Anschluß an den englischen Philosophen Mackie, Cooperation, von "selbstbezogene[m] Altruismus".

[83] Wir orientieren uns im folgenden v.a. an Gray, Sociobiology, Kap. 5; Moore, Evolution; Seyfarth/Cheney, Tests; und Taylor/McGuire, Altruism. Ganz anders dagegen Thompson, Neighbour. Er findet keine statistisch relevante Widerlegung der reziproken Altruismus-Theorie und sieht in ihr eine klare Erklärung für altruistisches Verhalten zwischen nicht-verwandten Menschen. Daß eine "superorganische Theorie der menschlichen Kultur" (S. 379) gefunden werden könne, die dieses Verhalten besser erklärt, hält er für sehr unwahrscheinlich. Diese Ansicht wird in der vorliegenden Untersuchung aus den im Text aufgeführten Gründen nicht geteilt. Wie wir sehen werden, bedarf es der Einbeziehung der Kultur, um altruistisches Verhalten gerade auch gegenüber Nicht-Verwandten erklären zu können.

lichen Interaktionen ist[84], kann eine genetische Basis nicht nachgewiesen werden, was Trivers selbst zugesteht[85]. Er kann lediglich annehmen, daß die zugrunde liegende emotionale Disposition wichtige genetische Komponenten besitzt. In diesem Zusammenhang ist es auch nicht klar, wie sich reziproker Altruismus in einer Gesellschaft herausbilden kann. Wilson kritisiert an diesem Ansatz, daß er einer "critical frequency of the altruist gene"[86] bedürfe, von der man aber nicht wisse, wie sie erreicht werde. Manche Forscher nehmen daher an, daß die Verwandtschaftsselektion notwendig ist, um die anfängliche Entwicklung des reziproken Altruismus zu erklären[87]. Damit aber wäre der reziproke Altruismus nur in der Lage, eine schon vorausgesetzte altruistische Tendenz zu verstärken.

Ein besonders großes Manko der Theorie stellt dar, daß ihre empirische Unterstützung schwach und nicht einfach zu bewerkstelligen ist[88]. Dies hängt damit zusammen, daß viele Variablen gemessen werden müssen, die derzeit noch nicht quantifizierbar sind, und allgemein die Voraussetzungen für reziproken Altruismus von Trivers so spezifisch formuliert wurden, daß quantitative Tests aufgrund deren Eigenart extrem schwierig sind[89]. So ist es beispielsweise nicht einfach, die Aktionen zu identifizieren, die Teil des reziproken Austausches sind[90], und die Währung festzulegen, in der der Austausch stattfindet[91]. Zudem kann das Verhältnis zwischen Kosten und Nutzen asymmetrisch sein und vom Status der betreffenden Individuen abhängen[92]. Kosten und Nutzen müßten immer im Verhältnis zu den Möglichkeiten der beteiligten Lebewesen eingeschätzt werden[93]. Vor allem Definitionsprobleme werden hervorgehoben. Nach Trivers muß es eine signifikante Zeitdifferenz zwischen ursprünglichem und reziprokem Verhalten geben, doch welche Zeitdifferenz signifikant ist, wird nicht angegeben[94]. Eine Unterscheidung von der Verwandtschaftsselektion ist ebenfalls theoretisch nicht einfach, was ein Testen der Reziprozitätstheorie erschwert[95].

---

[84] Vgl. Staub, Entwicklung, 34.
[85] Vgl. Trivers, Altruism, 48.
[86] Wilson, Sociobiology, 120. Vgl. Moore, Evolution, 12: "Trivers's proposed model ... does not explain the increase of the altruist genes from a very low starting frequency".
[87] Vgl. Gray, Sociobiology, 130; Hinde, Individuals, 102; und Eibl-Eibesfeldt, Biologie, 131.
[88] Vgl. Seyfarth/Cheney, Tests, 182.186, und Taylor/McGuire, Altruism, 67f.
[89] So Seyfarth/Cheney, Tests, 182.186.
[90] Vgl. Taylor/McGuire, Altruism, 69.
[91] So Seyfarth/Cheney, Tests, 185.
[92] Zur Rolle des Status vgl. Moore, Evolution, 11.
[93] Vgl. Seyfarth/Cheney, Tests, 185f. Zur Kosten-Nutzen-Problematik vgl. auch Gray, Sociobiology, 128-130, und Taylor/McGuire, Altruism, 68f.
[94] Vgl. Taylor/McGuire, Altruism, 69.
[95] So Gray, Sociobiology, 126f.

Gray geht sogar soweit, die Theorie des reziproken Altruismus als den schwächsten Teil der Primaten-Soziobiologie zu bezeichnen[96].

Eine interessante, wenn auch umstrittene[97] Anwendung findet die Theorie des reziproken Altruismus im sog. Gefangenen-Dilemma oder iterierten Gefangenen-Dilemma der Spieltheorie[98], bei dem die TIT-FOR-TAT-Strategie sich am erfolgreichsten herausgestellt hat[99]. Hier werden erste Versuche unternommen, die Entstehung von Kooperation durch reziproken Altruismus zu verstehen, obwohl auch bei TIT-FOR-TAT die Frage nach dem ersten Auftauchen nur durch eine Setzung geklärt werden kann. Betrachten wir das Gefangenen-Dilemma und die TIT-FOR-TAT-Strategie etwas genauer.

"Das Gefangenendilemma ist ein Spiel mit zwei Spielern, von denen jeder zwei Entscheidungsmöglichkeiten hat, nämlich zu kooperieren oder nicht zu kooperieren. Nichtkooperation nennen wir Defektion. Jeder muß seine Wahl treffen, ohne zu wissen, wie der andere sich verhalten wird. Unabhängig vom Verhalten des jeweils anderen führt Defektion zu einer höheren Auszahlung als Kooperation. Das Dilemma liegt darin, daß es für jeden Spieler, unabhängig vom Verhalten des anderen, vorteilhafter ist, zu defektieren, daß jedoch beiderseitige Defektion für jeden Spieler ungünstiger ist als wechselseitige Kooperation. ... Den Ablauf dieses einfachen Spiels ... zeigt Abbildung 1.

---

[96] Vgl. Gray, Sociobiology, 140.

[97] Eine Auseinandersetzung mit kritischen Stimmen findet sich in Boyd, Dilemma, der selbst das wiederholte Gefangenen-Dilemma als nützliches Modell für reziproken Altruismus ansieht.

[98] Bereits Trivers, Altruism, 38, (vgl. Trivers, Evolution, 389-392) weist auf das Gefangenen-Dilemma hin: "The relationship between two individuals repeatedly exposed to symmetrical reciprocal situations is exactly analogous to what game theorists call the Prisoner's Dilemma". Vgl. Taylor/McGuire, Altruism, 70. Uyenoyama/Feldman, Altruism, 37, sind der Meinung, daß sich die neuesten Diskussionen über die Evolution von Altruismus unter nicht-verwandten Individuen verstärkt auf die Reziprozität im Bereich des iterierten Gefangenen-Dilemmas konzentriert hätten. Vollmer, Möglichkeiten, 115, kritisiert die Bezeichnung 'Gefangenen-Dilemma': "Gemessen an der Vielzahl und Vielfalt der Entscheidungen, die wir laufend zu treffen haben, scheint die Situation von Gefangenen eine seltene, geradezu eine Ausnahmesituation zu sein".

[99] Vgl. Axelrod, Evolution. Zusammenfassend und sehr informativ Dahl, Anfang, 69-97. Die TIT-FOR-TAT-Strategie ("Wie Du mir, so ich Dir.") wurde von dem Psychologen Anatol Rapoport entwickelt. Sie wird weiter unten näher erläutert.

Abbildung 1:
Das Gefangenendilemma

		Spaltenspieler	
		Kooperation	Defektion
Zeilen-spieler	Kooperation	$R = 3, R = 3$	$S = 0, T = 5$
	Defektion	$T = 5, S = 0$	$P = 1, P = 1$

Der Zeilenspieler wählt eine Zeile, entweder Kooperation oder Defektion. Gleichzeitig wählt der Spaltenspieler eine Spalte, ebenfalls entweder Kooperation oder Defektion. Beide Entscheidungen zusammen führen auf eines der vier möglichen Ergebnisse der Matrix. Wenn beide Spieler kooperieren, stehen sie recht gut da. Beide erhalten R (für engl.: Reward), die *Belohnung für wechselseitige Kooperation*. In der Abbildung 1 beträgt sie 3 Punkte. Diese Zahl kann z.B. eine Auszahlung in Dollar sein, die jeder Spieler bei beiderseitiger Kooperation erhält. Wenn ein Spieler kooperiert und der andere defektiert, erhält der defektierende T (für engl.: Temptation), die *Versuchung zu defektieren*, während der kooperierende Spieler die *Auszahlung S* (für engl.: Sucker's payoff) *des gutgläubigen Opfers* erhält. Im Beispiel sind T=5 und S=0 Punkte. Wenn beide defektieren, erhalten beide P=1 (für engl.: Punishment), die *Strafe für wechselseitige Defektion*"[100].

Das Gefangenendilemma ist somit eine abstrakte Formulierung sehr verbreiteter Situationen, in denen wechselseitige Kooperation beide Personen besser stellt, während Defektion für jede Person individuell am vorteilhaftesten ist[101]. "Die ursprüngliche Geschichte ist, daß zwei Komplizen nach einem Verbrechen eingesperrt sind und getrennt verhört werden. Jeder von beiden kann gegen den anderen defektieren, wenn er in der Hoffnung auf Strafmilderung gesteht. Wenn aber beide gestehen, sind ihre Geständnisse nicht so wertvoll. Wenn auf der anderen Seite beide miteinander kooperieren und das Geständnis verweigern, kann der Staatsanwalt sie nur mit einer kleineren Anklage überführen"[102].

Aus dem Vergleich verschiedener Strategien in zwei Computer-Turnieren für die Untersuchung erfolgreichen Verhaltens im iterierten Gefangenen-Dilemma ging die TIT-FOR-

---

[100] Axelrod, Evolution, 7. Abbildung auf S.8.

[101] Wie beim reziproken Altruismus beschränkt sich das Gefangenendilemma auf zwei Spieler. Ein N-Personen-Gefangenendilemma muß extra überprüft werden; vgl. Axelrod, Evolution, 10. Siehe auch Boyd/Richerson, Culture, 230.

[102] Axelrod, Evolution, 112f. In diesem Fall sieht die sog. "Nutzen-Matrix" für das Gefangenendilemma etwas anders aus, da die Belohnung sich in einer kleineren Anzahl an Jahren niederschlägt, die es im Gefängnis abzusitzen gilt. Die Zahlenwerte wären dann beispielsweise T=0, R=2, P=4 und S=5. Vgl. die Matrix in Dahl, Anfang, 72.

TAT-Strategie ("Wie Du mir, so ich Dir") zweimal als Siegerin hervor[103] . TIT-FOR-TAT bedeutet, im ersten Zug zu kooperieren und dann zu tun, was der andere Spieler im vorangegangenen Zug gemacht hat[104] . Axelrod folgert aus den Turnierergebnissen, "daß unter geeigneten Bedingungen tatsächlich Kooperation in einer Welt von Egoisten ohne zentralen Herrschaftsstab entstehen kann"[105] . "Die Evolution der Kooperation erfordert, daß die Individuen eine hinreichend große Chance haben, sich wieder zu treffen, damit sie ein ausreichendes Interesse für ihre zukünftige Interaktion besitzen"[106] Gilt dies, so kann sich Kooperation in drei Stufen entwickeln:

1. Kooperation kann selbst in einer Welt unbedingter Defektion in Gang gesetzt werden, wenn sie nicht von einzelnen verstreuten Individuen ausgeht, die keine Chance haben, miteinander zu interagieren, sondern von kleinen Gruppen an Individuen, die ihre Kooperation auf Gegenseitigkeit stützen und die zumindest einen kleinen Anteil ihrer Interaktionen miteinander gemeinsam haben.

2. Eine auf Reziprozität gegründete Strategie kann in einer Welt Erfolg haben, in der viele verschiedene Arten von Strategien ausprobiert werden.

3. Eine einmal auf der Grundlage von Gegenseitigkeit etablierte Kooperation kann sich selbst gegen das Eindringen weniger kooperativer Strategien schützen[107] .

Unter geeigneten Umständen könne sich auf Gegenseitigkeit gestützte Kooperation selbst zwischen Feinden entwickeln[108] . Dies hängt damit zusammen, daß es sich bei diesem Modell nicht um einen genetischen, sondern einen strategischen Ansatz handele[109] , bei dem erfolgreiche Strategien sogar bei einem Egoisten Kooperation auslösen können[110] . Darin liegt der entscheidende Unterschied zur Soziobiologie, die in genetischen Kategorien denkt. Ein leicht anstößiger Beigeschmack bleibt freilich bei TIT-FOR-TAT: das Beharren auf dem "Auge um Auge"-Prinzip[111] . Dies sei jedoch erfolgreicher als das mit der Goldenen Regel verbundene Prinzip der unbedingten Kooperation, da dieses dazu tendiere, den anderen Spieler zu verderben[112] . Reziprozität sei zwar nicht der "Gipfel der Moralität"[113] , aber mehr als nur die Moral des Egoismus.

---

[103] Vgl. Axelrod, Evolution.

[104] TIT-FOR-TAT ist damit eine "freundliche" und "nachsichtige" Strategie. Sie defektiert nicht als erste und vergilt Defektion nur einmal.

[105] Axelrod, Evolution, 18.

[106] Axelrod, Evolution, 18. Vgl. dort auch zum folgenden.

[107] Eine Theorie ist also evolutionär stabil, d.h. es wird nicht gegen sie selektiert.

[108] Vgl. Axelrod, Evolution, 19 und Kap. 4.

[109] Vgl. Axelrod, Evolution, IX.

[110] Vgl. Axelrod, Evolution, 157.

[111] So Axelrod, Evolution, 123.

[112] So Axelrod, Evolution, 122.

[113] Axelrod, Evolution, 122.

Fassen wir die Ergebnisse dieses Abschnittes kurz zusammen.

Dem Ansatz der *Gruppenselektion* als Mittel, altruistisches Verhalten genetisch zu verankern, konnte nur eine sehr begrenzte Berechtigung zuerkannt werden, da die vorausgesetzten Bedingungen ihn nicht sehr wahrscheinlich machen und die Verwandtschaftsselektion immer eine Alternative darstellen wird.

Die Theorie der *Verwandtschaftsselektion* gibt eine Antwort auf die Frage, warum wir Menschen dazu neigen, unsere Verwandten günstiger zu behandeln als Nicht-Verwandte. Sie ist jedoch auf kleine Gruppen beschränkt, in denen die Wahrscheinlichkeit groß ist, daß altruistisches Verhalten ein verwandtes Individuum trifft, und kann altruistisches Verhalten nicht erklären, das sich auf nicht-verwandte Individuen richtet. Letztlich ist sie aus der Perspektive der Steigerung der Gesamtfitness eigennützig. Von daher besitzt auch das Modell der Verwandtschaftsselektion einen eingeschränkten Erklärungsanspruch.

Für den *reziproken Altruismus* konnte keine genetische Basis nachgewiesen werden. Außerdem ist seine Entstehung nur über eine Zugrundelegung der Verwandtschaftsselektion zu erklären. Eine gute empirische Basis ist für ihn nicht vorhanden. Interessant ist der Versuch, mit dem Gedanken der Reziprozität altruistisches Verhalten gegenüber Fremden und Feinden erklären zu wollen. Dies würde geschehen, um neue Freundschaften zu schließen.

Insgesamt zeigen die Modelle, daß Erklärungen, die auf dem Weg der natürlichen Selektion altruistisches Verhalten erklären wollen, phänotypischen Altruismus letztlich als genetisch eigennützig darstellen müssen[114]. In diesem Fall wäre zudem ihre Geltung vorausgesetzt, die aber nach dem oben Gesagten bestritten werden kann. Individuen, insbesondere der Mensch, scheinen rein biologisch betrachtet nicht in der Lage zu sein, sich zumal gegenüber nicht-verwandten Individuen altruistisch zu verhalten. Dies aber war genau das von uns herausgearbeitete Kriterium der Altruismusproblematik. Wir können folglich in diesem Zusammenhang von einem *Überforderungsbewußtsein* sprechen. Gruppenselektion, Verwandtschaftsselektion und reziproker Altruismus untersuchen den biologischen Menschen. Sie zeichnen ihn als ein Wesen, dessen kooperatives und altruistisches Verhalten in einer Gesellschaft nicht auf genetischer Grundlage erklärt werden kann[115]. Eine rein biologische Betrachtung des Menschen ist zu dürftig, sonst herrschen Nepotismus und ein Denken in in-group- und out-group-Kategorien vor. Kulturelle Faktoren müssen mit einbezogen werden. Wer diese

---

[114] Zur Unterscheidung zwischen phänotypischem Altruismus und genetischem Eigennutz vgl. Vogel, Moral, 206.209, der sich auf Alexander, Darwinism, zurückbezieht.

[115] Vgl. Cronk, Theories, 83, in der Besprechung von Boyd/Richerson. Cunningham, Levites, 55, sagt: "Evolutionary biology offers no theoretical mechanisms to predict the occurrence of helping offered to an unrelated person who is unlikely to reciprocate the aid. Yet it is clear that such helping occurs in other species as well as our own".

zurückweist, ist Singer zufolge ein "dogmatic fool"[116]. Schon die Überlegungen zum Gefangenendilemma zeigen, daß kulturelle Aspekte nicht außer Acht gelassen werden dürfen, denn strategische Überlegungen setzen immer schon Vernunft und Regelwissen voraus. Wir wenden uns daher im nächsten Abschnitt Theorien zu, die sich nicht auf eine genetische Basis altruistischen Verhaltens beschränken, sondern kulturelle Faktoren miteinbeziehen.

2.2.3. Einbeziehung kultureller Faktoren

In diesem Abschnitt können wir keine ausgereiften Modelle vorstellen, die kulturelle Faktoren in die Überlegungen zum Altruismus - besonders zu einem solchen Altruismus, der sich über die Verwandten hinaus erstreckt - einbeziehen, sondern müssen uns auf die Darstellung dreier Ansätze beschränken. Diese sind im Vergleich zu den vorherigen Überlegungen noch in einem Anfangsstadium der Entwicklung, so daß sie größeres Interesse und Überarbeitungen erst noch wecken müssen[117]. Es handelt sich um die Überlegungen von Dawkins, Campbell und Boyd/Richerson, die auf die Altruismusproblematik zugespitzt werden sollen[118].

Für *Dawkins* kann altruistisches Verhalten gegenüber Verwandten auf genetischer Ebene letztlich eigennützig sein, wenn es der Erhaltung oder Förderung der inklusiven Fitness dient[119]. Doch ist die "Lebensweise des Menschen in einem hohen Maße von der Kultur und weniger von den Genen bestimmt[120]. Die biologische oder genselektierte Evolution hat eine neue Art von Evolution hervorgebracht - die kulturelle Evolution, deren Replikatoren er mit "Mem" bezeichnet, die einen "Mempool" bilden[121]. Gene und Meme können sich gegenseitig verstärken, geraten aber auch in einen Gegensatz zueinander. Beide sind "egoistisch".

Diese Überlegungen verheißen interessante Schlußfolgerungen für eine memische oder genetisch-memische Evolution des Altruismus. Leider bleibt Dawkins bei diesen vorläufigen Gedanken stehen und macht keine konkreten Ausführungen darüber, wie er sich die Entstehung von wechselseitigem Altruismus vorstellt, den er ausführlich behandelt und dem er bei der Entwicklung des Menschen eine bedeutende Rolle beimißt[122]. Er möchte nicht über eine memische

---

[116] Singer, Ethics, 316.

[117] Vgl. Richerson/Boyd, Role, 213: "We still know very little about the complexities of gene-culture coevolution".

[118] Zu Dawkins und Boyd/Richerson vgl. bereits III.1.1.2.

[119] Ein Gen ist für Dawkins, Gen, 43, die "Grundeinheit des Eigennutzes".

[120] Dawkins, Gen, 193. Zum folgenden vgl. insbesondere S. 223-237.

[121] Dawkins, Gen, 227.

[122] Vgl. Dawkins, Gen, 195-221.

Evolution des Altruismus spekulieren, auch wenn er sogar die Möglichkeit eines echten, uneigennützigen, aufrichtigen Altruismus bei Menschen zugesteht[123].

Campbell[124] geht davon aus, daß die biologische Evolution Altruismus und Egoismus hervorgebracht haben kann, jedoch mit einer Tendenz zu letzterem. Um das für die komplexe menschliche Gesellschaft notwendige und kennzeichnende biosoziale Optimum zu erreichen, das auf der altruistischen Seite der Skala liege[125], bedürfe es einer sozialen Evolution zur Hebung des Niveaus des Altruismus gegenüber dem "biologischen Egoismus"[126]. Die soziale Evolution sei damit *keine* harmonische Erweiterung der biologischen Evolution, auch wenn ihre Mechanismen analog sind, sondern konfligiere mit ihr[127]. Grundlegende Aspekte der menschlichen Natur müßten durch die Entwicklung moralischer Normen überwunden werden[128]. Gerade altruistisches Verhalten über die Verwandten hinaus sei kulturell, nicht genetisch vermittelt[129]. Dabei spielten die überlieferten Religionen eine große Rolle, in denen das Wissen über eine solche Vermittlung gespeichert sei. Sie beinhalteten wichtige Lebensrezepte gerade auch für altruistisches Verhalten[130], die die Herausforderung der Selektion überlebt hätten und adaptive Optionen für menschliches Verhalten darstellten. Von daher hält Campbell an einer Theorie der kulturellen Gruppenselektion fest[131].

Die Mechanismen, die bei der Überwindung der biologischen Natur des Menschen durch die soziale Evolution beteiligt sind, bzw. eine genauere Wechselwirkung zwischen diesen beiden konkurrierenden Evolutionen werden von ihm lei-

---

[123] Vgl. Dawkins, Gen, 236.

[124] Vgl. Campbell, Conflicts. Eine gute kurze Zusammenfassung der Überlegungen Campbells findet sich bei Hefner, Factor, 192.

[125] Vgl. besonders die Skizze in Campbell, Conflicts, 1118.

[126] Campbell, Conflicts, 1115. - Ich übersetze "selfishness" in Anlehnung an die deutsche Übersetzung von Dawkins, The Selfish Gene in "Das egoistische Gen" hier mit Egoismus.

[127] Campbell, Theory, 96, betont, daß er und Boyd/Richerson, Culture, nahezu die einzigen seien, die von einem Konkurrenzmodell zwischen kultureller und biologischer Evolution ausgehen, bei dem "cultural evolution can override biological evolution and lead individuals to do things that are biologically stupid in terms of *individual* inclusive fitness". Vgl. auch Campbell, Funktion, 178.

[128] Vgl. Campbell, Conflicts, 1115.

[129] So urteilt Hefner, Factor, 192, über Campbell.

[130] Campbell, Conflicts, 1103: "recipes for living".

[131] Vgl. Campbell, Funktion, 178: "Die Betonung der Gruppenselektion ist das Kernstück meiner gesamten Argumentation". Siehe auch Boyd/Richerson, Culture, 205: "according to Campbell's argument, groups with belief systems that cause individuals within the group to cooperate effectively survive longer and produce more cultural propagules".

der nicht genannt, so daß der Vorgang der kulturellen Überformung der biologischen Natur nicht geklärt wird.

Boyd/Richerson schließen eng an Campbell an und vertreten ebenfalls das Modell einer kulturellen Gruppenselektion[132]. Ihrer Meinung nach spielt bei der Entwicklung der Kooperation die Strafe eine nicht unbedeutende Rolle[133]: Individuen kooperieren, um Strafen durch Mitglieder der gleichen Gruppe zu entgehen[134], zumal selbst die bestraft werden, die eine notwendige Bestrafung nicht vollziehen[135]: Im Hintergrund stehen die Überlegungen zur *frequency dependent bias*. D.h., Strafen werden dann erteilt, wenn man dem allgemein gebräuchlichen Verhalten zuwiderhandelt[136]. Auf diese Weise könne sich altruistisches, kooperatives Verhalten, das genetisch nicht adaptiv sei[137], auch gegenüber nicht verwandten Personen durchsetzen, beschränke sich jedoch auf die eigene Gruppe[138]. Gegenüber Mitgliedern anderer Gruppen werde nicht-kooperatives Verhalten unterstützt[139].

Zusammenfassend läßt sich sagen, daß die Kultur eine wichtige Rolle in der Altruismus-Problematik spielt. Erst kulturell vermittelt sind Individuen in der Lage, sich zu nicht-verwandten Individuen altruistisch zu verhalten. Da mit der Kultur ein neuer Aspekt in die Diskussion eingebracht wird, der die Grenzen der rein biologischen Betrachtung überschreitet und der notwendig zur Problemlösung zu gehören scheint, können wir von einem *Schwellenbewußtsein* sprechen. Die Begrenzung auf die eigene Gruppe scheint jedoch durch diese Modelle noch nicht explizit aufgehoben.

---

[132] Boyd/Richerson, Culture, z.B. 205.236.

[133] Vgl. Boyd/Richerson, Punishment.

[134] Vgl. Boyd/Richerson, Culture, 229.

[135] So der zentrale Gedanke in Boyd/Richerson, Punishment.

[136] Zum Begriff *frequency dependent bias* vgl. Abschnitt III.1.1.2.

[137] Vgl. Boyd/Richerson, Culture, 231.

[138] M.E. setzen Boyd/Richerson voraus, das die Mitglieder einer Gruppe mehrheitlich durch altruistisches oder kooperatives Verhalten geprägt sind, da sie nur dann das Konzept des *frequency dependent bias* anwenden können.

[139] Vgl. Boyd/Richerson, Culture, 238. Fremden- und Feindesliebe können in diesem Ansatz nicht erklärt werden. Boyd/Richerson sind sich jedoch bewußt, daß dies keine vollständige und verifizierte Hypothese ist.

3. Zusammenfassende Betrachtung zur Altruismusforschung in der Soziobiologie

Die Altruismusforschung in der Soziobiologie ist ein äußerst facettenreiches Unternehmen. Im folgenden versuchen wir, den systematischen Ertrag dieses Kapitels zusammenzufassen.

Grundproblem der Altruismusforschung ist die Erweiterung altruistischen Verhaltens auf genetisch nicht verwandte Mitmenschen. In diesem Kriterium der soziobiologischen Versuche, altruistisches Verhalten zu erklären, ist das *Erweiterungsbewußtsein* zu verorten, das nach dem Verhalten über den allernächsten Nächsten hinaus fragt. Ohne dieses gäbe es keine soziobiologische Diskussion zum Altruismus.

Die klassischen Theorien der Altruismustheorie, Gruppenselektion, Verwandtschaftsselektion und reziproker Altruismus, versuchen Altruismus im Rahmen darwinistischer Biologie zu erklären. Solche Ansätze werden oft als Legitimation eines naturalistischen Menschenbildes und einer reduktionistischen Deutung menschlicher Moral verstanden (vgl. M. Ruse). Doch gelingt es ihnen nicht, altruistisches Verhalten über die nächsten Verwandten hinaus zu erklären. Eine rein biologische Betrachtung des Menschen entsprach nicht dem Kriterium der Altruismus-Problematik, so daß wir von einem *Überforderungsbewußtsein* sprechen konnten: echter Altruismus ist für rein biologisch betrachtete Lebewesen nicht denkbar. Damit lassen solche Ansätze die Notwendigkeit erkennen, über rein biologische Ansätze hinaus nach weiteren Faktoren zu suchen.

Meist wird die Kultur ganz allgemein als weiterer Faktor ins Spiel gebracht. Altruismus wird als "Kultur-Altruismus" erklärt. Eine Ko-Evolution von genetischen und kulturellen Faktoren ermöglicht altruistisches Verhalten, das nicht oder nicht ausschließlich durch die "egoistische" Maxime der Fitnessmaximierung bestimmt ist. Hierher gehören Theorien über das Zusammenwirken von Genen und (kulturellen) Memen (R. Dawkins) und die "Dual-Inheritance-Theorie", die mit einer doppelten Informationsübertragung rechnet: der Überlieferung genetischer Information und kultureller Information (R. Boyd/P. Richerson). Entsprechend sieht Chr. Vogel eine biokulturelle Evolution von biogenetischen und tradigenetischen Faktoren. Zu nennen sind hier auch die Überlegungen von Ph. Kitcher und F.M. Wuketits, die für eine umfassende Integration anderer Wissensgebiete in zukünftige Lösungsmodelle zur Altruismus-Problematik plädieren.

Dieser neue Schritt auf die Ebene der Kultur kann zu dem *Schwellenbewußtsein* in Beziehung gesetzt werden, der Frage also, ob der Altruismus nicht einen Schritt auf einen neuen Menschen und eine neue Welt darstellt, die entscheidend von der Kultur geprägt sind.

Der kulturelle Faktor läßt sich noch präziser formulieren - und zwar in dreifacher Hinsicht mit Status, Vernunft und Religion als hervorgehobenen Teilen der Kultur.

Zum einen ermöglicht es die menschliche Gemeinschaft, reziproken Altruismus zu einem indirekten reziproken Altruismus auszuweiten. Ein solcher "Status-Altruismus" (R. D. Alexander) basiert darauf, daß bei einer altruistischen Handlung nicht unbedingt der Empfänger dieser Handlung selbst für Wiedervergeltung sorgt, sondern ein anderes Mitglied der Gruppe - dies in Reaktion auf die allgemeine Reputation, die ein altruistisches Mitglied erworben hat.

Desweiteren wird ein den genetischen Egoismus transzendierender Altruismus durch Vernunft möglich. "Vernunft-Altruismus" basiert darauf, daß Menschen die Fähigkeit haben, die Gleichwertigkeit der Interessen anderer Menschen zu erkennen und entsprechend zu handeln (P. Singer). Das Werk des Menschen ist ein Tätigsein gemäß der Vernunft, nicht die Maximierung von Genüberleben (P. Koslowski).

Schließlich kann man von einem "Religions-Altruismus" sprechen. Religionen speichern und tradieren das Wissen über altruistisches Verhalten, das über die Verwandten hinausgeht (D.T. Campbell).

Von theologischer Seite wird im allgemeinen ein "Kultur-Altruismus" verteidigt - erweitert um die Gedanken der Schöpfung (A. Peacocke; A. Knapp), der Gnade (D. Browning) und des ordo amoris (St. J. Pope). Die Beziehung des Menschen zu Gott verleiht dem Menschen eine unbedingte Würde - eine "Reputation" unabhängig von seinen Handlungen (vgl. den Status-Altruismus), eine Identifikationsfähigkeit mit den marginalisierten Randgruppen der Gesellschaft (vgl. den Vernunft-Altruismus). Religion verankert zudem altruistische Haltungen in "heiligen" Traditionen (vgl. den Religions-Altruismus).

Damit haben wir eine ausreichend breite Ausgangsbasis für den Vergleich mit unseren Ergebnissen aus dem exegetischen Teil dieser Untersuchung erreicht.

IV. Ergebnis der Untersuchung

In diesem Kapitel sollen die bisher getrennt voneinander betrachteten Bereiche des Liebesgebotes im Neuen Testament mit seinem Umfeld und der Altruismusforschung in der Soziobiologie in einem ersten Abschnitt in Form einer Synopse der Einzelergebnisse anhand der drei leitenden Themenkreise dieser Untersuchung aufeinander bezogen werden. Eine systematisch objektivierte inhaltliche Beziehung wird nicht angestrebt, eher ein Dialog auf dem Boden einer gemeinsamen methodischen Perspektive. Dabei wird sich herausstellen, in welchen Hinsichten es denkbar ist, von einer vorwissenschaftlichen und einer wissenschaftlichen Betrachtung ein und desselben Phänomens - allgemein gesprochen: des prosozialen Verhaltens - zu sprechen. Anschließend sollen zwei Modelle einer Verhältnisbestimmung zwischen christlicher Religion bzw. Theologie und Soziobiologie dargestellt werden, die aus der amerikanischen Diskussion stammen und in Deutschland bisher zu wenig Beachtung fanden. Es handelt sich um die Überlegungen von R. W. Burhoe und Ph. Hefner. Davon könnten Impulse für den weiteren interdisziplinären Dialog im hier behandelten Gebiet der Diskussion zwischen der Theologie und den Naturwissenschaften ausgehen.

1. Zusammenfassung der Ergebnisse aus Kap. II und III

1.1. Das Erweiterungsbewußtsein

Das *Erweiterungsbewußtsein* betrifft die Frage nach dem Adressaten der Liebe oder des altruistischen Verhaltens und die Erweiterung dieses Adressatenkreises über den allernächsten Nächsten hinaus.

Hebräische Bibel, Septuaginta und frühjüdische Schriften handeln zwar in erster Linie von der innerisraelitischen Bruderliebe, doch finden sich eine Reihe von Texten, die das Nächstenliebegebot von Lev 19,18 universal auszuweiten beginnen und die Liebe als sittliche Pflicht auch gegenüber Nicht-Juden ansehen. Bereits im Alten Testament finden wir eine Erweiterung des Liebesgebotes auf den im Land ansässigen Fremden (Lev 19,34). Dem universalistischen Verständnis wird in der Septuaginta durch die Übersetzung des Begriffes רע mit ὁ πλησίον der Boden bereitet, wenngleich in der LXX damit noch der Glaubensbruder in der hellenistischen Diaspora gemeint ist. Explizit findet sich die Erweiterung v.a. in TestIss 7,6, TestSeb 5,1 und Jub 20,2. Sogar die Liebe zu Tieren gerät in den Blick (TestSeb 5,1). Dabei ist bemerkenswert, daß diese universalen Öffnungen der Nächstenliebe sowohl im diaspora-hellenistischen wie im palästinschen Judentum möglich gewesen sind.

Das Neue Testament setzt diese Entwicklung fort. Ihren Höhepunkt findet sie in dem Gebot Jesu, die Feinde zu lieben (Lk 6,27-36 par Mt 5,43-48). Es ist der Ernstfall der voraussetzungslosen Liebe. Eine redaktionsgeschichtliche Untersuchung der synoptischen Evangelien zeigte, daß besonders Lukas die grenzüberschreitende Ausweitung des Liebesgebotes betont. Dies wird in der Perikope vom Doppelgebot der Liebe deutlich, die durch die Erzählung vom barmherzigen Samariter fortgesetzt wird. In dieser Erzählung arbeiteten wir ein doppeltes Identifikationsangebot mit dem Verwundeten und dem Samariter heraus, das jeweils auf ein erweitertes Verständnis des Adressaten der Liebe zielte und sogar den Feind einschließt. Diese Tendenz zur Ausweitung der Perspektive tauchte bereits in der programmatischen Perikope Lk 4,16-30 auf, in der zwei Heiden, die Witwe von Sarepta und der Syrer Naaman, jeweils jüdischen Gruppen entgegengesetzt werden und klar wird, daß Jesu Sendung nicht auf die Juden beschränkt bleibt.

Auch für Paulus kann die Agape nicht bei den Mitgliedern der Gemeinde haltmachen. Aus religionssoziologischen und theologischen Gründen ist sie zwar in erster Linie innerekklesiale Philadelphia, doch drängt diese über die Grenzen der Gemeinde hinaus auf die Nicht-Christen, die sogar Verfolger und Feinde der Gemeinde oder des Einzelnen sein können. Deutlich wurde dies besonders durch die Ausdehnung der Agape von der Gemeinschaft auf alle Menschen in I Thess 3,11-13 (vgl. 4,9-5,15), der betont an den Schluß der Paraklese gestellten Ermahnung, allen Gutes zu tun (Gal 6,10), und der Einbeziehung der Feinde in den Horizont der Liebe, wie es v.a. in Röm 12,9-21 (vgl. 13,8-10) - theologisch vorbereitet durch die Feindesliebe Gottes (5,10) - geschieht.

Im Jakobusbrief konnte von einem *Erweiterungsbewußtsein* nur eingeschränkt die Rede sein, da das Verhältnis von in-group und out-group nicht mit letzter Sicherheit zu bestimmen war.

Anders im johanneischen Schrifttum. Gerade im Vergleich zum Verhalten des Kosmos wird herausgestellt, daß sich die Liebe nicht auf das Eigene beschränken darf (Joh 15,18ff). Entgegen einem weitverbreiteten Urteil über das johanneische Schrifttum, das ihm eine Konventikelethik unterstellt, entspricht die johanneische Außenmoral der Binnenmoral der Gemeinde.

Insgesamt betrachtet spielt das *Erweiterungsbewußtsein* eine wichtige Rolle in den neutestamentlichen und den ihnen vorangehenden Schriften. Dies weist darauf hin, daß der Frage nach der Erweiterung des Adressatenkreises über den allernächsten Nächsten hinaus eine große Bedeutung zukam und ihr intensive Beachtung geschenkt wurde. Sie wurde dahingehend beantwortet, daß in einem überwiegenden Teil der Schriften der Nicht-Glaubensgenosse, ja sogar der Feind als Adressat der Liebe betrachtet wird.

Das Grundproblem der soziobiologischen Altruismusforschung ist die Erweiterung altruistischen Verhaltens auf genetisch nicht verwandte Mitmenschen. Wir stellten als Kriterium der Altruismus-Modelle auf, ob diese altruistisches Verhalten zu nicht-verwandten Individuen erklären können. Dieses v.a. auch beim Menschen offensichtliche Phänomen der Erweiterung des altruistischen Verhaltens über den allernächsten Nächsten und den Verwandten hinaus spielt damit eine wichtige Funktion in der Einschätzung der verschiedenen Modelle, die altruistisches Verhalten erklären wollen. Sogar die Einbeziehung von Tieren in den Adressatenkreis blitzte kurz bei der philosophischen Rezeption der Altruismusforschung durch P. Singer auf.

In beiden Bereichen, die bisher getrennt voneinander betrachtet wurden, taucht somit die Frage nach dem Adressaten der Liebe und die Erweiterung des Adressatenkreises über den allernächsten Nächsten und damit das *Erweiterungsbewußtsein* auf. Eine Beziehung kann in der Art hergestellt werden, daß prosoziales Verhalten über den allernächsten Bezugskreis hinaus in den alttestamentlichen, frühjüdischen und neutestamentlichen Schriften vorwissenschaftlich geboten wird und damit als Faktum etabliert werden soll, während in der soziobiologischen Altruismusforschung wissenschaftlich nach den Ursachen dieses faktisch vorhandenen Verhaltens gesucht wird. Beide Bereiche stehen nicht in Konkurrenz zueinander, sondern können sich aus ihrer jeweiligen Perspektive heraus gegenseitig ergänzen, da sie verschiedene Aspekte ein und desselben Verhaltens beschreiben.

1.2. Das Überforderungsbewußtsein

Das *Überforderungsbewußtsein* betrifft die Frage nach den Möglichkeiten des Menschen, der durch Gebote der Liebe oder altruistische Mahnungen überfordert zu sein scheint.

An einer Praktizierbarkeit der Liebesforderung wird in den alttestamentlichen und frühjüdischen Schriften nicht explizit gezweifelt, doch wird dieses Problem nicht eigens thematisiert.

Anders im Neuen Testament. Bei den synoptischen Evangelien erhält das Liebesgebot im Mt im Kontext der Frage nach dem Gesetz und der "besseren Gerechtigkeit" (Mt 5,17-20) einen stark fordernden Charakter. Jüdische und heidnische Gruppen werden von Mt als überfordert dargestellt, Nächsten- und Feindesliebe zu üben. Diese Frontstellung wurde besonders in der Perikope von der Feindesliebe (Mt 5,43-48) deutlich, obwohl letztlich vermutet werden konnte, daß Mt den Vorwurf an heidnische und besonders jüdische Gruppen als Spiegel für seine eigene Gemeinde benutzt.

Paulus hält grundsätzlich die Einhaltung des Liebesgebotes durch die von der Liebe Gottes bestimmten Menschen für möglich. Besonders im I Thess wird dies deutlich, in dem Paulus positiv an bereits vorhandene Verhaltenstendenzen anknüpft und das *Bewußtsein einer Überforderung* durch die Mahnung zur Liebe völlig zurückzutreten scheint. Er ist sich jedoch bewußt, daß Fehlhaltungen auftreten können. Dies zeigt sich v.a. im Kontext der Diskussion um die Sarx im Gal. Sarx besitzt dabei einen Bezug zum biologischen Erbe des Menschen, wie herausgearbeitet werden konnte. Paulus schenkt der Gefahr, nicht im Geiste zu wandeln (5,25), inhaltlich und formal besondere Aufmerksamkeit, wie an der Gegenüberstellung von "Werken des Fleisches" und der "Frucht des Geistes" in Gal 5,16-26 zwischen den Agape-Stellen 5,13-15 und 6,1f deutlich wird. Der biologisch bestimmte und der vom Geist geleitete Mensch stehen hier in einem Widerspruch.

Im Jak nimmt das *Überforderungsbewußtsein* eine zentrale Stellung ein. Die Gemeinde ist durch ein unsolidarisches Fehlverhalten charakterisiert, das sich in innergemeindlicher Parteilichkeit zugunsten der Reichen ausdrückt. Diese Tendenzen möchte der Jak in Form eines Korrekturschreibens überwinden.

Im johanneischen Schrifttum schließlich wird an der literarischen Figur des Petrus (vgl. Joh 13,1-20.36-38; 21,15-19) und am Kainsbeispiel (I Joh 3,11f) der schwierige Umgang mit dem Liebesgebot dargestellt. Die Überforderung scheint von grundsätzlicher Natur zu sein, da mit der Person des Petrus eine der wichtigsten Figuren der Gemeinde als Beispiel ausgewählt wurde.

Trotz einer insgesamt positiven Einstellung in bezug auf die Praktikabilität des Liebesgebotes werden also offenkundige Vorbehalte v.a. in den neutestamentlichen Schriften deutlich. Dies weist auf ein differenziertes Verständnis des Umgangs mit dem Liebesgebot hin. Auch der Mensch wird in seinen vielfältigen Perspektiven und Beziehungen gesehen, die die Einhaltung des Liebesgebotes ermöglichen oder erschweren.

In der soziobiologischen Altruismusforschung wurden verschiedene Modelle untersucht, die altruistisches Verhalten allein auf eine genetische Basis zurückführen wollten (Verwandtschaftsaltruismus, reziproker Altruismus). Diese rein biologischen Betrachtungen konnten aber nicht nur das Kriterium der Altruismus-Problematik nicht erfüllen, altruistisches Verhalten zu nicht-verwandten Personen zu erklären, sondern waren auch in sich problematisch. Daran zeigt sich, daß Organismen und insbesondere der Mensch rein biologisch betrachtet überfordert sind, sich über den engen Verwandtschaftskreis hinaus altruistisch zu verhalten. Es konnte daher von einem *Überforderungsbewußtsein* besprochen werden.

Besonders bemerkenswert ist die Nähe dieser Feststellung innerhalb der soziobiologischen Altruismus-Forschung zu den Aussagen des Paulus im Galaterbrief. Beidemale wird deutlich, daß eine rein biologische Betrachtung des Menschen unvollständig ist. Sie kann weder prosoziales Verhalten in einem vorwissenschaftlichen Kontext motivieren noch dieses wissenschaftlich erklären. Der biologische Mensch besitzt in beiden untersuchten Bereichen sehr eingeschränkte Möglichkeiten zu altruistischem, liebendem prosozialen Verhalten.

1.3. Das Schwellenbewußtsein

Das *Schwellenbewußtsein* betrifft die Frage, ob die Liebe oder der Altruismus nicht einen Schritt auf einen neuen Menschen und eine neue Welt zu darstellen.

In den alttestamentlichen und frühjüdischen Schriften ist es wiederholt der Geist Gottes im Menschen, der die Nächstenliebe überhaupt ermöglicht, so daß wir von einem neuen Menschen und damit von einem *Schwellenbewußtsein* sprechen können.

Das Neue Testament setzt im allgemeinen diese Tendenz fort. In allen Schriften wird das Bewußtsein des Vorhandenseins eines neuen Menschen und einer neuen Welt deutlich, die an Gottes Reich oder Geist partizipieren. In einigen Schriften wird dieser Gesichtspunkt im Vergleich zu den anderen beiden dargestellten Aspekten besonders betont.

Dazu zählt in erster Linie Mk, bei dem Aussagen vom nahegekommenen Reich Gottes, das die Welt verändert und verändern wird, direkt mit dem Liebesgebot verbunden sind, wie es v.a. in der Perikope vom Doppelgebot der Liebe geschieht (Mk 12,28-34). Das Liebesgebot muß dabei aus der Perspektive der Basileia-Gottes-Predigt Jesu als Handlungsprinzip interpretiert werden, wie es in der programmatischen Perikope Mk 1,14f zum Ausdruck kommt. Der radikalen Zuwendung des eschatologisch handelnden Gottes zum Menschen muß eine ebenso radikale Zuwendung des Menschen zum Menschen und zu Gott entsprechen.

Paulus ermuntert die Glaubenden, ihr Verhalten in einer jeweiligen Situation anhand des Liebesgebotes selbst zu prüfen. Dabei appelliert er an die ihnen eigene Einsicht, die durch die Agape Gottes bestimmt wird, an der die Glaubenden pneumatisch partizipieren. Durch diese Liebe von innen heraus bestimmt, in Paulus Worten als "neue Kreatur" (II Kor 5,17), d.h. als neuer Mensch im Sinne des *Schwellenbewußtseins*, ist die Erfüllung des Liebesgebotes möglich. Dies bildet einen durchgehenden Zug aller untersuchten Briefe, wird aber im I Thess besonders deutlich. Hier werden die Abschnitte über die Auferstehungsproblematik und den Zeitpunkt der Parusie (4,13-18; 5,1-11) durch Aussagen zur Agape (4,9-12; 5,12-15) gerahmt: die "neue Welt" und der "neue Mensch" sind in die Agape eingebettet.

Jak führt zur Überwindung der Parteilichkeit und der Statusunterschiede drei Begründungen an, die eng miteinander verknüpft sind: die Rückerinnerung an die Taufe (anthropologische Begründung), den Hinweis auf das kommende Gericht (eschatologische Begründung in einem kosmischen Rahmen) und die Grundlegung des menschlichen Seins und Handelns in Gott (theologische Begründung). Alle drei erlauben es, von einem *Schwellenbewußtsein* zu sprechen.

Das johanneische Schrifttum bleibt nicht bei der Darstellung des Petrus als Beispiel für den schwierigen Umgang mit dem Liebesgebot stehen. Der Verleugner Petrus wird durch die dreifache Frage nach seiner Liebe zu Jesus aus seinem erneuten Fischerdasein herausgerufen, restituiert und zum Hirten eingesetzt (Joh 21,15-19). Damit wird eine grundsätzliche Veränderung für Petrus angezeigt, der vom Fischer zum Hirten und so zu einem neuen Menschen mit neuen Aufgaben wird. Auch in den johanneischen Briefen überschreitet die Liebe eine Schwelle, und zwar die vom Tod zum Leben (I Joh 3,14), und schafft einen "neuen" Menschen. In diesem Motiv des Übergangs aus einem alten Zustand in einen neuen, von Gott gewirkten Zustand drückt sich das *Schwellenbewußtsein* deutlich aus.

Die Beziehung zu Gott, der die Welt und den Menschen verändern kann, bildet damit einen grundsätzlichen Zug der neutestamentlichen, aber auch schon der alttestamentlichen und frühjüdischen Schriften. Erst durch Gott ist der Mensch nicht mehr in der von ihm geforderten Liebe über den engen Kreis der allernächsten Nächsten hinaus überfordert.

In der soziobiologischen Altruismusforschung wird das Kriterium, altruistisches Verhalten auch gegenüber nicht-verwandten Individuen zu erklären, nur durch Modelle erfüllt, die kulturelle Aspekte miteinbeziehen. Auch wenn diese Modelle erst noch in einem Anfangsstadium der Entwicklung stehen, wird in diesem Schritt zur Einbeziehung der Kultur das *Schwellenbewußtsein* deutlich: eine rein biologische Betrachtung des Menschen ist unzureichend, erst nach Überschreiten der Grenze zwischen biologischer und kultureller Evolution läßt sich altruistisches Verhalten zu nicht-verwandten Individuen erklären.

Eine Beziehung zwischen den beiden Bereichen ist hier sehr deutlich zu sehen. Beidemale wird eine Ebene durch eine andere ergänzt, um ein bestimmtes Verhalten hervorrufen oder erklären zu können. Außerdem kann die Religion als der Teil der Kultur angesehen werden, der altruistisches oder liebendes Verhalten über den allernächsten Nächsten hinaus fordert und ermöglicht. Damit aber sind wir bereits bei einem der beiden Modelle der Verhältnisbestimmung zwischen Soziobiologie und Religion bzw. Theologie angelangt, die im nächsten Abschnitt vorgestellt werden sollen.

2. Modelle einer Verhältnisbestimmung zwischen christlicher Religion bzw. Theologie und Soziobiologie

In diesem letzten Abschnitt der vorliegenden Untersuchung wollen wir zwei Modelle darstellen und diskutieren, die sich mit dem Verhältnis zwischen christlicher Religion bzw. Theologie und Soziobiologie beschäftigen. Damit werden in Deutschland kaum bekannte Impulse aus der amerikanischen Diskussion aufgegriffen. Es handelt sich um die Ansätze der Theologen R. W. Burhoe und Ph. Hefner, die an unterschiedlichen theologischen Hochschulen in Chicago/USA lehrten bzw. lehren[1]. Sicherlich wäre es möglich, noch andere Beziehungsmodelle aufzustellen[2], wir beschränken uns jedoch auf diese beiden Ansätze, da sie sich explizit auf die Altruismus-Problematik der Soziobiologie beziehen. Wir werden jeweils zuerst ihre Aussagen zum Altruismus darstellen, diese in ihren jeweiligen theoretischen Gesamtansatz einordnen und schließlich kritisch betrachten. Auf diese Weise hoffen wir, diese Impulse aus dem amerikanischen Raum für den deutschen Dialog fruchtbar machen zu können[3].

2.1. R. W. Burhoe: Eine funktionale Analyse der Religion

2.1.1. Burhoes Lösungsvorschlag zur Altruismus-Problematik: Ko-Adaptation zwischen Genotyp und Kulturtyp und die Rolle der Religion

a) Ein Symbiose-Modell

Burhoe ist ein Vertreter derjenigen Position, die zur genetischen Regel macht, daß die natürliche Selektion miteinander konkurrierender Allele keinen sozialen

---

[1] Burhoe ist Prof. emeritus der Meadville/Lombard Theological School, einer Hochschule der Unitarian Universalist Association, die mit der Divinity School der Universität von Chicago verbunden ist. Er gewann den "Templeton Prize for Progress in Religion" im Jahre 1980. Hefner ist systematischer Theologe an der Lutheran School of Theology at Chicago, die ebenfalls mit der Universität von Chicago verbunden ist, und Direktor des Chicago Center for Religion and Science, das u.a. durch Burhoe im Jahre 1988 ins Leben gerufen wurde.

[2] Vgl. die Darstellung der verschiedenen Möglichkeiten des Verhältnisses zwischen Theologie und Naturwissenschaften durch Barbour, Ways.

[3] Mortensen, Theologie, geht in seiner umfassenden Darstellung des Dialogs zwischen Theologie und Naturwissenschaft kurz auf beide Theologen ein. Insbesondere Burhoe ist seiner Meinung nach ein Vertreter einer neonaturalistischen Theologie, die in Europa praktisch unbekannt, in den USA aber sehr einflußreich sei. Ich werde beide Positionen ausführlicher und unter Berücksichtigung neuerer Veröffentlichungen darstellen, um ein eingehenderes Verstehen zu ermöglichen. Eine englische Version meiner Überlegungen zu Burhoe findet sich in Meisinger, Proposals.

Altruismus innerhalb einer Art hervorrufen kann, der über nahe Verwandte hinausgeht[4]. Gene sind "inherently selfish"[5] und können nicht zu anderen Erfordernissen gezwungen werden, als zu denen, die ihnen innewohnen - nämlich: "survival of the genetic line"[6]. Damit scheint die Frage, ob altruistisches Verhalten über verwandte Organismen hinaus eine genetische Grundlage haben könne, mit "Nein" beantwortet zu sein. Diese vorschnelle Antwort wird Burhoes Lösungsvorschlag jedoch nicht gerecht[7].

Burhoe nimmt seinen Ausgangspunkt beim Neo-Darwinismus[8] und der biochemischen Evolution, fügt dem jedoch eine Hypothese über Mechanismen für eine davon unabhängige soziokulturelle Evolution hinzu, wofür ein symbiotisches Modell Pate gestanden hat.

Unter Symbiose versteht Burhoe "the mutual adaptation of different kinds (species) of creatures to provide by their mutual contributions a resulting ecosystem giving more viability to each of the component species than would be possessed by any one of them alone"[9].

In diesem Fall wird die unmöglich scheinende genetische Fundierung sozialer Kooperation über natürliche Selektion ebenso unterwandert, wie dies auch bei der Verwandtschaftsselektion der Fall ist. Doch liegen unterschiedliche Mechanismen zugrunde. Bei der Verwandtschaftsselektion geht es um einen genetischen Gewinn derjenigen Gene, die jenen Phänotypen zugrundeliegen, die zusammenarbeiten, um eine gemeinsame genetische Linie zu verstärken oder zu verlängern. Anders beim Symbiose-Modell: Hier sind zwei verschiedene Arten beteiligt, zwischen denen es nicht zu einem intraspezifischen Wettkampf kommt, da sie genetisch verschieden sind. Außerdem bleibt der interspezifische Wettkampf aus, da die beiden Arten verschiedenen ökologischen Nischen angehören. Dies eröffnet den Genen jeder der getrennten Arten die Möglichkeit, innerhalb ihrer selbst um eine verbesserte interspezifische Anpassung zu wetteifern, um eine möglichst effektive Zusammenarbeit auf der Ebene der symbiotischen Gemein-

---

[4] Vgl. Burhoe, ST (Civilization), 162.

[5] Burhoe, ST (Evolution), 208.

[6] Burhoe, ST (Civilization), 163.

[7] Vgl. für die sich anschließende Darstellung bes. Burhoe, ST (Civilization), 161-179, und ST (Evolution), 206-217. Viele seiner Überlegungen verdankt Burhoe Alfred E. Emerson, vgl. besonders Emerson, Homeostasis, 129-168. Dort finden sich die grundlegenden Gedanken Burhoes vorabgebildet. Auch Williams, Adaptation, ist für Burhoes Ansatz wichtig (vgl. Burhoe, ST (Civilization), 161-163). Meine Ausführungen werden - analog zu denen Burhoes - oft auf einer metaphorischen Sprachebene liegen. Dies ist besonders zu beachten, wenn es so klingt, als haben Gene bestimmte Intentionen.

[8] Eine ausführliche Darstellung verschiedener Evolutionstheorien findet sich bei Wuketits, Evolutionstheorien.

[9] Burhoe, ST (Civilization), 166.

schaft zu erzielen. Der Idealfall tritt dann auf, wenn eine völlige Interdependenz und Kooperation der beiden Arten erreicht wird, woraus beide wechselseitigen Nutzen ziehen. Diese Anpassung bezeichnet Burhoe als "symbiotic reciprocal cooperation"[10], die der natürlichen Selektion unterliegt und in der DNA gespeichert ist - also eine genetische Grundlage besitzt.

Burhoe modifiziert dieses Modell entscheidend. Er greift Ergebnisse von Wissenschaftlern auf, die sich mit dem biologischen Leben unter dem Gesichtswinkel von Systemtheorien befassen[11]. "Lebende Systeme" befinden sich in einem metastabilen Gleichgewicht außerhalb eines thermodynamischen Gleichgewichts. Die Anleitung dazu kann nur teilweise dem genetischen Code entstammen. Lebende Organismen hängen im Hinblick auf lebenerhaltendes Verhalten ebenfalls von Information ab, die nicht in den Chromosomen gespeichert ist. Die Erhaltung und Entwicklung dieser komplexen Systeme hängt von der Interaktion zwischen verschiedenen hierarchischen Ebenen ab, die das jeweilige System beschreiben[12]. Burhoe schreibt dazu:

"Not only is the physical or organic environmental ecosystem of an organism full of 'information' with which genetic information interacts and becomes coadapted, but there is a special division of man's environment which is structured by 'culture' in the anthropologic sense of that term. Human culture is so packed with necessary information for life that the gene pool of *Homo* must have become inviable apart from it at least as far back as when we became dependent on the social transmission of hunting-and-gathering lore and technologies"[13].

Kulturelle Information ist essentiell für das Leben unserer Art - wir brauchen nur an die vielen ökologischen Nischen zu denken, die wir allein dank kultureller Errungenschaften erschließen konnten[14].

Das Problem, daß auf genetischer Basis kein altruistisches Verhalten verankert sein kann, welches über eine Förderung der inklusiven Fitness hinausgeht, sieht Burhoe durch seinen Ansatz transzendiert. Seine Hypothese lautet, daß es eine vom Menschen unabhängige neue Art an lebendiger Kreatur gibt, an die sich der Mensch in einem symbiotischen Verhältnis anpassen muß - das "sociocultural system"[15]. Dieses ist nur teilweise vom menschlichen Genpool programmiert und

---

[10] Burhoe, ST (Civilization), 168. Williams, Adaptation, 92-124, vgl. z.B. 97, bezeichnet eine solche symbiotische Evolution innerhalb eines Ökosystems als "biotische Evolution" im Gegensatz zur "organischen Evolution".

[11] Vgl. Burhoe, ST (Civilization), 169-172.

[12] Vgl. Burhoe, ST (Civilization), 171f. Er bezieht sich auf Pattee, Theory.

[13] Burhoe, ST (Civilization), 172.

[14] Vgl. Gehlen, Mensch, bes. 38f und 80. Der Mensch, charakterisiert durch seine "Weltoffenheit"(S. 38), ist "von Natur ein Kulturwesen"(S. 80).

[15] Burhoe, ST (Civilization), 174. Er spricht auch von einem "sociocultural organism" (ST, Evolution, 209) oder einem "societal organism" (ST, Civilization, 173). Manchmal

besteht in seinen entscheidenden Elementen aus nichtgenetischer oder epigenetischer kultureller Information, die er in Anlehnung an den Begriff "Genotyp" mit
"Kulturtyp"[16] bezeichnet:

"Culturetypes and their expression in sociocultural organisms are an independent
'species' of living substance symbiotic with populations of *Homo* - selected inde-
pendently because the units of selection, while dependent upon a human population, are not dependent upon any particular human population"[17]. Neu an diesem
symbiotischen Modell, das sich speziell auf den Menschen bezieht, ist, daß der
soziokulturelle Organismus als einer der symbiotischen Partner in der kulturellen
Information seine wichtigste und von der DNA unabhängige Quelle besitzt. Daraus folgert Burhoe, daß, "if individual ape-men are bonded by the coadaptation
of their genes in a symbiotic service to a sociocultural organism that is also an
evolving system of living substance independent of any particular human genotypes and yet that binds its anthropoid population to serve it in exchange for reciprocal benefits provided by the species-specific behaviors selected in the coadaptation"[18], dann verschwindet das Problem, menschlichen (reziproken) Altruismus
zu erklären. Denn menschliches Verhalten kann im Rahmen des Symbiose-Mo-
dells als genetisch produzierte Reziprozität mit einem Gebilde einer völlig anderen Art - dem soziokulturellen Organismus - erklärt werden[19].

Ich möchte etwas genauer auf den soziokulturellen Organismus und auf das Verhältnis, in dem der Mensch zu ihm steht, zu sprechen kommen.

Der soziokulturelle Organismus entstammt Burhoe zufolge einem neuen leben-
digen Reich, das von den tierischen oder pflanzlichen Reichen der Biologie verschieden ist. Er ist ein "Parasit"[20], der von menschlichen Individuen abhängt, wie
diese umgekehrt von ihm abhängen. Wir leben in ihm, und er lebt in uns - nämlich im Gehirn als dessen Informationsspeicher[21]. Getrennt vom soziokulturellen
Organismus verliert das menschliche Individuum seine Menschlichkeit und wird
zu einem hilflosen Hominiden, lebensunfähig in einer nichtkultivierten Umwelt.
Sein wichtigstes Element ist die kulturelle Information oder der "Kulturtyp", der

benutzt er den Plural, meist jedoch den Singular, was er in ST (Civilization), 181, begründet. Ich halte es daher für gerechtfertigt, nur den Singular zu gebrauchen.

[16] Burhoe, ST (Civilization), 182, und ST (Evolution), 209.

[17] Burhoe, ST (Evolution), 209. Vgl. bes. ST (Civilization) 173-185. Dort wird diese
Aussage ausführlich behandelt.

[18] Burhoe, ST (Evolution), 211.

[19] Somit kann altruistisches Verhalten gegenüber Nicht-Verwandten indirekt auf eine
genetische Prädisposition zurückgeführt werden. Eine kritische Genfrequenz ist nicht
erforderlich (vgl. Burhoe, ST (Evolution), 222).

[20] Vgl. Burhoe, ST (Civilization), 182, und ST (Evolution), 211.

[21] Vgl. Burhoe, ST (Civilization), 179f. Zur Rolle des Gehirns vgl. den folgenden Abschnitt.

"shapes the specific characteristics of a sociocultural organism - its particular language, technologies, rituals, ... etc."[22] Er ist ein Analogon zum Genotyp, unterliegt wie dieser einer Art natürlicher Selektion nur mit anderen Mechanismen, die aber zur Zeit noch nicht bekannt seien[23].

Der Mensch unterliegt in seinem Verhalten somit gleichzeitig zwei quasi-unabhängigen Informationssystemen: Dem Genotyp und dem Kulturtyp. Aufgrund letzterem ist es möglich, daß ein Mensch sogar für seine kulturellen Geschwister sein Leben riskiert - und nicht nur für seine genetischen Geschwister: "Insofar as the cultural brother is an identical twin in the 'value core' of his culturetype, and to the degree that under the circumstances the culturetype is operative in determining one's behavior, to that extent one can expect motivation for such extremes of altruism as have not been seen, Wilson points out, since the first phylogenetic peak of altruism"[24].

Genotyp und Kulturtyp können jedoch nicht aneinander vorbei menschliches Verhalten bestimmen, sie müssen im Verhältnis einer "mutually optimal 'symbiotic' adaptation"[25] stehen - einem Zustand, den Emerson als "dynamic homeostasis"[26] bezeichnet. Dazu bedarf es eines kybernetischen Kontrollsystems - eine Rolle, die Burhoes Meinung nach die Religion einnimmt.

b) Religion als kybernetischer Mechanismus[27]

Jedes Lebewesen besitzt "basic values"[28], die Burhoe zufolge durch Information aus dem Genotyp bestimmt sind. Beim Menschen kommt eine zweite Natur dazu,

---

[22] Burhoe, ST (Evolution), 213. Vgl. ST (Civilization), 183.

[23] Burhoe vergleicht den Stand der Forschung in diesem Bereich mit dem im Bereich der Genforschung vor etwas mehr als einem halben Jahrhundert (vgl. Burhoe, ST (Evolution), 213).

[24] Burhoe, ST (Evolution), 216. Theißen, Legitimitätskrise, 64, spricht in bezug auf die Übertragung von Verwandtschaftsbegriffen wie "Bruder" oder "Schwester" aus dem biologischen Bereich in den kulturellen von einem "Wortgeschehen", das die Wirklichkeit verändert und bei dem die Ausweitung von Begriffen und Verhalten Hand in Hand gehe. Vgl. auch Theißen, Glaube, 179, und Monod, Zufall, 117-123, zur Bedeutung der Symbolfähigkeit des Menschen.

[25] Burhoe, ST (Civilization), 184. Er läßt jedoch wiederholt anklingen, daß es in erster Linie um die Befriedigung des Genotyps geht (vgl. ST (Evolution), 224). Alexander, Biology, 24, denkt in eine vergleichbare Richtung: "The often-used axis of genetic *versus* cultural, in respect to human behavior, is inappropriate." Anders als bei Campbell und Boyd/Richerson stehen sich in diesem symbiotischen Modell Natur und Kultur nicht gegenüber. Vgl. III.2.2.3.

[26] Emerson, Homeostasis, 129; vgl. 142.

[27] Vgl. bes. Burhoe, ST (Potentials), 30-35; ST (Civilization), 185-196; und ST (Evolution), 217-228.

der Kulturtyp, der ebenfalls "basic values" besitzt, die nicht immer mit denen des Genotyps übereinstimmen müssen. Die Koadaptation unterliegt einer Bedingung. Der grundsätzliche Wert des Genotyps - die Steigerung der inklusiven Fitness - kann nicht umgangen oder aufgehoben werden. D.h., "the culturetypically transformed prescriptions ... of what to do that did not immeatelly satisfy the genetic norms of the lower brain structures had to be 'explained' as somehow ultimately fulfilling the implicit goals of the genotype"[29]. Der Statistik-Begriff spielt dabei eine nicht unbedeutende Rolle[30]. Durch die Koadaptation zwischen Genotyp und Kulturtyp muß die Chance für das Weiterbestehen einer individuellen genetischen Linie statistisch gesehen mindestens so groß sein, wie es in einer primitiven Verwandtschaftsgruppe der Fall ist, deren Verhalten vom Genotyp gesteuert wird.

Zur Koordinierung der Koadaptation dieser beiden Wertesysteme - so Burhoes Hypothese - bildeten sich die Religionen heraus. Ohne sie war eine Koadaptation unmöglich. Gelang sie mit Hilfe einer Religion auch nicht, wurde der Kulturtyp - und damit die Religion als einer seiner Teile - negativ selektiert. Damit unterliegen Religionen Burhoes Überlegungen zufolge einer Selektion, und religiöse Weisheit ist ein Produkt der Evolution der Natur[31].

Wenden wir uns der Frage zu, warum gerade die Religionen für Burhoe die Vermittlungsinstanzen darstellen. Dazu müssen wir uns zuerst mit Untersuchungen beschäftigen, die von der Funktion und dem Aufbau des Gehirns handeln[32].

Hoaglands Analyse zufolge ist das Gehirn in erster Linie ein Instrument, das sich in der biologischen Evolution herausgebildet hat, um dem Überleben seines Besitzers zu dienen[33]. Seine primäre Funktion sei die Synthese von Außenwahrnehmungen zu sinnvollen Konfigurationen, damit der Organismus effektiv antworten kann. Zudem übernehme der Neokortex die Rationalisierung von Trieben und Wünschen, die in den älteren, in den letzten 50 Millionen Jahren unverändert gebliebenen Teilen des Gehirns entstehen. Ein religiöser Glaube sei ebenfalls ein

---

[28] Burhoe, ST (Evolution), 217. Unter "Werten" versteht Burhoe Informationsstrukturen, die die Ziele unseres Verhaltens bestimmen. Diese sind hierarchisch organisiert - auf unteren Ebenen ist allgemeinere Information zu finden, zentrale, religiöse Werte bilden die Spitze der Pyramide. Burhoe sieht sie in Begriffen wie "Leben" oder "Überleben" repräsentiert. Sie können wissenschaftlich herausgearbeitet werden (vgl. Burhoe, ST (Potentials), 30-35, und ST (Evolution), 217).

[29] Burhoe, ST (Evolution), 224.

[30] Vgl. Burhoe, ST (Civilization), 188f.

[31] Burhoe, ST (Evolution), 225, schreibt: "The religious stories or myths had to be 'true' in basic consequences for life and became so by the natural selection of culturetypes along with genes. Thus religious wisdom became sacred, and the gods were real."

[32] Vgl. dazu Burhoe, ST (Civilization), 157-161.

[33] Hoagland, Brain, 140-157.bes. 152-157.

Produkt des Gehirns: er sei ein Überlebensmechanismus, der versuche, dem Universum einen Sinn abzugewinnen.

Strukturiert ist das Gehirn auf zweifache Weise. Einmal von innen nach außen durch den genetischen Code, zum anderen von außen nach innen durch all die Information, die aus der Umgebung empfangen wird. Pugh[34] unterscheidet zwischen 'primären' und 'sekundären' Werten, die im Gehirn als der zentralen Einheit unseres Entscheidungssystems zusammengefaßt werden.

Besonders wichtig sind die Arbeiten MacLeans[35]. Ihm zufolge ist das Gehirn aus drei Schichten aufgebaut, die sich in verschiedenen Perioden der Evolution herausbildeten und in wechselseitiger Beziehung stehen.

Das "Reptilienhirn" ist der älteste Teil. Es ist die Basis grundlegender Mechanismen für automatisches oder instinktives Verhalten, um das Überleben zu sichern, und ritueller, vorsprachlicher Kommunikation. Die nächste Schicht ist das "ältere Säugetierhirn". Seine Funktion ist der Empfang und die Verarbeitung von äußerer und innerer Information. Diese werden subjektiv als Gefühle erfahrbar. Die dritte Schicht, der "Neokortex" oder das "jüngere Säugetierhirn", "hatte zunächst die Funktion einer Steigerung der Flexibilität des Verhaltens durch die Verarbeitung und Speicherung von Information aus der Außenwelt"[36]. Seine entwickeltste Form liegt beim Menschen vor. Diese drei Schichten stehen in einem Interaktionszusammenhang mit "dual-direction cybernetic feedbacks"[37].

In Burhoes Theorie ist der Neokortex der Ort, an dem die Forderungen des Genotyps und des Kulturtyps zu einer einheitlichen Aussage verknüpft werden, wobei die genetischen Erfordernisse hauptsächlich dem Reptilienhirn entstammen[38]. Erst aufgrund der Entwicklung des Neokortex kann eine soziale Kooperation mit nicht-verwandten Organismen der gleichen Art entstehen.

Jetzt sind wir mit dem nötigen Vorwissen ausgestattet, die Vermittlerrolle der Religion zu erklären, wie sie Burhoe sich vorstellt.

Burhoe nennt vier Stadien der religiösen Evolution: (1) das Ritual, (2) den Mythos, (3) die Theologie und (4) die "scientific theology"[39]. Der entscheidende

---

[34] Pugh, Values, 2-24.

[35] MacLean, Gap, 113-127. Vgl. Oeser, Psychozoikum, 79-82. Hier kann nur das Allerwichtigste kurz zusammengefaßt werden.

[36] Oeser, Psychozoikum, 81.

[37] Burhoe, War, 453.

[38] Vgl. Burhoe, ST (Civilization), 160f, und Burhoe, War, 452f.

[39] Burhoe, Lord, 319. Ich kann an dieser Stelle nur auf die Bedeutung des Rituals eingehen. Den Mythos bespricht Burhoe in ST (Evolution), 224-227, die Theologie in Lord, 319-321. Zum vierten Stadium vgl. den nachfolgenden Abschnitt. Alle Stadien hängen insofern miteinander zusammen, als die späteren auf den früheren aufbauen (vgl. Burhoe, War, 451).

Punkt seiner Argumentation ist, daß das religiöse Ritual auf der Ebene des Reptilienhirns ansetzt und damit von allen Teilen der Kultur die größte Nähe zu einem Segment besitzt, das zum größten Teil genetisch determiniert ist[40]: "The power of religion to motivate behavior comes from its contact with the basic motivational mechanisms of our earliest and most basic or genetic nature"[41].

Über diese ursprüngliche Verbindung ist die Religion auch in ihren anderen Ausdrucksformen immer der Teil der Kultur, der zwischen ihren und den genetischen Erfordernissen vermittelt. Nur durch sie kann es zu altruistischem Verhalten über genetisch Verwandte hinaus, dem "trans-kin altruism" kommen. Sie ist *der* wesentliche Bestandteil des soziokulturellen Organismus: Da es zu jeder Zeit einer Vermittlung und Koadaptation zwischen den grundlegenden Werten des Genotyps und des Kulturtyps bedarf, um eine Gesellschaft intakt zu erhalten, denn nur in einer solchen kann der Mensch überleben, sind "religions or some functionally equivalent cultural agencies ... essential for any civilization at any stage, including ours, since, beginning with their genetically based rituals and on through myths and theologies, they are the cultural source of coadapted basic values which motivate that genetically selfish ape-man to serve his symbiotic sociocultural organism"[42].

Drei Punkte sollen festgehalten werden, die im Hinblick auf den nächsten Abschnitt von Bedeutung sind:

1. Homo sapiens sapiens ist immer auch Homo sapiens religiosus[43].

2. Religionen, die bisher ihre Rolle als Vermittlungsinstanzen erfüllt haben, sind Trägerinnen von essentiellem Wissen für den Menschen[44].

3. Auch in unserer Zeit muß eine Religionsform existieren, die die Vermittlungsleistung erfüllen kann, um unsere Gesellschaft am Leben zu erhalten.

Nachdem wir die Funktion der Religion bei der Entstehung von trans-kin Altruismus dargestellt haben, können wir uns der Herleitung und Entfaltung von Burhoes Programm einer 'scientific theology' zuwenden.

---

[40] Vgl. Burhoe, War, 452.454. Zur Bedeutung des Rituals für die Religion vgl. Wallace, Religion, z.B. 102 ("THE PRIMARY PHENOMENON of Religion is ritual.") und bes. 216-270. Ebenso vgl. d'Aquili/Laughlin, Determinants, und d'Aquili, Bases.

[41] Burhoe, ST (Civilization), 190.

[42] Burhoe, ST (Evolution), 227. Zur Frage funktional äquivalenter Vermittlungsinstanzen vgl. Burhoe, War, 456-458 (Überschrift des Abschnitts: "The Relation of Religion and Civil Government"), und Burhoe, Lord, 345 ("In general the sociocultural value-transmitting institutions had their origins in religions.").

[43] Vgl. Burhoe, Lord, 344.356, und Burhoe, Nature, 20.

[44] Vgl. auch Campbell, Conflicts, z.B. 1103.

2.1.2. Konsequenzen für eine Religion in einem naturwissenschaftlich geprägten Zeitalter - Burhoes Programm einer 'Scientific Theology'

a) Die gegenwärtige Krise der Religion und die Notwendigkeit der 'Scientific Theology'

Die explosionsartige Entwicklung der Naturwissenschaften seit dem 16. Jahrhundert hat dazu geführt, daß auf einer kognitiv-intellektuellen Ebene religiöse Traditionen immer weiter an Gewicht verloren[45]. Diesen Glaubwürdigkeitsverlust leitet Burhoe aus der Unfähigkeit ab, adäquate Interpretationen der versteckten Weisheiten alter religiöser Traditionen im Lichte neuer kognitiver Schemata zu finden. Trotz eines wachsenden Bedürfnisses nach Religion in einer zunehmenden Wertekrise, die sich vor allem in einer Instabilität und Orientierungslosigkeit der Gesellschaft ausdrücke, die in erster Linie durch die moderne, von den Naturwissenschaften sich ableitende Technologie hervorgerufen worden seien, hätten die traditionellen Religionen an Kraft verloren. Auf der rationalen Ebene sei die Integrationsfähigkeit der Religion gesunken, die wichtig wäre für das Funktionieren der Gesellschaft unter den Bedingungen eines naturwissenschaftlichen Weltbildes: "Religion, continuing to be explained in the vocabulary and thought forms of Hellenistic and medieval Christianity, seems to be increasingly incredible in an ever more secular world, and it has left the growing and scientifically enlightened secular world with inadequate meaning, hope, morals, and morale as foundation stones for personal, national, or international living"[46]. Um diesen für das "spaceship Earth"[47] gefährlichen Zustand zu überwinden, bedarf es Burhoe zufolge einer effektiveren Religionsform, als sie die christliche Theologie darstellt[48]. Diese neue Religion müsse das Erbe der älteren im Lichte gegenwärtiger Naturwissenschaft interpretieren, um auf intellektueller Ebene eine Integration verschiedener Kulturen - der "human-value culture" und der

---

[45] Burhoe, ST (Evolution), 220: "There has been lost a needed conviction or faith in a system of transhuman powers that define our meaning and destiny and sanction our loyalties and morals in our sociocultural organism. Lost also is the equally necessary belief concerning the salvation of our souls in the end, if we behave properly." - Zum folgenden vgl. vor allem Burhoe, Lord, 321-333.

[46] Burhoe, War, 459. Vgl. auch ST (Evolution), 221f.

[47] Burhoe, Lord, 324.

[48] Vgl. Burhoe, Lord, 319-321. Hier wird ersichtlich, warum er so großen Wert auf die Rationalisierung legt, denn ohne sie wäre es gar nicht zu diesem dritten Stadium der Religion gekommen. Das emotionale Element wird deswegen nicht geleugnet (vgl. auch Burhoe, Lord, 326, und ST (Steps), 57f.) Zur Einordnung Burhoes in den amerikanischen Dialog zwischen Theologie und Naturwissenschaft nach dem Zweiten Weltkrieg vgl. Gilbert, Complementarity. Godbey, Perspective, beschäftigt sich mit Burhoes intellektuellen Quellen in der Chicago School und in H. N. Wieman.

"scientific-technology culture"[49] - zu ermöglichen. Deren bisherige Trennung sei in entscheidendem Maße für die Wertekrise verantwortlich, und gerade auf intellektueller Ebene sei der Glaubwürdigkeitsverlust am größten[50]. Von daher sind Intellektuelle und Naturwissenschaftler die vorrangigen Adressaten seiner Überlegungen[51]. Die Naturwissenschaften stellen für Burhoe mit ihrem Reichtum an Informationen über die Natur des Menschen und die Welt die größte Hoffnung zur Überwindung der Wertekrise dar. Sie seien die "neuen Offenbarungen" über Mensch und Welt, die über alle bisherigen Offenbarungen hinausgingen[52]. Es bedürfe einer Vereinigung religiöser und naturwissenschaftlicher "beliefs"[53], um eine erfolgreiche Symbiose zwischen Genotyp und Kulturtyp zu ermöglichen - dies innerhalb der neuen soziokulturellen ökologischen Nische, die von moderner Naturwissenschaft und Technologie bereitgestellt wurde und in der traditionelle Formulierungen religiösen Glaubens ihrer Aufgabe als Orientierungsbasis und Vermittlungsinstanz nicht mehr gerecht werden. Nur wenn dies gelinge, könne es zu einer "Erlösung"[54] der Menschheit kommen, der Naturwissenschaft oder der Religion alleine kann dies nicht gelingen.

---

[49] Burhoe, Lord, 327.

[50] Vgl. Burhoe, Lord, 333.

[51] Zur kritisch-konstruktiven Auseinandersetzung damit vgl. Haugen, Anthropology, 566-568. Für Cruz, Cultures, passim, ist Burhoes Vision u.a. deswegen anachronistisch, weil sie sich nur mit der "high culture" der Elite auseinandersetze, nicht aber mit der "populare culture" und deren Bedeutung für die Zukunft der christlichen Religion. Er argumentiert aus der Sicht der südamerikanischen Befreiungstheologie. M.E. stoßen damit zwei gegensätzliche Grunderfahrungen aufeinander, von denen keine verabsolutiert werden darf. Dazu tendiert aber Cruz. M.E. wäre es eine wichtige Aufgabe, beide Erfahrungen in einen konstruktiven Dialog treten zu lassen.

[52] Zitat aus Burhoe, Lord, 328. Vgl. ST (Civilization), 157. Davies, Gott, 15, sagt ganz ähnlich: "Meiner Auffassung nach bietet die Naturwissenschaft einen sichereren Weg zu Gott als die Religion." Das Buch bietet einen sehr guten Überblick über die Ergebnisse der modernen Physik. Der darin vertretene Religionsbegriff ist jedoch zu eng. Davies wirft der Religion undifferenzierend dogmatische Starrheit vor (S. 28). Dies führt zu der zitierten Aussage.

[53] Burhoe, ST (Evolution), 221. "Belief is the substance of religion and theology as it is of science" (Burhoe, Lord, 322).

[54] Vgl. Burhoe, Lord, 328: "I prophesy human salvation through a reformation and revitalization of religion at a level superior to any reformation in earlier histories ... the religious reformation now will be a theological adaptation of traditional religious beliefs ... to the modern sciences. The new religious and theological language will be as high above that of five centuries ago as ... contemporary medicine, agriculture ... are above those of the fifteenth century." Vgl. Burhoe, Lord, 357.366, und Burhoe, War, 464.

Dies ist die Aufgabenstellung für eine '*scientific theology*', dem vierten Stadium in der Evolution der Religion[55]. In ihr geht es um eine "neue Übersetzung oder Interpretation religiöser Weisheit im Lichte naturwissenschaftlicher Konzepte und um eine Revitalisierung dieser Weisheit für ein naturwissenschaftliches Zeitalter"[56]. Mit anderen Worten: Burhoe geht es um die Suche nach "funktional-äquivalenten" Konzepten aus den Naturwissenschaften, um religiöse Einsichten wiederzubeleben[57].

Die "scientific theology" ist eine Religion, die in einer Zeit der Entstehung einer "one-world village"[58], wie sie Burhoe z.B. in der Kommunikation und im ökonomischen oder medizinischen Bereich vorabgebildet sieht, von größter Bedeutung sei. Nur ihr kann es ihm zufolge gelingen, Orientierungen im Hinblick auf das Überleben dieser Weltgesellschaft zu schaffen. Es sei daher notwendig, die Weltbevölkerung in einer einzigen "inside group", einer "universal spiritual kinship"[59] zusammenzufassen. Dies könne geleistet werden, wenn sich die einzelnen Religionen als lokale Ausprägungen einer sie überspannenden "scientific theology" begreifen und diese sich andererseits an lokale Kulturen anpaßt[60]. In dieser Hinsicht wäre sie mit der Medizin oder der Agrikultur vergleichbar, die sich an örtliche Bedingungen anpassen können, ohne ihre Universalität zu verlieren. Und: Burhoe stellt noch eine weitere Verbindung her. Die Anwendung naturwissenschaftlicher Konzeptualisierungen auf religiöse Fragestellungen und

---

[55] Burhoe, Lord, 332f, macht klar, daß dadurch die anderen Stadien der Religion nicht ersetzt werden. Sie existieren weiterhin.

[56] Burhoe, ST (Evolution), 221f (Übersetzung vom Autor).

[57] Vgl. Burhoe, Lord, 353: "Nature ... is the modern equivalent of the realm of God". Der Begriff der "funktionalen Äquivalenz", den Burhoe, ST (Evolution), 227, selbst benutzt, kann Luhmann, Funktion, 13 u.ö, entnommen werden. Bei der funktionalistischen Methode geht es u.a. um die Eröffnung eines Vergleichsbereichs und die Feststellung, daß bestimmte Konzepte durch andere ersetzt werden können (vgl. S. 15). Diese Aspekte sind hier wichtig. Vgl. IV.2.1.3.b.

[58] Burhoe, War, 462. Vgl. 461-463; ST (Concepts), 120-122; und Lord, 328.

[59] Burhoe, War, 461.

[60] Burhoe, Lord, 328, redet in diesem Falle auch von "scientific theologies" im Plural, um den Aspekt der lokalen Adaptation zum Ausdruck zu bringen. - Ein verwandter Gedanke findet sich m.E. in Ritschls Konzept der "impliziten Axiome" (vgl. Ritschl, Logik, z.B. 142-144). Diese sind Grundaussagen, die Gläubigen verschiedener Konfessionen gemeinsam sind und deren theologische Theoriebildung oder Predigten direkt oder indirekt regulieren. Weite ich dieses Konzept auf Religionen aus, so geht es um die Suche nach vergleichbaren oder gleichen Kernaussagen der verschiedenen Religionen. Diese müssen dazu in einen Dialog treten, in dem sie die sie charakterisierenden Punkte zur Sprache bringen. Dies ist auch zur Entstehung einer "scientific theology" nötig. In beiden Ansätzen spielt der Gedanke einer Verbindung verschiedener religiöser Kulturen eine entscheidende Rolle. Ein intensiverer Vergleich der beiden Ansätze wäre lohnenswert. Es kann hier nur eine grundsätzliche Konvergenz aufgezeigt werden.

Probleme verschafft der Theologie - analog zur Medizin - den Status einer "applied science"[61] - wobei im Falle der Theologie die Grenzen dieses Gebietes durch deren eigene Fragestellungen abgesteckt sind und nicht von den Naturwissenschaften bestimmt werden.

Wie das Programm einer "scientific theology" mit Inhalt zu füllen ist, soll im nächsten Abschnitt anhand der Darstellung von Burhoes hermeneutischem Ansatz exemplarisch an den beiden wichtigsten Aspekten vorgeführt werden.

b) Burhoes hermeneutischer Ansatz - Gott und Seele

Nachdem in der westlichen Welt die christliche Religion an Kraft verloren hat, ist es Burhoe zufolge dennoch neueren Quasi-Religionen nicht gelungen, deren Platz einzunehmen[62]. Burhoe führt das darauf zurück, daß sie zwei wichtige religiöse Elemente aus ihren jeweiligen Entwürfen ausgeschlossen haben.

Das erste ist, daß eine Realität oder eine Kraft existiert, die dem einzelnen Menschen und einem Kollektiv gegenüber souverän ist - das System einer evolvierenden Realität, die den Menschen und alles andere erschaffen hat, von der der Mensch völlig abhängig ist und an die er sich anpassen muß, will er weiter überleben.

Das zweite Element ist der Glaube an ein Kernelement der menschlichen Natur, das den Tod des Körpers transzendiert.

Die christliche Religion enthält Burhoes Meinung nach diese beiden Elemente in ihren Konzepten von "Gott" und von der "Seele". Burhoe greift diese beiden Konzepte aus folgenden Gründen auf:

Wenn der Mensch versuche, sein Schicksal selbst in die Hand zu nehmen, gehe er verloren im Morast menschlicher Fehler. Der Tod - individuell wie der des ganzen Kosmos[63] - scheint das letzte, sinnlose Ziel zu sein. Obwohl die Naturwissenschaften den Glauben an einen Gott außen vor lassen, scheinen dennoch menschliche Gesellschaften ohne diesen Glauben nicht überlebensfähig zu sein[64]. Daher sei ein neues *Gottes*-Konzept nötig[65].

---

[61] Burhoe, ST (Potentials), 37.

[62] Zu diesem Abschnitt vgl. Burhoe, ST (Concepts), 116-119, und Lord, 353. Vgl. die Diskussion um die Zivilreligion. Z.B. Bellah, Zivilreligion, 19-41. Er hat sie 1967 entfacht. Das Buch von Kleger/Müller, Religion, enthält weitere Texte zu diesem Thema, u.a. von Luhmann und Lübbe. Vgl. auch Vögele, Zivilreligion.

[63] Zu physikalischen Vorstellungen über das Ende des Universums vgl. Davies, Gott, 259-275.

[64] Vgl. auch Wallace, Rituals, 60-81 (bes. 76-81).

[65] Burhoe, ST (Concepts), 116-119, schreibt *Gott* und *Seele* kursiv, um anzuzeigen, daß es sich um Symbole handelt, die sich sowohl auf traditionelle Bedeutungen als auch auf naturwissenschaftliche Konzepte beziehen. Wenn nötig, folge ich diesem Schema.

Außerdem bedürfe es zum Funktionieren einer Gesellschaft "long-range values"[66], die das einzelne Individuum transzendieren. Das genetische Programm
alleine weise nicht die lebensermöglichende Kapazität auf, die für eine hoch
komplexe menschliche Gesellschaft mit den ihr zur Verfügung stehenden techno-
logischen Fähigkeiten erforderlich ist. Die menschliche Seele scheint für Burhoe
auch deswegen verloren, weil eine Integration privater und sozialer Ziele nicht
gelingt, die für eine funktionierende Gesellschaft notwendig ist. Aus diesem
Grund bedürfe es eines neuen *Seelen*-Konzepts.

Burhoe will zeigen, "how belief in a reality sovereign over man (a *god*) and belief in the essential immortality ... of man's basic nature (a *soul*) ... are ... credible
on the very grounds of science, which confirms insights common to the higher
religious traditions of the world"[67]. Außerdem möchte er dem Trend der Ethisie-
rung und Moralisierung der Religion entgegenwirken - für ihn Zeichen des Ver-
lusts dieser beiden Konzepte[68].

Burhoes religiöses Gotteskonzept enthält hauptsächlich Attribute, die er der jüdisch-christlichen Tradition entnimmt[69]. Durch diese Beschränkung kann er nicht
beanspruchen, *Gott* vollständig zu beschreiben. In diesem Rahmen ist Gott das
Symbol für die "ultimate and true reality which created man, shaped and shapes
his destiny, and provides meaning ... and direction for human life"[70]. Gott ist
einer, verborgen und offenbar, und er ist dem Menschen gnädig[71] - als ein
"system of forces ... whose rules man must accept if he is to have life"[72].

---

[66] Burhoe, ST (Concepts), 118. Vgl. Forrester, Churches, 145-167 (bes. 159). Ihm zufolge brauchen Gesellschaften "long-term values" (S. 159), um zu überleben. Diese finden
ihren Ausdruck in religiösen Codes.

[67] Burhoe, ST (Concepts), 119.

[68] Vgl. Burhoe, ST (Selection), 80f. Burhoes Ausgangspunkt ist das religiöse Konzept,
auf das er ein naturwissenschaftliches bezieht. Meine Vorgehensweise soll diesem Ansatz
entsprechen: Zuerst werde ich jeweils die traditionelle religiöse Konzeption aus Burhoes
Sicht erläutern und in einem zweiten Schritt seine naturwissenschaftliche Interpretation
oder Übersetzung darstellen.

[69] Vgl. Burhoe, ST (Concepts), 124. Dabei geht er eklektisch vor. Über seine Auswahl
ließe sich streiten - gerade in Anbetracht der Tatsache, daß er das trinitarische Gottesbild
völlig unberücksichtigt läßt, das für die christliche Religion traditionell von enormer
Bedeutung ist. Sein Ausgangspunkt ist ein monistisches, unitarisches Gottesbild. Vgl.
z.B. Pannenberg, Theologie, bes. 283-364, der die Bedeutung der Trinität in den Vordergrund stellt. - Theißen, Glaube, geht über Burhoe hinaus. Er stellt die drei Glaubensartikel
im Rahmen evolutionstheoretischer Kategorien dar. Vgl. auch Daecke, Jesus, 153-162. Er
bespricht Teilhards und Theißens Ansatz und stellt ein drittes Modell zu Jesus Christus im
Lichte der Evolution vor.

[70] Burhoe, Lord, 330.

[71] Vgl. Burhoe, ST (Concepts), 125. Er zählt hier weitere Attribute auf.

[72] Burhoe, ST (Selection), 89.

Ein wissenschaftliches Konzept, das seiner Meinung nach ähnliche Attribute besitzt, ist das der "Natur" oder der "natürlichen Selektion" - mit Gott logisch isomorphe oder funktional-äquivalente Begriffe[73]. Er spricht auch vom "Lord of History"[74]. Dabei steht der Begriff "Natur" für die gegenständliche Seite *Gottes*, während "natürliche Selektion" dessen operationale Seite wiedergibt[75].

"Natur" versteht Burhoe als "system of laws, according to which events in the ... evolution of the underlying reality system proceed in time, which, together with ... the 'hidden relations' of the reality system, explain ... the varied ... evolution of the universe and the living systems (including human minds and societies) in it"[76]. Wichtig ist, daß er Natur nicht auf sichtbare oder fühlbare Phänomene beschränkt, sondern das "network of invisible forces and entities"[77] miteinbezieht - sein Verständnis der heutigen Physik schließt die Metaphysik früherer Zeiten ein[78].

Die operationale Seite - die natürliche Selektion - ist das Prinzip, das allen Vorgängen im Kosmos zugrundeliegt - sie gilt für alle Ebenen der Wirklichkeit[79]. Der Mensch unterliegt in biologischer wie kultureller Hinsicht einer Selektion - er ist völlig von den Gesetzen der Natur abhängig.

Das naturwissenschaftliche wie das traditionell theologische Bild über die Wirklichkeit, insbesondere die des Menschen, stimmen somit dahingehend überein, daß "man is neither the designer nor the determiner of the ultimate destiny of either himself or the cosmos. ... Our life and destiny may be scientifically as well as religiously hypothecated to be fully determined by the only partially understood operations ... of that vast, omnipotent system of the *nature* that created us,

---

[73] Vgl. Burhoe, Lord, 361; und Anm. 57.

[74] Burhoe, Lord, 361.

[75] Diese Unterscheidung trifft auch Breed, Faith, 334.

[76] Burhoe, Lord, 361. Vgl. bes. Burhoe, Destiny, 381-383.

[77] Burhoe, Lord, 373 Anm. 79.

[78] Die moderne Physik hat seiner Meinung nach viele der mittelalterlichen oder antiken metaphysischen Fragestellungen beantwortet, indem sie alltägliche Erfahrungen mit ihren Möglichkeiten weit transzendiert und versteckte Kräfte, die früher als übernatürlich angesehen wurden, erklären konnte oder im Laufe der weiteren Entwicklung erklären wird (vgl. Burhoe, ST (Concepts), 126f, und Lord, 352f). Hefner, Extent, 88-104, beschäftigt sich ausführlich mit der metaphysischen Dimension des Burhoeschen Ansatzes. S.u. IV.2.1.3.b.

[79] Ich bin mir der Problematik des Begriffs "Wirklichkeit" an dieser Stelle bewußt. - Zur natürlichen Selektion vgl. Burhoe, ST (Selection), 73-111. Kritisch gegenüber Burhoes Verwendung des Begriffs äußert sich Cruz, Cultures, 608 Anm. 26. Seiner Meinung nach erkenne Burhoe nicht die metaphorische Bedeutung des Begriffs. Anders Godbey, Perspective, 548.

shaped our societies, and even shapes what we are thinking and feeling and willing at this moment"[80].

Der Mensch muß sich an die Erfordernisse dieser Natur anpassen, um überleben zu können. Auch hier spielt die Religion die entscheidende Rolle. Sie vermittelt nicht nur zwischen den Erfordernissen des Genotyps und denen des Kulturtyps, sondern sie ermöglicht die Anpassung dieser symbiotischen Gemeinschaft an das gesamte Ökosystem - oder den "Kosmotyp", wie Burhoe es nennt[81]. Nur wenn diese zusätzliche Adaptation gelingt, ist die Symbiose aus soziokulturellem Organismus und Mensch überlebensfähig[82].

Unter dem religiösen Begriff "Seele"[83] versteht Burhoe ein unsichtbares Etwas, das den Menschen belebt und Quelle seines Willens und seiner Vernunft ist. Sie

[80] Burhoe, Lord, 360. Er sagt dort aber auch, daß die Naturwissenschaften, obwohl ihnen keine Grenze in bezug auf die Phänomene unserer Existenz zu setzen ist, niemals "letzte" Erklärungen liefern können.

[81] Vgl. Burhoe, ST (Concepts), 139; ST (Civilization), 192; und Lord, 364.375 Anm. 100. Das Konzept des Kosmotyps hat Burhoe nicht vollständig ausgearbeitet und veröffentlicht.

[82] Diesem deterministischen Bild steht eine Bejahung der Freiheit des Menschen gegenüber. Burhoes Grundgedanke ist, daß die Selektion als nicht-zufälliger oder determinierter Prozeß an für sich betrachtet zufälligen Variationen ansetzt - im Falle des Menschen heißt das: Seine größte Freiheit besteht darin "to find better interpretations of the phenomena we experience and their requirements for life" (War, 466). Der Mensch selbst ist eine Hypothese auf dem Altar der Natur. Burhoe, Lord, 333-346, stellt das Verhältnis sehr detailliert dar, was hier nicht wiedergegeben werden kann. - Einige Problematiken seien an dieser Stelle bereits skizziert. Burhoe sagt, daß über die natürliche Selektion das Gute ausgelesen wird und das Schlechte verschwindet (vgl. ST (Selection), 103-105, und Lord, 363). Das hängt mit seiner Überzeugung zusammen, daß man aufgrund naturwissenschaftlicher Forschung auf objektive Werte schließen kann. Dieser Ansatz ist höchst kritisierbar - als "naturalistischer Fehlschluß". Vgl. dazu Hefner, Is/Ought, 58-78, der auf diese Problematik eingeht und sich dafür entscheidet daß "the substance of scientific discovery ... is also a resource for discovering values and *oughts*" (S. 74). Er wendet sich gegen den Vorwurf eines naturalistischen Fehlschlusses. Vgl. auch Hefner, Sociobiology, 185-207.bes. 202-205, und Mortensen, Theologie, 185. Nach Haugen, Anthropology, 570, leistet Burhoe nur eine letztlich unzureichende intellektuelle Bewältigung der Problematik des Bösen, keine existentielle. - Ist Burhoes *Gott* ein persönlicher Gott? Es müßte zuerst geklärt werden, was unter "persönlich" zu verstehen ist, dies nur als Problemanzeige. Burhoe führt den Glaubwürdigkeitsverlust der christlichen Religion u.a. auf die Verwendung der "ersten Person" für den Schöpfer zurück. Dies sei zu anthropozentrisch und führe zu dem Verlust, die Heiligkeit der Welt zu erfassen (Burhoe, Lord, 365). Vgl. den Begriff der "Resonanzerfahrung" bei Theißen, Argumente, passim.

[83] Vgl. zu diesem Abschnitt Burhoe, Lord, 361-368, und ST (Concepts), 130.137-144. Burhoe sagt, daß dieses Konzept von der griechischen Philosophie her stamme und erst in der Zeit des Neoplatonismus Eingang in die christliche Literatur gefunden habe (ST

sei das wahre Selbst des Menschen, verschieden vom Körper - dem gegenwärtigen Phänotyp -, dessen Tod sie transzendiert[84]. Auf sie richteten sich die Hoffnungen der Menschen.

Aus naturwissenschaftlicher Sicht entwickelt Burhoe ein triadisches Konzept der menschlichen *Seele*, dessen Elemente der Genotyp, der Kulturtyp und der Kosmotyp in ihrer wechselseitigen Interdependenz sind. Sie seien unabhängig vom Tod eines einzelnen Individuums und gingen nicht mit ihm zugrunde. Anhand ihrer Interaktion bildeten sie ein "dauerhaftes Fließmuster"[85], das in einer nicht endenden Folge immer neu evolvierender Lebensformen erscheine. Für ihn ist damit das Ziel erreicht, "to express in the clearest, most rational possible scientific idiom the reality of a concept of *soul*"[86].

Gehen wir einen Schritt weiter und betrachten, welche weiterreichenden Überlegungen sich daran anschließen.

Der Evolutionsprozeß wird weitergehen - neue Koadaptationen zwischen Genotyp, Kulturtyp und Kosmotyp werden erforderlich sein, damit die Spezies Mensch überlebt. Fährt die Religion fort in "God's service as agent[s] to maintain and to reform the information system on what is essential or ultimately necessary for life"[87] und gelingt die Vermittlung, so bedeutet das für Burhoe auf jeder neuen Stufe der Evolution die "Erlösung"[88] der Menschheit - einer Menschheit, die zu einem "cocreator"[89] Gottes geworden ist. Diese Erlösung ist das eigentliche Ziel, das er mit seinem Programm einer "scientific theology" verfolgt[90]. Das Leben im *Reich Gottes* ist seiner Meinung nach hier und heute möglich[91], und

(Concepts), 137f). Haugen, Anthropology, 558-560.569f, geht ebenfalls auf Burhoes Seelenkonzept ein und bespricht es kritisch.

[84] Diese abstrakte Formulierung des Transzendierens umfaßt verschiedene Möglichkeiten - u.a. Auferstehung, Reinkarnation oder andere Bilder, die zum Zwecke der Kohärenz und der Glaubwürdigkeit in partikularen Kulturen entwickelt wurden (vgl. Burhoe, Lord, 363).

[85] Burhoe, ST (Concepts), 140; vgl. 150 Anm. 28.

[86] Burhoe, ST (Concepts), 142.

[87] Burhoe, Lord, 366.

[88] Burhoe, Lord, 366 u.ö.

[89] Burhoe, War, 465, bezieht das auf unser bewußtes Teilnehmen am Evolutionsprozeß über die kulturelle Evolution. Vgl. Hefner, Co-Creator, 211-233.

[90] Vgl. Burhoe, Lord, 367: "And it is my view that the omnipotent process of the cosmos will continue and that men will be brought to their senses, will reform their ways and adapt themselves to the requirements for life and ever more advanced life to which the Lord of History on earth has destined them."

[91] Vgl. Burhoe, Lord, 348f, und Burhoe, Nature, 24.

die Religion kann "as it was in the past, the *queen of the sciences*"[92] genannt werden.

2.1.3. Kritische Auseinandersetzung

In diesem Abschnitt werden wir die m.E. wichtigsten und interessantesten Aspekte des Burhoeschen Denkens herausgreifen. Es soll der Versuch unternommen werden, durch einen konstruktiv-kritischen Umgang Burhoes Ansatz an einigen Stellen weiterzudenken - wenn auch nur fragmentarisch und vorläufig. Damit soll sich für die Leserin oder den Leser die Möglichkeit eröffnen, eigene Gedanken anzuschließen.

In einem ersten Teil werde ich mich auf Punkte konzentrieren, die Burhoes Lösung der Altruismus-Problematik betreffen. Danach sollen einige Aspekte seines Programms einer "scientific theology" besprochen werden.

a) Zu Burhoes Lösung der Altruismus-Problematik

Für Burhoe ist entscheidend, daß der Mensch nicht nur ein biologisches, sondern auch ein kulturelles Lebewesen ist. Die Erfordernisse dieser beiden Naturen des Menschen müssen aneinander angepaßt sein. Die Religion ist die Vermittlungsinstanz. Problematisch bleibt, wie das Verhältnis zwischen biologischer und kultureller Evolution zu bestimmen ist, d.h. inwiefern eine Analogie vorliegt. Burhoe selbst geht von einer Vergleichbarkeit aus, macht aber Unterschiede deutlich. Die kulturelle Evolution verläuft sehr viel schneller als die biologische, da sie im Gegensatz zu ihr nicht an den Genpool gebunden ist. Segmente der Kultur können innerhalb einer Generation entscheidende Veränderungen erfahren, was für die biologische Evolution unmöglich ist[93]. Ihr Vorteil ist, daß wir "unsere Hypothesen anstelle von uns selbst sterben lassen"[94] können, da sie sich vorrangig im Gehirn abspielt und erst in einem zweiten Schritt an äußerlichen 'Produkten' sichtbar wird. Sie unterliegt somit einem zweifachen Selektionsprozeß: einer internen Selektion im Gehirn und einer externen Selektion im Bereich der Außenwelt, in der sich eine neue kulturelle Informationseinheit bewähren muß[95]. Die Selektionsmechanismen sind nicht die gleichen. Die kulturellen Informationseinheiten unterliegen nur "a kind of natural selection"[96]. Burhoe geht darauf jedoch nicht ausführlicher ein, sondern läßt die weitere Klärung offen.

---

[92] Burhoe, ST (Potentials), 34. Hervorhebung vom Autor.
[93] Vgl. Burhoe, Lord, 314, und ST (Selection), 91-95.
[94] Popper, Erkenntnis, 258.
[95] Vgl. Burhoe, ST (Selection), 94f.
[96] Burhoe, ST (Evolution), 214.

Für Theißen[97] kommt die Kultur gerade nicht durch Selektion voran, sondern durch Selektionsminderung. Seine These lautet: "Wenn Kultur generell ein selektionsmindernder Prozeß ist, so ist die Religion das Herz menschlicher Kultur."[98] Denn gerade die Religion wendet sich den "'benachteiligten' Varianten menschlichen Lebens" zu. Theißen macht damit eine wichtige Aussage über die westlich-christliche Kultur in ihrer Idealform. Zwei Ebenen sollten jedoch unterschieden werden: eine generelle und eine inhaltliche Ebene. Die Kultur bzw. kulturelle Informationseinheiten - und damit auch die christliche Religion als Teil der Kultur - unterliegen generell einer Art Selektion - sie müssen sich in der Adaptation an die "'zentrale' Wirklichkeit"[99] als überlebensfähig erweisen. "Selektionsminderung" dagegen ist eine die selektierte Kultur inhaltlich qualifizierende Kategorie, die das Selektionsprinzip in seiner Anwendung auf die kulturelle Evolution nicht außer Kraft setzt[100].

Die Frage nach dem Verhältnis von biologischer und kultureller Evolution und ihrer Analogiefähigkeit ist damit noch nicht beantwortet. Weiterhelfen können uns neuere Arbeiten aus dem Bereich der Evolutionären Erkenntnistheorie. Vollmer[101] unterscheidet zwischen zwei Disziplinen innerhalb dessen, was mit Evolutionärer Erkenntnistheorie bezeichnet wird - einer "Evolutionären Erkenntnistheorie" im engeren Sinne und einer "Evolutionären Wissenschaftstheorie"[102]. Für uns ist das aus zwei Gründen interessant. Zum einen sind die Naturwissenschaften ein Teil der Kultur. Wenn Vollmer deren Evolution bespricht, lernen wir ein Stück kultureller Evolution kennen. Zum anderen spielen die Naturwissenschaften für Burhoe eine wichtige Rolle. Sie sind die neuen Offenbarer über *Gott*.

Vollmer erkennt bei diesen beiden Evolutionsarten gemeinsame Züge, aber auch entscheidende Unterschiede[103]. Exemplarisch möchte ich für letzteres hervorheben, daß er das evolutive Verhalten gemäß der Evolutionären Erkenntnistheorie

[97] Vgl. Theißen, Glaube, 66-73.

[98] Theißen, Glaube, 71. Daraus auch das folgende Zitat.

[99] Theißen, Glaube, 43.

[100] M.a.W.: In der kulturellen Evolution auf einer generellen Ebene werden solche Kulturen ausgelesen, die inhaltlich "(in der Regel) darauf aus [sind], Leben auch dort zu ermöglichen, wo die Natur seine Chancen drastisch verringern würde" (Theißen, Glaube, 67).

[101] Vollmer, Erkenntnistheorie, 140-155.

[102] Erstere verbindet er mit den Namen Lorenz, Riedl und seinem eigenen, letztere mit Popper, Toulmin und Campbell. Unter Wissenschaften versteht Vollmer leider nur die Naturwissenschaften, wie aus seiner Darstellung klar herauslesbar ist. Dies ist eine unzulässige Verkürzung des Wissenschaftsbegriffs. Auch die Theologie kann als Wissenschaft verstanden werden. Vgl. Pannenberg, Wissenschaftstheorie.

[103] Vollmer, Erkenntnistheorie, 142 Tab.1 und 145f. Tab. 3.

im engeren Sinne als darwinistisch auffaßt, das gemäß der Evolutionären Wissenschaftstheorie als nicht-darwinistisch mit einer nur metaphorischen Beziehung zur biologischen Evolution. Diese differenzierte Sicht der beiden Evolutionsarten könnte zu einem besseren Verständnis von Burhoes Überlegungen oder über diese hinaus führen. Ich sehe darin eine lohnenswerte Aufgabe, die hier nur ansatzweise aufgezeigt werden kann[104].

b) Zur 'Scientific Theology'

Burhoes Übersetzung von ihm für wichtig gehaltener religiöser Konzepte in eine naturwissenschaftliche Sprache ist provokativ - für Theologie und Naturwissenschaften. Er versucht eine Verbindung zweier Sprachspiele aus zwei Subsystemen einer in sich vielfach differenzierten Gesellschaft, um eine infolge dieser Ausdifferenzierung entstandene Wert- und Orientierungskrise des Menschen zu überwinden. Wir wollen uns zuerst der Frage zuwenden, in welchem Verhältnis die beiden Sprachspiele zueinander stehen.

Burhoe setzt die religiöse und die naturwissenschaftliche Sprache nicht einfach gleich oder ersetzt die eine durch die andere. Seine Vorgehensweise ist differenzierter. Ausgangspunkt bildet die Religion, die Trägerin essentiellen Wissens über den Menschen ist, die aber an Glaubwürdigkeit und Kommunikabilität verloren hat[105]. Von ihm für wichtig gehaltene Konzepte stellt er in ihrem Rahmen dar. Anschließend betrachtet er naturwissenschaftliche Konzepte, die er auf die theologischen Konzepte beziehen zu können glaubt. Er versucht, funktionale Äquivalenzen herauszuarbeiten, mit deren Hilfe er die traditionelle religiöse Weisheit wiederbeleben will. Die Konzepte werden dabei nicht aus ihrem spezifischen Bezugsrahmen gelöst. Dieses Vorgehen geschieht auf einer äußerst abstrakten Ebene. Seine Theologie wird in dem Sinne "scientific", als sie vermittelt durch sich als brauchbar erweisende naturwissenschaftliche Konzepte auf einer empirischen Basis fußt. Dennoch hängen theologische Konzepte dadurch nicht derart von naturwissenschaftlichen ab, daß sie beim Auftauchen neuer Theorien mit den alten zusammen als unwichtig verschwinden. Neue Theorien können wieder daraufhin untersucht werden, ob sie der Revitalisierung traditionellen religiösen Wissens dienen[106].

---

[104] Vgl. die differenzierte Darstellung von Analogien und Unterschieden zwischen biologischer und kultureller Evolution bei Theißen, Glaube, 25-36.

[105] Zum Ausgangspunkt Burhoes bei der Religion vgl. Godbey, Perspective, 547f.

[106] Hier unterscheide ich mich von der Interpretation Breeds, Faith, 231f, der eine Abhängigkeit feststellt, die die religiösen Konzepte der Gefahr aussetze, beim Aufkommen neuer naturwissenschaftlicher Theorien als unwichtig zu verschwinden. Breed interpretiert Burhoe in diesem Punkt zu statisch. - Die Frage, wie in den Naturwissenschaften das Verhältnis zwischen neuen und älteren Theorien zu beschreiben ist, ist innerhalb der Wissenschaftstheorie umstritten. Kuhn, Struktur, spricht von einem

Kritisch anzumerken ist, daß Burhoe intensiver über die Voraussetzungen und Konsequenzen seines Brückenschlags zwischen verschiedenen Sprachspielen reflektieren müßte[107]. Er selbst benutzt den Begriff "äquivalent", um sein Verständnis der Beziehung zwischen den verschiedenen Konzepten der Naturwissenschaften und der Theologie aufzuzeigen[108].

Das am besten ausgearbeitete Konzept des Begriffes "Äquivalenz" stammt von N. Luhmann[109]. Zwar kann man Burhoe nicht an diesem Konzept messen, da er Luhmann nicht kennt. Dennoch soll im folgenden Luhmanns Ansatz kurz dargestellt werden, um auf Differenzen und Ähnlichkeiten zwischen ihm und Burhoe aufmerksam zu machen. Dies dient einer weiteren Klärung von Burhoes Position. Nach Luhmann leben wir in einer funktional differenzierten Gesellschaft. Jeder Teil der Gesellschaft besitze ein eigenes funktionales Primat, eine eigene "Spezialfunktion, für die ein Funktionssystem sich ausdifferenziert"[110] und die erfüllt werden müsse, um die Gesellschaft am Leben zu erhalten. Aus der Perspektive der Gesellschaft könne keine einzelne Funktion eine Priorität beanspruchen. Die Funktion der Religion ist Luhmann zufolge die Transformation von Unbestimmbarkeit in Bestimmtheit, was gerade bei Übergangsriten wichtig ist. Generell existieren keine funktionalen Äquivalenzen für diese Funktion außerhalb der Religion. Wenn sich die Gesellschaft verändert, muß sich die Religion wie jedes andere Subsystem auch an die neue Situation anpassen und weiterhin ihre Funktion erfüllen. Dies erfordert eine Selbstsubstitution der Konzepte innerhalb eines Subsystems. Burhoes Ansatz einer 'scientific theology' kann als eine solche Selbstsubstitution innerhalb des religiösen Subsystems gesehen werden. Luhmann würde jedoch Burhoes Gedanken zurückweisen, daß naturwissenschaftliche und theologische Konzepte äquivalent seien. Wären sie es, könnte das eine Konzept ersatzlos durch das andere ersetzt werden. Auf Burhoe angewandt heißt das, daß ein theologisches Konzept durch ein naturwissenschaftliches ersetzt werden könnte, ohne eine 'scientific theology' kreieren zu können. Aber nach Luhmann können die Naturwissenschaften die Funktion der Religion nicht erfüllen. Diese Diskussion zeigt, daß Burhoe den Begriff "äquivalent" anders verwendet als Luhmann. Während Luhmann die Unterschiedenheit verschiedener Konzepte betont, die sich allenfalls gegenseitig ersetzen können, möchte Burhoe

"Paradigmenwechsel". Heisenberg, Theorie, entwickelt die Vorstellung von "abgeschlossenen Theorien" (vgl. auch Heisenberg, Physik).

[107] Breed, Faith, 230f, kritisiert z.B., daß sich Burhoe nicht mit der Diskussion um den Positivismus, der seinen Ausgangspunkt bilde, auseinandersetzt. Vgl. auch Mortensen, Theologie, 212, und Godbey, Perspective, 549f.

[108] Vgl. Burhoe, Destiny, 350. Er spricht auch von einem "logischen Isomorphismus" (Burhoe, Lord, 361).

[109] Luhmann, Funktion.

[110] Luhmann, Funktion, 52.

mit diesem Begriff die Möglichkeit einer Verbindung von Konzepten aus ver-schiedenen Bereichen (Religion und Naturwissenschaft) aufzeigen. Dies weist darauf hin, daß Burhoes Methode das wichtigste Problem in seinem Ansatz dar-stellt.

Es reicht jedoch nicht aus zu argumentieren, daß Burhoe kritisiert werden könne "for not paying enough attention to the structure of the bridge"[111] zwischen Theologie und Naturwissenschaften. Dies geht nicht über Burhoe hinaus. Viel-leicht kann uns die Evolutionäre Erkenntnistheorie einen Schritt weiterhelfen. Lüke[112], der das Verhältnis zwischen Evolutionärer Erkenntnistheorie und Theologie ausführlich bespricht, ist der Ansicht, daß sowohl die Naturwissen-schaften als auch die Theologie mit Problemen zu tun haben, die unsere kogniti-ven Möglichkeiten bei weitem überschreiten, da diese an den sog. "Mesokosmos"[113] angepaßt seien. Um mit naturwissenschaftlichen und theologi-schen Phänomenen umgehen zu können, müßten sie in den Mesokosmos trans-formiert werden. Von daher schließt er auf eine strukturelle Korrespondenz zwi-schen Naturwissenschaften und Theologie: in paralleler Weise müssen beide mit einer relativen Unanschaulichkeit auf wissenschaftlicher Ebene umgehen, die sie in eine partielle Anschaulichkeit auf der Vermittlungsebene umsetzen müssen[114]. Im Gegensatz zu Burhoe behauptet Lüke jedoch keine ontologische Korrespon-denz zwischen naturwissenschaftlichen und theologischen Konzepten. Hier spie-len Burhoes Wurzeln im Positivismus und seine hohe Einschätzung der naturwis-senschaftlichen Sprache eine wichtige Rolle, wenn er Gott mit der Natur ontolo-gisch identifiziert. Die strukturelle Korrespondenz ist von daher eine notwendige Voraussetzung von Burhoes Methode, nicht aber eine hinreichende Erklärung[115]. Wenden wir uns Burhoes erkenntnistheoretischem Ansatz zu. Für ihn ist "'science says' the synonym for 'truth'"[116] - die Naturwissenschaften sind die neuen Offen-barungsträger in bezug auf die menschliche Natur und die Welt. Ihre Erkennt-nisse - vor allem die der Evolutionslehre - benutzt er als Stein von Rosette der Theologie[117]. Auf mehrere Probleme möchte ich aufmerksam machen. Zum einen: Selbst unter der Voraussetzung, daß die Genese der Religionen als Teil der kulturellen Evolution vollständig in naturwissenschaftlichen Kategorien be-schreibbar wäre, kann man nicht erwarten, sämtliche religiösen Details in natur-

---

[111] Breed, Yoking, 93.

[112] Lüke, Erkenntnistheorie.

[113] Vollmer, Erkenntnistheorie, 161.

[114] Vgl. Lüke, Erkenntnistheorie, 174.

[115] Hier eröffnet sich ein weites Feld zu neuen Überlegungen. Wir belassen es jedoch bei diesen vorläufigen Gedanken.

[116] Burhoe, Lord, 353. Vgl. Burhoe, Destiny, 370: "What sciences say is our best ave-nue to new truth".

[117] Dieses sehr zutreffende Bild stammt von Wilson, Biologie, 163.

wissenschaftlicher Sprache ausdrücken zu können. Theologie und Naturwissenschaften zielen zwar auf die gleiche eine Welt, beschreiben sie aber aus verschiedenen Perspektiven und mit unterschiedlichen Randbedingungen. Wären sie kongruent, könnte auf eine von beiden verzichtet werden. Dies ist aber nicht der Fall. Darüberhinaus ist naturwissenschaftliche Erkenntnis abhängig von den Leistungen unseres Erkenntnisapparates (oder artifizieller Verlängerungen in Form von z.B. Analysegeräten). Dieser ist - wie die Evolutionäre Erkenntnistheorie herausstellt[118] - ein Produkt der Evolution. Daraus darf man zwar folgern, "daß es eine reale Welt gibt, daß sie gewisse Strukturen hat, und daß diese Strukturen teilweise erkennbar sind"[119], aber aus dieser Position des "hypothetischen Realismus" kann man gerade nicht auf eine vollständige naturwissenschaftliche Beschreibbarkeit dieser realen Welt schließen. De facto ist das unmöglich, weil unser Erkenntnisapparat selbst Teil dieser Welt ist. Diese Einsicht relativiert die Erkenntnisse der Naturwissenschaften - sie sind nur begrenzt wahr. Burhoes Ansatz gewänne an gedanklicher Tiefe, wenn er die Beschränkungen der Naturwissenschaften stärker berücksichtigte[120]. Außerdem ist auf die Ambiguität des naturwissenschaftlich-technologischen Fortschritts hinzuweisen. Naturwissenschaftliche Erkenntnisse und damit zusammenhängender technologischer Fortschritt haben zwar das Leben in vielen Hinsichten verbessert, führten jedoch auch zu ernsten ökologischen Problemen wie Umweltverschmutzung, Lagerung oder Wiederaufbereitung von Atommaterial für Atomanlagen, ganz zu schweigen von allen Arten an atomaren Waffen, die ausreichen, die Erde mehrmals zu zerstören. Diese Ambiguität rückt immer stärker ins Bewußtsein weiter Teile der Bevölkerung. Eine kritischere Einstellung in bezug auf die Naturwissenschaften würde die Glaubwürdigkeit von Burhoes Ansatz sicherlich erhöhen. Notwendig wäre, den technischen Vernunftbegriff der Naturwissenschaften als Teil eines umfassenderen ontologischen Vernunftbegriffs zu verstehen - alles andere ist eine Verkürzung[121]. Hierin sehe ich ein fruchtbares Feld für zukünftige Überlegungen in bezug auf Burhoes Ansatz. Zu vermeiden ist dabei ein hierarchisches Modell, sei es mit den Naturwissenschaften oder der Theologie an der Spitze. Burhoes Überlegungen könnten hier richtungsweisend sein, da er eine einseitige Betonung vermeidet. Indem er in den Naturwissenschaften die neuen Offenbarungen der

---

[118] Vgl. Riedl, Biologie. Auf andere erkenntnistheoretische Ansätze wie z.B. den Konstruktivismus kann hier nicht eingegangen werden.

[119] Riedl, Biologie, 37. Von dort auch das nächste Zitat.

[120] Seine Bemerkung, daß die "scientific community" keine letzten Erklärungen liefert und liefern kann, zielt in diese Richtung, müßte aber stärker in seine Überlegungen eingebaut werden (vgl. Burhoe, Lord, 360). - Burhoe sollte ebenfalls bedenken, daß die Naturwissenschaften nicht dem Ideal der Wertfreiheit oder Vorurteilslosigkeit entsprechen (dies betont Kuhn, Struktur).

[121] Die Unterscheidung dieser beiden Vernunftbegriffe durch Tillich, Theologie, 87-91, spiegelt die Problematik sehr gut wider.

Wahrheit sieht, möchte er die Theologie als die Königin der Wissenschaften einsetzen. Beide extreme Modelle werden also integriert.

Ein weiterer Aspekt soll zur Sprache kommen. Er betrifft die Rolle der jüdisch-christlichen Religion und der westlichen Kultur in Burhoes Denken.

Burhoe bezieht sich immer wieder explizit auf die jüdisch-christliche Tradition[122]. Diese betrachtet er abstrakt und nicht immer so differenziert, wie es wünschenswert wäre[123]. Andere Weltreligionen spielen eine untergeordnete Rolle.

Die Gründe dafür sind vielschichtig. Sicher muß man in Betracht ziehen, daß er mit seiner "scientific theology" die Überwindung einer Krise anstrebt, die vorrangig in der oder durch die christlich geprägte westliche Kultur hervorgerufen wurde. Hierzu bedarf es einer besonderen Auseinandersetzung mit der jüdisch-christlichen Tradition. Dies sind jedoch nur Rahmenbedingungen. Seine Beschränkung darauf hat noch tiefergehende Gründe. Die christliche Religion und die westliche Kultur nehmen bei ihm insgesamt eine besondere Stellung ein. Deutlich wird das in bezug auf die christliche Religion bei seiner Beschreibung des dritten Stadiums der religiösen Evolution, der Theologie. Hier bezieht er sich ausschließlich auf die christliche Theologie, die er als bedeutenden Schritt zur Verwirklichung seiner "scientific theology" darstellt[124]. Sie war "a high step toward converting primitive or 'mythical' explanations of religious ritual into the sophisticated, rational, scholastic, or theological 'myths' of Greek philosophy." Eine Rationalisierung religiöser Mythen war notwendig geworden, da diese im Zuge des Aufkommens der griechischen Philosophie an Effektivität verloren hatten. Was die christliche Theologie damals leistete, ist für Burhoe paradigmatisch im Umgang mit der gegenwärtigen Krise.

Die Dominanz der westlichen Kultur wird ersichtlich, wenn er schreibt, daß "the various cultures of the world are buying or adopting the scientific-technological culture of the West because of its advantages to them compared with their previous cultural tradition."[125]

Auch die von ihm geleistete Übersetzung religiöser in naturwissenschaftliche Konzepte ist nur möglich, wenn er sein "physicalistic, scientific conceptual system" als "the crowning epistemological tool achieved *in the West* for providing

---

[122] Vgl. Burhoe, ST (Concepts), 124 u.ö. Wiederholt tauchen Vergleiche mit Paulus (z.B. ST (Evolution), 219) und Psalm 139 (z.B. ST (Selection), 110) auf.
[123] Beispielsweise gilt das für seine Beschreibung des Gottesbildes (vgl. Burhoe, ST (Concepts), 125).
[124] Vgl. Burhoe, Lord, 318-324. Nachfolgendes Zitat aus S. 321.
[125] Burhoe, ST (Selection), 102.

coherent and 'objective' views or 'truth' in theology as well as in the sciences in general"[126] ansieht.

Im Ansatz ist die Einbeziehung anderer Religionen und Kulturen zwar vorgesehen, die Ausführung leistet das jedoch nicht[127]. Betrachtet man Religionen und allgemein Kulturen als Produkte, die sich in einem 'trial-and-error'-Prozeß als adaptiv an die "'zentrale' Wirklichkeit"[128] herausgestellt haben, dann wäre diese Vielfalt an Kulturen und Religionen im Verhältnis eines wechselseitigen Austauschs, der zur gegenseitigen Befruchtung beiträgt, ein wichtiger Aspekt, um Burhoes Ansatz fruchtbar auszubauen. Sein Entwurf eines vierten Stadiums der religiösen Evolution wäre damit entweder in umfassendere Überlegungen eingebettet oder nähme andere Formen an. Dies ist eine Frage der Perspektive, die man ihm gegenüber einnimmt.

Betrachten wir abschließend Burhoes Ansatz im ganzen. Obwohl Burhoe zurückweist, der Metaphysik zugerechnet zu werden[129], konnte Hefner überzeugend nachweisen, daß es sich bei Burhoes Ansatz um ein metaphysisches Unternehmen handelt[130]. Er besitzt all die Charakteristika, die er einer Metaphysik-Definition von Walsh[131] nach besitzen sollte: Es handelt sich um eine Gesamtvision der Welt, die in einer Theorie niedergelegt und durch Fakten belegbar ist. Von daher interpretiert Burhoe religiöse 'Wahrheiten' nicht innerhalb eines naturwissenschaftlichen, sondern innerhalb eines metaphysischen Bildes der Reali-

---

[126] Burhoe, ST (Evolution), 212. Hervorhebung durch Autor. Er greift dabei auf Überlegungen Northrops zurück. Vgl. Northrop, Methods, 273-288. - Zur These einer Abhängigkeit des Entstehens der modernen Naturwissenschaften von der christlichen Theologie vgl. die kurze aber differenzierte Darstellung von Barbour, Ways, 33f. Er sieht noch weitere Faktoren als wirksam an.

[127] Es ist fragwürdig, ob sie es aufgrund ihrer engen Bindung an die jüdisch-christliche Religion und Kultur überhaupt zu leisten vermag.

[128] Theißen, Glaube, 43.

[129] Burhoe, Destiny.

[130] Hefner, Extent. Vgl. Barbour, Religion, 199f.

[131] Metaphysik sei ein "set of principles ... [that] would tell us how to organize the data of our experience in such a way that we could give a unitary account of them; it would thus help us to make sense of the scheme of things entire. ... We should then be masters of an over-all point of view enabling us to see things synoptically or have a set of ideas which would allow us to differentiate the real nature of the universe from its merely superficial aspects. We should, in short, be in possession of a metaphysics. ... The deviser of a metaphysical theory thus becomes a man with a vision of the scheme of things entire. It is important to add, however, that he is not merely a man with a vision, in which case he would be indistinguishable from a philosophical poet. He needs to work his vision out in a theory; he needs to argue his case both by adducing those facts which immediately support it and explaining those which on the face of things do not" (Walsh, Metaphysics, 303).

tät. In diesem metaphysischen Bezugsrahmen kann Burhoes Altruismustheorie als eine Art angewandte 'scientific theology'[132] verstanden werden. Sie ist der Versuch, seinem Ansatz Glaubhaftigkeit zu verschaffen, indem sie das naturwissenschaftliche Puzzle ordnet und sogar durch die Einbindung der Religion als Teil der Kultur komplettiert. Damit leistet er einen wichtigen ergänzenden Beitrag zu naturwissenschaftlichen Erklärungsversuchen des Altruismusphänomens. Wenn seine Altruismustheorie, in der die Religion eine so wichtige Rolle spielt, einen ernsthaften Beitrag zur naturwissenschaftlichen Erforschung des Problems der Erklärung altruistischen Verhaltens über die Verwandten hinaus (trans-kin Altruismus) leistet, so stärkt das die Glaubhaftigkeit seiner Vision. Dies weist auf die zentrale Stellung und Bedeutung der Altruismustheorie innerhalb Burhoes Gesamtansatz hin.

Wir sind also letztlich wieder beim Beginn unserer Darstellung von Burhoes Theorie angelangt. Dies kann als Zeichen für dessen Kohärenz angesehen werden.

2.2. Ph. Hefner: Die Evolution als creatio continua

2.2.1. Hefners Überlegungen zur Altruismus-Problematik

Hefner respektiert die Argumente derjenigen Theologen, Ethiker oder Philosophen, die der Überzeugung sind, daß Altruismus in soziobiologischer Perspektive und das christliche Gebot der Nächstenliebe nicht miteinander vermischt werden sollten. Dennoch: "From the first moment that I read Wilson, I felt that a religious tradition that centers on a man dying on a cross for the benefit of the whole world could not responsibly ignore a scientific discussion about the emergence within the evolutionary process of the possibility of living viably so as to put the welfare of others so high on the agenda that one creature would put its own welfare in jeopardy for the sake of others"[133]. Wie auch in der vorliegenden Untersuchung herausgearbeitet, sieht er das größte Problem in der Erklärung von Altruismus zu nicht genetisch verwandten Personen (trans-kin Altruismus)[134], da dieser auf einer rein naturwissenschaftlichen Basis nicht erklärt werden könne[135]. Im Anschluß an Burhoe sind seiner Meinung nach die Mythen und Rituale der

---

[132] Mit der Bezeichnung "angewandte 'scientific theology'" beziehen wir uns auf Burhoes Argument, daß die Theologie als angewandte Naturwissenschaft angesehen werden sollte (Burhoe, ST (Potentials), 37) und übersetzen dies in einen metaphysischen Bezugsrahmen.

[133] Hefner, Factor, 191; vgl. bereits Hefner, Sociobiology, 197f.

[134] Hefner, Factor, 196.

[135] Vgl. Hefner, Factor, 199 ("trans-kin altruism cannot be accounted for on grounds of genetic evolution alone"); Hefner, Sociobiology, 198; und III.2.2.

Religion die Träger des kulturellen Programms für trans-kin Altruismus[136]. Diese repräsentierten wichtige Information für ein gestaltetes und erfolgreiches Leben von *Homo sapiens*. Hefner ist sich dabei bewußt, daß diese Deutung der Mythen und Rituale äußerst spekulativ ist[137]. Seine wichtigste Hauptthese lautet folgendermaßen:

"The concepts of altruism as articulated by the evolutionary biocultural sciences and the love command of the Hebrew-Christian tradition focus upon the same phenomenon: beneficent human behavior toward others, even those who are not genetic kin"[138].

Da es sich seines Erachtens also faktisch um das gleiche Verhaltensphänomen handelt, das durch die soziobiologischen Aussagen zum Altruismus beschrieben und im jüdisch-christlichen Liebesgebot gefordert wird, ist ein Bezug notwendig, will die christliche Theologie nicht ihren Anspruch auf eine zeitgemäße Interpretation ihrer Inhalte verlieren. Dies ist eine notwendige Voraussetzung seiner zentralen Forderung, daß "the theological elaboration of agape should not shy away from identifying it with altruism"[139]. Hinreichend begründet wird diese provokative Forderung einer Identifikation von Agape und Altruismus allerdings erst durch seine weiteren Überlegungen. Seiner Meinung nach betonen die soziobiologischen Altruismusmodelle zu einseitig den Nutzen für den Altruisten und nehmen daher den Altruismus aus dem Altruismus[140]. Sie sehen im Altruismus nur "a self-seeking strategy for attaining other goods. ... the christian love command can be identified with the behavior associated with the biocultural evolutionary concept of altruism, but the meaning and status of altruism are not exhausted by those scientific concepts"[141]. Hefner geht es also darum, das Phänomen des Altruismus nicht reduktionistisch zu betrachten, sondern alle Aspekte bei der Beschreibung zu berücksichtigen. Diese Aufgabe der Einbettung der soziobiologischen Altruismustheorien in ein umfassenderes Verstehen des Altru-

---

[136] "I speculate that myth and ritual are the chief carriers of the information that motivates and interprets the behavior beyond the biogenetic" (Hefner, Factor, 149). Allgemeiner ausgedrückt: "Culture is the stream of information that enables trans-kin altruism" (Hefner, Factor, 200).

[137] So Hefner, Factor, 201.

[138] Hefner, Factor, 197. Die drei weiteren Hauptthesen erläutern diese erste These:

"2. The evolutionary biocultural sciences approach this beneficent behavior from the perspective of its placement in the natural history of life.

3. The study of myth and ritual approaches the same phenomenon from the perspective of the functioning of human culture.

4. Christian theology interprets this behavior as expression of basic cosmological and ontological principles".

[139] Hefner, Factor, 208.

[140] Vgl. III.2.2.2.

[141] Hefner, Factor, 208f.

ismus-Phänomens gehört für ihn zu den integrativen Aufgaben der Theologie und kann durch eine solche Identifikation von Agape mit Altruismus erreicht werden. Eine Subthese erläutert dies prägnant: "The significance of the theological concepts of altruistic love, elaborated from the myths and rituals and also by the scientific understanding, is this: Theology suggests that theories of epigenetic rules or strategies of self-interest are not enough to complete our understanding of altruistic love; we require also ways of discussing the hypothesis that altruism is an intrinsic value, rooted in the fundamental character of reality"[142].

Besonders der letzte Satz muß erläutert werden. Hefner sieht die Basis der Agape in Gott, "that is, in the way things really are"[143]. Aufgrund dieser Fundierung der Liebe in der letzten Realität erhält die altruistische Liebe einen intrinsischen, ontischen Charakter. Sie ist "written into the fundamental nature of human reality"[144]. So wird deutlich, daß die altruistische Liebe letztlich nicht in der Familie oder anderen menschlichen Beziehungen ihren Ursprung hat, wie es in den Theorien der Verwandtschaftsselektion oder des reziproken Altruismus vorausgesetzt wird.

Diese Überlegungen zur Altruismus-Problematik sollen im folgenden Abschnitt zu Hefners theologischem Programm insgesamt in Beziehung gesetzt werden.

2.2.2. Naturwissenschaftliche Erkenntnisse und eine theologische Anthropologie - Hefners Programm des Menschen als 'created co-creator'

Hefners theologischer Ansatz basiert auf der Voraussetzung, daß "large frameworks of meaning, like those proposed by religion and metaphysics, are unavoidable and required if the human quest for meaning is to be fulfilled. At the same time, those frameworks are useless and empty if they are not brought into conjunction in a credible manner with the concrete data of our scientific and social experience"[145]. Die Naturwissenschaften nehmen deshalb einen wichtigen Rang bei ihm ein, Theologie zu treiben[146]. Seine theologische Anthropologie steht im Lichte der Naturwissenschaften, da diese seiner Meinung nach ein Versuch sind "to determine how things really are"[147]. Seine Überlegungen zielen darauf, einen Interpretationsrahmen zu schaffen, der eine umfassende Orientie-

---

[142] Hefner, Factor, 209.

[143] Vgl. Hefner, Factor, 207. Er weist auf Mt 22,34-40 (Frage nach dem wichtigsten Gebot), Joh 13,34 (neues Gebot Jesu), Mt 5,43-48 (Feindesliebe), Gal 5,12-24 (Liebe im Kontrast zur Sarx) und I Kor 13 (Hohelied der Liebe) hin. Die Formel "the way things really are" wird von Hefner als neues Äquivalent zum Gotteskonzept benutzt.

[144] Hefner, Factor, 208.

[145] Hefner, Factor, 8.

[146] Vgl. Hefner, Factor, 14.

[147] Hefner, Factor, 101.

rung für menschliches Leben ermöglicht. Von daher ist er der konstruktiven Theologie zuzurechnen, von deren wichtigstem Vertreter G. Kaufman er sich aber seinen eigenen Worten nach dahingehend unterscheidet, daß dieser seinen Ausgangspunkt bei der Rekonstruktion eines Gotteskonzeptes nehme, während er sich zentral mit der Bedeutung des Mythos und des Rituals beschäftige[148]. Sein hauptsächliches Interesse besteht darin, einen Vorschlag zu einem theologischen Programm vorzulegen, der interessant und anregend für weitere Erörterungen ist[149]. Ein fertiger Entwurf liegt ihm fern.

Prinzipiell folgt er dem wissenschaftstheoretischen Entwurf von I. Lakatos, den er bei der Übertragung auf die Religion transformiert[150]. Lakatos spricht von sog. *research programs*, die zum Ziel haben, Ideen zu liefern, deren Vorschläge auf ihre Fruchtbarkeit hin getestet werden können. Er unterscheidet zwischen dem *hard core* dieses Programms und den *auxiliary hypotheses*. Der zentrale Kern eines solchen Forschungsprogramms besteht in der zugrundeliegenden Idee, die von einem Gürtel von unterstützenden Hypothesen umgeben ist, die verifiziert oder falsifiziert werden können[151]. Der zentrale Kern selbst ist durch sie von einer direkten Verifikation oder Falsifikation geschützt. Erst wenn die unterstützenden Hypothesen widerlegt werden können, fällt auch die Kernaussage. Ist dies nicht der Fall, so leistet das Forschungsprogramm einen fruchtbaren Beitrag, konstruktive Einsichten und neues Wissen zu erschließen. Von daher ist es immer auf Zukunft ausgerichtet[152].

Hefner legt dieses Modell seinem theologischen Ansatz zugrunde. Das Zentrum bildet die Beschreibung des Menschen als "geschaffener Mit-Schöpfer" (created co-creator), die von neun Hypothesen umgeben ist, die er ausführlich behan-

---

[148] Zur Zuordnung zur konstruktiven Theologie und seiner Auseinandersetzung mit Kaufman, Face, vgl. Hefner, Factor, bes. 216.

[149] Den "overarching purpose" seiner theologischen Konstruktion sieht Hefner, Factor, 224, darin, "to provide resources from the Christian tradition for revitalizing the myth-ritual-praxis constellation".

[150] Vor Hefner hat v.a. Murphy, Theology, den Ansatz von Lakatos konsequent auf die Theologie zu übertragen versucht.

[151] Das Problem der Verifizierbarkeit oder Falsifizierbarkeit einer wissenschaftlichen Theorie kann hier nicht ausführlich besprochen werden. Dies würde den Rahmen der vorliegenden Untersuchung bei weitem sprengen. Nur einige wenige Bemerkungen dazu. Da eine grundsätzliche Verifizierung einer Theorie nicht möglich ist, weil es immer wieder einen neuen Gegenstand geben kann, an dem sie erprobt werden könnte, hat Popper das Kriterium der Falsifizierbarkeit eingeführt. An einem Gegenbeispiel könne aufgezeigt werden, daß eine Theorie nicht gelte. Doch ist auch das Falsifizierbarkeitsprinzip von Popper nicht unumstritten, da ein Gegenbeispiel zu einer Modifikation der Theorie führen kann, die diese aber nicht grundsätzlich falsifiziert.

[152] Vgl. insgesamt Lakatos, Methodology, und Hefner, Factor, Kap. 2.

delt[153] . Wir wollen unsere Aufmerksamkeit besonders der Bezeichnung "geschaffener Mit-Schöpfer" zuwenden, um von dort her Hefners Ansatz zentral zu erschließen und mit seinen Überlegungen zur Altruismus-Problematik zu verbinden.

Das Adjektiv *geschaffen*[154] korrespondiert mit der Bedingtheit des Menschen durch seine genetischen und kulturellen Voraussetzungen und durch das Ökosystem, in dem er lebt. Letztlich bezieht es sich auf den Schöpfungsakt Gottes, der alles Leben erst ermöglicht. Der Mensch wird als Teil der gesamten Schöpfung verstanden und ihr zugeordnet. Das Substantiv *Mit-Schöpfer*[155] korrespondiert mit der Freiheit der Menschen zu eigenen Entscheidungen, durch die sie an der intentionalen Erfüllung von Gottes Willen partizipieren können[156]. Dadurch kommt eine eschatologisch(-teleologische) Perspektive ins Spiel, bei der gefragt wird, in welche Richtung sich der Mensch und der evolutive Prozess insgesamt entwickeln[157]. Es liegt ein Modell der Wahlfreiheit[158] zugrunde, denn der Mensch ist aufgrund seines Geschaffenseins nicht völlig frei. Dies weist auf eine enge Beziehung zwischen Determinismus und Freiheit beim Menschen hin, nicht auf deren Gegenüberstellung[159]. Eine Übereinstimmung mit Gott als Schöpfer wird damit nicht ausgesagt, wohl aber eine besondere Qualität des Menschen als *imago dei* gegenüber dem Rest der Schöpfung. In ihm gelangt die Symbiose zwischen Genen und Kultur zu ihrer (vorläufigen) Vollendung[160], so daß Hefner vom Homo sapiens als "a proposal for the future evolution of the planet"[161] sprechen kann. Der Mensch besitzt die Aufgabe einer Stellvertretung für die gesamte Schöpfung[162].

---

[153] Eine kurze Zusammenfassung der Theorie des "geschaffenen Mit-Schöpfers" findet sich in Hefner, Factor, 264f.

[154] Vgl. Hefner, Factor, 36.

[155] Vgl. Hefner, Factor, 38f.

[156] Vgl. Hefner, Factor, 32.

[157] Vgl. Hefner, Factor, 43.

[158] Vgl. Hefner, Factor, 98.

[159] Vgl. Peters, Sin, 305. S.u IV.2.2.3.b.

[160] Hefner, Factor, 29 (u.ö.), spricht von dem "two-natured character of the human", da bei ihm ererbte genetische Information und kulturelle Information im zentralen Nervensystem zusammenfließen. Er ist sich jedoch im klaren darüber, daß es derzeit noch keine konsensfähige Theorie der Wechselwirkung zwischen biologischer und kultureller Evolution gibt; vgl. Hefner, Sociobiology, 199.

[161] Hefner, Factor, 50.

[162] Vgl. Hefner, Factor, 27: "Human beings are God's created co-creators whose purpose is to be the agency, acting in freedom, to birth the future that is most wholesome for the nature that has birthed us - the nature that is not only our own genetic heritage, but also the entire human community and the evolutionary and ecological reality in which and to which we belong. Exercising this agency is said to be God's will for humans."

Der intrinsische Charakter der altruistischen Liebe weist darauf hin, daß der Mensch mit altruistischer Liebe geschaffen wurde. Sie ist ein Teil seiner Ausstattung als *imago dei*, die er durch die Schöpfertätigkeit Gottes erhält[163]. Aus diesem Grund sieht Hefner in der soziobiologischen Altruismusforschung eine "archeological expedition for the purpose of illumining what biological (including genetic) building blocks make up the infrastructure of this biocultural *Homo sapiens*"[164]. Sie ist eine Erforschung der Vergangenheit des Menschen, d.h. seiner biologischen Herkunft. Theologisch interpretiert heißt das, daß hier eine auf der Evolutionslehre fußende Theorie die göttliche Schöpfung nachdenkt. Die Evolution kann als Teil der *creatio continua*, der erhaltenden und neuschöpfenden Tätigkeit Gottes verstanden werden[165]. In diesem Gedanken der *creatio continua* wird auch offensichtlich, daß der rückwärts gerichtete Blick ergänzt werden muß durch den Aspekt der Zukunft, der sich beim Menschen in der Freiheit seines Mit-Schöpfertums ausdrückt: "the quintessential human stance is forward-looking"[166]. Er unterliegt nicht mehr nur seinen biologischen Zwängen, sondern hat die Freiheit zu eigenen Entscheidungen, die in Einklang stehen sollen zu dem, was Gott mit der göttlichen Schöpfung im Auge hat. Die Menschen haben Hefner zufolge das Potential, eine radikal neue Phase der Evolution zu aktualisieren[167]. Jesus Christus ist dabei das "paradigm, the model of what it means to be humans in the image of God, of what it means to be the human being that God intended"[168]. Im Lichte dieses Paradigmas besteht der Wille Gottes im Prinzip der universalen Liebe, die alle Grenzen sprengt[169]. Darin nutzt der Mensch seine Freiheit zum Guten.

Die soziobiologische Altruismus-Forschung erfährt somit bei Hefner eine doppelte Einbettung. Einmal zeichnet er sie als unvollständig, solange nicht der intrinsische Charakter der altruistischen Liebe erkannt wird. Liebe wurzelt letztlich in Gott, dem "way things really are". Wir können von einer *protologischen* Per-

---

[163] Hefner, Factor, 239, weist darauf hin, daß die gesamte Schöpfung vermittelt durch den Menschen an der *imago dei* teilnimmt: "Because the human is made up of the basic stuff of the planet, the image of God in that human being indicates that the world itself is capable of that special relationship to which the image of God points" (vgl. auch Hefner, Sociobiology, 192.204). Der Anthropozentrismus des *imago-dei* Konzeptes bedürfe also einer Revision.

[164] Hefner, Life, 72. Anders formuliert: "God is telling us something about who we are when new insights are gained into the structures which that past has bequeathed to us" (Hefner, Sociobiology, 204).

[165] Hefner, Sociobiology, 202: "the evolutionary process is the instrument of the Creator God".

[166] Hefner, Life, 71f.

[167] Vgl. Hefner, Factor, 248.

[168] Hefner, Factor, 243. Er knüpft hier an Theißen, Glaube, an.

[169] Vgl. Hefner, Factor, bes. 248-250.

spektive reden, aus der heraus die soziobiologische Altruismus-Forschung erst ihren Stellenwert als archäologische Expedition in die grundlegenden biologischen Voraussetzungen des Menschen gewinnt. Sie zeichnet bildlich gesprochen die Fußspuren Gottes im Menschen nach. Zum anderen aber ist die soziobiologische Altruismus-Forschung unvollständig, solange sie sich nur auf die Herkunft des Menschen konzentriert. Der Mensch als Teil der *creatio continua* ist auf Freiheit und Zukunft hin ausgelegt. Entscheidend ist, in welche Richtung sich der "two-natured character"[170] des Menschen verändert, der in einer Symbiose von Genen und Kultur besteht. Die Probleme der soziobiologischen Altruismus-Forschung in der Erklärung von trans-kin Altruismus lassen sich erst aus dieser *eschatologischen* Perspektive heraus überwinden. Sie eröffnet dem freien Menschen die Möglichkeit zu uneingeschränkter Nächstenliebe und damit die Erfüllung dessen, was protologisch-intrinsisch bereits in ihm angelegt ist[171]. Dies ist auch die Ursache dafür, daß Hefner ein Teleonomie-Konzept vertritt, das die Zwecke und Ziele aus den jeweiligen Strukturen und Prozessen heraus erklärt[172]. Er versucht, die Teleologie in ein teleonomisches Konzept aufzulösen.

2.2.3. Kritische Auseinandersetzung

Einige kritische Überlegungen sollen den Abschluß der Darstellung von Hefner bilden. Wie im vorangegangenen Abschnitt werden wir uns zuerst der Altruismus-Problematik zuwenden und abschließend den Ansatz insgesamt betrachten. Da Hefner erst vor kurzem seinen zusammenhängenden Entwurf vorgestellt hat[173], ist die Diskussion darüber noch in einem Anfangsstadium, so daß auch wir im Unterschied zur ausführlichen Diskussion von Burhoes Ansatz nur einige vorläufige Bemerkungen anstellen werden.

---

[170] Hefner, Factor, 29.

[171] Vgl. Hefner, Life, 72: "*Homo sapiens* ... hears the natural (not supernatural) message from within its own history to move in the direction of transkin altruism."

[172] Sein teleonomisches Axiom lautet: "The structure of a thing, the process by which it functions, the requirements for its functioning, and its relations with and impact upon its ecosystem form the most reasonable basis for hypothesizing what the purpose and meaning of the thing are" (Hefner, Factor, 40). Zum Begriff der Teleonomie im Unterschied zur Teleologie vgl. Vollmer, Teleologie. Die Teleonomie sei keine Lehre wie die Teleologie, sondern eine Eigenschaft (wie Autonomie) und bedeute "programmgesteuerte, arterhaltende Zweckmäßigkeit als Ergebnis eines evolutiven Prozesses (nicht als Werk eines planenden, zwecksetzenden Wesens)" (Vollmer, Teleologie, 206). Ein metaphysischer Aspekt ist ihr also fremd.

[173] Hefner, Factor, ist im Jahre 1993 erschienen. Einzelne Kapitel daraus wurden bereits in früheren Jahren als Aufsätze veröffentlicht. In der Zeitschrift "Zygon" sind mehrere Buchbesprechungen zu Hefner, Factor, veröffentlicht; vgl. d'Aquili, Summa; Gerhart, Eclecticism; und Theißen, Synthesis. Auf Deutsch liegt bisher nur Hefner, Natur, vor.

a) Zu Hefners Überlegungen zur Altruismus-Problematik

Aus theologischer Sicht betont Hefner den intrinsischen, ontischen Charakter der altruistischen Liebe. Sie hat ihren Ursprung letztlich in Gott. Hier könnte eine Kritik aus humanistischer Perspektive ansetzen, die auf den Gedanken einer Letztbegründung verzichtet[174]. Doch soll dies hier nicht weiter verfolgt werden, da dann nur zwei unterschiedliche Perspektiven gegenübergestellt werden, die jeweils aus sich selbst heraus ihr Recht besitzen. Eine fruchtbare Auseinandersetzung ist nicht zu erwarten.

In Ergänzung von Hefners Aussagen zum intrinsischen Charakter der altruistischen Liebe soll auf einen weiteren Aspekt hingewiesen werden, der gegenüber der soziobiologischen Altruismusforschung betont werden muß und den Hefner hätte aufnehmen können, will er deren Altruismuskonzepte kritisch betrachten und erweiternd aufnehmen. Vor allem bei den Modellen, die Altruismus nur über den biologischen Mechanismus der natürlichen Selektion erklären wollen, wird betont, daß der Altruismus aus dem Altruismus genommen werde[175]. Altruistisches Verhalten sei letztlich eigennützig. Dies hat sicherlich seine Berechtigung, wenn man die Perspektive des Altruisten einnimmt. Aus der Perspektive des Rezipienten jedoch bleibt es bei einem altruistischen Akt, da dieser unabhängig von den Rückwirkungen auf den Altruisten einen Nutzen zieht. Diese unterschiedlichen Perspektiven sollten im soziobiologischen Ansatz stärker berücksichtigt werden, der ja von den Konsequenzen einer Handlung her seinen Zugang zum Altruismus nimmt. Dies ist ein weiterer Aspekt, die soziobiologischen Altruismusmodelle zu erweitern. Darüberhinaus kann auf den Gebotscharakter der Agape aufmerksam gemacht werden[176].

Betrachtet man Hefners Überlegungen zum Verhältnis von Agape und Altruismus insgesamt, so dient deren Identifizierung der erweiternden Einbettung der soziobiologischen Altruismuskonzepte. Dies muß jedoch nicht zwangsläufig auf dem Wege einer Identifizierung von Agape mit Altruismus geschehen. Zwar beschäftigen sich beide mit dem gleichen Phänomen, in Hefners Worten "beneficent human behavior toward others, even those who are not genetic kin"[177], doch aufgrund der Fundierung der Agape in Gott kann diese vom Altruismus unterschieden werden, dem diese Basis gerade fehlt. Diese Überlegungen laufen nicht auf eine Trennung von Altruismus und Agape hinaus, sondern betonen, daß es trotz aller Gemeinsamkeiten wichtige Unterschiede im Vergleich der einzelnen Konzepte gibt, die beachtet werden müssen. Dennoch kann auch in

---

[174] Ich beziehe mich hier auf eine kritische Stellungnahme zu Ph. Hefner durch J. W. Robbins, die mir als Manuskript vorlag.

[175] Vgl. III.2.2.2.

[176] Vgl. IV.1.1.

[177] Hefner, Factor, 197.

diesem Modell von einer erweiternden Einbettung der soziobiologischen Altruismuskonzepte in eine umfassendere Perspektive der auf Gott beruhenden Agape geredet werden.

b) Zum 'created co-creator'

Mit Hefners Orientierung an dem wissenschaftstheoretischen Programm von I. Lakatos wird der wissenschaftliche Charakter der Theologie in der Auseinandersetzung mit den Naturwissenschaften betont. Beide Disziplinen werden methodisch vergleichbar, indem auch in der Theologie von zu testenden Theorien und Hypothesen die Rede ist. Die Idee des *hard core* paßt sehr gut auf die Theologie, für die der Bezug zu dem einen Gott im Mittelpunkt aller Theorien steht[178]. Hefners schöpfungstheologischer Ansatz ist damit ebenso wie eine Offenbarungstheologie "a proposal in the public marketplace of ideas that people of faith make for understanding human life and its meaning"[179]. Entscheidend sind die Überzeugungskraft, die auf der Möglichkeit einer fruchtbaren Interpretation der Prozesse und Strukturen der Welt in deren gegenwärtigem Kontext beruht. Dieses methodische Vorgehen Hefners ist sicherlich für die theologische wie die wissenschaftstheoretische Seite provokativ, da zwei meist getrennt betrachtete Bereiche zusammengeschaut werden und bei der Übertragung sicherlich einige Transformationen stattfinden müssen. Dieses Thema kann im Rahmen dieser Untersuchung nur angedeutet werden[180].

Die Differenz zwischen Gott und der Welt scheint bei Hefner aufgegeben zu sein, wenn Gott beschrieben wird als "the way things really are"[181] und die Naturwissenschaften sogar den Versuch darstellen "to determine how things really are"[182]. Hier müßte Hefner vorsichtiger formulieren, denn es ist längst communis opinio, daß die Naturwissenschaften wie die Physik oder die Biologie nicht die Welt an sich betrachten, sondern die Welt, wie sie sich unseren Sinnen und deren Verlängerungen in Form wissenschaftlicher Apparate bietet. Zwischen der Erscheinung der Welt für uns und der Realität ist erkenntnistheoretisch zu unterscheiden[183]. Wird dies nicht beachtet, besteht die Gefahr, daß die Naturwissenschaften bildhaft gesprochen nicht nur die Fußspuren Gottes im Menschen und in der Welt aufzuspüren versuchen, sondern als direkte Zugangsweisen zu Gott aufgefaßt werden können. Dies aber liegt jenseits ihrer Möglichkeiten.

---

[178] Vgl. Hefner, Factor, 259.

[179] Hefner, Factor, 18.

[180] Für eine genauere Untersuchung der Anwendung des Programms von Lakatos im theologischen Ansatz von Hefner wäre eine eigenständige Betrachtung notwendig.

[181] Hefner, Factor, 207.

[182] Hefner, Factor, 101.

[183] Vgl. Theißen, Synthesis, 393f.

In bezug auf sein Konzept des 'created co-creators' (geschaffener Mit-Schöpfer) bespricht Hefner selbst zwei Einwände, die "almost polar opposites of each other"[184] sind. Zum einen werde ihm vorgeworfen, daß er mit dem Begriff *co-creator* den Menschen auf eine Ebene mit Gott stelle oder zumindest seine Aktionen mit den Taten Gottes gleichsetze[185]. Dies überhöhe die Position des Menschen und sei ein zu starker Anthropozentrismus. Zum anderen werde er aufgrund seiner Verwendung des Begriffes *created* und der damit verbundenen engen Eingebundenheit des Menschen in die Natur kritisiert, dies lasse zu wenig Raum für die Sonderstellung des Menschen in der Welt. Die Natur werde zu sehr betont. Beide Argumentationen, die gegensätzlicher nicht sein könnten, werfen ihm eine falsche Interpretation des Menschen vor.

Dies hängt offensichtlich damit zusammen, daß jeweils zu einseitig entweder das Adjektiv *created* oder das Substantiv *co-creator* betont wird. Dies liegt nicht im Sinne des Ansatzes von Hefner, der beide Elemente in ihrer wechselseitigen Abhängigkeit betont. Hefner zieht jedoch auch einen Gewinn aus diesen beiden Einwänden. Beide zeigten "[the] tremendous dynamism and energy"[186], die im Bild des *created co-creators* lägen.

Eng damit verbunden sind seine Überlegungen zum Verhältnis zwischen Determinismus und Freiheit[187]. Auch sie bilden keine Gegensätze, sondern müssen in ihrer gegenseitigen Abhängigkeit als zwei Elemente des *created co-creators* gesehen werden, die jeweils unterschiedliche Aspekte betonen. Der Mensch ist zwar mit bestimmten Voraussetzungen geschaffen, besitzt aber doch die nötige Freiheit im Umgang mit ihnen. "Not only are we apparently determined to be free creatures, but our freedom must be finally consonant with the objective course of our evolution. We can say that we are not only determined to be free, but we are free to be determined"[188]. Hefner ist der Überzeugung, daß die biologische Evolution das Mittel ist, mit dem Gott den kulturell freien Menschen geschaffen hat, und daß wir mit dieser Freiheit nun das Ziel suchen, das in Übereinstimmung ist mit Gottes Willen für die Zukunft. "The activity that we fashion to meet the requirements of our destiny should conform to the sacrifice of Christ for the whole

---

[184] Hefner, Factor, 236.

[185] So von theologischer Seite. Auch von naturwissenschaftlicher Seite wird dieser Vorwurf laut: "For the scientists, who are deeply impressed with the awesomeness of nature, it seems simply absurd to suggest that human beings are more than tiny actors on a stage whose dimensions in time and space are beyond our capacity to comprehend" (Hefner, Factor, 236).

[186] Hefner, Factor, 237.

[187] Vgl. Hefner, Factor, Kap. 7.

[188] Hefner, Factor, 121. Vgl. Peters, Sin, 305: "Hefner takes the long view, the coevolutionary view, according to which today's cultural freedom is the result of yesterday's biological determinism".

world and in such self-giving we find our deepest harmony with our destiny"[189].
Da Jesu Selbsthingabe in Hefners Ansatz als Paradigma der altruistischen, universalen Liebe verstanden wird, sind wir sozusagen wieder zu unseren Ausgangsüberlegungen zurückgekehrt. Dies deutet auf die innere Kohärenz der Überlegungen Hefners hin.

2.3. Zusammenfassung von Burhoe und Hefner und abschließende Überlegung

Für *Burhoe* ist entscheidend, daß der Mensch ein biologisches *und* ein kulturelles Lebewesen ist. Die Erfordernisse dieser beiden Naturen des Menschen müssen aneinander angepaßt sein. Die Vermittlungsaufgabe kommt der Religion zu, die der entscheidende Faktor der Kultur ist, den Menschen zu motivieren, sich nicht-verwandten Individuen gegenüber altruistisch zu verhalten. Aufgrund dieser Funktionsbestimmung nimmt die Religion eine wichtige Rolle in der wissenschaftlichen Auseinandersetzung um den Altruismus ein. Außerdem legt Burhoe die Funktionsbestimmung der Religion seinen Überlegungen zu einer 'scientific theology' zugrunde, die die passende Religionsform für eine naturwissenschaftlich geprägte Welt sei und die zu deren Überleben und Weiterentwicklung beitrage. Insgesamt leistet er mit dieser funktionalen Analyse der Religion einen konstruktiven Beitrag zur (natur-) wissenschaftlichen Beschreibung der Welt.

Der Ansatz von *Hefner* ist dagegen theologisch ausgerichtet. Bei ihm denkt die Evolutionslehre gewissermaßen die Gedanken Gottes nach. Evolution wird verstanden als Handeln Gottes in und an der Welt. Das ist kein Determinismus und auch nicht so zu verstehen, als ob die Theologie immer schon alles gewußt hätte. Das Neue und die Eigengesetzlichkeiten der Naturwissenschaften werden anerkannt, ihre Erkenntnisse jedoch als Fußspuren Gottes in der Welt interpretiert. In diesem Sinne hilft die humansoziobiologische Altruismus-Forschung, die anthropologischen Voraussetzungen des Menschen zu klären, der als "Ebenbild Gottes" gilt und sowohl geschaffen als auch Mit-Schöpfer ('created co-creator') ist. Gleichzeitig stellt Hefner aus einer theologischen Perspektive den intrinsischen Charakter der altruistischen Liebe heraus, die ihren Ursprung in Gott hat.

Eine Entscheidung zugunsten der einen oder der anderen Perspektive soll nicht getroffen werden. M. E. bedeutet es im interdisziplinären Gespräch einen Gewinn an Freiheit, wenn man unterschiedliche Perspektiven nachvollziehen kann. Ziel eines solchen Gesprächs sollte es nicht sein, den einen der untersuchten Bereiche durch den anderen zu vereinnahmen. Vielmehr geht es darum, sich wechselseitig besser zu verstehen. Wir hoffen, daß diese Untersuchung einen Beitrag dazu geleistet hat.

---

[189] Hefner, Freedom, 139.

Literaturverzeichnis

Die Literatur wird in den Anmerkungen nach folgendem Schema zitiert: Name, Kurztitel, Seitenzahl. Der Kurztitel ist im Literaturverzeichnis kursiv geschrieben.

Die Aufsätze Burhoes, die in dem Sammelband "Toward a Scientific Theology" zusammengefaßt sind, werden folgendermaßen zitiert: Burhoe, ST (Kurztitel des Aufsatzes), Seitenzahl.

Die Abkürzungen entsprechen S. Schwertner (ed.): Theologische Realenzyklopädie, Abkürzungsverzeichnis, Berlin-New York [2]1994.

Aland, K. (ed.): Synopsis Quattuor Evangeliorum. Locis parallelis evangeliorum apocryphorum et patrum adhibitis, Stuttgart [13]1984.

Aland, K.: Vollständige Konkordanz zum griechischen Neuen Testament. Unter Zugrundelegung aller modernen kritischen Textausgaben und des Textus receptus, Bd. I/1 und I/2, Berlin-New York 1983.

Aland, K. und Aland, B. (eds.): *Nestle-Aland*. Novum Testamentum Graece, Stuttgart [26]1979.

Albert, H.: *Traktat* über die kritische Vernunft, EGW 9, Tübingen [2]1969.

Alexander, R. D.: The *Biology* of Moral Systems, Foundations of Human Behavior, New York 1987.

Alexander, R. D.: Biological *Considerations* in the Analysis of Morality, in: M. H. Nitecki/D. V. Nitecki (eds.): Evolutionary Ethics, SUNY Series in Philosophy and Biology, New York 1993, 163-196.

Alexander, R. D.: *Darwinism* and Human Affairs, Seattle 1979.

Alexander, R. D.: The *Search* for a General Theory of Behavior, Behavioral Sciences 20 (1975) 77-100.

Altner, G.: Der *Mensch* als Produkt seiner Gene. Kritische Erwägungen zur Soziobiologie, EK 14 (1981) 190-192.

Arnold, C. E.: Returning to the Domain of the Powers: *Stoicheia* as Evil Spirits in Galatians 4:3-9, NT 38 (1996) 55-76.

Augenstein, J.: Das *Liebesgebot* im Johannesevangelium und in den Johannesbriefen, BWANT Folge 7. H. 14 (Heft 134 der ganzen Sammlung), Stuttgart-Berlin-Köln 1993.

Aus, R. D.: Weihnachtsgeschichte-Barmherziger *Samariter*-Verlorener Sohn. Studien zu ihrem jüdischen Hintergrund, ANTZ 2, Berlin 1988.

Axelrod, R.: Die *Evolution* der Kooperation, München [2]1991 (amerik. 1984).

Baasland, E.: Der *Jakobusbrief* als Neutestamentliche Weisheitsschrift, StTh 36 (1982) 119-139.

Baasland, E.: Literarische *Form*, Thematik und geschichtliche Einordnung des Jakobusbriefes, ANRW II 25.5 (1988) 3646-3684.

Baelz, P.: A Christian *Perspective* on the Biological Scene, Zygon 19 (1984) 209-212.

Balz, H.: Johanneische *Theologie* und Ethik im Licht der "letzten Stunde", in: W. Schrage (ed.): Studien zum Text und zur Ethik des Neuen Testaments, FS H. Greeven, Berlin-New York 1986, 35-56.

Bammel, E.: νόμος Χριστοῦ, in: F. L. Cross (ed.): StEv III. Part II: The New Testament Message, TU 88, Berlin 1964, 120-128.

Bandura, A./Walters, R. H.: Social *Learning* and Personality Development, New York 1963.

Bandura, A.: Social Learning *Theory*, Englewood Cliffs 1977.

Banks, R.: *Jesus* and the Law in the Synoptic Tradition, MSSNTS 28, Cambridge u.a. 1975.

Barash, D. P.: *Sociobiology* and Behavior. Second Edition, New York-Amsterdam-Oxford 1982.

Barash, D. P.: *Soziobiologie* und Verhalten, Berlin-Hamburg 1980 (amerik. 1977).

Barbour, I. G.: *Ways* of Relating Science and Theology, in: R. J. Russell u.a. (eds.): Physics, Philosophy, and Theology: A Common Quest for Understanding, Vatikanstadt 1988, 21-48.

Barbour, I.: *Religion* in an Age of Science: The Gifford Lectures 1989-1991. Vol. 1, San Francisco 1990.

Barclay, J. M. G.: Obeying the *Truth*: A Study of Paul's Ethics in Galatians, Studies of the New Testament and Its World, Edinburgh 1988.

Barth, G.: Das *Gesetzesverständnis* des Evangelisten Matthäus, in: G. Bornkamm/G. Barth/H. J. Held: Überlieferung und Auslegung im Matthäusevangelium, WMANT 1, Neukirchen-Vluyn [7]1975.

Baudler, G.: *Töten* oder Lieben. Gewalt und Gewaltlosigkeit in Religion und Christentum, München 1994.

Bauer, W.: Das *Gebot* der Feindesliebe und die alten Christen, in: ders.: Aufsätze und kleine Schriften, Tübingen 1967, 235-252.

Bauer, W.: Griechisch-deutsches *Wörterbuch* zu den Schriften des Neuen Testaments und der frühchristlichen Literatur, K. und B. Aland (eds.), Berlin-New York [6]1988.

Baumbach, G.: *Gemeinde* und Welt im Johannesevangelium, Kairos 14 (1972) 121-136.

Beare, F. W.: The Earliest *Records* of Jesus, Oxford 1964.

Becker, J.: Das Evangelium nach *Johannes*, ÖTK 4/1 und 4/2, Göttingen 1: [2]1985 2: [2]1984.

Becker, J.: Der Brief an die *Galater*, in: ders./H. Conzelmann/G. Friedrich: Die Briefe an die Galater, Epheser, Philipper, Kolosser, Thessalonicher und Philemon, NTD 8, Göttingen [14]1976, 1-85.

Becker, J.: Die *Abschiedsreden* Jesu im Johannesevangelium, ZNW 61 (1970) 215-246.

Becker, J.: Die *Testamente* der zwölf Patriarchen JSHRZ III/1, Gütersloh 1974.

Becker, J.: *Feindesliebe* - Nächstenliebe - Bruderliebe. Exegetische Beobachtungen als Anfrage an ein ethisches Problemfeld, ZEE 25 (1981) 5-18.

Becker, J.: *Paulus*. Der Apostel der Völker, Tübingen [2]1992.

Becker, J.: *Untersuchungen* zur Entstehungsgeschichte der Testamente der Zwölf Patriarchen, AGJU 8, Leiden 1970.

Bellah, R. N.: *Zivilreligion* in Amerika, in: H. Kleger/A. Müller (eds.): Religion des Bürgers. Zivilreligion in Amerika und Europa, RWK 3, München 1986, 19-41.

Bencze, A. L.: An *Analysis* of "Romans XIII.8-10", NTS 20 (1974) 90-92.

Berger, K.: Das Buch der *Jubiläen*, JSHRZ II/3, Gütersloh 1981.

Berger, K.: Die *Gesetzesauslegung* Jesu. Ihr historischer Hintergrund im Judentum und im Alten Testament. Teil I: Markus und Parallelen, WMANT 40, Neukirchen-Vluyn 1972.

Berger, K.: *Formgeschichte* des Neuen Testaments, Heidelberg 1984.

Berghe, P. L. van den: Human Family *Systems*. An Evolutionary View, New York 1979.

Bertram, B. C. R.: *Problems* with Altruism, in: King's College Sociobiology Group, Cambridge (ed.): Current Problems in Sociobiology, Cambridge u.a. 1982, 251-267.

Betz, H. D.: De fraterno *amore* (Moralia 478A-492D), in: ders. (ed.): Plutarch's Ethical Writings and Early Christian Literature, SCHNT 4, Leiden 1978, 231-263.

Betz, H. D.: Der *Galaterbrief.* Ein Kommentar zum Brief des Apostels Paulus an die Gemeinden in Galatien, Hermeneia, München 1988 (amerik. 1979).

Betz, H. D.: Die hermeneutischen *Prinzipien* in der Bergpredigt (Mt 5,17-20), in: E. Jüngel u.a. (eds.): Verifikationen, FS G. Ebeling, Tübingen 1982, 27-41.

Betz, H. D.: *Fußwaschung* als Erweis der Liebe. Sprachliche und sachliche Anmerkungen zu Lk 7,44b, ZNW 81 (1990) 171-177.

Beutler, J.: Das *Hauptgebot* im Johannesevangelium, in: K. Kertelge (ed.): Das Gesetz im Neuen Testament, QD 108, Freiburg-Basel-Wien 1986, 222-236.

Blass, F./Debrunner, A./Rehkopf, F.: *Grammatik* des neutestamentlichen Griechisch, Göttingen [14]1975.

Borgerhoff Mulder, M.: Human Behavioral *Ecology*, in: J. R. Krebs/N. B. Davies (eds.): Behavioral Ecology. An Evolutionary Approach. Third Edition, Chapter 3, Oxford u.a. 1991, 69-98.

Borig, R.: Der wahre *Weinstock*. Untersuchungen zu Jo 15,1-10, StANT 16. München 1967.

Bornkamm, G.: Das *Doppelgebot* der Liebe, in: ders.: Geschichte und Glaube. Erster Teil. Ges. Aufs. Bd. III, BEvTh 48, München 1968, 37-45.

Bornkamm, G.: Der köstlichere *Weg*. 1. Kor 13, in: ders.: Das Ende des Gesetzes, Paulusstudien, Ges. Aufs. Bd. 1, BEvTh 16, München 1966, 93-112.

Bovon, F.: Das Evangelium nach *Lukas*. 1. Teilband Lk 1,1-9,50, EKK III/1, Neukirchen-Vluyn 1989.

Bowker, J. W.: The Aeolian *Harp*: Sociobiology and Human Judgement, Zygon 15 (1980) 307-333.

Boyd, R./Richerson, P. J.: *Culture* and the Evolutionary Process, Chicago-London 1985.

Boyd, R./Richerson, P. J.: *Punishment* Allows the Evolution of Cooperation (or Anything Else) in Sizable Groups, Ethology and Sociobiology 13 (1992) 171-195.

Boyd, R./Richerson, P. J.: A Simple Dual Inheritance *Model* of the Conflict Between Social and Biological Evolution, Zygon 11 (1976) 254-262.

Boyd, R.: Is the Repeated Prisoner's *Dilemma* a Good Model of Reciprocal Altruism?, Ethology and Sociobiology 9 (1988) 211-222.

Brady, C.: Brotherly *Love*, Diss.masch., Fribourg 1961.

Brandenburger, E.: *Fleisch* und Geist. Paulus und die dualistische Weisheit, WMANT 29, Neukirchen-Vluyn 1968.

Braumann, G.: Die *Schuldner* und die Schuldnerin. Luk. VII. 36-50, NTS 10 (1963/64) 487-493.

Breed, D. R.: Toward a Credible *Faith* in an Age of Science: The Life and Work of Ralph Wendell Burhoe, Diss.masch., Chicago 1988.

Breed, D. R.: *Yoking* Science and Religion. The Life and Thought of Ralph Wendell Burhoe, Chicago 1992.

Breuer, G.: Der sogenannte *Mensch*. Was wir mit Tieren gemeinsam haben und was nicht, München 1981.

Brockhaus, U.: *Charisma* und Amt. Die paulinische Charismenlehre auf dem Hintergrund der frühchristlichen Gemeindefunktionen, Wuppertal 1972.

Broer, I.: Anmerkungen zum *Gesetzesverständnis* des Matthäus, in: K. Kertelge (ed.): Das Gesetz im Neuen Testament, QD 108, Freiburg-Basel-Wien 1986, 128-145.

Broer, I.: *Freiheit* vom Gesetz und Radikalisierung des Gesetzes. Ein Beitrag zur Theologie des Evangelisten Matthäus, SBS 98, Stuttgart 1980.

Brown, R. E. u.a.: Der *Petrus* der Bibel. Eine ökumenische Untersuchung, Stuttgart 1976 (engl. 1973).

Brown, R. E.: Ringen um die *Gemeinde*. Der Weg der Kirche nach den Johanneischen Schriften, Salzburg 1982 (engl. 1979).

Brown, R. E.: The *Epistles* of John, AncB 30, Garden City, New York 1982.

Brown, R. E.: The Gospel According to *John*, AncB 29, New York 1966 und 1971.

Browning, D.: *Altruism* and Christian Love, Zygon 27 (1992) 421-436.

Buber, M.: Zwei *Glaubensweisen* (1950), in: ders.: Werke I, München-Heidelberg, 651-782.

Bühner, J.-A.: Der *Gesandte* und sein Weg im 4. Evangelium. Die kultur- und religionsgeschichtlichen Grundlagen der johanneischen Sendungschristologie sowie ihre traditionsgeschichtliche Entwicklung, WUNT II/2, Tübingen 1977.

Bultmann, R.: Das christliche Gebot der *Nächstenliebe* (1930), in: ders.: Glauben und Verstehen, Ges. Aufs. Bd. 1, Tübingen ^{5}1964, 229-244.

Bultmann, R.: Das Evangelium des *Johannes*, KEK II, Göttingen ^{20}1978.

Bultmann, R.: Die Geschichte der synoptischen *Tradition*, FRLANT NF 12, Göttingen ^{9}1979.

Bultmann, R.: Die *Johannesbriefe*, KEK 14, Göttingen ^{7}1967.

Bultmann, R.: *Glossen* im Römerbrief, in: ders.: Exegetica. Aufsätze zur Erforschung des Neuen Testaments, E. Dinkler (ed.), Tübingen 1967, 278-284.

Bultmann, R.: *Jesus*, München-Hamburg ^{4}1970.

Bultmann, R.: *Theologie* des Neuen Testaments, Tübingen ^{9}1984.

Burchard, Chr.: Die *Summe* der Gebote (Röm 13,7-10), das ganze Gesetz (Gal 5,13-15) und das Christusgesetz (Gal 6,2; Röm 15,1-6; 1Kor 9,21), in: D. Trobisch (ed.): In Dubio Pro Deo. Heidelberger Resonanzen auf den 50. Geburtstag von Gerd Theißen, Heidelberg 1993, 28-62.

Burchard, Chr.: Das doppelte *Liebesgebot* in der frühen christlichen Überlieferung, in: E. Lohse u.a. (eds.): Der Ruf Jesu und die Antwort der Gemeinde, FS J. Jeremias, Göttingen 1970, 39-62.

Burchard, Chr.: *Gemeinde* in der strohernen Epistel. Mutmaßungen über Jakobus, in: D. Lührmann/G. Strecker (eds.): Kirche, FS G. Bornkamm, Tübingen 1980, 315-328.

Burchard, Chr.: *Nächstenliebegebot*, Dekalog und Gesetz in Jak 2,8-11, in: E. Blum u.a. (eds.): Die Hebräische Bibel und ihre zweifache Nachgeschichte, FS R. Rendtorff, Neukirchen-Vluyn 1990, 517-533.

Burchard, Chr.: *Versuch*, das Thema der Bergpredigt zu finden, in: G. Strecker (ed.): Jesus Christus in Historie und Theologie, FS H. Conzelmann, Tübingen 1975, 409-432.

Burchard, Chr.: Zu *Jakobus* 2,14-26, ZNW 71 (1980) 27-45.

Burhoe, R. W.: Five *Steps* in the Evolution of Man's Knowledge of Good and Evil, Zygon 2 (1967) 77-96 = ST, s.u., 49-71.

Burhoe, R. W.: Natural *Selection* and God, Zygon 7 (1972) 30-63 = ST, s.u., 73-111.

Burhoe, R. W.: *Potentials* for Religion from the Sciences, Zygon 5 (1970) 110-129 = ST, s.u., 25-48.

Burhoe, R. W.: Religion's Role in Human *Evolution*: The Missing Link between Ape-Man's Selfish Genes and Civilized Altruism, Zygon 14 (1979) 135-162 = ST, s.u., 201-233.

Burhoe, R. W.: The *Concepts* of God and Soul in a Scientific View of Human Purpose, Zygon 8 (1973) 412-442 = ST, s.u., 113-150.

Burhoe, R. W.: The Human Prospect and the "*Lord* of History", Zygon 10 (1975) 299-375.

Burhoe, R. W.: The *Nature* of Man as a Niche in Nature and as an Image of God, in: Ph. Hefner/W. W. Schroeder (eds.): Belonging and Alienation: Religious Foundations for the Human Future, Chicago 1976, 3-32.

Burhoe, R. W.: The Source of *Civilization* in the Natural Selection of Coadapted Information in Genes and Culture, Zygon 11 (1976) 263-303 = ST, s.u., 151-199.

Burhoe, R. W.: Toward a Scientific Theology (*ST*), Belfast 1981.

Burhoe, R. W.: *War*, Peace, and Religion's Biocultural Evolution, Zygon 21 (1986) 439-472.

Burhoe, R. W.: What Does Determine Human *Destiny*? - Science applied to Interpret Religion, Zygon 12 (1977) 336-389.

Campbell, D. T.: A Naturalistic *Theory* of Archaic Moral Orders, Zygon 26 (1991) 91-114.

Campbell, D. T.: Die *Funktion* des Rechts und der Primärgruppen bei der sozialen Kontrolle, in: M. Gruter/M. Rehbinder (eds.): Der Beitrag der Biologie zu Fragen von Ethik und Recht, Schriftenreihe zur Rechtssoziologie und Rechtstatsachenforschung Bd. 54, Berlin 1983, 175-189.

Campbell, D. T.: On the *Conflicts* Between Biological and Social Evolution and Between Psychology and Moral Tradition, American Psychologist 30 (1975) 1103-1126 (repr. = Zygon 11 (1976) 167-208).

Caplan, A. L. (ed.): The Sociobiology *Debate*. Readings on Ethical and Scientific Issues, New York u.a. 1978.

Caragounis, Ch. C.: The *Kingdom* of God in John and the Synoptics: Realized or Potential Eschatology?, in: A. Denaux (ed.): John and the Synoptics, BETL 101, Leuven 1992, 473-480.

Cassem, N. H.: A Grammatical and Contextual Inventory of the Use of *kosmos* in the Johannine Corpus with some Implications for a Johannine Cosmic Theology, NTS 19 (1972/73) 81-91.

Cavalli-Sforza, L. L./Feldman, M. W.: Cultural *Transmission* and Evolution: A Quantitative Approach, Princeton 1981.

Chagnon, N./Irons, W. (eds.): Evolutionary *Biology* and Human Social Behavior: An Anthropological Perspective, North Scituate (Mass.) 1979.

Classen, C. J.: Paulus und die antike *Rhetorik*, ZNW 82 (1991) 1-33.

Cohen, H.: Der *Nächste*. Bibelexegese und Literaturgeschichte, in: ders.: Jüdische Schriften. Erster Band: Ethische und religiöse Grundfragen, Berlin 1924, 182-195.

Collins, R. F.: "A New *Commandment* I Give to You, That You Love One Another ..." (John 13:34), in: ders.: These Things Have Been Written. Studies on the Fourth Gospel, LThPM 2, Louvain 1990, 217-256 (zuerst erschienen in: LTP 1979).

Conzelmann, H.: Der erste Brief an die *Korinther*, KEK V/11, Göttingen 1969.

Cranfield, C. E. B.: The Epistle to the *Romans*. Volume II, The ICC, Edinburgh 1979.

Crockett, L. C.: Luke 4,25-27 and Jewish-Gentile *Relations* in Luke-Acts, JBL **88** (1969) 177-183.

Cronk, L.: Evolutionary *Theories* of Morality and the Manipulative Use of Signals, Zygon 29 (1994) 81-101.

Cronk, L.: Human Behavioral *Ecology*, Annual Review of Anthropology 20 (1991) 25-53.

Cronk, L.: The *Use* of Moralistic Statements in Social Manipulation: A Reply to Roy A. Rappaport, Zygon 29 (1994) 351-355.

Crossan, J. D. (ed.): The Good *Samaritan*, Semeia 2, Missoula, MT 1974.

Crown, A. D. (ed.): The *Samaritans*, Tübingen 1989.

Cruz, E. R.: Ralph Wendell Burhoe and the Two *Cultures*, Zygon 30 (1995) 591-612.

Cunningham, M. R.: *Levites* and Brother's Keepers: A Sociobiological Perspective on Prosocial Behavior, Humboldt Journal of Social Relations 13 (1985/86) 35-67.

d'Aquili, E. G.: The Neurobiological *Bases* of Myth and Concepts of Deity, Zygon 13 (1978) 257-275.

d'Aquili, E. G.: The *Summa* Hefneriana: Myth, Megamyth, and Metamyth, Zygon 29 (1994) 371-381.

d'Aquili, E. G. und Laughlin, Ch.: The Biopsychological *Determinants* of Religious Ritual Behavior, Zygon 10 (1975) 32-58.

Daecke, S.: Putting an End to Selection and Completing Evolution: *Jesus* Christ in the Light of Evolution, in: S. Andersen/A. Peacocke (eds.): Evolution and Creation. A European Perspective, Aarhus 1987, 153-161.

Dahl, E.: Im *Anfang* war der Egoismus. Den Ursprüngen menschlichen Verhaltens auf der Spur, Düsseldorf-Wien-New York 1991.

Dautzenberg, G.: "Ihr habt gehört, daß gesagt worden ist: Du sollst ... deinen *Feind* hassen" (Mt 5,43ac), in: L. Schenke (ed.): Studien zum Matthäusevangelium, FS W. Pesch, Stuttgart 1988, 49-77.

Davids, P. H.: *James* and Jesus, in: D. Wenham (ed.): The Jesus Traditions outside the Gospels, GoPe Vol. 5, Sheffield 1984, 63-84.

Davids, P. H.: The *Epistle* of James in Modern Discussion, ANRW II 25.5 (1988) 3621-3645.

Davies, P.: *Gott* und die moderne Physik, München 1989 (engl. 1984).

Davies, W. D.: The *Setting* of the Sermon on the Mount, Cambridge 1964.

Davies, W. D.: *Torah* in the Messianic Age and/or the Age to Come, JBL.MS 7, Philadelphia 1952.

Davis, B. D.: The *Importance* of Human Individuality for Sociobiology, Zygon 15 (1980) 275-292.

Dawkins, R.: Das egoistische *Gen*, Berlin-Heidelberg-New York 1978 (amerik. 1976).

Dawkins, R.: Der blinde *Uhrmacher*. Ein neues Plädoyer für den Darwinismus, München 1987.

Dawkins, R.: The Extended *Phenotype*. The Gene as the Unit of Selection, Oxford 1982.

Dawkins, R.: The Selfish *Gene*. New Edition, Oxford-New York 1989.

Deidun, T. J.: New Covenant *Morality* in Paul, AnBib, Rom 1981.

Delling, G.: Art. πληρόω, ThWNT 6 (1959) 285-296.

Delobel, J.: "La *rédaction* de Lc. IV, 14-16a et le 'Bericht vom Anfang'", in: F. Neirynck (ed.): L'Evangile de Luc, BETL 32, Gembloux 1973, 203-223.

Denaux, A. (ed.): *John* and the Synoptics, BETL 101, Leuven 1992.

DeNicola, D. R.: *Sociobiology* and Religion: A Discussion of the Issues, Zygon 15 (1980) 407-423.

Derrett, J. D. M.: *Law* in the New Testament: The Syro-Phoenician Woman and the Centurion of Capernaum, NT 15 (1973) 161-186.

Dibelius, M.: Der Brief des *Jakobus*, KEK 15, Göttingen ⁶1984.

Dibelius, M.: *Joh 15*,13. Eine Studie zum Traditionsproblem des Johannes-Evangeliums (1927), in: ders.: Botschaft und Geschichte, Ges. Aufs. Bd. 1, Tübingen 1953, 204-220.

Dihle, A.: Art. *Ethik*, RAC 6 (1966) Sp. 646-796.

Dihle, A.: Art. Goldene *Regel*, RAC 11 (1981) 930-940.

Dihle, A.: Die Goldene Regel. Eine *Einführung* in die Geschichte der antiken und frühchristlichen Vulgärethik, Studien zur Altertumswissenschaft H. 7, Göttingen 1962.

Dodd, C. H.: Ἔννομος Χριστοῦ, in: ders.: More New Testament Studies, Manchester 1968, 134-148.

Donahue, J. R.: Who is my *Enemy*? The Parable of the Good Samaritan and the Love of Enemies, in: W. M. Swartley (ed.): The Love of Enemy and Nonretaliation in the New Testament, Studies in Peace and Scipture, Louisville 1992, 137-156.

Drexler, H.: Die große *Sünderin* Lucas 7,36-50, ZNW 59 (1968) 159-173.

Droge, A. J.: The Status of *Peter* in the Fourth Gospel: A Note on John 18:10-11, JBL 109 (1990) 307-311.

Duling, D. C.: Art. *Kingdom* of God, Kingdom of Heaven. New Testament and Early Christian Literature, AncB Dictionary 4 (1992) 56-69.

Ebersohn, M.: Das *Nächstenliebegebot* in der synoptischen Tradition, MThSt 37, Marburg 1993.

Eckart, K.-G.: Zur *Terminologie* des Jakobusbriefes, ThLZ 89 (1964) Sp. 521-526.

Eckert, J.: *Indikativ* und Imperativ bei Paulus, in: K. Kertelge (ed.): Ethik im Neuen Testament, QD 102, Freiburg-Basel-Wien 1984, 168-189.

Eibl-Eibesfeldt, I.: Die *Biologie* des menschlichen Verhaltens. Grundriß der Humanethologie, München 1984.

Eibl-Eibesfeldt, I.: *Grundriß* der vergleichenden Verhaltensforschung. Ethologie, München ⁷1987.

Elliger, K./Rudolph, W. (eds.): Biblia Hebraica Stuttgartensia. Editio minor, Stuttgart 1984.

Emerson, A. E.: Dynamic *Homeostasis*. A Unifying Principle in Organic, Social, and Ethical Evolution, Zygon 3 (1968) 129-168.

Eulenstein, R.: "Und wer ist mein *Nächster*?" Lk 10,25-37 in der Sicht eines klassischen Philologen, ThGl 67 (1977) 127-145.

Farbstein, D.: Die *Nächstenliebe* nach jüdischer Lehre, Jud. 5 (1949) 203-228.241-262.

Faw, C. E.: On the *Writing* of 1 Thessalonians, JBL 71 (1952) 217-225.

Fee, G. D.: The First Epistle to the *Corinthians*, NIC, Grand Rapids, Mich. 1987.

Fialkowski, K. R.: An Evolutionary *Mechanism* for the Origin of Moral Norms; Towards the Meta-Trait of Culture, Studies in Physical Anthropology 10 (1990) 149-164.

Fichtner, J.: Der *Begriff* des "Nächsten" im Alten Testament mit einem Ausblick auf Spätjudentum und Neues Testament (1955), in: ders.: Gottes Weisheit. Gesammelte Studien zum Alten Testament, AzTh II/3, Stuttgart 1965, 88-114.

Finsterbusch, K.: Die Thora als *Lebensweisung* bei Paulus. Studien zur Bedeutung der Thora für die paulinische Ethik, Diss.masch., Heidelberg 1993.

Finsterbusch, K.: Die *Thora* als Lebensweisung für Heidenchristen. Studien zur Bedeutung der Thora für die paulinische Ethik, StUNT Bd. 20, Göttingen 1996.

Fischer, E. P./Herzka, H. S./Reich, K. H. (eds.): Widersprüchliche *Wirklichkeit*. Neues Denken in Wissenschaft und Alltag. Komplementarität und Dialog, München-Zürich 1992.

Fisher, R. A.: The Genetical *Theory* of Natural Selection, New York 1930.

Fitzmyer, J. A.: The Gospel According to *Luke*, AncB 28, Garden City, NY 1981.

Fitzmyer, J. A.: The Gospel According to *Luke*, AncB 28A, New York u.a. 1985.

Flusser, D.: Neue *Sensibilität* im Judentum und christliche Botschaft, in: ders.: Bemerkungen eines Juden zur christlichen Theologie, ACJD 16 (1984) 35-53.

Forrester, J. W.: *Churches* at the Transition between Growth and World Equilibrium, Zygon 7 (1972) 145-167.

Forschner, M.: Die stoische *Ethik*. Über den Zusammenhang von Natur-, Sprach- und Moralphilosophie im altstoischen System, Darmstadt ²1995.

Fortna, R. T.: Diachronic/Synchronic *Reading* John 21 and Luke 5, in: A. Denaux (ed.): John and the Synoptics, BETL 101, Leuven 1992, 387-399.

Frank, R. H.: *Strategie* der Emotionen, Scientia Nova, München 1992 (amerik. 1988).

Frankel, Ch.: *Sociobiology* and its Critics, Zygon 15 (1980) 255-273.

Frankemölle, H.: Der Brief des *Jakobus*, ÖTK 17/1 und 2, Gütersloh 1994.

Frankemölle, H.: *Gesetz* im Jakobusbrief. Zur Tradition, kontextuellen Verwendung und Rezeption eines belasteten Begriffes, in: K. Kertelge (ed.): Das Gesetz im Neuen Testament, QD 108, Freiburg-Basel-Wien 1986, 175-221.

Frankemölle, H.: *Gespalten* oder ganz. Zur Pragmatik der theologischen Anthropologie des Jakobusbriefes, in: H.-U. von Brachel/N. Mette (eds.): Kommunikation und Solidarität. Beiträge zur Diskussion des handlungstheoretischen Ansatzes von Helmut Peukert in Theologie und Sozialwissenschaften, Freiburg (Schweiz)-Münster 1985, 160-178.

Friedrich, J./Pöhlmann, W./Stuhlmacher, P.: Zur historischen *Situation* und Intention von Röm 13,1-7, ZThK 73 (1976) 131-166.

Frieling, R.: *Agape*. Die göttliche Liebe im Johannesevangelium, TuK 8, Stuttgart 1936.

Fuller, R. H.: Das *Doppelgebot* der Liebe. Ein Testfall für die Echtheitskriterien der Worte Jesu, in: G. Strecker (ed.): Jesus Christus in Historie und Theologie, FS H. Conzelmann, Tübingen 1975, 317-329.

Furnish, R. H.: The Love *Command* in the New Testament, London 1973.

Gagnon, R. A. J.: Luke's *Motives* for Redaction in the Account of the Double Delegation in Luke 7:1-10, NT 34 (1994) 122-145.

Gehlen, A.: Der *Mensch*. Seine Natur und seine Stellung in der Welt, Wiesbaden ¹³1986.

Gemünden, P. von: *Vegetationsmetaphorik* im Neuen Testament und seiner Umwelt. Eine Bildfelduntersuchung, NTOA 18, Freiburg (Schweiz)-Göttingen 1993.

Georgi, D.: *Weisheit* Salomos, JSHRZ III/4, Gütersloh 1980.

Gerhardsson, B.: I Kor 13. Zur *Frage* von Paulus' rabbinischem Hintergrund, in: E. Bammel u.a. (eds.): Donum Gentilitium. New Testament Studies in Honour of D. Daube, Oxford 1978, 185-209.

Gerhart, M.: *Eclecticism* and Loose Coherence: A Risk Worth Taking, Zygon 19 (1994) 383-388.

Gesenius, W.: Hebräisches und aramäisches Handwörterbuch über das Alte Testament, bearb. von F. Buhl, Berlin-Göttingen-Heidelberg unv. Neudr. 1962 ([17]1915).

Gewalt, D.: Der "Barmherzige *Samariter*". Zu Lukas 10,25-37, EvTh 38 (1978) 403-417.

Gewalt, D.: *Petrus*. Studien zur Geschichte und Tradition des frühen Christentums, Diss.masch., Heidelberg 1966.

Gilbert, J.: Burhoe and Shapley: A *Complementarity* of Science and Religion, Zygon 30 (1995) 531-539.

Glombitza, O.: *Petrus* - der Freund Jesu. Überlegungen zu Joh XXI 15ff, NT 6 (1963) 277-285.

Gnilka, J.: Das Evangelium nach Markus, EKK II/1 und II/2, Zürich-Einsiedeln-Köln und Neukirchen-Vluyn 1: 1978 2: 1979. (*Markus I* und *II*)

Gnilka, J.: Das *Matthäusevangelium I.* und *II.* Teil, HThK, Freiburg-Basel-Wien I: [3]1993 II: 1988.

Gnilka, J.: *Johannesevangelium*, Die neue Echter-Bibel. Kommentar zum Neuen Testament mit der Einheitsübersetzung, Würzburg 1983.

Godbey, J. C.: Ralph Wendell Burhoe in Historical *Perspective*, Zygon 30 (1995) 541-552.

Goldin, J.: The Fathers According to Rabbi Nathan, YJS Vol. X, New Haven u.a. 1955.

Goldschmidt, L.: Der Babylonische Talmud, Bd. 1-12, Berlin 1929ff.

Gollwitzer, H.: Das *Gleichnis* vom Barmherzigen Samariter, BSt 34, Neukirchen 1962.

Görman, U.: Can *Biology* Explain the Complexity of Morals? A Discussion of the Theory of Richard D. Alexander, in: G. C. Coyne/K. Schmitz-Moormann/Chr. Wassermann (eds.): Origins, Time and Complexity. Part II, Studies in Science and Theology Vol. 2, Genf 1994, 127-137.

Görman, U.: The *Nature* of Morality According to Boyd and Richerson in Relation to Theological Unterstanding of Morality, Vortrag bei der fünften Konferenz der European Society for the Study of Science and Theology (ESSSAT) in München/Freising, April 1994.

Grafen, A.: How Not to Measure Inclusive *Fitness*, Nature 298 (1982) 425-426.

Grant, C.: The *Odds* Against Altruism: The Sociobiology Agenda, Perspectives on Science and Christian Faith. Journal of the American Scientific Affiliation 45 (1993) 96-110.

Gray, J. P.: Primate *Sociobiology*, New Haven 1985.

Grundmann, W.: Das *Doppelgebot* der Liebe, ZdZ 11 (1957) 449-455.

Haacker, K.: Art. πλησίον, EWNT 3 (1983) Sp. 265-269.

Haenchen, E.: *Faith* and Miracle, in: ders.: StudEv I, TU 73, Berlin 1959, 495-498.

Haldane, J. B. S.: Population *Genetics*, New Biology 18 (1955) 34-51.

Halson, B. R.: The *Epistle* of James: 'Christian Wisdom?', StEv IV, TU 102, Berlin 1968, 308-314.

Hamilton, W. D.: The Evolution of Altruistic *Behavior*, in: P. H. Klopher (ed.): Behavioral Ecology, Belmont/CA 1970, 208-210.

Hamilton, W. D.: The Genetical *Evolution* of Social Behaviour. I und II, Journal of Theoretical Biology 7 (1964) 1-16 und 17-52.

Härle, W./Herms, E.: Deutschsprachige protestantische *Dogmatik* nach 1945, VF 27 (2,1982) und 28 (1,1983).

Hartung, J.: Love Thy *Neighbor* - Prospects for Morality, Vortrag vom 7. August 1993 während des 9. Jahrestreffen der Gesellschaft für menschliches Verhalten und Evolution, Binghamton, N.Y. 1993.

Haugen, J. E.: The Theological *Anthropology* of Ralph Wendell Burhoe, Zygon 30 (1995) 553-572.

Hays, R. B.: *Christology* and Ethics in Galatians: The Law of Christ, CBQ 49 (1987) 268-290.

Hefner, Ph.: Entrusting the *Life* that has Evolved: A Response to Michael Ruse's Ruse, Zygon 29 (1994) 67-73.

Hefner, Ph.: *Freedom* in Evolutionary Perspective, in: V. Mortensen/R. C. Sorensen (eds.): Free Will and Determinism, Aarhus 1987, 121-141.

Hefner, Ph.: *Is/Ought*: A Risky Relationship between Theology and Science, in: A. R. Peacocke (ed.): The Sciences and Theology in the Twentieth Century, Oxford 1981, 57-78 (= Zygon 15 (1980) 377-395).

Hefner, Ph.: Natur - Weltbild - Religion. Drei Vorträge, Akzente 3. Institut Technik - Theologie - Naturwissenschaft, München 1995.

Hefner, Ph.: *Sociobiology*, Ethics, and Theology, Zygon 19 (1984) 185-207.

Hefner, Ph.: The Evolution of the Created *Co-Creator*, in: T. Peters (ed.): Cosmos as Creation, Nashville (Tennessee) 1989, 211-233.

Hefner, Ph.: The Human *Factor*. Evolution, Culture, and Religion, Theology and the Sciences, Minneapolis 1993.

Hefner, Ph.: To What *Extent* Can Science Replace Metaphysics? Reflecting with Ralph Wendell Burhoe on the "Lord of History", Zygon 12 (1977) 88-104.

Heiler, F.: Die *Religionen* der Menschheit, Stuttgart [3]1980 [2]1962.

Heiligenthal, R.: Art. Goldene *Regel* II. Neues Testament und frühes Christentum, TRE 13 (1984) 573-575.

Heiligenthal, R.: *Werke* als Zeichen. Untersuchungen zur Bedeutung der menschlichen Taten im Frühjudentum, Neuen Testament und Frühchristentum, WUNT II/9, Tübingen 1983.

Heise, J.: *Bleiben*. Menein in den Johanneischen Schriften, HUTh 8, Tübingen 1967.

Heisenberg, W.: Der Begriff "abgeschlossene *Theorie*" in der modernen Naturwissenschaft, Dial. 2 (1948) 331-336 (auch in: Schritte über Grenzen, München 1971, 87-94).

Heisenberg, W.: *Physik* und Philosophie, Kap. IV: Die Beziehungen der Quantentheorie zu anderen Gebieten der modernen Naturwissenschaft, Stuttgart 1959.

Hemminger, H.: Der *Mensch* - eine Marionette der Evolution? Eine Kritik an der Soziobiologie, Frankfurt 1983.

Hemminger, H.: *Soziobiologie* des Menschen - Wissenschaft oder Ideologie?, Spektrum der Wissenschaft Juni 1994, 72-80.

Hengel, M.: Der *Jakobusbrief* als antipaulinische Polemik, in: G. F. Hawthorne/O. Betz (eds.): Tradition and Interpretation in the New Testament. Essays in Honor of E. Earle Ellis for his 60th Birthday, Grand Rapids (Michigan)-Tübingen 1987, 248-278.

Hengel, M.: *Judentum* und Hellenismus. Studien zu ihrer Begegnung unter besonderer Berücksichtigung Palästinas bis zur Mitte des 2. Jh.s v.Chr, WUNT 10, Tübingen [2]1973.

Hillerdal, G.: Art. *Altruismus*, TRE 2 (1978) 344-349.

Hinde, R. A.: *Individuals*, Relationships and Culture. Links between Ethology and the Social Sciences, Themes in the Social Sciences, Cambridge u.a. 1987.

Hintersberger, B.: Theologische *Ethik* und Verhaltensforschung. Probleme - Methoden - Erkenntnisse, München 1978.

Hoagland, H.: The *Brain* and Crises in Human Values, Zygon 1 (1966) 140-157.

Hoffmann, P./Eid, V.: *Jesus* von Nazareth und eine christliche Moral, QD 66, Freiburg 1975.

Hoffmann, P.: *Tradition* und Situation. Zur "Verbindlichkeit" des Gebots der Feindesliebe in der synoptischen Überlieferung und in der gegenwärtigen Friedensdiskussion, in: K. Kertelge (ed.): Ethik im Neuen Testament, QD 102, Freiburg-Basel-Wien 1984, 50-118.

Hofius, O.: Das *Gesetz* des Mose und das Gesetz Christi, in: ders.: Paulusstudien, WUNT 51, Tübingen 1989, 50-74.

Hofius, O.: *Fußwaschung* als Erweis der Liebe. Sprachliche und sachliche Anmerkungen zu Lk 7,44b, ZNW 81 (1990) 171-177.

Hofstadter, D. R.: *Metamagikum*. Kann sich in einer Welt voller Egoisten kooparatives Verhalten entwickeln?, Spektrum der Wissenschaft August 1983, 8-14.

Holtz, T.: Der erste Brief an die *Thessalonicher*, EKK XIII, Neukirchen-Vluyn [2]1990.

Hoppe, R.: Der theologische *Hintergrund* des Jakobusbriefes, fzb 28, Würzburg 1977.

Horn, F. W.: *Glaube* und Handeln in der Theologie des Lukas, GTA 26, Göttingen 1983.

Horstmann, J. (ed.): Und wer ist mein *Nächster*? Reflektionen über Nächsten-, Bruder- und Feindesliebe, Schwerte 1982.

Huber, W.: *Feindschaft* und Feindesliebe. Notizen zum Problem des "Feindes" in der Theologie, ZEE 26 (1982) 128-158.

Hübner, H.: Art. $\tau\acute{\epsilon}\lambda\epsilon\iota o\varsigma$, EWNT 3 ([2]1992) Sp. 821-824.

Hübner, H.: Das ganze und das eine Gesetz. Zum *Problemkreis* Paulus und die Stoa, KuD 21 (1975) 239-256.

Hübner, H.: Das *Gesetz* bei Paulus. Ein Beitrag zum Werden der paulinischen Theologie, FRLANT 119, Göttingen, 1978.

Hübner, J. (ed.): Der *Dialog* zwischen Theologie und Naturwissenschaft. Ein bibliographischer Bericht, FBESG 41, München 1987.

Hultgren, A. J.: The Double *Commandment* of Love in Mt 22:34-40. Its Sources and Compositions, CBQ 36 (1974) 373-378.

Hultgren, A. J.: The Johannine *Footwashing* (13.1-11) as Symbol of Eschatological Hospitality, NTS 28 (1982) 539-546.

Iber, G.: Zum *Verständnis* von 1Kor 12,31, ZNW 54 (1963) 43-52.

Irons, W.: How did *Morality* Evolve?, Zygon 26 (1991) 49-89.

Jaffe, K.: Genetic *Similarity*, Human Altruism and Group Selection: A Study of the Open Peer Commentaries, Behavioral and Brain Sciences 14 (1991) 525-527.

Jaspers, K.: Vom *Ursprung* und Ziel der Geschichte, München 1949.

Jens, W. (ed.): Der barmherzige *Samariter*, 1973.

Jeremias, J.: Die *Gleichnisse* Jesu, Göttingen [10]1984.

Johnson, L. T.: The *Use* of Leviticus 19 in the Letter of James, JBL 101 (1982) 391-401.

Jones, F. St.: "*Freiheit*" in den Briefen des Apostels Paulus. Eine historische, exegetische und religionsgeschichtliche Studie, GTA 34, Göttingen 1987.

Käsemann, E.: An die *Römer*, HNT 8a, Tübingen [4]1974.

Käsemann, E.: Jesu letzter *Wille* nach Johannes 17, Tübingen [4]1980.

Käsemann, E.: *Römer 13*,1-7 in unserer Generation, ZThK 56 (1959) 316-376.

Kaufman, G. D.: In *Face* of Mystery. A Constructive Theology, Cambridge (Mass.) 1993.

Kaye, H. L.: The Social *Meaning* of Modern Biology, New Haven u.a. 1986.

Kertelge, K.: "*Rechtfertigung*" bei Paulus. Studien zur Struktur und zum Bedeutungsgehalt des paulinischen Rechtfertigungsbegriffs, NTA 3, Münster [2]1971.

Kertelge, K.: Das *Doppelgebot* der Liebe im Markusevangelium, in: A Cause de L' Évangile. Études sur les Synoptiques et les Actes, FS P. Jaques Dupont, Lectio Divina 123, Paris 1985, 303-322.

Kertelge, K.: *Freiheitsbotschaft* und Liebesgebot im Galaterbrief, in: H. Merklein (ed.): Neues Testament und Ethik, FS R. Schnackenburg, Freiburg-Basel-Wien 1989, 326-337.

Kettunen, K.: Der *Abfassungszweck* des Römerbriefes, AASF 18, Helsinki 1979.

Kieffer, R.: *Analyse* Sémiotique et commentaire. Quelque réflections àpropos d'études de Luc 10,25-37, NTS 25 (1979) 454-468.

Kiilunen, J.: Das *Doppelgebot* der Liebe in synoptischer Sicht. Ein redaktionskritischer Versuch über Mk 12,28-34 und die Parallelen, AASF 250, Helsinki 1989.

King's College Sociobiology Group, Cambridge (ed.): Current *Problems* in Sociobiology, Cambridge 1982.

Kippenberg, H. G.: *Garizim* und Synagoge. Traditionsgeschichtliche Untersuchungen zur samaritanischen Religion der aramäischen Periode, RVV 30, Berlin-New York 1971.

Kitcher, Ph.: Vaulting *Ambition*. Sociobiology and the Quest for Human Nature, Cambridge (Mass.)-London 1985.

Kitcher, Ph.: Vier *Arten*, die Ethik zu "biologisieren", in: K. Bayertz (ed.): Evolution und Ethik, Stuttgart 1993, 221-242.

Kittler, R.: Erweis der *Bruderliebe* an der Bruderliebe?! Versuch der Auslegung eines "fast unverständlichen" Satzes im 1. Johannesbrief, KuD 16 (1970) 223-228.

Klaiber, W.: *Rechtfertigung* und Gemeinde. Eine Untersuchung zum paulinischen Kirchenverständnis, FRLANT 127, Göttingen 1982.

Klassen W.: Art. *Love*. NT and Early Jewish Literature, AncB Dictionary 4 (1992) 381-396.

Klassen, W.: "Love Your Enemies": Some Reflections on the Current Status of *Research*, in: W. M. Swartley (ed.): The Love of Enemy and Nonretaliation in the New Testament, Studies in Peace and Scipture, Louisville 1992, 1-31.

Klassen, W.: Love of *Enemies*. The Way to Peace, Overtures to Biblical Theology 15, Philadelphia 1984.

Klauck, H.-J.: *Brudermord* und Bruderliebe. Ethische Paradigmen in 1 Joh 3,11-17, in: H. Merklein (ed.): Neues Testament und Ethik, FS R. Schnackenburg, Freiburg-Basel-Wien 1989, 151-169.

Klauck, H.-J.: Der erste *Johannesbrief*, EKK XXIII/1, Neukirchen-Vluyn 1991.

Klauck, H.-J.: In der *Welt* - aus der Welt (1 Joh 2,15-17). Beobachtungen zur Ambivalenz des johanneischen Kosmosbegriffs, FS 71 (1989) 58-68.

Kleger, H./ Müller, A. (eds.): *Religion* des Bürgers. Zivilreligion in Amerika und Europa, Religion - Wissen - Kultur 3, München 1986.

Klein, G.: Art. *Gesetz* III. Neues Testament. 3. Paulus, TRE 13 (1984) 64-75.

Klein, G.: Der *Abfassungszweck* des Römerbriefes, in: ders.: Rekonstruktion und Interpretation. Gesammelte Aufsätze zum Neuen Testament, BEvTh 50, München 1969, 129-144.

Klemm, H.: Das *Gleichnis* vom Barmherzigen Samariter. Grundzüge der Auslegung im 16./17. Jahrhundert, Stuttgart 1973.

Kloppenborg, J. S.: ΦΙΛΑΔΕΛΦΙΑ, ΘΕΟΔΙΔΑΚΤΟΣ and the Dioscuri: Rhetorical *Engagement* in 1 Thessalonians 4.9-12, NTS 39 (1993) 265-289.

Knapp, A.: *Soziobiologie* und Moraltheologie. Kritik der ethischen Folgerungen moderner Biologie, Acta humaniora, Weinheim 1989.

König, B.: Evolutionsbiologische *Grundlagen* der Soziobiologie, Naturwissenschaftliche Rundschau 46 (5,1993) 169-176.

Koslowski, P.: *Evolution* und Gesellschaft. Eine Auseinandersetzung mit der Soziobiologie, Walter Eucken Institut. Vorträge und Aufsätze 98, Tübingen 1984.

Köster, H.: *Dialog* und Spruchüberlieferung in den gnostischen Texten von Nag Hammadi, EvTh 39 (1979) 532-556.

Krafft, E.: Die *Personen* des Johannesevangeliums, EvTh 16 (1956) 18-32.

Kraftchick, S. J.: *Ethos* and Pathos Appeals in Galatians Five and Six: A Rhetorical Analysis, Diss.masch., Emory 1985.

Kragerud, A.: Der *Lieblingsjünger* im Johannesevangelium. Ein exegetischer Versuch, Oslo 1959.

Krebs, D.: The *Challenge* of Altruism in Biology and Psychology, in: C. Crawford/M. Smith/D. Krebs (eds.): Sociobiology and Psychology. Ideas, Issues and Applications, Hillsdale 1987, 81-118.

Kremer, J.: *Mahnungen* zum innerkirchlichen Befolgen des Liebesgebotes. Textpragmatische Erwägungen zu Lk 6,37-45, in: H. Frankemölle/K. Kertelge (eds.): Vom Urchristentum zu Jesus, FS J. Gnilka, Freiburg-Basel-Wien 1989, 231-245.

Kügler, J.: Der *Jünger*, den Jesus liebte. Literarische, theologische und historische Untersuchungen zu einer Schlüsselgestalt johanneischer Theologie und Geschichte. Mit einem Exkurs über die Brotrede in Joh 6, SBB 16, Stuttgart 1988.

Kuhn, H.-W.: Das *Liebesgebot* Jesu als Tora und als Evangelium. Zur Feindesliebe und zur christlichen und jüdischen Auslegung der Bergpredigt, in: H. Frankemölle/K. Kertelge (eds.): Vom Urchristentum zu Jesus. FS J. Gnilka, Freiburg-Basel-Wien 1989, 194-230.

Kuhn, Th. S.: Die *Struktur* wissenschaftlicher Revolution, Frankfurt [9]1988 (amerik. 1962 1970).

Kurland, J. A.: Kin *Selection* Theory: A Review and Selective Bibliography, Ethology and Sociobiology 1 (1980) 255-274.

Lakatos, I.: The *Methodology* of Scientific Research Programs, Cambridge 1978.

Lampe, P.: Die stadtrömischen *Christen* in den ersten beiden Jahrhunderten, WUNT II/18, Tübingen [2]1989.

Landmann, M.: Art. *Geschichtsphilosophie*, TRE 12 (1984) 681-698.

Lategan, B. C.: Is Paul Developing a Specifically Christian *Ethics* in Galatians?, in: D. L. Balch/E. Ferguson/W. A. Meeks (eds.): Greeks, Romans, and Christians, FS A. J. Malherbe, Minneapolis 1990, 318-328.

Lattke, M.: *Einheit* im Wort. Die spezifische Bedeutung von ἀγάπη, ἀγαπᾶν und φιλεῖν im Johannesevangelium, StANT 41, München 1975.

Leenhardt, F. J.: L'Epitre de Saint Paul aux *Romains*, CNT[N] 6, Neuchatel 1957, Complément 1969.

Lenhardt, P./Osten-Sacken, P. von der: Rabbi *Akiva*. Texte und Interpretationen zum rabbinischen Judentum und Neuen Testament, ANTZ 1, Berlin 1987.

Lewontin, R. C./Rose, S./Kamin, L. J.: Die *Gene* sind es nicht ... Biologie, Ideologie und menschliche Natur, München 1988 (amerik. 1984).

Lieb, E.: *Biologie* und Ethik. Über zwei Versuche einer evolutionsbiologischen "Erklärung" der Ethik, ZEE 34 (1990) 62-76.

Lietzmann, H.: An die *Römer*, HNT 8, [4]1933.

Lindars, B.: The *Persecution* of Christians in John 15:18-16:4a, in: W. Horbury/B. McNeil (eds.): Suffering and Martyrdom in the New Testament, FS G. Styler, Cambridge 1981, 48-69.

Lindemann, A.: Art. *Herrschaft* Gottes/Reich Gottes IV. Neues Testament und spätantikes Judentum, TRE 15 (1986) 196-218.

Lindemann, A.: *Gemeinde* und Welt im Johannesevangelium, in: D. Lührmann,/G. Strekker (eds.): Kirche, FS G. Bornkamm, Tübingen 1980, 133-161.

Loessl, J.: The Ethical *Dimension* of Mk 10:17-22, Hekiman Review (Nairobi) 6 (1991) 57-82.

Lohfink, G.: Wie hat *Jesus* Gemeinde gewollt? Zur gesellschaftlichen Dimension des christlichen Glaubens, Freiburg-Basel-Wien 1982.

Lohse, E. (ed.): Die *Texte* aus Qumran. Hebräisch und Deutsch, Darmstadt [2]1971.

Lopreato, J.: Human *Nature* and Biocultural Evolution, Boston 1984.

Lopreato, J.: Toward a *Theory* of Genuine Altruism in Homo sapiens, Ethology and Sociobiology 2 (1981) 113-126.

Lorenzen, T.: Der *Lieblingsjünger* im Johannesevangelium. Eine redaktionsgeschichtliche Studie, SBS 55, Stuttgart 1971.

Luck, U.: Die *Theologie* des Jakobusbriefes, ZThK 81 (1984) 1-30.

Luck, U.: Die *Vollkommenheitsforderung* der Bergpredigt, TEH 150, München 1968.

Luhmann, N.: *Funktion* der Religion, Frankfurt 1977.

Lührmann, D.: Liebet eure *Feinde* (Lk 6,27-36/Mt 5,39-48), ZThk 69 (1972) 412-438.

Lüke, U.: Evolutionäre *Erkenntnistheorie* und Theologie. Eine kritische Auseinandersetzung aus fundamentaltheologischer Perspektive, Stuttgart 1990.

Lumsden C. J./Wilson, E. O.: The *Relation* between Biological and Cultural Evolution, Journal of Social and Biological Structures 8 (1985) 343-359.

Lumsden, C. J./Gushurst, A. C.: Gene-Culture *Coevolution*: Humankind in the Making, in: J. H. Fetzer (ed.): Sociobology and Epistemology, Dordrecht u.a. 1985, 3-28.

Lumsden, C. J./Wilson, E. O.: Das *Feuer* des Prometheus. Wie das menschliche Denken entstand, München 1984 (amerik. 1983).

Lumsden, C. J./Wilson, E. O.: *Genes*, Mind, and Culture. The Coevolutionary Process, Cambridge (Mass.)-London 1981.

Lumsden, C. J.: Does *Culture* Need Genes?, Ethology and Sociobiology 10 (1989) 11-28.

Lumsden, C. J.: *Sociobiology*, God, and Understanding, Zygon 24 (1989) 83-108.

Luz, U./Smend, R.: Gesetz, BiKon, Stuttgart-Berlin-Köln-Mainz 1981.

Luz, U.: Das Evangelium nach *Matthäus*. 1. Teilband Mt 1-7, EKK I/1, Neukirchen-Vluyn 1985.

Luz, U.: Die *Erfüllung* des Gesetzes bei Matthäus (Mt 5,17-20), ZThK 75 (1978) 398-435.

Luz, U.: Die *Jünger* Jesu im Matthäusevangelium, ZNW 62 (1971) 141-171.

Mackie, J. L.: *Cooperation*, Competition and Moral Philosophy, in: A. M. Colman (ed.): Cooperation and Competition in Humans and Animals, Wokingham 1982, 271-284.

MacLean, P. D.: The Brain's Generation *Gap*: Some Human Implications, Zygon 8 (1973) 113-127.

Maddox, J. u.a.: *Genes*, Mind, and Culture, Zygon 19 (1984) 213-232.

Mahoney, R.: Two *Disciples* at the Tomb. The Background and Message of John 20.1-10, TW 6, Bern-Frankfurt 1974.

Malatesta, E.: *Interiority* and Covenant. A Study of εἶναι ἐν and μένειν ἐν in the First Letter of Saint John, AnBib 69, Rom 1968.

Maly, K.: Mündige *Gemeinde*. Untersuchungen zur pastoralen Führung des Apostels Paulus im 1. Korintherbrief, SBM 2, Stuttgart 1967.

Markl, H.: *Biologie* und menschliches Verhalten. Dispositionen, Grenzen, Zwänge, in: M. Gruter/M. Rehbinder (eds.): Der Beitrag der Biologie zu Fragen von Ethik und Recht, Schriftenreihe zur Rechtssoziologie und Rechtstatsachenforschung Bd. 54, Berlin 1983, 67-84.

Markl, H.: Evolution, Genetik und menschliches *Verhalten*. Zur Frage wissenschaftlicher Verantwortung, München-Zürich 1986.

Markl, H.: Introduction, in: ders. (ed.): *Evolution* of Social Behavior: Hypotheses and Empirical Tests. Life Sciences Research Report 18, Weinheim u.a. 1980, 1-10.

Marxsen W.: Der ἕτερος νόμος *Röm 13*, 8, ThZ 11 (1985) 230-237.

Marxsen, W.: "Christliche" und christliche *Ethik* im Neuen Testament, Gütersloh 1989.

Maston, T. B.: Ethical *Dimensions* of James, SWJT 12 (1969) 23-39.

Mathys, H.-P.: Art. Goldene *Regel* I. Judentum, TRE 13 (1984) 570-573.

Mathys, H.-P.: *Liebe* deinen Nächsten wie dich selbst. Untersuchungen zum alttestamentlichen Gebot der Nächstenliebe (Lev 19,18), OBO 71, Freiburg (Schweiz)-Göttingen 1986.

Mattern, R.: *Altruism*, Ethics, and Sociobiology, in: A. L. Caplan (ed.): The Sociobiology Debate. Readings on Ethical and Scientific Issues, New York u.a. 1978, 462-475.

Maurer, Chr.: Art. τίθημι κτλ., ThWNT 8 (1969) 152-170.

Maynard Smith, J.: Group *Selection* and Kin Selection, Nature 201 (1964) 1145-1147.

Maynard Smith, J.: The Evolution of Social Behaviour - A *Classification* of Models, in: King's College Sociobiology Group, Cambridge (ed.): Current Problems in Sociobiology, Cambridge 1982, 29-44.

Maynard, A. H.: The Role of *Peter* in the Fourth Gospel, NTS 30 (1984) 531-548.

Meisinger, H.: Ralph Wendell Burhoe and Beyond: *Proposals* for an Agenda, Zygon 30 (1995) 573-590.

Mell, U.: Neue *Schöpfung*. Eine traditionsgeschichtliche und exegetische Studie zu einem soteriologischen Grundsatz paulinischer Theologie, BZNW 56, Berlin-New York 1989.

Merk, O.: Der *Beginn* der Paränese im Galaterbrief, ZNW 60 (1969) 83-104.

Merk, O.: *Handeln* aus Glauben. Die Motivierungen der paulinischen Ethik, MThSt 5, Marburg 1968.

Merklein, H.: Die *Gottesherrschaft* als Handlungsprinzip. Untersuchung zur Ethik Jesu, FzB 34, Würzburg 1978.

Merklein, H.: *Sinn* und Zweck von Röm 13,1-7. Zur semantischen und pragmatischen Struktur eines umstrittenen Textes, in: ders. (ed.): Neues Testament und Ethik, FS R. Schnackenburg, Freiburg-Basel-Wien 1989, 238-270.

Meyer, P.: *Soziobiologie* und Soziologie. Eine Einführung in die biologischen Voraussetzungen sozialen Handelns, Darmstadt-Neuwied 1982.

Midgley, M.: *Beast* and Man: The Roots of Human Nature, Ithaca (N.Y.) 1978.

Minear, P. S.: The Original *Functions* of John 21, JBL 102 (1983) 85-98.

Mitchell, M. M.: Concerning περι δε in 1 Corinthians, NT 31 (1989) 229-256.

Molin, G: Matthäus 5,43 und das Schrifttum von *Qumran*, in: Bibel und Qumran, FS H. Bardtke, Berlin 1968, 150-152.

Moltmann, J.: *Feindesliebe*, EK 15 (1982) 503-505.

Monod, J.: *Zufall* und Notwendigkeit. Philosophische Fragen der modernen Biologie, dtv 1069, München [8]1988 (franz. 1970).

Monselewski, W.: Der barmherzige *Samariter*. Eine auslegungsgeschichtliche Untersuchung zu Lukas 10,25-37, BGBE 5, Tübingen 1967.

Montefiore, H.: Thou Shalt Love the *Neighbour* as Thyself, NT 5 (1962) 157-170.

Moore, G. E.: Principia *Ethica*, Reclams Universalbibliothek Nr. 8375, Stuttgart 1970 [1903].

Moore, J.: The *Evolution* of Reciprocal Sharing, Ethology and Sociobiology 5 (1984) 5-14.

Morgenthaler, R.: *Statistik* des neutestamentlichen Wortschatzes, Zürich-Frankfurt 1958.

Morin, A. J.: *Sociobiology* and Religion: Conciliation or Confrontation?, Zygon 15 (1980) 295-306.

Mortensen, V. *Theologie* und Naturwissenschaft, Gütersloh 1995 (dän. 1988).

Mortensen, V.: Free *Will*, Determinism and Responsibility, in: V. Mortensen/R. C. Sorensen (eds.): Free Will and Determinism, Aarhus 1987, 201-209.

Murphy, N.: *Theology* in the Age of Scientific Reasoning, Cornell Studies in the Philosophy of Religion, Ithaca - London 1990.

Mußner, F.: Der *Galaterbrief*, HThK IX, Freiburg-Basel-Wien [5]1988.

Mußner, F.: Der *Jakobusbrief*, HThK XIII/1, Freiburg-Basel-Wien [5]1987.

Mußner, F.: Die ethische *Motivation* im Jakobusbrief, in: H. Merklein (ed.): Neues Testament und Ethik, FS R. Schnackenburg, Freiburg-Basel-Wien 1989, 416-423.

Mußner, F.: *Gottesherrschaft* und Sendung Jesu nach Mk 1,14f. Zugleich ein Beitrag über die innere Struktur des Markusevangeliums, in: ders.: Praesentia Salutis. Gesammelte Studien zu Fragen und Themen des Neuen Testaments, KBANT, Düsseldorf 1967, 81-98.

Nauck, W.: *Lex* insculpta (חוק חרות) in der Sektenschrift, ZNW 46 (1955) 138-140.

Nelson, J. R.: A Theologian's *Response* to Wilson's "On Human Nature", Zygon 15 (1980) 397-405.

Neugebauer, F.: Die dargebotene *Wange* und Jesu Gebot der Feindesliebe. Erwägungen zu Lk 6,27-36/Mt 5,38-48, ThLZ 110 (1985) Sp. 865-876.

Niederwimmer, K.: Art. ἐλεύθερος κτλ., EWNT 1 (²1992) Sp. 1052-1058.

Niederwimmer, K.: *Erkennen* und Lieben. Gedanken zum Verhältnis von Gnosis und Agape im ersten Korintherbrief, KuD 11 (1965) 75-102.

Nissen, A.: *Gott* und der Nächste im antiken Judentum. Untersuchungen zum Doppelgebot der Liebe, WUNT 15, Tübingen 1974.

Noack, B.: *Jakobus* wider die Reichen, StTh 18 (1964) 10-25.

Northrop, F. S. C.: The *Methods* and Grounds of Religious Knowledge, Zygon 12 (1977) 273-288.

Nötscher, F.: *"Gesetz* der Freiheit" im NT und in der Mönchsgemeinde am Toten Meer, Bib 34 (1953) 193-194.

Nygren, A.: *Eros* und Agape. Gestaltwandlungen der christlichen Liebe, Gütersloh ²1954.

Oepke, A.: Die Briefe an die *Thessalonicher*, in: Die kleineren Briefe des Apostels Paulus, NTD 8, Göttingen ⁹1962, 155-185.

Oeser, E.: *Psychozoikum*. Evolution und Mechanismus der menschlichen Erkenntnisfähigkeit, Berlin-Hamburg 1987.

Onuki, T.: *Gemeinde* und Welt im Johannesevangelium. Ein Beitrag zur Frage nach der theologischen und pragmatischen Funktion des johanneischen "Dualismus", WMANT 56, Neukirchen-Vluyn 1984.

Ortkemper, F.-J.: *Leben* aus dem Glauben. Christliche Grundhaltungen nach Römer 12-13, NTA NF 14, Münster 1980.

Pannenberg, W.: Systematische *Theologie* Bd. 1, Göttingen 1988.

Pannenberg, W.: *Wissenschaftstheorie* und Theologie, Frankfurt 1987.

Park, Seung-Kyun: *Geschichte* und Geschichtlichkeit. Eine Untersuchung zum Geschichtsdenken in der Philosophie von Karl Jaspers, Diss.masch., Tübingen 1975.

Pattee, H. H. (ed.): Hierarchy *Theory*. The Challenge of Complex Systems, New York 1973.

Paulsen, H.: Art. *Jakobusbrief*, TRE 16 (1987) 488-495.

Peacocke, A.: *God* and the New Biology, San Francisco 1986.

Peacocke, A.: *Sociobiology* and its Theological Implications, Zygon 19 (1984) 171-184.

Pedersen, S.: *Agape* - der eschatologische Hauptbegriff bei Paulus, in: ders. (ed.): Die Paulinische Literatur und Theologie, Theologiske Studier 7, Arhus-Göttingen 1980, 159-186.

Perdue, L. G.: *Paraenesis* and the Epistle of James, ZNW 72 (1981) 241-256.

Perkins, Ph.: Johannine *Tradition* in AP.JAS. (NHC I,2), JBL 101 (1982) 403-414.

Perlitt, L.: "Ein einzig *Volk* von Brüdern". Zur deuteronomistischen Herkunft der biblischen Bezeichnung "Bruder", in: D. Lührmann/G. Strecker (eds.): Kirche, FS G. Bornkamm, Tübingen 1980, 27-52.

Peters, T.: *Sin*. Radical Evil in Soul and Society, Grand Rapids (Michigan) 1994.

Peukert, H.: *Wissenschaftstheorie* - Handlungstheorie - Fundamentale Theologie. Analysen zu Ansatz und Status theologischer Theoriebildung, stw 231, Frankfurt ²1988.

Piper, J.: 'Love your *Enemies*'. Jesus' Love Command in the Synoptic Gospels and in the Early Christian Paraenesis. A History of the Tradition and Interpretation of its Uses, MSSNTS 38, Cambridge u.a. 1979.

Plümacher, E.: Art. φιλαδελφία κτλ., EWNT 3 (²1992) Sp. 1014-1015.

Pohlenz, M.: Die Stoa. Geschichte einer geistigen Bewegung, 2 Bde., Göttingen 1: ⁷1992 2: ⁶1990. (*Stoa I* und *II*)

Pope, St. J.: The *Evolution* of Altruism and the Ordering of Love, Moral Traditions and Moral Arguments. A Series, Washington, D.C. 1994.

Pope, St. J.: The *Order* of Love and Recent Catholic Ethics: A Constructive Proposal, Theological Studies 52 (1991) 255-288.

Popkes, W.: *Adressaten*, Situation und Form des Jakobusbriefes, SBS 125/126, Stuttgart 1986.

Popper, K. R.: Objektive *Erkenntnis*. Ein evolutionärer Entwurf, Hamburg ⁴1984 (engl. 1972).

Porter, R. H.: Kin *Recognition*: Functions and Mediating Mechanisms, in: Ch. Crawford/M. Smith/D. Krebs (eds.): Sociobiology and Psychology. Ideas, Issues and Applications, Hillsdale 1987, 175-204.

Prast, F.: Ein *Appell* zur Besinnung auf das Juden wie Christen gemeinsam verpflichtende Erbe im Munde Jesu. Das Anliegen einer alten vormarkinischen Tradition (Mk 12,28-34), in: H. Goldstein (ed.): Gottesverächter und Menschenfeinde? Juden zwischen Jesus und frühchristlicher Kirche, Düsseldorf 1979, 79-98.

Pugh, G. E.: Human *Values*, Free Will, and the Conscious Mind, Zygon 11 (1976) 2-24.

Quinten. E.: *Liebe* als Angelpunkt des theologischen Denkens. Das paulinische Modell einer Theologie der Liebe, Diss.masch., Saarbrücken 1983.

Rad, G. von: Die *Vorgeschichte* der Gattung von 1Kor 13,4-7 (1953), in: ders.: Gesammelte Studien zum Alten Testament, TB 8, München ⁴1971, 281-296.

Radday Y. T./Schultz, M.: *Nächstenliebe* nach jüdischer Auffassung, Univ. 39 (1984) 383-392.

Räisänen, P: *Paul* and the Law, WUNT 29, Tübingen ²1987.

Rahlfs, A. (ed.): Septuaginta. Id est Vetus Testamentum graece iuxta LXX interpres, Duo volumina in uno, Stuttgart 1979.

Rappaport, R. A.: On the *Evolution* of Morality and Religion: A Response to Lee Cronk, Zygon 29 (1994) 331-349.

Rawls, J.: Eine *Theorie* der Gerechtigkeit, Frankfurt 1975 (amerik. 1971).

Reicke, B.: Der Barmherzige *Samariter*, in: O. Böcher/K. Haacker (eds.): Verborum Veritas, FS G. Stählin, Wuppertal 1970, 103-109.

Reiss, M. J.: Human *Sociobiology*, Zygon 19 (1984) 117-140.

Rese, M.: Das Gebot der *Bruderliebe* in den Johannesbriefen, ThZ 41 (1985) 44-58.

Richerson, P. J./Boyd, R.: The *Role* of Evolved Predispositions in Cultural Evolution. Or, Human Sociobiology Meets Pascal's Wager, Ethology and Sociobiology 10 (1989) 195-219.

Ricoeur, P.: The Golden *Rule*. Exegetical and Theological Perplexities, NTS 36 (1990) 392-397.

Riedl, R.: *Biologie* der Erkenntnis. Die stammesgeschichtlichen Grundlagen der Vernunft, dtv 10858, München 1988.

Riekkinen, V.: *Römer 13*. Aufzeichnung und Weiterführung der exegetischen Diskussion, AASF 23, Helsinki 1980.

Ritschl, D.: Zur *Logik* der Theologie. Kurze Darstellung der Zusammenhänge theologischer Grundgedanken, München 1984.

Ritt, H.: Der christologische *Imperativ*. Zur Weinstock-Metapher in der testamentarischen Mahnrede Joh 15,1-17, in: H. Merklein (ed.): Neues Testament und Ethik, FS R. Schnackenburg, Freiburg-Basel-Wien 1989, 136-150.

Rohls, J.: Geschichte der *Ethik*, Tübingen 1991.

Rosenberg, A.: *Altruism*: Theoretical Contexts, in: E. Fox Keller/E. A. Lloyd (eds.): Keywords in Evolutionary Biology, Cambridge (Mass.)-London 1992, 19-28.

Rottschaefer, W. A./Martinsen, D. L.: *Singer*, Sociobiology, And Values: Pure Reason Versus Empirical Reason, Zygon 19 (1984) 159-170.

Ruckstuhl, E./Dschulnigg, P.: *Stilkritik* und Verfasserfrage im Johannesevangelium. Die johanneischen Sprachmerkmale auf dem Hintergrund des Neuen Testaments und des zeitgenössischen hellenistischen Schrifttums, NTOA 17, Freiburg (Schweiz)-Göttingen 1991.

Rusam, G.: Neue *Belege* zu den στοιχεῖα τοῦ κόσμου (Gal 4,3.9; Kol 2,8.20), ZNW 83 (1992) 119-125.

Ruse, M./Wilson, E. O.: The *Evolution* of Ethics, New Scientist 17. Okt 1992, 50-52.

Ruse, M.: Evolutionary Ethics and Christian Ethics: Are They in *Harmony*?, Zygon 29 (1994) 5-24 (zuerst erschienen in: Ders.: The Darwinian Paradigm: Essays on Its History, Philosophy & Religious Implications, London 1989).

Ruse, M.: Evolutionary Ethics: Healthy *Prospect* or Last Infirmity?, Canadian Journal of Philosophy. Supplementary 14 (1988) 27-73.

Ruse, M.: Sociobiology and *Knowledge*: Is Evolutionary Epistemology a Viable Option?, in: Chr. Crawford/M. Smith/D. Krebs (eds.): Sociobiology and Psychology: Ideas, Issues and Applications, Hillsdale-London 1987, 61-79.

Ruse, M.: *Sociobiology*: Sense or Nonsense?, Episteme Vol. 8, Dordrecht-Boston-London 1979.

Ruse, M.: Taking *Darwin* Seriously. A Naturalistic Approach to Philosophy, Oxford-New York 1986.

Ruse, M.: The *Morality* of the Gene, The Monist 67 (1984) 167-199.

Ruse, M.: The New Evolutionary *Ethics*, in: M. H. Nitecki/D. V. Nitecki (eds.): Evolutionary Ethics, SUNY Series in Philosophy and Biology, New York 1993, 133-162.

Ruse, M.: The *Significance* of Evolution, in: P. Singer (ed.): A Companion to Ethics, Oxford 1991, 500-510.

Rushton, J. P.: Genetic *Similarity*, Human Altruism, and Group Selektion, Behavioral and Brain Sciences 12 (1989) 503-559 und 14 (1991) 525-527.

Rushton, J. P./Russell, R. J. H./Wells, P. A.: Genetic Similarity *Theory*: Beyond Kin Selection, Behavior Genetics 14 (1984) 179-193.

Sabbe, M.: The *Footwashing* in Jn 13 and Its Relation to the Synoptic Gospels, EThL 58 (1982) 279-308.

Sahlins, M.: The *Use* and Abuse of Biology. An Anthropological Critique of Sociobiology, Ann Arbor 1976.

Sand, A.: Art. σάρξ, EWNT 3 (²1992) Sp. 549-557.

Sand, A.: Der Begriff *"Fleisch"* in den paulinischen Hauptbriefen, BU 2, Regensburg 1967.

Sanders, J. T.: First *Corinthians* 13. Its Interpretation Since the First World War, Interpretation 20 (1966) 159-187.

Sauer, J.: Traditionsgeschichtliche *Erwägungen* zu den synoptischen und paulinischen Aussagen über Feindesliebe und Wiedervergeltungsverzicht, ZNW 76 (1985) 1-28.

Schäfer, A.: Die Briefe Pauli an die Thessalonicher und an die *Galater*, Die Bücher des Neuen Testamentes erklärt Bd. 1, Münster i. W. 1890.

Schäfer, P.: Die *Thora* der messianischen Zeit (1974), in: ders.: Studien zur Theologie und Geschichte des rabbinischen Judentums, AGJU 15, Leiden 1978, 198-213.

Schawe, E.: Die *Ethik* des Jakobusbriefes, WuA(M) 20 (1979) 132-138.

Schille, G.: Wider die *Gespaltenheit* des Glaubens - Beobachtungen zum Jakobusbrief, ThV 9 (1977) 71-89.

Schlier, H.: Art. δείκνυμι κτλ. (*ὑπόδειγμα*), ThWNT 2 (1935) 26-33 (32-33).

Schlier, H.: Der Brief an die *Galater*, KEK VII/13, Göttingen [4]1965.

Schlier, H.: Der *Römerbrief*, HThK VI, Freiburg-Basel-Wien [3]1987.

Schlier, H.: Die *Bruderliebe* nach dem Evangelium und den Briefen des Johannes, in: ders.: Das Ende der Zeit, Exegetische Aufsätze und Vorträge III, Freiburg-Basel-Wien 1971, 124-135.

Schlier, H.: Über die *Liebe*. 1 Korinther 13, in: ders.: Die Zeit der Kirche. Exegetische Aufsätze und Vorträge, Freiburg 1956, 186-193.

Schmidt, K. L.: Art. *βασιλεία*, ThWNT 1 (1933) 562-595.

Schmied, G.: *Religion* - eine List der Gene? Soziobiologie contra Schöpfung, Edition Interfrom, Osnabrück 1989.

Schmithals, W.: Der Römerbrief als historisches *Problem*, StNT 9, Gütersloh 1975.

Schmithals, W.: Der *Römerbrief*. Ein Kommentar, Gütersloh 1988.

Schmithals, W.: Die *Gnosis* in Korinth. Eine Untersuchung zu den Korintherbriefen, FRLANT 66, Göttingen [3]1969.

Schnackenburg, R.: Das *Johannesevangelium* I-IV, HThK 4, Freiburg-Basel-Wien [5]1981 [3]1980 [4]1982.

Schnackenburg, R.: Die *Agape* Gottes nach Johannes, in: Th. Franke (ed.): Creatio ex Amore. Beiträge zu einer Theologie der Liebe, FS A. Ganoczy, Würzburg 1988, 36-47.

Schnackenburg, R.: Die *Johannesbriefe*, HThK XIII/3, Freiburg-Basel-Wien [2]1963.

Schnackenburg, R.: Die sittliche Botschaft des Neuen Testaments, Band II, Die urchristlichen Verkündiger, HThK Supplementband II, Freiburg-Basel-Wien 1988. (*Botschaft II*)

Schnackenburg, R.: Die *Vollkommenheit* des Christen nach Matthäus, in: ders.: Christliche Existenz nach dem Neuen Testament. Abhandlungen und Vorträge Bd. 1, München 1967, 131-155.

Schneemelcher, W. (ed.): Neutestamentliche *Apogryphen* in deutscher Übersetzung. Bd. 1 Evangelien, Tübingen [5]1987.

Schneider, G.: Das Evangelium nach *Lukas*. Kapitel 1-10, ÖTK 3/1, Gütersloh [2]1984.

Schneider, G.: Die *Neuheit* der christlichen Nächstenliebe, TThZ 82 (1973) 257-275.

Schnelle, U.: Der erste *Thessalonicherbrief* und die Entstehung der paulinischen Anthropologie, NTS 32 (1986) 207-224.

Schnelle, U.: Die *Ethik* des 1 Thessalonicherbriefes, in: R. F. Collins (ed.): The Thessalonian Correspondence, BETL 87, Leuven 1990, 295-305.

Schnider, F.: Der *Jakobusbrief*, RNT, Regensburg 1987.

Schoeps, H.-J.: *Paulus*. Die Theologie des Apostels im Lichte der jüdischen Religionsgeschichte, Tübingen 1959.

Schottroff, L.: Der *Glaubende* und die feindliche Welt. Beobachtungen zum gnostischen Dualismus und seiner Bedeutung für Paulus und das Johannesevangelium, WMANT 37, Neukirchen-Vluyn 1970.

Schottroff, L.: *Gewaltverzicht* und Feindesliebe in der urchristlichen Jesustradition. Mt 5,38-48; Lk 6,27-36, in: G. Strecker (ed.): Jesus Christus in Historie und Theologie, FS H. Conzelmann, Tübingen 1975, 197-221.

Schrage, W.: Der *Jakobusbrief*, in: H. Balz/W. Schrage: Die "Katholischen" Briefe. Die Briefe des Jakobus, Petrus, Johannes und Judas, NTD 10, Göttingen-Zürich [13]1985.

Schrage, W.: Die konkreten *Einzelgebote* in der paulinischen Paränese. Ein Beitrag zur neutestamentlichen Ethik, Gütersloh 1961.

Schrage, W.: *Ethik* des Neuen Testaments, GNT, NTD Ergänzungsreihe Bd. 4, Göttingen [5]1989.

Schrage, W: *Heiligung* als Prozeß bei Paulus, in: D.-A. Koch/G. Sellin/A. Lindemann (eds.): Jesu Rede von Gott und ihre Nachgeschichte im frühen Christentum. Beiträge zur Verkündigung Jesu und zum Kerygma der Kirche, FS W. Marxsen, Gütersloh 1989, 222-234.

Schulz, S.: Neutestamentliche *Ethik*, ZGB, Zürich 1987.

Schunack, G.: Die *Briefe* des Johannes, ZBK.NT 17, Zürich 1982.

Schürmann, H.: "Das *Gesetz* des Christus" (Gal 6,2). Jesu Verhalten und Wort als letztgültige sittliche Norm nach Paulus, in: ders.: Studien zur neutestamentlichen Ethik, Th. Söding (ed.), SBAB 7, Stuttgart 1990, 53-76.

Schürmann, H.: Das *Lukasevangelium*. Erster Teil. Kommentar zu Kap. 1,1-9,50, HThK III/1, Freiburg [3]1984.

Schwarz, H.: The *Interplay* Between Science and Theology in Uncovering the Matrix of Human Morality, Zygon 28 (1993) 61-75.

Schweizer, E.: Art. σάρξ. E. Das Neue Testament. II. Paulus, ThWNT 7 (1966) 124-136.

Segovia, F. F.: "Joh 13,1-20, The *Footwashing* in the Johannine Tradition", ZNW 73 (1982) 31-51.

Segovia, F. F.: Love *Relationships* in the Johannine Tradition, SBL.DS 58, Chico 1982.

Segovia, F. F.: The *Theology* and Provenance of John 15:1-17, JBL 101 (1982) 115-128.

Seitz, O. J. F.: Love Your *Enemies*. The Historical Setting of Matthew V.43f; Luke VI.27f, NTS 16 (1969/70) 39-54.

Sellin, G.: Lukas als Gleichniserzähler: die Erzählung vom barmherzigen Samariter (Lk 10,25-37), ZNW 65 (1974) 166-189 (*Lukas I*).

Sellin, G.: Lukas als Gleichniserzähler: Die Erzählung vom barmherzigen Samariter (Lk 10,25-37), ZNW 66 (1975) 19-60 (*Lukas II*).

Seyfarth, R. M./Cheney, D. L.: Empirical *Tests* of Reciprocity Theory: Problems in Assessment, Ethology and Sociobiology 9 (1988) 181-187.

Sharpe, K. J.: *Biology* Intersects Religion and Morality, Biology and Philosophy 7 (1992) 77-88.

Siep, L.: Was ist *Altruismus?*, in: K. Bayertz (ed.): Evolution und Ethik, Stuttgart 1993, 288-306.

Sigal, Ph.: The *Halakhah* of James, in: D. Y. Hadidian (ed.): Intergerini Parietis Septum, Essays in Honour of M. Barth, Pittsburgh 1981, 337-353.

Simpson, G. G.: An Adversary *View* of Sociobiology, Science 195 (1977) 773-774.

Singer, P.: *Ethics* and Sociobiology, in: J. E. Huchingson (ed.): Religion and the Natural Sciences. The Range of Engagement, Orlando 1993, 313-327.

Singer, P.: The Expanding *Circle*. Ethics and Sociobiology, New York 1981.

Snell, B.: Pindari Carmina cum *Fragmentis*, BSGRT, Leipzig 1964.

Sober, E.: Evolutionary Altruism, Psychological *Egoism*, and Morality: Disentangling the Phenotypes, in: M. H. Nitecki/D. V. Nitecki (eds.): Evolutionary Ethics, SUNY Series in Philosophy and Biology, New York 1993, 199-216.

Sober, E.: What Is Evolutionary *Altruism?*, Canadian Journal of Philosophy. Supplementary 14 (1988) 75-99.

Söding, Th.: Das *Liebesgebot* bei Paulus. Die Mahnung zur Agape im Rahmen der paulinischen Ethik, NTA NF 26, Münster 1995.

Söding, Th.: Das Liebesgebot bei Paulus. Die Mahnung zur *Agape* im Rahmen der paulinischen Ethik, HabSchr., Münster 1991.

Söding, Th.: Die *Trias* Glaube, Hoffnung, Liebe bei Paulus. Eine exegetische Studie, SBS 150, Stuttgart 1992.

Söding, Th: Zur *Chronologie* der paulinischen Briefe. Ein Diskussionsvorschlag, BN 56 (1991) 31-59.

Spicq, C.: *Agapè* dans le Nouveau Testament. Analyse des Textes *I-III*, Études Bibliques, Paris I 1958 II 1959 III 1959.

Spicq, C.: La *Charité* Fraternelle selon I Th., 4,9, in: Melanges Bibliques, FS A. Robert, TICP 4, Paris 1957, 507-511.

Spicq, R. P. C.: *Φιλόστοργος* (à propos de Rom XII,10), RB 62 (1955) 497-510.

Standaert, B.: *Analyse* rhétorique des chapitres 12 à 14 de 1 Co, in: L. de Lorenzi (ed.): Charisma und Agape (1Ko 12-14), MSB 7, Rom 1983, 23-34.

Staub, E.: *Entwicklung* prosozialen Verhaltens. Zur Psychologie der Mitmenschlichkeit, München-Wien-Baltimore 1981.

Stauffer, E.: Das "*Gesetz* der Freiheit" in der Ordensregel von Jericho, ThLZ 77 (1952) Sp. 527-532.

Stegemann, W./Schottroff, L.: *Jesus* von Nazareth. Hoffnung der Armen, Stuttgart 1978.

Stegemann, W.: *Nächstenliebe* oder Barmherzigkeit. Überlegungen zum ethischen und soziologischen Ort der Nächstenliebe, in: H. Wagner (ed.): Spiritualität. Theologische Beiträge, Stuttgart 1987, 59-82.

Stendahl, K.: *Hate*, Non-Retaliation, and Love: 1QS 10.17-20 and Romans 12.19-21, HThR 55 (1962) 343-355.

Stoike, D. A.: "The *Law* of Christ": A Study of Paul's Use of the Expression in Galatians 6:2, Th.D. diss. Claremont 1971.

Strack, H. L./Billerbeck, P.: Kommentar zum Neuen Testament aus Talmud und Midrasch (Bill.). Erster (Doppel-)Band: Das Evangelium nach Matthäus, München 1922.

Strecker, G.: Autonome *Sittlichkeit* und das Proprium der christlichen Ethik bei Paulus, ThLZ 104 (1979) Sp. 865-872.

Strecker, G.: Der *Weg* der Gerechtigkeit. Untersuchungen zur Theologie des Matthäus, FRLANT 82, Göttingen [3]1971.

Stuhlmacher, P.: Das *Gesetz* als Thema biblischer Theologie, in: ders.: Versöhnung, Gesetz und Gerechtigkeit. Aufsätze zur biblischen Theologie, Göttingen 1981, 136-165.

Stuhlmacher, P.: Der *Abfassungszweck* des Römerbriefes, ZNW 77 (1986) 180-193.

Stuhlmacher, P.: Jesu vollkommenes *Gesetz* der Freiheit. Zum Verständnis der Bergpredigt, ZThK 79 (1982) 283-322.

Stuhlmacher, P.: *Jesustradition* im Römerbrief?, ThBeitr 14 (1983) 240-250.

Sueton: De Vita Caesarum, LCL, Cambridge (Mass.)-London 1979.

Swartley, W. M. (ed.): The *Love* of Enemy and Nonretaliation in the New Testament, Studies in Peace and Scipture, Louisville 1992.

Tacitus: The Annals, LCL, Cambridge (Mass.)-London 1962.

Tacitus: Historiarum, LCL, London-Cambridge (Mass.) 1962.

Talbert, Ch. H.: *Tradition* and Redaction in Romans 12.9-21, NTS 16 (1969/70) 83-93.

Taylor, Ch. E./McGuire, M. T.: Reciprocal *Altruism*: 15 Years Later, Ethology and Sociobiology 9 (1988) 67-72.

Theißen, G.: *Argumente* für einen kritischen Glauben. Oder: Was hält der Religionskritik stand?, TEH 202, München 1978.

Theißen, G.: Biblischer *Glaube* in evolutionärer Sicht, München 1984.

Theißen, G.: A New *Synthesis* of Knowledge and Faith, Zygon 29 (1994) 389-399.

Theißen, G.: Die *Legitimitätskrise* des Helfens und der barmherzige Samariter. Ein Versuch, die Bibel diakonisch zu lesen, in: G. Röckle (ed.): Diakonische Kirche. Sendung - Dienst - Leitung. Versuche einer theologischen Orientierung, Neukirchen-Vluyn 1990, 46-76.

Theißen, G.: *Gewaltverzicht* und Feindesliebe (Mt 5,38-48/Lk 6,27-38) und deren sozialgeschichtlicher Hintergrund, in: ders.: Studien zur Soziologie des Urchristentums, WUNT 19, Tübingen [3]1989, 160-197.

Theißen, G.: Psychologische *Aspekte* paulinischer Theologie, FRLANT 131, Göttingen 1983.

Theißen, G.: *Studien* zur Soziologie des Urchristentums, WUNT 19, Tübingen [3]1989.

Theobald, M.: Die überströmende *Gnade*. Studien zu einem paulinischen Motivfeld, fzb 22, Würzburg 1982.

Theobald, M.: Warum schrieb Paulus den *Römerbrief*?, BiLi 56 (1983) 150-158.

Thomas, L.: *Love* and Morality: The Possibility of Altruism, in: J. H. Fetzer (ed.): Sociobiology and Epistemology, Synthese Library. Studies in Epistemology, Logic, Methodology, and Philosophy of Science Vol. 180, Dordrecht 1985, 115-129.

Thompson, Ph. R.: "And Who is my *Neigbour*?" An Answer from Evolutionary Genetics, Social Science Information 19 (1980) 341-384.

Thüsing, W.: Die *Erhöhung* und Verherrlichung Jesu im Johannesevangelium, NTA 21, Münster 1960.

Thyen, H.: "... denn wir lieben die *Brüder*" (1 Joh 3,14), in: J. Friedrich u.a. (eds.): Rechtfertigung, FS E. Käsemann, Tübingen-Göttingen 1976, 527-542.

Thyen, H.: "Das *Heil* kommt von den Juden", in: D. Lührmann/G. Strecker (eds.): Kirche, FS G. Bornkamm, Tübingen 1980, 163-184.

Thyen, H.: "Niemand hat größere Liebe als die, daß er sein Leben für seine *Freunde* hingibt" (Joh 15,13). Das johanneische Verständnis des Kreuzestodes Jesu, in: C. Andresen/G. Klein (eds.): Theologia Crucis - Signum Crucis, FS E. Dinkler, Tübingen 1979, 467-481.

Thyen, H.: Art. *Johannesbriefe*, TRE 17 (1988) 186-200.

Thyen, H.: Art. *Johannesevangelium*, TRE 17 (1988) 200-225.

Thyen, H.: *Entwicklungen* innerhalb der johanneischen Theologie und Kirche im Spiegel von Joh. 21 und der Lieblingsjüngertexte des Evangeliums, in: M. de Jonge (ed.): L'Évangile de Jean. Sources, Rédaction, Théologie, BETL 44, Leiden 1976, 259-299.

Thyen, H.: Gottes- und *Nächstenliebe*, in: G. K. Schäfer/Th. Strohm (eds.): Diakonie - biblische Grundlagen und Orientierungen. Ein Arbeitsbuch zur theologischen Verständigung über den diakonischen Auftrag, VDWI 2, Heidelberg 1990, 263-296.

Thyen, H.: *Johannes 13* und die "Kirchliche Redaktion" des vierten Evangeliums, in: G. Jeremias u.a. (eds.): Tradition und Glaube. Das frühe Christentum in seiner Umwelt, FG K. G. Kuhn, Göttingen 1971, 343-356.

Tillich, P.: Systematische *Theologie* Bd. 1, Berlin-New York [8]1987.

Titus, E. L.: "Did *Paul* Write I Corinthians 13?", JBR 27 (1959) 299-302.

Tooby, J./Cosmides, L.: Evolutionary *Psychology* and the Generation of Culture, Part I: Theoretical Considerations, Ethology and Sociobiology 10 (1989) 29-49.

Trivers, R. L.: Social *Evolution*, Menlo Park, California 1985.

Trivers, R. L.: The Evolution of Reciprocal *Altruism*, The Quarterly Review of Biology 46 (1971) 35-57.

Troeltsch, E.: Die *Soziallehren* der christlichen Kirchen und Gruppen, Ges. Schriften Bd. 1, Tübingen 1923.

Ulrichsen, J. H.: Die *Grundschrift* der Testamente der zwölf Patriarchen. Eine Untersuchung zu Umfang, Inhalt und Eigenart der ursprünglichen Schrift, AUU.HR 10, Uppsala 1991.

Unnik, W. C. van: Die *Motivierung* der Feindesliebe in Lk VI 32-35, NT 8 (1966) 284-300.

Uyenoyama, M. K./Feldman, M. W.: *Altruism*: Theoretical Ambiguities, in: E. Fox Keller/E. A. Lloyd (eds.): Keywords in Evolutionary Biology, Cambridge (Mass.)-London 1992, 34-40.

Venetz, H.: Theologische *Grundstrukturen* in der Verkündigung Jesu? Ein Vergleich von Mk 10,17-22; Lk 10,25-37 und Mt 5,21-48, in: Mélangers D. Barthélemy, OBO 38, Fribourg und Göttingen 1981, 613-650.

Vielhauer, Ph.: *Geschichte* der urchristlichen Literatur. Einleitung in das Neue Testament, die Apokryphen und die Apostolischen Väter, Berlin-New York 1975.

Vogel, Chr.: Die biologische Evolution menschlicher *Kulturfähigkeit*, in: H. Markl (ed.): Natur und Geschichte, Schriften der Carl Friedrich von Siemens Stiftung Bd. 7, München-Wien 1983, 101-127.

Vogel, Chr.: *Evolution* und Moral, in: H. Maier-Leibnitz (ed.): Zeugen des Wissens, Mainz 1986, 467-507.

Vogel, Chr.: Gibt es eine natürliche *Moral*? Oder: wie widernatürlich ist unsere Ethik?, in: H. Meier (ed.): Die Herausforderung der Evolutionsbiologie, Veröffentlichungen der Carl Friedrich von Siemens Siftung Bd. 1, München -Zürich 1988, 193-219.

Vogel, Chr.: Vom *Töten* zum Mord. Das wirkliche Böse in der Evolutionsgeschichte, München-Wien 1989.

Vogel, Chr.: Von der *Natur* des Menschen in der Kultur, in: H. Rössner (ed.): Der ganze Mensch. Aspekte einer pragmatischen Anthropologie, München 1986, 47-66.

Vogel, Chr.: Zur *Wechselwirkung* von biologischer und kultureller Evolution, in: H. May/M. Striegnitz/Ph. Hefner (eds.): Kooperation und Wettbewerb. Zu Ethik und Biologie menschlichen Sozialverhaltens, LoPr 75 (1988) 68-110.

Vögele, W.: *Zivilreligion* in der Bundesrepublik Deutschland, Göttingen 1994.

Vollenweider, S.: *Freiheit* als neue Schöpfung. Eine Untersuchung zur Eleutheria bei Paulus und in seiner Umwelt, FRLANT 147, Göttingen 1989.

Vollmer, G.: Art. *Teleologie*, in: F. Ricken (ed.): Lexikon der Erkenntnistheorie und Metaphysik, München 1984, 204-206.

Vollmer, G.: *Möglichkeiten* und Grenzen einer evolutionären Ethik, in: K. Bayertz (ed.): Evolution und Ethik, Stuttgart 1993, 103-132.

Vollmer, G.: Was Evolutionäre *Erkenntnistheorie* nicht ist, in: R. Riedl/F. M. Wuketits (eds.): Die Evolutionäre Erkenntnistheorie: Bedingungen - Lösungen - Kontroversen, Berlin-Hamburg 1987, 140-155.

Vouga, F.: Die *Johannesbriefe*, HNT 15/III, Tübingen 1990.

Vriezen, Th. C.: Bubers *Auslegung* des Liebesgebotes Lev 19,18b, ThZ 22 (1966) 1-11.

Wahlde, U. C. von: The Johannine *Commandments*. 1 John and the Struggle for the Johannine Tradition, New York 1990.

Walker, R.: *Allein* aus Werken. Zur Auslegung von Jakobus 2,14-26, ZThK 61 (1964) 155-192.

Wallace, A. F. C.: *Religion*. An Anthropological View, New York 1966.

Wallace, A. F. C.: *Rituals*: Sacred and Profane, Zygon 1 (1966) 60-81.

Walsh, W. H.: Art. *Metaphysics*, Nature of, in: P. Edwards (ed.): The Encyclopedia of Philosophy Vol. 5, New York 1967, 300-307.

Walther, J. A.: A Translator's *Dilemma*. An Exegetical Note on Romans 13:8, Perspectives 13 (1972) 243-246.

Ward, R. B.: *Partiality* in the Assembly: James 2,2-4, HThR 62 (1969) 87-97.

Wedderburn, A. J. M.: The *Reason* for Romans, Edinburgh 1989.

Weiser, A.: Art. δουλεύω κτλ., EWNT 1 (1980) Sp. 844-852.

Weiß, J.: Der erste *Korintherbrief*, KEK V, Göttingen ⁹1910.

Weiß, W.: Glaube - Liebe - Hoffnung. Zu der *Trias* bei Paulus, ZNW 84 (1993) 196-217.

Wengst, K.: Bedrängte *Gemeinde* und verherrlichter Christus. Ein Versuch über das Johannesevangelium, München 1992.

Wengst, K.: Der erste, zweite und dritte *Brief* des Johannes, ÖTK 16, Gütersloh 1978.

Westerholm, S.: On *Fulfilling* the Whole Law (Gal. 5:14), SEA 51-52 (1986-87) 229-237.

Whorf, B. L.: *Sprache* - Denken - Wirklichkeit. Beiträge zur Metalinguistik und Sprachphilosophie, Reinbek bei Hamburg 1984 (engl. 1956).

Wickler, W./Seibt, U.: Das Prinzip *Eigennutz*. Zur Evolution sozialen Verhaltens, München-Zürich 1991.

Wickler, W./Seibt, U.: *männlich* weiblich. Der große Unterschied und seine Folgen, München-Zürich 1983.

Wickler, W.: Die *Biologie* der Zehn Gebote. Warum die Natur für uns kein Vorbild ist, überarb. NA, München-Zürich 1991.

Wickler, W.: Hat die *Ethik* einen evolutionären Ursprung?, in: P. Koslowski/P. Kreuzer/R. Löw (eds.): Die Verführung durch das Machbare. Ethische Konflikte in der modernen Medizin und Biologie, Stuttgart 1983, 125-140.

Wickler, W.: Von der *Ethologie* zur Soziobiologie, in: J. Herbig/R. Hohlfeld (eds.): Die zweite Schöpfung. Geist und Ungeist in der Biologie des 20. Jahrhunderts, München 1990, 173-186.

Wiefel, W.: Das Evangelium nach *Lukas*, ThHK 3, Berlin 1987.

Wilckens, U.: Der Brief an die Römer, EKK VI/1-3, Zürich-Einsiedeln-Köln und Neukirchen-Vluyn I ²1987 II ²1987 III 1982. (*Römer I-III*)

Wilckens, U.: *Vergebung* für die Sünderin (Lk 7,36-50), in: P. Hoffmann (ed.): Orientierung an Jesus. Zur Theologie der Synoptiker, FS J. Schmid, Freiburg-Basel-Wien 1973, 394-424.

Wilckens, U.: Zur *Entwicklung* des paulinischen Gesetzesverständnisses, NTS 28 (1982) 154-190.

Wiles, G. P.: Paul's Intercessory *Prayers*. The Significance of the Intercessory Prayer Passages in the Letters of St Paul, MSSNTS 24, Cambridge 1974.

Williams, B. J.: Kin *Selection* and Cultural Evolution, in: G. Barlow/J. Silverberg (eds.): Sociobiology: Beyond Nature/Nurture?, Boulder 1980.

Williams, G. C.: *Adaptation* and Natural Selection. A Critique of Some Current Evolutionary Thought, Princeton 1966.

Wilson, D. S.: On the *Relationship* Between Evolutionary and Psychological Definitions of Altruism and Selfishness, Biology and Philosophy 7 (1992) 61-68.

Wilson, E. O.: *Biologie* als Schicksal. Die soziobiologischen Grundlagen menschlichen Verhaltens, Frankfurt-Berlin-Wien 1980.

Wilson, E. O.: On Human *Nature*, Cambridge (Mass.) 1978.

Wilson, E. O.: *Sociobiology*. The New Synthesis, Cambridge (Mass.)-London 1975.

Wilson, E. O.: The *Insect* Societies, Cambridge (Mass.) 1971.

Wilson, E. O.: *Vorwort*, in: D. P. Barash, Soziobiologie, 7f.

Wilson, J. Q.: The Moral *Sense*, New York 1993.

Wilson, W. T.: *Love* without Pretense. Romans 12.9-21 and Hellenistic-Jewish Wisdom Literature, WUNT II/46, Tübingen 1991.

Wischmeyer, O.: Art. *Liebe*. IV. Neues Testament, TRE 21 (1991) 138-146.

Wischmeyer, O.: Das *Gebot* der Nächstenliebe bei Paulus. Eine traditionsgeschichtliche Untersuchung, BZ 30 (1986) 162-187.

Wischmeyer, O.: Der höchste *Weg*. Das 13. Kapitel des 1. Korintherbriefes, StNT 13, Gütersloh 1981.

Wischmeyer, O.: *Vorkommen* und Bedeutung von Agape in der außerchristlichen Antike, ZNW 69 (1978) 212-238.

Wolbert, W.: Die *Liebe* zum Nächsten, zum Feind und zum Sünder, ThGl 75 (1984) 262-282.

Wolff, Chr.: Der erste Brief des Paulus an die *Korinther*. Zweiter Teil: Auslegung der Kapitel 8-16, ThHK VII/2, Berlin ³1990.

Wood, H.: The *Use* of ἀγαπάω in Luke viii. 42.47, ET 66 (1954/55) 319-320.

Wuketits, F. M.: *Evolutionstheorien*. Historische Voraussetzungen, Positionen, Kritik, Dimensionen der modernen Biologie Bd. 7, Darmstadt 1988.

Wuketits, F. M.: *Gene*, Kultur und Moral. Soziobiologie - Pro und Contra, Darmstadt 1990.

Wuketits, F. M.: Verdammt zur *Unmoral*? Zur Naturgeschichte von Gut und Böse, München-Zürich 1993.

Wünsche, A.: Der Babylonische Talmud in seinen haggadischen Bestandtheilen, Leipzig I: 1886 II: 1889.

Wynne-Edwards, V. C.: Animal *Dispersion* in Relation to Social Behaviour, Edinburgh-London 1962.

Yokoyama, S./Felsenstein, J.: A *Model* of Kin Selection for an Altruistic Trait Considered as a Quantitative Character, Proceedings of the National Academy of Sciences of the USA 75 (1978) 420-422.

Zeller, D.: Der Brief an die *Römer*, RNT, Regensburg 1985.

Zeller, D.: Wie imperativ ist der *Indikativ*?, in: K. Kertelge (ed.): Ethik im Neuen Testament, QD 102, Freiburg-Basel-Wien 1984, 190-196.

Zimmer, D. E.: Unsere erste *Natur*. Die biologischen Ursprünge menschlichen Verhaltens, München 1979.

Zimmermann, H.: Das *Gleichnis* vom barmherzigen Samariter: Lk 10,25-37, in: G. Bornkamm/K. Rahner (eds.): Die Zeit Jesu, FS H. Schlier, Freiburg-Basel-Wien 1970, 58-69.

Zmijewski, J.: Christliche "*Vollkommenheit*". Erwägungen zur Theologie des Jakobusbriefes, in: A. Fuchs (ed.): Studien zum Neuen Testament und seiner Umwelt, Ser. A/5, Linz 1980, 50-78.

Stellenregister
(in Auswahl)

Zum vorliegenden Buch

Der Dialog zwischen der Theologie und den Naturwissenschaften findet von Seiten der Theologie v.a. im Bereich der Systematischen Theologie statt. In der vorliegenden Untersuchung wird ein anderer Weg eingeschlagen. Auf der Grundlage einer Exegese des neutestamentlichen Liebesgebotes wird ein Dialog mit der Altruismusforschung in der Soziobiologie eröffnet. Dieser Dialog durch reziproke Integration zeichnet sich durch Hin- und Hergehen zwischen verschiedenen theoretischen Möglichkeiten auf dem Boden einer gemeinsamen methodischen Perspektive aus. Dabei werden relevante neue exegetische Ergebnisse erzielt, die ohne Inspiration durch die Beschäftigung mit der Altruismusforschung nicht gewonnen worden wären. Außerdem wird deutlich, daß Altruismus im eigentlichen Sinne des Wortes nicht durch die biologische Evolution allein erklärt werden kann, sondern daß die Kultur und v.a. die Religion eine wichtige Rolle spielt. Das wird nicht nur durch allgemeine Überlegungen zur Religion, sondern durch Analyse der Grundtexte einer konkreten Religion plausibel gemacht: durch Exegese neutestamentlicher Texte.

In Deutschland noch weitgehend unbekannte Ansätze zweier amerikanischer Theologen werden vorgestellt, die das Verhältnis von Religion bzw. Theologie und Naturwissenschaft u.a. am Beispiel der Altruismusforschung reflektieren. Dadurch wird gezeigt, daß es im interdisziplinären Gespräch einen Gewinn an Freiheit bedeutet, wenn man unterschiedliche Perspektiven nachvollziehen kann und sich wechselseitig besser versteht.

ISBN 3-7278-1076-9 (Universitätsverlag)
ISBN 3-525-53934-7 (Vandenhoeck & Ruprecht)

Bd. 1   MAX KÜCHLER, Schweigen, Schmuck und Schleier. Drei neutestamentliche
         Vorschriften zur Verdrängung der Frauen auf dem Hintergrund einer frauen-
         feindlichen Exegese des Alten Testaments im antiken Judentum. XXII+542 Sei-
         ten, 1 Abb. 1986. [vergriffen]

Bd. 2   MOSHE WEINFELD, The Organizational Pattern and the Penal Code of the Qum-
         ran Sect. A Comparison with Guilds and Religious Associations of the Hellenis-
         tic-Roman Period. 104 Seiten. 1986.

Bd. 3   ROBERT WENNING, Die Nabatäer – Denkmäler und Geschichte. Eine Bestandes-
         aufnahme des archäologischen Befundes. 360 Seiten, 50 Abb., 19 Karten. 1986.
         [vergriffen]

Bd. 4   RITA EGGER, Josephus Flavius und die Samaritaner. Eine terminologische
         Untersuchung zur Identitätsklärung der Samaritaner. 4+416 Seiten. 1986.

Bd. 5   EUGEN RUCKSTUHL, Die literarische Einheit des Johannesevangeliums. Der
         gegenwärtige Stand der einschlägigen Forschungen. Mit einem Vorwort von Mar-
         tin Hengel. XXX+334 Seiten. 1987.

Bd. 6   MAX KÜCHLER/CHRISTOPH UEHLINGER (Hrsg.), Jerusalem. Texte – Bilder –
         Steine. Im Namen von Mitgliedern und Freunden des Biblischen Instituts der
         Universität Freiburg Schweiz herausgegeben... zum 100. Geburtstag von Hildi +
         Othmar Keel-Leu. 238 S., 62 Abb.; 4 Taf.; 2 Farbbilder. 1987.

Bd. 7   DIETER ZELLER (Hrsg.), Menschwerdung Gottes – Vergöttlichung von Men-
         schen. 8+228 Seiten, 9 Abb., 1988.

Bd. 8   GERD THEISSEN, Lokalkolorit und Zeitgeschichte in den Evangelien. Ein Bei-
         trag zur Geschichte der synoptischen Tradition. 10+338 Seiten. 1989.

Bd. 9   TAKASHI ONUKI, Gnosis und Stoa. Eine Untersuchung zum Apokryphon des
         Johannes. X+198 Seiten. 1989.

Bd. 10   DAVID TROBISCH, Die Entstehung der Paulusbriefsammlung. Studien zu den
         Anfängen christlicher Publizistik. 10+166 Seiten. 1989.

Bd. 11   HELMUT SCHWIER, Tempel und Tempelzerstörung. Untersuchungen zu den
         theologischen und ideologischen Faktoren im ersten jüdisch-römischen Krieg
         (66–74 n. Chr.). XII+432 Seiten. 1989.

Bd. 12   DANIEL KOSCH, Die eschatologische Tora des Menschensohnes. Untersuchungen zur Rezeption der Stellung Jesu zur Tora in Q. 514 Seiten. 1989.

Bd. 13   JEROME MURPHY-O'CONNOR, O.P., The Ecole Biblique and the New Testament: A Century of Scholarship (1890–1990). With a Contribution by Justin Taylor, S.M. VIII + 210 Seiten. 1990.

Bd. 14   PIETER W. VAN DER HORST, Essays on the Jewish World of Early Christianity. 260 Seiten. 1990.

Bd. 15   CATHERINE HEZSER, Lohnmetaphorik und Arbeitswelt in Mt 20, 1–16. Das Gleichnis von den Arbeitern im Weinberg im Rahmen rabbinischer Lohngleichnisse. 346 Seiten. 1990.

Bd. 16   IRENE TAATZ, Frühjüdische Briefe. Die paulinischen Briefe im Rahmen der offiziellen religiösen Briefe des Frühjudentums. 132 Seiten. 1991.

Bd. 17   EUGEN RUCKSTUHL/PETER DSCHULNIGG, Stilkritik und Verfasserfrage im Johannesevangelium. Die Johanneischen Sprachmerkmale auf dem Hintergrund des Neuen Testaments und des zeitgenössischen hellenistischen Schrifttums. 284 Seiten. 1991.

Bd. 18   PETRA VON GEMÜNDEN, Vegetationsmetaphorik im Neuen Testament und seiner Umwelt. Eine Bildfelduntersuchung. 558 Seiten. 1993.

Bd. 19   MICHAEL LATTKE, Hymnus. Materialien zu einer Geschichte der antiken Hymnologie. XIV + 510 Seiten. 1991.

Bd. 20   MAJELLA FRANZMANN, The Odes of Solomon. An Analysis of the Poetical Structure and Form. XXVIII + 460 Seiten. 1991.

Bd. 21   LARRY P. HOGAN, Healing in the Second Temple Period. 356 Seiten. 1992.

Bd. 22   KUN-CHUN WONG, Interkulturelle Theologie und multikulturelle Gemeinde im Matthäusevangelium. Zum Verhältnis von Juden- und Heidenchristen im ersten Evangelium. 236 Seiten. 1992.

Bd. 23   JOHANNES THOMAS, Der jüdische Phokylides. Formgeschichtliche Zugänge zu Pseudo-Phokylides und Vergleich mit der neutestamentlichen Paränese XVIII + 538 Seiten. 1992.

Bd. 24   EBERHARD FAUST, Pax Christi et Pax Caesaris. Religionsgeschichtliche, traditionsgeschichtliche und sozialgeschichtliche Studien zum Epheserbrief. 536 Seiten. 1993.

Bd. 25   ANDREAS FELDTKELLER, Identitätssuche des syrischen Urchristentums. Mission, Inkulturation und Pluralität im ältesten Heidenchristentum. 284 Seiten. 1993.

Bd. 26   THEA VOGT, Angst und Identität im Markusevangelium. Ein textpsychologischer und sozialgeschichtlicher Beitrag. 288 Seiten. 1993.

Bd. 27   ANDREAS KESSLER/THOMAS RICKLIN/GREGOR WURST (Hrsg.), Peregrina Curiositas. Eine Reise durch den orbis antiquus. Zu Ehren von Dirk Van Damme. X + 322 Seiten. 1994.

Bd. 28   HELMUT MÖDRITZER, Stigma und Charisma im Neuen Testament und seiner Umwelt. Zur Soziologie des Urchristentums. 344 Seiten. 1994.

Bd. 29   HANS-JOSEF KLAUCK, Alte Welt und neuer Glaube. Beiträge zur Religionsgeschichte, Forschungsgeschichte und Theologie des Neuen Testaments. 320 Seiten. 1994.

Bd. 30   JARL E. FOSSUM, The Image of the invisible God. Essays on the influence of Jewish Mysticism on Early Christology. X–190 Seiten. 1995.

Bd. 31   DAVID TROBISCH, Die Endredaktion des Neuen Testamentes. Eine Untersuchung zur Entstehung der christlichen Bibel. IV–192 Seiten. 1996.

Bd. 32   FERDINAND ROHRHIRSCH, Wissenschaftstheorie und Qumran. Die Geltungsbegründungen von Aussagen in der Biblischen Archäologie am Beispiel von Chirbet Qumran und En Feschcha. XII–416 Seiten. 1996.

Bd. 33   HUBERT MEISINGER, Liebesgebot und Altruismusforschung. Ein exegetischer Beitrag zum Dialog zwischen Theologie und Naturwissenschaft. XII–328 Seiten. 1996.

UNIVERSITÄTSVERLAG FREIBURG SCHWEIZ
VANDENHOECK & RUPRECHT GÖTTINGEN

ORBIS BIBLICUS ET ORIENTALIS (eine Auswahl)

Bd. 25/1 MICHAEL LATTKE: Die Oden Salomos in ihrer Bedeutung für Neues Testament und Gnosis. Band I. Ausführliche Handschriftenbeschreibung. Edition mit deutscher Parallel-Übersetzung. Hermeneutischer Anhang zur gnostischen Interpretation der Oden Salomos in der Pistis Sophia. XI–237 Seiten. 1979.

Bd. 25/1a MICHAEL LATTKE: Die Oden Salomos in ihrer,Bedeutung für Neues Testament und Gnosis. Band Ia. Der syrische Text der Edition in Estrangela Faksimile des griechischen Papyrus Bodmer XI. 68 Seiten. 1980.

Bd. 25/2 MICHAEL LATTKE: Die Oden Salomos in ihrer Bedeutung für Neues Testament und Gnosis. Band II. Vollständige Wortkonkordanz zur handschriftlichen griechischen, koptischen, lateinischen und syrischen Überlieferung der Oden Salomos. Mit einem Faksimile des Kodex N. XVI–201 Seiten. 1979.

Bd. 25/3 MICHAEL LATTKE: Die Oden Salomos in ihrer Bedeutung für Neues Testament und Gnosis. Band III. XXXIV–478 Seiten. 1986.

Bd. 52 MIRIAM LICHTHEIM: Late Egyptian Wisdom Literature in the International Context. A Study of Demotic Instructions. X–240 Seiten. 1983.

Bd. 58 ODO CAMPONOVO: Königtum, Königsherrschaft und Reich Gottes in den Frühjüdischen Schriften. XVI–492 Seiten. 1984.

Bd. 61 HELMUT ENGEL: Die Susanna-Erzählung. Einleitung, Übersetzung und Kommentar zum Septuaginta-Text und zur Theodition-Bearbeitung. 205 Seiten + Anhang 11 Seiten. 1985.

Bd. 76 JOŽE KRAŠOVEC: La justice (Sdq) de Dieu dans la Bible hébraïque et l'interprétation juive et chrétienne. 456 pages. 1988.

Bd. 90 JOSEPH HENNINGER: Arabica varia. Aufsätze zur Kulturgeschichte Arabiens und seiner Randgebiete. Contributions à l'histoire culturelle de l'Arabie et de ses régions limitrophes. 504 Seiten. 1989.

UNIVERSITÄTSVERLAG FREIBURG SCHWEIZ
VANDENHOECK & RUPRECHT GÖTTINGEN